JN418405

최신 회계의 기초

윤금상 저

도서출판 두남

머리말

최근 회계(Accounting)는 기업에 근무하는 회사원들이나 학생들에게 있어서 주요 관심의 대상이 되고 있다. 이것은 우리가 자본주의 사회에서 살고 있으며, 특히 요즘과 같은 지식정보화 사회에 살고 있는 모든 구성원들이 회계를 반드시 이해하여야 할 지식체계 중의 하나이며, 경제 현실과 기업을 이해하는데 없어서는 안 될 커뮤니케이션의 수단으로 이해하고 있기 때문일 것이다. 이에 따라 국내 일부 대학에서는 학부생 모두가 회계 과목을 한 과목 이상 수강해야만 졸업할 수 있도록 규정하고 있는 대학도 등장하였다.

이 책은 그 동안 저자가 대학에서 회계학을 강의하면서 사용한 강의안과 강의 내용을 토대로 쓴 것이다. 특히 이 책은 저자가 재직하고 있는 대학교의 경영대학원 강의 중의 하나인 「회계의 기초」라는 교과목을 강의하면서 사용한 강의안과 강의노트를 토대로 그 동안 회계학을 공부한 학생들이나 회계학을 처음 공부하는 학생들에게 도움을 주고자 정리한 것이다.

일반적으로 대학에서 회계학을 수강하는 학생들도 회계가 어렵다는 막연한 선입감을 갖고 있다. 이것은 대학에서 사용하는 회계학 교재들이 핵심적인 개념을 이해하는데 필요한 내용뿐만 아니라 중급회계학에서 나올 수 있는 다소 어려운 내용을 서술하고 있기 때문일 것이다. 이러한 현상은 회계교육에 있어 초급회계학과 중급회계학의 구분이 명확하지 않고 자의적이기 때문에 나타난 것이다. 그런 면에서 이 책에서는 전반적인 회계흐름과 함께 회계에 대한 기초 개념만을 제시하였다.

이 책은 다음과 같은 측면을 고려하여 회계학 전반적인 내용을 서술하였다.

첫째, 대부분 회계학을 처음 대하는 학습자들을 대상으로 한다는 점을 고려하여 회계학의 근간을 이루는 기초적인 개념을 위주로 그 내용만을 간단하고 명료하게 설명하려고 노력하였다.

둘째, 기업회계 흐름을 설명하는데 있어 미시적 관점이 아닌 거시적 관점에서 이해할 수 있도록 서술하였으며, 회계학의 기초개념에 대한 설명도 회계흐름과 연관하여 설명하였다.

셋째, 회계학에 대한 이해를 높이기 위해 왜 그렇게 처리, 보고되어야 하는가에 대한 이유 및 당위성을 설명하고자 하였다.

넷째, 각 장의 끝 부분에 연습문제와 그 해답을 제시하여 학습자들이 자율적으로 학습능력을 높일 수 있도록 하였고, 연습문제를 풀고 난 후에 난이도가 다소 높은 종합문제를 제시하여 학습효과를 단계적으로 제고시키고자 하였다.

끝으로, 이 책에서는 독자들의 학습능력을 높이기 위해 다양한 읽을거리를 제시하였다. [참고자료]와 [학습보충자료], 그리고 [공부합시다]라는 제목 하에 20개 이상의 읽을거리를 제공하였다. 이 읽을거리를 제시한 이유는 본 [최신 회계의 기초]를 공부하면서 다양한 읽을거리를 통해 회계학 전반에 대한 이해를 하자는데 그 목적이 있다. 학습자들은 어렵더라도 이 제시된 다양한 자료를 함께 공부해주기 바랍니다.

기업회계는 회계정보 이용자를 중심으로 크게 재무회계(Financial Accounting)와 원가관리회계(Cost and Management Accounting)로 분류한다. 이런 측면에서 회계학 전반에 대해 이해하려면 재무회계와 원가관리회계의 기초를 모두 이해하는 것이 필요하다. 그런 면에서 이 책은 총 14장으로 구성하였으며, 그 중 전반부 7장은 재무회계의 기초 내용을, 후반부 7장은 원가관리회계의 기초 내용을 다루어, 이 책을 통해 기업에서 사용하는 회계 전반에 대해 이해할 수 있도록 구성하였다. 이 책의 구성내용을 구체적으로 살펴보면 제1장과 제2장에서는 재무회계의 기초개념과 재무회계정보 즉 재무제표에 대한 개괄적인 설명을 하여 재무회계에 대한 전반적인 이해를 할 수 있도록 고려하였으며, 제3장부터 제5장까지는 회계기록의 대상이 되는 회계상의 거래로부터 최종보고서인 재무제표가 작성되기까지의 일련의 재무회계정보 산출과정인 회계순환과정(accounting cycle)을 설명하였고, 제6장과 제7장에서는 재무회계정보의 산출인 재무제표의 작성과 그 활용에 대해 설명하였다.

한편 제8장부터 제10장까지는 원가함수의 추정, 활동중심원가계산과 활동중심경영, 변동원가계산과 초변동원가계산 등 제품원가계산에 대해 설명하였으며, 제11장부터 제13장까지는 CVP분석과 성과평가의 일부인 종합예산, 균형성과표(BSC) 등 성과평가회계의 내용을, 제14장에서는 의사결정회계의 일부인 경영의사결정에 대해 설명하였다.

이 책을 출간하면서 저자가 갖고 있는 조그마한 희망 사항은 이 책이 학생들이 회계학을 이해하는데 조금이라도 도움이 되었으면 하는 것이다. 이 책의 내용 중 설명이나 표현의 미숙 등 여러 가지 부족한 면이 많을 줄 안다. 이러한 점들은 이 책을 이용하시는 교수님과 학습자들의 지속적인 관심과 질책을 통해 점진적으로 개선되리라고 생각한다.

이 책이 나오기까지 여러분들의 도움을 받았다. 우선 항상 염려해 주시고 격려를 아끼지 않았던 인하대학교 경영대학 회계학 전공 교수님들께 감사를 드린다. 그리고 이 책을 출판해 주신 도서출판 두남의 전두표 사장님께 감사드리며, 또한 제작에 수고해 주신 직원 여러분에게 감사드린다. 아울러 『이 저서는 인하대학교의 지원에 의하여 연구되었음.』을 밝혀둡니다.

2018년 7월

저자

차 례

제 1 부 재무회계의 기초

제2부 원가관리회계의 기초

제1부

재무회계의 기초

제 1 장 회계의 기초개념

본 장은 회계가 무엇인지를 설명하고자 하는데 목적이 있다. 그러한 목적을 달성하기 위해서 회계를 배우는데 반드시 필요한 기초적인 개념을 제공하고자 한다. 즉, 앞으로 계속해서 회계를 배우려면 반드시 알아야 하는 회계에 대한 기본적인 의문점 - 기업에 있어서 회계의 역할은 무엇인가? 회계에는 어떤 종류가 있나? 회계와 부기는 무엇이 같고 무엇이 다른가? 회계를 행함에 있어서 필요한 주요 개념은 무엇인가? 등에 대한 이해가 본 장의 내용이 된다.

제 1 절 기업과 회계

1.1 기업의 본질과 유형

1. 기업의 본질

일반적으로 기업은 원재료나 노동력과 같은 기초적인 자원으로 가공(제조)한 재화나 서비스를 고객(개인 및 다른 기업)들에게 제공하는 조직을 말한다. 대부분의 영리조직인 기업들의 목표는 이익(profit)을 극대화하는 것이지만 일부의 비영리조직들은 이익극대화와는 다른 목표를 달성하기 위해 경영활동을 수행하고 있다.

2. 기업의 유형

이익을 추구하는 기업에는 세 가지 유형의 기업들이 있다. 서비스기업(service company),

상기업(merchandise company; 상품매매기업), 제조기업(manufacturing company)이 그것이다.[1)]

여기서 '**서비스기업(또는 용역제공기업)**'은 상품이나 제품 대신 서비스(용역)를 제공하는 기업으로 운송회사, 통신회사, 광고회사, 회계법인, 법률법인 등이 여기에 속한다.

한편 '**상기업**'이란 상품을 구입하여 고객들에게 판매하는 기업으로 유통회사, 서점, 장난감 판매회사, 의류 판매회사 등이 여기에 속한다.

그리고 '**제조기업**'이란 원재료와 노동력을 투입하여 제품을 생산하여 판매하는 기업으로 자동차 제조기업, 비행기/선박 제조기업, 건설회사, 음료수 생산회사 등이 여기에 속한다.

1.2 기업의 활동과 회계

1. 기업의 활동과 회계의 역할

일반적으로 '회계(accounting)'는 기업의 활동에 대한 정보를 회계정보이용자(기업의 이해관계자)들에게 제공하는 정보시스템이다. 흔히 회계를 '기업의 언어(language of business)'라고 하는데 이것은 기업의 활동에 대한 정보를 기업의 이해관계자들에게 보고하는 수단이기 때문이다.

기업의 활동은 크게 영업활동(operating activities), 투자활동(investing activities), 재무활동(financial activities)으로 나눌 수 있다.

여기서 '**영업활동**(operating activities)'이란 기업의 주요 수익창출활동으로서 투자활동이나 재무활동이 아닌 기타의 활동을 말한다. 영업활동에는 주로 제품의 생산과 판매활동, 상품과 서비스(용역)의 구매와 판매활동 및 관리활동이 포함된다. 한편 '**투자활동**(investing activities)'이란 장기성 자산 및 현금성자산에 속하지 않는 기타 투자자산의 취득과 처분활동을 말한다. 투자활동에는 유・무형자산, 다른 기업의 지분상품이나 채무상품 등의 취득과 처분활동, 제3자에 대한 대여 및 회수활동 등이 포함된다. 그리고 '**재무활동**(financial activities)'이란 기업의 납입자본과 차입금의 크기 및 구성내용에 변동을 가져오는 활동을 말한다. 재무활동에는 자본과 차입금의 조달, 환급 및 상환에 관한 활동이 포함된다.[2)]

---

1) 상법에 따르면 회사(기업)의 종류는 합명회사, 합자회사, 유한책임회사, 주식회사, 유한회사의 5종으로 나눈다(상법 제170조). 종래까지는 회사의 종류로 유한책임회사를 제외한 4종이었으나, 개정 상법에서는 '유한책임회사'가 새롭게 추가되었다.

2) K-IFRS 제1007호(현금흐름표) 문단 6.

2. 회계의 본질

회계(Accounting)란 회계정보이용자가 합리적 의사결정을 하는데 필요한 경제적 정보를 인식 · 측정 · 전달하는 정보시스템이다(Accounting is an information system that identifies, measures, and communicates economic events of an organization to interested users.).

회계(accounting)란 회계정보이용자가 합리적 의사결정을 할 수 있도록 기업의 경제적 활동에 관한 정보(경제적 정보)를 제공하는 정보시스템으로서 흔히 "기업의 언어(language of business)"라고 한다. 따라서 회계의 목적은 회계정보이용자로 하여금 합리적 의사결정을 할 수 있도록 유용한 경제적 정보를 제공하는 것이다.

▌회계(정보시스템)의 모형(I)▐

▌회계(정보시스템)의 모형(II)▐

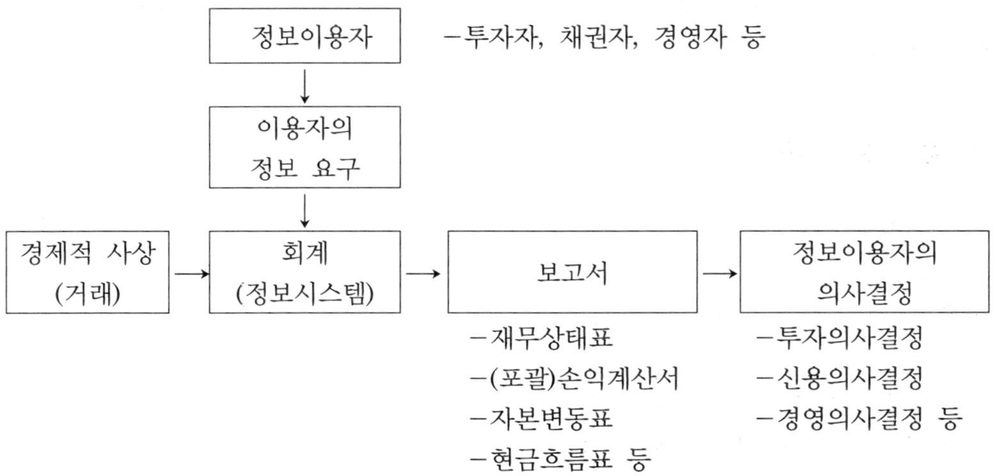

여기서 '회계정보이용자'란 회계정보를 이용하여 각종 의사결정을 하는 주체로서 투자자(또는 주주), 채권자, 정부(세무당국), 공급자, 소비자 등 기업외부 이용자는 물론 경영자나 기업 내 각 수준의 관리자 등 기업내부 이용자를, '합리적 의사결정'이란 기업이 소유하는

자원의 합리적 배분에 관한 의사결정을, 그리고 '경제적 정보'란 화폐금액으로 측정 가능한 정보를 말한다.

회계는 경제적 사상, 즉 거래를 인식·측정·전달하는 정보시스템으로 파악할 수 있는데, 여기서 거래를 인식한다(identify)라는 것은 거래를 화폐금액으로 표시할 수 있는지를 확인하는 것을 말한다. 그리고 측정한다(measure)라는 것은 거래 속성에 대해 숫자(화폐금액)를 부여하는 것을, 전달한다(communicate)라는 것은 회계보고서를 회계정보이용자에게 보고하는 것을 의미한다.[3)]

공·부·합·시·다

회계상의 인식과 측정

인식(recognition)은 재무제표 요소의 정의에 부합하고 인식기준(① 그 항목과 관련된 미래 경제적 효익이 기업에 유입되거나 기업으로부터 유출될 가능성이 높고, ② 그 항목의 원가 또는 가치를 신뢰성 있게 측정할 수 있다.)을 충족하는 항목을 재무상태표나 (포괄)손익계산서에 반영하는 과정을 말한다. 이 과정은 해당 항목을 서술하는 계정명칭과 화폐금액으로 기술하고 그 금액을 재무상태표 또는 (포괄)손익계산서 총계에 산입하는 것을 포함한다.

한편 측정(measurement)은 재무상태표와 (포괄)손익계산서에 인식되고 평가되어야 할 재무제표 요소의 화폐금액을 결정하는 과정이다. 이 측정은 특정 측정기준의 선택과정을 포함한다.

3. 회계의 목적

회계는 거의 모든 조직에서 사용하는 중요한 정보시스템이다. 회계는 기업 내·외의 정보이용자가 합리적 의사결정을 할 수 있도록 유용한 정보를 제공하는 것을 목적으로 한다.

구체적으로 회계는 다음과 같은 네 가지 목적으로 활용되고 있다.

① 한정된 자원의 사용을 위한 의사결정
② 기업의 인적 및 물적 자원의 효과적인 지휘와 통제

3) 이때 회계보고서 즉 재무제표는 외부감사인인 공인회계사(Certified Public Accountants; CPA)의 회계감사를 받아 정보이용자에게 제공하게 된다. 따라서 공인회계사는 정부(금융감독원)가 주관하는 시험에 합격한 회계 전문가이므로 이들이 감사한 회계보고서는 그만큼 신뢰성을 확보한 것이라 할 수 있다.

③ 자원 관리의 수행과 보고
④ 사회적 기능 및 통제의 촉진

① 회계는 회계실체의 경제적 자원배분에 관한 의사결정에 유용한 정보를 제공한다. 이것은 회계가 회계실체가 소유하고 있는 한정된 자원(limited resources)의 최적배분에 유용한 정보를 제공한다는 것이다.
② 회계는 회계실체의 인적 및 물적 자원(human and material resources)의 효과적인 지휘와 통제를 위해 유용한 정보를 제공한다.
③ 회계는 경영자로 하여금 위임받은 자원 관리(custodianship of resources)의 수행과 보고를 위해 유용한 정보를 제공한다.
④ 회계는 사회적 기능과 통제를 촉진할 수 있도록 유용한 정보를 제공한다.

한편 Horngren에 의하면 회계는 다음의 주요 목적을 위해 정보를 제공한다고 한다.
① 경상적인 내부보고(routine internal reporting) : 경상적인 업무를 계획하고 통제하기 위한 단기적인 회계정보의 이용
② 비경상적인 내부보고(nonroutine internal reporting) : 설비투자, 가격결정 등 비경상적 의사결정과 장기계획에 회계정보의 이용
③ 외부보고(external reporting) : 투자의사결정, 신용의사결정 등에 회계정보의 이용

1.3 회계의 정보이용자

회계정보를 이용하는 회계정보 이용자는 크게 내부 정보이용자와 외부 정보이용자로 구분할 수 있다.

- 내부 정보이용자 : 경영자, 각 수준의 관리자, 종업원 등
- 외부 정보이용자 : 투자자, 채권자, 세무당국, 정부규제기관, 경제정책 입안자, 기타 정보이용자 등

1. 내부 정보이용자

(1) 경영자와 각 수준의 관리자

경영자와 각 수준의 관리자들은 기업의 목표를 달성하기 위하여 장·단기 계획을 수립하고, 이것의 수행을 통제하는 활동을 한다. 계획이란 미래에 취할 행동을 마련하는 것이고, 통제는 계획대로 계획이 수행되도록 기업활동을 유도하고 결과를 평가하여 필요한 경우에

계획과 기업활동을 수정·보완하는 것이다.

이러한 계획과 통제를 효율적으로 수행하기 위해서 경영자와 각 수준의 관리자들은 회계정보를 필요로 한다. 예를 들어 새로운 제품을 추가로 생산할 것인가, 새로운 기계를 도입할 것인가, 또는 새로운 영업점을 개설할 것인가에 대한 의사결정 시 경영자는 회계정보를 필요로 한다.

(2) 종업원

종업원들도 회계정보에 대한 관심을 갖고 있다. 종업원들은 자신들의 회사가 계속적으로 존속할 수 있으며, 현재 이상의 수익성을 유지할 수 있는가 등에 관심을 갖고 있다. 그리고 노동조합과의 유대를 통해 임금협상을 위한 자료를 회계정보를 통해 얻고 있다. 또한 이익과 제품원가 등에 대한 회계정보도 노동계약, 근로조건 등에 관한 협상을 하는데 중요한 역할을 하게 된다.

2. 외부 정보이용자

(1) 투자자

투자자들은 이미 주식이나 채권을 취득한 현재의 투자자들과 앞으로 취득할 의사가 있는 잠재적 투자자들로 구분된다. 현재의 투자자들은 현재 보유중인 주식이나 채권을 계속 보유할 것인가, 처분할 것인가 또는 추가로 취득할 것인가에 대한 의사결정을 하며, 반면에 잠재적 투자자들은 어떤 기업의 주식이나 채권을 취득할 것인가에 대한 의사결정에 직면하게 된다. 이러한 의사결정을 하는 경우 해당 기업의 전망을 평가하기 위해서는 회계정보를 철저히 분석할 필요가 있다.

(2) 채권자

채권자(예컨대, 은행)들은 자금을 빌려간 기업이 이자비용을 적시에 지급할 수 있고 원금을 만기일에 상환할 수 있는지의 여부가 주된 관심사이다. 그러므로 채권자들은 기업의 수익성뿐만 아니라 유동성이나 현금흐름 등에 관한 회계정보를 필요로 한다.

(3) 세무당국

세무당국은 기업이 세금을 제대로 납부하였는가에 대한 여부를 결정할 때, 그 기업의 회계정보를 이용한다. 종종 세무당국이 특정 기업에 대해 실시하는 세무조사란 그 기업의 회계기록을 철저히 분석하고 검증한다는 것을 의미한다.

(4) 정부규제기관

기업을 규제하는 당국, 예를 들어 증권관리위원회, 환경부 등은 기업의 회계정보를 이용하여 그들의 업무를 원만히 수행하고자 한다. 예를 들어 중앙정부 또는 지방자치단체는 전기료, 상하수도 요금, 대중교통 요금 등의 공공요금 결정 시 해당 기업의 회계정보를 이용한다.

(5) 경제정책 입안자

기업들의 전망에 기초하여 정부의 경제정책 입안자들은 경제정책을 결정한다. 기업의 개별적 또는 종합적 회계정보는 성장률 조정, 물가정책의 수립, 금리결정 등의 경제정책을 입안하는데 중요한 요소로 작용한다.

(6) 기타 정보이용자

투자분석가, 고객(소비자), 협력업체(공급자), 지역사회(지역주민) 등도 기업의 회계정보에 대해 관심을 갖고 있다. 예컨대, 기업이 공해, 환경, 기타 사회문제를 야기하는 경우가 있어 일반소비자 및 지역주민들도 기업의 이익 및 자금운영 등에 관심을 갖게 된다.

▌회계의 정보이용자▐

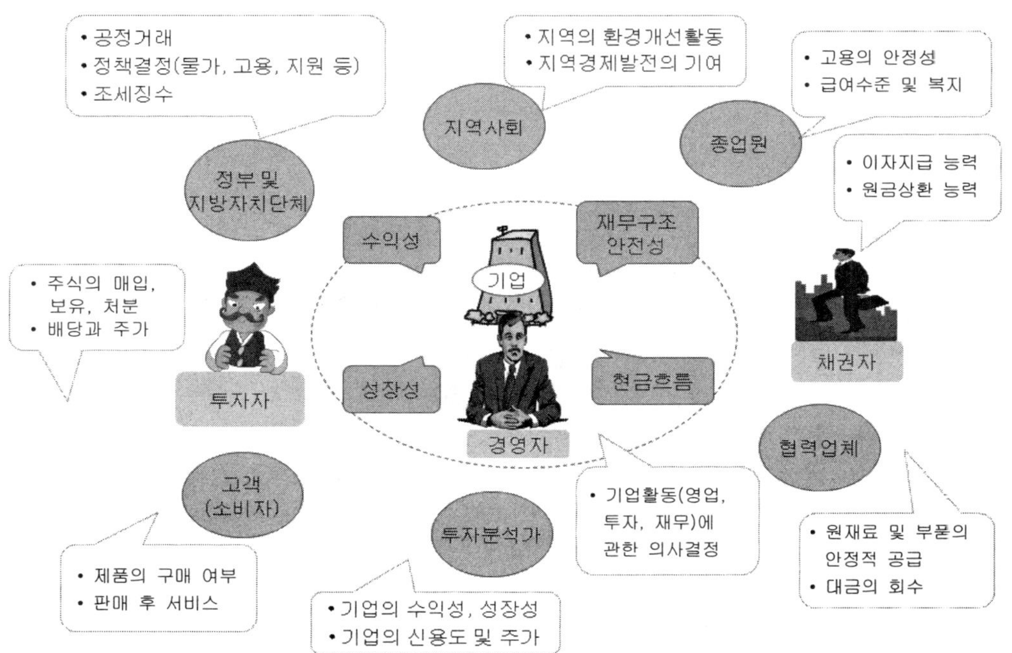

참고 투자분석가(애널리스트)는 어떤 일을 하나요?

Q: 삼성전자가 '투자분석가의 날(Analyst Day)'를 열고 임직원들이 다 모여 기업전망 설명회를 했다고 들었습니다. 투자분석가들은 누구고 뭐하는 사람이 길래 기업 임원들이 나서 설명회를 개최하는 건지 궁금합니다. 그리고 투자분석가가 되면 무슨 일을 하고, 어떻게 하면 될 수 있는지도 궁금합니다.

A: 투자분석가 즉 애널리스트(Analyst)는 증권회사와 같은 금융사에 소속된 투자분석가를 지칭하는 말입니다. 자신의 회사 혹은 회사 고객들에게 금융 및 투자자문을 제공하기 위해 시장 정보를 수집하고 분석하고 연구하는 사람들이지요. 한국직업사전은 애널리스트를 '국내외 경제상황 및 산업·기업별 정보를 수집하고 분석하며 환경 변화에 따른 해당 산업을 전망하는 자'라고 설명합니다.

우리나라의 경우 금융투자협회에 금융투자분석사라고 정식등록한 사람을 애널리스트라고 지칭합니다. 증권회사의 리서치 조직에 근무하면서 법적으로 허가를 받아 공개적으로 기업이나 경기와 관련된 보고서를 쓸 수 있는 권한을 부여받은 사람들입니다. 이들은 개별 기업들의 주어진 환경과 산업전망에 따라 주식 혹은 펀드 등 파생상품 시장의 관계를 파악하고 전반적인 시장 동향을 분석하는 역할을 합니다. 일부 TV방송을 통해 자칭 '주식전문가' '시장애널리스트' '사이버애널리스트'라고 불리는 사람들이 있기도 하지만 금융투자협회에 등록된 사람이 아니라면 정식 애널리스트라고 보기는 어렵습니다. 정식 애널리스트는 목표주가·종목산정 기준 등을 법규 및 윤리규정에 따라 작성해야 합니다. 또 본인이 분석한 보고서에 나오는 종목이나 업종은 자신이 개인적으로 주식 거래를 할 수 없게 돼 있습니다.

애널리스트들은 대부분 증권회사의 리서치센터에 소속돼 있습니다. 증권회사마다 조금씩 차이는 있지만 리서치센터 내에는 주식시장을 이루고 있는 주요 종목 혹은 산업군별 대표 애널리스트들이 있습니다. 이들 이름으로 종목 투자와 관련된 보고서가 나가거나 고객들 대상으로 세미나가 열리는 셈입니다. 애널리스트들은 각 분야별로 각종 정보를 수집하고 경제·산업·종목 분석 등을 수행하며 주식 시장 및 개별 업종과 종목에 대한 투자의견과 목표지수 등을 제시하는 업무를 수행합니다. 분야는 전자·IT, 조·해양·철강, 자동차, 유통·식품, 거시경제 담당 등 다양합니다. 이렇게 대표 애널리스트가 산업군별 팀장 역할을 하고 그 아래에 다른 애널리스트와 RA(Research Assistant)가 소속돼 있는 체제입니다. RA는 대학교 혹은 MBA를 졸업한 후 증권회사 공채를 통해 입사한 신입사원들이 거쳐가는 과정으로 애널리스트들의 보고서 작성이나 분석을 위한 자료 수집과 데이터 분석 등을 돕는 역할을 합니다. 모 애널리스트는 "RA 신입사원으로 입사해 기업 분석을 담당하는 애널리스트가 될 수도 있지만, 해당 산업 종사자들이 전문성과 경험을 바탕으로 이직해 애널리스트가 되는 경우도 많다"며 "경제학·경영학을 전공한 애널리스트도 많지만 각 산업군별로 기계공학·컴퓨터공학 등 다양한 전공자들이 모여 있다"고 말합니다.

애널리스트들의 하루는 쉴 새 없이 바쁜 편입니다. 보통 직장인들보다 일찍 시작해서 늦게 끝납니다. 국내 증시뿐 아니라 유럽 미국 등 해외 증시도 시차를 고려해 업무를 진행해야 하기 때문입니다. 대부분의 증권회사 애널리스트들은 오전 7시 전후에 출근합니다. 한국 시간으로 오전 5시 30분이면 종료되는 미국 증시 시장 상황을 파악한 뒤 오전 7시 30분부터 아침회의를 진행합니다. 오전 9시 한국 주식시장이 열리면 고객과 통화를 하거나 담당하고 있는 기업 탐방을 가거나 고객을 대상으로 하는 세미나를 하는 등의 일정으로 하루를 보냅니다. 오후에 우리나라 증권 시장이 종료되면 오늘의 증시 상황을 정리합니다. 오후에 시작되는 유럽 증시 시장상황을 보고 저녁에 관련 보고서를 쓰고 나면 오후 10시30분 미국 증시 시장이 다시 시작됩니다. 모 애널리스트는 "24시간 쉴 새 없이 움직이는 체제이기 때문에 일과 삶의 경계가 불분명해질 수도 있다"며 "힘든 일과를 견딜 수 있는 체력과 끈기, 그리고 시장에 대한 호기심이 많아야 장기적으로 발전하는 애널리스트가 될 수 있다"고 조언했습니다.

애널리스트 직업의 장점은 내가 스스로 책임자가 돼 업무를 진행할 수 있다는 점입니다. 모 애널리스트는 "애널리스트는 자기 이름을 걸고 의견을 내며 그 의견이 곧 회사를 대표하게 된다."며 "자신이 얼마나 열심히 하느냐에 따라 성과와 성취감을 바로 맛볼 수 있다는 게 큰 매력"이라고 말했습니다. 책임감이 크고 업무 강도가 높은 만큼 보수와 성과급이 높다는 것도 장점이 될 수 있습니다. 모 증권 리서치센터장은 『애널리스트, 세상에서 제일 좋은 직업』이라는 책을 통해 "성과로 평가하기 때문에 남녀 차별이 없어 여자들의 천국"이라고 강조하기도 했습니다. 보고서를 통해 기관투자가들의 투자 의사결정에 도움을 주는 본업만 잘한다면 연봉과 보너스평가에서 남녀구분이 있을 수 없다는 것입니다.

그러면 애널리스트가 되기 위해선 어떤 준비를 해야 할까요. 애널리스트가 되기 위한 별도의 정규교육과정은 없습니다. 다만 기업의 재무상황을 잘 볼 줄 알아야 하기 때문에 '숫자'에 밝은 사람이 좋습니다. 회계나 재무와 관련된 지식은 물론 국제경제나 파생상품에 대한 전문 지식도 요구됩니다. 수치분석 능력뿐 아니라 최근에는 의사전달 능력도 중요해지고 있습니다. 모 애널리스트는 "담당하고 있는 기업 관계자 혹은 고객들과 일대일 회의가 잦기 때문에 자료 분석 능력 외에 새로운 사람을 만나고 의견을 피력하는 것을 즐거워하는 사람일수록 좋다"며 "최근에는 영문 분석자료 작성이나 외국인 고객을 대상으로 하는 영어 프레젠테이션이 증가하고 있어 외국어 실력도 중요해졌다"고 말합니다.

출처: 중앙일보, [틴틴 경제]

제2절 회계의 분류

기업회계는 정보이용자에 따라 회계보고의 대상과 목적 등이 달라지므로 대별하여 재무회계(financial accounting)와 (원가)관리회계(cost and managerial accounting 또는 cost and management accounting)로 나눌 수 있다.

2.1 재무회계

재무회계는 기업 외부이해관계자의 합리적 의사결정에 유용한 재무정보를 제공할 목적으로 수행되는 회계분야를 말한다.

재무회계(financial accounting)는 기업외부에 존재하는 다양한 이해관계자, 즉 주주, 채권자 및 정부 등이 합리적 의사결정을 하는데 도움을 주고자 운용되는 소위 외부보고 목적의 회계를 말한다.

기업이 작성, 보고하는 외부이해관계자를 위한 재무회계정보는 궁극적으로 재무제표(financial statements; F/S)라는 요약된 보고서를 말한다. 재무제표에는 재무상태표, (포괄)손익계산서, 자본변동표, 현금흐름표 등이 있다.

재무제표는 정기적(일반적으로 1년)으로 작성, 보고되어야 하며, 재무제표에는 외부이해관계자들이 기업에 대해 알고자 하는 대부분의 회계정보를 담고 있기 때문에 이것을 이용하여 분석함으로써 기업의 실태를 알 수 있게 된다.

재무제표는 회계의 통일성을 확보하고 회계정보의 유용성을 증진시키기 위해 기업이 임의대로 작성해서는 안 되고, 사전에 정해진 기준(예컨대, 기업회계기준 등)에 규정된 대로 작성하여야 한다.

재무제표가 믿을 수 있게 작성되었다는 것을 확인하기 위해 "주식회사의외부감사에관한법률"의 규정에 의하여 직전 회계연도 말의 자산총액이 120억 원 이상인 주식회사는 공인회계사에 의한 외부감사를 받아야 한다[4]. 이 때 감사인은 기업경영의 효율성을 감사하는

4) 정확히 설명하면 종전의 '주식회사의외부감사에관한법률(줄여서 외감법이라고함.)'에서는 외부감사제도 대상법인으로 다음과 같이 ① 직전사업연도 말 자산총액 120억 원 이상인 주식회사, ② 직전사업연도 말 자산총액 70억 원 이상인 회사 중, 부채총액이 70억 원 이상 또는 종업원 수가 300명 이상인 주식회사, ③ 주권상장법인, 주권상장 예정법인으로 정하고 있었으나, 2017년 동 법률이 개정되면서 명칭도 '주식회사등의외부감사에관한법률'로 바뀌면서 그 대상도 주식회사뿐만 아니라 유한회사도 포함되었으며, 그 내용에 자산, 부채, 종업원 수뿐만 아니라 매출액기준도 포함되었다.

것이 아니라 기업이 작성한 재무제표가 기업회계기준을 준수하여 작성되었는가를 일정한 감사절차에 따라 확인하게 된다.

학습보충자료

외부감사인의 감사의견

감사의견이란 회사의 재무제표가 재무상태와 경영성과를 정확하게 반영하고 있는지를 공인회계사가 객관적으로 감사하여 그 의견을 표시하는 것을 말한다. 상장회사뿐만 아니라 1980년 12월에 제정된 주식회사의 외부감사에 관한 법률 제2조의 외부감사 대상이 되는 주식회사는 사업보고서에 반드시 공인회계사의 감사보고서를 첨부하고 감사의견을 표명하도록 되어 있다.

공인회계사가 표시하는 감사의견에는 적정의견, 한정의견, 부정적의견, 의견거절 등 4가지가 있다.

① **적정의견**(unqualified opinion) : 재무제표의 모든 항목이 적절히 작성되어 회계기준에 일치하고 불확실한 사실이 없을 때 표시하는 의견이다.

② **한정의견**(qualified opinion) : 회계처리 방법과 재무제표 표시방법 중 일부가 기업회계에 위배되거나, 재무제표의 항목에서 합리적인 증거를 모두 얻지는 못하고 있어 관련되는 사항이 재무제표에 영향을 주거나 줄 수 있다고 인정되는 경우는 이런 영향을 제외하거나 없다는 것을 조건으로 내세워 기업의 재무제표가 기업 회계기준에 적정하게 표시하고 있다는 의견이다.

③ **부적정의견**(adverse opinion) : 재무제표가 전체적으로 합리적으로 기재되지 못하고 왜곡표시 됨으로써 무의미하다고 인정되는 경우를 표시하는 의견이다.

④ **의견거절**(disclaimer of opinion) : 감사의견을 형성하는 데 필요한 합리적 증거물을 얻지 못하여 재무제표 전체에 대한 의견표명이 불가능한 경우, 또는 기업존립에 관계될 정도의 객관적 사항이 특히 중대한 경우, 또는 감사의 독립성이 결여되어 있는 경우 등은 이러한 사유를 기재하고 이 때문에 재무제표에 대한 의견을 표명할 수 없음을 표시하는 의견이다.

상장기업인 경우 외부감사인으로부터 감사의견이 '한정'인 기업은 관리종목에 지정하고 두 차례 연속 받을 경우 상장이 폐지된다. '거절' 또는 '부적정' 판정을 받은 기업의 경우 곧바로 상장 폐지된다. 등록기업인 경우 재무제표에 대한 감사인의 감사의견이 '부정적', '의견거절' 또는 '감사범위 제한에 의한 한정'일 경우 '관리종목'으로 지정되고 코스닥위원회의 승인을 거쳐 등록이 취소된다.

출처: 매일경제, 매일경제용어사전

2.2 (원가)관리회계

(원가)관리회계는 기업 내부의 이해관계자, 즉 경영자 등이 합리적 의사결정을 하는 데 필요한 회계정보를 제공하는 회계분야를 말한다.

(원가)관리회계(managerial accounting 또는 management accounting)는 경영자 등이 경영활동을 계획하고 통제하는 등의 의사결정을 합리적으로 할 수 있도록 필요한 회계정보를 제공해 주는 것을 목적으로 하는 회계를 말한다.

▌재무회계와 (원가)관리회계의 비교▐

	재무회계	(원가)관리회계
1. 의의	• 기업의 재무상태 • 경영성과 • 현금흐름 • 자본변동을 표시 • 외부보고	• 의사결정 • 성과평가를 위한 정보제공 • 내부보고
2. 목적	• 기업 내·외 정보이용자의 의사결정에 유용한 정보의 제공	• 경영자의 관리적 의사결정에 유용한 정보의 제공
3. 보고대상	• 광범위한 이해관계자	• 경영자(내부이용자)
4. 기준	• 일반적으로 인정된 회계원칙	• 회계학, 경제이론, 의사결정과학, 행동과학 등
5. 모형	• 회계등식 • 회계의 개념적 틀	• 통일된 개념, 원칙, 이론이 없음
6. 자료수집의 시점·방법	• 거래발생과 동시에 회계장부에 기입	• 필요에 따라 사전적·동시적·사후적으로 기록
7. 정보 ① 본질 ② 화폐적·비화폐적 정보 ③ 정보의 세부 구분여부 ④ 정보의 정밀성과 정확성	• 과거적 정보 • 화폐적 정보 • 기업전체로 종합하여 요약 • 정밀하고 정확한 정보로 작성	• 과거적·미래적 정보 • 비화폐적 정보도 포함 • 관리적 목적에 따라 부문별·제품별로 구분 • 유용성이 있으면 개략적인정보로도 작성
8. 보고서 ① 보고양식 ② 보고시점 ③ 법적 강제 여부	• 재무제표 • 보통 1년 단위 • 법적 강제가 있음	• 일정한 양식이 없음 • 일별, 주별, 월별, 분기별, 반기별, 연도별로 보고될 수 있음 • 법적 강제가 없음

(원가)관리회계의 정보이용자는 주로 경영자이므로 (원가)관리회계에 필요한 자료의 종류, 양식 및 제공시기는 모두 기업 스스로가 필요에 따라 결정하므로 기업들마다 다양한 형태로 존재한다. 따라서 재무회계와는 달리 (원가)관리회계의 정보에는 기본적인 재무적 정보 외에도 경영자가 필요로 하는 내용이면 추정과 판단자료까지 포함하게 된다.

(원가)관리회계정보의 대부분이 원가정보이므로 흔히 관리회계와 원가회계를 혼동하고 있으나, 관리회계는 원가회계 이외에도 재무적 예측기법을 이용하여 기업의 제반 문제를 해결하기 위하여 필요한 정보를 만들어 분석하기도 한다.

제3절 회계와 부기

3.1 회계와 부기의 관계

부기(簿記)는 기업의 경영활동과정에서 발생한 거래를 장부에 기록, 분류, 요약하는 것을 말한다.

부기(book-keeping)는 “장부기입(帳簿記入)”의 준말로서 말 그대로 기업에서 발생한 거래를 장부에 기입한다는 뜻이다. 따라서 부기는 거래를 기록하고, 이것을 요약하는 기능만을 수행한다. 즉, 부기에는 복식부기의 원리에 따라 거래를 장부에 기록하고, 자산, 부채, 자본, 수익, 비용으로 분류하며, 이것을 재무제표에 요약하는 기계적 과정의 반복만 있을 뿐이다. 왜 이렇게 분류하여야 되는지, 누구를 위해 기록하는지, 좀 더 이용자에게 유용한 기록이나 요약방법은 없는지에 대한 이론적 논의가 전혀 없는 것이다. 따라서 부기는 기능적인 역할만을 한다는 점에서 **기술(기법, art)**이라고 할 수 있다.

반면에 회계(accounting)는 정보이용자의 주체가 누구인가를 확정하고 이들에게 좀 더 유용한 정보를 어떻게, 어떤 방법으로 제공할 것인가에 관심을 둔다. 즉, 회계에서는 이러한 이론적 정립이 전제된 하에서 회계정보를 제공하기 때문에 **학문(과학, science)**이라고 할 수 있다. 따라서 회계학은 존재하지만 기술적인 특성만을 가진 부기학은 존재하지 않는다.

결론적으로 회계는 부기를 기본적 토대로 하면서, 추가적으로 회계정보의 이용과 관련된 이론적 체계를 구축한 영역이라고 할 수 있다. 예를 들어 사람 몸이 기본적 골격을 이루는 뼈대와 살로 구성되어 있다고 할 때, 뼈대에 해당하는 것이 부기이고, 살에 해당하는 것이 회계이론이며, 사람의 몸 전체는 회계가 된다. 따라서 회계를 배우려면 우선 기본적 토대가 되는 장부기입에 대한 것을 먼저 알아야 된다는 사실을 이해하여야 할 것이다.

3.2 부기의 종류

1. 단식부기

단식부기는 일정한 원칙없이 현금수지만을 장부에 기록하는 방법을 말한다.

단식부기(single entry book-keeping)는 장부 기입 시 일정한 원리나 원칙 없이 주로 현금이 들어오고 나가는 경우에만 기록을 하는 장부기록 방법을 말한다. 따라서 일상적으로 단식부기로 기록된 장부를 금전출납부라고 한다.

단식부기에서는 영어표현에서 보는 바와 같이 금액을 한 번만 기록(single entry)한다. 단식부기의 대표적인 장부인 가계부를 보면 수입란 또는 지출란에 금액을 한번만 기록하도록 되어 있다. 따라서 단식부기는 거래의 원인과 결과 중 하나만 알 수 있어 거래의 투명성이 결여되어 있으며, 복식부기가 갖는 자기검증기능이 없어 기록의 정확성을 검증하기가 어렵다.

2. 복식부기

복식부기는 일정한 원칙에 의하여 조직적으로 기업의 경영활동을 기록하는 방법을 말한다.

복식부기(double entry book-keeping)란 모든 거래를 복식으로 기록한다는 의미인데, 여기에서 '복식'이란 이중적인 기록방법에 의하여 기록하는 것을 말한다.

복식부기에서는 영어표현에서 보는 바와 같이 금액을 두 번 기록(double entry)한다. 즉, 장부를 인위적으로 오른쪽과 왼쪽으로 구분하여 동일한 금액을 양쪽에 두 번 기록함으로써 거래의 발생원인과 결과를 나타낸다. 따라서 복식부기에서는 거래의 원인과 결과를 알 수 있어 거래의 투명성이 보장되며, 동일한 금액을 양쪽에 기입함으로써 오른쪽과 왼쪽의 합계액은 항상 일치하게 되어 불일치 시에는 기록상의 오류가 있다는 것을 쉽게 알 수 있게 해주는 자기검증기능이 있다.

오늘날 대부분의 기업에서는 이 복식부기를 사용하고 있으며, 우리가 학문적 연구의 대상으로 하는 것도 이러한 복식부기인 것이다.

제4절 회계의 주요개념

4.1 회계원칙

회계가 정보이용자에게 유용한 정보를 제공하기 위해서는 사전에 통일된 기준을 정해 놓고 누구나 약속된 방법에 따라 작성되어야 한다. 그 통일된 기준을 '**회계원칙(accounting principles)**'이라고 한다. 즉, 회계원칙이 필요한 이유는 회계처리 및 재무제표 작성을 기업 임의대로 한다면 회계정보의 객관성과 기업 간 비교가능성이 저해되기 때문이다.

어느 나라나 그 나라에서 통용되는 회계원칙이 있는데, 이것을 **"일반적으로 인정된 회계원칙(generally accepted accounting principles; GAAP)"**이라고 한다. 모든 기업은 원칙적으로 "일반적으로 인정된 회계원칙"에 따라서 회계처리를 하고, 그에 따라 재구제표를 작성하여야 한다.

회계는 일반적으로 인정된 회계원칙에 따라 처리되어야 한다. 여기서 "일반적으로 인정된(generally accepted)"이란 다수의 권위있는 지지(substantial authoritative support)를 의미하며, 이것은 구체적으로 권위있는 주체에 의해 제정되었거나 오랜 기간 동안 발전해 온 회계실무가 보편타당한 것으로 수용되었음(일반적 수용성)을 의미하는 것이다.

각 나라마다 경제적 환경이 다르기 때문에 일반적으로 인정된 회계원칙이 서로 차이가 났으나, 세계경제가 글로벌화되고 다국적 기업의 출현 등으로 국제회계기준으로 통일시키려는 노력이 활발히 이루어지고 있다. 우리나라의 일반적으로 인정된 회계원칙은 기업회계기준서인데 상장기업은 2011년부터 국제회계기준이 기업회계기준서를 대체하게 되었다.[5)]

4.2 우리나라 기업회계기준의 역사

기업회계기준이란 기업의 회계행위를 지도하는 기본원리로서 회계의 기본가정을 기초로 하여 기업회계의 실무에서 관습적으로 발달한 것으로부터 일반적으로 공정 타당하다고 인정되는 바를 요약한 것이다. 그리고 이 기업회계기준은 재무제표 이용자가 기업실체에 대해 올바른 판단을 할 수 있도록 재무상의 자료를 일반적으로 인정된 회계원칙에 따라 처리하고 이에 관련되는 정보를 정확히 파악하여 적정한 보고를 할 수 있도록 하는데 그 목표를 두고 있다.

따라서 기업회계기준은 모든 기업이 회계행위를 수행할 때 존중하지 않으면 안 될 사회

---

5) 현재 우리나라의 경우 기업에 따라 한국채택국제회계기준(K-IFRS), 일반기업회계기준, 중소기업회계기준의 3가지 중 하나를 채택하여 사용하고 있다.

적 규범을 성문화한 것이라고 할 수 있다. 이와 같이 기업회계기준은 모든 기업이 회계행위를 할 때 준수하여야 할 행위의 지침으로서 기업의 회계실무를 이끄는 지도원리라고 할 수 있다.

기업의 경영자는 기업회계기준에 근거하여 재무제표를 작성하여야 한다. 회계의 목적이 달성되려면 국가적 차원에서 기업의 회계처리과정을 통하여 투자자와 채권자의 합리적인 경제적 의사결정에 유용한 재무제표 정보가 산출되도록 통제하는 일련의 규정이 필요하다. 이러한 회계처리에 대한 포괄적인 지침이 기업회계기준이다.

일반적으로 기업회계기준이라고 하면 "외감법 제13조제1항"의 규정에 의한 회계처리기준을 말하며, 기업회계기준서와 기업회계기준해석서 및 이에 대체되지 않은 기업회계기준, 연결재무제표준칙, 기업집단결합재무제표준칙, 업종별회계처리준칙, 기업회계기준등에관한해석이 포함된다. 또한 국내의 주권상장법인이 준수하여야 하는 회계처리기준으로서 한국회계기준원(Korea Accounting Institute; KAI)이 공식적인 절차를 거쳐 우리나라에서 적용되는 기업회계기준으로 채택한 한국채택국제회계기준(Korean International Financial Reporting Standards; K-IFRS)이 있다.

이 중 "기업회계기준서"는 주제별로 일련번호를 부여하여 관련 회계주제의 회계처리방법, 표시 및 공시에 대한 포괄적인 지침을 제공할 뿐만 아니라 가능한 한 실무적용에 필요한 구체적인 방법까지 제시하고 있다. 이 기업회계기준서의 각 문단은 회계규범적인 성격을 갖고 있으므로 회계이론에 바탕을 두고 논리 정연하게 서술하며, 이 기업회계기준서는 국제회계기준 등과의 정합성을 높이고 실무 적용상의 편차를 줄이기 위하여 문단식의 구조를 채택하며, 기준서의 요약, 목차, 목적, 적용 범위, 용어의 정의, 회계처리방법, 주석 공시, 적용일, 경과 조치와 부록(배경 정보와 결론도출 근거)을 포함하고 있다.

그리고 "기업회계기준해석서"는 "기업회계기준서"에서 다루지 못한 세부 실행지침을 기술하고 기술적인 문제 등을 예제를 중심으로 해설하거나 기업회계기준서의 적용에 필요한 실무지침을 제공한다. 이 기업회계기준해석서는 기업회계기준서의 내용 중 일반적인 표현에 대한 분명한 해석이 필요하거나 사후적으로 기업회계기준서의 내용과 관련된 추가적인 회계문제가 인식되는 등 기업회계기준서의 내용을 개정할 필요는 없으나 보완이 필요한 경우에 발간한다.

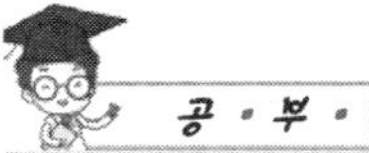
공·부·합·시·다

회계기준원[www.kasb.or.kr Korea Accounting Institute(KAI)]

한국공인회계사회, 금융감독원, 증권거래소, 한국증권업협회, 대한상공회의소, 전국 경제인연합회, 은행연합회, 상장회사협의회 등 14개 단체가 회원으로 있는 사단법인으로 1999년 6월 설립되었다. 한국회계연구원이라는 이름으로 개원되었다가 2006년 3월 한국회계기준원(Korea Accounting Institute)으로 명칭을 변경하였다.

1999년 9월 1일부터 업무를 시작, 2000년 3/4분기부터 금융감독위원회의 위탁을 받아 내부에 설치한 회계기준위원회(KASB: Korea Accounting Standards Board)를 통하여 회계기준 제정, 개정과 해석 및 질의 회신을 수행하고 있다. 즉 한국회계기준원은 회계투명성 제고를 위해 정규절차에 따라 질 높은 회계기준(한국채택국제회계기준, 일반기업회계기준, 비영리조직회계기준 등)을 제정 및 개정하고 있다.

우리나라 회계기준의 역사

연 도	회계기준	
1958년	기업회계원칙, 재무제표규칙	
1974년	상장법인 등의 회계처리에 관한 규정	
1975년	상장법인 등의 재무제표에 관한 규칙	
1981년	기업회계기준, 준칙[6], 기업회계기준에 관한 해석	
1999년~2009년	KASB가 독자적으로 제정한 회계기준	기업회계기준서
2007년~2009년	KASB가 번역한 한국채택국제회계기준	기업회계기준서 기업회계기준해석서

한국채택국제회계기준은 2007년 11월에 제정되었으며, 한국채택국제회계기준을 국제회계기준의 내용과 일치시키는 것을 원칙으로 하였다. 기업이 한국채택국제회계기준을 적용하게 되면, 전 세계적인 회계기준 단일화 추세에 적극 동참하게 되고 우리나라 기업의 재무제표와 외국기업의 재무제표 간의 비교가능성이 제고되며, 국제사회에서 우리나라 회계투명성에 대한 신뢰도가 향상될 것이다. 따라서 국제자본시장에서 자본흐름의 장벽을 제거하고 국제자본시장 참여자의 기업에 대한 투자 및 신용에 대한 의사결정에 도움이 되는 양질의 정보를 제공할 수 있게 된다.

우리나라의 회계기준은 1958년에 기업회계원칙과 재무제표규칙이 처음으로 제정되었다. 이후 1960년대 급속한 경제성장에 따라 회계제도의 점진적으로 개선되었다. 1973년 기업공개촉진법이 제정됨에 따라 상장법인 등의 회계처리에 관한 규정과 상장법인 등의 재무제표에 관한 규칙이 제정되었다. 이후 4개의 회계규정이 공존하였다. 회계규정의 이원화로

6) 준칙의 예로 기업집단결합재무제표준칙, 은행업회계처리준칙, 원가계산준칙 등이 있다.

인한 불편을 해소하기 위해 1981년 이들을 통합하여 기업회계기준을 제정하였으며, 1999년까지 여러 차례의 개정을 거치면서 우리나라의 회계기준으로 사용되어 왔다.

1997년 외환위기를 겪은 이후 회계의 투명성을 제고하기 위해 1999년 9월에 민간부문 회계기준 제정 기구인 한국회계기준위원회(Korea Accounting Standard Board; KASB)를 설립하였다. 한국회계기준위원회는 독자적으로 기업회계기준서를 제정하였다. 기업회계기준서는 실무적용의 편의를 위해 문단식 구조를 가지며, 회계처리방법에 대한 규정 이외에도 기준서의 요약, 목차, 목적, 용어의 정의, 배경정보와 결론도출근거 등을 포함하고 있다.

2007년에 국제회계기준 전면도입을 공표하고 국제회계기준을 번역한 한국채택국제회계기준을 제정하였다.

Ⅰ 우리나라 회계기준의 운영체계 방안 Ⅰ

구 분	2008년까지	2009년~2010년	2011년 이후
국제회계기준 선택기업		한국채택국제회계기준(K-IFRS)	
상장기업			
일반기업(비상장기업)	현행 회계기준		일반기업회계기준/ 중소기업회계기준

우리나라 회계기준의 운영체계 방안은 상장회사는 2011년 이후부터 한국채택국제회계기준을 도입하고, 비상장 일반기업은 별도의 일반기업회계기준과 중소기업회계기준 중 하나를 적용하여야 한다(현행 기업회계기준인 한국채택국제회계기준, 일반기업회계기준, 중소기업회계기준에 대한 자세한 것은 한국회계기준원의 회계기준위원회 www.kasb.or.kr에서 참고).

따라서 적용대상을 구체적으로 설명하면 상장법인과 일부의 금융기관 및 자발적으로 채택하고자 하는 비상장기업은 '한국채택국제회계기준(K-IFRS)'을, 자산 총액 120억 이상의 외부감사 대상 비상장기업은 '일반기업회계기준'을, 그 밖에 외부감사제도 대상기업이 아닌 주식회사의 경우는 '중소기업회계기준'을 적용하여야 한다.[7)]

7) 「상법」 제446조의2 및 같은 법 시행령 제15조 제3호에 따라 법무부 장관이 금융위원회 및 중소기업청장과 협의하여 고시한 회계기준으로, 대상기업들은 2014년 1월 1일부터 이 기준에 따라 재무제표를 작성하도록 정하였다.

4.3 국제회계기준위원회와 국제회계기준

글로벌 경제환경에서 경제활동을 원활히 하려면 각 국의 회계기준을 정리하여 그 차이를 적게 하고 보다 통일된 것으로 제정할 필요가 있게 되었다. 이러한 목적으로 1973년 국제회계기준위원회(IASB)가 설립되었으며, IASB는 유럽을 중심으로 13명(미국3, 영국3, 프랑스2, 호주, 스웨덴, 남아공, 일본, 중국)의 위원으로 구성되어 있다.

IASB의 보조기구로 SAC와 IFRIC 및 Working Groups 등이 있다. SAC는 회계기준 제정과 관련하여 IASB에 조언을 제공하며, IFRIC는 국제회계기준해석서 제정과 관련하여 제정안을 마련하고 IASB에 승인을 요청하는 업무를 담당하고 있다. 국제회계기준은 자본시장 자유화에 따라 국제적으로 통일된 회계기준제정을 목표로 국제회계기준위원회에서 제정한 회계기준이다. 국제회계기준은 국제회계기준서(IFRS, 국제재무보고기준)와 국제회계기준해석서(IFRIC Interpretatons)로 이루어지는데, 기준서는 IASB에서 제정하여 공표하고 해석서는 IASB의 승인을 얻어 IFRIC에서 발간하고 있다.

국제회계기준은 2001년 국제증권감독기구(IOSCO)에서 사용을 권고하고 EU의 증권시장에 상장된 회사들에게 2005년도부터 IFRS를 적용하게 함으로써 자본시장의 통합화에 따른 회계기준의 통일가능성에 높아졌다.

참고 공인회계사 시험제도(개요)

1. 시험방법
   제1차시험(객관식 필기시험)과 제2차시험(주관식 필기시험)으로 구분 시행하며, 제1차시험 합격자는 그 다음해 제2차시험까지 응시 가능
2. 응시 자격(학점이수제)
   대학교 등에서 24학점(회계학 및 세무관련 과목 12학점, 경영학과목 9학점, 경제학과목 3학점) 이상을 이수해야 응시 가능
3. 공인영어시험성적 인정
   공인영어시험성적이 합격점수(토익 700점, 텝스 625점, iBT 71점 등) 이상이면 제1차시험 영어시험과목을 합격으로 처리
4. 최소선발예정인원
   금융위원회가 매년 공고하는 인원(예로서 2018년도는 850명) 이상을 선발

5. 제1차시험 합격자 결정
영어과목을 제외한 매과목 배점 4할 이상, 전과목 평균 6할 이상인 자 중에서 전과목 총득점 순으로 최소선발예정인원의 2배수 선발(상대평가)
6. 제2차시험 합격자 결정
매과목 배점의 6할 이상 득점자를 합격자로 선발(절대평가). 절대평가 합격자가 최소선발예정인원에 미달하는 경우 매과목 배점 4할 이상 득점자 중에서 전과목 총득점 순으로 미달인원만큼 추가 선발
7. 제2차시험 부분합격제도
제1차시험 합격년도에 실시된 제2차시험에서 6할 이상 득점한 과목은 다음 년도 제2차시험에서 면제

[시험과목 및 과목별 배점]

1. 제1차시험(객관식 필기시험)

구분	시험시간	과목	문항수	배점	비고
1교시	110분	경영학	40	100점	기초소양을
		경제원론	40	100점	검정함
2교시	120분	상법(총칙편, 상행위편 및 회사편과 어음법 및 수표법을 포함)	40	100점	
		법개론	40	100점	
3교시	80분	회계학(회계원리와 회계이론 및 정부회계)	50	150점	
–	–	영어(공인시험기관 성적으로 대체)	–	–	

2. 제2차시험(주관식 필기시험)

구분	시험시간		과목	배점	비고
1일차	1교시	120분	세 법	100점	일반적 학리와
	2교시	120분	재무관리	100점	그 응용능력을
	3교시	120분	회계감사	100점	검정함
2일차	1교시	120분	원가회계	100점	
	2교시	150분	재무회계	150점	

4.4 회계기준위원회와 기업회계기준

우리나라의 기업회계기준은 회계기준의 국제화에 부응하기 위해 회계기준위원회는 2007년 11월에 국제회계기준을 채택한 한국채택국제회계기준(K-IFRS)을 제정하였으며, 한국채택국제회계기준을 국제회계기준의 내용과 일치시키는 것을 원칙으로 하였다.

우리나라 기업이 한국채택국제회계기준을 적용하게 되면, 우리나라 기업의 재무제표와 외국기업의 재무제표간의 비교가능성이 제고되며, 국제사회에서 우리나라의 회계투명성에 대한 신뢰도가 향상될 것이다. 이로 인해 우리나라 기업에 대한 투자 및 신용 의사결정에 유용한 정보를 제공할 수 있게 되었다.

한국채택국제회계기준을 도입한 후부터는 한국채택국제회계기준, 비상장기업회계기준, 특수분야회계기준 등으로 구성된다. 한국채택국제회계기준, 비상장기업회계기준, 특수분야회계기준 등은 각각 기업회계기준서와 기업회계기준해석서로 구성되며, 기준의 본문은 아니지만 실무 적용을 용이하게 하기 위해 관련 실무지침 등을 제공한다.

K-IFRS는 회계기준위원회가 국제회계기준을 근거로 제정한 회계기준으로 기준서의 각 문단은 해당 기준서의 목적과 결론도출 근거, 본 전문과 재무제표작성과 표시를 위한 개념체계 등을 바탕으로 이해하여야 한다.

K-IFRS을 구성하는 기업회계기준해석서는 기업회계기준서에서 명시적으로 언급되지 않고 새롭게 인식된 재무보고 문제에 대하여 지침을 제공하고 구체적인 지침이 없다면 잘못 적용될 수 있는 내용에 대한 권위 있는 지침을 제공한다.

특수분야회계기준은 관계 법령 등의 요구사항이나 한국에 고유한 거래나 기업환경 등의 차이를 반영하기 위하여 회계기준위원회가 제정하는 회계기준으로서 기준서와 해석서로 구성된다.

K-IFRS을 구성하는 기업회계기준서 및 기업회계기준서의 일련번호는 국제회계기준(IAS)과 국제재무보고기준(IFRS) 및 관련 해석서의 일련번호와 일관되게 부여한다.

종합문제

1. 회계란 무엇인가?

2. 회계(시스템)의 모형을 설명하시오.

3. 회계정보 이용자를 내부 정보이용자와 외부 정보이용자로 구분하여 각각 누가 있는지, 그리고 그들은 어떤 회계정보에 관심이 있는지 설명하시오.

4. 재무회계와 (원가)관리회계를 비교하여 설명하시오.

5. 회계(accounting)와 부기(book-keeping)는 어떻게 다른가?

6. 단식부기와 복식부기의 차이는 무엇인가?

7. 일반적으로 인정된 회계원칙이란 무엇인가?

8. 한국채택국제회계기준(K-IFRS), 일반기업회계기준, 중소기업회계기준을 설명하시오.

제 2 장 재무제표의 이해

본 장은 회계의 최종 산출물로서 기업의 외부이해관계자인 주주, 채권자, 거래처, 정부 등에게 기업의 경영활동에 대한 (재무)회계정보를 제공할 것을 목적으로 작성되는 재무제표 중 재무상태표, (포괄)손익계산서에 대한 기초적인 개념을 설명하고 있다. 따라서 이들 재무상태표와 (포괄)손익계산서를 설명하기에 앞서 회계정보의 의의와 목적, 기본가정, 질적 특성 및 재무제표의 기본요소를 설명하고, 재무상태표와 (포괄)손익계산서의 기초개념을 설명하였다.

제 1 절 회계정보의 의의와 목적

1.1 회계정보의 의의

주식회사는 자본을 중심으로 설립되었기 때문에 객관적인 화폐금액으로 나타낼 수 있는 자료를 수집하여 일정한 원칙에 의해 서로 관련된 자료만을 일목요연하게 나타내면 보다 유용할 것이다. 기업을 둘러싼 이해관계자인 투자자와 채권자들은 경제적 의사결정을 위해 기업에 대한 정보를 필요로 한다. 이들의 의사결정에 유용하게 사용될 수 있도록 화폐로 측정가능한 정보를 일정한 원칙에 의해 기록하여 제공할 필요가 있다. 이와 같이 기업과 관련된 내용 중에서 화폐금액으로 객관적으로 표시할 수 있는 항목을 일정한 원칙에 의해 작성하여 나타내는 회계정보인 (재무)회계정보를 재무제표(financial statements; F/S) 또는 재무보고서(statement of financial reporting)라 한다.

1.2 회계정보의 목적

회계는 정보이용자가 합리적인 경제적 의사결정에 유용한 정보를 제공하기 위해 거래를 측정하고 보고하는 정보시스템이다. 거래의 측정과 보고는 회계의 주요 기능이다. 재무제표는 정보이용자에게 화폐로 표시된 재무적 정보를 제공하는데 이를 재무보고라고 한다. 즉 재무보고는 정보이용자가 합리적인 경제적 의사결정을 위해 최고경영자가 기업의 재무상태, 경영성과, 자본변동 및 현금흐름 등에 관한 정보를 제공하는 것을 말한다.

(재무)회계정보의 목적은 광범위한 정보이용자의 경제적 의사결정에 유용한 기업의 재무상태, 성과, 자본변동 및 현금흐름 등에 관한 정보를 제공하는 것이다. 재무회계정보이용자가 경제적 의사결정을 하기 위해서는 기업의 현금 및 현금성자산의 창출 능력과 그 시기 및 확실성에 대한 평가가 필요하다. 이러한 능력은 예를 들어 기업의 종업원과 공급자에 대한 지급능력, 차입금에 대한 이자 및 원금 지급능력과 소유주에 대한 배당금 지급능력을 궁극적으로 결정한다. 재무회계 정보이용자에게 기업의 재무상태, 성과, 자본변동 및 현금흐름 등에 초점을 둔 정보가 제공된다면 이들은 기업의 현금 및 현금성자산의 창출능력을 보다 잘 평가할 수 있을 것이다.

(재무)회계정보의 목적

구 분	목 적
재무상태	경제적 자원과 청구권, 재무구조, 유동성, 지급능력, 영업환경 변화에 대한 적응능력 등
경영성과	수익성, 경제적 자원의 변동가능성, 기업의 미래 순현금흐름의 예측 등
자본변동	투자・재무・영업활동의 평가, 현금창출능력의 평가, 자금의 조달과 사용내역, 자본의 변동 내역 등
현금흐름	현금의 유입 및 유출, 그 결과로 인한 현금의 증감 내역 등

재무제표는 또한 위탁받은 자원에 대한 경영진의 수탁책임이나 회계책임의 결과를 보여준다. 경영자는 주주로부터 위임받은 자본을 효율적인 운영을 통하여 수익을 창출하고, 이에 결과를 측정하여 보고할 책임을 지니고 있다. 경영자의 수탁책임이나 회계책임을 평가하려는 정보이용자의 목적은 경제적 의사결정을 하기 위해서이다. 예를 들어, 이러한 경제적 의사결정에는 기업의 투자지분을 계속 보유하거나 매도할지 또는 경영진을 재선임하거나 교체할지와 같은 결정이 포함될 수 있다.

제2절 회계정보의 기본가정

2.1 계속기업(going concern)의 기본가정

재무제표는 일반적으로 기업이 계속기업이며 예상가능한 기간 동안 영업을 계속할 것이라는 가정 하에 작성된다. 따라서 기업은 그 경영활동을 청산하거나 중요하게 축소할 의도나 필요성을 갖고 있지 않다는 가정을 적용하며, 만약 이러한 의도나 필요성이 있다면 재무제표는 계속기업을 가정한 기준과는 다른 기준을 적용하여 작성하는 것이 타당할 수 있으며 이때 적용한 기준은 별도로 공시하여야 한다[1].

제3절 회계정보의 질적 특성

회계정보의 질적 특성이란 정보이용자의 의사결정에 유용한 정보를 제공하기 위하여 재무회계정보가 갖추어야 할 속성을 말하며, 이는 **근본적 질적 특성**과 **보강적 질적 특성**으로 나눌 수 있다.

재무(회계)정보가 유용하기 위해서는 목적적합해야 하고 나타내고자 하는 바를 충실하게 표현해야 한다. 재무정보가 비교가능하고, 검증가능하며, 적시성 있고, 이해가능한 경우 그 재무정보의 유용성은 보강된다.

3.1 근본적 질적 특성

근본적 질적 특성은 **목적적합성**과 **표현충실성**이다.

목적적합한 회계정보는 정보이용자의 의사결정에 차이가 나도록 할 수 있다. 정보는 일부 정보이용자가 이를 이용하지 않기로 선택하거나 다른 원천을 통하여 이미 이를 알고 있다고 할지라도 의사결정에 차이가 나도록 할 수 있다. 재무회계정보에 예측가치, 확인가치 또는 이 둘 모두가 있다면 그 회계정보는 의사결정에 차이가 나도록 할 수 있다.

---

1) 종전에는 발생기준(accrual basis), 기업실체(business entity), 기간별보고(periodicity) 등 여러 가지 기본가정을 제시한 적이 있으나, 현재는 재무제표 즉 (재무)회계정보 작성을 위한 기본가정으로서 계속기업(going concern)만을 들고 있다.

정보이용자들이 미래 결과를 예측하기 위해 사용하는 절차의 투입요소로 재무회계정보가 사용될 수 있다면, 그 재무회계정보는 예측가치를 갖는다. 재무회계정보가 예측가치를 갖기 위해서 그 자체가 예측치 또는 예상치일 필요는 없다. 예측가치를 갖는 재무회계정보는 정보이용자 자신이 예측하는 데 사용된다.

회계정보가 과거 평가에 대해 피드백을 제공한다면 (과거 평가를 확인하거나 변경시킨다면) 확인가치를 갖는다. 재무회계정보의 예측가치와 확인가치는 상호 연관되어 있다. 예측가치를 갖는 정보는 확인가치도 갖는 경우가 많다. 예를 들어, 미래 연도 수익의 예측 근거로 사용할 수 있는 당해 연도 수익 정보를 과거 연도에 행한 당해 연도 수익 예측치와 비교할 수 있다. 그 비교 결과는 정보이용자가 그 과거 예측에 사용한 절차를 수정하고 개선하는 데 도움을 줄 수 있다.

• 중요성

정보가 누락되거나 잘못 기재된 경우 특정 보고기업의 회계정보에 근거한 정보이용자의 의사결정에 영향을 줄 수 있다면 그 정보는 중요한 것이다. 즉, 중요성은 개별 기업 재무보고서 관점에서 해당 정보와 관련된 항목의 성격이나 규모 또는 이 둘 모두에 근거하여 해당 기업에 특유한 측면의 목적적합성을 의미한다.

• 표현충실성

회계정보는 경제적 현상을 글과 숫자로 나타내는 것이다. 회계정보가 유용하기 위해서는 목적적합한 현상을 표현하는 것뿐만 아니라 나타내고자 하는 현상을 충실하게 표현해야 한다. 완벽하게 표현충실성을 위해서는 서술에 세 가지의 특성이 있어야 할 것이다. **서술은 완전하고, 중립적이며, 오류가 없어야 할 것이다.** 물론 완벽함은 달성하기 어렵다.

완전한 서술은 필요한 기술과 설명을 포함하여 정보이용자가 서술되는 현상을 이해하는 데 필요한 모든 정보를 포함하는 것이다. 예를 들어, 자산 집합의 완전한 서술은 적어도 집합 내 자산의 특성에 대한 기술과 집합 내 모든 자산의 수량적 서술, 그러한 수량적 서술이 표현하고 있는 기술 내용(예: 최초 원가, 조정 원가 또는 공정가치)을 포함한다. 일부 항목의 경우 완전한 서술은 항목의 질 및 성격, 그 항목의 질 및 성격에 영향을 줄 수 있는 요인과 상황, 그리고 수량적 서술을 결정하는 데 사용된 절차에 대한 유의적인 사실의 설명을 수반할 수도 있다.

중립적 서술은 재무정보의 선택이나 표시에 편의가 없는 것이다. 중립적 서술은, 정보이용자가 재무정보를 유리하게 또는 불리하게 받아들일 가능성을 높이기 위해 편파적이 되거나, 편중되거나, 강조되거나, 경시되거나 그 밖의 방식으로 조작되지 않는다. 중립적 정보는 목적이 없거나 행동에 대한 영향력이 없는 정보를 의미하지 않는다. 오히려 목적적합한 재무정보는 정의상 정보이용자의 의사결정에 차이가 나도록 할 수 있는 정보이다.

그러나 표현충실성은 모든 면에서 정확한 것을 의미하지는 않는다. 오류가 없다는 것은 현상의 기술에 오류나 누락이 없고, 보고 정보를 생산하는 데 사용되는 절차의 선택과 적용 시 절차 상 오류가 없음을 의미한다. 이 맥락에서 오류가 없다는 것은 모든 면에서 완벽하게 정확하다는 것을 의미하지는 않는다. 예를 들어, 관측가능하지 않은 가격이나 가치의 추정치는 정확한지 또는 부정확한지 결정할 수 없다. 그러나 추정치로서 금액을 명확하고 정확하게 기술하고, 추정 절차의 성격과 한계를 설명하며, 그 추정치를 도출하기 위한 적절한 절차를 선택하고 적용하는 데 오류가 없다면 그 추정치의 표현은 충실하다고 할 수 있다.

표현충실성 그 자체가 반드시 유용한 정보를 만들어 내는 것은 아니다. 예를 들어, 보고기업은 정부보조금으로 유형자산을 받을 수 있다. 기업이 아무런 대가 없이 자산을 취득했다고 보고한다면 그 원가를 충실히 표현한 것은 분명하지만 그 정보는 아마도 매우 유용하지는 않을 것이다. 좀 더 미묘한 사례는 자산의 장부금액이 자산 가치의 손상을 반영하여 조정되어야 하는 금액의 추정치인 경우이다. 보고기업이 적절한 절차를 올바르게 적용하였고, 추정치를 올바로 기술했으며, 추정치에 유의적으로 영향을 미칠 수 있는 불확실성을 기술하였다면, 그 추정치는 표현충실성이 될 수 있다. 그러나 그러한 추정치에 불확실성의 수준이 충분히 크다면, 그 추정치가 별로 유용하지는 못할 것이다. 즉, 충실히 표현된 자산이라도 목적적합성이 의문스럽다는 것이다. 더 충실한 다른 표현을 할 수 없다면, 그 추정치가 최선의 이용가능한 정보를 제공하는 것일 수는 있다.

- **근본적 질적 특성의 적용**

정보가 유용하기 위해서는 목적적합하고 충실하게 표현되어야 한다. 목적적합하지 않은 현상에 대한 표현충실성과 목적적합한 현상에 대한 충실하지 못한 표현 모두 정보이용자가 좋은 결정을 내리는 데 도움이 되지 않는다.

근본적 질적 특성을 적용하기 위한 가장 효율적이고 효과적인 절차는 일반적으로 다음과 같다. 첫째, 보고기업의 재무정보 이용자에게 유용할 수 있는 경제적 현상을 식별한다. 둘째, 이용가능하고 충실히 표현될 수 있다면 가장 목적적합하게 될, 그 현상에 대한 정보의 유형을 식별한다. 셋째, 그 정보가 이용가능하고 충실하게 표현될 수 있는지 결정한다. 만약 그러하다면, 근본적 질적 특성의 충족 절차는 그 시점에 끝난다. 만약 그러하지 않다면, 차선의 목적적합한 유형의 정보에 대해 그 절차를 반복한다.

3.2 보강적 질적 특성

비교가능성, **검증가능성**, **적시성** 및 **이해가능성**은 목적적합하고 충실하게 표현된 정보의 유용성을 보강시키는 질적 특성이다. 보강적 질적 특성은 만일 어떤 두 가지 방법이 현상을 동일하게 목적적합하고 충실하게 표현하는 것이라면 이 두 가지 방법 가운데 어느 방법을 현상의 서술에 사용해야 할지를 결정하는 데에도 도움을 줄 수 있다.

• 비교가능성

정보이용자의 의사결정은, 예를 들어, 투자자산을 매도할지 또는 보유할지, 어느 보고기업에 투자할지를 선택하는 것과 같이 대안들 중에서 선택을 하는 것이다. 따라서 보고기업에 대한 정보는 다른 기업에 대한 유사한 정보 및 해당 기업에 대한 다른 기간이나 다른 일자의 유사한 정보와 비교할 수 있다면 더욱 유용하다.

비교가능성은 정보이용자가 항목 간의 유사점과 차이점을 식별하고 이해할 수 있게 하는 질적 특성이다. 다른 질적 특성과 달리 비교가능성은 단 하나의 항목에 관련된 것이 아니다. 비교하려면 최소한 두 항목이 필요하다.

일관성은 비교가능성과 관련은 되어 있지만 동일하지는 않다. 일관성은 한 보고기업 내에서 기간 간 또는 같은 기간 동안에 기업 간, 동일한 항목에 대해 동일한 방법을 적용하는 것을 말한다. 비교가능성은 목표이고 일관성은 그 목표를 달성하는 데 도움을 준다.

비교가능성은 통일성이 아니다. 정보가 비교가능하기 위해서는 비슷한 것은 비슷하게 보여야 하고 다른 것은 다르게 보여야 한다. 재무정보의 비교가능성은 비슷한 것을 달리 보이게 하여 보강되지 않는 것처럼, 비슷하지 않은 것을 비슷하게 보이게 한다고 해서 보강되지 않는다.

근본적 질적 특성을 충족하면 어느 정도의 비교가능성은 달성될 수 있을 것이다. 목적적합한 경제적 현상에 대한 충실한 표현은 다른 보고기업의 유사한 목적적합한 경제적 현상에 대한 충실한 표현과 어느 정도의 비교가능성을 자연히 가져야 한다. 단 하나의 경제적 현상을 충실하게 표현하는 데 여러 방법이 있을 수 있으나 동일한 경제적 현상에 대해 대체적인 회계처리방법을 허용하면 비교가능성이 감소한다.

• 검증가능성

검증가능성은 정보가 나타내고자 하는 경제적 현상을 충실히 표현하는지를 정보이용자가 확인하는 데 도움을 준다. 검증가능성은 합리적인 판단력이 있고 독립적인 서로 다른 관찰자가 어떤 서술이 충실한 표현이라는 데, 비록 반드시 완전히 일치하지는 못하더라도, 의견이 일치할 수 있다는 것을 의미한다. 계량화된 정보가 검증가능하기 위해서 단일 점추정치이어야 할 필요는 없다. 가능한 금액의 범위 및 관련된 확률도 검증될 수 있다.

검증은 직접적 또는 간접적으로 이루어질 수 있다. 직접 검증은, 예를 들어, 현금을 세는 것과 같이, 직접적인 관찰을 통하여 금액이나 그 밖의 표현을 검증하는 것을 의미한다. 간접 검증은 모형, 공식 또는 그 밖의 기법에의 투입요소를 확인하고 같은 방법을 사용하여 그 결과를 재계산하는 것을 의미한다. 예를 들어, 투입요소(수량과 원가)를 확인하고 같은 원가흐름가정을 사용(예: 선입선출법 사용)하여 기말 재고자산을 재계산하여 재고자산의 장부금액을 검증하는 것이다.

어느 미래 기간 전까지는 어떤 설명과 미래전망 재무정보를 검증하는 것이 전혀 가능하지 않을 수 있다. 정보이용자가 그 정보의 이용 여부를 결정하는 데 도움을 주기 위해서는 일반적으로 기초가 된 가정, 정보의 작성 방법과 정보를 뒷받침하는 그 밖의 요인 및 상황을 공시하는 것이 필요하다.

• 적시성

적시성은 의사결정에 영향을 미칠 수 있도록 의사결정자가 정보를 제때에 이용가능하게 하는 것을 의미한다. 일반적으로 정보는 오래될수록 유용성이 낮아진다. 그러나 일부 정보는 보고기간 말 후에도 오랫동안 적시성이 있을 수 있다. 예를 들어, 일부 정보이용자는 추세를 식별하고 평가할 필요가 있을 수 있기 때문이다.

• 이해가능성

정보를 명확하고 간결하게 분류하고, 특징지으며, 표시하면 이해가능하게 된다. 일부 현상은 본질적으로 복잡하여 이해하기 쉽게 할 수 없다. 그 현상에 대한 정보를 재무보고서에서 제외하면 그 재무보고서의 정보를 더 이해하기 쉽게 할 수 있다. 그러나 그 보고서는 불완전하여 잠재적으로 오도할 수 있다.

재무보고서는 사업활동과 경제활동에 대해 합리적인 지식이 있고, 부지런히 정보를 검토하고 분석하는 정보이용자를 위해 작성된다. 때로는 박식하고 부지런한 정보이용자도 복잡한 경제적 현상에 대한 정보를 이해하기 위해 자문가의 도움을 받는 것이 필요할 수 있다.

• 보강적 질적 특성의 적용

보강적 질적 특성은 가능한 한 극대화되어야 한다. 그러나 보강적 질적 특성은, 정보가 목적적합하지 않거나 충실하게 표현되지 않으면, 개별적으로든 집단적으로든 그 정보를 유용하게 할 수 없다. 보강적 질적 특성을 적용하는 것은 어떤 규정된 순서를 따르지 않는 반복적인 과정이다. 때로는 하나의 보강적 질적 특성이 다른 질적 특성의 극대화를 위해 감소되어야 할 수도 있다. 예를 들어, 새로운 재무보고기준의 전진 적용으로 인한 비교가능성의 일시적 감소는 장기적으로 목적적합성이나 표현충실성을 향상시키기 위해 감수할 수도 있다. 적절한 공시는 비교가능성의 미비를 부분적으로 보완할 수 있다.

3.3 유용한 재무보고에 대한 원가 제약

원가는 재무보고로 제공될 수 있는 정보에 대한 포괄적 제약요인이다. 재무정보의 보고에는 원가가 소요되고, 해당 정보 보고의 효익이 그 원가를 정당화한다는 것이 중요하다. 고려해야 할 몇 가지 유형의 원가와 효익이 있다. 재무회계정보의 제공자는 재무정보의 수집, 처리, 검증 및 전파에 대부분의 노력을 기울인다. 그러나 정보이용자는 궁극적으로 수익 감소의 형태로 그 원가를 부담한다. 재무회계정보의 이용자에게도 제공된 정보를 분석하고 해석하는 데 원가가 발생한다. 필요한 정보가 제공되지 않으면, 그 정보를 다른 곳에서 얻거나 그것을 추정하기 위한 추가적인 원가가 정보이용자에게 발생한다.

목적적합하고 나타내고자 하는 바가 충실하게 표현된 재무정보를 보고하는 것은 정보이용자가 더 확신을 가지고 의사결정하는데 도움이 된다. 이것은 자본시장이 더 효율적으로 기능하도록 하고, 경제 전반적으로 자본비용을 감소시킨다. 개별 투자자, 대여자 및 기타 채권자도 더 많은 정보에 근거한 의사결정을 함으로써 효익을 얻는다. 그러나 정보이용자 각자가 목적적합하다고 보는 모든 정보를 일반목적재무보고서에서 제공하는 것은 가능하지 않다.

원가 제약요인을 적용함에 있어서, 회계기준위원회는 특정 정보를 보고하는 효익이 그 정보를 제공하고 사용하는 데 발생한 원가를 정당화할 수 있을 것인지 평가한다. 제안된 재무보고기준을 제정하는 과정에 원가 제약요인을 적용할 때, 회계기준위원회는 그 기준의 예상되는 효익과 원가의 성격 및 양에 대하여 재무정보의 제공자, 정보이용자, 외부감사인, 학계 등에서 정보를 구한다. 대부분의 상황에서 평가는 양적 그리고 질적 정보의 조합에 근거한다.

본질적인 주관성 때문에, 재무회계정보의 특정 항목 보고의 원가 및 효익에 대한 평가는 개인마다 달라진다. 따라서 회계기준위원회는 단지 개별 보고기업과 관련된 것이 아닌, 재무보고 전반적으로 원가와 효익을 고려하려고 노력하고 있다. 그렇다고 원가와 효익의 평가가 동일한 보고 요구사항을 모든 기업에 대해 언제나 정당화한다는 것을 의미하는 것은 아니다. 기업 규모의 차이, 자본 조달 방법(공모 또는 사모)의 차이, 회계정보이용자 요구의 차이, 그 밖의 다른 요인 때문에 달리하는 것이 적절할 수 있다.

제4절 재무제표의 기본요소

(재무)회계정보의 구체적인 표현인 재무제표(financial statements; F/S)는 기업의 거래를 측정, 기록, 분류, 요약하여 작성되는 회계보고서이다. 재무상태를 나타내는 요소는 **자산**, **부채**, **자본**이고, 성과를 나타내는 요소는 **수익**과 **비용**이다.

4.1 자산

자산(assets)은 과거 사건의 결과로 기업이 통제하고 있고 미래 경제적 효익이 기업에 유입될 것으로 기대되는 자원이다. 자산이 갖는 미래 경제적 효익이란 직접으로 또는 간접으로 미래 현금 및 현금성자산의 기업에의 유입에 기여하게 될 잠재력을 말한다. 이 잠재력은 기업의 영업활동의 일부인 생산과 관련될 수 있다. 또한, 현금이나 현금성자산으로의 전환 능력의 형태이거나 대체적인 제조과정의 도입으로 생산원가가 절감되는 경우와 같이 현금유출을 감소시키는 능력일 수도 있다.

기업은 일반적으로 고객의 요구를 충족시킬 수 있는 재화나 용역의 생산에 자산을 이용한다. 고객은 재화나 용역의 제공에 따른 요구충족의 대가를 지불할 것이므로 이로 인해 기업의 현금흐름이 창출된다. 현금은 그 밖의 자원에 대한 구매력을 가지므로 그 자체로 기업에 효익을 제공한다.

자산이 갖는 미래 경제적 효익은 다양한 형태로 기업에 유입될 수 있다. 예를 들어, 다음과 같다. ① 자산은 기업이 판매하는 재화나 용역의 생산에 개별적으로 또는 그 밖의 자산과 복합적으로 사용된다. ② 자산은 다른 자산과 교환된다. ③ 자산은 부채를 상환하는 데 사용된다. ④ 자산은 기업의 소유주에게 배분된다.

유형자산을 포함한 많은 종류의 자산은 물리적 형태를 가지고 있다. 그러나 자산의 존재를 판단하기 위해서 물리적 형태가 필수적인 것은 아니다. 예를 들어, 특허권과 저작권도 미래에 그로부터 경제적 효익이 창출되어 기업에 귀속되고 기업이 통제한다면 자산이다.

수취채권과 부동산을 포함한 많은 종류의 자산은 소유권 등 법률적 권리와 관련되어 있다. 그러나 소유권이 자산의 존재를 판단함에 있어 필수적인 것은 아니다. 예를 들어, 기업이 리스계약에 따라 점유하고 있는 부동산에서 기대되는 경제적 효익을 통제할 수 있다면 그 부동산은 기업의 자산이다. 일반적으로는 경제적 효익에 대한 통제력은 법률적 권리의 결과이지만 경우에 따라서는 법률적 통제가 없어도 자산의 정의를 충족시킬 수 있다. 예를 들어, 기업이 개발활동에서 습득한 핵심지식은 이를 독점적으로 보유함으로써 그로부터 유입될 것으로 기대되는 효익을 통제한다면 자산의 정의를 충족할 수 있다.

기업의 자산은 과거의 거래나 그 밖의 사건에서 창출된다. 기업은 일반적으로 구매나 생산을 통하여 자산을 획득하지만 다른 거래나 사건도 자산을 창출할 수 있다. 그러한 예로는 지역의 경제성장을 장려하기 위한 정부의 프로그램에 따라 증여받은 자산이나 매장된 광물의 발견 등이 포함된다. 미래에 발생할 것으로 예상되는 거래나 사건 자체만으로는 자산이 창출되지 아니한다. 예를 들어, 재고자산을 구입하고자 하는 의도 그 자체는 자산의 정의를 충족하지 못한다.

일반적으로 지출의 발생과 자산의 취득은 밀접하게 관련되어 있으나 양자가 반드시 일치하는 것은 아니다. 따라서 기업이 지출을 한 경우 이는 미래 경제적 효익을 추구했다는 증거가 될 수는 있지만 자산의 정의를 충족시키는 어떤 항목을 취득했다는 확정적인 증거는 될 수 없다. 마찬가지로 관련된 지출이 없더라도 특정 항목이 자산의 정의를 충족할 경우 재무상태표의 인식대상이 되는 것을 배제하지는 못한다. 예를 들어, 증여받은 재화는 자산의 정의를 충족할 수 있다.

4.2 부채

부채(liabilities)는 과거사건으로 생긴 현재의무로서, 기업이 가진 경제적 효익이 있는 자원의 유출을 통해 그 이행이 예상되는 의무이다.

부채의 본질적 특성은 기업이 현재의무를 갖고 있다는 것이다. 여기서 '의무'란 특정 방법으로 실행하거나 수행할 책무 또는 책임을 말한다. 의무는 구속력 있는 계약이나 법규에 따라 법률적 강제력이 있을 수 있다. 제공받은 재화와 용역에 대한 미지급채무가 일반적인 예이다. 의무는 정상적인 거래실무, 관행 또는 원활한 거래관계를 유지하거나 공평한 거래를 하려는 의도에서 발생할 수도 있다. 만일 어떤 기업이 보증기간이 명백히 경과한 후에 발생하는 제품하자에 대해서도 수리해 주기로 방침을 정한 경우에 이미 판매된 제품과 관련하여 지출될 것으로 예상되는 금액은 부채이다.

현재의무와 미래의 약속은 구별되어야 한다. 미래에 특정 자산을 취득하겠다는 경영진의 의사결정 그 자체만으로는 현재의무가 발생하지 아니한다. 의무는 일반적으로 그 자산이 인도되는 때 또는 기업이 자산획득을 위한 취소불능약정을 체결하는 때 발생한다. 후자의 경우에 속하는 취소불능약정은 예를 들어, 의무불이행의 결과에 따른 상당한 위약금 때문에 거래상대방에 대한 자원의 유출을 회피할 여지가 거의 없는 약정을 말한다.

기업이 거래상대방의 요구에 따라 현재의무를 이행하기 위해서는 일반적으로 미래경제적 효익을 갖는 자원을 희생하게 된다. 현재의무는 다양한 방법으로 이행될 수 있는 데 그 예는 다음과 같다. ① 현금 지급, ② 다른 자산의 이전, ③ 용역의 제공, ④ 다른 의무로 대체, ⑤ 부채의 자본 전환의무는 채권자의 권리포기나 권리상실 등 다른 방법에 의해서 소멸되기도 한다.

부채는 과거의 거래나 그 밖의 사건에서 발생한다. 예를 들어, 재화를 구입하거나 용역을 제공받는 경우 매입채무가 발생하며(선급 또는 인도와 동시에 지급이 이루어지지 아니한 경우), 은행대출을 받은 경우에는 상환의무가 발생한다. 또한 기업이 고객의 연간 매입액에 따라 미래에 지급할 환급액을 부채로 인식할 경우 고객에 대한 과거의 매출이 부채를 발생시키는 거래가 된다.

일부 부채는 상당한 정도의 추정을 해야만 측정이 가능할 수 있다. 이러한 부채는 충당부채라고도 한다. 일부 국가에서는 이러한 충당부채를 부채에서 제외하는데, 이는 부채를 추정의 필요 없이 확정할 수 있는 금액만 포함되도록 협의의 개념으로 정의하기 때문이다. 위 부채 정의는 광의의 접근법에 따른 것이다. 따라서 어떤 충당부채가 현재의무를 수반하며 부채의 나머지 정의를 충족한다면 금액을 추정해야 하더라도 부채이다. 그러한 예로는 제품보증에 따른 충당부채와 연금지급의무에 대한 충당부채가 있다.

4.3 자본

자본(owner's equity)은 기업의 자산에서 모든 부채를 차감한 후의 잔여지분이다.

자본은 잔여지분으로 정의되나 재무상태표에는 소분류하여 표시할 수 있다. 예를 들어, 주식회사의 경우 소유주가 출연한 자본, 이익잉여금, 이익잉여금 처분에 의한 적립금, 자본유지조정을 나타내는 적립금 등으로 구분하여 표시할 수 있다. 이러한 분류는 자본의 배당이나 그 밖의 활용에 대한 기업능력의 법률적 또는 기타의 제한을 표시함으로써 재무제표 이용자의 의사결정 목적에 적합할 수 있다. 또한 이러한 분류는 배당금 수령이나 자본의 환급과 관련하여 기업의 각 지분보유자들이 상이한 권리를 갖는다는 사실을 반영할 수도 있다.

재무상태표에 표시되는 자본의 금액은 자산과 부채 금액의 측정에 따라 결정된다. 일반적으로 자본총액은 그 기업이 발행한 주식의 시가총액, 또는 순자산을 나누어서 처분하거나 계속기업을 전제로 기업전체를 처분할 때 받을 수 있는 총액과 우연한 경우에만 일치한다.

상업, 산업, 사업 활동이 때로는 개인사업, 파트너십, 신탁, 다양한 정부사업 등의 실체 형태로 수행된다. 이와 같은 실체에 적용되는 법률 및 감독 체계는 통상 일반 주식회사에 적용하는 체계와는 다르다. 예를 들어, 자본에 포함된 금액을 소유주나 그 밖의 수익자에게 분배하는 데 제한이 거의 없을 수 있다. 그럼에도 불구하고 자본의 정의와 자본을 다루는 재무보고를 위한 개념체계의 다른 관점들은 이들 실체에 적합하다.

4.4 수익

광의의 수익(income)의 정의에는 수익(revenue)과 차익(gains)이 모두 포함된다. 수익(revenue)은 기업의 정상영업활동의 일환으로 발생하며 매출액, 수수료수익, 이자수익, 배당수익, 로열티수익 및 임대료수익 등 다양한 명칭으로 구분된다.

한편 차익(gains)은 광의의 수익(income)의 정의를 충족하는 그 밖의 항목으로 기업의 정상영업활동의 일환이나 그 이외의 활동에서 발생할 수 있다. 차익(gains)도 경제적 효익의 증가를 나타내므로 본질적으로 수익(revenue)과 차이가 없다. 예를 들어, 차익은 비유동자산의 처분에서 발생한다. 또한 광의의 수익의 정의는 시장성있는 유가증권의 재평가나 장기성 자산의 장부금액 증가로 인한 미실현이익을 포함한다. 차익을 포괄손익계산서에 표시하는 경우 일반적으로 구분 표시하는 데 의사결정자가 이를 알면 경제적 의사결정에 도움이 되기 때문이다. 차익은 흔히 관련 비용을 차감한 금액으로 보고된다.

수익의 발생에 따라 다양한 자산이 수취되거나 증가될 수 있는데, 제공하는 재화나 용역의 대가로 받은 현금, 수취채권 및 재화나 용역이 그 예이다. 수익은 또한 부채의 상환에 따라 발생할 수도 있는데 예를 들어, 기업이 차입금의 상환의무를 이행하기 위해 대여자에게 재화나 용역을 제공하는 경우가 이에 해당한다.

4.5 비용

비용(expenses)은 자산의 유출이나 소멸 또는 부채의 증가에 따라 자본의 감소를 초래하는 특정 회계기간 동안에 발생한 경제적 효익의 감소로서, 지분참여자에 대한 분배와 관련된 것은 제외한다.

광의의 비용의 정의에는 기업의 정상영업활동의 일환으로 발생하는 비용뿐만 아니라 차손도 포함된다. 기업의 정상영업활동의 일환으로 발생하는 비용은 예를 들어, 매출원가, 급여 및 감가상각비 등이다. 비용은 일반적으로 현금 및 현금성자산, 재고자산 또는 유형자산과 같은 자산의 유출이나 소모의 형태로 나타난다.

차손은 비용의 정의를 충족하는 그 밖의 항목으로 기업의 정상영업활동의 일환이나 그 이외의 활동에서 발생할 수 있다. 차손도 경제적 효익의 감소를 나타내므로 본질적으로 다른 비용과 차이가 없다. 예를 들어, 차손은 화재나 홍수와 같은 자연재해 또는 비유동자산의 처분에서 발생한다. 또한 비용의 정의는 미실현손실도 포함하는데, 예를 들어 기업의 외화차입금에 관련된 환율상승의 영향으로 발생하는 미실현손실이다.

차손을 (포괄)손익계산서에 표시하는 경우 일반적으로 구분 표시하는데 의사결정자가 이를 알면 경제적 의사결정에 도움이 되기 때문이다. 차손은 흔히 관련 수익을 차감한 금액으로 보고된다.

위에서 기술한 수익과 비용의 정의는 그 본질적 특성을 식별하기 위한 것이지, (포괄)손익계산서에 인식하기 위해 충족될 필요가 있는 기준을 정하는 것은 아니다.

경제적 의사결정에 목적적합한 정보를 제공하기 위하여 (포괄)손익계산서에 수익과 비용을 다양한 방법으로 표시할 수 있다. 예를 들어, 기업의 정상영업활동의 일환으로 발생하는 수익과 비용 항목 및 그렇지 않은 수익과 비용 항목을 구분하여 표시하는 것이 보통이다. 이와 같은 구분은 수익과 비용 항목의 원천이 기업의 미래 현금 및 현금성자산의 창출능력을 평가하는 데 목적적합한 정보라는 점에 근거한 것이다. 수익과 비용 항목을 이와 같이 원천별로 구분할 때에는 기업과 그 경영활동의 성격을 고려할 필요가 있다. 어떤 기업에는 정상영업활동에서 발생하는 항목이 다른 기업에는 정상영업활동 이외에서 발생하는 항목일 수 있다.

수익과 비용 항목을 구분하거나 다양하게 결합하면 기업의 성과를 여러 가지 측정치로 표시할 수 있다. 결과적으로 이 같은 측정치는 포괄하는 범위가 서로 다르다. 예를 들어, 포괄손익계산서는 매출총이익, 세전 정상영업손익, 세후 정상영업손익과 당기순손익으로 구분 표시될 수 있다.

제5절 재무제표의 이해

5.1 재무제표의 종류

(재무)회계정보의 구체적인 표현은 재무제표이다. 재무제표(financial statements; F/S)는 기업의 거래를 측정, 기록, 분류, 요약하여 작성되는 회계보고서로서 기업의 외부이해관계자인 주주, 채권자, 거래처, 정부 등에게 기업의 경영활동에 대한 회계정보를 일정한 양식에 의하여 전달하기 위한 것이라고 할 수 있다.

한국채택국제회계기준(K-IFRS)에서는 다음의 네 가지를 기본 재무제표로 규정하고 있으며, 여기에 주석을 포함한다.

① 재무상태표 ② 포괄손익계산서
③ 자본변동표 ④ 현금흐름표

재무제표는 일반 정보이용자가 이용하기 쉽고 많은 사람들이 공통적으로 필요로 하는 핵심적인 정보들이 포함하고 있어 의사결정자들의 다양한 정보욕구를 상당부분 충족시킬 수 있다.

그리고 재무제표에는 재무제표 이용자의 의사결정에 유용할 것으로 판단되는 여러 가지 명세서와 경영자의 분석보고서나 검토보고서 등과 같은 설명자료를 첨부할 수 있다. 다만, 이러한 첨부자료는 재무제표의 범위에 포함되지 아니한다.

▌재무제표의 종류(I)▐

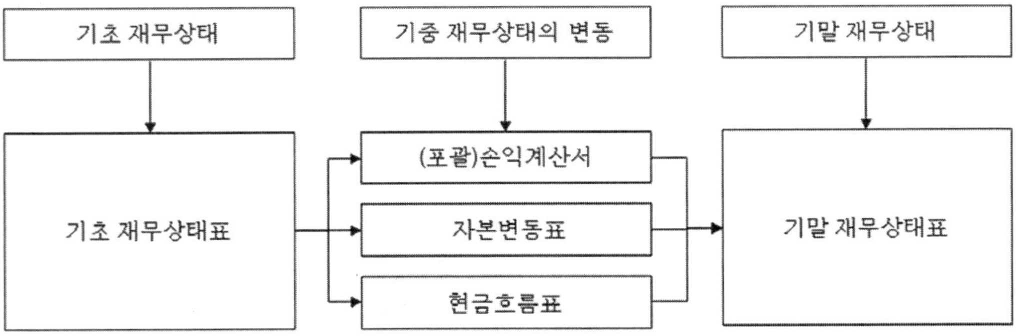

기초 재무상태 → 기초 재무상태표

기중 재무상태의 변동 → (포괄)손익계산서, 자본변동표, 현금흐름표

기말 재무상태 → 기말 재무상태표

기초 재무상태표 → (포괄)손익계산서 / 자본변동표 / 현금흐름표 → 기말 재무상태표

각 기업회계기준에서 예시하고 있는 재무제표를 나타내면 다음과 같다.

▌재무제표의 종류 (II)▐

한국채택국제회계기준	일반기업회계기준	중소기업회계기준
• 재무상태표 • 포괄손익계산서 • 자본변동표 • 현금흐름표	• 재무상태표 • 손익계산서 • 자본변동표 • 현금흐름표	• 대차대조표 • 손익계산서 • 자본변동표 • 이익잉여금처분계산서 또는 결손금처리계산서

5.2 재무상태의 측정과 보고

1. 재무상태의 개념과 측정

재무상태(financial position)란 일정시점에 있어서의 기업의 부(wealth)나 경제적 자원의 보유상태를 나타낸다. 그러므로 기업의 재무상태는 그 기업이 보유하는 경제적 자원, 재무구조, 유동성과 재무건전성 및 환경변화에 적응할 수 있는 능력 등에 의해 결정된다.

재무상태는 일정시점, 즉 결산일(재무상태표일 이라고도 함)이라는 특정시점에 측정되므로 저장량(stock) 개념에 의해 측정된다.

회계에서 기업의 재무상태는 재무상태표로 요약된다. 재무상태표는 일정시점의 기업의 재무상태, 즉 자산, 부채, 자본의 상태를 나타내기 때문이다.

2. 재무상태표

(1) 재무상태표의 의의

재무상태표는 일정시점의 기업의 재무상태를 나타내는 재무보고서이다.

재무상태표(Statement of Financial Position)는 일정시점 현재 기업이 보유하고 있는 경제적 자원인 자산과 경제적 의무인 부채, 그리고 자본에 대한 정보를 제공하는 재무보고서이다.

- **일정시점** : 재무상태표에는 특정 시점을 나타내는 날짜를 기입한다. 이것은 시간이 흐르면 경영활동의 계속으로 인해 재무상태가 매일 달라지기 때문에 특정일 현재의 재무상태를 알려주기 위한 것이다. 이 때 기록하는 날짜는 회계연도가 끝나는 날, 즉 결산일을 말한다. 예를 들어 12월 결산법인인 경우에는 '20××년 12월 31일'로 기록한다.
- **재무상태** : 기업의 재무상태는 자산, 부채, 자본의 상태를 말한다. 따라서 재무상태표는 결산일(보고기간 말 또는 보고기간종료일) 현재 기업의 자산, 부채, 자본의 금액을 나타내므로 '재무상태보고서'라고도 한다.

(2) 재무상태표의 구성요소

일정시점 현재 기업의 재무상태에 대한 정보를 제공하는 재무상태표의 기본요소는 자산, 부채 및 자본이다.

1) 자 산

가. 자산의 개념

자산(assets)이란 과거 사건의 결과로 기업이 통제하고 있고 미래 경제적 효익이 기업에 유입될 것으로 기대되는 자원이다.

- **과거 사건의 결과로 발생** : 기업의 자산은 과거 사건의 결과로 발생한다. 기업은 구매 또는 생산에 의하여 자산을 취득하는 것이 일반적이지만 주주나 정부의 증여 등 다른 방법에 의해서도 자산을 취득할 수 있다. 자산이 과거 사건의 결과라 함은 구매활동이나 생산활동 등 자산을 취득하는 거래나 사건이 이미 발생하였음을 의미하는 것이므로 미래에 발생할 것으로 예상되는 거래나 사건만으로는 자산이 취득되지 않는다.
- **미래 경제적 효익** : 자산이란 미래 경제적 효익이 유입될 것으로 기대되는 자원을 말하며, 여기서 미래 경제적 효익이란 직접 또는 간접으로 기업의 미래 현금 및 현금성자산의 기업에의 유입에 기여하게 될 잠재력을 말한다. 자산은 물리적 형태를 가지고 있는 것이 일반적이지만 물리적 형태가 자산의 본질적인 특성은 아니다. 예를 들어, 물리적 형태가 없는 자원이라도 특정 기업에 의하여 지배되고 그 기업에 미래 경제적 효익이 유입될 것으로 기대되는 경우 자산이 될 수 있다.

나. 자산의 분류

자산은 그것이 현금화되는 기간(1년 기준)에 따라 크게 유동자산과 비유동자산으로 구분한다.[2)]

① 유동자산(current assets)

유동자산은 보고기간 말로부터 1년 이내에 현금화할 수 있는 자산을 말한다.

② 비유동자산(non-current assets)

비유동자산은 보고기간 말로부터 1년 이후에 현금화할 수 있는 자산을 말한다.

2) 부 채

가. 부채의 개념

부채(liabilities)란 과거사건으로 생긴 현재의무로서, 기업이 가진 경제적 효익이 있는 자원의 유출을 통해 그 이행이 예상되는 의무이다.

- **과거 사건의 결과** : 부채는 과거 사건에 의하여 발생한다. 신용으로 재화를 구입하였거나 용역을 제공받은 경우 매입채무가 발생하며, 은행대출을 받은 경우에는 상환의무가

2) 일반기업회계기준과 중소기업회계기준에서는 자산을 유동자산과 비유동자산으로 구분하고, 유동자산은 다시 당좌자산과 재고자산으로 구분하고, 비유동자산은 다시 투자자산, 유형자산, 무형자산, 기타 비유동자산으로 구분한다(일반기업회계기준 제2장 2.18, 중소기업회계기준 제6조 5항 1호).

발생한다. 그러므로 미래에 발생이 예상되는 대규모 수선비의 경우와 같이 장래에 자원의 유출 또는 사용이 기대된다 하더라도 과거의 거래나 사건으로부터 기인하지 않은 의무는 부채가 될 수 없다.

- **경제적 의무** : 부채의 본질적 특성은 기업이 현재의무를 갖고 있다는 것이다. 여기서 의무란 특정 방법으로 실행하거나 수행할 책무 또는 책임을 말한다. 의무는 구속력 있는 계약이나 법규에 따라 법률적 강제력이 있을 수 있다. 제공받은 재화와 용역에 대한 미지급채무가 일반적인 예이다. 의무는 정상적인 거래실무, 관행 또는 원활한 거래관계를 유지하거나 공평한 거래를 하려는 의도에서 발생할 수도 있다.

나. 부채의 분류

부채는 그것이 상환되는 기간(1년 기준)에 따라 크게 유동부채와 비유동부채로 구분한다.

① 유동부채(current liabilities)

유동부채는 보고기간 말로부터 1년 이내에 상환기일이 도래하는 채무를 말한다.

② 비유동부채(non-current liabilities)

비유동부채는 보고기간 말로부터 1년 이후에 상환기일이 도래하는 채무를 말한다. 비유동부채에는 사채, 장기차입금 등이 포함된다.

3) 자 본

가. 자본의 개념

자본(owner's equity)이란 기업의 자산에서 모든 부채를 차감한 후의 잔여지분을 말한다.

기업의 자본은 자산에 대한 소유주, 즉 주주의 지분을 의미하며, 기업이 소유하고 있는 자산에서 부채를 차감한 잔액, 즉 '순자산(net assets)'을 의미한다.

한편, 부채의 본질을 채권자의 관점에서 기업의 자산에 대한 채권자의 청구권이라고 할 때, 자본이란 기업의 자산에 대한 소유주의 잔여청구권을 나타낸다고 할 수 있다. 이것은 기업이 청산되는 경우 채권자는 그 기업의 자산에 대해 우선적인 청구권을 갖게 되므로 소유주는 채권자의 권리가 행사된 후 남는 자산에 대해서만 자신의 청구권, 즉 잔여청구권(residual claim)을 행사할 수 있기 때문이다.

재무상태표에 표시되는 자본의 총액은 회계기준에 의해 자산 및 부채를 인식·측정함에 따라 결정된다. 따라서 재무상태표상의 자본의 총액은 주식의 시가총액과는 일치하지 않는 것이 일반적이다.

자본등식은 다음과 같이 표시할 수 있다.

자산 - 부채 = 자본

이 등식이 필요한 이유는 자본은 자산과 부채와는 달리 독자적으로 측정되지 못하기 때문이다. 즉, 기업에서 자산과 부채 금액은 각각 얼마인지를 개별적으로 알 수 있으나, 자본은 자산에서 부채를 차감하여야만 알 수 있다.

자본은 경제적인 측면에서 자기자본이라고 하고, 부채는 타인자본이라고 하며, 이들의 합계액을 총자본이라고도 한다.

나. 자본의 분류

자본은 자본금, 자본잉여금, 자본조정, 기타포괄손익누계액, 이익잉여금(또는 결손금)으로 구분된다.[3)]

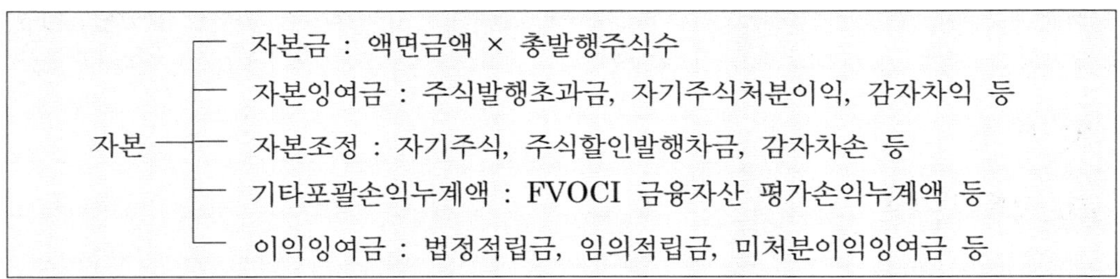

① 자본금

자본금(owner's equity stock)은 기업의 출자액으로서, 법정자본금을 말한다. 이것은 주식회사의 경우 주주들에게 발행한 주식의 (1주당) 액면금액에 발행주식수를 곱한 금액이 된다.

3) K-IFRS 제1001호(재무제표 표시)의 실무적용지침에서 예시하는 재무상태표에는 자본을 납입자본, 이익잉여금, 기타자본구성요소로 표시하는 등 자본의 구성 및 분류표시에 대해 명확하게 규정하고 있지 않아 본서에서는 편의상 '일반기업회계기준'에 따라 자본을 자본금, 자본잉여금, 자본조정, 기타포괄손익누계액, 그리고 이익잉여금(또는 결손금)으로 분류하고자 한다(일반기업회계기준 제2장 재무제표의 작성과 표시 I 2.18). 한편 중소기업회계기준에서는 자본을 자본금, 자본잉여금, 자본조정, 이익잉여금(또는 결손금)으로 분류하고 있다(중소기업회계기준 제6조 5항 3호).

자본금 = 주식의 액면금액 × 총발행주식수

② 자본잉여금

자본잉여금(additional paid-in owner's equity)은 자본거래, 즉 증자나 감자 등 주주와의 거래에서 발생하여 자본을 증가시키는 잉여금을 말한다. 예를 들어 기업이 액면금액 5,000원인 주식 10,000주를 주당 7,500원에 주주에게 발행하였다면 기업은 25,000,000원 [즉 10,000주 × (7,500원 − 5,000원)] 만큼 잉여금이 발생하게 되는 데 이것을 자본잉여금이라고 한다. 이 자본잉여금은 주주가 기업에 출자한 금액이라고 할 수 있다.

③ 자본조정

자본조정(owner's equity adjustments)은 당해 항목의 성격으로 보아 자본거래에 해당하나 최종 납입된 자본으로 볼 수 없거나 자본의 가감 성격으로 자본금이나 자본잉여금으로 분류할 수 없는 항목을 말한다.

④ 기타포괄손익누계액

기타포괄손익누계액(cumulative other comprehensive income)은 손익거래에 기인한 자산이나 부채의 가치변동으로 발생한 보고기간 말 현재의 기타포괄손익의 잔액을 말한다.

⑤ 이익잉여금

이익잉여금(retained earnings)은 손익계산서에 보고된 손익과 다른 자본항목에서 이입된 금액의 합계액에서 주주에 대한 배당, 자본으로의 전입 및 자본조정 항목의 상각 등으로 처분된 금액을 차감한 잔액을 말한다.

(3) 재무상태표의 구조와 양식

1) 재무상태표의 구조

재무상태표의 구조를 구성요소인 자산, 부채, 자본의 상호관계에 따라 식으로 표현하면 다음과 같은데, 이 식을 '**재무상태표 등식**'이라고 한다.

자산은 기업이 보유하고 있는 자원, 부채는 채권자의 지분, 자본은 소유주의 지분을 의미한다.

자산(assets) = 부채(liabilities) + 자본(owner's equity) (기업의 자원) = (채권자의 지분) + (소유주의 지분)

이 등식은 자본등식을 변형한 것으로 자산총액이 부채 및 자본을 합한 총액과 일치한다는 뜻이며, 재무상태표의 구조적 특징은 경영활동을 통하여 자산, 부채, 자본에 변화가 발생하더라도 이 등식은 언제나 항상 성립한다는 점이다.

재무상태표 등식을 그림으로 표시하면 다음과 같다.

재무상태표

<table>
<tr><td rowspan="2">자 산</td><td>부 채</td></tr>
<tr><td>자 본</td></tr>
</table>

재무상태표에 부채를 자본보다 먼저 표시하는 이유는 기업의 자산에 대한 소유주 즉, 주주의 소유권보다 채권자의 청구권이 우선하기 때문이다. 즉, 주주는 기업의 자산 중에서 채권자의 지분을 차감한 잔여지분에 대한 권리를 가진다는 것이다.

2) 재무상태표 양식

재무제표는 이해하기 쉽도록 간단하고 명료하게 표시하여야 하며, 기업회계기준서의 부록에 예시된 재무제표의 양식을 참조하여 작성한다.

가. 보고식

재무상태표를 다음과 같이 위와 아래로 구분하여, 위로부터 아래로 자산, 부채, 자본의 순서로 나열하는 형식을 말한다.

재무상태표(보고식)

서울주식회사	2017년 12월 31일 현재	(단위: 원)
(자산)		
현금		₩30,000
매출채권		60,000
상품		80,000
건물		250,000
산업재산권		80,000
자산총계		₩500,000
(부채)		
매입채무		₩50,000
장기차입금		120,000
(자본)		
자본금		300,000
이익잉여금		30,000
부채와자본총계		₩500,000

나. 계정식

재무상태표를 다음과 같이 왼편인 차변과 오른편인 대변으로 나누어, 차변에 자산을 표시하고 대변에 부채와 자본을 표시하는 형식을 말한다. 일반적으로 많은 기업들이 계정식으로 재무상태표를 작성하기도 하는데, 이것은 이 계정식에 의한 재무상태표의 작성이 '**재무상태표 등식**'을 그대로 표현한 것이므로 이해하기 쉽기 때문이라고 할 수 있다.

재무상태표(계정식)

서울주식회사 2017년 12월 31일 현재 (단위: 원)

(자산)		(부채)	
현금	₩30,000	매입채무	₩50,000
매출채권	60,000	장기차입금	120,000
상품	80,000	(자본)	
건물	250,000	자본금	300,000
산업재산권	80,000	이익잉여금	30,000
자산총계	₩500,000	부채와자본총계	₩500,000

(4) 재무상태표의 작성 예

인천주식회사의 2017년 12월 31일 재무상태가 다음과 같은 경우 계정식으로 재무상태표를 작성해 보자.

현금	₩23,000	매출채권	₩5,000	매입채무	₩15,000
상품	15,000	토지	50,000	건물	100,000
단기차입금	8,000	자본금	100,000	단기대여금	10,000
사채	50,000	이익잉여금	30,000		

재무상태표(계정식)

인천주식회사 2017년 12월 31일 현재 (단위: 원)

현금	₩23,000	매입채무	₩15,000
매출채권	5,000	단기차입금	8,000
단기대여금	10,000	사채	50,000
상품	15,000	자본금	100,000
토지	50,000	이익잉여금	30,000
건물	100,000		
자산총계	₩203,000	부채와자본총계	₩203,000

(5) 재무상태표에 표시해야 할 최소한의 항목

K-IFRS에서는 표시되어야 할 항목의 순서나 형식을 규정하지 않고 있다. 제시된 항목은 단순히 재무상태표에 구분표시하기 위해 성격이나 기능면에서 명확하게 다른 항목을 제시하고 있다. 한 항목 또는 통합된 유사항목의 크기, 성격 또는 기능상 기업의 재무상태를 이해하기 위해 구분표시가 필요한 경우 그러한 항목을 추가로 재무상태표에 포함한다. 추가항목으로 구분하여 표시할지 여부는 자산의 성격 및 유동성, 기업 내에서 자산의 기능, 부채의 금액, 성격 및 시기를 고려하여 판단한다.

K-IFRS에서는 비유동성배열법을 사용하는 것도 가능하다. 즉 유형자산 등 비유동자산이 먼저 보고되고, 현금및현금성자산 등 유동자산이 나중에 보고할 수도 있다. 그리고 부채보다 자본을 먼저 배열하는 것도 가능하다. 물론 기업의 선택에 따라 유동성배열법을 사용하는 것도 얼마든지 가능하다. 단, 자산과 부채의 경우 유동성항목과 비유동성항목은 구분표시하여야 한다.

❙ 재무상태표에 표시하여야 할 최소한의 내용 ❙

자 산	부채 및 자본
유형자산	매입채무 및 기타채무
투자부동산	충당부채
무형자산	금융부채
금융자산	당기법인세 관련 부채
지분법투자자산	이연법인세부채
생물자산	매각예정자산집단에 포함된 부채
재고자산	자본에 표시된 비지배지분
매출채권 및 기타 채권	지배기업 소유주 귀속 납입자본과 적립금
현금및현금성자산	
당기법인세 관련 자산	
이연법인세자산채	
매각예정비유동자산	

5.3 경영성과의 측정과 보고

1. 경영성과의 개념과 측정

경영성과(results of operation)란 일정기간에 있어서의 기업의 경영결과로 나타난 경제적 성과를 말한다.

경영성과는 일정시점이 아닌 일정기간, 즉 회계기간 동안의 기업의 경제적 성과를 측정하는 것이므로 흐름량(flow) 개념에 의해 측정된다.

회계에서 기업의 경영성과는 손익계산서로 요약된다. 손익계산서는 일정기간의 기업의 경영성과, 즉 수익과 비용의 차이인 순손익(순이익 또는 순손실)을 나타내기 때문이다.

2. (포괄)손익계산서

(1) (포괄)손익계산서의 의의

포괄손익계산서(statement of income and comprehensive income)는 일정기간 동안 기업의 경영(재무)성과에 대한 정보를 제공하는 재무보고서이다.

- **일정기간** : (포괄)손익계산서는 수익과 비용이 영업활동기간 동안 계속 발생하므로 일정기간, 즉 회계기간(보통 1년) 동안 발생한 수익과 비용을 모두 표시하여야 한다.
- **경영(재무)성과**[4] : 기업의 경영(재무)성과란 일정기간 동안의 기업의 경영활동 결과 나타난 경제적 성과를 말한다. 따라서 손익계산서는 일정기간 동안 발생한 경영성과를 나타내므로 '경영성과보고서(경영성과표)'라고도 한다. 그러므로 기업의 경영성과는 일정기간 동안의 경영활동 결과 발생한 수익과 비용의 차이인 순손익으로 평가하며, 포괄손익계산서의 가장 끝부분에 총포괄손익으로 보고하게 된다. 총포괄손익은 당기순손익에 기타포괄손익을 가감하여 산출한다.

포괄주의 관점에서 작성한 포괄손익계산서는 일정기간 동안 소유주와의 자본거래를 제외한 모든 원천에서 순자산이 증가하거나 감소한 정도와 그 내역에 대한 정보를 제공한다. 즉 일정기간의 순손익과 그 구성요소인 수익과 비용 등에 대한 정보를 제공하여야 하며, 이러한 정보를 통해 투자자 및 채권자 등의 정보이용자는 일정기간 동안의 기업의 경영성과도 파악할 수 있다.

---

4) 일반기업회계기준과 중소기업회계기준에서는 '경영성과'라는 용어를 사용하며, 한국채택국제회계기준에서는 '경영성과'라는 용어 대신 '재무성과'라는 용어를 사용한다.

(2) (포괄)손익계산서의 구성요소

기업의 경영성과에 대한 재무정보를 제공하는 포괄손익계산서의 기본요소는 수익, 비용, 총포괄손익이다.5)

1) 수 익

가. 수익의 개념

수익이란 자산의 유입이나 증가 또는 부채의 감소에 따라 자본의 증가를 초래하는 특정 회계기간 동안에 발생한 경제적 효익의 증가로서, 지분참여자에 의한 출연과 관련된 것은 제외한다.

수익(revenues)은 기업의 정상영업활동의 일환이나 그 이외의 활동에서 발생하였거나 발생할 현금유입액을 나타내며, 경영활동의 종류와 당해 수익이 인식되는 방법에 따라 매출액, 이자수익, 배당금수익 및 임대수익 등과 같이 다양하게 구분될 수 있다.

일반사회에서는 경영활동을 판매활동만을 의미하는 것으로 사용되나, 회계에서 의미하는 경영활동은 구매활동, 생산활동, 판매활동을 모두 포함한다.

포괄손익계산서의 정보유용성을 높이기 위해 포괄이익을 증가시키는 요소인 수익 중에서 차익을 분리하여 표시할 수도 있다. 여기서 차익(gains, "이익" 또는 "이득"이라는 용어가 동일한 의미로 사용되어 왔음)이란 기업의 주요 경영활동 이외의 활동에서 발생한 것으로 소유주의 투자가 아닌 거래나 사건의 결과로 발생하는 순자산의 증가를 말한다.

나. 수익의 분류

(포괄)손익계산서에 기재되는 수익은 매출액, 기타수익 등으로 크게 구분된다.6)

① 매출액

매출액이란 기업의 주된 영업활동에서 발생한 제품, 상품, 용역 등의 총매출액에서 매출할인, 매출환입, 매출에누리 등을 차감한 금액을 말한다. 차감 대상 금액이 중요한 경우에는 총매출액에서 이것들을 차감하는 형식으로 표시하거나 주석으로 기재한다.

② 기타수익

기타수익이란 기업의 주된 영업활동이 아닌 활동으로부터 발생한 수익과 차익으로서 중단사업손익에 해당하지 않는 것을 말한다.

---

5) 손익계산서의 기본요소는 포괄손익계산서와 달리 수익과 비용, 그리고 순손익이다.
6) 일반기업회계기준에서는 수익을 매출액과 영업외수익으로 구분한다.

2) 비 용

가. 비용의 개념

비용이란 자산의 유출이나 소멸 또는 부채의 증가에 따라 자본의 감소를 초래하는 특정 회계기간 동안에 발생한 경제적 효익의 감소로서, 지분참여자에 대한 분배와 관련된 것은 제외한다.

비용(expenses)은 기업의 정상영업활동의 일환이나 그 이외의 활동에서 발생하였거나 발생할 현금유출액을 나타내며, 경영활동의 종류와 당해 비용이 인식되는 방법에 따라 매출원가, 급여, 감가상각비, 이자비용, 임차비용 등과 같이 다양하게 구분될 수 있다.

손익계산서의 정보유용성을 높이기 위해 이익을 감소시키는 요소인 비용 중에서 차손을 분리하여 표시할 수도 있다. 여기서 차손(losses, "손실"이라는 용어가 동일한 의미로 사용되어 왔음)이란 기업의 정상영업활동 이외의 활동에서 발생한 것으로서 소유주에 대한 분배가 아닌 거래나 사건의 결과로 발생하는 순자산의 감소를 말한다.

나. 비용의 분류

K-IFRS이 도입되기 전의 손익계산서에 기재되는 비용은 매출원가, 판매비와관리비, 영업외비용, 법인세비용 등으로 크게 구분되었으나, 포괄손익계산서에는 수익, 비용, 당기순손익, 기타포괄손익 및 총포괄손익 등 다섯 가지 정보가 표시되고, 비용으로서 매출원가, 물류원가(판매비), 관리활동원가(관리비), 기타비용, 법인세비용 등이 표시된다.

① 매출원가

매출원가는 제품, 상품 등의 매출액에 대응되는 원가로서 판매된 제품이나 상품 등에 대한 제조원가 또는 매입원가를 말한다.

상기업의 경우는 기초상품재고액에 당기상품매입액을 가산하고 기말상품재고액을 차감하여 산정하며, 제조기업의 경우는 기초제품재고액에 당기제품제조원가를 가산하고 기말제품재고액을 차감하여 산정한다.

② 판매비와관리비

판매비와관리비는 제품, 상품, 용역 등의 판매활동과 기업의 관리활동에서 발생하는 비용으로서 매출원가에 속하지 아니하는 모든 영업비용을 말한다.

③ 기타비용

기타비용은 기업의 주된 영업활동이 아닌 활동으로부터 발생한 비용과 차손으로서 중단사업손익에 해당하지 않는 것을 말한다.

④ 법인세비용

법인세비용이란 사업손익에 대응하여 발생한 법인세 비용을 말한다.

3) 총포괄손익

가. 당기순손익의 개념

당기순손익이란 기업의 일정기간 동안 총수익과 총비용을 대응시켜 얻어진 경영성과를 말한다.

당기순손익은 수익의 합계에서 비용의 합계를 차감하여 측정한다. 이와 같은 방법으로 순손익을 측정하는 것을 거래접근법에 의한 손익측정이라고 한다. 당기순손익은 총수익에서 총비용을 차감하여 계산하며 총수익이 총비용보다 크면 순이익(net income)이 발생하며, 총비용이 총수익보다 크면 순손실(net loss)이 발생한다. 따라서 이것을 등식으로 표시하면 다음과 같다.

당기순손익(순이익 또는 순손실) = 총수익 − 총비용

나. 총포괄손익의 개념

총포괄손익(total comprehensive income)이란 기업이 일정 기간 동안 소유주와의 자본거래를 제외한 모든 거래나 사건으로 인하여 발생한 순자산의 변동을 말하며, 여기에는 소유주의 투자 및 소유주에 대한 분배 등 자본거래를 제외한 모든 원천에서 인식된 자본의 변동이 포함된다. 총포괄손익은 당기순손익에 기타포괄손익(기타포괄이익 또는 기타포괄손실)을 가감하여 산출한다.

총포괄손익(total comprehensive income) = 당기순손익(net income or net loss)
+ 기타포괄손익(other comprehensive income)

다. 손익의 계산방법

손익의 계산방법에는 두 가지가 있다. 하나는 순자산비교법이고, 다른 하나는 총거래기록법이다.

① 순자산비교법

순자산이란 기업의 총자산에서 총부채를 차감한 잔액을 말하며, 자본과 동일한 것이다.[7)]

총자산 − 총부채 = 순자산
= 자 본

순자산비교법이란 기말순자산에서 기초순자산을 차감하여 당기순손익을 계산하는 방법을 말한다.

기말순자산 − 기초순자산 = 당기순손익

이상의 내용을 다음과 같이 간단히 요약할 수 있다.

기초자본 + 추가출자액 + 당기순손익 = 기말자본

순자산비교법에 의하면 기말자본 총액과 기초자본 총액을 이용하여 당기순손익을 간단히 구할 수 있다는 장점이 있지만, 당기순손익이 구체적으로 어떤 활동을 통해서 발생하였는지 그 발생내역을 상세히 알 수 없다는 단점이 있다. 즉, 기업 본연의 영업활동을 성공적으로 수행했기 때문인지 아니면 10년 전에 싼값에 투자하였던 부동산을 단순히 처분하였기 때문인지를 알려주지 못한다. 따라서 미래에도 이 만큼의 순손익을 얻을 가능성이 있는지 그렇지 못한지를 알 수가 없다.

대개의 경우 정보이용자들은 미래 이익창출능력에 더 관심이 있다. 왜냐하면 미래의 주가상승 여부, 미래 부채상환능력 등은 미래 이익창출 능력에 의하여 결정되기 때문이다. 그러므로 정보이용자들은 당기순손익이 발생하게 된 상세한 내역을 알고 싶어하기 때문에 오늘날 많은 나라들에서는 순자산비교법 대신 다음의 총거래기록법으로 손익계산을 하고 있다.

② 총거래기록법

총거래기록법이란 일정기간 발생한 수익과 비용을 항목별로 요약한 다음, 이 항목들을 체계적으로 모두 열거함으로써 구체적인 수익·비용의 발생 내역, 당기순손익 산출과정,

---

7) 순자산접근방법(net asset approach; 재산법) 또는 자본유지접근방법(owner's equity maintenance approach)이라고 부르며, 여기서 자본은 자기자본 즉 순자산(net asset)을 의미한다. 이 방법에 의하면 기말자본과 기초자본을 비교하여 당기손익을 계산하는 방법으로 경제학적 접근방법이라고도 하며 재무상태표를 통해 손익을 산정하는 방법이다.

당기순손익 금액 등의 세 가지 모두를 알게 해주는 손익계산 방법이다[8].

K-IFRS는 이 총거래기록법의 관점에서 포괄손익계산서를 작성하도록 규정하고 있다. 따라서 앞으로 언급할 포괄손익계산서라 함은 모두 총거래기록법에 의한 포괄손익계산서를 지칭하는 것으로 이해하기 바랍니다.

총수익 – 총비용 = 당기순손익

(3) (포괄)손익계산서의 구조와 양식

1) (포괄)손익계산서 구조

일반적으로 손익계산서에는 수익, 비용, 순손익)의 세 가지 정보가 기록된다. 손익계산서의 구조를 이 세 정보의 상호관계에 따라 식으로 표현하면 다음과 같다.

수익 – 비용 = 순이익(순손실)	(1)

위 (1)식을 변형시키면 다음 등식으로 표현할 수 있다.

비용 + 순이익(순손실) = 수익	(2)

따라서 손익계산서는 (2)식에 따라 왼쪽(차변)에는 비용을, 오른쪽(대변)에는 수익을 기재하고 수익과 비용의 차액인 순이익을 차변에 기재함으로써 차변과 대변의 합계가 일치하도록 한다.

손익계산서를 그림으로 표시하면 다음과 같다.

손익계산서

비용	수익
순이익	

한편 포괄손익계산서에는 수익, 비용, 당기순손익, 기타포괄손익 및 총포괄손익 등 다섯 가지 정보가 기록된다. 포괄손익계산서의 구조를 이 세 정보의 상호관계에 따라 식으로 표현하면 다음과 같다.

8) 거래접근방법(transaction approach; 손익법)이라고 하며, 순자산비교법(재산법, 순자산접근방법, 자본유지접근방법)이 재무상태표를 통해 손익을 산출하는 방법이라면, 이 방법은 (포괄)손익계산서를 통해 손익을 산출하는 방법이라고 할 수 있다. 즉 당기의 수익과 비용을 대응시켜 손익을 계산하는 방법으로 회계학적 접근방법이라 할 수 있다.

수익 － 비용 = 당기순손익(순이익, 순손실)
당기순손익 + 기타포괄손익(기타포괄이익 － 기타포괄손실) = 총포괄손익

2) (포괄)손익계산서 양식

일반적으로 (포괄)손익계산서는 보고식으로 작성하는 것을 원칙으로 하며, 이해하기 쉽도록 간단하고 명료하게 표시하여야 한다. 손익계산서를 일반기업회계기준에 따라 나타내면 다음과 같다.

<u>손익계산서(보고식)</u>

Ⅰ. 매출액	Ⅵ. 영업외수익
Ⅱ. 매출원가	Ⅶ. 영업외비용
Ⅲ. 매출총손익	Ⅷ. 법인세비용차감전순손익
Ⅳ. 판매비와관리비	Ⅸ. 법인세비용
Ⅴ. 영업손익	Ⅹ. 당기순손익

한편 손익계산서를 작성함에 있어서 모든 수익과 모든 비용을 각각 하나로 묶은 후 이 두 묶음을 대응시켜 손익을 나타내는 **'단일구분손익계산서(single-step income statement)'**와 수익과 비용을 일정한 기준에 따라 구분하여 표시하는 **'구분손익계산서(다단계손익계산서, multi-step income statement)'**를 작성할 수 있는데 일반적으로 손익계산서의 작성이라 함은 후자인 구분손익계산서의 작성을 의미한다.

한편 K-IFRS에서는 포괄손익계산서의 표시 방법에 관계없이 비용을 성격별 또는 기능별로 구분하여 작성하도록 되어 있다. 비용을 기능별로 분류할 경우에는 비용의 성격에 대한 추가정보를 공시한다.[9]

가. 성격별 분류 형태

비용을 성격별로 분류할 때에는 비용을 성격별로 감가상각비, 원재료, 운송비, 급여, 광고선전비 등으로 통합하며, 기능별로 재배분하지 않는다.

9) 일반기업회계기준에서는 손익계산서를 다음과 같이 구분하여 표시한다. 다만, 제조업, 판매업 및 건설업 외의 업종에 속하는 기업은 매출총손익의 구분표시를 생략할 수 있다. (1) 매출액 (2) 매출원가 (3) 매출총손익 (4) 판매비와관리비 (5) 영업손익 (6) 영업외수익 (7) 영업외비용 (8) 법인세비용차감전계속사업손익 (9) 계속사업손익법인세비용 (10) 계속사업손익 (11) 중단사업손익(법인세효과 차감후) (12) 당기순손익

나. 기능별 분류 형태

비용을 기능별로 물류원가, 관리활동원가 등으로 구분할 경우에는 매출원가를 다른 비용과 분리하여 공시한다. 기능별 분류법은 '매출원가법'이라고도 부른다.

포괄손익계산서(성격별 분류)

비룡(주) 2017년 1월 1일부터~2017년 12월 31일까지 (단위: 천원)

수익		₩100,000
기타수익		50,000
원재료와 소모품사용액	₩60,000	
종업원급여비용	30,000	
감가상각비와 기타 상각비	10,000	
기타비용	20,000	
비용총계		₩120,000
법인세비용 차감 전 순이익		30,000
법인세비용		6,000
당기순이익		24,000
기타포괄이익		
유형자산재평가이익		1,000
FVOCI 금융자산평가이익		2,000
총포괄이익		₩27,000

포괄손익계산서(기능별 분류)

비룡(주) 2017년 1월 1일부터~2017년 12월 31일까지 (단위: 천원)

수익	₩100,000
매출원가	(70,000)
매출총이익	30,000
기타수익	50,000
물류원가	20,000
관리비	10,000
기타비용	20,000
법인세비용 차감전 순이익	30,000
법인세비용	6,000
당기순이익	24,000
기타포괄이익	
유형자산재평가이익	1,000
FVOCI 금융자산평가이익	2,000
총포괄이익	₩27,000

(4) (포괄)손익계산서 작성 예

인천주식회사의 2017년 1월 1일부터 2017년 12월 31일까지 발생한 수익과 비용이 다음과 같은 경우 (단일구분)손익계산서를 작성해 보자.

수익 :	매출액	1,000만원	이자수익	500만원		
비용 :	매출원가	500만원	급 여	300만원	광고선전비	100만원
	이자비용	200만원	재해손실	100만원		

손익계산서(보고식)

인천주식회사	2017년 1월 1일부터	2017년 12월 31일까지	(단위: 원)
(수익)			₩15,000,000
	매 출 액	₩10,000,000	
	이 자 수 익	5,000,000	
(비용)			12,000,000
	매 출 원 가	₩5,000,000	
	급 여	3,000,000	
	광 고 선 전 비	1,000,000	
	이 자 비 용	2,000,000	
	재 해 손 실	1,000,000	
(당기순이익)			₩3,000,000

연습문제

1. 경기주식회사의 2017년 12월 31일 재무상태가 다음과 같은 경우 계정식으로 재무상태표를 작성하시오.

현금	₩35,000	상품	₩60,000	매입채무	₩45,000
단기대여금	50,000	비품	20,000	건물	95,000
장기차입금	40,000	자본금	200,000	매출채권	80,000
사채	50,000	이익잉여금	5,000		

2. 인천주식회사의 2017년 1월 1일부터 2017년 12월 31일까지 발생한 수익과 비용이 다음과 같은 경우 (포괄)손익계산서를 작성하시오.

수익 :	매출액	₩700,000	이자수익	₩100,000
	임대료	50,000		
비용 :	급 여	₩600,000	보험료	₩12,000
	이자비용	80,000	재해손실	10,000
	잡 비	10,000		

3. 개인기업인 한라상사의 2017년 초의 재무상태와 기중 자본변동 및 경영성과는 다음과 같다. 물음에 답하시오.

자료 ① 2017년 초의 재무상태

현금 ₩3,000,000 외상매출금 ₩2,000,000 상품 ₩1,000,000
비품 ₩300,000 단기차입금 ₩1,000,000 미지급금 ₩500,000

② 2017년 중의 자본변동

자본주 추가출자액 ₩500,000 인출액 ₩300,000

③ 2017년의 경영성과

상품매출이익 ₩3,000,000 임대료 ₩1,000,000 이자수익 ₩300,000
급여 ₩1,000,000 여비교통비 ₩500,000 수도광열비 ₩2,000,000

물음1 기초의 자본금은 얼마인가?

물음2 2017년의 당기순이익은 얼마인가?

물음3 기말의 자본금은 얼마인가?

해답

1.

재무상태표(계정식)

경기주식회사	2017년 12월 31일 현재		
현 금	₩35,000	매 입 채 무	₩45,000
매 출 채 권	80,000	장 기 차 입 금	40,000
단 기 대 여 금	50,000	사 채	50,000
상 품	60,000	자 본 금	200,000
비 품	20,000	이 익 잉 여 금	5,000
건 물	95,000		
자 산 총 계	₩340,000	부 채 와 자 본 총 계	₩340,000

2.

손익계산서(보고식)

인천주식회사	2017년 1월 1일부터 2017년 12월 31일까지		
(수익)			₩850,000
	매 출 액	₩700,000	
	이 자 수 익	100,000	
	임 대 료	50,000	
(비용)			₩712,000
	급 여	₩600,000	
	보 험 료	12,000	
	이 자 비 용	80,000	
	재 해 손 실	10,000	
	잡 비	10,000	
(당기순이익)			₩138,000

3.

물음1

기초의 자본금=기초자산－기초부채

= 6,300,000원－1,500,000원= 4,800,000원

물음2

당기순이익 = 수익총액－비용총액

= 4,300,000원－3,500,000원= 800,000원

물음3

기말의 자본금 = 기초의 자본금 + 기중 추가출자액 － 인출액 + 당기순이익

= 4,800,000원 + 500,000원－ 300,000원 + 800,000원

= 5,800,000원

종합문제

1. 회계정보의 기본가정을 설명하시오.
2. 회계정보의 질적 특성을 근본적 질적 특성과 보강적 질적 특성으로 나누어 설명하시오.
3. 재무제표의 기본요소를 재무상태를 나타내는 요소와 성과를 나타내는 요소로 나누어 설명하시오.
4. 재무제표를 각 기준에서는 어떻게 분류하고 있는가?
5. 재무상태란 무엇을 의미하며, 그것은 어떻게 측정하는가?
6. 경영성과란 무엇을 의미하며, 그것은 어떻게 측정하는가?
7. 손익계산서와 포괄손익계산서는 어떻게 다른가?
8. 손익계산의 두 가지 방법을 비교하여 설명하시오.
9. 개인기업인 한국상사의 기초의 자산, 부채는 다음과 같다.

(단위: 원)

현 금	20,000	당 좌 예 금	35,000	외상매출금	129,000
상 품	43,000	비 품	18,000	외상매입금	70,000
단기차입금	20,000				

또한 당기의 수익총액은 ₩264,000, 비용총액은 ₩235,000, 기말의 부채총액은 ₩96,000이었다.
이상의 자료로 물음에 답하시오.

물음1 기초의 자본금은 얼마인가?

물음2 기말의 자산총액은 얼마인가?

10. 백두(주)의 1월 1일(기초) 및 12월 31일(기말)의 자산, 부채의 상태는 다음과 같다. 이 1년간의 총비용은 ₩1,549,300이며 회계기간 중에 주주들이 ₩500,000의 추가출자를 하였다. 총비용 ₩1,549,300에 대응하는 총수익은 얼마인가?

기초 : 자산 ₩5,312,580, 부채 ₩3,000,000
기말 : 자산 ₩7,243,280, 부채 ₩4,000,000

11. 다음은 대한주식회사의 2017년 12월 31일 현재의 자산, 부채 및 자본항목의 금액이다. 한국주식회사의 자본금을 산출하고, 재무상태표(계정식)도 작성하시오.

현금	₩300,000	상 품	₩2,100,000	매입채무	₩750,000
단기대여금	1,000,000	비품	600,000	건물	7,500,000
장기차입금	8,000,000	자본금	( )	매출채권	1,050,000
사채	2,500,000	이익잉여금	1,200,000	토지	9,000,000
차량운반구	900,000				

12. 다음은 인천주식회사의 2017년도의 수익 및 비용항목의 금액이다. 인천 주식회사의 당기순이익을 산출하고, (단일구분)손익계산서를 작성하시오.

매출액	₩7,500,000	이자수익	₩300,000	잡이익	₩150,000
급 여	450,000	보험료	120,000	이자비용	80,000
감가상각비	600,000	매출원가	4,500,000	임차료	150,000
잡 비	50,000	당기순이익	( )		

13. 서울상사의 2017년 12월 31일의 재무상태는 다음과 같다. ( )의 금액을 구하시오.

현 금	30,000	대 여 금	40,000	외상매입금	( )
외상매출금	150,000	건 물	350,000	비 품	50,000
상 품	( )	자산총액	800,000	차량운반구	100,000
자 본 금	300,000	차 입 금	100,000	부채총액	300,000
당기순이익	( )				

제 3 장 회계순환과정(Ⅰ)

재무회계정보인 재무제표의 작성은 회계상의 거래로부터 시작된다. 본 장에서는 재무제표 작성절차인 회계순환과정이란 무엇이며, 그것의 첫 단계인 회계상의 거래에 관해 학습하고자 한다. 즉 회계상의 거래와 일상적인 거래는 어떤 차이점이 있으며, 거래의 이중성과 복식부기는 어떤 관계인지를 살펴보기로 한다. 아울러 단식부기와 복식부기는 무엇이 다르며, 회계는 어떤 이유로 복식부기를 채택하고 있는가를 알아보고, 재무회계에서 가장 기초적이면서 중요한 내용인 거래 8요소와 그 결합관계를 익히고자 하는 것이 본 장의 학습목표이다.

제 1 절 회계순환과정의 의의

기업활동으로부터 발생하는 경제적 사건인 거래로부터 회계정보이용자의 의사결정에 유용한 회계정보를 작성・전달하는 일련의 회계정보 산출과정 즉 재무제표 작성절차를 **회계순환과정**(Accounting Cycle)이라고 한다.

기업은 회계정보이용자로 하여금 합리적 의사결정을 할 수 있도록 유용한 회계정보를 산출하여 전달하게 되는데, 이와 같은 일련의 회계정보 산출과정인 재무제표 작성절차를 '**회계순환과정**(accounting cycle)'이라고 한다.

재무제표는 다음과 같은 네 단계의 회계순환과정을 통해 작성된다.

① 제1단계 : 거래의 인식

회계정보를 산출하기 위해서 기업은 회계기록의 대상이 되는 '**회계상의 거래**

(accounting transactions)'를 인식(식별)하여야 한다.

② 제2단계 : 거래의 기록(분개)

회계기록의 대상인 회계상의 거래를 인식(식별)하였으면, 이것을 회계기록으로 남기는 '**분개**(journalizing)'를 행한다.

③ 제3단계 : 거래의 분류(전기)

회계기록을 해당 계정으로 옮겨 적는 '**전기**(posting)'를 행한다.

④ 제4단계 : 결산

회계기록의 결과를 **종합**(**결산**, closing)하여 구체적인 회계정보인 재무제표(결산보고서)를 작성하여 회계정보이용자에게 전달한다. 이 결산절차는 다음과 같이 결산예비절차, 결산본절차, 재무제표의 작성 등 3단계로 나눌 수 있다.

1. 결산예비절차
   ① 시산표의 작성
   ② 결산정리분개
   ③ 정산표의 작성
2. 결산본절차
   ① 계정의 마감
   ② 장부의 마감
3. 재무제표의 작성
   ① (포괄)손익계산서의 작성
   ② 재무상태표의 작성 등

▌회계순환과정▐

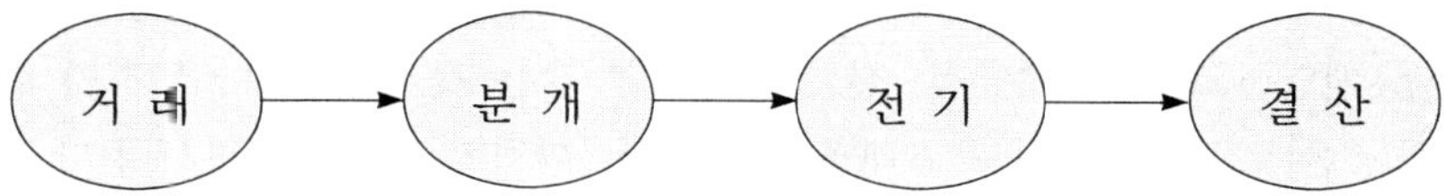

제2절 회계상의 거래

2.1 거래의 의의

회계상의 거래(Accounting Transactions)란 자산, 부채, 자본의 증감변동과 수익, 비용의 발생을 가져오는 경제적 사건(경제적 사상, economic events)을 의미한다.

(재무)회계정보를 산출하기 위해 기업이 무엇보다도 먼저 하여야 할 일은 기업이 수행하는 여러 경영활동 중에서 장부에 기록할 대상을 인식(식별)하는 일이다. 즉, 어떤 거래를 장부에 기록할 것인가 하는 문제이다. 이 때 회계기록의 대상이 되는 것을 '**회계상의 거래(accounting transactions)**'라고 한다.

회계상의 거래를 기록하는 이유는 거래가 발생하면 결과적으로 기업의 재무상태와 경영(재무)성과에 영향을 미치기 때문이다. 예를 들어 현금으로 부채를 갚으면 현금이라는 자산은 감소하는 한편 부채는 그 만큼 감소하게 되어 기업의 재무상태가 변하게 된다. 따라서 재무상태의 변화를 적절히 보여주기 위해서는 거래를 장부에 기록하여야 한다.

그러나 회계상의 거래는 자산, 부채, 자본의 증감변동의 정도를 화폐가치(금액)로 측정 가능한 경우에 한하여 장부에 기록할 수 있다. 만일 변동의 크기를 금액으로 측정할 수 없으면 회계기록의 대상이 되지 않는다.

◐ 회계상의 거래의 요점

① 자산, 부채, 자본의 변동을 가져온다.
② 그 변동의 크기를 금액으로 나타낼 수 있다.

◐ 일상적인 거래와 회계상의 거래의 차이점

일상적으로 우리가 거래(transactions)라고 말하는 것들은 대부분 회계상의 거래에 해당된다. 상품을 매입하고 판매하는 것, 현금을 빌리고 갚는 것, 건물이나 토지를 취득하거나 처분하는 것 등은 일상생활에서도 거래라고 부르며, 회계상으로도 거래가 된다. 이와 같이 대부분의 사건들은 일상적으로나 회계상으로 거래라고 할 수 있다.

그러나 다음 같은 경우에는 일상적인 거래와 회계상의 거래가 일치하지 않는다.

▸ **일상적인 거래이지만 회계상의 거래가 아닌 경우**

- 상품을 주문한 경우 : 주문을 한 것만으로는 아직 상품이라는 자산이 증가한 것이 아니다.
- 건물을 매입하기로 계약을 체결한 경우 : 계약을 체결한 것만으로는 아직 건물의 소유권을 획득한 것도 아니고, 대금을 지급하여야 할 부채가 발생한 것도 아니다.

▸ **일상적인 거래는 아니지만 회계상의 거래인 경우**

- 현금을 도난당한 경우 : 현금이라는 자산이 감소하였음으로 회계상의 거래이다.
- 공장이 화재로 소실된 경우 : 공장이라는 자산이 감소하였음으로 회계상의 거래이다.
- 차입금에 대한 이자가 발생한 경우 : 이자를 지급하여야 할 부채가 발생하였기 때문에 이자를 현금으로 지급하지 않았더라도 회계상의 거래이다.

2.2 거래의 이중성

거래의 이중성(duality of transactions)이란 어떤 거래든 자산, 부채, 자본에 변화를 초래하는 원인과 결과라는 두 가지 속성이 함께 들어 있다는 것을 의미한다.

자산과 자본(총자본=부채+자본)의 관계에 있어서 자산은 자본의 구체적인 운용형태이고, 자본은 그 존재형태에 따른 화폐가치 평가액을 의미한다. 이 등식은 왼쪽의 자산에 증감이 발생하면 오른쪽의 자본에도 동일한 금액이 발생한다는 것을 의미한다. 반대로 오른쪽의 자본에 증감이 발생하면 왼쪽의 자산에도 동일한 금액의 증감이 발생한다는 것이다.

이와 같이 회계상의 거래는 왼쪽과 오른쪽으로 대립관계를 이루어 반드시 양쪽에 동일한 금액이 변동하게 되고, 변동의 원인과 결과를 나타내는 바 이것을 '**거래의 이중성(거래의 양면성, duality of transactions)**'이라고 한다.

◐ 거래의 이중성의 예

'현금 200만원으로 비품을 구입하였다'라는 거래를 분석하면, 다음과 같은 두 가지 내용이 들어 있음을 알 수 있다.

① 비품 200만원이 증가(자산의 증가)

② 현금 200만원이 감소(자산의 감소)

즉 왼쪽에 비품이 증가하며, 오른쪽에 현금이 감소한 회계상의 거래이다. 이것은 현금의 감소가 원인이 되어 비품의 증가라는 결과가 나타난 것이다. 반대로 비품의 증가가 원인이 되어 현금의 감소라는 결과가 나타났다고 보아도 무방하다. 어찌 되었든 한 쪽은 다른 쪽의 원인이 되고, 또한 다른 쪽은 한 쪽의 결과가 된다. 모든 거래는 이와 같이 원인과 결과를 항상 함께 가지고 있으며, 원인의 금액과 결과의 금액도 항상 일치하게 된다.

2.3 복식부기의 원리

회계에서는 거래의 이중성에 따라 모든 거래를 원인과 결과로 나누어 이중으로 기록한다. 이와 같이 하나의 거래를 이중으로 기록하는 기록방법을 **복식부기**라고 한다.

복식부기(double entry book-keeping)는 거래의 이중성에 따라 기록하기 때문에 자산과 부채의 발생원인을 알게 해준다.

복식부기는 왼쪽과 오른쪽에 동일한 금액이 기록되므로 모든 거래의 왼쪽의 합계액과 오른쪽의 합계액은 항상 일치한다. 만일 일치하지 않으면 기록상의 오류가 발생하였다는 것을 의미하는데, 이러한 기능을 복식부기의 '자기검증기능(self-control function)'이라고 한다.

이와 같이 복식부기는 거래의 이중성에 따라 기록되므로 모든 거래의 왼쪽의 합계액과 오른쪽의 합계액이 일치하는지를 확인함으로써 그 기록 및 계산의 정확성 여부를 자동적으로 검증할 수 있는 자기검증능력을 갖고 있는데, 이것은 복식부기의 중요한 특징 중의 하나이다.

◐ 단식부기와 복식부기의 차이점

단식부기는 원인과 결과 가운데 어느 하나만을 기록하는 방법으로 주로 가계부나 과거에 관청에서 사용하는 회계기록 방식이다.

단식부기에서는 비품을 현금 200만원으로 구입한 거래가 발생한 경우 '비품 구입 200만원'이라고만 기록한다. 그러나 이러한 기록만으로는 200만원의 비품을 구입하였다는 사실은 알 수 있지만, 비품을 현금으로 구입하였는지 아니면 외상으로 구입하였는지 알 수가 없다. 즉 원인과 결과를 동시에 알려주지 못한다는 단점이 있다.

또한 단식부기에서는 200만원이라는 금액을 장부에 한번만 기록함으로써 장부기록에 오류가 있는지를 스스로 검증하는 자기검증기능이 없다는 단점도 있다.

학습보충자료 **루카 파치올리(Lccas Pacioli)와 복식부기**

오늘날 우리가 사용하는 손익계산 중심의 복식부기의 개념 및 절차는 르네상스 시기에 이탈리아의 상업도시에서 발달하기 시작한 것으로 알려지고 있다.

1494년에 베네치아에서 출간된 이탈리아의 수학자이며 수도사였던 루카 파치올리(Lccas Pacioli)의 ≪산술·기하·비례 및 비율 요론(산술, 기하, 비율 및 비례총람), Summade Arithmetica, Geometria, Proportioni et Proportionalita≫이라는 수학책에 복식부기를 소개한 것이 우리가 현재 사용하고 있는 복식부기에 관한 최초의 저서로 평가하고 있다.

물론 그 당시의 부기에서는 소유주와 기업이 분리되지 않았고, 모험기업(冒險企業)의 활동이 종료된 뒤에야 손익계산을 행하였으므로 그 뒤 17, 18세기에 들어서면서 원시적인 형태의 손익계산서와 대차대조표(현 재무상태표)가 나타났으며, 기간계산의 개념도 나타났다.

그리고 19세기에 이르러 산업혁명이 본격적으로 진행되고 주식회사제도가 발달함에 따라 복식부기가 정착되고 감가상각 개념 등도 나타나는 등 오늘날 우리가 이용하고 있는 형태의 복식부기로 발달되어왔다고 할 수 있다.

2.4 회계등식과 거래의 기록

앞에서 설명한 바와 같이 재무제표는 네 단계의 회계순환과정을 거쳐 작성된다. 그러나 여기서는 거래의 이중성과 복식부기의 원리를 좀 더 이해하기 위하여 회계등식(재무상태표 등식이라고도 함.)인 [자산 = 부채 + 자본]을 이용한 거래의 기록방법과 재무상태의 변화 등을 살펴보고자 한다.

예제 3-1

다음은 서비스제공을 주요 영업활동으로 하는 서비스기업인 대한세탁소(주)의 2018년 4월의 거래내역이다.

4월 1일 : 주주들이 현금 40,000,000원을 출자하여 사업을 시작하다. 그리고 영업을 위한 공간과 설비의 임차계약을 체결하였다. 단, 임차료는 매월 말에 지급하기로 하다.

4월 5일 : 소모품 1,000,000원을 구입하고 대금은 월말에 지급하기로 하다.

4월 15일 : K사로부터 5,000,000원의 세탁업무를 의뢰받고 서비스를 제공하였으며, 서비스대금은 현금으로 받다.
4월 16일 : 거래처에 현금 1,000,000원을 3개월 기한으로 대여해주다.
4월 20일 : D사로부터 8,000,000원의 세탁업무를 의뢰받고 서비스를 제공하였으며, 서비스대금은 1개월 후에 받기로 하다.
4월 30일 : 소모품 구입대금 전액을 현금으로 지급하다. 월말 현재 소모품 재고액은 400,000원이다.
4월 30일 : 임차료 500,000원을 현금으로 지급하다.
4월 30일 : 거래은행으로부터 2,000,000원을 현금으로 장기차입하다.

그러면 이제 이상의 거래를 분석하여 회계등식인 [자산 = 부채 + 자본]을 이용한 거래의 기록방법을 설명해보자.

- **4월 1일의 거래** : 주주들이 현금 40,000,000원을 출자하여 사업을 시작하다. 그리고 영업을 위한 공간과 설비의 임차계약을 체결하였다. 단, 임차료는 매월 말에 지급하기로 하다.
- **거래의 분석** : 이 거래는 회사를 설립하고 주주들이 출자하여 사업을 시작한 거래이다. 주주들이 현금을 출자하였으므로 현금(자산)이 40,000,000원 증가하였으며, 그로 인해 자본금(자본)이 그 만큼 증가하였다. 단, 임차계약으로 자산, 부채, 자본에 영향을 미치지 않았으므로 그것은 기록하지 않는다.

회계등식 : 자산 = 부채 + 자본

(단위: 천원)

	현금	=	자본금
[거래 전]	0		0
[4/1 거래]	+40,000	=	+40,000
[거래 후]	40,000	=	40,000

- **4월 5일의 거래** : 소모품 1,000,000원을 구입하고 대금은 월말에 지급하기로 하다.
- **거래의 분석** : 영업에 사용하기 위해 소모품을 구입하였으므로 소모품(자산)이 1,000,000원 증가하였고, 대금은 월말에 지급하기로 하였으므로 미지급금(부채)이 1,000,000원 증가하였다.

회계등식 :	자산	=	부채	+	자본

(단위: 천원)

	현금	소모품	=	미지급금	자본금
[거래 전]	40,000		=		40,000
[4/5 거래]		+1,000		+1,000	
[거래 후]	40,000	1,000	=	1,000	40,000

- **4월 15일의 거래** : K사로부터 5,000,000원의 세탁업무를 의뢰받고 서비스를 제공하였으며, 서비스대금은 현금으로 받다.
- **거래의 분석** : 5,000,000원의 세탁업무를 의뢰받고 서비스를 제공하여 서비스수익이 발생하였으므로 이익잉여금(자본)이 5,000,000원 증가하였고, 대금을 현금으로 받았으므로 현금(자산)이 5,000,000원 증가하였다.

회계등식 :	자산	=	부채	+	자본

(단위: 천원)

	현금	소모품	=	미지급금	자본금	이익잉여금
[거래 전]	40,000	1,000	=	1,000	40,000	
[4/15 거래]	+5,000		=			+5,000
[거래 후]	45,000	1,000	=	1,000	40,000	5,000

- **4월 16일의 거래** : 거래처에 현금 1,000,000원을 3개월 기한으로 대여해주다.
- **거래의 분석** : 거래처에 현금 1,000,000원을 대여해 주었으므로 현금(자산)이 1,000,000원 감소하였고, 동시에 단기대여금(자산)이라는 새로운 자산이 1,000,000원 증가하였다.

회계등식 :	자산	=	부채	+	자본

(단위: 천원)

	현금	소모품	단기 대여금	=	미지급금	자본금	이익잉여금
[거래 전]	45,000	1,000		=	1,000	40,000	5,000
[4/16 거래]	-1,000		+1,000				
[거래 후]	44,000	1,000	1,000	=	1,000	40,000	5,000

- **4월 20일의 거래 :** D사로부터 8,000,000원의 세탁업무를 의뢰받고 서비스를 제공하였으며, 서비스대금은 1개월 후에 받기로 하다.
- **거래의 분석 :** 8,000,000원의 세탁업무를 의뢰받고 서비스를 제공하여 서비스수익이 발생하였으므로 이익잉여금(자본)이 8,000,000원 증가하였고, 대금은 1개월 후에 받기로 하였으므로 외상매출금(자산)이 8,000,000원 증가하였다.

회계등식 :	자산	=	부채	+	자본

(단위: 천원)

	현금	소모품	단기 대여금	외상 매출금	=	미지급금	자본금	이익잉금
[거래 전]	44,000	1,000	1,000		=	1,000	40,000	5,000
[4/20 거래]				+8,000	=			+8,000
[거래 후]	44,000	1,000	1,000	8,000	=	1,000	40,000	13,000

- **4월 30일의 거래 :** 소모품 구입대금 전액을 현금으로 지급하다. 월말 현재 소모품 재고액은 400,000원이다.
- **거래의 분석 :** 4월 5일 구입한 소모품 대금 1,000,000원을 현금으로 지급하였으므로 현금(자산)이 1,000,000원 감소하였고, 4월 5일 거래대금에 대한 부채인 미지급금(부채)을 갚았으므로 부채 1,000,000원이 감소하였다. 또한 소모품 중 600,000원 만큼의 소모품을 사용하였으므로 소모품(자산)이 600,000원 감소하였고, 소모품비가 발생하여 이익잉여금이 600,000원 감소하였다.

회계등식 :	자산	=	부채	+	자본

(단위: 천원)

	현금	소모품	단기 대여금	외상 매출금	=	미지급금	자본금	이익잉여금
[거래 전]	44,000	1,000	1,000	8,000	=	1,000	40,000	13,000
[4/30 거래]	-1,000	-600			=	-1,000		-600
[거래 후]	43,000	400	1,000	8,000	=	0	40,000	12,400

- **4월 30일의 거래 :** 임차료 500,000원을 현금으로 지급하다.
- **거래의 분석 :** 임차료 500,000원을 현금으로 지급하였으므로 이익잉여금(자본)이 500,000원 감소하였고, 대금을 현금으로 지급하였으므로 현금(자산)이 500,000원 감소하였다.

회계등식 : 자산	= 부채 + 자본

(단위: 천원)

	현금	소모품	단기 대여금	외상 매출금	=	자본금	이익잉여금
[거래 전]	43,000	400	1,000	8,000	=	40,000	12,400
[4/30 거래]	-500				=		-500
[거래 후]	42,500	400	1,000	8,000	=	40,000	11,900

- **4월 30일의 거래 :** 거래은행으로부터 2,000,000원을 현금으로 장기차입하다.
- **거래의 분석 :** 거래은행으로부터 2,000,000원을 현금으로 장기차입하였으므로 현금(자산)이 2,000,000원 증가하였고, 장기차입금(부채)이 2,000,000원 증가하였다.

회계등식 : 자산	= 부채 + 자본

(단위: 천원)

	현금	소모품	단기 대여금	외상 매출금	=	장기차입금	자본금	이익잉여금
[거래 전]	42,500	400	1,000	8,000	=		40,000	11,900
[4/30 거래]	+2,000				=	+2,000		
[거래 후]	44,500	400	1,000	8,000	=	2,000	40,000	11,900

이상과 같이 거래와 거래를 분석하여 재무상태의 변화를 회계등식을 이용한 거래의 기록방법으로 설명하였다. 앞에서 설명한 바와 같이 재무제표를 작성하기 위해서는 회계순환과정(accounting cycle)을 거쳐야 하나 여기서 본 바와 같이 [자산 = 부채 + 자본]이라는 회계등식을 통해서도 재무상태의 변화를 파악할 수 있으며, 당기의 순손익(이익잉여금)의 변화도 파악할 수 있다.

위 회계등식을 이용한 거래의 기록방법으로 대한세탁소(주)의 재무상태표와 손익계산서[1]를 작성해보면 다음과 같다.

재무상태표(계정식)

대한세탁소(주) 2018년 4월 30일 현재

현 금	₩44,500,000	장 기 차 입 금	2,000,000
매 출 채 권	8,000,000	자 본 금	40,000,000
단 기 대 여 금	1,000,000	이 익 잉 여 금	11,900,000
소 모 품	400,000		
자 산 총 계	₩53,900,000	부 채 와 자 본 총 계	₩53,900,000

재무상태표(보고식)

대한세탁소(주) 2018년 4월 30일 현재

(자산)	
현 금	₩44,500,000
매 출 채 권	8,000,000
단 기 대 여 금	1,000,000
소 모 품	400,000
자 산 총 계	₩53,900,000
(부채)	
장 기 차 입 금	₩2,000,000
(자본)	
자 본 금	40,000,000
이 익 잉 여 금	11,900,000
부 채 와 자 본 총 계	₩53,900,000

손익계산서(보고식)

대한세탁소(주) 2018년 4월 1일부터 2018년 4월 30일까지

(수익)		₩13,000,000
용 역 매 출	₩13,000,000	
(비용)		₩1,100,000
소 모 품 비	₩600,000	
임 차 료	500,000	
(당기순이익)		₩11,900,000

1) 회계등식인 [자산 =부채 + 자본]을 이용하여 거래를 기록하는 경우 정확히 말하면 재무상태인 자산, 부채, 자본에 대한 회계정보는 파악할 수 있으나, 성과인 수익, 비용, 그리고 당기순이익에 대한 회계정보는 알 수 없게 된다. 여기서는 이익잉여금의 변화를 가져온 수익과 비용 거래를 일일이 찾아 손익계산서를 작성한 것이다. 이와 같은 문제점 때문에 후술하는 바와 같이 앞의 회계등식인 [자산 = 부채 + 자본]을 확장한 [자산 + 비용 = 부채 + 자본 + 수익]의 회계등식을 이용하면 재무상태(자산, 부채, 자본)에 대한 회계정보는 물론 성과(수익, 비용, 당기순손익)에 대한 회계정보도 파악할 수 있게 된다.

2.5 회계등식의 확장과 거래의 기록

앞의 2.4 회계등식과 거래의 기록에서는 흔히 재무상태표등식이라고 하는 회계등식인 [자산 = 부채 + 자본]을 이용하여 거래의 기록방법과 재무상태의 변화 등을 살펴보았다. 이 등식을 이용하여 거래를 분석하여 그 거래를 기록하였을 때 수익이나 비용이 발생하는 거래의 경우(예로서 앞 예제 3-1의 경우 4월 15일, 20일, 30일 거래 등) 수익이 발생하면 자본(이익잉여금)의 증가로, 비용이 발생하면 자본(이익잉여금)의 감소로 기록하였다. 그러나 엄격히 말하면 자본은 주주들로부터 출자받은 자본금과 경영활동 결과 얻은 당기순이익(이익잉여금) 등으로 구성된다.

앞에서 이용한 회계등식인 [자산 = 부채 + 자본]을 이용하여 거래를 기록하는 경우 재무상태인 자산, 부채, 자본에 대한 회계정보는 파악할 수 있으나, 성과인 수익, 비용, 그리고 당기순이익에 대한 회계정보는 알 수 없게 된다. 따라서 앞의 회계등식인 [자산 = 부채 + 자본]을 확장하여 다음과 같은 회계등식을 이용하면 성과에 대한 정보도 파악할 수 있게 된다[2].

회계등식 : 자산 = 부채 + 자본 + 수익 − 비용

이 회계등식은 우변의 비용을 좌변으로 옮기면 다음과 같이 나타낼 수도 있다.

회계등식 : 자산 + 비용 = 부채 + 자본 + 수익

그러면 이제부터는 앞 예제 3-1의 거래를 분석하여 종래의 회계등식을 확장한 새로운 회계등식 즉 [자산 + 비용 = 부채 + 자본 + 수익]을 이용한 거래의 기록방법을 설명해보자.

- **4월 1일의 거래 :** 주주들이 현금 40,000,000원을 출자하여 사업을 시작하다. 그리고 영업을 위한 공간과 설비의 임차계약을 체결하였다. 단, 임차료는 매월 말에 지급하기로 하다.
- **거래의 분석 :** 이 거래는 회사를 설립하고 주주들이 출자하여 사업을 시작한 거래이다. 주주들이 현금을 출자하였으므로 현금(자산)이 40,000,000원 증가하였고, 그로 인해 자본금(자본)이 그 만큼 증가하였다. 단, 임차계약으로 자산, 부채, 자본에 영향을 미치지 않았으므로 그것은 기록하지 않는다.

2) 자본 중 이익잉여금을 별도로 구분하는 경우 이익잉여금은 당기에 발생한 수익과 비용을 대응시켜 산정하므로 자산 = 부채 +자본 +(수익 − 비용)의 식이 성립된다.

회계등식 : 자산 + 비용 = 부채 + 자본 + 수익

(단위: 천원)

	현금	=	자본금
[거래 전]	0		0
[4/1 거래]	+40,000	=	+40,000
[거래 후]	40,000	=	40,000

- **4월 5일의 거래** : 소모품 1,000,000원을 구입하고 대금은 월말에 지급하기로 하다.
- **거래의 분석** : 영업에 사용하기 위해 소모품을 구입하였으므로 소모품(자산)이 1,000,000원 증가하였고, 대금은 월말에 지급하기로 하였으므로 미지급금(부채)이 1,000,000원 증가하였다.

회계등식 : 자산 + 비용 = 부채 + 자본 + 수익

(단위: 천원)

	현금	소모품	=	미지급금	자본금
[거래 전]	40,000		=		40,000
[4/5 거래]		+1,000		+1,000	
[거래 후]	40,000	1,000	=	1,000	40,000

- **4월 15일의 거래** : K사로부터 5,000,000원의 세탁업무를 의뢰받고 서비스를 제공하였으며, 서비스대금은 현금으로 받다.
- **거래의 분석** : 5,000,000원의 세탁업무를 의뢰받고 서비스를 제공하여 서비스수익이 발생하였으므로 용역매출(수익)이 5,000,000원 증가하였고, 대금을 현금으로 받았으므로 현금(자산)이 5,000,000원 증가하였다.

회계등식 : 자산 + 비용 = 부채 + 자본 + 수익

(단위: 천원)

	현금	소모품	=	미지급금	자본금	용역매출
[거래 전]	40,000	1,000	=	1,000	40,000	
[4/15 거래]	+5,000		=			+5,000
[거래 후]	45,000	1,000	=	1,000	40,000	5,000

• **4월 16일의 거래** : 거래처에 현금 1,000,000원을 3개월 기한으로 대여해주다.
• **거래의 분석** : 거래처에 현금 1,000,000원을 대여해 주었으므로 현금(자산)이 1,000,000원 감소하였고, 동시에 단기대여금(자산)이라는 새로운 자산이 1,000,000원 증가하였다.

회계등식 :	자산 + 비용 = 부채 + 자본 + 수익

(단위: 천원)

	현금	소모품	단기 대여금	=	미지급금	자본금	용역매출
[거래 전]	45,000	1,000		=	1,000	40,000	5,000
[4/16 거래]	-1,000		+1,000				
[거래 후]	44,000	1,000	1,000	=	1,000	40,000	5,000

• **4월 20일의 거래** : D사로부터 8,000,000원의 세탁업무를 의뢰받고 서비스를 제공하였으며, 서비스대금은 1개월 후에 받기로 하다.
• **거래의 분석** : 8,000,000원의 세탁업무를 의뢰받고 서비스를 제공하여 서비스수익이 발생하였으므로 용역매출(수익)이 8,000,000원 증가하였고, 대금은 1개월 후에 받기로 하였으므로 외상매출금(자산)이 8,000,000원 증가하였다.

회계등식 :	자산 + 비용 = 부채 + 자본 + 수익

(단위: 천원)

	현금	소모품	단기 대여금	외상 매출금	=	미지급금	자본금	용역매출
[거래 전]	44,000	1,000	1,000		=	1,000	40,000	5,000
[4/20 거래]				+8,000	=			+8,000
[거래 후]	44,000	1,000	1,000	8,000	=	1,000	40,000	13,000

• **4월 30일의 거래** : 소모품 구입대금 전액을 현금으로 지급하다. 월말 현재 소모품 재고액은 400,000원이다.
• **거래의 분석** : 4월 5일 구입한 소모품 대금 1,000,000원을 현금으로 지급하였으므로 현금(자산)이 1,000,000원 감소하였고, 4월 5일 거래대금에 대한 부채인 미지급금(부채)을 갚았으므로 부채 1,000,000원이 감소하였다. 또한 소모품 중 600,000원 만큼의 소모품을 사용하였으므로 소모품(자산)이 600,000원 감소하였고, 소모품비(비용)가 발생하여 비용이 600,000원 증가하였다.

회계등식 : 자산 + 비용 = 부채 + 자본 + 수익

(단위: 천원)

	현금	소모품	단기 대여금	외상 매출금	소모 품비	=	미지급금	자본금	용역매출
[거래 전]	44,000	1,000	1,000	8,000		=	1,000	40,000	13,000
[4/30 거래]	-1,000	-600			+600	=	-1,000		
[거래 후]	43,000	400	1,000	8,000	600	=	0	40,000	13,000

- **4월 30일의 거래** : 임차료 500,000원을 현금으로 지급하다.
- **거래의 분석** : 임차료 500,000원을 현금으로 지급하였으므로 임차료(비용)가 500,000원 증가하였고, 대금을 현금으로 지급하였으므로 현금(자산)이 500,000원 감소하였다.

회계등식 : 자산 + 비용 = 부채 + 자본 + 수익

(단위: 천원)

	현금	소모품	단기 대여금	외상 매출금	소모 품비	임차료	=	미지급금	자본금	용역매출
[거래 전]	43,000	400	1,000	8,000	600		=	0	40,000	13,000
[4/30 거래]	-500				+500		=			
[거래 후]	42,500	400	1,000	8,000	600	500	=		40,000	13,000

- **4월 30일의 거래** : 거래은행으로부터 2,000,000원을 현금으로 장기차입하다.
- **거래의 분석** : 거래은행으로부터 2,000,000원을 현금으로 장기차입하였으므로 현금(자산)이 2,000,000원 증가하였고, 장기차입금(부채)이 2,000,000원 증가하였다.

회계등식 : 자산 + 비용 = 부채 + 자본 + 수익

(단위: 천원)

	현금	소모품	단기 대여금	외상 매출금	소모 품비	임차료	=	장기차입금	자본금	용역매출
[거래 전]	42,500	400	1,000	8,000	600	500	=		40,000	13,000
[4/30 거래]	+2,000						=	+2,000		
[거래 후]	44,500	400	1,000	8,000	600	500	=	2,000	40,000	13,000

이상과 같이 대한세탁소(주)의 거래와 거래를 분석하여 재무상태의 변화와 손익의 변화를 회계등식인 [자산 + 비용 = 부채 + 자본 + 수익]을 이용한 거래의 기록방법으로 설명하였다. 앞에서 설명한 바와 같이 재무제표를 작성하기 위해서는 회계순환과정을 거쳐야 하나 여기서 본 바와 같이 [자산 + 비용 = 부채 + 자본 + 수익]이라는 회계등식을 통해서도 재무상태의 변화를 파악할 수 있으며, 당기순손익의 변화도 파악할 수 있다.

위 회계등식을 이용한 거래의 기록방법으로 대한세탁소(주)의 손익계산서와 재무상태표를 작성해보면 다음과 같다.

손익계산서(보고식)

대한세탁소(주) 2018년 4월 1일부터 2018년 4월 30일까지

(수익)		₩13,000,000
용역매출	₩13,000,000	
(비용)		₩1,100,000
소모품비	₩600,000	
임차료	500,000	
(당기순이익)		₩11,900,000

재무상태표(계정식)

대한세탁소(주) 2018년 4월 30일 현재

현금	₩44,500,000	장기차입금	2,000,000
매출채권	8,000,000	자본금	40,000,000
단기대여금	1,000,000	이익잉여금	11,900,000
소모품	400,000		
자산총계	₩53,900,000	부채와자본총계	₩53,900,000

재무상태표(보고식)

대한세탁소(주) 2018년 4월 30일 현재

(자산)	
현금	₩44,500,000
매출채권	8,000,000
단기대여금	1,000,000
소모품	400,000
자산총계	₩53,900,000
(부채)	
장기차입금	₩2,000,000
(자본)	
자본금	40,000,000
이익잉여금	11,900,000
부채와자본총계	₩53,900,000

2.6 거래 8요소의 결합관계

◐ 거래의 8요소의 개념

모든 회계상의 거래는 재무상태표와 (포괄)손익계산서의 구성요소인 자산, 부채, 자본, 수익, 비용의 증가·감소 또는 발생을 가져오는 데, 반드시 두 가지 이상의 요소들이 관련되어 나타난다. 다만 거래를 분석하여 보면 거래의 구성요소는 다음과 같은 8가지 요소들로 구성됨을 볼 수 있는데 이것을 '**거래의 8요소**'라고 하며, 하나의 거래는 왼쪽 요소와 오른쪽 요소가 서로 결합되어 나타나는 것을 볼 수 있다.

거래의 8요소는 왼쪽(차변) 요소 4가지와 오른쪽(대변) 요소 4가지로 구성되는데 이들 왼쪽 요소와 오른쪽 요소가 결합함으로써 구체적인 거래로 나타나게 된다. 다음은 거래의 8요소가 어떻게 결합되는지를 나타낸 것이다.

▌거래 8요소의 결합관계▐

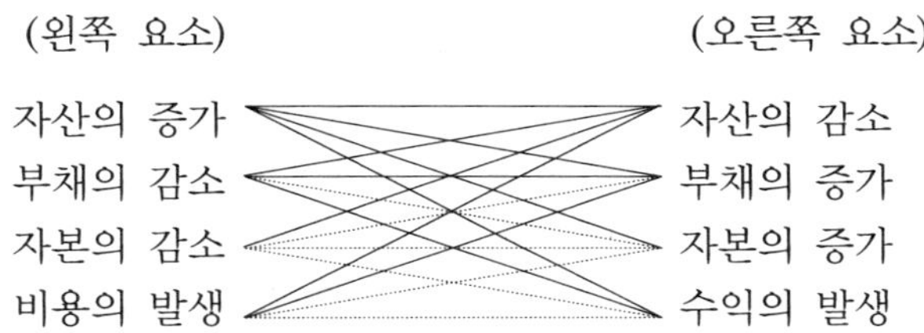

위의 거래의 결합관계를 설명하면 다음과 같다.

첫째, 거래의 결합관계에서 자산의 증가, 부채의 감소, 자본의 감소, 그리고 비용의 발생이 왼쪽 요소가 되는 이유를 설명하면 자산은 회계등식에서 자산이 왼쪽 항목이므로 당연히 왼쪽에 표시되어야 하며, 부채와 자본은 오른쪽 항목이므로 부채와 자본의 증가는 오른쪽에 표시되나 감소는 반대상황이므로 왼쪽에 표시되어야 한다. 또한, 비용의 발생은 자본의 감소에 해당되므로 당연히 거래의 결합관계에서 왼쪽 요소가 되는 것이다.

둘째, 거래의 결합관계에서 자산의 감소, 부채의 증가, 자본의 증가, 그리고 수익의 발생이 오른쪽 요소가 되는 이유를 설명하면 회계등식에서 자산의 증가는 왼쪽 항목이 되나, 감소는 반대상황이므로 오른쪽에 표시되어야 하며, 부채와 자본은 오른쪽 항목이므로 그 증가는 거래의 결합관계에서 오른쪽에 표시되어야 한다. 그리고 수익의 발생은 자본의 증가에 해당되므로 당연히 거래의 결합관계에서 오른쪽 요소가 되는 것이다.

셋째, 거래의 결합관계에서 점선표시(…)로 된 거래형태는 별로 발생하지 않는 거래를 의미한다.

넷째, 모든 거래는 거래의 8요소로 구성되며 거래요소의 결합관계는 왼쪽 요소와 오른쪽 요소가 결합되는데, 이 때 왼쪽 요소끼리 또는 오른쪽 요소끼리 상호 결합하여 거래가 발생하는 경우는 없다. 즉, 자산의 증가가 부채의 감소나 자본의 감소 및 비용의 발생과는 결합될 수 없으며, 자산의 감소가 부채의 증가나 자본의 증가 및 수익의 발생과는 결합될 수 없다. 또한 거래는 반드시 왼쪽 요소와 오른쪽 요소 하나씩만 결합하는 것이 아니라 양쪽이 상호 하나 이상의 요소가 결합하는 경우도 있다.

이와 같이 복식부기에서는 모든 회계상의 거래를 이상에서 설명한 거래 8요소의 결합관계로 분해할 수 있는데 그 몇 가지의 예를 들면 다음과 같다.

왼쪽 요소	오른쪽 요소	거래의 예시
자산의 증가	자산의 감소 부채의 증가 자본의 증가 수익의 발생	현금을 주고 비품을 구입하다. 현금을 은행에서 차입하다. 주식을 발행하여 현금을 조달하다. 대여금에 대한 이자를 현금으로 받다.
부채의 감소	자산의 감소 부채의 증가 자본의 증가 수익의 발생	차입금을 현금으로 상환하다. 외상매입금을 어음을 발행하여 지급하다. 전환사채가 주식으로 전환되다. 채무를 면제받다.
자본의 감소	자산의 감소 부채의 증가 자본의 증가 수익의 발생	자기주식을 현금으로 매입하여 소각하다. 주주총회에서 현금배당을 결의하다. 자본잉여금을 자본에 전입하다. 결손금 보전을 위해 감자를 실시하다.
비용의 발생	자산의 감소 부채의 증가 자본의 증가 수익의 발생	종업원 급여를 현금으로 지급하다. 결산일에 미지급비용을 계상하다. 상여금을 주식으로 지급하다. 임대료를 받아 이자비용을 지급하다.

학습보충자료 **개성상인과 송도사개치부법**

1. 개성상인(開城商人)

송도(松都)상인・송상(松商)으로도 불린다. 고려를 창건하여 개경(開京)에 도읍을 정한 왕건은 송악(松嶽) 지방의 신흥귀족의 후예로서, 그의 조상은 대대로 당(唐)나라와의

무역에 종사하여 부(富)를 축적함으로써 상당한 해상세력을 이루었다. 그 해상세력은 송악을 중심으로 패강진(浿江鎭)의 황해도 일부와 혈구진(穴口鎭)의 강화도 및 한강 하류 일대에 큰 영향력을 떨쳐, 개국 후 고려가 중국의 송(宋), 아라비아의 다지국[大食國] 및 왜(倭)와의 무역을 일으키는 데 크게 기여하였다. 이때 송악 근처 예성강 입구의 벽란도(碧瀾渡)는 국제무역항의 구실을 하였는데, 근처의 송악도 일국의 수도로서, 외국사신의 빈번한 왕래에 의한 공무역(公貿易)과 외국상인에 의한 사무역(私貿易)이 번창하여 상업도시로서도 발달하였다.

또한 개국 초부터 설치한 시전(市廛)은 국내 상거래는 물론 송나라 등 외국과의 교역도 활발하였는데, 이러한 무역과 국내 각지와의 상업활동은 주로 규모가 크고 상술이 앞선 개성상인이 맡아하였다. 개성 시전은 조선왕조가 도읍을 한양으로 옮긴 후에도, 어려운 고비를 넘기며 훤전(縇廛), 백목전(白木廛), 청포전(青布廛), 어과전(魚果廛)의 4대전과 일반 시전이 서울의 6의전(六矣廛) 등에 맞서 꾸준히 발전을 거듭하였다.

개성상인에는 조선시대에 소외당한 구왕조의 사대부 계층과 많은 지식인이 있었는데, 이들의 지식은 상업의 합리적 경영과 상술을 개발하여 나가는 데 큰 힘이 되어, 이미 서양보다 2세기나 앞서서 사개송도치부법(四介松都置簿法)이라는 독특한 복식부기를 고안하여 사용하였다. 고려시대에 무역의 전성기를 보낸 개성상인들은 조선시대에는 민간상인에 의한 무역을 금지하였으므로 큰 타격을 받았고, 시전에서도 서울상인들이 관수품과 무역상품의 조달권을 장악하였다. 그러나 개성상인은 4대 시전과 문외(門外) 백목전 등 16종에 이르는 시전이 가지고 있던 전국 상업계를 연결하는 행상(行商) 조직으로, 이를 극복하고 조선 초기부터 기반을 확고히 다져나갔다. 여기에 근면, 성실과 높은 지식수준에 의한 상술의 개발로 서울 상인군과 쌍벽을 이루었다.

조선 중기 이후 상품, 화폐 경제의 발달에 따라 개성은 전국 제일의 상업도시로 발전하였다. 지방에 객주(客主), 여각(旅閣)이 생기면서 상권을 전국적으로 확대, 조직화하여 송방(松房)이라는 지점(支店)을 전국 주요 상업중심지에 설치하였으며, 지점장격인 차인(差人)을 파견하여 지방 생산품의 수집과 매매를 하였다. 송방 또는 개성상인이라는 특수한 명칭은 이때부터 전국적으로 알려졌으며, 특히 송방은 전국의 포목(布木) 상권을 장악하여 포목 가격이 그들에 의하여 좌우될 정도였다. 이들은 양태가 집산되는 강진(康津), 해남(海南) 근해까지 진출하여 서울의 양태전으로 팔려가던 양태를 매점, 직접 판매함으로써 서울 양태전에 큰 타격을 주었다. 이들은 이러한 도고상업(都賈商業: 매점 또는 독점상업)으로 상업자본을 축적하였다.

18세기에 이르러 개성상인은 중국 사신(使臣) 일행 속에 잠입하여 청상(淸商)과 은, 인삼 등을 직접 교역하는 밀무역도 하였다. 또한 독특한 도고방법으로 피혁, 지물 등도 매점하여 중국에 직접 수출하고, 중국에서는 바늘, 모자, 말총, 채련피(采蓮皮: 당나귀 가죽), 백삼승(白三升: 흰 무명), 궤자(가마테), 잡품(雜品) 등을 수입하였다. 개성상인은 삼포(蔘圃)에서 인삼을 재배하기 이전부터 선매(先買)하여 이를 일본에 수출하고, 일본으로부터는 은을 들여와서 다시 중국에 수출하여 큰 이익을 얻었다. 개성상인은 이렇게 해서 축적한 자본으로 인삼의 재배와 가공, 광산 개발 등에 투자하였다. 개성상인이 자본축적도를 높일 수 있었던 것은 무엇보다도 홍삼의 밀조와 밀수출이었다. 정브의 단속이 심하였으나 선박으로 밀수출하였으며, 이를 위한 홍삼제조장은 다른 지방에도 두었다.

개성상인의 자본은 개항 전 국내 최대의 토착 민간자본으로 성장하여, 개항 후 외국자본의 침입에 대항하는 가장 강한 민간자본으로 대두하였다. 이렇게 되자 개성상인의 자본은 외국자본에 의하여 철저히 봉쇄당하게 되었다. 특히 인삼의 수출권을 일본인에게 빼앗겨 그 붕괴 속도가 더욱 빨랐다. 근면과 상술, 철저한 상혼(商魂), 전국적 구모의 도고상업, 송방(松房) 등은 개성상인의 대명사라고 할 수 있다.

2. 송도사개치부법

사개치부법(四介治簿法)이라고도 하며, 고려시대의 수도인 송도(현재 개성)를 증심으로 쓰였기 때문에 일명 개성부기, 사개송도치부법(四介松都治簿法), 또는 송도사개치부법(松都四介治簿法)이라고도 한다. 이 부기법은 오늘날 우리가 사용하는 서양의 복식부기와 근본 원리가 같아 일찍부터 국제학계의 주목을 받아 왔다.

발생 시기에 대해서는 약간의 이론이 있으나, 고려시대 전성기에 발생한 서양의 복식부기법보다 200년 이상 앞서 개발된 점에서 역사적 의의가 크다. 이러한 사실은 개성이 일찍부터 상업도시로 발전한 역사적 사실과 깊은 관련이 있다.

부기의 조직은 봉차(奉次: 자산) 1개, 급차(給次: 부채) 1개, 이익 1개, 손해 1개로 이루어졌으며, 이처럼 부기의 조직(문서)이 모두 4개라는 데서 사개치부법이라는 이름이 생겨났다. 이것으로 만들어진 개성장부는 여러 가지가 있는데, 그 중 기본이 되는 것은 일기장(日記帳)과 분개장(分介帳)이다.
일기장에는 초일기(草日記), 중일기(中日記) 등이 있으며, 분개장에는 봉차장, 급차장, 원장(元帳), 외상장책(外上長冊), 타급장책(他給長冊), 결산장 등이 들어 있다.

일기장과 분기장 외에 통장을 통칭하여 주요 장부라고 하는데, 그 중에서도 기본이 되는 것은 일기장과 장책이다. 일기장 가운데 초일기는 영업일지에 해당하는 단순한 거래의 기록이고, 중일기는 정서한 일기책으로 분개인 장책에 전기(轉記) 매개구실을 한다. 장책은 복식부기에서의 총계정원장에 상당하는데, 외상장책은 준 것에 대해 나중에 갚아야 될 것을 기록한 장부이다.

개성장부에는 이 밖에도 보조장부에 속하는 현금출납장, 물품거래장, 위탁물처리장,

어험수지장(어음수지장), 회계책, 손익계산장 등이 있다. 개성상인은 이러한 장부를 사용하면서도 장부의 기록과 계산의 편의를 위해 독특한 부호를 개발하였다.

그 가운데 대표적인 것으로 대조 또는 전기할 때 쓰는 타점법(打點法), 대차의 완결을 표시하는 열기법(列旗法) 등이 있으며, 금전의 출납에 대해서는 '상(上)', '하(下)'의 문자를 사용하는 등 독특한 기록법을 창안하였다. 또 1~9의 숫자에 대해 한자를 사용하지 않고 그들이 개발한 별도의 문자를 사용하였다.

출처: 네이버 지식백과, 개성상인, 사개치부법, 두산백과

연습문제

1. 다음 사항 중 회계상의 거래인 것과 아닌 것을 구별하시오.

① 외상 매출하였던 상품 1,000,00원이 품질의 불량으로 반품되어 오다.
② 현금 5,000,000원을 은행에 예금하다.
③ 시가 2,000,000,000원의 부동산에 대한 매매계약을 맺다.
④ 상품 7,000,000원을 창고회사에 보관하다.
⑤ 은행에서 현금 20,000,000원을 빌리기로 약속 받았다.
⑥ 건물이 헐려서 30,000,000원의 가치가 감소되다
⑦ 상품 8,000,000원을 매출하기로 하고 대금 중 일부 5,000,000원을 미리 받다.

2. 다음 중 회계상의 거래에 해당하는 것은?

① 현금을 차입하고 차용증서를 작성하여 주다.
② 회사에 도둑이 들어 비품의 일부를 도난당하다.
③ 상품의 판매를 구두로 계약하다.
④ 채무자가 이자비용을 통장에 입금하다.
⑤ 보유한 현금잔액이 장부상의 금액보다 많은 것이 발견되다.
⑥ 상품을 매입하고 대금은 3개월 만기 어음으로 결제하다.
⑦ 건설회사와 공장건물을 10억 원에 짓기로 계약하다.
⑧ 내년도의 임차료 5,000,000원을 지급하기로 약속하다.
⑨ 자본주가 개인이 사용할 목적으로 현금 10,000,000원을 인출해 가다.

3. 다음의 거래들의 결합관계를 나타내시오.

① 현금 50,000,000원과 건물 300,000,000원을 출자하여 개업하다.
② 상품 13,000,000원을 매입하고, 대금은 현금으로 지급하다.
③ 원가 5,000,000원의 상품을 8,000,000원에 매출하고 대금은 외상으로 하다.
④ 상품 6,000,000원을 외상으로 매입하다.
⑤ 급여 10,000,000원을 현금으로 지급하다.
⑥ 대여금에 대한 이자 2,000,000원을 현금으로 받다.
⑦ 차입금 8,000,000원과 그 이자 500,000원을 현금으로 지급하다.

해답

1. 회계상의 거래인 것 — ①, ②, ⑥, ⑦
회계상의 거래가 아닌 것 — ③, ④, ⑤

2. ①, ②, ④, ⑤, ⑥, ⑨

3. ① 자산의 증가 — 자본의 증가
② 자산의 증가(또는 비용의 발생) — 자산의 감소
③ 자산의 증가 — 수익의 발생(또는 자산의 감소, 수익의 발생)
④ 자산의 증가(또는 비용의 발생) — 부채의 증가
⑤ 비용의 발생 — 자산의 감소
⑥ 자산의 증가 — 수익의 발생
⑦ 부채의 감소, 비용의 발생 — 자산의 감소

종합문제

1. 회계상의 거래(accounting transactions)란 무엇인가?

2. 거래의 이중성(duality of transactions)을 설명하시오.

3. 다음 거래들의 결합관계(예: 자산의 증가, 자본의 증가)를 분석하시오.

① 용역을 제공하고 현금을 받다.
② 상품을 매입하고 대금은 현금으로 지급하다.
③ 단기대여금을 현금으로 회수하다.
④ 비품을 구입하고 대금 중 일부는 현금으로 지급하고, 나머지는 외상으로 하다.
⑤ 소모품을 구입하고 대금은 현금으로 지급하다.
⑥ 화재로 상품의 일부가 소실되었다.
⑦ 외상매출금의 일부가 거래은행의 당좌예금에 입금되다.
⑧ 용역을 제공하고 대금은 후일에 받기로 하다.

4. 다음은 컨설팅제공을 주요 영업활동으로 하는 비룡컨설팅(주)의 2018년 4월의 거래내역이다.

- 4월 1일 : 주주들이 현금 8,000,000원을 출자하여 사업을 시작하다. 그리고 영업을 위한 공간에 대한 임차계약을 체결하였다. 단, 임차료는 매월 말에 지급하기로 하다.
- 4월 5일 : 소모품 200,000원을 구입하고 대금은 월말에 지급하기로 하다.
- 4월 15일 : 의뢰인으로부터 1,000,000원의 컨설팅업무를 의뢰받고 서비스를 제공하였으며, 대금은 현금으로 받다.
- 4월 16일 : 거래처에 현금 200,000원을 3개월 기한으로 대여해주다.
- 4월 20일 : 의뢰인으로부터 1,600,000원의 컨설팅업무를 의뢰받고 서비스를 제공하였으며, 서비스대금은 1개월 후에 받기로 하다.
- 4월 30일 : 소모품 구입대금 전액을 현금으로 지급하다. 월말 현재 소모품 재고액은 없다.
- 4월 30일 : 임차료 100,000원을 현금으로 지급하다.
- 4월 30일 : 거래은행으로부터 400,000원을 현금으로 장기차입하다.

[물음] 위 거래를 회계등식인 [자산 = 부채 + 자본]을 확장한 [자산 + 비용 = 부채 + 자본 + 수익]을 이용한 거래의 기록방법으로 각 거래를 분석하고, 거래의 분석을 토대로 재무상태와 당기순손익이 어떻게 변화하였는지 살펴보고, 그 결과를 손익계산서와 재무상태표로 나타내시오.

제 4 장 회계순환과정(Ⅱ)

회계기록의 대상인 회계상의 거래가 발생하면 회계순환과정의 첫 번째 단계인 회계상의 거래의 인식이 이루어진다. 거래의 인식이 끝나면 금액을 확정짓는 측정과 측정된 내용의 기록이 이어져야 한다. 본 장에서는 바로 그 거래의 측정과 기록을 설명하고자 한다. 즉 거래내용의 기록을 위해 설정되는 계정의 의미와 각 계정의 기입법칙 및 거래발생을 기록하는 단계인 분개로부터 각 계정으로의 전기까지를 설명하고자 한다.

제 1 절 계 정

1.1 계정의 의의

계정(Account)이란 자산, 부채, 자본, 수익, 비용에 속하는 여러 항목들을 각기 세분화하여 기록하는 장소를 말한다.

기업활동의 결과 거래가 발생하면 그 내용을 장부에 기입하게 되는데 이 경우에 자산, 부채, 자본, 수익, 비용과 같은 재무제표의 구성요소만으로는 거래내역을 명확하게 이해하기가 어렵다. 따라서 자산, 부채, 자본, 수익, 비용의 구체적인 항목별로 기록, 계산하는 단위를 설정하는데 이것을 '**계정**(account; a/c)'이라고 하며, 계정의 이름을 '**계정과목**(title of account)'이라고 하고, 계정의 기입장소를 '계정 계좌' 또는 '계좌'라고 한다.

그리고 계정은 왼쪽과 오른쪽에 2개의 계산 장소로 구성되는데 계정의 왼쪽을 '**차변**(debit; Dr.)', 오른쪽을 '**대변**(credit; Cr.)'이라고 한다.

비유적으로 말한다면 주류도매상에서 각종 술을 구입하여 판매하는 경우 술이라는 단일 자산항목만으로 기록하는 경우 어느 종류의 술이 얼마나 팔리고 남아있는가를 즉시 알 수 가 없다. 이 때 술을 소주, 맥주, 양주 등으로 세분화하여 기록한다면 언제든지 술의 종류 별로 판매금액과 재고금액에 관한 명확한 정보를 얻을 수 있을 것이다. 이때 술이라는 자산을 술 종류별로 구분한 것을 계정이라 할 수 있고, 여기에 소주, 맥주, 양주 등의 이름을 붙인 것을 계정과목이라고 할 수 있다.

1.2 계정의 분류

계정은 크게 재무상태표계정과 손익계산서계정으로 구분되고, 재무상태표계정은 다시 자산계정, 부채계정, 자본계정으로 분류되며, 손익계산서계정은 다시 수익계정과 비용계정으로 분류된다.[1] 이와 같이 분류된 계정들은 다시 중분류, 소분류되어 최소단위인 계정과목으로 분류된다. 그러므로 거래가 발생하여 이것을 장부에 기록하는 경우에는 소분류된 계정과목을 사용하여야 한다. 예를 들어 은행으로부터 6개월간 현금 10,000,000원을 차입한 경우 다음과 같이 기록해서는 안 된다.

자산 10,000,000 ——— 부채 10,000,000

그 대신 소분류된 최소단위인 계정과목을 사용하여 다음과 같이 기록한다.

현금 10,000,000 ——— 단기차입금 10,000,000

1) 흔히 재무상태표 관련 계정인 자산계정, 부채계정, 자본계정은 실질적인 내용을 나타내는 계정으로 **실질계정(real account)** 또는 **영구계정(permanent account)**이라고 한다. 이것은 자산계정, 부채계정, 자본계정은 그것들의 증감(예로서 현금계정은 현금의 증감을 나타냄.)을 나타내는 계정이며, 기말에는 잔액을 실질적으로 차기로 이월시키기 때문이다. 반면 손익계산서 관련 계정인 수익계정과 비용계정은 실질적인 내용이 없는 **명목계정(nominal account)** 또는 **임시계정(temporary account)**이라고 한다. 이것은 수익계정이나 비용계정은 일정 시점에 실제로 존재하는 즉, 실체가 존재하는 것이 아니라 일정기간 동안의 기간손익 파악에 이용되는 수익과 비용을 나타내는 것이며, 차기로 이월되지 않기 때문이다.

▌계정의 분류▐

재무상태표계정	자산계정 :	현금및현금성자산, 매출채권, 단기대여금, 건물, 토지 등
	부채계정 :	단기차입금, 사채 등
	자본계정 :	자본금, 주식발행초과금 등
손익계산서계정	수익계정 :	매출, 이자수익, 임대료 등
	비용계정 :	매출원가, 이자비용, 보험료, 급여 등

1.3 계정의 양식

계정의 양식에는 본래 표준식과 잔액식이 있으나 회계를 학습하는 과정에서는 표준식을 약식(略式)으로 사용하여 다음과 같은 '약식계정'을 주로 이용한다.

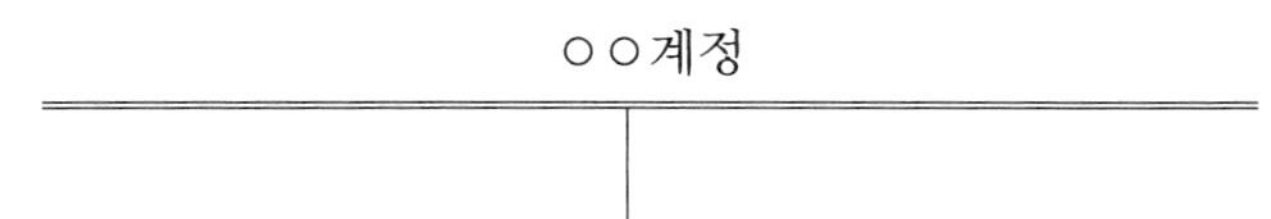

이 약식으로 만든 계정은 영어의 대문자 T자 모양으로 생겼기 때문에 흔히 '**T계정**'이라고 한다. 위 ○○계정에 '○○'에는 현금, 건물, 단기차입금 등과 같은 해당 계정과목을 기재한다.

1.4 차변과 대변

거래가 발생하면 그것을 계정의 왼쪽과 오른쪽에 기입하여야 하는데, 앞으로는 계정의 왼쪽이라는 말 대신 '**차변(debit; Dr.)**'이라는 용어를 사용하고, 계정의 오른쪽이라는 말 대신 '**대변(credit; Cr.)**'이라는 용어를 사용하고자 한다.

차변, 대변이라는 용어는 과거 회계의 초기 발전단계에서는 의미를 갖는 용어였지만, 오늘날에는 전혀 의미를 갖지 못한 채 단지 왼쪽과 오른쪽을 나타내는 말로 사용될 뿐이다. 예컨대, 현금이 증가하거나 감소하는 거래가 발생하면 현금계정에 기록하고, 비품의 증가나 감소를 수반하는 거래가 발생하면 비품계정에 기록하게 된다.

제2절 계정기입의 법칙

거래의 발생 시 나타나는 재무제표 구성요소의 증감변동을 각 해당계정의 차변과 대변의 어느 쪽에 기입하느냐에 대해서는 각 재무제표 구성요소에 따라 다르다. 따라서 거래를 분석하여 해당 계정에 기입할 때는 일정한 법칙을 따라야 하는데 이것을 흔히 '**계정기입의 법칙**'이라고 한다.

◐ 재무상태표 계정기입의 법칙

자산계정 : 증가는 차변, 감소는 대변에 기입
부채계정 : 감소는 차변, 증가는 대변에 기입
자본계정 : 감소는 차변, 증가는 대변에 기입

재무상태표에 표시되는 자산, 부채, 자본에 속하는 계정과목들은 거래 8요소의 결합관계나 재무상태표 양식을 이용하면 쉽게 이해할 수 있다. 재무상태표 양식을 보면 자

▌재무상태표 계정기입의 법칙▐

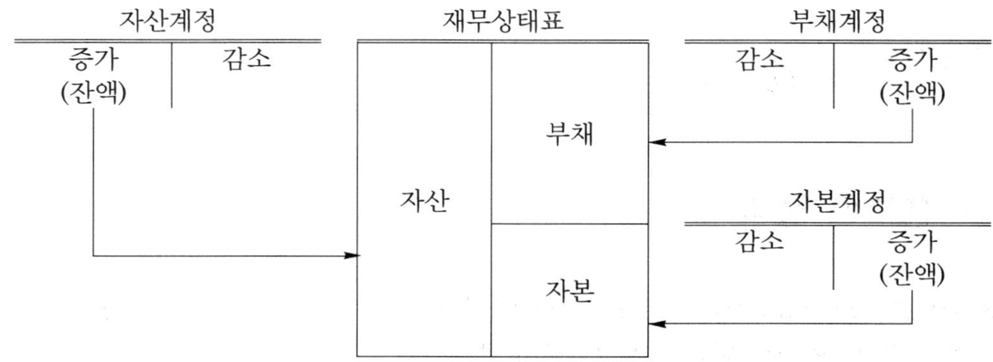

산은 재무상태표 차변에 그 잔액이 표시되므로 자산의 증가는 자산계정 차변에 기입되며, 감소는 대변에 기입된다. 반면에 부채와 자본은 재무상태표 대변에 그 잔액이 표시되므로 부채와 자본의 증가는 해당 계정 대변에 기입되며, 감소는 차변에 기입된다.

따라서 일정 시점에서의 자산, 부채, 자본계정의 잔액을 하나의 표에 집계하면 재무상태표가 작성되게 된다.

◐ 손익계산서 계정기입의 법칙

수익계정 : 발생 시 대변에 기입
비용계정 : 발생 시 차변에 기입

수익과 비용은 증가, 감소라고 하지 않고 **발생**, **소멸**이라고 한다. 손익계산서 양식을 보면 수익은 대변에 발생금액이 표시되므로 수익의 발생은 대변에, 반면에 비용은 차변에 발생금액이 표시되므로 비용의 발생은 차변에 기입한다.

따라서 수익과 비용의 발생액 잔액을 하나의 표에 집계하면 손익계산서가 작성되게 된다.

▌손익계산서 계정기입의 법칙▐

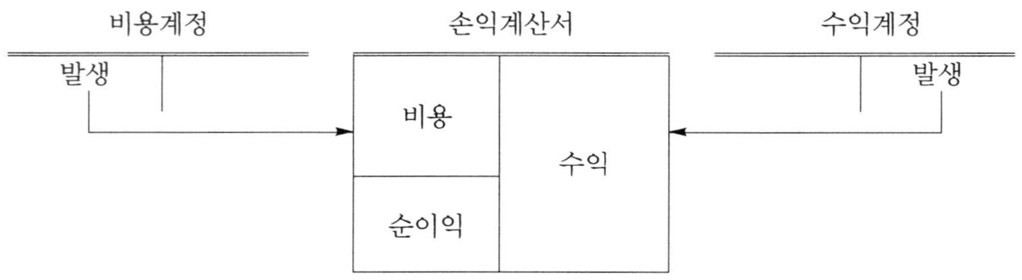

제3절 분 개

3.1 분개의 정의

분개(分介, Journalizing)란 거래를 장부에 차변과 대변으로 구분하여 계정과목과 금액을 결정하여 기록하는 회계행위를 말한다.

분개(journalizing)란 말 그대로 풀이하면 나누어 격리시킨다는 말인데, 내용적으로 보면 거래에 내재된 원인과 결과를 서로 구분하여 따로 따로 기록하는 것을 의미하며, 그 분개를 기록하는 장부를 '**분개장(journal)**'이라고 부른다.

거래 발생 시 이것을 해당 계정에 직접 기록하지 않고 분개를 먼저 하는 이유는 기록상의 오류를 방지하기 위함이다. 분개를 한 뒤에 이것을 다시 해당계정에 기입하게 되는데 이것은 거래를 분개장(journal)과 원장(ledger)이라는 장부에 두 번 기록하게 되는 어려움이 있으나 재무제표 작성의 기초가 되는 원장 즉, 계정의 기록에 오류가 있으면 재무제표를 정확하게 작성할 수 없으므로 거래 발생 시 분개장과 원장에 두 번 기록하는 것이다.

공 • 부 • 합 • 시 • 다

회계 장부에는 어떤 것이 있는가?

기업의 경영활동에서 발생하는 각종 거래를 기록, 계산, 정리하는 서류를 **회계 장부**라고 하며, 회계 장부는 크게 주요장부(주요부)와 보조장부(보조부)로 나누며, 보조장부는 다시 보조원장과 보조기입장으로 나눈다.

1. 주요장부(주요부)

주요장부(주요부)란 경영활동에서 발생하는 모든 거래를 총괄하여 기입하는 회계 장부로서, 여기에는 분개장과 총계정원장이 있다.

2. 보조장부(보조부)

보조장부(보조부)란 주요장부(주요부)를 보충하여 어떤 특수한 거래나 계정에 대해서 상세히 기입하는 회계 장부로서, 이것은 다시 **보조원장**과 **보조기입장**으로 나눈다.

(1) 보조원장

보조원장이란 특정 거래의 거래 내용을 구체적으로 기입하는 회계 장부로서, 여기에는 상품재고장, 매출처원장, 매입처원장 등이 있다.

(2) 보조기입장

보조기입장이란 거래가 발생한 순서대로 그 명세를 상세히 기입하는 회계 장부로서, 여기에는 현금출납장, 당좌예금출납장, 매입장, 매출장, 받을어음 기입장, 지급어음 기입장 등이 있다.

3.2 분개의 절차

거래를 분개하기 위해서는 다음의 세 가지를 결정하여야 한다.

① 계정과목을 결정한다.
② 금액을 결정한다.
③ 분개의 법칙을 적용하여 위의 계정과목과 금액을 차변, 대변 중 어느 쪽에 기입할 것인가를 결정한다.

계정과목을 결정하기 위해서는 자산, 부채, 자본, 수익, 비용 등에 속하는 계정과목을 알아야 한다.

차변과 대변으로 구분하는 방법은 거래의 결합관계를 적용하면 쉽게 알 수 있다.

분개를 기록하는 장부를 분개장이라고 한다. 그러나 학습 시에는 분개장의 양식을 일일이 작성하기 보다는 다음과 같이 간단히 표시하기도 한다.

차) 현 금 ××× 대) 단기차입금 ×××

◐ 분개의 절차

거래 : 현금 10,000,000원을 6개월간 은행으로부터 차입하다.

① 계정과목을 결정한다.
위 거래로 '현금'이라는 자산이 증가하고 '단기차입금'이라는 부채가 증가하였다. 따라서 분개 시 기입하여야 할 계정과목은 자산이 아닌 '현금'이라고 하는 계정과목과 부채가 아닌 '단기차입금'이라고 하는 계정과목이다.

② 금액을 결정한다.
현금계정과 단기차입금계정 모두 10,000,000원으로 동일하다. 즉, 위 거래의 금액은 현금 10,000,000원과 단기차입금 10,000,000원으로 결정한다.

③ 분개의 법칙을 적용한다.
위의 계정과목과 금액을 다음의 분개의 법칙에 따라 차변과 대변 중 어느 쪽에 기입할 것인가를 결정한다.

◐ 분개의 법칙

자산계정 : 증가는 차변, 감소는 대변에
부채계정 : 감소는 차변, 증가는 대변에
자본계정 : 감소는 차변, 증가는 대변에
수익계정 : 발생은 대변, 소멸은 차변에
비용계정 : 발생은 차변, 소멸은 대변에

예를 들어 '현금'은 자산에 속하는 계정과목이므로 자산이 증가하면 차변에 기입한다. 반면에 '단기차입금'은 부채에 속하는 계정과목이므로 부채가 증가하면 대변에 기입한다.

분개의 절차에 따라 위 거래를 분개하면 다음과 같다.

차) 현 금	10,000,000	대) 단기차입금	10,000,000

예제 4-1

다음은 서비스제공을 주요 영업활동으로 하는 서비스기업(용역제공기업)인 한국회계사무소의 거래내역이다.

7월 10일 : 현금 36,000,000원을 출자하여 사업을 시작하다.
7월 13일 : 건물을 임차하고 3년간의 임차료 5,400,000원을 현금으로 지급하다.
7월 25일 : 책상 등 업무용 비품을 9,000,000원에 구입하고 대금 중 3,000,000원은 현금으로 지급하고 나머지는 외상으로 하다.
8월 1일 : 보험회사와 보험계약을 체결하고 보험료 2,400,000원(1년분)을 현금으로 지급하다.
8월 1일 : 은행으로부터 연 12%의 이자(이자지급은 3개월 단위로 후급)를 주기로 하고, 9,000,000원을 장기차입하여 당좌예입하다.
8월 10일 : 소모품 1,800,000원을 구입하고 대금은 수표를 발행하여 지급하다.
8월 25일 : 회계업무를 대행해 주고 수수료 9,000,000원을 현금으로 받다.
8월 31일 : 업무용 비품의 외상구입 대금 중 3,000,000원을 수표를 발행하여 지급하다.
9월 16일 : 김갑동에게 현금 1,000,000원을 3개월 기한으로 대여해주다.

9월 30일 : 직원에 대한 급여 2,400,000원을 현금으로 지급하다.

10월 17일 : 회계업무를 대행해 주고 수수료 12,000,000원 중 절반은 현금으로 받아 당좌예입하고, 나머지는 외상으로 하다.

11월 1일 : 8월 1일의 차입금에 대한 3개월분의 이자를 수표를 발행하여 지급하다.

11월 25일 : 10월 17일의 회계업무 대행 수수료 중 3,000,000원을 현금으로 받아 당좌예입하다.

12월 15일 : 김갑동으로부터 원금 및 이자 1,300,000원을 현금으로 받다.

12월 20일 : 공과금 900,000원을 수표를 발행하여 지급하다.

[분개]

위의 2017년 7월에 영업을 시작한 한국회계사무소의 거래를 분개장에 분개하면 다음과 같다.

분 개 장

일 자		적 요		원면	차 변	대 변
7	10	현금		1	36,000,000	
			자본금	8		36,000,000
7	13	임차료[2]		9	5,400,000	
			현금	1		5,400,000
7	25	비품		5	9,000,000	
			현금	1		3,000,000
			미지급금	6		6,000,000
8	1	보험료		10	2,400,000	
			현금	1		2,400,000
8	1	당좌예금		2	9,000,000	
			장기차입금	7		9,000,000
8	10	소모품비		11	1,800,000	
			당좌예금	2		1,800,000
8	25	현금		1	9,000,000	
			용역매출[3]	15		9,000,000
8	31	미지급금		6	3,000,000	
			당좌예금	2		3,000,000
9	16	단기대여금		4	1,000,000	
			현금	1		1,000,000
9	30	급여		12	2,400,000	
			현금	1		2,400,000

10	17	당좌예금	2	6,000,000	
		외상매출금[4]	3	6,000,000	
		용역매출	15		12,000,000
11	1	이자비용[5]	13	270,000	
		당좌예금	2		270,000
11	25	당좌예금	2	3,000,000	
		외상매출금	3		3,000,000
12	15	현금	1	1,300,000	
		단기대여금	4		1,000,000
		이자수익	16		300,000
12	20	세금과공과	14	900,000	
		당좌예금	2		900,000

3.3 전 표

전표는 거래발생시 거래발생 사실을 일정 양식에 따라 기록함으로써 거래 발생사실을 증명할 수 있는 증빙서류를 말한다.

일반적으로 기업실무에서는 분개장을 대신하여 '**전표(slip)**'를 사용하며, 특히 매일 엄청난 양의 거래가 발생하는 기업일수록 전표를 사용하는 경향이 높다.

전표는 흔히 현금의 입금을 기록하는 '입금전표', 현금의 지급을 기록하는 '출금전표', 현금수지가 발생하지 않는 거래를 기록하는 '대체전표'를 사용하는 **3전표제**가 많이 사용되고 있다.[6]

2) 본서에서는 임차료의 지급에 대해 '비용의 발생(임차료)'으로 회계처리하였다. 그러나 이것을 '자산의 증가(선급임차료)'로 회계처리하는 것도 가능할 것이다(제3장 거래 8요소의 결합관계 참조). 8월 1일의 보험료의 지급에 대해서도 동일하게 '비용의 발생(보험료)'으로 회계처리하였다.

3) 용역제공으로부터 얻은 수익을 '용역매출'이라는 계정과목을 사용하고 있으나, '용역수익' 또는 '수수료수익'이라는 계정과목을 사용해도 무방할 것이다.

4) 이 경우도 '용역외상매출금' 또는 '매출채권'이라는 계정과목을 사용해도 무방할 것이다.

5) 이자(비용)는 원칙적으로 날짜 수를 산정하여 계산하여야 하나, 여기서는 이율이 연12%이므로 이자(비용)를 편의상 월 1%로 가정하여 계산하였다.

6) 전표의 종류에는 분개전표, 입금전표, 출금전표, 대체전표, 매입전표, 매출전표 등이 있으나, 사용하는 전표의 수에 따라 1전표제(분개전표), 3전표제(입금전표, 출금전표, 대체전표), 5전표제(입금전표, 출금전표, 대체전표, 매입전표, 매출전표) 등으로 나눌 수 있다.

1. 입금전표

'**입금전표**'는 현금의 수입을 수반하는 거래를 기록하는 전표로서 '입금'이라는 명칭에서 알 수 있듯이 분개를 하면 차변에 '현금 ×××'가 이미 기록된다는 것을 알 수 있다. 따라서 입금전표에는 대변에 기입할 사항만 기록하면 된다. 입금전표는 빨간색으로 인쇄되어 있다.

입 금 전 표

사장		전무		과장		담당	

2017년 11월 15일

계정과목	적 요	금 액								
이자수익	서울(주)에 대한 대여금의 이자수익					2	0	0	0	0
	합 계				₩	2	0	0	0	0

2. 출금전표

'**출금전표**'는 현금의 지출을 수반하는 거래를 기록하는 전표로서 '출금'이라는 명칭에서 알 수 있듯이 분개를 하면 대변에 '현금 ×××' 가 이미 기록된다는 것을 알 수 있다. 따라서 출금전표에는 차변에 기입할 사항만 기록하면 된다. 출금전표는 파란색으로 인쇄되어 있다.

출 금 전 표

사장		전무		과장		담당	

2017년 11월 25일

계정과목	적 요	금 액								
급 여	종업원에 대한 급여의 지급					3	0	0	0	0
	합 계				₩	3	0	0	0	0

3. 대체전표

'**대체전표**'는 현금의 수입과 지출이 수반되지 않는 (대체)거래를 기록하는 전표로 검정색으로 인쇄되어 있다.[7] 예를 들어 비품을 외상으로 구입한 거래는 현금을 수반하지 않는 대체거래이다.

대체전표에는 차변과 대변항목을 모르기 때문에 분개하는 것처럼 차변과 대변에 기입할 사항을 모두 기록한다.

대 체 전 표

2017년 12월 10일

사장		전무		과장		담당	

금 액	원면	과목	적 요	과목	원면	금 액
70000	8	비 품	수원(주)에서 비품을 외상구입	미지급금	12	70000
₩70000			합 계			₩70000

제4절 전 기

4.1 전기의 정의

전기(轉記, Posting)는 분개장의 거래 기록을 총계정원장의 해당 계정에 옮겨 적는 것을 말한다.

분개는 각 계정에 거래 내용을 기록함에 있어 누락이나 중복이 발생하지 않도록 하기 위한 중간적 절차였다. 그러므로 분개가 완료되면 이제는 해당 계정에 옮겨 적어야 하는데 이

7) 대체거래에는 전액 현금을 수반하지 않는 '전부 대체거래'와 거래액 중 일부가 현금을 수반하는 '일부 대체거래'가 있다. '전부 대체거래'는 대체전표만을 사용하나, '일부 대체거래'는 거래 금액 중 일부가 현금의 수입과 지출을 수반하는 거래이므로 현금의 수입이나 지출에 해당하는 거래 부분은 각각 입금전표나 출금전표에 기입하고, 나머지 대체거래 부분은 대체전표에 기입한다.

것을 '**전기(posting)**'라고 한다.

각 계정에 전기된 내용을 파악함으로써 특정 시점의 현금이나 단기차입금 등의 잔액이 얼마인지, 또한 기초(期初)부터 그 시점까지의 매출액이나 임차료 지급액이 얼마였는지를 쉽게 파악할 수 있다.

자산, 부채, 자본, 수익, 비용의 각 항목별 계정은 원장이라는 두꺼운 장부에 편철되어 있다. 여기서 '**원장(ledger)**'이란 각 계정을 모아 놓은 두꺼운 장부이며, 이런 의미에서 이것을 '**총계정원장(general ledger)**'이라고 부르기도 한다.

4.2 전기의 절차

분개장에 분개한 기록을 원장 내 각 계정으로 전기하는 절차는 다음과 같다.

① 분개장에 기록된 계정과목을 원장에서 찾는다.

② 분개장의 차변에 기록되었으면 원장에도 차변에, 분개장의 대변에 기록되었으면 원장에도 대변에 기록한다.

③ 원장에 기록하는 내용은 상대편 계정과목과 자기금액을 기록한다(단, 상대편 계정과목이 2개 이상인 경우에는 계정과목 대신에 '**제좌**'라고 기록한다. 여기서 제좌란 여러 개의 계정이 있다는 의미이다).

◐ 전기의 절차

분개	차) 현 금	10,000,000	대) 단기차입금	10,000,000

① 분개장에 기록된 계정과목을 원장에서 찾는다.

분개장에 기록된 계정과목이 '현금'과 '단기차입금' 계정이므로 원장에서 해당계정을 찾는다.

② 분개장의 차변에 기록되었으면 원장에도 차변에, 분개장의 대변에 기록되었으면 원장에도 대변에 기록한다.

분개장 차변에 현금이 기록되었으므로 원장에서 찾은 현금계정에도 차변에 기록하고, 반대로 분개장 대변에 단기차입금이 기록되었으므로 단기차입금계정에도 대변에 기록한다.

③ 원장에 기록하는 내용은 상대편 계정과목과 자기금액을 기록한다.
현금계정에 기록되는 계정과목은 대변에 기록된 단기차입금이며, 금액은 분개장의 현금에 표시된 10,000,000원을 기록한다. 반대로 단기차입금계정에는 상대편 계정과목인 현금을, 그리고 금액은 분개장의 단기차입금에 표시된 10,000,000원을 기록한다.

현 금

차변		대변	
단기차입금	10,000,000		

단기차입금

차변		대변	
		현금	10,000,000

➤ 앞의 〈예제 4-1〉의 분개 내역을 약식계정인 T계정에 전기하면 다음과 같다.

현 금 1

일자	계정	금액	일자	계정	금액
7/10	자본금	36,000,000	7/13	임차료	5,400,000
8/25	용역매출	9,000,000	7/25	비품	3,000,000
12/15	제좌	1,300,000	8/1	보험료	2,400,000
			9/16	단기대여금	1,000,000
			9/30	급여	2,400,000

당좌예금 2

일자	계정	금액	일자	계정	금액
8/1	장기차입금	9,000,000	8/10	소모품비	1,800,000
10/17	용역매출	6,000,000	8/31	미지급금	3,000,000
11/25	외상매출금	3,000,000	11/1	이자비용	270,000
			12/20	세금과공과	900,000

외상매출금 3

일자	계정	금액	일자	계정	금액
10/17	용역매출	6,000,000	11/25	당좌예금	3,000,000

단기대여금 4

일자	계정	금액	일자	계정	금액
9/16	현금	1,000,000	12/15	현금	1,000,000

비 품 5

일자	계정	금액	일자	계정	금액
7/25	제좌	9,000,000			

미 지 급 금 6

일자	계정	금액	일자	계정	금액
8/31	당좌예금	3,000,000	7/25	비품	6,000,000

장기차입금 7

일자	계정	금액	일자	계정	금액
			8/1	당좌예금	9,000,000

자본금 8

일자	계정	금액	일자	계정	금액
			7/10	현금	36,000,000

임차료 9

일자	계정	금액	일자	계정	금액
7/13	현금	5,400,000			

보험료 10

일자	계정	금액	일자	계정	금액
8/1	현금	2,400,000			

소모품비 11

차변	대변
8/10 당좌예금 1,800,000	

급 여 12

차변	대변
9/30 현 금 2,400,000	

이자비용 13

차변	대변
11/1 당좌예금 270,000	

세금과공과 14

차변	대변
12/20 당좌예금 900,000	

용역매출 15

차변	대변
	8/25 현 금 9,000,000
	10/17 제 좌 12,000,000

이자수익 16

차변	대변
	12/15 현 금 300,000

전표와 전표 회계

(1) 전표

1) 개념

회계상의 거래가 발생하면 그 거래 내용(거래 일자, 계정과목, 거래 내용, 금액, 거래처 등)을 기록하고, 관련부서에 전달할 수 있도록 일정한 양식을 갖춘 서식

2) 종류

전표의 종류에는 분개전표, 입금전표, 출금전표, 대체전표, 매입전표, 매출전표 등이 있으며, 사용하는 개수에 따라 1전표제, 3전표제, 5전표제 등으로 나눌 수 있다. 보통 기업의 업무와 규모 등에 따라 전표의 선택을 달리할 수 있으나, 실무에서는 3전표제(입금전표, 출금전표, 대체전표)를 가장 많이 사용하고 있다.

(2) 전표 회계

1) 개념

회계상의 거래가 발생하면 그 거래 내용을 기입하고, 전달하기 위하여 분개장 대신 전표를 이용하여 회계처리하는 것

2) 장점

전표 회계는 다음과 같은 장점이 있다.

① 분개장의 대용으로 장부조직을 간소화할 수 있다.

② 집계표(일계표)를 사용하여 전기(轉記)의 횟수를 줄일 수 있다.

③ 동시 다발적으로 발생하는 거래를 거래의 각 과나 계별로 분담해서 처리할 수

있다.
④ 발생된 거래 내용을 다른 부서에 신속하게 전달할 수 있다.
⑤ 결재 과정을 통해 책임 소재를 명확히 하고, 회계 장부 검사의 수단으로 이용할 수 있다.

참고 1전표제, 3전표제, 5전표제

앞의 [학습 보충 자료]에서 설명한 바와 같이 전표의 종류에는 분개전표, 입금전표, 출금전표, 대체전표, 매입전표, 매출전표 등이 있으며, 사용하는 개수에 따라 1전표제, 3전표제, 5전표제 등으로 나눌 수 있다.

1. 1전표제

모든 거래를 분개장과 같은 형식으로 기입할 수 있도록 고안된 전표로서, 하나의 전표에 모든 거래 내용을 기록한다. 분개전표(모든 거래를 분개 방법과 같은 형식으로 전표의 차변과 대변에 각각 계정과목과 금액을 기입하는 방식의 전표)는 보통 하나의 거래를 1매의 전표에 기록하는 1거래 1전표제이며, 전표의 발행 순서대로 철하면 분개장의 역할을 할 수 있다.

2. 3전표제

실무에서는 보통 현금의 입금을 기록하는 '입금전표', 현금의 지급을 기록하는 '출금전표', 현금수지가 발생하지 않는 거래를 기록하는 '대체전표'를 사용하는 3전표제를 많이 사용하고 있다.

(1) 입금전표
현금의 수입을 수반하는 거래를 기록하는 전표로서 '입금'이라는 명칭에서 알 수 있듯이 분개를 하면 차변에 '현금 ×××'가 이미 기록된다는 것을 알 수 있다. 따라서 입금전표에는 대변에 기입할 사항만 기록하면 된다. 입금전표는 빨간색으로 인쇄되어 있다.

(2) 출금전표
현금의 지출을 수반하는 거래를 기록하는 전표로서 '출금'이라는 명칭에서 알 수 있듯이 분개를 하면 대변에 '현금 ×××'가 이미 기록된다는 것을 알 수 있다. 따라서 출금전표에는 차변에 기입할 사항만 기록하면 된다. 출금전표는 파란색으로 인쇄되어 있다.

(3) 대체전표

현금의 수입과 지출이 수반되지 않는 (대체)거래를 기록하는 전표로 검정색으로 인쇄되어 있다. 예를 들어 건물을 외상으로 구입한 거래는 현금을 수반하지 않는 대체거래이다. 대체전표에는 차변과 대변항목을 모르기 때문에 분개하는 것처럼 차변과 대변에 기입할 사항을 모두 기록한다.

3. 5전표제

5전표제는 입금전표, 출금전표, 대체전표 이외에 매입전표와 매출전표를 함께 사용하는 전표제도이다.

여기서 '매입전표'란 상품의 매입 거래를 기입하는 전표로서 매입처, 상품명, 수량, 단가, 금액 등을 기입하고, 적요란에는 대금 결제 방법을 기입한다. 특히 전표의 집계를 편리하게 하기 위하여 모든 매입 거래를 외상 매입한 것으로 가정하여 기입하기 때문에 상대 계정과목이 모두 외상매입금이 되므로 계정과목의 기입은 생략한다.

또한 '매출전표'란 상품의 매출 거래를 기입하는 전표로서 매출처, 상품명, 수량, 단가, 금액 등을 기입하고, 적요란에는 대금 수취 방법을 기입한다. 이 전표도 전표의 집계를 편리하게 하기 위하여 모든 매출 거래를 외상 매출한 것으로 가정하여 기입하기 때문에 상대 계정과목이 모두 외상매출금이 되므로 계정과목의 기입은 생략한다.

연습문제

1. 다음의 분개로 거래를 추정하시오.

① 차) 현　금	500,000	대) 외상매출금	500,000
② 차) 상품(또는 매입)	800,000	대) 현　금	300,000
		외상매입금	500,000
③ 차) 단기대여금	600,000	대) 현　금	600,000
④ 차) 현　금	30,000,000	대) 자 본 금	80,000,000
건　물	50,000,000		
⑤ 차) 비　품	1,000,000	대) 현　금	600,000
		미지급금	400,000
⑥ 차) 현　금	1,500,000	대) 용역매출	1,500,000
⑦ 차) 현　금	700,000	대) 단기대여금	600,000
		이자수익	100,000
⑧ 차) 임차료	500,000	대) 미지급비용	500,000
⑨ 차) 현　금	700,000	대) 단기차입금	700,000

2. 다음의 T계정에 전기된 내용을 토대로 각 거래를 추정하시오.

현 금

차변		대변	
①용역매출	5,000,000	②단기대여금	1,000,000
④외상매출금	3,000,000	③비 품	3,000,000
⑥단기차입금	2,000,000	⑤미지급금	1,000,000
		⑦제좌	2,100,000

외상매출금

차변		대변	
①용역매출	5,000,000	④현금	3,000,000

비 품

차변		대변	
③제좌	5,000,000		

미지급금

차변		대변	
⑤현 금	1,000,000	③비 품	2,000,000

용역매출

차변		대변	
		①제좌	10,000,000

단기대여금

차변		대변	
②현금	1,000,000		

단기차입금

차변		대변	
⑦현금	2,000,000	⑥현금	2,000,000

이자비용

차변		대변	
⑦현금	100,000		

해답

1. ① 외상매출금 500,000원을 현금으로 회수하다.
② 상품 800,000원을 매입하고 대금 중 300,000원은 현금으로 지급하고 잔액은 외상으로 하다.
③ 현금 600,000원을 단기간 대여하다.
④ 현금 30,000,000원과 건물 50,000,000원을 출자하여 개업하다.
⑤ 비품 1,000,000원을 구입하고 대금 중 600,000원은 현금으로 지급하고 나머지는 외상으로 하다.
⑥ 용역을 제공하고 현금 1,500,000원을 받다.
⑦ 단기대여금 600,000원과 이자 100,000원을 현금으로 받다.
⑧ 임차료 500,000원이 발생하였으나 기말 현재 지급하지 못하였다.
⑨ 현금 700,000원을 1년 이내에 지급하기로 하고 차입하다.

2. ① 용역을 제공하고 수수료 10,000,000원 중 절반은 현금으로 받고, 나머지는 외상으로 하다.
② 현금 1,000,000원을 단기간 대여하다.
③ 비품을 5,000,000원에 구입하고 대금 중 3,000,000원은 현금으로 지급하고, 나머지는 외상으로 하다.
④ 외상매출금 중 3,000,000원을 현금으로 회수하다.
⑤ 비품의 외상구입 대금 중 1,000,000원을 현금으로 지급하다.
⑥ 거래은행으로부터 현금 2,000,000원을 단기간 차입하다.
⑦ 거래은행으로부터의 단기차입금 2,000,000원(원금)과 그 이자 100,000원을 현금으로 지급하다.

종합문제

1. 다음의 분개로서 거래를 추정하시오.

	차변	금액	대변	금액
①	차) 외상매입금	500,000	대) 현 금	500,000
②	차) 단기차입금	900,000	대) 당좌예금	900,000
	이자비용	80,000	현 금	80,000
③	차) 현 금	3,000,000	대) 외상매출금	3,000,000
④	차) 현 금	5,300,000	대) 단기대여금	5,000,000
			이자수익	300,000
⑤	차) 현 금	10,000,000	대) 단기차입금	10,000,000
⑥	차) 비품	25,000,000	대) 현 금	15,000,000
			미지급금	10,000,000
⑦	차) 외상매출금	10,000,000	대) 용역매출	10,000,000
⑧	차) 미지급금	5,000,000	대) 현 금	5,000,000

2. 다음의 T계정에 전기된 내용을 토대로 각 거래를 추정하시오.

현 금

차변		대변	
②용역매출	500,000	④미지급금	500,000
⑤단기차입금	600,000	⑦제좌	700,000
⑥외상매출금	300,000		

외상매출금

차변		대변	
③용역매출	1,000,000	⑥현금	300,000

비 품

차변		대변	
①미지급금	500,000		

미지급금

차변		대변	
④현 금	500,000	①비 품	500,000

용역매출

차변		대변	
		②현 금	500,000
		③외상매출금	1,000,000

단기차입금

차변		대변	
⑦현금	600,000	⑤현 금	600,000

이자비용

차변		대변	
⑦현금	100,000		

제 5 장 회계순환과정(Ⅲ)

기업은 일정기간 마다 기업의 회계정보를 기업외부의 이해관계자에게 전달하여야 한다. 이런 목적으로 회계기간 동안 발생한 자산, 부채, 자본의 변동내용과 그 변동으로 인한 결과를 종합하여 재무제표를 작성하게 된다. 이러한 일련의 과정을 '결산(決算)'이라고 하는데 본 장에서는 시산표의 작성으로부터 시작하여 결산정리분개 및 전기, 손익계산서 관련계정의 마감, 재무상태표 관련계정의 마감, 그리고 재무제표(손익계산서, 재무상태표)의 작성에 이르는 일련의 결산과정을 설명하고자 한다.

제 1 절 결 산

1.1 결산의 의의

결산(決算, Closing)이란 회계기간 동안 발생한 자산, 부채, 자본의 변동내용 및 그 변동들로 인한 결과를 종합하여 재무제표로 일목요연하게 요약하는 것을 말한다.

결산(closing)이란 일정기간(회계기간)이 종료된 후에 여러 회계장부를 정리, 마감하여 기업의 경영성과와 재무상태를 파악하기 위해 재무제표를 작성하는 절차를 말한다.

결산 시 주로 이용되는 장부는 총계정원장으로, 이 총계정원장에는 모든 거래가 빠짐없이 각 계정에 기록된다.

결산을 행하는 날을 결산일이라고 한다. 12월 결산법인은 결산일이 12월 31일이며, 6월 결산법인은 6월 30일이 된다.

1.2 결산의 절차

결산을 하는 순서를 '**결산절차**'라고 하는데 결산은 다음과 같은 순서로 이루어진다.

1. 결산예비절차
   ① (수정 전)시산표의 작성
   ② 결산정리분개
   ③ 정산표의 작성
2. 결산본절차
   ① 계정의 마감
   ② 장부의 마감
3. 재무제표의 작성
   ① (포괄)손익계산서의 작성
   ② 재무상태표의 작성

결산은 지금까지 기록해 온 총계정원장이라는 장부를 '닫는다(closing)'는 의미이다. 이런 의미에서 보면 결산의 본래 뜻은 총계정원장을 마감하여 재무제표를 작성하는 절차를 의미한다.

결산절차는 흔히 결산예비절차, 결산본절차, 재무제표(결산보고서)의 작성으로 나눌 수 있다. 결산절차 중 정산표는 결산예비절차에서도 작성할 수도 있지만 재무제표(결산보고서), 즉 (포괄)손익계산서나 재무상태표 등을 작성하는 재무제표의 작성단계에서 재무제표 작성을 위한 예비적 절차로서 작성할 수도 있다.

제2절 시산표의 작성

2.1 시산표의 의의

시산표(Trial Balance; T/B)는 회계기간 중에 발생한 거래를 분개 및 전기하여 하나의 표로 요약한 표로서, 총계정원장의 계정기록이 정확한지를 검증하기 위해서도 작성한다.

시산표(Trial Balance; T/B)는 한마디로 총계정원장의 모든 계정을 집계하여 하나의 표로 만든 것을 말한다.[1] 거래가 발생하면 분개장에 기록하고, 이것을 총계정원장에 계정과목별로 전기(轉記)를 하게 된다. 결국 총계정원장에 모든 거래상황이 기록되어 있으므로 재무제표는 총계정원장의 기록을 이용하여 작성하게 된다. 그러나 분개장의 기록을 총계정원장에 전기하는 과정에서 오류가 발생할 가능성이 있다. 따라서 분개장에서 총계정원장의 각 계정으로의 전기가 정확한지를 검토할 필요가 있으며, 이러한 목적에서 작성되는 '계정집계표'를 '**시산표**'라고 한다.

계정 기록의 정확성 여부는 시산표상의 차변 합계액과 대변 합계액의 일치여부로 판단한다. 즉, 차변합계액과 대변합계액이 일치하지 않으면 계정 기록상에 어디인가 오류가 있는 것으로 판단되기 때문이다.

◐ 시산표를 통하여 발견할 수 있는 오류들

① 분개장에 존재하는 오류
- 분개 시 차변금액과 대변금액이 일치하지 않는 경우
- 분개 시 계정과목을 잘못 기입한 경우

② 원장에 존재하는 오류
- 전기 시 차변과 대변이 잘못 전기된 경우
- 전기 시 금액이 잘못 전기된 경우
- 전기 시 누락된 경우
- 전기 시 어느 한 쪽만 이중(二重)으로 전기된 경우

③ 시산표 작성상의 오류
- 시산표로 이기(移記) 시 차변과 대변을 잘못 이기한 경우
- 시산표로 이기 시 계정과목을 누락한 경우
- 시산표로 이기 시 금액을 잘못 기록한 경우

2.2 대차평균의 원리

대차평균의 원리(Principle of Equilibrium)란 분개 및 전기를 모두 올바르게 했을 때, 모든 계정의 차변 합계액과 대변 합계액이 정확히 일치하는 현상을 말한다.

총계정원장 기록의 정확성을 검증하기 위해 시산표는 복식부기가 갖고 있는 대차평균의 원리를 이용하여 작성된다. 즉, 복식부기에서는 모든 거래를 차변과 대변으로 나누어 동일한 금액으로 양쪽에 각각 분개한 다음, 차변(왼쪽)에 분개된 금액은 총계정원장의 차변(왼

1) 시산표는 작성 시기에 따라 일계표, 주계표, 월계표 등으로 분류하기도 한다.

쪽)에 전기하고, 대변(오른쪽)에 분개된 금액은 총계정원장의 대변(오른쪽)에 전기한다. 따라서 만일 모든 거래를 올바르게 분개하고, 또한 올바르게 전기했다면 각 계정들의 차변 합계액과 대변 합계액은 완전히 일치하게 될 것이다. 이것을 복식부기가 가지고 있는 '**대차평균의 원리**(또는 **대차평형의 원리, principle of equilibrium**)'라고 한다.

만일 차변 합계액과 대변 합계액이 일치하지 않는다면 이것은 분개와 전기 중 적어도 하나 이상이 잘못 이루어졌음을 의미한다. 다시 말해 회계기록의 어딘가에 잘못이 있음을 뜻한다. 그러므로 차변 합계액과 대변 합계액의 일치여부를 점검해 보면 회계기록상에 오류가 있었는지 여부를 쉽게 알 수 있다.

2.3 시산표 등식

(잔액)시산표 등식 : 자산 + 비용 = 부채 + 자본 + 수익

시산표란 총계정원장에 있는 모든 계정의 차변 합계액(또는 잔액)과 대변 합계액(또는 잔액)을 단순히 한 곳에 모아 놓은 계정집계표이다. 이와 같이 단순히 한 곳에 모아 보는 것만으로도 계정 기록의 정확성 여부를 점검하는 좋은 방법이 되는 이유는 이미 앞에서 설명한 대차평균의 원리 때문이다.

즉, (잔액)시산표에는 총계정원장에 있는 자산, 부채, 자본, 수익, 비용 등에 속하는 모든 계정과목이 집계되는데 자산과 비용은 잔액이 차변에, 부채, 자본, 수익은 잔액이 대변에 기록되므로 대차평균의 원리인 차변 합계액 = 대변 합계액을 적용하면 위와 같은 (잔액)시산표 등식이 성립한다.

2.4 시산표의 종류

시산표는 총계정원장에 있는 모든 계정의 금액을 집계하여 작성하는데, 집계방법에 따라 합계시산표, 잔액시산표, 합계잔액시산표로 구분된다.[2)]

---

2) 시산표 그 집계방법에 따라 보통 합계시산표, 잔액시산표, 합계잔액시산표로 구분하나, 또한 결산정리분개가 반영되지 않은 시산표와 결산정리분개를 반영한 시산표로 구분할 수 있다. 전자의 시산표를 '**수정 전 시산표**'라고 하며, 후자의 시산표를 '**수정 후 시산표**'라고 한다. 본 절의 합계시산표, 잔액시산표, 합계잔액시산표는 모두 '수정 전 시산표'이다. 일반적으로 시산표라고 하면 '수정 전 시산표'를 의미한다.

1. 합계시산표

합계시산표는 각 계정의 차변 합계액과 대변 합계액을 모아서 작성한 것이다.

앞의 한국회계사무소의 거래를 분개 및 전기하여 합계시산표를 작성하면 다음과 같다.

합 계 시 산 표

한국회계사무소 2017년 12월 31일

차 변	원 면	계 정 과 목	대 변
46,300,000	1	현 금	14,200,000
18,000,000	2	당 좌 예 금	5,970,000
6,000,000	3	외 상 매 출 금	3,000,000
1,000,000	4	단 기 대 여 금	1,000,000
9,000,000	5	비 품	
3,000,000	6	미 지 급 금	6,000,000
	7	장 기 차 입 금	9,000,000
	8	자 본 금	36,000,000
5,400,000	9	임 차 료	
2,400,000	10	보 험 료	
1,800,000	11	소 모 품 비	
2,400,000	12	급 여	
270,000	13	이 자 비 용	
900,000	14	세 금 과 공 과	
	15	용 역 매 출	21,000,000
	16	이 자 수 익	300,000
₩96,470,000			₩96,470,000

2. 잔액시산표

잔액시산표는 각 계정의 잔액만을 모아서 작성한 것이다. 여기서 '**잔액**'이란 각 계정의 차변 합계액과 대변 합계액의 차이를 말한다. 즉, 각 계정의 차변 합계액과 대변 합계액 금액 중 차변에 잔액이 남으면 시산표 차변에, 대변에 잔액이 남으면 시산표 대변에 기록한다.

자산 및 비용계정은 차변에, 부채, 자본 및 수익계정은 대변에 잔액이 남는다. 잔액시산표는 각 계정의 기말 현재 잔액을 나타낸 것이므로 총계정원장 기록의 정확성을 검증하는 역할 외에도 기업의 경영성과와 재무상태를 개략적으로 파악하는데 도움이 된다. 실무적으로도 이 잔액시산표를 많이 사용하고 있다.[3] 앞의 한국회계사무소의 거래를 분개 및 전기하여 잔액시산표를 작성하면 다음과 같다.

잔 액 시 산 표

한국회계사무소 2017년 12월 31일

차 변	원 면	계 정 과 목	대 변
32,100,000	1	현 금	
12,030,000	2	당 좌 예 금	
3,000,000	3	외 상 매 출 금	
	4	단 기 대 여 금	
9,000,000	5	비 품	
	6	미 지 급 금	3,000,000
	7	장 기 차 입 금	9,000,000
	8	자 본 금	36,000,000
5,400,000	9	임 차 료	
2,400,000	10	보 험 료	
1,800,000	11	소 모 품 비	
2,400,000	12	급 여	
270,000	13	이 자 비 용	
900,000	14	세 금 과 공 과	
	15	용 역 매 출	21,000,000
	16	이 자 수 익	300,000
₩69,300,000			₩69,300,000

3. 합계잔액시산표

합계잔액시산표는 합계시산표와 잔액시산표를 하나의 표로 결합한 것이다. 합계잔액시산표에는 양쪽에 각각 2개씩의 금액란이 있는데, 이 중 안쪽에 있는 두 개의 금액은 합계시산표를 나타낸 것이며, 바깥쪽에 있는 두 개의 금액은 잔액시산표를 나타낸 것이라 할 수 있다. 앞의 한국회계사무소의 거래를 분개 및 전기하여 합계잔액시산표를 작성하면 다음과 같다.

3) 후술하는 바와 같이 본 장 '제4절 정산표의 작성' 시에도 이 잔액시산표를 사용하고 있다.

합계잔액시산표

한국회계사무소 2017년 12월 31일

차변잔액	차변합계	원면	계정과목	대변합계	대변잔액
32,100,000	46,300,000	1	현 금	14,200,000	
12,030,000	18,000,000	2	당 좌 예 금	5,970,000	
3,000,000	6,000,000	3	외 상 매 출 금	3,000,000	
	1,000,000	4	단 기 대 여 금	1,000,000	
9,000,000	9,000,000	5	비 품		
	3,000,000	6	미 지 급 금	6,000,000	3,000,000
		7	장 기 차 입 금	9,000,000	9,000,000
		8	자 본 금	36,000,0000	36,000,000
5,400,000	5,400,000	9	임 차 료		
2,400,000	2,400,000	10	보 험 료		
1,800,000	1,800,000	11	소 모 품 비		
2,400,000	2,400,000	12	급 여		
270,000	270,000	13	이 자 비 용		
900,000	900,000	14	세 금 과 공 과		
		15	용 역 매 출	21,000,00	21,000,000
		16	이 자 수 익	300,000	300,000
₩69,300,000	₩96,470,000		합 계	₩96,470,000	₩69,300,000

2.5 시산표 기능의 한계점

시산표는 다음과 같은 한계점을 가지고 있다.

① 시산표는 오류의 존재 유무만을 알려줄 뿐, 그 오류가 구체적으로 어느 계정에서 발생한 것인지를 알려주지 못한다.

② 시산표의 양쪽 합계액이 일치하더라도 다음과 같은 경우가 발생할 수가 있어 계정 기록에 오류가 전혀 없다고 확신할 수 없다.

가. 분개장에서 차변과 대변의 계정과목을 반대로 전기한 경우

나. 2개의 오류가 우연히 상계된 경우

다. 분개장에서 차변과 대변 양쪽에 동일한 금액을 오기(誤記)한 경우

라. 전기를 하지 않거나 또는 중복하여 전기한 경우

제 3 절 결산정리

회계상의 거래를 분개 및 전기하여 작성한 잔액시산표의 차변 합계와 대변 합계가 일치하더라도 통상 그 잔액시산표의 내용 그대로 재무제표를 작성할 수가 없다. 그 이유는 각 계정의 잔액이 올바른 금액이 아닌 경우가 있기 때문이다. 따라서 재무제표를 작성하기 전에 계정의 잔액을 '올바른 금액'으로 만드는 절차가 필요하다.

3.1 결산정리의 목적

결산정리란 기말 결산시점에서 계정잔액을 수정하는 것을 말하며, 이것을 위해 행하는 분개를 **결산정리분개**(adjusting entries, 이것은 계정의 잔액을 수정하기 위한 분개이므로 '**수정분개**'라고도 함[4])라고 한다. 즉 **결산정리분개**는 계정잔액을 결산시점에서 '올바른 금액'으로 수정하기 위해 행하는 분개를 말한다. 여기서 '**올바른 금액**'이란 자산, 부채, 자본의 경우에는 실제금액을 말하며, 수익, 비용의 경우에는 당기에 발생한 금액을 말한다.

결산정리는 계정잔액을 결산시점에서 '올바른 금액'으로 수정하는 것을 말하므로, 그 목적은 자산, 부채, 자본의 경우에는 실제금액으로, 수익, 비용의 경우에는 당기에 발생한 금액으로 수정하는 것이다.

(1) 자산, 부채, 자본계정의 잔액을 실제금액으로 수정한다.
(2) 수익, 비용계정의 잔액을 당기에 발생한 금액만으로 수정한다.

◐ 자산, 부채, 자본계정의 잔액을 실제금액으로 수정하는 이유

재무상태표에는 기말 결산시점 현재의 자산, 부채, 자본의 실제금액을 표시하여야 한다. 그러나 자산, 부채, 자본 중 일부 계정(대부분 자산에 속하는 계정의 경우)의 잔액은 실제금액과 다른 경우가 있다. 따라서 이러한 계정의 잔액은 실제금액으로 수정하여야 하며, 이것을 위해서는 결산정리분개를 하여야 한다.

예를 들어 다른 회사가 발행한 주식 중 1,000주를 단기투자목적으로 주당 10,000원에 구입하였다면, 이것을 당기손익-공정가치 측정 금융자산(줄여서 'FVPL 금융자산'이라고

---

4) 이것을 기말수정분개, 결산수정분개, 결산조정분개라고도 한다.

함.) 차변에 10,000,000원으로 기록한다. 그런데 주가는 매일 매일 변동하기 때문에 결산일 현재의 주가가 1주당 12,000원이 되었다고 하자. 이 경우 재무상태표에는 결산일 현재 FVPL 금융자산의 실질가치(공정가치)인 12,000,000원으로 기록하고, 손익계산서에는 발생된 수익인 당기손익–공정가치 측정 금융자산평가이익(줄여서 'FVPL 금융자산평가이익'[5]이라고 함.) 2,000,000원을 기록하여야 한다. 이것을 위해 다음과 같은 결산정리분개를 하여야 한다.

차) FVPL 금융자산	2,000,000	대) FVPL 금융자산평가이익	2,000,000

위 분개를 해당 계정에 전기하면 FVPL 금융자산계정의 잔액은 원래 기록한 10,000,000원에 2,000,000원을 가산하여 12,000,000원으로 수정되고, 주가 상승으로 발생된 수익 2,000,000원은 FVPL 금융자산평가이익계정에 기록한다.

◐ 수익, 비용계정의 잔액을 당기에 발생한 금액만으로 수정하는 이유

손익계산서에는 발생기준(발생주의)에 따라 당기에 발생한 수익과 비용만을 나타내야 한다. 그러나 수익, 비용 중 일부 계정의 잔액에는 차기에 속하는 금액이 포함되어 있거나, 또는 당기에 발생했음에도 해당 계정에 기록되지 않은 경우가 있다.

따라서 전자의 경우에는 차기에 속하는 금액을 해당계정에서 차감하고, 후자의 경우에는 당기에 발생한 금액을 해당계정에 추가로 기록하는 결산정리분개를 하여야 한다.

이것은 회계기간의 경영성과는 회계기간 중 행해지는 현금의 수입과 지출을 기준으로 기록하는 현금기준(현금주의)과는 달리 발생기준(발생주의)으로 회계처리 하여야 하기 때문이다.[6]

예를 들어 12월 결산법인인 기업이 11월 1일에 3개월분(11월분, 12월분, 1월 분) 임차료 3,000,000원(1개월 당 1,000,000원)을 지급하였다고 하자. 이 경우, 11월 1일(지급 시)에 임차료 3,000,000원을 비용으로 계상하는 분개를 다음과 같이 한다.

---

5) 일반기업회계기준에서는 "단기투자자산평가이익"계정으로 처리한다.

6) '**현금기준(현금주의)**'이란 현금의 수취 및 지출 시점에 수익과 비용을 인식하는 것을 말한다. 재무제표 중 현금흐름표는 현금기준으로 작성하며, 그 밖의 재무제표는 모두 발생기준(발생주의)에 의해 작성한다. 발생기준에 의하면 정확한 손익을 파악할 수 있는 장점이 있으나, 현금흐름(현금의 유입 및 유출) 정보를 파악하는 것이 어렵다. 예컨대, 손익계산서 상 당기순이익이 발생하였다고 해서 반드시 현금이 증가하였다고 말할 수 없다. '흑자도산'의 경우가 이 경우에 해당한다고 할 수 있다. 손익계산서 상으로는 흑자 즉 당기순이익이 발생하나 현금이 부족하여 도산하는 경우가 이것에 해당한다. 그런 면에서 현금흐름표는 손익계산서의 단점을 보완하는 재무제표라고 할 수 있다.

차) 임차료	3,000,000	대) 현 금	3,000,000

그러나 12월 31일 결산일에 이 임차료 3,000,000원을 손익계산서에 전액 비용으로 기록해서는 안 될 것이다. 즉, 2개월분(11월분과 12월분) 임차료 2,000,000원만을 당기의 손익계산서에 기록하고, 나머지(차년도 1월분) 1,000,000원은 미래에 사무실을 이용할 수 있는 권리 즉, 자산(이것은 미리 지급한 임차료이므로 '선급임차료'라고 함.)으로서 재무상태표에 기록하여야 할 것이다. 이것을 위해 결산시점에서 다음과 같은 결산정리분개를 하여야 한다.

차) 선급임차료	1,000,000	대) 임차료	1,000,000

위의 분개를 해당계정에 전기를 하면 임차료계정은 차변에 11월 1일에 기록한 3,000,000원 중에서 1,000,000원이 차감되므로 잔액은 2,000,000원으로 수정된다. 즉, 당기에 발생한 임차료만이 기록되어 이 금액(2,000,000원)이 손익계산서에 표시된다. 반면에 선급임차료 1,000,000원은 자산으로서 재무상태표에 표시되게 되는 것이다.

3.2 결산정리의 예시

결산 시 행하는 결산정리는 크게 나누어 ① 자산의 결산정리와 ② 수익과 비용의 결산정리로 나눌 수 있다.[7]

1. 자산의 결산정리

자산의 결산정리는 총계정원장의 자산에 속하는 각 계정의 잔액이 기말 현재의 실제금액과 일치하지 않는 경우 계정의 잔액을 실제금액으로 수정하는 절차를 말하는데, 다음과 같은 사항들이 그 대상이 된다.

① 현금과부족의 결산정리
② 매출채권의 결산정리

7) '부채의 결산정리'도 있다. 예컨대, 결산시점에 퇴직급여충당부채를 설정하거나 환율의 변동으로 외화부채가 증가한 경우에 행하는 결산정리 등이 부채의 결산정리에 속한다. 본서에서는 결산정리를 자산의 결산정리와 그리고 수익과 비용의 결산정리만을 설명하였다.

③ 당기손익-공정가치 측정 금융자산(FVPL 금융자산)의 결산정리
④ 재고자산의 결산정리
⑤ 유형자산의 결산정리
⑥ 무형자산의 결산정리 등

(1) 현금과부족의 결산정리

① 현금계정의 잔액 > 실제금액

차) 현금과부족	×××	대) 현　금	×××
잡손실	×××	현금과부족	×××

② 현금계정의 잔액 < 실제금액

차) 현　금	×××	대) 현금과부족	×××
현금과부족	×××	잡이익	×××

현금거래는 매우 빈번하게 일어나는 관계로 자칫 기록의 누락이나 중복이 발생하기도 하며 때로는 도난이나 분실이 발생하기도 하기 때문에, 금고에 보관 중인 현금의 실제잔액이 장부잔액과 일치하지 않는 경우도 있다.

양자 사이에 차이가 있음이 발견되면 그 원인을 조사하는 동안 임시로 '현금과부족'계정에 차액을 기록함으로써 일단 현금계정의 잔액을 실제금액으로 수정한다. 추후에 차이의 원인이 밝혀지면 현금과부족이라는 임시계정은 제거하여야 한다. 그러나 결산시점까지 원인을 알 수 없으면 결산일에 현금과부족이라는 임시계정은 제거하여 잡손실 또는 잡이익으로 처리한다.

예제 1

다음을 회계처리하시오.

① 결산시점에 현금의 실제잔액은 900,000원, 장부상 현금계정의 잔액은 1,000,000원으로, 이 양자의 차이 100,000원이 발생한 이유를 현재로서는 알 수 없다.
② 위의 불일치의 원인을 조사해본 결과 보험료 70,000원에 대한 기장누락이 발견되었다.
③ 결산일 현재 나머지 금액에 대한 불일치 원인을 파악하지 못하였다.

[결산정리분개]

① 차) 현금과부족	100,000	대) 현　　금	100,000
② 차) 보험료	70,000	대) 현금과부족	70,000
③ 차) 잡손실	30,000	대) 현금과부족	30,000

예제 2

다음을 회계처리하시오.

① 결산시점에 현금의 실제잔액은 900,000원, 장부상 현금계정의 잔액은 850,000원으로, 이 양자의 차이 50,000원이 발생한 이유를 현재로서는 알 수 없다.
② 위의 불일치의 원인을 조사해본 결과 단기대여금에 대해 받은 이자수익 30,000원에 대한 기장누락이 발견되었다.
③ 결산일 현재 나머지 금액에 대한 불일치 원인을 파악하지 못하였다.

[결산정리분개]

① 차) 현　　금	50,000	대) 현금과부족	50,000
② 차) 현금과부족	30,000	대) 이자수익	30,000
③ 차) 현금과부족	20,000	대) 잡이익	20,000

(2) 매출채권의 결산정리

① 자산손상 추정액 〉 손실충당금 잔액 :

차) 손상차손	×××	대) 손실충당금	×××

② 자산손상 추정액 〈 손실충당금 잔액 :

차) 손실충당금	×××	대) 손실충당금환입	×××

매출채권 금액은 일반적 상거래에서 발생한 외상매출금계정과 받을어음계정의 잔액을 합한 금액이다.

상거래상 외상매출금이나 받을어음계정 잔액 가운데 현실적으로는 이 중 일부만 회수되고 일부는 회수되지 못하는 것이 일반적이다. 매출채권 가운데 거래처의 부도나 파산으로 인하여 회수불가능할 것으로 추정되는 금액을 '(매출채권)손상차손'이라고 한다. 이 경우 매출채권에 대한 결산정리분개를 통해 매출채권 장부금액을 회수가능한 실제금액으로 수정해야 한다.

매출채권의 결산정리분개는 잔액시산표상의 손실충당금 잔액과 손상추정액의 크기에 따라 달라진다.

① 손상추정액 > 손실충당금 잔액인 경우

자산손상 추정액과 손실충당금 잔액 간의 차액을 차변에 손상차손, 대변에 손실충당금으로 회계처리한다.

차) 손상차손	×××	대) 손실충당금	×××

② 손상추정액 < 손실충당금 잔액인 경우

자산손상 추정액과 손실충당금 잔액 간의 차액을 차변에 손실충당금, 대변에 손실충당금환입(당기 수익)으로 회계처리한다.[8] 즉, 손실충당금계정 잔액이 기말의 대손추정액과 일치되도록 손실충당금계정에 그 차액을 가감하여야 한다.

차) 손실충당금	×××	대) 손실충당금환입	×××

예 제

기말의 매출채권 손상추정액은 500,000원이다. 손실충당금계정의 잔액이 다음과 같을 때 각각의 결산정리분개를 하시오.

① 손실충당금 계정의 잔액이 300,000원인 경우

차) 손상차손	200,000	대) 손실충당금	200,000

② 손실충당금 계정의 잔액이 800,000원인 경우

차) 손실충당금	300,000	대) 손실충당금환입	300,000

8) K-IFRS에서는 손실충당금환입을 당기손익에 인식한다고 규정하고 있으나, 일반기업회계기준이나 중소기업회계기준에서는 이를 판매비와관리비의 부(-)의 금액으로 표시하도록 규정하고 있다.

(3) 당기손익-공정가치 측정 금융자산(FVPL 금융자산)의 결산정리

① 취득원가 < 공정가치(시장가격) :
차) FVPL 금융자산 ××× 대) FVPL 금융자산평가이익 ×××

② 취득원가 > 공정가치(시장가격) :
차) FVPL 금융자산평가손실 ××× 대) FVPL 금융자산 ×××

FVPL 금융자산이란 주로 단기간 내의 매매차익을 목적으로 취득한 유가증권으로서 매수와 매도가 적극적이고 빈번하게 이루어지는 것을 말한다. 단기적인 차익을 획득할 목적으로 운용되는 것이 분명한 증권포트폴리오를 구성하는 유가증권은 FVPL 금융자산으로 분류한다.

결산시점에 FVPL 금융자산을 공정가치로 평가하도록 규정하고 있으며, 공정가치는 일반적으로 결산일에 형성된 FVPL 금융자산의 시장가격을 말한다.

결산일에 FVPL 금융자산의 평가는 FVPL 금융자산의 장부금액(취득시점의 취득원가 또는 회계연도 말에 평가한 경우는 그 시점의 공정가치)과 공정가치(시장가격)의 크기에 따라 달라진다.

① 장부금액〈 공정가치인 경우

공정가치가 장부금액보다 상승한 경우에는 상승액을 FVPL 금융자산계정 차변에 가산해 주고, 동액을 FVPL 금융자산평가이익으로 대변에 기록한다.

[결산정리분개]

차) FVPL 금융자산 ××× 대) FVPL 금융자산평가이익 ×××

② 장부금액〉공정가치인 경우

장부금액(취득시점의 취득원가 또는 회계연도 말에 평가한 경우는 그 시점의 공정가치)이 공정가치보다 하락한 경우에는 하락액을 FVPL 금융자산계정 대변에 기록하고, 동액을 FVPL 금융자산평가손실로 차변에 기록한다.

[결산정리분개]

차) FVPL 금융자산평가손실 ××× 대) FVPL 금융자산 ×××

예제

장부금액(취득원가)이 5,000,000원인 당기손익-공정가치 측정 금융자산(FVPL 금융자산)의 결산일 공정가치가 다음과 같은 경우 결산정리분개를 하시오.

① 결산일 공정가치가 5,700,000원인 경우

[결산정리분개]

차) FVPL 금융자산	700,000	대) FVPL 금융자산평가이익	700,000

② 결산일 공정가치가 4,600,000원인 경우

[결산정리분개]

차) FVPL 금융자산평가손실	400,000	대) FVPL 금융자산	400,000

(4) 재고자산의 결산정리

재고자산에는 상품뿐만 아니라 제품, 반제품, 원재료, 소모품 등 여러 가지가 있을 수 있으나 여기서는 상기업의 주요 재고자산인 상품(3분법)에 대한 결산정리분개를 중심으로 설명(여기서는 평가손실이나 감모손실이 없는 경우를 가정함.)한다.

① 기초상품 :	차) 매　입	×××	대) 이월상품	×××
② 기말상품 :	차) 이월상품	×××	대) 매　입	×××

상품과 관련한 회계처리에는 계속기록법과 실지재고조사법이 있다. 계속기록법에 의하여 회계처리하는 경우에는 상품을 판매할 때마다 매출원가를 기록하기 때문에 결산정리분개가 필요하지 않다. 그러나 상품을 판매할 때마다 계속기록법에 의해 매출원가를 일일이 파악한다는 것은 매우 불편하기 때문에 거래가 빈번한 경우에는 이 방법을 적용하기 힘들다.

그러나 실지재고조사법에 의하여 회계처리하는 경우에는 상품을 판매할 때 매출액만 파악하므로 결산 시에 기말상품재고액을 조사하여 매출원가를 결정하기 위한 결산정리분개가 필요하다. 이하에서는 실지재고조사법으로 회계처리한 경우의 결산정리분개에 대해서 설명하기로 한다.

기말에 상품매출손익을 계산하기 위해서는 다음 절차에 따라 결산정리분개를 하여야 한다.

① 기초상품재고액(전기이월액)을 이월상품계정에서 매입계정의 차변으로 대체한다.

차) 매　입	×××	대) 이월상품	×××

② 기말상품재고액(차기이월액)을 매입계정에서 차감하여 이월상품계정의 차변으로 대체한다.

차) 이월상품	×××	대) 매　입	×××

예 제

기초상품재고액이 600,000원이고, 기말에 실지재고조사법에 의한 기말상품재고액이 400,000원인 경우에 상품계정에 대한 결산정리분개를 하시오(3분법).

[결산정리분개]

차) 매　입	600,000	대) 이월상품	600,000
차) 이월상품	400,000	대) 매　입	400,000

(5) 유형자산의 결산정리

차) 감가상각비	×××	대) 감가상각누계액	×××

유형자산은 장기간에 걸쳐 영업활동에 사용하기 위한 목적으로 취득한 것으로 물리적 실체가 있는 자산을 말한다. 회계기간별 수익·비용의 대응이 적절히 이루어지기 위해서는 유형자산의 취득원가에서 잔존가치를 차감한 감가상각 대상금액을 매 기간별로 배분하여야 한다. 이것을 '감가상각(depreciation)'이라고 한다.

결산시점에서 감가상각 금액을 계산하여 차변에 감가상각비, 대변에 감가상각누계액으로 기록하는 결산정리분개를 하여야 한다.

[결산정리분개]

차) 감가상각비	×××	대) 감가상각누계액	×××

감가상각비는 당기에 발생한 비용으로 인식하여 손익계산서에 표시되며, 감가상각비가 매년 누적된 감가상각누계액은 재무상태표에 해당 유형자산의 취득원가에서 차감하는 형식으로 표시된다.

예제

결산일에 유형자산의 감가상각비가 1,000,000원이다. 결산정리분개를 하시오.

[결산정리분개]

차) 감가상각비	1,000,000	대) 감가상각누계액	1,000,000

(6) 무형자산의 결산정리(산업재산권의 경우)

차) 산업재산권상각비 (무형자산상각비)	×××	대) 산업재산권	×××
또는			
차) 산업재산권상각비 (무형자산상각비)	×××	대) 산업재산권상각누계액	×××

무형자산은 물리적 실체가 없는 비유동자산으로 장기간에 걸쳐 기업의 영업활동에 효익을 제공하는 자산이다. 무형자산은 크게 경제적 권리를 표시하는 영업권과 법적인 권리를 표시하는 무형자산으로 구분할 수 있다. 법적인 권리를 표시하는 무형자산에는 산업재산권(특허권, 실용신안권, 디자인권, 상표권, 상호권 및 상품명 등), 라이선스와 프랜차이즈, 저작권, 컴퓨터소프트웨어, 개발비, 임차권리금, 광업권, 어업권 등이 포함된다.

유형자산과 마찬가지로 무형자산의 취득원가도 역시 합리적인 기간에 걸쳐 기간배분을 함으로써 비용으로 인식하여야 하는데 이것을 일반적으로 '상각(amortization)'이라고 한다.

결산일에 유한내용연수(finite life)를 갖는 무형자산에 대해서는 그 상각액을 계산하여 차변에 ○○○상각비(또는 무형자산상각비), 대변에 ○○○(또는 무형자산상각누계액)을 기록하는 결산정리분개를 한다.[9)]

[결산정리분개]

차) ○○○상각비*	×××	대) ○○○	×××
또는			
차) ○○○상각비*	×××	대) ○○○상각누계액	×××

9) 유형자산의 감가상각비 인식의 회계처리와 달리 무형자산의 상각비 인식의 회계처리는 직접차감법 즉 차변에 해당 무형자산상각비(또는 산업재산권상각비나 합하여 무형자산상각비)를, 대변에 해당 무형자산을 기록하는 방법을 주로 사용한다.

*ㅇㅇㅇ에는 해당 무형자산을 기록하거나 '무형자산상각비'로 처리한다. 그러나 손익계산서에 보고할 때는 "ㅇㅇㅇ상각비"로 각각 회계처리한 경우는 합계하여 '무형자산상각비'로 나타낸다.

무형자산상각비는 비용이므로 손익계산서에, 무형자산상각누계액은 무형자산에서 차감하여 재무상태표에 표시한다.

예 제

결산일에 산업재산권 300,000원을 상각하다.

[결산정리분개]

차) 산업재산권상각비 (무형자산상각비)	300,000	대) 산업재산권	300,000
또는			
차) 산업재산권상각비 (무형자산상각비)	300,000	대) 산업재산권상각누계액	300,000

2. 수익과 비용의 결산정리

수익과 비용의 결산정리에는 수익 및 비용의 이연과 수익 및 비용의 예상이 있다.

① 수익의 이연과 비용의 이연* : 차기에 속하는 수익과 비용은 당해 계정잔액에서 차감한다.
- 비용의 선급 : 비용을 차기로 이월시킨다. 즉 선급비용(자산)으로 계상한다.
- 수익의 선수 : 수익을 차기로 이월시킨다. 즉 선수수익(부채)으로 계상한다.

② 수익의 예상과 비용의 예상**: 당기에 발생한 수익과 비용은 당기에 현금의 수취나 지출이 없어도 당기의 수익 및 비용계정으로 계상한다.
- 비용의 미지급 : 당기의 비용으로 계상한다. 즉 미지급비용(부채)으로 계상한다.
- 수익의 미수 : 당기의 수익으로 계상한다. 즉 미수수익(자산)으로 계상한다.

*이연(deferrals)에 대한 수정분개임. **발생(accruals)에 대한 수정분개임.

(1) 수익과 비용의 이연

현금으로 주고받아 이미 원장의 각 계정에 기입된 수익과 비용이라 할지라도 차기에 속하는 부분이 포함되어 있으면 이것을 차기로 이월시키는 한편 당기의 수익계정과 비용계정에서 차감하여야 하는데 이것을 '**수익과 비용의 이연**(deferrals)'이라고 한다.
수익과 비용의 이연은 '**수익의 이연**'과 '**비용의 이연**'으로 나눌 수 있다.

1) 수익의 이연

> 당기에 수취한 수익 중 차기에 속하는 금액을 차기로 이월시키는 것을 말한다.

당기에 이자수익이나 임대료를 미리 받은 경우 그 금액이 모두 당기의 수익이 아니고 차기 이후의 수익에 속하는 것이 있을 수 있는데 이것을 선수수익(부채에 속하는 계정임.)이라고 한다. 이러한 선수수익은 차기 이후의 기간의 수익이 될 것이므로 당기의 수익에서 차감하여 차기로 이월시켜야 한다.

따라서 결산일에 선수수익을 당해 수익계정의 차변에 기입하여 차감(수익의 소멸로 처리함[10].)하는 동시에 부채계정인 선수수익계정의 대변에 기입하기 위한 결산정리분개를 하여야 한다.

[결산정리분개]
차) 해당 수익계정 ××× 대) 선수수익 ×××

예제

다음을 회계처리하시오.

9월 1일 : 이자수익 6개월분 600,000원을 미리 현금으로 받다.
차) 현 금 600,000 대) 이자수익 600,000

12월 31일 : 결산일에 이자수익 중 선수액 200,000원을 차기로 이월시키다.
[결산정리분개]
차) 이자수익 200,000 대) 선수수익 200,000
(선수이자)

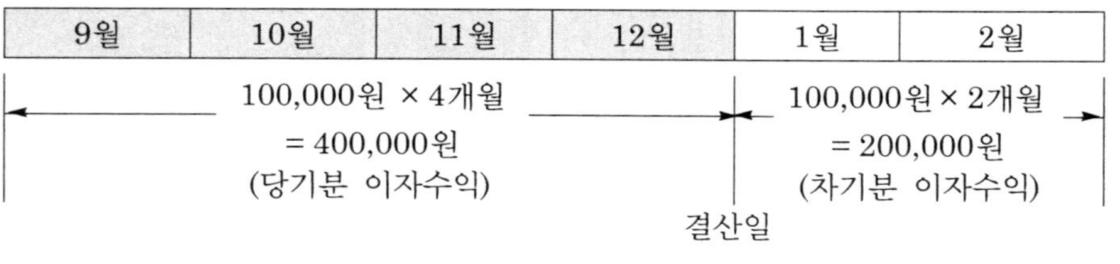

10) 제4장의 '분개의 법칙' 중 수익계정의 경우 발생은 대변에, 소멸은 차변에 기입한다고 학습한 바 있다.

2) 비용의 이연

당기에 지출된 비용 중 차기에 속하는 금액을 차기로 이월시키는 것을 말한다.

당기에 이자비용이나 임차료를 미리 지급하는 경우에는 그 금액이 모두 당기의 비용이 아니고 차기 이후의 비용에 속하는 것이 있을 수 있는데 이것을 선급비용(자산에 속하는 계정임.)이라고 한다. 이러한 선급비용은 차기 이후의 기간에 비용이 될 것이므로 당기의 비용에서 차감(비용의 소멸로 처리함[11].)하여 차기로 이월시켜야 한다.

따라서 결산일에 선급비용을 당해 비용계정의 대변에 기입하여 차감하는 동시에 자산계정인 선급비용계정의 차변에 기입하기 위한 결산정리분개를 하여야 한다.

[결산정리분개]

차) 선급비용	×××	대) 해당 비용계정	×××

예제

다음을 회계처리하시오.

9월 1일 : 이자비용 6개월분 600,000원을 현금으로 지급하다.

차) 이자비용	600,000	대) 현 금	600,000

12월 31일 : 결산일에 이자비용 중 선급액 200,000원을 차기로 이월시키다.

[결산정리분개]

차) 선급비용 (선급이자비용)	200,000	대) 이자비용	200,000

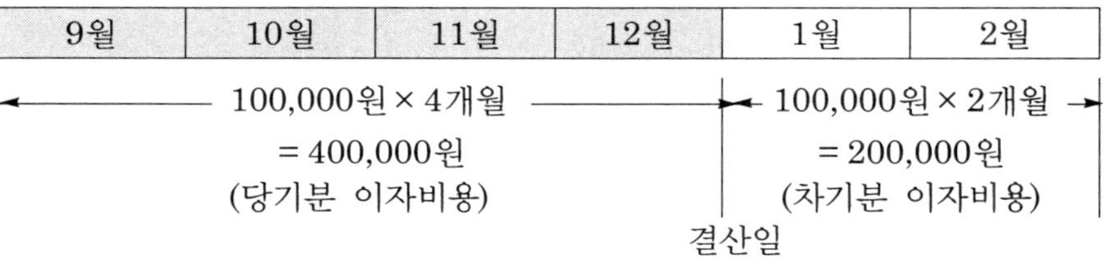

(2) 수익과 비용의 예상

현금을 주고받지 않은 수익과 비용이라도 당기에 발생(accruals)한 것이라면 당기의 수

11) 제4장의 '분개의 법칙' 중 비용계정의 경우 발생은 차변에, 소멸은 대변에 기입한다고 학습한 바 있다.

익과 비용으로 계상하여야 한다. 이 경우에는 미리 당기의 수익과 비용으로 계상하는 한편, 차기의 수익과 비용에 계상되지 않도록 처리하여야 하는데 이것을 '**수익과 비용의 예상(accruals, 발생)**'이라고 한다.

수익과 비용의 예상은 '**수익의 예상**'과 '**비용의 예상**'으로 나눌 수 있다.

1) 수익의 예상

수익의 예상이란 결산일까지 받지 않은 당기 발생 수익을 당기의 수익으로 계상하는 것을 말한다.

당기에 발생한 수익이지만 결산일 현재까지 받지 못한 것을 미수수익이라고 하며 이자수익, 임대료 등에서 발생한다.

결산일에 미수수익은 당기의 수익으로 계상하므로 당해 수익계정 대변에 기입함과 동시에 미수수익이라는 자산계정을 설정하여 그 계정 차변에 기입하기 위한 결산정리분개를 하여야 한다.

[결산정리분개]

차) 미수수익	×××	대) 해당 수익계정	×××

예제

12월 31일 결산일 현재 받지 못한 이자 300,000원이 있어 이것을 당기의 이자수익으로 계상하다.

[결산정리분개]

차) 미수수익 (미수이자수익)	300,000	대) 이자수익	300,000

2) 비용의 예상

비용의 예상이란 결산일까지 지급하지 않은 당기 발생비용을 당기의 비용으로 계상하는 것을 말한다.

당기에 발생한 비용이지만 결산일 현재까지 지급하지 못한 것을 미지급비용이라고 하며 이자비용, 임차료, 급여 등에서 발생한다.

결산일에 미지급비용은 당기의 비용으로 계상시켜야 하므로 당해 비용계정 차변에 기입함과 동시에 미지급비용이라는 부채계정을 설정하여 그 계정 대변에 기입하기 위한 결산정리분개를 하여야 한다.

[결산정리분개]

차) 해당 비용계정	×××	대) 미지급비용	×××

예제

12월 31일 결산일 현재 지급하지 못한 이자 500,000원이 있어 이것을 당기의 이자비용으로 계상하다.

[결산정리분개]

차) 이자비용	500,000	대) 미지급비용 (미지급이자비용)	500,000

3.3 한국회계사무소의 결산정리

앞의 한국회계사무소의 12월말 결산일 현재의 결산정리사항이 다음과 같은 여섯 가지가 있다고 가정하여 결산정리(분개)를 행하면 다음과 같다.

1. 비품에 대한 감가상각비 900,000원을 계상하다.[12]

유형자산은 장기간에 걸쳐 영업활동에 사용하기 위한 목적으로 취득한 물리적 실체가 있는 자산으로서 시간의 경과나 사용함에 의해 그 가치가 감소하게 된다. 회계기간별 수익과 비용의 대응이 적절히 이루어지기 위해서는 이러한 유형자산의 취득원가에서 잔존가치를 차감한 감가상각 대상금액을 대상으로 매 기간별로 그 자산가치의 감소분을 배분하게 되는데 이것을 '감가상각'이라고 한다.

따라서 결산시점에 감가상각 금액을 계산하여 일반적으로 차변에 감가상각비, 대변에 감가상각누계액으로 기록하는 다음과 같은 결산정리분개를 한다.

차) (비품)감가상각비	900,000	대) (비품)감가상각누계액	900,000

12) 여기서 '계상(計上)하다'라는 말은 특정 금액을 계산하여 장부나 재무제표에 올리는 것을 말한다.

2. 차입금에 대한 이자를 계상하다.

시산표상에 기록된 이자비용은 8월 1일 은행으로부터 차입한 장기차입금에 대한 3개월분(즉 8월분, 9월분, 10월분)에 대한 이자비용을 11월 1일에 지급한 것이다. 그러나 결산일 현재 아직 장기차입금을 사용하고 있으므로 회계기간 동안 발생한 2개월분(즉 11월분, 12월분)의 이자비용 180,000원을 이자비용에 추가하여야 한다. 이와 같이 당기에 발생한 비용이지만 결산일 현재 지급하지 못한 것을 미지급비용이라고 하며, 이와 같은 것은 이자비용은 물론 임차료나 급여 등에서도 발생한다(본 장의 '비용의 예상'을 참고).

따라서 결산일에 미지급비용은 당기의 비용으로 계상하여야 하므로 당해 비용계정 차변에 기입함과 동시에 미지급비용(구체적으로는 미지급이자비용)이라는 부채계정을 설정하여 그 계정 대변에 기입하기 위한 다음과 같은 결산정리분개를 한다.

차) 이자비용	180,000	대) 미지급이자비용	180,000

3. 당기의 보험료를 계상하다.

당기에 보험료 등을 지급한 경우 그 금액이 전액 당기의 비용에 해당하는 것이 아니라면 일부는 차기 이후의 비용에 속하게 되는데 이것을 선급비용이라고 한다. 이러한 선급비용은 차기 이후의 기간에 비용이 될 것이므로 당기의 비용에서 차감하여 차기로 이월시켜야 한다(본 장의 '비용의 이연'을 참고).

한국회계사무소의 경우 시산표상에 기록된 보험료 2,400,000원은 8월 1일 보험회사와 보험계약을 체결하고 납부한 것으로 이것은 1년분(차년도 7월까지)에 해당한다. 그러므로 차기 이후에 속하는 1,400,000원은 결산일 현재 선급한 것이므로 당해 비용계정의 대변에 기입하여 차감하는 동시에 자산계정인 선급비용(구체적으로는 선급보험료)계정의 차변에 기입하기 위한 다음과 같은 결산정리분개를 한다.

차) 선급보험료	1,400,000	대) 보험료	1,400,000

4. 소모품 미사용분 500,000원이 남아있다.

시산표상의 소모품비 1,800,000원은 소모품을 구입하여 전액 당기에 모두 사용할 것으로 예상하여 소모품의 구입 시 소모품이라는 자산으로 처리하지 않고, 소모품비라는 비용으로 처리한 것이다[13]. 그러나 결산일 현재 소모품 미사용분이 500,000원 만큼 남아 있으므로 그 만큼 소모품비도 적게 비용으로 계상되어야 한다. 따라서 소모품비를 당해 비용계정의 대변에 기입하여 차감하는 동시에 자산계정인 소모품계정의 차변에 기입하기 위한 다음과 같은 결산정리분개를 한다.

차) 소모품	500,000	대) 소모품비	500,000

5. 금번 회계기간의 임차료는 지급액의 1/6이다.

이 경우는 앞의 보험료의 경우와 동일한 회계처리를 한다. 당기에 임차료를 지급한 경우 그 금액이 전액 당기의 비용에 해당하는 것이 아니라면 일부는 차기 이후의 비용에 속하는 선급비용이 된다. 이러한 선급비용은 차기 이후의 기간에 비용이 될 것이므로 당기의 비용에서 차감하여 차기로 이월시켜야 한다(본 장의 '비용의 이연'을 참고).

한국회계사무소의 경우 시산표상에 기록된 임차료 5,400,000원은 건물을 임차하고 3년분에 해당하는 것을 납부한 것이므로 차기 이후에 속하는 4,500,000원은 결산일 현재 선급한 것이므로 당해 비용계정의 대변에 기입하여 차감하는 동시에 자산계정인 선급비용(구체적으로는 선급임차료)계정의 차변에 기입하기 위한 다음과 같은 결산정리분개를 한다.

차) 선급임차료	4,500,000	대) 임차료	4,500,000

6. 종업원에 대한 급여 미지급분 800,000원이 있다.

이 경우는 앞의 이자비용의 경우와 동일한 회계처리가 필요하다(본 장의 '비용의 예상'을 참고). 시산표상에 기록된 급여는 9월 30일 지급한 것이다. 그러나 결산일 현재 아직 지급하지 못한 종업원에 대한 미지급급여 800,000원이 있다면 이것을 급여에 추가하여야 한다. 이와 같이 당기에 발생한 비용이지만 결산일 현재 지급하지 못한 미지급비용은 당기의 비용으로 계상하여야 하므로 당해 비용계정 차변에 기입함과 동시에 미지급비용(구체적으로는 미지급급여)이라는 부채계정을 설정하여 그 계정 대변에 기입하기 위한 다음과 같은 결산정리분개를 한다.

---

13) 소모품의 회계처리 방법에는 구입 시점에서 ① 비용(소모품비)으로 처리하는 방법과 ② 자산(소모품)으로 처리하는 방법이 있다. 본서에서는 전자인 비용으로 처리하는 방법에 따라 회계처리하였으나, 후자인 자산으로 처리하는 방법으로 회계처리하면 다음과 같다.

구입 시(8월 10일)	차) 소모품	1,800,000	대) 당좌예금	1,800,000
결산 시(12월 31일)	차) 소모품비	1,300,000	대) 소모품	1,300,000

차) 급 여	800,000	대) 미지급급여	800,000

3.4 결산정리분개의 전기

결산정리분개도 기중거래에 대한 분개와 마찬가지로 분개장에 기록하고 총계정원장에 전기한다. 앞에서 행한 한국회계사무소의 6가지 결산정리사항을 결산정리분개하여 총계정원장에 전기하면 다음과 같다.

이 때 추가적으로 감가상각비계정, 감가상각누계액계정, 미지급이자비용계정, 선급보험료계정, 소모품계정, 선급임차료계정, 미지급급여계정 등 7개의 새로운 계정이 총계정원장에 추가되게 된다.

현 금 1

7/10	자본금	36,000,000	7/13	임차료	5,400,000
8/25	용역매출	9,000,000	7/25	비 품	3,000,000
12/15	제 좌	1,300,000	8/1	보험료	2,400,000
			9/16	단기대여금	1,000,000
			9/30	급 여	2,400,000

당좌예금 2

8/1	장기차입금	9,000,000	8/10	소모품비	1,800,000
10/17	용역매출	6,000,000	8/31	미지급금	3,000,000
11/25	외상매출금	3,000,000	11/1	이자비용	270,000
			12/20	세금과공과	900,000

외상매출금 3

10/17	용역매출	6,000,000	11/25	당좌예금	3,000,000

단기대여금 4

9/16	현 금	1,000,000	12/15	현 금	1,000,000

비 품 5

7/25	제 좌	9,000,000			

미지급금 6

8/31	당좌예금	3,000,000	7/25	비 품	6,000,000

장기차입금 7

			8/1	당좌예금	9,000,000

자본금 8

			7/10	현 금	36,000,000

임차료 9

7/13	현 금	5,400,000	12/31	선급임차료	4,500,000

보험료 10

8/1	현 금	2,400,000	12/31	선급보험료	1,400,000

소모품비 11

8/10	당좌예금	1,800,000	12/31	소 모 품	500,000

급 여 12

9/30	현 금	2,400,000			
12/31	미지급급여	800,000			

이자비용 13

11/1	당좌예금	270,000			
12/31	미지급이자비용	180,000			

세금과공과 14

12/20	당좌예금	900,000			

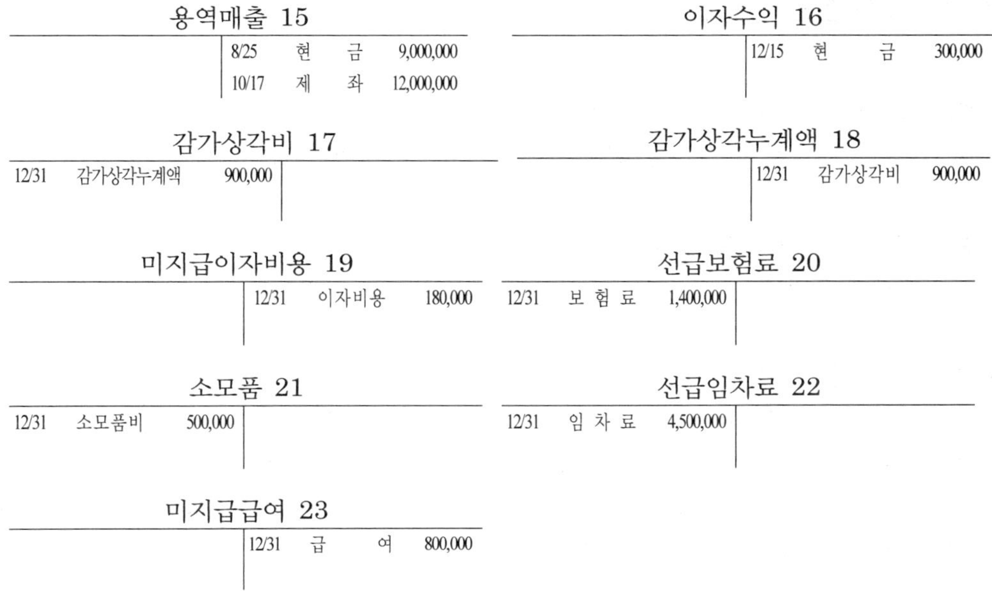

용역매출 15

	8/25	현 금	9,000,000
	10/17	제 좌	12,000,000

이자수익 16

	12/15	현 금	300,000

감가상각비 17

12/31	감가상각누계액	900,000	

감가상각누계액 18

	12/31	감가상각비	900,000

미지급이자비용 19

	12/31	이자비용	180,000

선급보험료 20

12/31	보 험 료	1,400,000	

소모품 21

12/31	소모품비	500,000	

선급임차료 22

12/31	임 차 료	4,500,000	

미지급급여 23

	12/31	급 여	800,000

제4절 정산표의 작성

지금까지 우리는 회계순환과정 중 결산예비절차로서 시산표의 작성과 결산정리(분개)를 학습하였다. 이제 결산예비절차의 하나로서 정산표의 작성을 학습하고자 한다. 정산표는 뒤에서 설명하는 바와 같이 반드시 작성할 필요는 없다. 그러나 정산표를 작성하면 정산표 속에 손익계산서나 재무상태표가 들어 있으므로, 이 정산표 속의 손익계산서나 재무상태표를 손익계산서나 재무상태표 양식에 맞추어 배열하면 제대로 된 손익계산서나 재두상태표 등을 작성할 수 있으므로 재무제표 작성을 용이하게 하기 위해서도 정산표의 작성은 필요하다. 물론 정산표를 작성하지 않고도 재무제표는 작성할 수 있다(후술하는 결산본절차 중 계정의 마감 참조).

결산예비절차에 의하면 시산표의 작성, 그리고 결산정리사항을 찾아 결산정리분개를 한 후 정산표를 작성하게 된다. 그런데 만일 결산정리사항이 없으면 (물론 결산정리사항이 없는 경우는 실제로 존재하지 않을 것임.) 앞에서 작성한 잔액시산표로 최종적인 재무제표를 작성할 수 있다. 그러나 결산정리사항이 있으면 결산정리분개를 통하여 잔액시산표상의 기말 계정잔액을 수정한 후에 재무제표를 작성하여야 한다. 이러한 수정작업은 정산표를 통하여 이루어진다.

4.1 정산표의 의의

> **정산표(Work Sheet)**는 잔액시산표와 결산정리분개를 토대로 하여 손익계산서와 재무상태표를 작성하는 과정을 일람표로 나타낸 것을 말한다.

정산표(Work Sheet)를 작성하는 주된 목적은 손익계산서와 재무상태표의 작성을 정확하고 신속하게 하기 위한 것이다. 즉, 먼저 정산표에서 모든 결산절차를 예비적으로 수행하고, 이에 의하여 손익계산서와 재무상태표를 작성한 다음 결산본절차를 회계장부상에서 수행하는 것이 필요하다.

앞에서 이미 설명한 바와 같이 정산표는 반드시 작성하여야 하는 정식 회계보고서는 아니며, 재무제표 작성에 필요한 사항을 한 곳에 모아 결산정리 및 당기순이익 계산을 용이하게 하기 위한 보조양식에 불과하다. 따라서 정산표를 작성하지 않아도 재무제표 작성에 어려움이 없다면 얼마든지 생략할 수 있다.

◐ 정산표의 종류

정산표의 종류에는 구성요소의 칸수에 따라 6위식, 8위식, 10위식, 12위식 등이 있으며, 서비스기업과 상기업에서는 일반적으로 8위식 정산표를, 제조기업에서는 10위식 정산표를 주로 작성하고 있다.

종 류	구 성 요 소
6위식 정산표[14)]	잔액시산표, 손익계산서, 재무상태표
8위식 정산표	잔액시산표, 결산정리분개, 손익계산서, 재무상태표
10위식 정산표[15)]	잔액시산표, 결산정리분개, 수정 후 잔액시산표, 손익계산서, 재무상태표

14) 6위식 정산표는 기말에 결산정리사항이 없어 결산정리분개가 없는 경우이나 실제로 이러한 경우는 존재하지 않을 것이다. 따라서 6위식 정산표는 실제로 존재하지 않는다고 보아야 할 것이다.
15) 그러나 보통 전기로부터 이월된 이익잉여금이 있는 경우 서비스기업이나 상기업에서는 '이익잉여금처분계산서'가 포함된 10위식 정산표를 작성하기도 한다. 이 10위식 정산표는 손익계산서 다음에 '이익잉여금처분계산서'를 추가하여 작성한다. 한편, 제조기업에서는 보통 '제조계정'이 포함된 10위식 정산표를 작성한다. 이 경우 결산정리분개 다음에 '제조계정'을 추가하여 당기에 완성한 제품제조원가를 구하게 된다.

4.2 정산표의 작성절차

다음은 상기업이나 서비스기업에서 주로 작성하는 8위식 정산표과 이것에 수정후 잔액시산표를 추가한 10위식 정산표 양식이다. 이 양식 중 8위식 정산표 작성이 일반적이므로 8위식 정산표를 보면서 작성절차를 이해하도록 하자. 8위식 정산표에는 잔액시산표, 결산정리분개, 손익계산서, 재무상태표 등 4개란이 있으며 각각 차변과 대변이 있어서 금액을 기록할 수 있는 칸은 총 8개가 된다.

정 산 표(8위식)

(단위: 천원)

계정과목	잔액시산표		결산정리분개		손익계산서		재무상태표	
	차변	대변	차변	대변	차변	대변	차변	대변
현 금	32,100						32,100	
당 좌 예 금	12,030						12,030	
외 상 매 출 금	3,000						3,000	
비 품	9,000						9,000	
미 지 급 금		3,000						3,000
장 기 차 입 금		9,000						9,000
자 본 금		36,000						36,000
임 차 료	5,400			4,500	900			
보 험 료	2,400			1,400	1,000			
소 모 품 비	1,800			500	1,300			
급 여	2,400		800		3,200			
이 자 비 용	270		180		450			
세 금 과 공 과	900				900			
용 역 매 출		21,000				21,000		
이 자 수 익		300				300		
합 계	69,300	69,300						
감 가 상 각 비			900		900			
감가상각누계액				900				900
미지급이자비용				180				180
선 급 보 험 료			1,400				1,400	
소 모 품			500				500	
선 급 임 차 료			4,500				4,500	
미 지 급 급 여				800				800
합 계			8,280	8,280				
당 기 순 이 익					12,650			12,650
합 계					21,300	21,300	62,530	62,530

정 산 표(10위식)

(단위: 천원)

계 정 과 목	잔액시산표		결산정리분개		수정후 잔액시산표		손익계산서		재무상태표	
	차변	대변	차변	대변	차변	대변	차변	대변	차변	대변
현 금	32,100				32,100				32,100	
당 좌 예 금	12,030				12,030				12,030	
외 상 매 출 금	3,000				3,000				3,000	
비 품	9,000				9,000				9,000	
미 지 급 금		3,000				3,000				3,000
장 기 차 입 금		9,000				9,000				9,000
자 본 금		36,000				36,000				36,000
임 차 료	5,400			4,500	900		900			
보 험 료	2,400			1,400	1,000		1,000			
소 모 품 비	1,800			500	1,300		1,300			
급 여	2,400		800		3,200		3,200			
이 자 비 용	270		180		450		450			
세 금 과 공 과	900				900		900			
용 역 매 출		21,000				21,000		21,000		
이 자 수 익		300				300		300		
	69,300	69,300								
감 가 상 각 비			900		900		900			
감가상각누계액				900		900				900
미지급이자비용				180		180				180
선 급 보 험 료			1,400		1,400				1,400	
소 모 품			500		500				500	
선 급 임 차 료			4,500		4,500				4,500	
미 지 급 급 여				800		800				800
당 기 순 이 익							12,650			12,650
			8,280	8,280	71,180	71,180	21,300	21,300	62,530	62,530

◐ 정산표 작성절차

위에서 제시된 8위식 정산표의 작성절차를 살펴보면 다음과 같다.

1) 잔액시산표의 작성

정산표 작성에 사용되는 시산표는 앞에서 작성한 (수정전) 시산표인 합계시산표, 잔액시산표, 합계잔액시산표 중 잔액시산표가 사용된다. 앞에서 작성한 잔액시산표의 계정과목과 금액을 정산표 왼쪽에 옮겨 적고, 차변의 합계액과 대변의 합계액을 기록한다. 위의 정산표의 예에서 잔액시산표의 차변의 합계액과 대변의 합계액은 69,300,000원임을 알 수 있다.

2) 결산정리분개의 기입

결산정리사항별로 결산정리분개를 하여 결산정리분개란에 기입한다. 예컨대, 감가상각비 900,000원에 대한 결산정리분개를 앞에서 다음과 같이 한 바 있다.

차) 감가상각비	900,000	대) 감가상각누계액	900,000

위의 결산정리분개를 정산표에 기입해보자. 이 경우 우선 차변의 감가상각비를 기입하기 위해서는 계정과목란에 감가상각비 계정과목이 있는가를 살펴본다. 만약 계정과목란에 감가상각비 계정과목이 없다면 계정과목 하단에 감가상각비 계정과목을 추가로 기입하고 결산정리분개란 차변에 금액 900,000원을 옮겨 적는다. 또한 대변의 감가상각누계액을 기입하는 경우도 동일한 방식으로 한다.

그리고 결산일 현재 미지급이자비용이 있어 이것에 대한 결산정리분개를 결산정리분개란에 기입하는 경우도 살펴보자. 이 경우도 앞에서 다음과 같은 결산정리분개를 한 바 있다.

차) 이자비용	180,000	대) 미지급이자비용	180,000

이 결산정리분개를 정산표의 결산정리분개란에 기입하기 위해서는 우선 차변의 이자비용을 기입하기 위해서 계정과목란에서 이자비용 계정과목이 있는가를 찾아본 후 이 경우 해당 계정과목이 있으면 계정과목 하단에 이자비용 계정을 추가로 기입할 필요 없이 이자비용 계정과목란의 결산정리분개란 차변에 금액 180,000원을 적는다. 그리고 대변의 미지급이자비용을 기입하기 위해서 계정과목란에서 미지급이자비용 계정과목이 있는가를 찾아본 후 그 계정과목이 없으면 계정과목 하단에 미지급이자비용 계정과목을 추가로 기입하고

결산정리분개란 대변에 금액 180,000원을 적는다.

이와 같이 하여 추가로 기입되는 계정과목으로는 감가상각비, 감가상각누계액, 미지급이자비용, 선급보험료, 소모품, 선급임차료, 미지급급여 등이 해당된다.

결산정리분개를 결산정리분개란에 모두 옮겨 적은 후에는 결산정리분개란의 차변과 대변의 합계를 계산한 후 이들 금액이 상호 일치하는지 확인하고 합계란에 기록한다. 만일 합계가 일치하지 않으면 결산정리분개가 잘못되거나 결산정리분개란에 기입하는 중에 오류가 발생한 것으로 볼 수 있다. 위의 정산표의 결산정리분개란의 차변 합계액과 대변 합계액은 8,280,000원으로 일치하여 결산정리분개와 결산정리분개란의 기입이 정확함을 알 수 있다.

참고로 본서에서는 '수정 후 잔액시산표(결산정리분개를 반영한 후 작성함.)'가 포함된 소위 '10위식 정산표'도 함께 제시하였다.

3) 손익계산서와 재무상태표란의 기입

잔액시산표란의 각 계정은 수익, 비용에 속하면 손익계산서란에, 자산, 부채, 자본에 속하는 계정의 금액은 재무상태표란에 기입한다. 금액은 잔액시산표란 차변에 있으면 차변으로, 대변에 있으면 대변으로 옮겨 적는다. 이 때 결산정리분개란에 금액이 있는 경우에는 잔액시산표란과 결산정리분개란의 같은 변에 있으면 더하고, 반대 변에 있으면 차감한 잔액만을 기입한다.

위의 정산표에서 급여계정은 잔액시산표 차변에 2,400,000원이 기입되어 있고, 동시에 결산정리분개란 차변에 800,000원이 기입되어 있다. 급여계정은 비용항목이므로 손익계산서란에 기입되며, 금액은 잔액시산표와 결산정리분개란의 같은 변에 있으므로 이것을 합한 금액인 3,200,000원을 차변에 기입한다.

추가로 기입된 계정과목들은 수익, 비용항목에 속하면 손익계산서란 해당 변에, 자산, 부채, 자본항목에 속하면 재무상태표란 해당 변에 기입한다. 예를 들어 위의 정산표에서 감가상각비는 비용계정이므로 손익계산서란 차변에 900,000원을 기입하고, 미지급급여는 부채에 속하는 항목이므로 재무상태표 대변에 800,000원을 기입한다.

4) 당기순손익의 기입

손익계산서란에서 차변의 비용금액과 대변의 수익금액을 합계하여 차변의 비용 합계액과 대변의 수익 합계액 사이의 차이를 당기순이익 또는 당기순손실로 기입한다.

재무상태표란에서 차변의 자산금액과 대변의 부채금액 및 자본금액을 합계하여 차변 합계액과 대변 합계액의 차액을 당기순이익 또는 당기순손실로 기입한다. 이때 손익계산서란과 재무상태표란의 당기순이익 또는 당기순손실 금액은 일치하여야 한다.

제5절 계정 및 장부의 마감

한 기간의 모든 회계처리를 행한 후에는 총계정원장에 있는 모든 계정을 마감하여야 한다. 계정의 마감은 한 회계기간의 기록내용과 다음 회계기간의 기록내용을 구분하기 위하여 이루어지는 결산과정이다. 계정 및 장부를 마감하는 절차를 '**결산본절차**'라고 한다.

계정의 마감은 손익계산서에 속하는 수익, 비용계정의 마감과 재무상태표에 속하는 자산, 부채, 자본계정의 마감으로 구분된다.

계정을 마감한 후 다음 회계기간의 장부와 구분하기 위하여 분개장 등 각종 장부를 마감한다.

◐ 계정 및 장부의 마감절차

① 수익 및 비용계정을 마감하기 위해 (집합)손익계정을 설정한다.
② 모든 수익 및 비용계정의 잔액, 즉 당기 발생액을 (집합)손익계정에 대체한다.
③ (집합)손익계정의 잔액을 (미처분)이익잉여금계정(또는 자본금계정)에 대체한다. 이 때 (집합)손익계정이 마감된다.
④ 자산, 부채, 자본계정을 마감한다.
⑤ 분개장 등 각종 장부를 마감한다.

마감하는 순서는 손익계산서에 속하는 수익 및 비용계정을 먼저 마감한다. 그 이유는 재무상태표에 표시되는 당기순이익은 손익계산서가 작성된 후에 알 수 있기 때문이다.

(집합)손익계정은 수익 및 비용계정을 마감하기 위하여 결산일에만 설정하는 임시적 성격을 갖는 계정으로서, (집합)손익계정의 잔액은 당기순손익(즉, 당기순이익 또는 당기순손실)을 의미한다.

(집합)손익계정에는 모든 수익과 비용이 집계되므로 손익계산서의 작성자료로 사용된다.

수익계정과 비용계정이 마감되면 (집합)손익계정의 잔액을 (미처분)이익잉여금계정(또는 자본금계정)에 대체하게 된다. 따라서 (집합)손익계정은 재무상태표나 손익계산서 어디에도 나타나지 않는다.

자산, 부채, 자본계정을 마감한 후에는 마감이 정확하게 이루어졌는가를 확인하기 위하여 이월시산표를 작성하는 경우도 있다. 이 때 작성되는 이월시산표[16)]는 재무상태표의 작

16) 이월시산표란 자산, 부채, 자본에 속하는 각 계정의 이월 기입이 정확하게 되었는지 검증하기 위하여 자산, 부채, 자본계정의 차기 이월액을 집계한 일람표를 말한다. 이 이월시산표를 토대로 재무상태표

성자료로 사용된다.

마지막으로 모든 계정이 마감되면 각종 장부를 마감한다.

5.1 수익 및 비용계정의 마감

수익 및 비용계정의 마감절차는 다음과 같은 세 가지 단계를 거쳐 이루어진다.

1. (집합)손익계정의 설정

총계정원장 맨 마지막에 수익계정 및 비용계정을 마감하기 위해 (집합)손익계정을 설정한다.

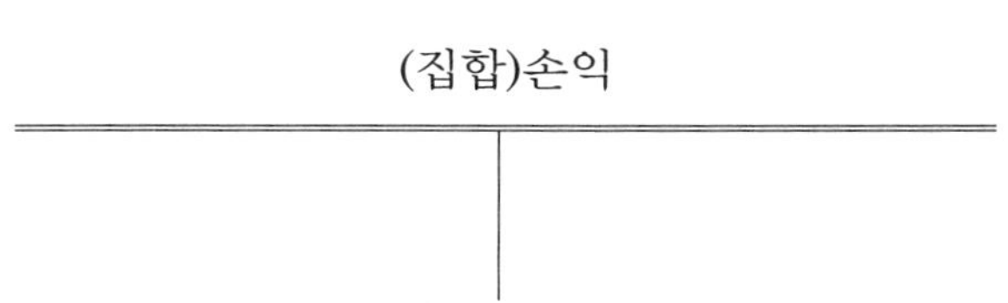

한 회계기간의 영업활동에서 발생한 모든 수익과 비용은 총계정원장에 각 계정별로 기입되어 있으므로 결산 시점에 기업의 경영성과를 측정하기 위해서는 기업의 전체적인 수익총액과 비용총액을 계산하여야 한다.

따라서 한 회계기간의 수익과 비용을 한 곳에 집계하여 당기순손익을 계산할 목적으로 설정되는 계정이 (집합)손익계정이다. 수익 및 비용계정이 마감되면 (집합)손익계정을 이용하여 손익계산서를 작성할 수 있다.

2. 모든 수익계정과 비용계정의 잔액을 (집합)손익계정에 대체

[(집합)손익계정에 대체하기 위한 분개]

수익계정 :	차) 해당 계정	×××	대) 손 익	×××
비용계정 :	차) 손 익	×××	대) 해당 계정	×××

를 작성할 수도 있다.

(집합)손익계정에서 한 회계기간 동안의 수익총액과 비용총액을 계산하여 성과의 측정지표인 당기순손익을 파악하기 위해서는 모든 수익계정과 비용계정을 (집합)손익계정에 모아야 한다. 이것을 위해 모든 수익계정 및 비용계정의 잔액, 즉 당기 발생액을 (집합)손익계정에 대체하는 분개를 한다.

여기서 '**대체**'란 한 계정에서 다른 계정으로 금액을 옮기는 것을 말하며, 옮기는 경우에 해당 계정에 직접 기록해서는 안되고 반드시 분개장에 분개를 통해서 이루어야 하는데 이것을 '**결산(대체)분개**'라고 한다.

결산(대체)분개 시 수익계정의 잔액(즉 당기 발생액)은 (집합)손익계정의 대변에, 비용계정의 잔액(즉 당기 발생액)은 (집합)손익계정의 차변에 대체하여야 한다.

◐ 수익계정 마감의 예

12월 31일의 이자수익 계정의 대변 잔액이 1,000,000원인 경우

결산(대체)분개 :

차) 이자수익	1,000,000	대) 손 익	1,000,000

전 기 :

이자수익 (단위: 1,000원)

12/31 손익	1,000	현 금	1,000

손 익 (단위: 1,000원)

		12/31 이자수익	1,000

결산(대체)분개를 전기함으로써 이자수익계정 차변에 1,000,000원이 기입되어 이자수익계정은 잔액이 0이 되어 마감된다(마감 시에는 차변합계액과 대변합계액 밑에 두 줄을 긋는다). 그리고 (집합)손익계정에는 대변에 이자수익 1,000,000원이 표시된다.

◐ 비용계정 마감의 예

12월 31일의 이자비용계정의 차변 잔액이 700,000원인 경우

결산(대체)분개 :

차) 손 익	700,000	대) 이자비용	700,000

전 기 :

이자비용 (단위: 1,000원)

현 금	700	12/31 손익	700

손 익 (단위: 1,000원)

12/31 이자비용	700		

결산(대체)분개를 전기함으로써 이자비용계정 대변에 700,000원이 기입되어 이자비용계정은 잔액이 0이 되어 마감된다(이 경우도 마감 시에는 차변합계액과 대변합계액 밑에 두 줄을 긋는다). 그리고 (집합)손익계정에는 차변에 이자비용 700,000원이 표시된다.

3. (집합)손익계정의 잔액을 (미처분)이익잉여금(또는 자본금)계정에 대체

[(미처분)이익잉여금(또는 자본금)계정에 대체하기 위한 분개]

당기순이익 발생시 :

차) 손 익	×××	대) (미처분)이익잉여금 (또는 자본금)	×××

당기순손실 발생시 :

차) (미처분)이익잉여금 (또는 자본금)	×××	대) 손 익	×××

모든 수익과 비용계정의 잔액을 (집합)손익계정에 대체하면 (집합)손익계정의 차변총액은 한 회계기간 동안 발생한 비용총액을, 대변총액은 수익총액을 나타내고 그 차액은 당기순손익이 된다. 즉, 잔액이 차변에 있으면 당기순손실, 대변에 있으면 당기순이익을 의미한다.

당기순손익은 자본의 증감을 의미하므로 개인기업의 경우에는 자본금계정에 대체하여 자본금의 기말 현재액을 반영하게 된다[그러나 주식회사의 경우에는 당기순손익의 처분이 주주총회에서 결정되므로 처분결정이 되기 전까지는 (미처분)이익잉여금계정에 대체한다].

◐ (집합)손익계정의 (미처분)이익잉여금(또는 자본금)계정 결산(대체)분개의 예

앞의 수익 및 비용계정의 마감 예를 이용하여 (집합)손익계정을 (미처분)이익잉여금(또는 자본금)계정에 대체해 보자. 우선 계정에 대체하기 위해서는 다음과 같은 결산(대체)분개를 하여야 한다.

결산(대체)분개 :

차) 손 익	300,000	대) (미처분)이익잉여금	300,000

전 기 :

손 익 (단위: 1,000원)

차변		대변	
12/31 이자비용	700	12/31 이자수익	1,000
12/31 (미처분) 이익잉여금	300		
	1,000		1,000

(미처분)이익잉여금 (단위:1,000원)

차변		대변	
		12/31 손익	300

위의 경우 당기순손익을 다음과 같이 (미처분)이익잉여금계정이 아닌 자본금계정에 대체할 수도 있다.[17] (집합)손익계정 차변에는 이자비용 700,000원, 대변에는 이자수익 1,000,000원이 기입되어 있다(단, 자본금계정의 잔액은 10,000,000원이다). 이 경우 계정에 대체하기 위해서는 다음과 같은 결산(대체)분개를 하여야 한다.

결산(대체)분개 :

차) 손 익	300,000	대) 자본금	300,000

전 기 :

손 익 (단위: 1,000원)

12/31 이자비용	700	12/31 이자수익	1,000
12/31 자본금	300		
	1,000		1,000

자 본 금 (단위: 1,000원)

		현금	10,000
		12/31 손익	300

결산(대체)분개를 전기하면 (집합)손익계정의 차변에 자본금 300,000원이 기입되고, (집합)손익계정의 잔액은 0이 되어 마감된다. 자본금계정은 대변에 손익 300,000원이 기입되어 자본금이 300,000원 증가한 것으로 표시된다.

5.2 자산, 부채, 자본계정의 마감

◐ 자산, 부채, 자본계정의 마감절차

① 각 계정의 잔액이 있는 상대편 변에 잔액과 동일한 금액을 '차기이월'이라는 용어와 함께 기록한다.
② 각 계정의 차변 합계액과 대변 합계액을 그 아래 기록하면서 계정을 마감한다.
③ 각 계정에 '차기이월'이라고 기입한 반대편 변에 다음 회계연도 초일자(初日字)로 '전기이월'이라고 기록하고 이월된 금액을 기입한다.

자산에 속하는 계정은 차변에 잔액이 생기고, 이 잔액은 차기로 이월되는 금액이므로 이 금액을 결산일에 대변에 '차기이월'이라고 기입하고 차변 합계액과 대변 합계액을 일치시켜 마감한다.

부채와 자본에 속하는 계정은 대변에 잔액이 생기고, 이 잔액은 차기로 이월되는 금액이므로 이 금액을 결산일에 차변에 '차기이월'이라고 기입하고 차변 합계액과 대변 합계액을

17) 일반적으로 주식회사가 아닌 개인기업의 경우는 당기순손익을 자본금계정에 대체한다.

일치시켜 마감한다.

◐ 자산, 부채, 자본계정의 마감 예

현 금 (단위: 1,000원)

5/1	자 본 금	1,000	6/5	상 품	1,200
9/8	단 기 차 입 금	500	12/31	차 기 이 월	300
		1,500			1,500
1/1	전 기 이 월	300			

단기차입금 (단위: 1,000원)

8/1	현 금	2,000	6/5	현 금	3,000
12/31	차 기 이 월	1,000			
		3,000			3,000
			1/1	전 기 이 월	1,000

위의 경우 당기순손익을 (미처분)이익잉여금계정에 대체한 경우의 계정마감은 다음과 같다. 이 경우 당기순손익(여기서는 당기순이익임.)은 자본금계정에 대체하지 않고, 다음과 같이 (미처분)이익잉여금계정에 대체하게 된다.

자 본 금 (단위: 1,000원)

12/31	차 기 이 월	10,000	1/1	현 금	10,000
		10,000			10,000
			1/1	전 기 이 월	10,000

(미처분)이익잉여금 (단위: 1,000원)

12/31	차 기 이 월	300	12/31	손 익	300
		300			300
			1/1	전 기 이 월	300

한편 개인기업인 경우 위의 당기순손익(여기서는 당기순이익임.)을 다음과 같이 (미처분)이익잉여금계정이 아닌 자본금계정에 대체한다.

자 본 금 (단위: 1,000원)

12/31	차기이월	10,300	1/1	현금	10,000
			12/31	손익	300
		10,300			10,300
			1/1	전기이월	10,300

다음은 한국회계사무소의 각 계정을 마감하기 위하여 결산(대체)분개 및 전기를 한 후 수익계정과 비용계정, 자산계정, 부채계정, 자본계정을 마감한 것이다. 여기서는 당기순이익을 (미처분)이익잉여금계정에 대체하였다.

현 금 1

7/10	자본금	36,000,000	7/13	임차료	5,400,000
8/25	용역매출	9,000,000	7/25	비품	3,000,000
12/15	제좌	1,300,000	8/1	보험료	2,400,000
			9/16	단기대여금	1,000,000
			9/30	급여	2,400,000
			12/31	차기이월	32,100,000
		46,300,000			46,300,000
1/1	전기이월	32,100,000			

당좌예금 2

8/1	장기차입금	9,000,000	8/10	소모품비	1,800,000
10/17	용역매출	6,000,000	8/31	미지급금	3,000,000
11/25	외상매출금	3,000,000	11/1	이자비용	270,000
			12/20	세금과공과	900,000
			12/31	차기이월	12,030,000
		18,000,000			18,000,000
1/1	전기이월	12,030,000			

외상매출금 3

10/17	용역매출	6,000,000	11/25	당좌예금	3,000,000
			12/31	차기이월	3,000,000
		6,000,000			6,000,000
1/1	전기이월	3,000,000			

단기대여금 4

9/16	현금	1,000,000	12/15	현금	1,000,000
		1,000,000			1,000,000

비 품 5

7/25	제좌	9,000,000	12/31	차기이월	9,000,000
		9,000,000			9,000,000
1/1	전기이월	9,000,000			

미지급금 6

8/31	당좌예금	3,000,000	7/25	비품	6,000,000
12/31	차기이월	3,000,000			
		6,000,000			6,000,000
			1/1	전기이월	3,000,000

장기차입금 7

12/31	차기이월	9,000,000	8/1	당좌예금	9,000,000
		9,000,000			9,000,000
			1/1	전기이월	9,000,000

자본금 8

12/31	차기이월	36,000,000	7/10	현금	36,000,000
		36,000,000			36,000,000
			1/1	전기이월	36,000,000

임차료 9

7/13	현금	5,400,000	12/31	선급임차료	4,500,000
			12/31	손익	900,000
		5,400,000			5,400,000

보험료 10

8/1	현금	2,400,000	12/31	선급보험료	1,400,000
			12/31	손익	1,000,000
		2,400,000			2,400,000

소모품비 11

8/10	당좌예금	1,800,000	12/31	소 모 품	500,000
			12/31	손 익	1,300,000
		1,800,000			1,800,000

급 여 12

9/30	현 금	2,400,000	12/31	손 익	3,200,000
12/31	미지급급여	800,000			
		3,200,000			3,200,000

이자비용 13

11/1	당좌예금	270,000	12/31	손 익	450,000
12/31	미 지 급 이자비용	180,000			
		450,000			450,000

세금과공과 14

12/20	당좌예금	900,000	12/31	손 익	900,000
		900,000			900,000

용역매출 15

12/31	손 익	21,000,000	8/25	현 금	9,000,000
			10/17	제 좌	12,000,000
		21,000,000			21,000,000

이자수익 16

12/31	손 익	300,000	12/15	현 금	300,000
		300,000			300,000

감가상각비 17

12/31	감가상각 누계액	900,000	12/31	손 익	900,000
		900,000			900,000

감가상각누계액 18

12/31	차기이월	900,000	12/31	감가상각비	900,000
		900,000			900,000
			1/1	전기이월	900,000

미지급이자비용 19

12/31	차기이월	180,000	12/31	이자비용	180,000
		180,000			180,000
			1/1	전기이월	180,000

선급보험료 20

12/31	보 험 료	1,400,000	12/31	차기이월	1,400,000
		1,400,000			1,400,000
1/1	전기이월	1,400,000			

소모품 21

12/31	소모품비	500,000	12/31	차기이월	500,000
		500,000			500,000
1/1	전기이월	500,000			

선급임차료 22

12/31	임 차 료	4,500,000	12/31	차기이월	4,500,000
		4,500,000			4,500,000
1/1	전기이월	4,500,000			

미지급급여 23

12/31	차기이월	800,000	12/31	급 여	800,000
		800,000			800,000
			1/1	전기이월	800,000

손 익 24

12/31	임 차 료	900,000	12/31	용역매출	21,000,000
12/31	보 험 료	1,000,000	12/31	이자수익	300,000
12/31	소모품비	1,300,000			
12/31	급 여	3,200,000			
12/31	이자비용	450,000			
12/31	세금과공과	900,000			
12/31	감가상각비	900,000			
12/31	이익잉여금	12,650,000			
		21,300,000			21,300,000

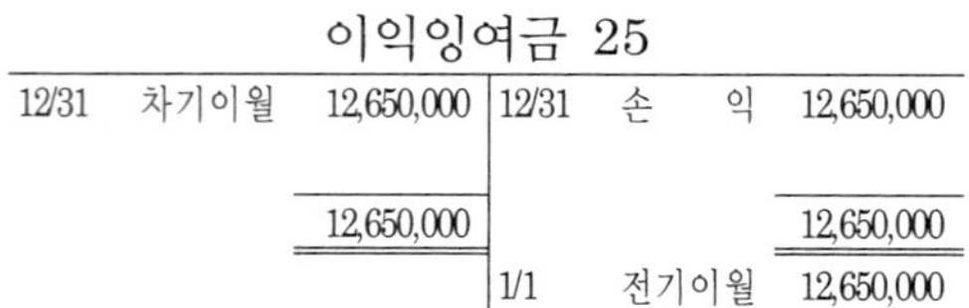

이익잉여금 25

12/31	차기이월	12,650,000	12/31	손 익	12,650,000
		12,650,000			12,650,000
			1/1	전기이월	12,650,000

5.3 장부의 마감

계정이 모두 마감되면 다음 회계기간의 장부와 구분하기 위하여 장부를 마감한다.

기업에서 거래가 발생하면 기록/계산/정리하는 지면을 장부라고 하며, 이 장부에는 주요장부(주요부)와 보조장부(보조부)가 있다. '**주요장부**'란 기업의 경영활동에서 발생하는 모든 거래를 기록하는 기본 장부를 의미하며, 분개장과 총계정원장이 여기에 해당한다. 한편 '**보조장부**'란 주요장부의 기록을 보조하는 역할로 거래 명세를 발생 순서대로 또는 거래 내역을 상세하게 기록하는 장부를 의미한다. 보조장부는 다시 보조원장과 보조기입장으로 구분한다.[18]

장부의 마감은 통상 기록된 금액의 합계를 구하고 마감선을 그어 장부를 마감한다. 예를 들어 분개장은 결산정리분개나 결산(대체)분개를 포함하여 지금까지 분개한 모든 금액의 합계를 기록하고 차변 금액과 대변 금액이 일치하는가를 확인한 후 마감선을 그어 마감한다.

18) '**보조원장**'이란 특정 거래의 거래 내역을 구체적으로 기입하는 장부로서 상품재고장, 매출처원장, 매입처원장 등이 있다. 한편 '**보조기입장**'이란 거래가 발생한 순서대로 그 명세를 상세히 기입하는 장부로서 현금출납장, 당좌예금출납장, 매입장, 매출장, 받을어음 기입장, 지급어음 기입장 등이 있다.

분 개 장

일 자		적 요		원면	차 변	대 변
		<결산정리분개>				
12	31	감가상각비		17	900,000	
			감가상각누계액	18		900,000
12	31	이자비용		13	180,000	
			미지급이자비용	19		180,000
12	31	선급보험료		20	1,400,000	
			보험료	10		1,400,000
12	31	소모품		21	500,000	
			소모품비	11		500,000
12	31	선급임차료		22	4,500,000	
			임차료	9		4,500,000
12	31	급여		12	800,000	
			미지급급여	23		800,000
		<결산대체분개>				
12	31	손익		24	8,650,000	
			임차료	9		900,000
			보험료	10		1,000,000
			소모품비	11		1,300,000
			급여	12		3,200,000
			이자비용	13		450,000
			세금과공과	14		900,000
			감가상각비	17		900,000
12	31	용역매출		15	21,000,000	
		이자수익		16	300,000	
			손익	24		21,300,000
12	31	손익		24	12,650,000	
			(미처분)이익잉여금	25		12,650,000

제 6 절 재무제표의 작성

계정 및 장부의 마감이 끝나면 한 회계연도의 성과를 나타내는 손익계산서와 결산일 현재의 재무상태를 파악하기 위하여 재무상태표를 작성한다.

6.1 손익계산서의 작성

◐ 손익계산서의 작성방법[19)]

(집합)손익계정에 기입된 수익 및 비용 금액을 손익계산서 양식에 명시된 각 계정과목의 금액란에 옮겨 적으면 손익계산서가 작성된다.

손익계산서는 수익과 비용에 속하는 각 계정의 잔액, 즉 당기 발생액을 집계한 (집합)손익계정을 이용하여 작성할 수 있다. 만일 정산표를 작성하였다면 정산표에 있는 손익계산서를 이용하여 작성하여도 된다.

이 경우 손익계산서는 기업회계기준서에서 예시한 보고식 손익계산서 양식의 각 계정과목 금액란에 그대로 옮겨 적으면 된다.

(집합)손익계정의 금액을 옮겨 적을 때 주의할 점은 (집합)손익계정 마감 시 차변에 기입된 (미처분)이익잉여금(또는 자본금)은 '당기순이익' 또는 '당기순손실'로 손익계산서에 표시하여야 한다는 것이다.

앞의 한국회계사무소의 예를 보고식에 의한 (단일구분) 손익계산서로 작성하면 다음과 같다.[20)]

---

19) 앞에서 설명한 바와 같이 정산표를 작성하면 정산표 속에 손익계산서나 재무상태표가 들어 있으므로, 이 정산표 속의 손익계산서나 재무상태표를 손익계산서나 재무상태표 양식에 맞추어 배열하면 제대로 된 손익계산서나 재무상태표 등을 작성할 수 있으므로 재무제표 작성을 용이하게 하기 위해서도 정산표의 작성은 필요하다고 하였다. 물론 본 절에서 설명하는 바와 같이 정산표를 작성하지 않고도 계정마감을 통해서 재무제표를 작성할 수도 있다.

20) 일반적으로 손익계산서는 '구분 손익계산서'를 작성하는 것이 원칙이나 여기서는 계정과목이 많지 않아 부득이하게 총수익과 총비용만을 구분한 '단일구분 손익계산서'를 작성하였다. 그러나 용역회사인 한국회계사무소의 손익계산서를 구분 손익계산서로 나타낸다면 다음과 같이 나타낼 수 있을 것이다(용역회사의 경우는 통상 상기업이나 제조기업과는 달리 매출원가와 판매비와관리비를 구분하는 것이 용이하지 않으므로 매출원가와 판매비와관리비를 합한 '영업비용'을 사용한다.).

손익계산서

Ⅰ. 영업수익		21,000,000
1. 용역매출	21,000,000	

손익계산서

(수익)	
용역매출	₩21,000,000
이자수익	300,000
수익합계	₩21,300,000
(비용)	
임차료	₩900,000
보험료	1,000,000
소모품비	1,300,000
급여	3,200,000
이자비용	450,000
세금과공과	900,000
감가상각비	900,000
비용합계	₩8,650,000
당기순이익	₩12,650,000

6.2 재무상태표의 작성

◐ 재무상태표의 작성방법[21)]

총계정원장의 자산, 부채, 자본계정의 차기이월액을 재무상태표 양식에 명시된 각 계정과목의 금액란에 옮겨 적으면 재무상태표가 작성된다.

Ⅱ. 영업비용		
1. 임차료	900,000	
2. 보험료	1,000,000	
3. 소모품비	1,300,000	
4. 급여	3,200,000	
5. 세금과공과	900,000	
6. 감가상각비	900,000	8,200,000
Ⅲ. 영업이익		12,800,000
Ⅳ. 영업외수익(기타수익)		300,000
1. 이자수익	300,000	
Ⅴ. 영업외비용(기타비용)		450,000
1. 이자비용	450,000	
Ⅵ. 법인세비용차감전순이익(당기순이익)		12,650,000

21) 재무상태표의 작성도 앞에서 설명한 바와 같이 정산표를 작성하면 정산표 속에 손익계산서나 재무상태표가 들어 있으므로, 이 정산표 속의 손익계산서나 재무상태표를 손익계산서나 재무상태표 양식에 맞추어 배열하면 제대로 된 손익계산서나 재무상태표 등을 작성할 수 있다. 물론 본 절에서 설명하는 바와 같이 정산표를 작성하지 않고도 자산, 부채, 자본계정 마감을 통해서 재무제표를 작성할 수도 있다.

재무상태표는 총계정원장의 자산, 부채, 자본에 속하는 계정의 차기이월액을 자료로 작성된다. 만일 정산표나 이월시산표를 작성한 경우에는 이것을 토대로 작성해도 된다.

자본금계정의 이월액은 기말자본금을 의미한다. 이것은 개인기업의 경우는 기초자본금과 당기순손익이 합산된 금액이 되나, 주식회사의 경우라면 자본금계정과 (미처분)이익잉여금계정을 재무상태표에 구분하여 표시하여야 한다.

감가상각누계액계정은 원래 자산의 차감계정이므로 정산표와는 달리 자산(여기서는 비품계정)에서 차감하는 형식으로 나타낸다.

앞의 한국회계사무소의 예를 재무상태표(계정식)로 작성하면 다음과 같다.

재무상태표

한국회계사무소 2017년 12월 31일 현재 (단위: 원)

계정과목	금액		계정과목	금액
(자산)			(부채)	
현금		32,100,000	미지급금	3,000,000
당좌예금		12,030,000	미지급이자비용	180,000
외상매출금		3,000,000	미지급급여	800,000
선급보험료		1,400,000	장기차입금	9,000,000
선급임차료		4,500,000		
소모품		500,000	(자본)	
비품	9,000,000		자본금	36,000,000
감가상각누계액	900,000	8,100,000	(미처분)이익잉여금	12,650,000
자산합계		61,630,000	부채와자본합계	61,630,000

* '현금'계정과 '당좌예금'계정은 통합하여 '현금및현금성자산'계정으로, '외상매출금'계정은 '매출채권'계정으로, '선급보험료'계정과 '선급임차료'계정은 통합하여 '선급비용'계정으로, '미지급이자비용'계정과 '미지급급여'계정은 통합하여 '미지급비용'계정으로 나타낼 수 있다.

연습문제

1. 다음의 비룡(주)의 자료로 각 요구사항에 답하시오.

(1) 기중거래의 분개 및 전기, (2) 결산정리분개, (3) 결산대체분개, (4) 각 계정의 마감, (5) 정산표를 작성하시오. 단, 계정마감시 당기순손익은 (미처분)이익잉여금계정에 대체한다.

(1) 비룡(주)의 2017년 초의 재무상태표 계정의 잔액(단위: 원)

현금 3,800,000 당좌예금 2,200,000 FVPL 금융자산 800,000 자본금 ( )
미지급금 1,000,000 외상매출금 600,000 장기차입금 1,000,000 선급임차료 800,000
소모품 100,000 이익준비금 500,000 비품 1,600,000 감가상각누계액 800,000

(2) 2017년 중의 기중거래

1) 용역을 제공하고 수수료 ₩7,000,000 중 ₩3,000,000을 현금으로 받고 나머지는 외상으로 하다.
2) 미지급금 중 ₩750,000을 현금으로 지급하다.
3) 김갑동에게 현금 ₩1,000,000을 6개월 기한으로 대여해주다.
4) 소모품 ₩200,000을 현금으로 구입하다.
5) 급여 ₩1,000,000을 현금으로 지급하다.
6) 광고선전비 ₩100,000을 수표를 발행하여 지급하다.
7) 거래처로부터 축하금 ₩50,000을 현금으로 받다. 이를 잡이익으로 처리하다.
8) 보험료 ₩500,000을 수표를 발행하여 지급하다.
9) 김갑동으로부터 이자 ₩30,000을 현금으로 받다.

(3) 결산정리사항

1) 당년도 말 현재의 소모품 미사용액은 ₩200,000이다.
2) 비품의 연간 감가상각비는 ₩160,000이다.
3) 급여 미지급분이 ₩200,000 있다.
4) 위 재무상태표의 선급임차료는 2015년 초에 4년분 임차료를 지급한 것의 잔액이다. 2017년도의 임차료를 계상하다.
5) 결산일 현재의 FVPL 금융자산 평가액(공정가치)은 ₩900,000이다.
6) 보험료 중 ₩150,000은 차년도분이다.
7) 장기차입금에 대한 1년분 이자 ₩60,000이 미지급상태이다.
8) 결산일 현재 받지 못한 이자수익은 ₩30,000이다.
9) 광고선전비 중 ₩60,000은 내년도에 해당하는 선급분이다.

해답

1. (1) 기중거래 분개

	차변	금액	대변	금액
1)	차) 현금	3,000,000	대) 용역매출	7,000,000
	외상매출금	4,000,000		
2)	차) 미지급금	750,000	대) 현금	750,000
3)	차) 단기대여금	1,000,000	대) 현금	1,000,000
4)	차) 소모품	200,000	대) 현금	200,000
5)	차) 급여	1,000,000	대) 현금	1,000,000
6)	차) 광고선전비	100,000	대) 당좌예금	100,000
7)	차) 현금	50,000	대) 잡이익	50,000
8)	차) 보험료	500,000	대) 당좌예금	500,000
9)	차) 현금	30,000	대) 이자수익	30,000

(2) 결산정리분개

	차변	금액	대변	금액
1)	차) 소모품비	100,000	대) 소모품	100,000
2)	차) 감가상각비	160,000	대) 감가상각누계액	160,000
3)	차) 급여	200,000	대) 미지급급여	200,000
4)	차) 임차료	400,000	대) 선급임차료	400,000
5)	차) FVPL 금융자산	100,000	대) FVPL 금융자산평가이익	100,000
6)	차) 선급보험료	150,000	대) 보험료	150,000
7)	차) 이자비용	60,000	대) 미지급이자비용	60,000
8)	차) 미수이자수익	30,000	대) 이자수익	30,000
9)	차) 선급광고선전비	60,000	대) 광고선전비	60,000

(3) 결산대체분개

	차변	금액	대변	금액
1)	차) 용역매출	7,000,000	대) 손익	7,210,000
	이자수익	60,000		
	잡이익	50,000		
	FVPL 금융자산평가이익	100,000		
2)	차) 손익	2,310,000	대) 급여	1,200,000
			소모품비	100,000
			감가상각비	160,000
			보험료	350,000
			이자비용	60,000
			임차료	400,000
			광고선전비	40,000
3)	차) 손익	4,900,000	대) 미처분이익잉여금	4,900,000

※ 자본금 6,600,000

(4) 각계정의 마감 - 생략함

(5) 정산표의 작성

정 산 표(8위식)

(단위: 천원)

계정과목	잔액시산표		결산정리분개		손익계산서		재무상태표	
	차변	대변	차변	대변	차변	대변	차변	대변
현금	3,930						3,930	
당좌예금	1,600						1,600	
FVPL금융자산	800		100				900	
자본금		6,600						6,600
미지급금		250						250
외상매출금	4,600						4,600	
장기차입금		1,000						1,000
선급임차료	800			400			400	
소모품	300			100			200	
이익준비금		500						500
비품	1,600						1,600	
감가상각누계액		800		160				960
용역매출		7,000				7,000		
단기대여금	1,000						1,000	
보험료	500			150	350			
급여	1,000		200		1,200			
광고선전비	100			60	40			
잡이익		50				50		
이자수익		30		30		60		
합계	16,230	16,230						
소모품비			100		100			
감가상각비			160		160			
미지급급여				200				200
임차료			400		400			
FVPL금융자산평가이익				100		100		
선급보험료			150				150	
이자비용			60		60			
미지급이자				60				60
미수이자			30				30	
선급광고선전비			60				60	
합계			1,260	1,260				
당기순이익					4,900			4,900
합계					7,210	7,210	14,470	14,470

종합문제

1. 다음의 현대(주)의 자료로 기중거래의 분개 및 전기, 결산정리분개, 결산대체분개, 각 계정의 마감(당기순손익은 미처분이익잉여금계정에 대체), 정산표(8위식), 손익계산서, 재무상태표를 작성하시오.

[자료]

현대(주)의 2017년 초의 재무상태표 및 2017년 회계연도에 발생한 기중거래는 다음과 같다.

재무상태표

현대(주) 2017년 1월 1일 (단위: 원)

계정과목	금액		계정과목	금액
(자산)			(부채)	
현금		2,000,000	미지급금	540,000
당좌예금		300,000	장기차입금	600,000
외상매출금		200,000	(자본)	
선급보험료		360,000	자본금	2,500,000
소모품		240,000	이익준비금	279,000
비품	900,000			
감가상각누계액	81,000	819,000		
자산총계		3,919,000	부채와자본총계	3,919,000

[기중거래]

1) 용역을 제공하고 수수료 1,560,000원 중 600,000원을 현금으로 받고 나머지는 외상으로 하다.
2) 미지급금 중 270,000원을 현금으로 지급하다.
3) 김갑동에게 현금 400,000원을 3개월 기한으로 대여해주다.
4) 소모품 300,000원을 현금으로 구입하다.
5) 급여 450,000원을 현금으로 지급하다.
6) 임차료 150,000원을 수표를 발행하여 지급하다.
7) 거래처로부터 축하금 50,000원을 현금으로 받다. 이것을 잡이익으로 처리하다.
8) 김갑동으로부터 원금 및 이자 450,000원을 현금으로 받다.

[결산정리사항]

1) 당년도의 소모품사용액은 400,000원이다.
2) 비품의 연간 감가상각비는 81,000원이다.
3) 급여 미지급분 80,000원이 있다.
4) 위 재무상태표의 선급보험료는 2016년 초에 3년분 보험료를 지급한 것의 잔액이다. 2017년도의 보험료를 계상하다.
5) 임차료 중 당기분은 50,000원이다.
6) 장기차입금에 대한 1년분 이자 72,000원이 미지급상태이다.

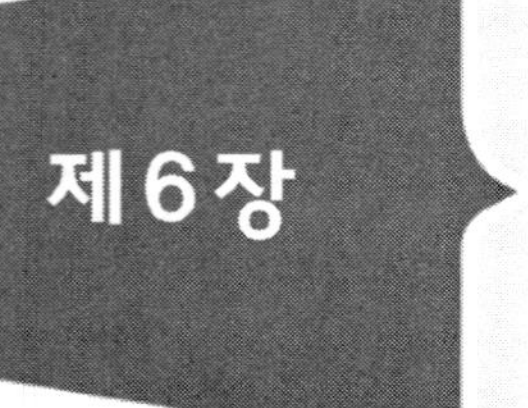

제6장 재무제표의 작성

기업은 일정기간 단위로 기업의 재무회계정보를 기업외부의 이해관계자에게 전달하여야 한다. 이런 목적으로 회계기간 동안 발생한 자산, 부채, 자본의 변동내용과 그 변동으로 인한 결과를 종합하여 재무제표를 작성하게 된다. 본 장에서는 회계순환과정(Accounting Cycle) 결과 최종적으로 작성되는 재무상태표, (포괄)손익계산서, 자본변동표, 현금흐름표 등 재무제표 작성에 관해서 간략히 설명하고자 한다.

제1절 재무상태표의 작성

1.1 재무상태표의 의의

1. 재무상태의 개념과 측정

재무상태(financial position)란 일정시점에 있어서의 기업의 부(wealth)나 경제적 자원의 보유상태를 나타낸다. 그러므로 기업의 재무상태는 그 기업이 보유하는 경제적 자원, 재무구조, 유동성과 재무건전성 및 환경변화에 적응할 수 있는 능력 등에 의해 결정된다.

재무상태는 일정시점, 즉 결산일(재무상태표일[1]이라고도 함.)이라는 특정시점에 측정되므로 저장량(stock) 개념에 의해 측정된다.

기업의 재무상태는 재무상태표로 요약된다. 재무상태표는 일정시점의 기업의 재무상태, 즉 자산, 부채, 자본의 상태를 나타내기 때문이다.

---

1) K-IFRS에서는 '보고기간종료일'과 '보고기간 말'이라는 용어를 주로 사용하고 있으나, 종전에 주로 많이 사용하던 '대차대조표일'을 그대로 사용하는 의미에서 이 책에서는 '재무상태표일'이라는 용어도 부분적으로 사용하였다.

1.2 재무상태표의 기본구조

1. 재무상태표의 기본구조

재무상태표는 일정시점의 기업의 재무상태를 나타내는 재무보고서이다.

재무상태표(statement of financial position)는 일정시점에 있어서의 기업의 재무상태를 나타내는 보고서이다. 따라서 기업의 재무상태를 나타내는 표이므로 '재무상태보고서'라고도 부른다. 즉 재무상태표는 일정 시점 현재 기업이 보유하고 있는 경제적 자원인 자산과 경제적 의무인 부채, 그리고 자본에 대한 정보를 제공하는 재무보고서로서, 정보이용자들이 기업의 유동성, 재무적 탄력성, 수익성과 위험 등을 평가하는데 유용한 정보를 제공한다.

여기서 일정시점이란 결산일을 의미하며, 재무상태란 조달된 자본의 구체적인 운용상태(자산)와 이 자산의 조달원천(부채와 자본)을 나타내는 것을 말한다. 그러므로 재무상태표는 일정시점에 어떠한 재산(자산)이 어느 정도 있는가, 또한 그 재산을 획득하기 위한 자금을 타인으로부터 어느 정도 빌려왔는가(부채), 그리고 자본이 어느 정도인가(자본)를 나타내는 것이다.

기업의 재무상태는 다음의 등식으로도 설명할 수 있다.

자산 = 부채 + 자본

이 식은 흔히 **'재무상태표 등식(재무상태표 방정식, statement of financial position equation)'**이라고 부른다. 이 등식에 따라 왼쪽에 자산항목과 금액을 기입하고, 오른쪽에 부채 및 자본항목과 금액을 기입하면 일정시점에 있어서의 기업의 재무상태를 나타내는 재무상태표가 작성되게 된다.

재무상태표의 기본구조를 구성요소인 자산, 부채, 자본의 상호관계에 따라 식으로 표현하면 다음과 같은데, 이 식을 재무상태표 등식(또는 재무상태표 방정식)이라고 한다.

재무상태표 등식 : 자산 = 부채 + 자본

이 등식은 자본등식(자산 - 부채 = 자본)을 변형한 것으로 자산총액이 부채 및 자본을 합한 총액과 일치한다는 뜻이며, 재무상태표의 구조적 특징은 경영활동을 통하여

자산, 부채, 자본에 변화가 발생하더라도 이 등식은 언제나 항상 성립한다는 점이다.

재무상태표 등식을 그림으로 표시하면 다음과 같다.

▌재무상태표▐

자 산	부 채
	자 본

재무상태표에 부채를 자본보다 먼저 표시하는 이유는 기업의 자산에 대한 소유주 즉, 주주의 소유권보다 채권자의 청구권이 우선하기 때문이다. 즉, 주주는 기업의 자산 중에서 채권자의 지분을 차감한 잔여지분에 대한 권리를 가진다는 것이다.

한편 재무상태표의 구성요소인 자산, 부채, 자본은 각각 다음과 같이 구분한다.

① 자산은 유동자산과 비유동자산으로 구분한다[2].

② 부채는 유동부채와 비유동부채로 구분한다.

③ 자본은 자본금, 자본잉여금, 자본조정, 기타포괄손익누계액 및 이익잉여금(또는 결손금)으로 구분한다.[3]

이상의 구성요소를 토대로 재무상태표를 일반기업회계기준에 따라 다시 나타내보면 다음과 같다.

재무상태표

자 산	부 채
I. 유동자산	I. 유동부채
1. 당좌자산	II. 비유동부채
2. 재고자산	**자 본**
II. 비유동자산	I. 자본금
1. 투자자산	II. 자본잉여금
2. 유형자산	III. 자본조정
3. 무형자산	IV. 기타포괄손익누계액
4. 기타비유동자산	V. 이익잉여금

2) 일반기업회계기준과 중소기업회계기준에서는 유동자산을 당좌자산과 재고자산으로 다시 세분하고, 비유동자산을 투자자산, 유형자산, 무형자산, 기타비유동자산으로 다시 세분한다.

3) 한국채택국제회계기준(K-IFRS)에서는 자본에 대해 명확히 구분하고 있지 않으며, K-IFRS 1001호(재무제표 표시)의 실무적용지침에 자본을 납입자본, 이익잉여금, 기타자본구성요소로 분류하고 있다. 한편 중소기업회계기준에서는 자본을 자본금, 자본잉여금, 자본조정 및 이익잉여금(또는 결손금)으로 구분하고 있다.

2. 재무상태표의 양식

재무상태표에는 다음의 내용이 포함되어야 한다.

① 표제

재무상태표에는 그것이 작성되는 형태(보고식 또는 계정식)에 관계없이 반드시 "재무상태표"라는 명칭을 붙인다.[4)]

② 회사명

기업에 있어서의 회계처리는 그 기업의 소유주나 종업원과는 별개로 존재하는 기업 그 자체를 위한 것, 즉 기업 그 자체가 존재한다는 가정 하에 회계가 수행되므로 그 기업의 "회사명"을 명시하여야 한다.

③ 재무상태표일

재무상태표는 일정시점에 있어서의 기업의 재무상태를 나타내는 보고서이므로 그 일정시점, 즉 결산일(재무상태표일, 보고기간종료일 또는 보고기간 말)을 명시하여야 한다. 물론 통상 비교재무상태표가 작성되므로 당해 연도의 재무상태표일과 직전 회계연도(전기)의 재무상태표일을 표시한다.

④ 유동성배열법

자산과 부채는 유동성이 큰 항목부터 배열하는 것을 원칙으로 한다(유동성배열법). 유동성배열법에 따라 자산과 부채를 배열하는 경우 자산은 유동성이 큰 유동자산을 비유동자산보다 먼저 배열하며, 부채의 경우도 유동성이 큰 유동부채를 비유동부채보다 먼저 배열하게 된다. 유동성배열법에 따라 재무상태표를 작성하는 경우에는 당해 기업의 단기지급능력을 쉽게 분석(유동성 분석)할 수 있다[5)].

자산은 1년을 기준으로 유동자산과 비유동자산으로 분류한다. 다만, 정상적인 영업주기 내에 판매되거나 사용되는 재고자산과 회수되는 매출채권 등은 재무상태표일로부터 1년 이내에 실현되지 않더라도 유동자산으로 분류한다.

부채는 1년을 기준으로 유동부채와 비유동부채로 분류한다. 다만, 정상적인 영업주기 내에 소멸할 것으로 예상되는 매입채무와 미지급비용 등은 재무상태표일로부터 1년 이내에

---

4) 중소기업회계기준에서는 '대차대조표'라는 명칭을 사용한다.

5) 한국채택국제회계기준에서는 유동성배열법을 명시하지 않고 다만 유동성 항목과 비유동성 항목을 구분(유동성/비유동성 구분법)하도록 정하고 있으나, 일반기업회계기준과 중소기업회계기준에서는 유동성배열법에 따라 자산과 부채를 배열하도록 규정하고 있다.

결제되지 않더라도 유동부채로 분류한다.

⑤ 양식

기업회계기준서에 따르면 재무제표는 이해하기 쉽도록 간단하고 명료하게 표시하여야 하며, 일반기업회계기준과 중소기업회계기준에서는 기준서의 부록에 예시된 재무제표의 양식을 참조하여 작성하도록 되어 있으므로 재무상태표의 양식은 "보고식"을 원칙으로 작성하여야 할 것이나, 경우에 따라서는 "계정식"으로도 작성하여도 무방할 것이다.

3. 재무상태표의 유용성과 한계

(1) 재무상태표의 유용성

재무상태표는 일반적으로 다음과 같은 유용성을 갖고 있다.

① 일정시점의 기업의 재무상태에 관한 정보를 제공한다.
재무상태표는 기업의 경제적 자원인 자산, 경제적 채무인 부채, 잔여지분인 자본에 관한 정보를 제공한다.

② 기업의 장·단기 지급능력에 관한 정보를 제공한다.
재무상태표를 통해 기업의 유동성 상태, 즉 기업의 장·단기 지급능력을 파악할 수 있다. 예컨대, 재무상태표에서 유동자산과 유동부채를 비교해 봄으로써 유동자산과 유동부채의 크기를 파악할 수 있으며, 그것들의 차이인 잔액으로 순운전자본의 크기를 산정할 수 있다. 일반적으로 순운전자본의 크기가 크면 그 기업은 단기지급능력이 있다고 평가할 수 있다.

③ 기업의 재무구조에 관한 정보를 제공한다.
재무상태표를 통해 기업의 재무구조, 특히 부채(타인자본)와 자본(자기자본)의 관계를 파악할 수 있다.

④ 기업의 재무능력을 평가하는데 도움이 되는 정보를 제공한다.
재무상태표로부터 총자산·순자산 등의 규모를 파악함으로써 기업의 재무능력을 평가할 수 있다.

(2) 재무상태표의 한계

재무상태표를 통하여 제공되는 정보들도 다음과 같은 한계를 갖고 있다.

① 재무상태표상의 금액을 역사적 원가로 나타내는 경우가 많다.
이에 따라 기업의 자산이 시가(현행가치) 보다 낮은 원가로 표시되는 경우가 있다.

② 회계담당자의 주관적 판단에 따라 평가되는 경우가 있다.

예컨대, 자산이나 부채의 평가에 여러 가지 평가기준이 적용되고 있으며, 많은 회계추정이 적용되고 있다.

③ 화폐적으로 측정 가능한 정보만이 기재되고 있으며, 많은 재무적 가치가 있는 양적정보 및 질적 정보가 무시되고 있다.

④ 대체적인 회계처리방법들이 허용되고 있어 기업별, 연도별 비교가능성을 해칠 수 있다.

4. 재무상태표의 작성 예

다음의 자료는 한국(주)의 수정전 시산표와 결산정리사항이다. 단, 회계기간은 2017년 1월 1일부터 2017년 12월 31일이다.

잔 액 시 산 표

현금및현금성자산	3,650,000	매입채무	450,000
FVPL금융자산	435,000	가수금	300,000
매출채권	1,170,000	사채	1,200,000
이월상품	261,000	퇴직급여충당부채	200,000
FVOCI금융자산	150,000	손실충당금	16,000
건물	1,050,000	감가상각누계액	152,000
매입	5,046,000	자본금	3,000,000
급여	268,000	이익준비금	400,000
세금과공과	12,000	이월이익잉여금	240,000
보험료	54,000	매출	5,904,000
소모품비	90,000	이자수익	390,000
잡비	30,000	잡이익	19,000
이자비용	55,000		
	12,271,000		12,271,000

[결산정리사항]

(1) 기말상품재고액 : 장부금액 380,000원, 순실현가능가치 340,000원

(2) FVPL 금융자산 평가액 360,000원

(3) 가수금은 전액 외상매출금의 회수로 판명되다.

(4) 매출채권 잔액 중 17,400원의 손상을 예상하다.

(5) 당기분 퇴직급여충당부채 20,000원을 설정하다(일시퇴직금제도 채택 시).

(6) 건물에 대한 감가상각비를 장부금액의 10%로 계상하다.

(7) 사채는 2년 전 초에 발행하였으며, 기한 5년, 이율 연 12%, 이자지급 연 1회, 사채 이자를 계상하다.

(8) 이자 미수액 60,000원을 계상하다.

(9) 소모품 미사용액 30,000원을 계상하다.

[결산정리분개]

차변	금액	대변	금액
1) 매 입	261,000	이월상품	261,000
이월상품	380,000	매 입	380,000
상품평가손실[6]	40,000	상품평가충당금	40,000
2) FVPL 금융자산평가손실	75,000	FVPL 금융자산	75,000
3) 가수금	300,000	매출채권	300,000
4) 손상차손	1,400	손실충당금	1,400
5) 퇴직급여	20,000	퇴직급여충당부채	20,000
6) 감가상각비	89,800	감가상각누계액	89,800
7) 이자비용	144,000	미지급이자	144,000
8) 미수이자	60,000	이자수익	60,000
9) 소모품	30,000	소모품비	30,000
10) 이월이익잉여금	240,000	미처분이익잉여금	836,800
손 익	596,800		

* 10)은 결산정리분개라고 하기보다는 이익잉여금처분 관련분개라고 말할 수 있다.

---

6) 앞의 제5장에서는 평가손실이나 감모손실이 없는 경우의 결산정리분개를 설명한 바 있다. 그러나 기말 현재 상품의 평가손실(상품의 시가가 원가 이하로 떨어진 경우)이나 감모손실(장부상 재고 수량에 비해 실제 재고수량이 부족한 경우)이 발생할 수 있다. 위 한국(주)의 자료는 상품평가손실이 발생한 경우이다. 기말상품의 평가는 개별법, 선입선출법, 후입선출법, 가중평균법(총평균법, 이동평균법) 등과 같은 원가법으로 하는 것이 원칙이나 상품의 시가 즉 순실현가능가치가 취득원가보다 하락한 경우에는 '**저가법**(lower of cost or market; LCM)'으로 기말재고상품을 평가한다.
기말재고상품을 저가법으로 평가하는 경우 '**순실현가능가치**(net realizable value'란 상품의 통상적인 영업과정의 예상 판매가격에서 예상되는 추가 완성원가와 판매비용을 차감한 금액을 말한다.

평가손실 = (단위당 취득원가 − 단위당 순실현가능가치) × 실제수량
= 실제 재고액(원가) − 순실현가능가치

반면에 순실현가능가치가 취득원가보다 높은 경우에는 평가이익을 인식하지 않는다. 이와 같이 평가이익은 인식하지 않고 평가손실만 인식하는 것은 재고자산을 보수적으로 평가하는 방법이다. 전통적으로 회계에서는 재무상태표의 자산 금액을 표시할 때 **보수주의(conservatism)**를 적용하였는데, 이 저가법에 의한 재고자산의 평가는 보수주의가 적용되는 대표적인 예이다. 이 보수주의에 반대되는 것이 분식회계라고 할 수 있다. 분식회계의 전형은 수익을 과대계상하고 비용을 과소계상하여 이익을 과대표시하는 것이지만, 자산을 과대계상(과대표시)하거나 부채를 과소계상(과소표시)하는 것도 분식회계의 하나이다.

이상의 자료로 계정식 재무상태표를 작성하면 다음과 같다.

재무상태표

한국(주)	2017년 12월 31일 현재		(단위 : 원)	
과 목	금 액		과 목	금 액
자 산			부 채	
I. 유 동 자 산			I. 유 동 부 채	
1. 현금및현금성자산		3,650,000	1. 매 입 채 무	450,000
2. FVPL 금융자산		360,000	2. 미 지 급 이 자	144,000
3. 매 출 채 권	870,000		Ⅱ. 비 유 동 부 채	
손 실 충 당 금	17,400	852,600	1. 사 채	1,200,000
4. 미 수 이 자		60,000	2. 퇴직급여충당부채	220,000
5. 상 품	380,00		부 채 총 계	2,014,000
상품평가충당금	40,000	340,000	자 본	
6. 소 모 품		30,000	I. 자 본 금	
Ⅱ. 비 유 동 자 산			1. 보통주자본금	3,000,000
1. FVOCI 금융자산		150,000	Ⅱ. 이 익 잉 여 금	
2. 건 물	1,050,000		1. 이 익 준 비 금	400,000
감가상각누계액	241,800	808,200	2. 미처분이익잉여금	836,800
			(당기순이익 596,800)	
			자 본 총 계	4,236,800
자산 총계		6,250,800	부채와 자본 총계	6,250,800

제2절 (포괄)손익계산서의 작성

2.1 (포괄)손익계산서의 의의

1. 성과의 개념과 측정

성과(results of operation)란 일정기간에 있어서의 기업의 경영결과로 나타난 경제적 성과를 말한다[7]. 기업의 성과는 일정시점이 아닌 일정기간, 즉 회계기간 동안의 기업의 경

7) 한국채택국제회계기준에서는 '경영성과'라는 용어 대신 '재무성과'라는 용어를 사용한다.

제적 성과를 측정하는 것이므로 흐름량(flow) 개념에 의해 측정된다.

기업의 성과(경영성과 또는 재무성과)는 손익계산서 또는 포괄손익계산서로 요약된다. 일반기업회계기준과 중소기업회계기준에 의해 작성되는 손익계산서는 일정기간의 기업의 경영성과, 즉 수익과 비용의 차이인 당기순손익(순이익 또는 순손실)을 나타낸다. 그러나 한국채택국제회계기준에 의해 작성되는 포괄손익계산서는 일정 기간 동안의 기업의 재무성과에 대한 정보를 제공하는 재무보고서로서, 당기순손익 뿐만 아니라 수익과 비용항목 중에서 당기순손익을 구성하지 않고 직접 재무상태표의 자본으로 인식하는 항목인 기타포괄손익의 당기변동액도 표시하여, 그 결과 총포괄손익을 나타낸다.

2.2 (포괄)손익계산서의 기본구조

1. (포괄)손익계산서의 의의

(포괄)손익계산서는 일정기간 동안 기업의 성과(경영성과 또는 재무성과)에 대한 정보를 제공하는 재무보고서이다.

- **일정기간 :** 손익계산서는 수익과 비용이 영업활동기간 동안 계속 발생하므로 일정기간, 즉 회계기간(보통 1년) 동안 발생한 수익과 비용을 모두 표시하여야 한다.
- **성과 :** 기업의 성과란 일정기간 동안의 기업의 경영활동 결과 나타난 경제적 성과를 말한다. 따라서 손익계산서는 일정기간 동안 발생한 기업의 성과(경영성과 또는 재무성과)를 나타내므로 성과보고서라고도 한다. 그러므로 기업의 경영성과는 일정기간 동안의 경영활동 결과 발생한 수익과 비용의 차이인 순손익으로 평가하며, 기업의 재무성과는 일정기간 동안의 경영활동 결과 발생한 수익과 비용의 차이인 순손익 뿐만 아니라 기타포괄손익도 포함한 총포괄손익으로 평가한다. 즉 포괄주의 관점에서 작성한 포괄손익계산서는 일정기간의 순손익과 그 구성요소인 수익과 비용 등에 대한 정보뿐만 아니라 기타포괄손익에 대한 정보도 포함하므로 이러한 정보를 통해 투자자 및 채권자 등의 정보이용자는 일정기간 동안의 기업의 재무성과를 파악할 수 있게 된다.

2. (포괄)손익계산서의 기본요소

기업의 성과에 대한 재무정보를 제공하는 (포괄)손익계산서의 기본요소는 수익, 비용 및 순손익(또는 포괄손익계산서는 기타포괄손익을 포함한 총포괄손익)이다.

(1) 수 익

1) 수익의 개념

수익이란 기업의 경영활동과 관련된 재화의 판매 또는 용역의 제공 등에 대한 대가로 발생하는 자산의 유입 또는 부채의 감소를 말한다.

수익(revenues)은 기업의 주요 경영활동의 결과로서 발생하였거나 발생할 현금유입액을 나타내며, 경영활동의 종류와 당해 수익이 인식되는 방법에 따라 매출액, 이자수익, 배당금수익 및 임대수익 등과 같이 다양하게 구분될 수 있다.

일반사회에서는 경영활동을 판매활동만을 의미하는 것으로 사용되나, 회계에서 의미하는 경영활동은 구매활동, 생산활동, 판매활동을 모두 포함한다.

2) 수익의 분류

손익계산서에 기재되는 수익은 매출액, 영업외수익으로 크게 구분되며, 포괄손익계산서에 기재되는 수익은 매출액, 기타수익, 기타포괄이익으로 크게 구분된다.

① 매출액

매출액이란 기업의 주된 영업활동에서 발생한 제품, 상품, 용역 등의 총매출액에서 매출할인, 매출환입, 매출에누리 등을 차감한 금액을 말한다. 차감 대상 금액이 중요한 경우에는 총매출액에서 이것들을 차감하는 형식으로 표시하거나 주석으로 기재한다.

② 영업외수익(또는 기타수익)

영업외수익이란 기업의 주된 영업활동이 아닌 투자활동과 재무활동으로부터 발생한 수익과 차익으로서 중단사업손익에 해당하지 않는 것을 말한다. 한국채택국제회계기준에서는 '기타수익'으로 칭한다.

(2) 비 용

1) 비용의 개념

비용이란 기업의 경영활동과 관련된 재화의 판매 또는 용역의 제공 등에 따라 발생하는 자산의 유출이나 사용 또는 부채의 증가를 말한다.

비용(expenses)은 기업의 경영활동의 결과로서 발생하였거나 발생할 현금유출액을 나타내며, 경영활동의 종류와 당해 비용이 인식되는 방법에 따라 매출원가, 급여, 감가상각비, 이자비용, 임차비용 등과 같이 다양하게 구분될 수 있다.

2) 비용의 분류

손익계산서에 기재되는 비용은 매출원가, 판매비와관리비, 영업외비용, (계속사업손익)법인세비용으로 크게 구분된다.

① 매출원가

매출원가는 제품, 상품 등의 매출액에 대응되는 원가로서 판매된 제품이나 상품 등에 대한 제조원가 또는 매입원가를 말한다.
상기업의 경우는 기초상품재고액에 당기상품매입액을 가산하고 기말상품재고액을 차감하여 산정하며, 제조기업의 경우는 기초제품재고액에 당기제품제조원가를 가산하고 기말제품재고액을 차감하여 산정한다.

② 판매비와 관리비

판매비와 관리비는 제품, 상품, 용역 등의 판매활동과 기업의 관리활동에서 발생하는 비용으로서 매출원가에 속하지 아니하는 모든 영업비용을 말한다.

③ 영업외비용(또는 기타비용)

영업외비용은 기업의 주된 영업활동이 아닌 투자활동과 재무활동으로부터 발생한 비용과 차손으로서 중단사업손익에 해당하지 않는 것을 말한다. 포괄손익계산서에서는 '기타비용'으로 칭한다.

④ 계속사업손익법인세비용(또는 법인세비용)

계속사업손익법인세비용이란 계속사업손익에 대응하여 발생한 법인세비용(중단사업손익이 있는 경우)을 말한다. 한편 중단사업손익이 없을 경우는 법인세비용차감전순손익에 대응하여 발생한 법인세비용을 말한다.

3. 순손익(또는 포괄손익)

1) 순손익의 개념

순손익이란 기업의 일정기간 동안 총수익과 총비용을 대응시켜 얻어진 경영성과를 말한다.

순손익은 수익의 합계에서 비용의 합계를 차감하여 측정한다[8]. 이와 같은 방법으로 순손익을 측정하는 것을 거래접근법에 의한 손익측정이라고 한다.

순손익은 총수익에서 총비용을 차감하여 계산하며 총수익이 총비용보다 크면 순이익(net income)이 발생하며, 총비용이 총수익보다 크면 순손실(net loss)이 발생한다. 따라서 이것을 등식으로 표시하면 다음과 같다.

순손익(순이익 또는 순손실) = 총수익 - 총비용

2) 포괄손익의 개념

포괄손익(comprehensive income)이란 기업이 일정 기간 동안 소유주와의 자본거래를 제외한 모든 거래나 사건으로 인하여 발생한 순자산의 변동을 말하며, 여기에는 소유주의 투자 및 소유주에 대한 분배 등 자본거래를 제외한 모든 원천에서 인식된 자본의 변동이 포함된다. 포괄손익을 등식으로 나타내면 다음과 같다.

(총)포괄손익 = 순손익 + 기타포괄손익 = 순손익 + (기타포괄이익 - 기타포괄손실)

3) 순손익의 분류

일반기업회계기준에서는 손익계산서상 손익을 매출총손익, 영업손익, 법인세비용차감전계속사업손익, 계속사업손익, 중단사업손익(법인세효과 차감 후), 당기순손익 등 6가지로 구분하여 표시하도록 규정하고 있다[9].

① 매출총손익

매출총손익은 매출액에서 매출원가를 차감하여 산출한다.

---

8) 실제로 수익의 합계에서 비용의 합계를 차감하여 산출하는 순손익(net income)은 포괄손익(comprehensive income)과는 약간의 차이가 있다. 그 이유는 현행 회계기준에서는 일부의 차익 및 차손의 항목들에 대해 순손익에 포함시키지 않고 있으므로 순손익과 포괄손익은 일치하지 않을 수 있기 때문이다. 예를 들어 FVOCI 금융자산의 평가이익 및 평가손실의 경우 순손익에는 포함되지 않고 자본(기타포괄손익누계액)으로 계상하나, 포괄손익은 이러한 평가이익과 평가손실도 포함한다. 따라서 포괄손익은 순손익보다는 그 범위가 더 넓은 개념이라고 할 수 있다. 포괄손익이 순손익과 차이가 나는 경우 포괄손익은 다음과 같이 나타낼 수 있다.

포괄손익(comprehensive income) = 순손익(net income) + 기타포괄손익(other comprehensive income)

9) 중단사업손익이 없을 경우에는 '법인세비용차감전계속사업손익'을 '법인세비용차감전순손익'으로 표시하고, '계속사업손익법인세비용'은 '법인세비용'으로 표시하며, '계속사업손익'은 별도로 표시하지 않는다. 한편 중소기업회계기준에서는 손익계산서상 손익을 매출총손익, 영업손익, 법인세비용차감전손익, 당기순손익 등 4가지로 구분하여 표시한다.

매출총손익 = 매출액 - 매출원가

② 영업손익

영업손익은 매출총손익에서 판매비와 관리비를 차감하여 산출한다.

영업손익 = 매출총손익 - 판매비와 관리비

③ 법인세비용차감전계속사업손익

법인세비용차감전계속사업손익은 영업손익에 영업외수익을 가산하고, 영업외비용을 차감하여 산출한다.

법인세비용차감전계속사업손익 = 영업손익 + 영업외수익 - 영업외비용

④ 계속사업손익

계속사업손익은 법인세비용차감전계속사업손익에서 계속사업손익법인세비용을 차감하여 산출한다. 여기서 계속사업손익은 기업의 계속적인 사업활동과 그와 관련된 부수적인 활동에서 발생하는 손익으로서 중단사업손익에 해당하지 않는 모든 손익을 말하며, 계속사업손익법인세비용은 계속사업손익에 대응하여 발생한 법인세비용을 말한다.

계속사업손익 = 법인세비용차감전계속사업손익- 계속사업손익법인세비용

⑤ 중단사업손익

중단사업손익은 중단사업(discontinued operations)으로부터 발생한 영업손익과 영업외손익으로서 사업중단직접비용과 중단사업자산손상차손을 포함하며, 법인세효과를 차감한 후의 순액으로 보고한다[10].

10) 기업이 회계연도 중에 사업의 일부를 중단한 경우에는 그 중단사업(discontinued operations)의 모

⑥ 당기순손익

당기순손익은 계속사업손익에 중단사업손익을 가감하여 산출한다.

당기순손익 = 계속사업손익 ± 중단사업손익

2.3 (포괄)손익계산서의 양식

일반적으로 손익계산서 양식에는 계정식과 보고식이 있으나, 기업회계기준에서는 보고식 손익계산서만을 예시하고 있으며, 손익계산서는 이해하기 쉽도록 간단하고 명료하게 표시하여야 한다.

1. 계정식

손익계산서 구조에서 설명한 것처럼 왼쪽(차변)에 비용을, 오른쪽(대변)에는 수익을 기재하고 수익과 비용의 차액인 순이익은 왼쪽(차변)에 기재하여 작성하는 방법을 말한다.

2. 보고식

수익과 비용을 순서대로 나열하면서 수익에서 비용을 차감한 이익 또는 손실을 나타내는 양식을 말한다.

한편 손익계산서를 작성함에 있어서 모든 수익과 모든 비용을 각각 하나로 묶은 후 이 두 묶음을 대응시켜 손익을 나타내는 '**단일구분손익계산서(single-step income statement)**'와 수익과 비용을 일정한 기준에 따라 구분하여 표시하는 '**구분손익계산서(다단계손익계산서, multi-step income statement)**'를 작성할 수 있는데 일반적으로 손익계산서의 작성이라 함은 후자인 구분손익계산서의 작성을 의미한다. 일반기업회계기준에 의한 손익계산서 양식은 다음과 같다.

든 손익의 순액을 따로 "중단사업손익"으로 계산하여 계속사업(continuing operations)의 손익과 구분하여 보고하여야 한다.

손익계산서(중단사업손익이 있는 경우)

Ⅰ. 매출액
Ⅱ. 매출원가
Ⅲ. 매출총손익
Ⅳ. 판매비와관리비
Ⅴ. 영업손익
Ⅵ. 영업외수익
Ⅶ. 영업외비용
Ⅷ. 법인세비용차감전계속사업손익
Ⅸ. 계속사업손익법인세비용
Ⅹ. 계속사업손익
Ⅺ. 중단사업손익(법인세효과 차감 후)[11]
Ⅻ. 당기순손익

손익계산서(중단사업손익이 없는 경우)

Ⅰ. 매출액
Ⅱ. 매출원가
Ⅲ. 매출총손익
Ⅳ. 판매비와관리비
Ⅴ. 영업손익
Ⅵ. 영업외수익
Ⅶ. 영업외비용
Ⅷ. 법인세비용차감전순손익
Ⅸ. 법인세비용
Ⅹ. 당기순손익

한편 포괄손익계산서에는 수익, 비용, 순손익, 기타포괄손익 및 총포괄손익 등 다섯 가지 정보가 기록된다. 포괄손익계산서의 구조를 이 세 정보의 상호관계에 따라 식으로 표현하면 다음과 같다.

11) 중단사업손익이 없을 경우에는 '법인세비용차감전계속사업손익'을 '법인세비용차감전순손익'으로 표시하고, '계속사업손익법인세비용'은 '법인세비용'으로 표시하며, '계속사업손익'은 별도로 표시하지 않는다.

수익 - 비용 = 당기 순손익(순이익, 순손실)
당기순이익 + 기타포괄이익 - 기타포괄손실 = 총포괄손익

포괄손익계산서 양식

<table>
<tr><th colspan="2">하나의 보고서 작성시</th><th colspan="2">두 개의 보고서 작성시</th></tr>
<tr><td rowspan="2">포괄손익계산서</td><td rowspan="2">수익
금융원가
지분법당기순손익에 대한 지분
법인세 비용
세후 중단영업손익
당기순손익
기타포괄손익
외환차이
FVOCI 금융자산평가손익
현금흐름위험회피수단평가손익
보험수리적손익
지분법기타포괄손익에 대한지분
총포괄손익</td><td>손익계산서</td><td>수익
금융원가
지분법당기순손익에 대한 지분
법인세 비용
세후 중단영업손익
당기순손익</td></tr>
<tr><td>포괄손익계산서</td><td>당기순손익
기타포괄손익
외환차이
FVOCI 금융자산평가손익
현금흐름위험회피수단평가손익
보험수리적손익
지분법기타포괄손익에대한지분
총포괄손익</td></tr>
</table>

한국채택국제회계기준에서는 포괄손익계산서의 표시 방법에 관계없이 비용을 성격별 또는 기능별로 구분하여 작성하도록 되어 있다. 비용을 기능별로 분류할 경우에는 비용의 성격에 대한 추가정보를 공시한다.

(1) 성격별 분류 형태

비용을 성격별로 분류할 때에는 비용을 성격별로 감가상각비, 원재료, 운송비, 급여, 광고선전비 등으로 통합하며, 기능별로 재배분하지 않는다.

(2) 기능별 분류 형태

비용을 기능별로 물류원가, 관리활동원가 등으로 구분할 경우에는 매출원가를 다른 비용과 분리하여 공시한다. 기능별 분류법은 '매출원가법'이라고도 부른다.

포괄손익계산서(성격별 분류)

비룡(주)	2017년 1월 1일부터~2017년 12월 31일까지	(단위: 천원)
수익		₩100,000
기타수익		50,000
원재료와 소모품사용액	₩60,000	
종업원급여비용	30,000	
감가상각비와 기타상각비	10,000	
기타비용	20,000	
비용 총계		₩120,000
법인세비용 차감전 순이익		30,000
법인세		6,000
당기순이익		24,000
기타포괄이익		
유형자산재평가이익		1,000
FVOCI 금융자산평가이익		2,000
총포괄이익		₩27,000

포괄손익계산서(기능별 분류)

비룡(주)	2017년 1월 1일부터~2017년 12월 31일까지	(단위: 천원)
수익		₩100,000
매출원가		(70,000)
매출총이익		30,000
기타수익		50,000
물류원가		20,000
관리비		10,000
기타비용		20,000
법인세비용 차감전 순이익		30,000
법인세		6,000
당기순이익		24,000
기타포괄이익		
유형자산재평가이익		1,000
FVOCI 금융자산평가이익		2,000
총포괄이익		₩27,000

2.4 (포괄)손익계산서의 유용성과 한계

1. (포괄)손익계산서의 유용성

수익과 비용으로 구성되는 (포괄)손익계산서는 일반적으로 다음과 같은 유용성을 갖고 있다.

① 일정기간의 기업의 성과에 관한 정보를 제공한다.
(포괄)손익계산서는 기업의 일정기간의 수익·비용·순손익, 그리고 기타포괄손익에 관한 정보를 제공함으로써 기업이 일정기간 동안 어느 정도의 성과(경영성과 또는 재무성과)를 달성하였는가에 관한 정보를 제공한다.

② 기업의 수익성(profitability)을 평가하는데 유용한 정보를 제공한다.
손익계산서는 그 기업의 과거의 수익성뿐만 아니라 잠재적 수익력(potential earning power)을 예측하고 평가하는데 도움이 되는 정보를 제공한다.

③ 이익계획을 수립하는데 유용한 정보를 제공한다.
손익계산서는 기업이 경영계획, 특히 이익계획이나 예산을 편성하는데 도움이 되는 정보를 제공한다.

④ 경영자의 성과평가에 관한 유용한 정보를 제공한다.
손익계산서는 경영자가 기업의 목표를 어느 정도 달성하였으며, 얼마나 효율적으로 기업을 경영하였는지를 평가할 수 있는 정보를 제공한다.

⑤ 기업의 배당정책의 수립, 세금결정 등에 기초자료를 제공한다.

2. (포괄)손익계산서의 한계

(포괄)손익계산서를 통하여 제공되는 정보들도 다음과 같은 한계를 갖고 있다.

① 대체적 회계방법을 사용할 수 있으므로 회계자료의 기업 간 비교, 동일기업 내의 기간별 비교에 문제가 발생할 수 있으며, 회계변경이 행해지는 경우에는 이익조작이 행해질 수 있다.

② 수익·비용의 대응이 잘못 이루어지는 경우가 있다. 현행수익과 대응되는 비용으로서 취득원가주의에 의한 역사적 원가가 대응됨으로써 잘못된 수익·비용대응이 이루어지는 경우가 있다.

③ 이익측정 자체에 어려움이 있다. 회계상의 이익측정은 화폐액으로 측정가능한 것만을 대상으로 행해지므로 이익측정 그 자체에 문제가 있을 수 있다.

④ (포괄)손익계산서의 양식 및 작성방법이 다소 복잡하며, 손익항목의 구분에 어려움이 있을 수 있다.

2.5 (포괄)손익계산서의 작성 예

다음의 자료는 한국(주)의 수정전 시산표와 결산정리사항이다. 단, 회계기간은 2017년 1월 1일부터 2017년 12월 31일이다.

잔 액 시 산 표

차변 계정	금액	대변 계정	금액
현금및현금성자산	3,650,000	매입채무	450,000
FVPL금융자산	435,000	가수금	300,000
매출채권	1,170,000	사채	1,200,000
이월상품	261,000	퇴직급여충당부채	200,000
FVOCI금융자산	150,000	손실충당금	16,000
건물	1,050,000	감가상각누계액	152,000
매입	5,046,000	자본금	3,000,000
급여	268,000	이익준비금	400,000
세금과공과	12,000	이월이익잉여금	240,000
보험료	54,000	매출	5,904,000
소모품비	90,000	이자수익	390,000
잡비	30,000	잡이익	19,000
이자비용	55,000		
	12,271,000		12,271,000

[결산정리사항]

(1) 기말상품재고액 : 장부금액 380,000원, 순실현가능가치 340,000원

(2) FVPL 금융자산 평가액 360,000원

(3) 가수금은 전액 외상매출금의 회수로 판명되다.

(4) 매출채권 잔액 중 17,400원의 손상을 예상하다.

(5) 당기분 퇴직급여충당부채 20,000원을 설정하다(일시퇴직금제도 채택 시).

(6) 건물에 대한 감가상각비를 장부금액의 10%로 계상하다.

(7) 사채는 2년 전 초에 발행하였으며, 기한 5년, 이율 연 12%, 이자지급 연 1회, 사채이자를 계상하다.

(8) 이자 미수액 60,000원을 계상하다.

(9) 소모품 미사용액 30,000원을 계상하다.

[결산정리분개]

	차변	금액	대변	금액
1)	매 입	261,000	이월상품	261,000
	이월상품	380,000	매 입	380,000
	상품평가손실	40,000	상품평가충당금	40,000
2)	FVPL 금융자산평가손실	75,000	FVPL 금융자산	75,000
3)	가수금	300,000	매출채권	300,000
4)	손상차손	1,400	손실충당금	1,400
5)	퇴직급여	20,000	퇴직급여충당부채	20,000
6)	감가상각비	89,800	감가상각누계액	89,800
7)	이자비용	144,000	미지급이자	144,000
8)	미수이자	60,000	이자수익	60,000
9)	소모품	30,000	소모품비	30,000
10)	이월이익잉여금	240,000	미처분이익잉여금	836,800
	손 익	596,800		

* 10)은 결산정리분개라고 하기보다는 이익잉여금처분 관련분개라고 말할 수 있다.

이상의 자료로 일반기업회계기준에 의한 손익계산서를 작성하면 다음과 같다.

손익계산서

한국(주) 2017년 1월 1일부터 2017년 12월 1일까지 (단위: 원)

과 목	금 액	
Ⅰ. 매출액		5,904,000
Ⅱ. 매출원가		
1. 기초상품재고액	261,000	
2. 당기상품순매입액	5,046,000	
3. 기말상품재고액	380,000	
4. 상품평가손실	40,000	4,967,000
Ⅲ. 매출총이익		937,000
Ⅳ. 판매비와관리비		
1. 급여	268,000	
2. 퇴직급여	20,000	
3. 감가상각비	89,800	
4. 세금과공과	12,000	
5. 손상차손	1,400	
6. 보험료	54,000	
7. 소모품비	60,000	
8. 잡비	30,000	535,200
Ⅴ. 영업이익		401,800

Ⅵ. 영업외수익		
1. 이자수익	450,000	
2. 잡이익	19,000	469,000
Ⅶ. 영업외비용		
1. 이자비용	199,000	
2. FVPL 금융자산평가손실	75,000	274,000
Ⅷ. 법인세비용차감전순이익		596,800
IX 당기순이익		596,800

제3절 자본변동표의 작성

3.1 자본변동표의 의의와 목적

자본변동표(Statement of Changes in Equity)는 자본의 크기와 그 변동에 관한 정보를 나타내는 회계보고서를 말한다.

자본변동표는 자본의 크기와 그 변동에 관한 정보를 제공하는 재무보고서로서, 자본을 구성하고 있는 자본금, 자본잉여금, 자본조정, 기타포괄손익누계액, 이익잉여금(또는 결손금)의 변동에 대한 포괄적인 정보를 제공한다.

3.2. 자본변동표의 기본구조

자본변동표에는 자본금, 자본잉여금, 자본조정, 기타포괄손익누계액, 이익잉여금(또는 결손금)의 각 항목별로 기초잔액, 변동사항, 기말잔액을 표시한다.[12)]

1) 자본금의 변동은 유상증자(감자), 무상증자(감자)와 주식배당 등에 의하여 발생하며, 자본금은 보통주자본금과 우선주자본금으로 구분하여 표시한다.
2) 자본잉여금의 변동은 유상증자(감자), 무상증자(감자), 결손금처리 등에 의하여 발생하며, 주식발행초과금과 기타자본잉여금으로 구분하여 표시한다.

12) 자본변동표의 구조 등은 일반기업회계기준 제2장(2.75-2.81)을 참고하여 서술하였다. 한편 K-IFRS 제1001호 문단 106에 의하면 자본변동표에는 다음의 정보를 포함하여야 한다고 규정하고 있다. ① 지배기업의 소유주와 비지배지분에게 각각 귀속되는 금액으로 구분하여 표시한 해당 기간의 총포괄손익, ② 자본의 각 구성요소별로 K-IFRS 제1008호에 따라 인식된 소급적용이나 소급재작성의 영향, ③ 자본의 각 구성요소별로 다음의 각 항목에 따른 변동액을 구분하여 표시한, 기초시점과 기말시점의 장부금액 조정내역 (a) 당기순손익, (b) 기타포괄손익, (c) 소유주로서의 자격을 행사하는 소유주와의 거래(소유주에 의한 출자와 소유주에 대한 배분, 그리고 지배력을 상실하지 않는 종속기업에 대한 소유지분의 변동을 구분하여 표시)

3) 자본조정의 변동은 자기주식은 구분하여 표시하고 기타자본조정은 통합하여 표시할 수 있다.
4) 기타포괄손익누계액의 변동은 매도가능증권평가손익, 해외사업환산손익 및 현금흐름위험회피 파생상품평가손익은 구분하여 표시하고 그 밖의 항목은 그 금액이 중요할 경우에는 적절히 구분하여 표시할 수 있다.
5) 이익잉여금의 변동은 다음과 같은 항목으로 구분하여 표시한다.
   ① 회계정책의 변경으로 인한 누적효과
   ② 중대한 전기오류수정손익
   ③ 연차배당(당기 중에 주주총회에서 승인된 배당금액으로 하되 현금배당과 주식배당으로 구분하여 기재)과 기타 전기말 미처분이익잉여금의 처분
   ④ 중간배당(당기 중에 이사회에서 승인된 배당금액)
   ⑤ 당기순손익
   ⑥ 기타 : ① 내지 ⑤ 외의 원인으로 당기에 발생한 이익잉여금의 변동으로 하되, 그 금액이 중요한 경우에는 적절히 구분하여 표시한다.

자본변동표에서 전기에 이미 보고된 이익잉여금(또는 결손금)의 금액이 당기에 발생한 회계정책의 변경이나 중대한 전기오류수정으로 인하여 변동된 경우에는 전기에 이미 보고된 금액을 별도로 표시하고 회계정책 변경이나 오류수정이 매 회계연도에 미치는 영향을 가감한 수정후 이익잉여금을 표시한다.

3.3. 자본변동표의 양식

자본변동표의 양식을 요약하여 나타내면 다음과 같다.

자본변동표

××(주)　　제00기 20××년 1월 1일부터 20××년 12월 31일까지　　(단위: 원)

구 분	자본금	자본잉여금	자본조정	기타포괄손익 누계액	이익잉여금	총계
기초잔액						
변동사항						
기말잔액						

3.4. 자본변동표의 작성 예

다음의 자료로 제10기 서울(주)의 자본변동표를 작성하시오.

자료

1) 기초(2017년 1월 1일) 자본

자본금	1,500,000원	
자본잉여금	250,000	
자본조정	(12,000)	
기타포괄손익누계액	5,000	
이익잉여금	630,000	2,373,000원

2) 당기 변동액

전기오류수정이익	18,400원
기타이익잉여금처분액	63,000
중간배당	30,000
유상증자	
자본금	500,000
자본잉여금	350,000
당기순이익	596,000
자기주식취득	18,000
FVOCI 금융자산평가이익	6,000

이상의 자료로 자본변동표를 나타내면 다음과 같다.

자본변동표

제10기 2017년 1월 1일부터 2017년 12월 31일까지

서울(주) (단위: 원)

구 분	자본금	자본잉여금	자본조정	기타포괄 손익누계액	이익잉여금	총 계
2017년 1월 1일	1,500,000	250,000	(12,000)	5,000	630,000	2,373,000
전기오류수정 이익					18,400	18,400
기타이익 잉여금처분액					(63,000)	(63,000)

처분 후 이익잉여금					585,400	2,328,400
중간배당					(30,000)	(30,000)
유상증자	500,000	350,000				850,000
당기순이익					596,000	596,000
자기주식 취득			(18,000)			(18,000)
FVOCI 금융자산평가이익				6,000		6,000
2017년 12월 31일	2,000,000	600,000	(30,000)	11,000	1,151,400	3,732,400

제4절 현금흐름표의 작성

4.1 현금흐름표의 의의와 목적

현금흐름표(Statement of Cash Flows)는 일정기간 동안 기업의 현금흐름, 즉 현금 유입과 유출을 나타내는 회계보고서이다.

현금흐름표는 일정기간 동안 기업에 대한 현금유입(cash inflows)과 현금유출(cash outflows)에 대한 정보를 제공하는 재무보고서로서, 영업활동을 통한 현금창출에 관한 정보, 투자활동에 관한 정보 및 자본조달을 위한 재무활동에 대한 정보를 제공한다.[13)]

이러한 현금흐름정보는 기업의 현금지급능력, 재무적 탄력성, 수익성 및 위험 등을 평가하는 데 유용하며, 여러 기업의 미래현금흐름의 현재가치를 비교하여 기업가치를 평가하는 데 필요한 기초자료를 제공한다. 즉 현금흐름표는 일정기간 동안의 현금흐름(cash flows)을 나타내는 표로서 현금의 변동내용을 명확히 보고하기 위하여 당해 회계기간에 속하는 현금의 유입(inflows)과 유출(outflows) 내용을 나타내는 회계보고서를 말한다.

일반적으로 손익계산서 상에 표시된 순이익과 현금보유액과는 일치하지 않는다. 예를 들어 상품을 외상으로 매출한 경우 손익계산서에는 수익으로 인식하여 계상됨으로써 순이익이 증가한 것으로 표시되나 실제 기업으로 들어온 현금은 전혀 없게 된다. 이와 같이 순이익은 많은데 기업이 도산하는 경우가 있는데 이것을 흑자도산이라고 한다.

13) 중소기업회계기준에서는 현금흐름표 작성을 요구하고 있지 않다.

기업이 도산하는 경우는 대부분 만기일이 도래한 어음을 결재할 현금이 부족하기 때문에 발생한다. 따라서 회계정보이용자들은 재무상태표나 손익계산서만으로는 기업의 도산 여부를 정확히 판단하기가 어려워 현금흐름에 관한 회계보고서를 이용하게 되는데 이것을 현금흐름표라고 한다.

4.2 현금흐름표의 기본구조

기업의 활동은 크게 영업활동(operating activities), 투자활동(investing activities), 재무활동(financial activities)으로 나눌 수 있다. 따라서 기업에 있어서의 현금흐름도 영업활동, 투자활동, 재무활동으로 인한 현금유입과 영업활동, 투자활동, 재무활동으로 인한 현금유출로 나눌 수 있다.

1. 구분표시

현금흐름표는 현금흐름을 영업활동, 투자활동 및 재무활동 현금흐름으로 구분하여 표시하고, 이 세 가지 활동의 순현금흐름에 기초의 현금을 가산하여 기말의 현금을 산출하는 형식으로 표시한다. 현금흐름표에서 현금이라 함은 현금 및 현금성자산을 말한다.

(1) 영업활동으로 인한 현금흐름

영업활동은 주요 수익창출 활동(예 : 재고자산의 판매)뿐만 아니라, 투자활동이나 재무활동에 속하지 아니하는 거래와 사건을 모두 포함한 활동을 말한다. 영업활동은 주로 제품의 생산과 판매활동, 상품과 용역의 구매와 판매활동 및 관리활동을 포함한다.

영업활동으로 인한 현금의 유입에는 제품 등의 판매에 따른 현금유입(매출채권의 회수 포함), 이자수익과 배당금수익, 기타 투자활동과 재무활동에 속하지 아니하는 거래에서 발생된 현금유입이 포함된다.

영업활동으로 인한 현금의 유출에는 원재료, 상품 등의 구입에 따른 현금유출(매입채무의 결제 포함), 기타 상품과 용역의 공급자와 종업원에 대한 현금지출, 법인세(토지등 양도소득에 대한 법인세 제외)의 지급, 이자비용, 기타 투자활동과 재무활동에 속하지 아니하는 거래에서 발생된 현금유출이 포함된다.

영업활동으로 인한 현금흐름은 직접법 또는 간접법으로 보고한다.

1) 직접법

현금을 수반하여 발생한 수익 또는 비용항목을 총액으로 표시하되, 현금유입액은 원천별로 현금유출액은 용도별로 분류하여 표시하는 방법을 말한다. 이 경우 현금을 수반하여 발생하는 수익·비용항목을 원천별로 구분하여 직접 계산하는 방법 또는 매출과 매출원가에 현금의 유출·유입이 없는 항목과 재고자산·매출채권·매입채무의 증감을 가감하여 계산하는 방법으로 한다.

2) 간접법

당기순이익(또는 당기순손실)에 현금의 유출이 없는 비용 등을 가산하고 현금의 유입이 없는 수익 등을 차감하며, 영업활동으로 인한 자산·부채의 변동을 가감하여 표시하는 방법을 말한다.

① 현금의 유출이 없는 비용 등은 현금의 유출이 없는 비용, 투자활동과 재무활동으로 인한 비용을 말한다.

② 현금의 유입이 없는 수익 등은 현금의 유입이 없는 수익, 투자활동과 재무활동으로 인한 수익을 말한다.

③ 영업활동으로 인한 자산·부채의 변동은 영업활동과 관련하여 발생한 유동자산 및 유동부채의 증가 또는 감소를 말한다.

(2) 투자활동으로 인한 현금흐름

투자활동이라 함은 현금의 대여와 회수활동, 유가증권·투자자산·유형자산 및 무형자산의 취득과 처분활동 등을 말한다.

투자활동으로 인한 현금의 유입에는 대여금의 회수, 단기투자자산·유가증권·투자자산·유형자산·무형자산의 처분 등이 포함된다.

투자활동으로 인한 현금의 유출에는 현금의 대여, 단기투자자산·유가증권·투자자산·유형자산·무형자산의 취득에 따른 현금유출로서 취득 직전 또는 직후의 지급액 등이 포함된다.

(3) 재무활동으로 인한 현금흐름

재무활동이라 함은 현금의 차입 및 상환활동, 신주발행이나 배당금의 지급활동 등과 같이 부채 및 자본계정에 영향을 미치는 거래를 말한다.

재무활동으로 인한 현금의 유입에는 단기차입금·장기차입금의 차입, 어음·사채의 발행, 주식의 발행 등이 포함된다.

재무활동으로 인한 현금의 유출에는 배당금의 지급, 유상감자, 자기주식의 취득, 차입금의 상환, 자산의 취득에 따른 부채의 지급 등이 포함된다.

(4) 투자활동 현금흐름과 재무활동 현금흐름의 보고

투자활동 현금흐름과 재무활동 현금흐름은 총현금유입과 총현금유출을 주요 항목별로 구분하여 총액으로 표시하는 것을 원칙으로 한다.

4.3 현금흐름표의 양식

현금흐름표 양식을 요약하여 나타내면 다음과 같다.

현금흐름표(요약)

Ⅰ. 영업활동으로 인한 현금흐름
  1. 영업활동으로 인한 현금유입액
  2. 영업활동으로 인한 현금유출액
Ⅱ. 투자활동으로 인한 현금흐름
  1. 투자활동으로 인한 현금유입액
  2. 투자활동으로 인한 현금유출액
Ⅲ. 재무활동으로 인한 현금흐름
  1. 재무활동으로 인한 현금유입액
  2. 재무활동으로 인한 현금유출액
Ⅳ. 현금의 증가(감소)(Ⅰ+Ⅱ+Ⅲ)
Ⅴ. 기초의 현 금
Ⅵ. 기말의 현 금

4.4 현금흐름표의 작성 예

현 금 흐 름 표

제10기 2017년 1월 1일부터 2017년 12월 31일까지

비룡(주)		(단위: 천원)
영업활동으로 인한 현금흐름		1,150
매출로부터의 유입액	1,000	
이자수익 유입액*	200	
배당금수익 유입액	100	
이자비용 유출액*	(50)	
법인세의 지급*	(100)	
투자활동으로 인한 현금흐름		(500)
건물의 처분	3,000	
유가증권의 취득[14)]	(800)	
토지의 취득	(2,500)	
개발비의 지급	(200)	
재무활동으로 인한 현금흐름		(50)
사채의 발행	200	
보통주의 발행	300	
단기차입금의 상환	(300)	
사채의 상환	(250)	
현금의 증가		600
기초의 현금		1,000
기말의 현금		1,600

*K-IFRS에서는 비금융기업의 경우 이자의 수입과 배당금 수입을 영업활동으로 인한 현금유입 또는 투자활동으로 인한 현금유입으로 분류하는 것을 허용하고 있으며, 이자비용의 지급과 배당금의 지급을 영업활동으로 인한 현금유출 또는 재무활동으로 인한 현금유출로 분류하는 것을 허용하고 있다. 그리고 이자의 수입 및 지급과 배당금의 수입 및 지급은 현금흐름표 본문에 별도 표시(직접 공시)하도록 규정하고 있으며, 법인세의 지급도 현금흐름표 본문에 별도 표시(직접 공시)하도록 규정하고 있다. 물론 기업실무에서는 배당금의 지급을 재무활동으로 인한 현금유출로 분류하는 기업들이 많으며, 재무활동 결과인 이자의 지급과 수입도 영업활동으로 인한 현금의 유출과 유입으로 분류하는 기업들도 많다.

14) K-IFRS에서는 (FVPL 금융자산이 아닌) 당기 및 장기금융자산(현금성자산에 속하지 않는 금융자산, 단기 및 장기대여금, FVOCI 금융자산, AC 금융자산의 취득과 처분에 따른 현금유입 및 유출액은 투자활동으로 인한 현금유입 및 유출액으로 분류하고 있다.

참고 분식회계(粉飾會計, window dressing settlement, accounting fraud)

기업이 고의로 자산이나 이익 등을 크게 부풀리고 부채나 비용을 적게 계상함으로써 재무상태나 경영성과, 그리고 재무상태의 변동을 고의로 조작하는 것을 의미한다. 일반적으로 분식회계라 하면 수익의 과대 계상과 비용의 과소계상을 통한 이익을 과대계상하는 것으로 알려져 있지만, 자산을 과대계상하거나 부채를 과소계상하는 것도 분식회계라 할 수 있다.

이렇게 분식회계를 통해 그 기업의 가치를 실제보다 부풀리면 투자자들은 그 기업의 가치를 믿고 투자를 했다가 손해를 보게 된다. 분식회계가 일어나는 이유는 우선 자금 차입이 쉬워질 뿐만 아니라 금융비용을 절감할 수 있기 때문이다. 자본시장에서 자금을 차입할 때 매출액이 많고, 순이익이 높으면 우량 기업으로 인정되어 차입 자금에 대해 지급해야 하는 이자율이 낮아진다. 또한 주식시장에서는 반기 및 분기 재무제표 등을 공시할 때, 순이익이 높으면 주가가 그만큼 높게 형성된다. 따라서 자금의 차입 비용을 절감하고, 주가를 높이기 위해서 분식회계가 이루어진다.

분식회계를 방지하기 위한 장치로서 회사는 감사를 두어야 하고, 외부감사인인 공인회계사에게 회계감사를 받아야 한다. 분식회계를 제대로 적발하지 못한 회계법인에 대하여는 영업정지 또는 설립인가 취소의 처분을 내릴 수 있다. 분식회계화된 재무제표를 보고 투자하여 손해를 본 투자자나 채권자는 손해배상 청구소송을 할 수 있다. 2007년 1월부터는 분식회계에 대한 집단소송제가 적용되었다.

그동안 한국을 비롯하여 많은 국가에서 분식회계의 사례가 밝혀졌으나, 가장 대표적인 것이 미국 엔론사의 분식회계 사례라고 할 수 있습니다. 엔론사는 한 때 미국의 7대 기업이라 불리워졌으며, 미국 - EU간 석유거래의 20%를 점유하던 기업이었고, 불과 15년 사이에 1,700%라는 성장률을 기록한 기업이었다고 합니다. 그로 인해서 포춘지로부터 수년간 최고의 혁신기업으로 뽑혔던 기업이었지요. 이러한 엔론사는 2001년 10월 16일에 3년간의 회계 오류를 수정하겠다고 발표합니다. 이것이 엔론 사태의 시작이 되었지요. 엔론사가 수상하다고 판단하고 같은 해 10월 22일 미국 증권거래위원회(SEC)가 엔론사의 금융거래를 조사하기 시작하고 이내 엔론사의 회계부정 행위가 드러나게 됩니다. 이 때 엔론사는 에너지 거래에 있어서 선물시장, 파생상품 등의 복잡한 금융거래를 통하여 부채의 과소계상과 손실의 축소 등의 효과를 만들어내어 대차대조표(현 재무상태표)에서 상당한 부채와 금융계약(차입금 등)을 누락하는 방법을 사용했습니다. 이로 인해 주당 80달러에 육박하던 주가가 순식간에 40센트로 곤두박질 쳤다고 합니다. 그로 인하여 수많은 투자자와 채권자를 비롯하여 노후대책을 위해 많은 자사주를 보유하고 있던 사원들까지도 엄청난 손해를 보게 되었습니다.

출처: 두산백과 및 매일경제용어사전

연습문제

1. 한국상사의 제7기(2017년 1월 1일 ~ 12월 31일) 기말 잔액시산표와 기말정리사항은 다음과 같다. 8위식 정산표를 작성하고 결산정리분개도 하시오.

잔 액 시 산 표

차변 과목	금액	대변 과목	금액
현금	150,000	매입채무	400,000
당좌예금	206,000	손실충당금	5,000
매출채권	300,000	비품감가상각누계액	9,000
FVPL금융자산	200,000	자본금	500,000
이월상품	200,000	매출	1,670,000
비품	100,000	수수료수익	16,000
매입	1,420,000	이자수익	40,000
영업비	8,000	유형자산처분이익	110,000
판매비	80,000	임대료	50,000
보험료	5,000		
이자비용	4,000		
소모품비	12,000		
잡비	115,000		
	2,800,000		2,800,000

[결산정리사항]

1) 기말상품재고액 : ₩150,000
2) 소모품미사용액 : ₩7,000
3) 비품의 감가상각 : 정액법, 내용연수 10년, 잔존가치는 취득원가의 10%
4) 손실충당금 : 매출채권 잔액 중 ₩6,000의 회수가 불투명하다.
5) 보험료 선급분 : ₩2,000
6) FVPL 금융자산 평가액 : ₩180,000
7) 이자미지급액 : ₩5,000
8) 수수료 미수분 : ₩4,000

2. 위의 문제 1.를 이용하여 K-IFRS에 의한 손익계산서와 재무상태표를 작성하시오.

3. 다음은 KS(주)의 재무상태표 중 자본 구성을 나타낸 것이다. 물음에 답하시오.

부분재무상태표

2017년 12월 31일 현재

KS(주) (단위: 원)

자본		
납입자본		
보통주자본금*		₩60,000,000
주식발행초과금		10,000,000
이익잉여금		
이익준비금	15,000,000	
사업확장적립금	10,000,000	
배당평균적립금	5,000,000	
감채적립금	3,000,000	
미처분이익잉여금	7,000,000	40,000,000
기타자본요소		
자기주식		(6,000,000)
자본 총계		₩104,000,000

*주당 액면금액 ₩5,000, 발행주식수 12,000주

2018년 중 다음과 같은 자본 관련 거래가 발생하였다.

1월 15일 보통주 2,000주를 주당 ₩6,000에 발행하고 대금은 당좌예입하다.

3월 15일 주주총회에서 다음의 이익잉여금 처분안을 의결하다.

1) 사업확장적립금 ₩3,000,000 이입
2) 배당평균적립금 ₩2,000,000 이입
3) 이익준비금 ₩5,000,000 적립
4) 2017년도 이익배당(액면배당률 5%, 현금배당액 ₩3,000,000, 3월 25일 지급)

3월 25일 배당금 ₩3,000,000을 현금으로 지급하다.

9월 1일 주식발행초과금 ₩5,000,000을 재원으로 무상증자하다.

10월 15일 자기주식 200주를 주당 ₩7,000씩 현금으로 지급하고 취득하다.

12월 31일 당년도의 당기순이익 ₩5,000,000이 발생하다.

물음1 위 자본 관련 거래를 회계처리하시오.

물음2 위 회계처리를 토대로 부분재무상태표(자본 부분)를 작성하시오.

물음3 위 거래를 반영하여 자본변동표를 작성하시오.

해답

1.

[결산정리분개]

1) 차) 매 입	200,000	대) 이월상품	200,000
이월상품	150,000	매 입	150,000
2) 차) 소모품	7,000	대) 소모품비	7,000
3) 차) 감가상각비	9,000	대) 감가상각누계액	9,000
4) 차) 손상차손	1,000	대) 손실충당금	1,000
5) 차) 선급보험료	2,000	대) 보험료	2,000
6) 차) FVPL 금융자산평가손실*	20,000	대) FVPL 금융자산	20,000
7) 차) 이자비용	5,000	대) 미지급비용	5,000
8) 차) 미수수익	4,000	대) 수수료수익	4,000

*'단기투자자산평가손실' 계정도 가능하다.

정 산 표(8위식)

계정과목	잔액시산표		결산정리분개		손익계산서		재무상태표	
	차변	대변	차변	대변	차변	대변	차변	대변
현금	150,000						150,000	
당좌예금	206,000						206,000	
매출채권	300,000						300,000	
FVPL 금융자산	200,000			20,000			180,000	
이월상품	200,000		150,000	200,000			150,000	
비품	100,000						100,000	
매입채무		400,000						400,000
손실충당금		5,000		1,000				6,000
비품감가상각누계액		9,000		9,000				18,000
자본금		500,000						500,000
매출		1,670,000				1,670,000		
수수료수익		16,000		4,000		20,000		
이자수익		40,000				40,000		
유형자산처분이익		110,000				110,000		
임대료		50,000				50,000		
매입	1,420,000		200,000	150,000	1,470,000			
영업비	8,000				8,000			
판매비	80,000				80,000			
보험료	5,000			2,000	3,000			
이자비용	4,000		5,000		9,000			

계정과목								
소모품비	12,000			7,000	5,000			
잡비	115,000				115,000			
	2,800,000	2,800,000						
소모품			7,000				7,000	
감가상각비			9,000		9,000			
손상차손			1,000		1,000			
선급보험료			2,000				2,000	
FVPL 금융자산 평가손실			20,000		20,000			
미지급비용				5,000				5,000
미수수익			4,000				4,000	
당기순이익					170,000			170,000
			398,000	398,000	1,890,000	1,890,000	1,099,000	1,099,000

2-1. 손익계산서

손익계산서

제7기 2017년 1월 1일부터 2017년 12월 31일까지

한국상사 (단위 : 원)

과 목	제9기	
	금 액	
Ⅰ. 매출액		1,670,000
Ⅱ. 매출원가		
1. 기초상품재고액	200,000	
2. 당기상품매입액	1,420,000	
계	1,620,000	
3. 기말상품재고액	150,000	1,470,000
Ⅲ. 매출총이익		200,000
Ⅳ. 판매비와관리비		
1. 영업비	8,000	
2. 판매비	80,000	
3. 보험료	3,000	
4. 소모품비	5,000	
6. 감가상각비	9,000	
7. 손상차손	1,000	
8. 잡비	115,000	221,000
Ⅴ. 영업손실		(21,000)
Ⅵ. 기타수익		
1. 수수료수익	20,000	
2. 이자수익	40,000	
3. 임대료	50,000	
4. 유형자산처분이익	110,000	220,000

Ⅶ. 기 타 비 용		
1. 이 자 비 용	9,000	
2. FVPL 금융자산평가손실	20,000	29,000
Ⅷ. 법인세비용차감전순이익		170,000
Ⅸ. 당 기 순 이 익		170,000

2-2. 재무상태표

재무상태표

제7기 2017년 12월 31일 현재

한국상사 (단위 : 원)

과목	금액		과목	금액
자 산			부 채	
Ⅰ. 유 동 자 산			Ⅰ. 유 동 부 채	
1. 현 금*		150,000	1. 매 입 채 무	400,000
2. 당 좌 예 금*		206,000	2. 미 지 급 비 용	5,000
3. FVPL 금융자산		180,000	부 채 총 계	405,000
4. 매 출 채 권	300,000		자 본	
손 실 충 당 금	6,000	294,000	Ⅰ. 자 본 금	500,000
5. 상 품		150,000	Ⅱ. 미처분이익잉여금	170,000
6. 소 모 품		7,000		
7. 선 급 보 험 료		2,000		
8. 미 수 수 익		4,000		
Ⅱ. 비 유 동 자 산				
1. 비 품	100,000			
감가상각누계액	18,000	82,000	자 본 총 계	670,000
자 산 총 계		1,075,000	부채와자본총계	1,075,000

*현금및현금성자산이라는 통합계정을 사용할 수 있다.

3. **물음1** 일자별 거래의 회계처리

1/15	차) 당좌예금	12,000,000	대) 보통주자본금	10,000,000
			주식발행초과금	2,000,000
3/15	차) 사업확장적립금	3,000,000	대) 미처분이익잉여금	5,000,000
	배당평균적립금	2,000,000		
	차) 미처분이익잉여금	5,000,000	대) 이익준비금	5,000,000
	차) 미처분이익잉여금	3,000,000	대) 미지급배당금	3,000,000
3/25	차) 미지급배당금	3,000,000	대) 현금	3,000,000
9/1	차) 주식발행초과금	5,000,000	대) 보통주자본금	5,000,000
10/15	차) 자기주식	1,400,000	대) 현금	1,400,000
12/31	차) 손익	5,000,000	대) 미처분이익잉여금	5,000,000

물음2 부분재무상태표(자본 부분)

부분재무상태표

2018년 12월 31일 현재

KS(주) (단위 : 원)

자본		
납입자본		
보통주자본금*		₩75,000,000
주식발행초과금		7,000,000
이익잉여금		
이익준비금	20,000,000	
사업확장적립금	7,000,000	
배당평균적립금	3,000,000	
감채적립금	3,000,000	
미처분이익잉여금	9,000,000	42,000,000
기타자본요소		
자기주식		(7,400,000)
자본 총계		₩116,600,000

*주당 액면금액 ₩5,000, 발행주식수 15,000주

물음3 자본변동표의 작성

자본변동표

2018년 1월 1일부터 2018년 12월 31일까지

KS(주) (단위 : 원)

	납입자본	이익잉여금*	기타자본요소	총계
2018년 1월 1일	₩70,000,000	₩40,000,000	₩(6,000,000)	₩104,000,000
당기순이익		5,000,000		5,000,000
유상증자	12,000,000			12,000,000
현금배당		(3,000,000)		(3,000,000)
자기주식 취득			(1,400,000)	(1,400,000)
2018년 12월 31일	₩82,000,000	₩42,000,000	(7,400,000)	₩116,600,000

*임의적립금의 이입이나 각종 적립금의 적립은 이익잉여금 총액을 변동시키지 않으므로 자본변동표에는 표시되지 않는다. 즉 임의적립금의 이입이나 각종 적립금의 적립은 이익잉여금 내의 변동(재분류)에 지나기 않기 때문에 자본변동표에는 나타나지 않으며, 그 내용은 재무제표 주석으로 표시한다.

종합문제

1. 우리나라 K-IFRS, 일반기업회계기준, 중소기업회계기준에서 규정하고 있는 재무제표의 종류는 무엇인가?

2. 인천상사의 5기(2017. 1. 1 ~ 2017. 12. 31)말 현재의 자료에 따라 계정식 재무상태표와 보고식 (포괄)손익계산서를 작성하시오.

잔 액 시 산 표

차변 계정	금액	대변 계정	금액
현금	300,000	매입채무	600,000
당좌예금	520,000	손실충당금	8,000
매출채권	800,000	비품감가상각누계액	400,000
FVPL금융자산	500,000	자본금	10,000,000
이월상품	300,000	매출	5,000,000
비품	2,000,000	수수료수익	110,000
차량운반구	8,000,000	FVPL금융자산처분이익	60,000
매입	3,200,000		
영업비	400,000	이자수익	40,000
급여	600,000	유형자산처분이익	800,000
보험료	120,000	임대료	52,000
이자비용	40,000		
소모품비	30,000		
잡비	260,000		
	1,7070,000		1,7070,000

[결산정리사항]

1) 기말상품재고액 : ₩200,000
2) 소모품미사용액 : ₩10,000
3) 비품감가상각 : 정액법, 내용연수 10년, 잔존가치 0
4) 손실충당금 : 매출채권 잔액 중 ₩15,000의 회수가 불투명하다.
5) 보험료 선급분 : ₩20,000
6) FVPL 금융자산 평가액 : ₩520,000
7) 이자미지급액 : ₩80,000
8) 수수료 미수분 : ₩12,000

제7장 재무제표의 활용

회계정보이용자들은 기업에서 작성하여 보고하는 재무제표를 활용하여 기업의 실태를 파악하게 된다. 재무제표를 활용하여 기업의 실태를 파악하는 방법에는 여러 가지가 있으나 가장 기본적인 분석방법으로는 재무제표분석이 있다.

재무제표분석은 재무비율을 주로 이용하여 분석하며, 여기서 재무비율이란 재무제표상의 두 개 이상의 항목들 간의 경제적, 논리적 상관관계를 비율의 형태로 구한 것을 말한다.

재무비율에는 유동성비율, 안전성비율, 수익성비율, 활동성비율 및 시장가치비율 등이 있다.

제1절 재무제표분석의 의의

재무제표분석(Financial Statement Analysis)은 이해관계자들이 요구하는 기업과 관련된 정보를 회계자료인 재무제표의 수치들로부터 도출하고 해석하는 과정을 말한다.

기업의 이해관계자들은 합리적 의사결정을 하기 위해 해당 기업의 재무제표를 이용한다. 그러나 재무제표에는 여러 금액들이 나열된 상태로 표시되므로, 이러한 정보만으로는 의사결정에 그대로 사용할 수가 없다. 따라서 재무제표에 표시된 정보를 의사결정에 필요한 정보로 가공하는 절차가 필요한데 이 과정이 '**재무제표분석(financial statement analysis)**'이다. 즉, 재무제표분석은 재무제표를 의사결정에 유용한 정보로 산출해 내는 과정을 말한다.

우리는 몸이 건강한지 아니면 병이 있는지를 알기 위해서 건강진단을 받는다. 이와 마찬가지로 기업의 여러 이해관계자 입장에서 기업의 경영상태가 양호한지 또는 부실한지를 알아보기 위해서 실시하는 것이 재무제표분석이다. 따라서 재무제표분석은 기업에 대한 건강진단이라고 할 수 있다.

◐ 경영분석과의 차이점

경영분석은 재무제표에 표시된 재무정보 이외에 비재무정보를 망라한 기업과 관련된 모든 정보를 대상으로 하는 분석을 말한다.

재무제표분석은 재무제표를 대상으로 분석하는 것을 말한다. 재무제표에는 숫자(금액)로 측정 가능한 회계정보, 즉 재무회계정보만을 표시하고 있어 재무제표분석은 재무회계정보만을 대상으로 하는 분석이라고 할 수 있다.

반면에 **경영분석**은 재무회계정보 이외에 비재무정보(경영자의 능력, 종업원의 우수성 등과 같은 계량할 수 없는 정보)를 포함한 기업과 관련된 모든 정보를 대상으로 분석하는 것을 말한다. 따라서 경영분석이 재무제표분석보다 분석범위가 넓다고 할 수 있다.

제2절 재무제표분석의 목적

재무제표분석의 목적은 기업의 이해관계자들이 그들의 의사결정에 활용하기 위하여 분석 대상기업의 재무제표를 분석하는 것이다.

회계를 '회계정보이용자의 합리적 의사결정을 위해 경제적 정보를 인식, 측정, 전달하는 정보시스템'으로 정의한 바와 같이 회계의 궁극적인 산출물인 재무제표를 분석하는 목적은 이해관계자들로 하여금 그들의 의사결정에 필요한 정보를 얻고자 하는 것이라 할 수 있다.

재무제표분석은 기업을 분석하는 이해관계자가 누구냐에 따라 그 목적이 달라질 수 있다. 그 이유는 여러 이해관계자들의 의사결정목적이 달라 각자의 필요한 정보가 다르기 때문이다.

따라서 재무제표분석에 관심을 갖는 이해관계자들을 크게 외부이해관계자인 채권자와 투자자 등과 내부이해관계자인 경영자 등으로 구분하여 재무제표분석 목적을 살펴보면 다음과 같다.

1. 채권자

은행과 같은 금융기관이나 외상을 준 채권자들은 기업의 대출금 또는 외상대금의 상환능력을 판단하기 위해 그 기업의 재무제표를 분석한다. 이러한 분석을 신용분석이라고 하는데 단기적 신용분석이냐, 장기적 신용분석이냐에 따라 그 분석방법이 상이할 수 있다.

즉, 단기적 신용분석 시에는 단기채무 상환능력을 알아보기 위해 기업의 유동성비율을 중요시하며, 장기적 신용분석 시에는 기업의 안전성비율이나 수익성비율을 중요시한다.

2. 투자자

투자자는 배당의 원천이 되는 기업의 미래 이익창출능력에 관심을 갖고 재무제표를 분석한다. 따라서 이들의 관심은 미래에 예상되는 기업의 수익성에 관한 정보이다. 이러한 미래정보는 과거의 정보를 담고 있는 재무제표를 분석함으로써 예측하는데 도움이 된다. 투자자는 재무제표분석 결과 기업의 수익성이 높을 것이라고 예상되는 경우에는 주식을 계속 보유하거나 추가적으로 구입할 것이고, 반대로 수익성이 낮은 경우에는 주식을 처분하려는 의사결정을 하게 될 것이다.

3. 경영자

경영자는 기업의 자원을 효율적으로 관리하고, 재무구조를 건전하게 유지하며, 기업의 경영성과를 증대시키고자 한다. 이것을 위해 경영자는 재무제표나 기타 자료를 분석하여 전반적인 경영활동에 대한 효율성을 측정하고 그 원인을 검토한다. 이러한 분석을 통해 경영자는 기업의 자원을 효율적으로 사용할 수 있게 된다.

제 3 절 재무비율분석

재무제표에 표시된 대부분의 숫자(금액)들은 그 자체로서는 별 의미를 갖지 못한다. 숫자들은 다른 숫자들과의 관계나 기간별 변화를 나타낼 때 중요한 의미를 갖는다. 재무제표분석의 목적은 이러한 변화와 관계를 밝히는데 있으며 이 때 가장 많이 사용하는 분석방법이 '**재무비율분석**'이다.

3.1 재무비율분석의 의의와 절차

1. 재무비율분석의 의의

재무비율분석(ratio analysis)은 재무제표에 나타난 두 개 이상 항목 간의 상관관계를 분석하는 것을 말한다.

'**재무비율**'이란 재무제표에 나타난 두 개 이상 항목 간의 상관관계에 대한 수학적 표현이다. 예를 들어 재무상태표에 나타난 자본이 100,000원, 부채가 200,000원이라면 자본과 부채의 상대적인 비율은 '부채는 자본의 200%이다'라고 표현될 수 있다.

어떤 재무비율이든지 이 비율이 의미를 가지기 위해서는 재무비율을 계산하는데 이용되는 재무제표 항목 간에 중요한 상관관계가 있어야 한다. 이러한 상관관계는 정보이용자의 재무제표분석 목적에 따라 결정되어지므로 다양한 재무비율이 존재하게 된다.

2. 재무비율분석의 절차

① 미리 정해진 재무비율 계산공식에 따라 분석 대상기업의 재무비율을 계산한다.
② 계산된 재무비율을 표준비율과 비교한다.
③ 비교결과를 보고 분석 대상기업의 재무상태의 건전성 여부 등을 판단한다.

재무비율분석은 다음과 같은 절차에 따라 행한다.

첫째, 이해관계자들이 알고 싶어하는 재무비율을 미리 정해진 계산공식을 이용하여 재무비율을 계산한다.

둘째, 계산된 재무비율이 좋은지 또는 나쁜지를 판단하기 위해 표준비율과 비교한다. 일반적으로 분석대상 기업이 속한 산업의 평균비율 등을 표준비율로 많이 사용한다.

셋째, 위에서 표준비율과 비교한 결과를 보고 분석대상 기업의 경영상태가 양호 또는 부실한지를 평가한다. 이 때 주의할 점은 특정비율만으로 기업의 경영상태를 판단해서는 안되고, 다른 재무비율들을 고려하여 종합적으로 분석하여야 한다는 점이다.

3.2 표준비율

특정 재무비율이 양호한지 또는 불량한지를 알기 위해서는 이것을 판단하는 표준이 되는 비율이 필요하다. 일반적으로 다음과 같은 비율을 표준비율로 많이 사용한다.

1. 이상적 표준비율

분석 대상기업이 속한 업종이나 기업의 규모 등과 무관하게 기업의 특정 속성이 양호하다고 주관적으로 인식되는 절대적 기준이다. 예를 들면, 유동비율은 200% 이상, 부채비율은 100% 이하 등으로 설정되는 비율을 들 수 있다. 이러한 표준비율은 초기의 비율분석에서 많이 사용되었으나 비율의 주관성과 특정 기업이 속한 산업의 특성이나 기업의 규모 등을 고려하지 않는 단점이 있다.

2. 산업표준비율

분석 대상기업이 속한 산업의 전체 평균의 비율을 말하며, 재무비율분석 시 가장 많이 사용되는 표준비율이다. 우리나라 산업표준비율에 대한 자료는 한국은행의 '기업경영분석' 등에서 얻을 수 있다.

3. 경쟁기업 및 최우량기업의 재무비율

분석 대상기업을 특정 산업으로 분류하기 어렵거나, 특정 산업이 소수 특정기업에 의해 지배되고 있는 경우에 이용되는 기준이다. 경쟁상대 또는 최우량기업과의 비율비교를 통하여 분석대상 기업의 강점 및 약점 분석이 가능하다.

제4절 일반적으로 사용되는 재무비율

① 유동성비율 : 유동비율, 당좌비율
② 안전성비율 : 부채비율, 비유동장기적합율
③ 수익성비율 : 총자산이익률, 자기자본이익률, 매출액순이익률
④ 활동성비율 : 매출채권회전율, 재고자산회전율
⑤ 시장가치비율 : 주당순이익, 주가수익비율

재무비율은 이해관계자의 재무제표분석 목적과 필요에 따라 다양한 비율이 사용된다. 예를 들어, 은행이나 채권자들은 단기대출인 경우는 기업의 유동성에 관심이 있고, 장기대출인 경우는 기업의 장기지급능력에 관심을 갖게 된다. 반면에 주주나 투자자들은 기업의 수익성과 안전성에 관심이 높고, 경영자는 수익성, 유동성뿐만 아니라 성장성, 생산성 등 광범위한 재무비율에 관한 정보를 필요로 한다. 따라서 이러한 이해관계자들의 다양한 정보욕구를 충족시키기 위해 재무제표에서 도출할 수 있는 재무비율은 매우 많다. 그러나 본 장에서는 여러 재무비율 중 실무상 가장 많이 사용되는 주요 재무비율에 대하여 설명하기로 한다.[1)]

4.1 유동성비율

유동성비율(liquidity ratios)은 기업의 단기채무 상환능력을 알아보는 비율을 말한다.

'**유동성(liquidity)**'이란 자산의 경우 1년 이내에 현금화할 수 있는 능력을, 부채의 경우 1년 이내에 상환할 수 있는 능력을 말한다.

기업이 보유하고 있는 자산 중에서 1년 이내에 현금화되는 자산들로는 현금 및 현금성자산, FVPL 금융자산, 매출채권 등과 같은 당좌자산과 상품, 제품 등과 같은 재고자산이 있다. 따라서 1년 이내에 상환하여야 할 단기성부채에 대한 상환능력을 분석하기 위해서는 유동자산의 크기와 유동부채의 크기를 비교하는 것으로부터 출발한다.

유동성 평가와 관련된 대표적인 비율로는 **유동비율**과 **당좌비율** 등이 있다.

1. 유동비율

'**유동비율(current ratio)**'이란 1년 이내에 현금화가 가능한 유동자산을 1년 이내에 만기가 도래하는 유동부채로 나눈 것으로 단기채무에 충당할 수 있는 유동자산이 얼마나 되는가를 평가하는 기업의 단기채무 상환능력을 판단하는 비율을 말한다.

통상 이 비율이 200% 이상이면 기업의 단기채무에 대한 지급능력이 양호하다고 평가한다. 이것은 유동자산의 반만큼만 처분하여도 단기채무를 상환할 수 있다는 것을 의미한다.

---

1) 한국은행에서 발표하는 '기업경영분석'에 의하면 주요 재무비율을 다음과 같이 분류하고 각 관련지표별로 많은 재무비율을 열거하고 있다(제7장의 학습보충자료 참고). ① 재무구조 관련지표(안전성, 유동성 지표), ② 수익성 관련지표, ③ 성장성 관련지표, ④ 활동성 관련지표, ⑤ 현금흐름 관련지표, ⑥ 주식관련 분석지표

$$유동비율 = \frac{유동자산}{유동부채} \times 100(\%)$$

예컨대 어느 회사의 유동자산이 1,200만원, 유동부채가 1,000만원이라고 할 때 유동비율은 다음과 같이 계산된다.

$$유동비율 = \frac{1{,}200만원}{1{,}000만원} \times 100\% = 120\%$$

이 경우는 유동부채에 대하여 120%의 유동자산이 있다는 것이다. 따라서 유동비율이 높으면 높을수록 그 회사는 단기 지급능력이 있다고 평가할 수 있다.

그러나 이 비율은 일정시점(결산시점)에서의 두 항목 즉 유동자산과 유동부채 사이의 금액비율이므로 다소 개괄적이라고 할 수 있다. 따라서 이 비율로서 단기 지급능력을 완전히 판단한다는 것은 불가능하다. 그리고 이 비율은 업종이나 거래처의 조건 등에 따라 많이 달라질 수 있다. 실제로 전력회사나 철도회사는 유동비율이 낮은 것이 일반적이다.

유동비율을 산출하여 해석할 때 다음과 같은 점에 유의하여야만 한다.

첫째, 채권자의 입장에서는 회사의 유동비율이 높을수록 좋다고 해석한다. 그러나 경영자의 입장에서는 그렇지 않다. 그 이유는 유동비율이 너무 높다는 것은 회사가 자산을 효율적으로 이용하고 있지 못하다는 것을 의미할 수 있기 때문이다.

둘째, 특정시점(결산일 현재)에 측정된 유동비율은 회사의 연중 유동성을 나타내는 것이 아니다. 특히 회사의 영업활동에 계절성이 있는 경우에는 더욱 그렇다. 또한 채권자가 유동비율에 관심을 갖고 있다는 것을 염두에 두고 경영자는 이 비율을 높이기 위한 수단을 동원할 수도 있다.

셋째, 이 유동비율은 운전자금의 금액, 예컨대 순운전자본(net working owner's equity)의 크기도 함께 평가하는 것이 바람직하다. 여기서 '**순운전자본**'이란 유동자산에서 유동부채를 차감한 잔액을 말한다.

2. 당좌비율

유동자산은 당좌자산과 재고자산으로 구성된다. 이 중 당좌자산은 1년 이내에 현금화 가능성이 높은데 반하여, 재고자산은 판매가 되어야만 현금화할 수 있으므로 현금화 가능성이 상대적으로 불확실성이 높은 자산이다.

따라서 유동자산 중에서 재고자산이 많이 포함되어 있다면 유동비율만으로 유동성을 평가하는 것은 무리이다. 유동비율의 이와 같은 문제점을 개선하여 보다 확실하게 기업의 단기채무능력을 평가하기 위해 당좌비율을 사용한다.

'당좌비율(quick ratio)'은 당좌자산을 유동부채로 나눈 것으로 보다 엄격한 유동성비율이라고 할 수 있다. 통상 이 비율이 100% 이상이면 기업의 단기채무 상환능력은 양호하다고 평가한다.

$$\text{당좌비율} = \frac{\text{당좌자산}}{\text{유동부채}} \times 100(\%)$$

예컨대 어느 회사의 당좌자산이 800만원, 유동부채가 1,000만원이라고 하면 당좌비율은 다음과 같이 계산된다.

$$\text{당좌비율} = \frac{\text{800만원}}{\text{1,000만원}} \times 100\% = 80\%$$

당좌비율은 일반적으로 100% 이상인 것이 바람직하다고 할 수 있다. 물론 100%라는 수치를 양부의 판단기준이라고는 보기 어려우나 동업타사의 업종평균치와 비교하여 높으면 좋다고 할 수 있을 것이다.

이상의 유동성비율들은 특정시점에서의 상태만을 나타낸다는 단점이 있다. 물론 유동자산이나 당좌자산이 특정시점에 충분하다는 것만으로도 유동성의 한 측면을 보여주는 것이지만 회사의 유동성이 항상 좋다는 것은 아니다. 그러므로 회사의 유동성을 평가하기 위해서는 특정기간 동안의 현금유입과 유출을 대응시키거나 순운전자본의 증감 등도 평가할 필요가 있다.

4.2 안전성비율

안전성비율(safety ratios)은 기업의 장기채무 상환능력을 평가하기 위한 비율을 말한다.

유동성비율이 기업의 단기채무 상환능력을 평가하기 위한 비율인데 반하여, **안전성비율**은 기업의 장기채무 상환능력을 평가하기 위한 비율로 **레버리지비율(leverage ratio)**이라고도 한다.

장기채무 상환능력에 대한 평가가 필요한 이유는 기업이 부도가능성을 사전에 발견하고자 하는데 있다.

안전성 평가와 관련된 대표적인 재무비율로는 **부채비율**, **비유동장기적합율** 등이 있다.

1. 부채비율

부채비율(debt to equity ratio)은 채권자들로부터 조달한 자금인 부채를 주주로부터 조달한 자기자본으로 나눈 것으로, 자기자본에 대한 부채의 상대적인 정도를 나타내는 비율[2]을 말한다.

일반적으로 부채비율이 높을수록 기업의 장기채무를 상환하지 못하게 되어 부도가능성이 높다고 평가하므로 통상 100% 이하를 표준비율로 보고 있다.

부채가 자기자본 이하이면 안전성이 높으며, 자기자본을 훨씬 초과하면 위험하다고 할 수 있다.

$$\text{부채비율} = \frac{\text{총부채}}{\text{자기자본}} \times 100(\%)$$

예컨대 어느 회사의 총부채가 8,000만원, 자기자본이 4,000만원이라고 하면 부채비율은 다음과 같다.

$$\text{부채비율} = \frac{\text{총부채}}{\text{자기자본}} \times 100\%$$

$$= \frac{8{,}000\text{만원}}{4{,}000\text{만원}} \times 100\% = 200\%$$

2) 이것을 흔히 **부채자본비율(debt equity ratio)**이라고 한다. 그러나 최근 이 비율의 유용성에 대한 논쟁이 자주 야기되고 있다. 이 부채비율은 기업의 실상을 왜곡해 투자자들에게 잘못된 정보를 제공할 수 있기 때문이다. 예컨대, 조선회사들의 경우 계약과 동시에 선수금(부채)을 받는데 이로 인해 부채비율이 높아지기 때문이다. 즉 선수금을 받으면 자산과 부채는 증가하나 자본에는 아무런 영향을 미치지 않기 때문이다. 이 때문에 최근에는 국제적으로 부채비율을 "부채를 통해 조달된 자산의 비율"을 나타내는 재무비율로 이해하고, 총부채/총자산 즉, **부채자산비율**로 정의하기도 한다. 따라서 우리도 이 부채비율을 국제기준에 맞게 부채자본비율이 아닌 부채자산비율로 변경하는 것도 검토할 필요가 있다.

이 경우 이 회사는 자기자본의 두 배에 해당하는 부채가 있다는 것을 의미한다. 그러므로 부채비율이 높아지면 회사의 안전성은 낮아지며, 낮아지면 안전성이 높아지게 된다.

일반적으로 부채비율의 표준은 100% 이하로 삼고 있다. 그러나 우리나라 회사들의 대부분은 자기자본이 적으므로 부채비율이 다소 높은 편이다.

2. 비유동장기적합율

기업이 장기간 영업활동을 목적으로 보유하는 비유동자산은 되도록 장기자금인 자기자본과 비유동부채로 구입하는 것이 바람직하다.

만일 비유동자산을 자기자본과 비유동부채를 초과한 자금으로 구입한다면 초과한 자금은 결국 유동부채로 조달한 자금이 된다. 이 경우 유동부채는 1년 이내에 상환하여야 할 채무인데 반하여, 비유동자산은 1년 이후에 현금화가 되므로 현금흐름의 불일치로 기업은 유동부채를 상환하지 못할 가능성이 매우 높게 된다.

비유동장기적합율은 비유동자산을 자기자본과 비유동부채를 합한 금액으로 나눈 것으로, 기업의 장기채무 상환능력 및 부도가능성을 평가하는 비율의 하나이다.

$$\text{비유동장기적합율} = \frac{\text{비유동자산}}{\text{자기자본} + \text{비유동부채}} \times 100(\%)$$

예컨대 어느 회사의 비유동자산이 4,000만원, 자기자본이 2,500만원, 비유동부채가 2,500만원인 경우의 비유동장기적합율은 다음과 같이 계산된다.

$$\begin{aligned}\text{비유동장기적합율} &= \frac{\text{비유동자산}}{\text{자기자본} + \text{비유동부채}} \times 100\% \\ &= \frac{4{,}000\text{만원}}{2{,}500\text{만원} + 2{,}500\text{만원}} \times 100\% \\ &= 80\%\end{aligned}$$

일반적으로 비유동장기적합율의 표준치는 100% 이하로 알려져 있다. 많은 비유동자산이 필요한 회사나 우리나라와 같이 자기자본이 부족한 경우 비유동비율[3]이 100%

3) 비유동자산을 자기자본으로 나누어 구하는 안전성비율의 하나이다. 즉 **비유동비율 = 비유동자산/자기자본×100%**의 식으로 산정한다. 이 비유동비율도 통상 100%를 표준비율로 보고 있다.

이상이라고 하여도 비유동장기적합율이 100% 이하이면 안전하다고 할 수 있다.

그러나 이 비율로 회사의 안전성을 평가할 때도 비유동부채의 내용, 예컨대 사채와 장기차입금 중 어느 쪽을 중심으로 투자가 이루어졌는지 등도 반드시 고려하여야 한다. 그것은 같은 비유동부채일지라도 사채로 투자한 쪽이 장기차입금으로 투자한 쪽 보다 더 안전성이 높다고 할 수 있기 때문이다.

4.3 수익성비율

수익성비율(profitability ratios)은 기업의 수익창출능력을 평가하기 위한 비율을 말한다.

수익성비율은 기업이 비용보다 많은 수익을 창출할 수 있는 능력, 즉 화폐적 효율성을 의미한다. 수익성을 나타내는 비율은 기업의 경영성과를 나타내는 동태적인 비율로서, 기업의 총괄적인 경영성과와 이익창출능력을 표시하는 지표이기 때문에 투자자, 채권자 및 경영자 등의 이해관계자들이 가장 중요시하는 비율이라고 할 수 있다.

대부분의 수익성비율은 분자에는 화폐단위로 측정되는 성과가 표시되고, 분모에는 수익창출 요소인 매출액, 투하자본 등이 표시된다.

수익성 평가와 관련된 대표적인 비율로는 **총자산이익률**, **자기자본이익률**, **매출액순이익률** 등이 있다.[4)]

1. 총자산이익률

총자산이익률(return on assets; ROA)은 당기순이익을 평균총자산으로 나눈 것으로, 기업이 보유하고 있는 총자산의 수익창출능력을 측정하는 비율을 말한다. 이 비율은 기업의 총자산은 총자본과 같기 때문에 '총자본이익률'이라고도 한다.

---

4) 이 밖에도 '**이자보상비율(이자보상배수)**'도 수익성 평가에 활용하기도 한다. 이것은 영업활동에 의해 벌어들인 수익으로 금융비용(이자비용)을 어느 정도나 부담할 수 있는지, 즉 기업의 이자부담능력을 평가하는 지표로서 영업이익을 금융비용(이자비용)으로 나누어 산출한다. 따라서 이 지표가 높을수록 이자부담능력이 낮아 수익성이 있다고 할 수 있으며, 100% 미만이면 영업이익으로 금융비용도 충당할 수 없는 상태를 말하며, 반면 이 지표가 300% 이상인 경우 기업의 현금흐름이 건전하다고 평가한다. 최근 기업구조조정 추진과 관련하여 부실기업 판정기준(3년 연속 이자보상비율 100% 미만인 기업)의 하나로 활용되기도 한다. 이 비율의 경우 보통 분자에 영업이익을 사용하지만 영업이익 대신 영업이익에 감가상각비 및 상각비 등을 더한 금액(EBITDA; earnings before interest, tax, depreciation and amortization)을 활용하기도 하며, 분모의 경우도 금융비용(이자비용) 대신 순금융비용(이자비용-이자수익)을 사용하기도 한다.

이 비율은 높을수록 기업의 수익창출능력이 높다고 평가한다.

$$\text{총자산이익률} = \frac{\text{당기순이익}}{\text{평균총자산*}} \times 100(\%)$$

* 평균총자산 = (기초총자산 + 기말총자산) ÷ 2

예컨대 어느 회사의 평균총자산은 200,000,000원이고, 당기순이익은 10,125,000원이라고 하면 총자산이익률은 다음과 같이 계산된다.

$$\text{총자산이익률} = \frac{10{,}125{,}000\text{원}}{200{,}000{,}000\text{원}} \times 100\% = 5.1\%$$

위의 식에서 당기순이익 대신 영업이익을 사용하면 총자산영업이익률이 된다. 총자산영업이익률은 기업이 운용하고 있는 총자산에 대하여 기업의 핵심영업활동(생산, 판매, 관리활동)으로부터 이익을 낼 수 있는 능력이 얼마나 양호한지를 나타낸다.

$$\text{총자산영업이익률} = \frac{\text{영업이익}}{\text{평균총자산}} \times 100(\%)$$

예컨대 어느 회사의 평균총자산은 200,000,000원이고 영업이익이 16,000,000원이라고 하면 총자산영업이익률은 다음과 같이 계산된다.

$$\text{총자산영업이익률} = \frac{16{,}000{,}000\text{원}}{200{,}000{,}000\text{원}} \times 100\% = 8\%$$

2. 자기자본이익률

자기자본이익률(return on common stockholders' equity; ROE)은 주주가 투자한 자기자본에 대한 투자효율성을 나타내는 비율로 당기순이익을 자기자본으로 나누어 구한다.

총자산이익율이 경영자의 입장에서 이익 발생능력을 평가하는 비율이라면, 자기자본이익률은 주주의 입장에서 수익성을 평가하는 비율이라고 할 수 있다.

$$\text{자기자본이익률} = \frac{\text{당기순이익}}{\text{평균자기자본*}} \times 100(\%)$$

* 평균자기자본 = (기초자기자본 + 기말자기자본) ÷ 2

예컨대 어느 회사의 평균자기자본은 25,000,000원이고 당기순이익은 10,125,000원이라고 하면 자기자본이익률은 다음과 같이 계산된다.

$$\text{자기자본이익률} = \frac{10{,}125{,}000\text{원}}{25{,}000{,}000\text{원}} \times 100\% = 40.5\%$$

3. 매출액순이익률

매출액 대비 경영성과의 지표인 당기순이익이 어떻게 나타나고 있는지를 파악하기 위하여 당기순이익을 매출액으로 나눈 비율이다.

매출액순이익률(return on sales, profit margin ratio; ROS)은 기업이 한 회계기간 동안 매출액 1원당 얼마의 당기순이익을 얻고 있는지를 나타내준다.

$$\text{매출액순이익률} = \frac{\text{당기순이익}}{\text{매출액}} \times 100(\%)$$

예컨대 어느 회사의 매출액은 70,000,000원이고 당기순이익은 10,125,000원이라고 하면 매출액순이익률은 다음과 같이 계산된다.

$$\text{매출액순이익률} = \frac{10{,}125{,}000\text{원}}{70{,}000{,}000\text{원}} \times 100\% = 14.5\%$$

위 식의 분자에 당기순이익 대신 영업이익을 대입하면 매출액영업이익률이 계산된다.

매출액영업이익률은 기업의 핵심 영업활동인 생산, 판매, 관리활동에서 발생한 비용을 매출액에서 차감하여 구한 영업이익을 매출액으로 나눈 것으로, 영업활동에서의 이익발생능력을 나타낸다. 이러한 의미에서 이 비율은 영업효율성을 측정하는 비율로 이용되고 있다.

$$\text{매출액영업이익률} = \frac{\text{영업이익}}{\text{매출액}} \times 100(\%)$$

예컨대 어느 회사의 매출액은 70,000,000원이고, 영업이익은 16,000,000원이라고 하면 매출액영업이익률은 다음과 같이 계산된다.

$$\text{매출액영업이익률} = \frac{16{,}000{,}000\text{원}}{70{,}000{,}000\text{원}} \times 100\%$$
$$= 22.85\%$$

4.4 활동성비율

활동성비율(activity ratios)은 기업이 경영활동을 위하여 자산을 얼마나 효율적으로 활용하였는지를 나타내주는 비율을 말한다.

활동성비율은 매출액과 이것을 위하여 투자된 각종 자산들과의 관계를 측정하여 이들 자산이 얼마나 효율적으로 이용되고 있는지를 평가하는 비율(**효율성비율; efficiency ratios**이라고도 함.)이다.

이 비율의 계산은 기업의 매출액을 평가하고자 하는 특정자산으로 나누어 회전율로 표시하기 때문에 '**회전율(turnover ratio)**'이라고도 한다. 여기에서 회전율은 특정 자산을 분석기간 동안 몇 번씩 활용하였는지를 나타내 주는 것이기 때문에, 수익성비율이 화폐적으로 효율성을 측정하는 비율인 반면에 활동성비율은 물리적 효율성을 측정하는 비율이라고 할 수 있다.

활동성 평가와 관련된 대표적인 비율로는 **매출채권회전율**, **재고자산회전율** 등이 있다.

1. 매출채권회전율

매출채권회전율(receivables turnover ratio)은 매출액을 연평균매출채권(외상매출금, 받을어음)으로 나눈 비율로서, 매출채권이 현금화되는 속도 또는 매출채권에 대한 자산투자의 효율성을 측정하는데 이용된다.

이 비율은 일반적으로 높을수록 좋은 것으로 평가한다. 그 이유는 이 비율이 높을수록 매출채권이 현금화되는 속도가 빠르다는 것을 의미하기 때문이다. 매출채권이 현금화되는 속도는 회사의 판매정책과 신용정책에 따라 달라진다.

$$\text{매출채권회전율} = \frac{\text{매출액}}{\text{평균매출채권*}}$$

* 평균매출채권 = (기초매출채권 + 기말매출채권) ÷ 2

그런데 매출채권회전율은 다음과 같이 매출채권 평균회수기간인 날짜수로 표시하면 자금이 매출채권에 묶여있는 정도가 분명해진다. **매출채권회수기간**은 회계기간(365일)을 매출채권회전율로 나누어 구한다.

$$\text{매출채권회수기간} = \frac{\text{365일}}{\text{매출채권회전율}}$$

예컨대 어느 회사의 평균매출채권이 1,500만원, 매출액이 1억 5천만원이라고 하면 매출채권회전율은 10회, 매출채권회수기간은 36.5일이 된다.

$$\text{매출채권회전율} = \frac{\text{1억 5천만원}}{\text{1,500만원}} = \text{10회}$$

$$\text{매출채권회수기간} = \text{365일} \div \text{10회} = \text{36.5일}$$

매출채권회전율에 증감이 있는 경우 그 원인이 외상매출금에 의한 것인지 아니면 받을어음에 의한 것인지 등을 분석해 보아야 한다. 이것을 위해 매출채권회전율을 외상매출금회전율과 받을어음회전율로 분해하여 분석할 수 있다.

외상매출금회전율과 받을어음회전율의 계산식은 다음과 같다.

$$\text{외상매출금회전율} = \frac{\text{매출액}}{\text{외상매출금}}$$

$$\text{받을어음회전율} = \frac{\text{매출액}}{\text{받을어음}}$$

위 회사의 평균매출채권 1,500만원 중 1,000만원이 외상매출금, 500만원이 받을어음인 경우의 외상매출금회전율과 받을어음회전율을 계산하면 다음과 같다.

$$\text{외상매출금회전율} = \frac{\text{1억 5천만원}}{\text{1,000만원}} = \text{15회(회수기간 24.3일)}$$

$$\text{받을어음회전율} = \frac{\text{1억 5천만원}}{\text{500만원}} = \text{30회(회수기간 12.2일)}$$

위에서 매출채권회전율은 10회, 회수기간은 36.5일이었다. 이것은 매출채권이 발생하여 회수되기까지 36.5일이 걸린다는 것을 의미하는데, 이 36.5일은 24.3일의 외상매출금으로서의 체류기간과 12.2일의 받을어음으로서의 체류기간으로 나눌 수 있다. 당연히 이 두 기간의 체류기간을 합하면 매출채권 회수기간은 36.5일이 된다.

이 두 가지 회전율 또는 회수기간(체류기간)의 증감을 전년도의 수치와 비교하거나 동종타사와 비교하여 매출채권회전율의 증감원인을 분석할 수 있다.

2. 재고자산회전율

재고자산회전율(inventory turnover ratio)은 재고자산이 판매되어 당좌자산으로 변화하는 속도를 나타내는 것으로 매출액을 평균재고자산으로 나누어 구한 비율을 말한다.[5]

재고자산회전율이 높은 경우에는 재고자산의 관리가 효율적으로 이루어지고 있다고 평가한다.

$$\text{재고자산회전율} = \frac{\text{매출액}}{\text{평균재고자산*}}$$

*평균재고자산 = (기초재고자산 + 기말재고자산) ÷ 2

---

5) 이 비율의 분모인 평균재고자산이 일반적으로 취득원가로 평가한 것이므로 분자도 매출액보다는 **매출원가**를 사용하는 것이 더 타당하다는 견해도 있다.

그런데 재고자산회전율은 다음과 같이 평균회전기간인 날짜수로 표시하면 자금이 재고자산에 묶여있는 정도가 분명해진다. **재고자산회전기간**은 회계기간(365일)을 재고자산회전율로 나누어 구한다.

$$\text{재고자산회전기간} = \frac{365\text{일}}{\text{재고자산회전율}}$$

위 회사의 매출액이 1억 5천만원, 평균재고자산이 1,000만원인 경우 재고자산회전율은 15회, 회전기간은 24.3일이 된다.

$$\text{재고자산회전율} = \frac{1\text{억 5천만원}}{1{,}000\text{만원}} = 15\text{회}$$

$$\text{재고자산회전기간} = 365\text{일} \div 15\text{회} = 24.3\text{일}$$

이 경우 자금이 재고자산에 투하되어 회수되기까지는 24.3일이 걸린다는 것을 의미한다. 반대로 말하면 24.3일분 매출액의 재고자산을 보유하고 있다는 것을 뜻한다.

따라서 재고자산의 회전율이 낮아지거나 또는 회전기간(체류기간)이 증가하는 경우는 비정상재고가 증가하는 것을 의미하며, 자금융통이 악화되고 있다는 것을 뜻한다.

재고자산회전율을 구한 후 그것을 다시 원재료회전율, 재공품회전율, 제품(상품)회전율 등의 비율을 각각 계산하여 증감의 원인을 보다 구체적으로 분석할 수도 있다.

원재료회전율, 재공품회전율, 제품(상품)회전율은 다음의 계산식으로 구할 수 있다.

$$\text{원재료회전율} = \frac{\text{매출액}}{\text{원재료}}$$

$$\text{재공품회전율} = \frac{\text{매출액}}{\text{재공품}}$$

$$\text{제품회전율} = \frac{\text{매출액}}{\text{제품}}$$

예컨대 위 회사의 경우 원재료 200만원, 재공품 300만원, 제품 500만원이 재고로 있다면 각 회전율은 다음과 같이 계산된다.

$$\text{원재료회전율} = \frac{\text{1억 5천만원}}{\text{200만원}} = \text{75회}$$

$$\text{재공품회전율} = \frac{\text{1억 5천만원}}{\text{300만원}} = \text{50회}$$

$$\text{제품회전율} = \frac{\text{1억 5천만원}}{\text{500만원}} = \text{30회}$$

또한 회전기간은 다음과 같다.

원재료회전기간 = 365일 ÷ 75회 = 4.9일
재공품회전기간 = 365일 ÷ 50회 = 7.3일
제품회전기간 = 365일 ÷ 30회 = 12.2일

이들의 회전율 및 회전기간의 추이로 어느 재고가 증감하고 있는지를 밝혀내고 상세하게 조사할 필요가 있다. 또한 이러한 회전율들이 전체의 재고자산회전율에 어떠한 영향을 미치고 있는지, 그리고 총자본회전율(매출액/평균총자본)의 증감원인에 어떠한 영향을 미치고 있는지 등을 원인 규명하여야 한다.

4.5 시장가치비율

시장가치비율이란 기업의 주식이 증권시장에서 어떻게 평가되고 있는지를 나타내는 비율을 말한다.

시장가치비율은 증권시장에서 형성되는 주식가격과 재무제표상의 수치를 대응시켜 작성한 비율로서, 기업의 수익가치나 자산가치에 대한 증권시장에서의 평가수준을 나타내는 비율이다.

주식가격은 기업의 수익성과 위험을 종합적으로 반영하고 있어 기업전체의 실질적 가치를 가장 적절하게 나타내고 있다고 볼 수 있다. 따라서 투자자에게는 투자 대상기업의 투자가치에 대한 정보를 전달한다는 점에서 중요성이 매우 큰 비율이다.

기업의 증권시장에서의 가치를 평가하는 것과 관련하여 사용되는 대표적인 비율로는 **주당순이익(EPS)**, **주가수익비율(PER)** 등이 있다.[6)]

1. 주당순이익

주당순이익(Earnings Per Share; EPS)은 기업의 보통주 당기순이익(당기순이익에서 우선주배당금을 차감한 금액)을 가중평균 (보통주)유통주식수로 나누어 구한 비율로, 보통주 1주에 귀속되는 당기순이익의 크기를 나타낸다.

여기서 말하는 주식은 보통주를 말하며 기업이 발행한 보통주 주식 수는 유상증자, 무상증자 등을 통해 변하기 때문에 가중평균 주식수를 분모로 사용한다.

또한 보통주 주주의 입장에서는 당기순이익 중 우선주 주주에게 먼저 배당금을 지급한 후에 배당을 받기 때문에 우선주배당금은 부채와 같은 성격을 갖는다. 따라서 보통주의 주당순이익 계산 시에는 당기순이익에서 우선주배당금을 차감한 금액을 분자로 사용한다.

일반적으로 주당순이익은 다른 기업과의 이익 비교에는 별 의미가 없으며[7], 당해 기업의 기간적 비교, 즉 전기의 이익과 당기의 이익을 비교하기 위해서는 유용하다고 할 수 있다. 물론 이 경우도 전기와 당기 사이에 주식 수에 큰 변동이 없을 경우에 주당순이익 정보는 당해 기업의 기간적 비교에 유용할 것이다.

일반적으로 주당순이익이 높을수록 기업의 가치가 높다고 평가한다.

$$\text{주당순이익} = \frac{\text{당기순이익 - 우선주배당금}}{\text{가중평균 (보통주)유통주식수}}$$

어느 회사의 (가중평균 보통주) 유통주식수는 5,000주이고 당기순이익은 10,125,000원이며, 우선주배당금은 1,125,000원이라고 하면 주당순이익은 다음과 같이 계산된다.[8]

6) 이 밖에도 '**주가순자산 비율(Price-to-Book Value Ratio; PBR)**'도 시장가치비율로 많이 활용되고 있다. 이것은 주당 주식가격을 주당 순자산(주당 장부가치; book value per share; BPS)으로 나눈 비율이다. 즉, 주가가 순자산에 비해 1주당 몇 배로 거래되고 있는지를 측정하는 지표이다. 여기서 순자산이란 재무상태표의 총자산에서 총부채를 차감한 후의 금액을 말한다. 따라서 주가/순자산 비율(PBR)은 장부상의 가치로 회사 청산 시 주주가 배당받을 수 있는 자산의 가치를 의미하기 때문에 재무상태면에서 주가를 판단하는 척도가 된다. PBR이 1이라면 특정 시점의 주당 주식가격과 주당 순자산이 같은 경우이며 이 수치가 낮으면 낮을수록 해당 기업의 자산가치가 시장에서 저평가되고 있다고 볼 수 있다. 즉, PBR이 1 미만이면 주가가 장부상 순자산가치(청산가치)에도 못 미친다는 뜻이다. 때문에 저PBR 주식은 인수합병의 대상이 될 가능성이 높다고 본다. 그리고 PBR은 보통 주가를 최근 결산재무제표에 나타난 주당순자산으로 나눠 배수(倍數)로 표시하므로 '**주가순자산배수(주가순자산배율)**'라고도 한다. PER가 기업의 수익성과 주가를 평가하는 지표라면, PBR는 기업의 재무상태면에서 주가를 평가하는 지표라 할 수 있다.

7) 예컨대, A기업과 B기업의 당기순이익, 자본금이 동일하다고 가정할 때 1주당 액면금액이 다르면 주식수가 달라지므로 주당순이익도 다르게 계산되므로, 이것으로 기업 간 이익을 비교하는 것은 별 의미가 없다. 물론 두 기업의 주식 수가 유사하다면 주당순이익 정보도 기업 간 이익비교에 유용한 정보가 될 수 있을 것이다.

$$\text{주당순이익} = \frac{10,125,000\text{원} - 1,125,000\text{원}}{5,000\text{주}}$$
$$= 1,800\text{원}$$

2. 주가수익비율

주가수익비율(Price-Earnings Ratio; PER)은 보통주의 1주당 시장가격을 주당순이익으로 나눈 것으로, 이 비율이 높으면 주당순이익에 대하여 증권시장에서 평가하는 가치, 즉 투자자들이 지급하는 대가가 크다는 것을 의미한다.

기업의 재무적 위험 등과 같은 기업의 위험이 동일하다고 하면 기업의 성장성이 높은 기업일수록 주가수익비율이 높게 나타난다.

$$\text{주가수익비율} = \frac{\text{주당 시가}}{\text{주당순이익}}$$

예컨대 어느 회사의 2017년의 주당순이익은 1,800원이고, 보통주의 주가가 10,500원이라고 한다면 이 회사의 주가수익비율은 다음과 같이 계산된다.

$$\text{주가수익비율} = \frac{10,500\text{원}}{1,800\text{원}} = 5.83$$

주가수익비율이 5.83이라는 것은 회사의 주가가 주당순이익의 5.83배라는 것을 의미한다. 이것에 대한 해석은 단지 자기회사의 비율만으로 평가하는 것은 어려우나 투자자의 입장에서는 주가수익비율이 낮은 회사의 주식을 선호하는 것이 일반적이라 할 수 있다.

그러나 주가수익비율이 높은 회사에 투자하고 있는 경우는 첫째, 투자자가 높은 배당성장률을 기대하고 있는 경우나 둘째, 해당주식이 낮은 위험을 갖고 있기 때문에 투자자가 낮은 요구수익률로 만족하고 있는 경우 셋째, 회사가 높은 배당성향을 유지하면서도 평균정도의 성장을 할 수 있을 것으로 기대하는 경우라고 할 수 있다.

8) 분모의 가중평균 보통주 유통주식수 산정에 대해서는 본 장의 연습문제를 참고하기 바랍니다.

제5절 종합적 분석

앞에서는 기업의 재무제표를 개별적으로 분석하는 예컨대, 유동성분석, 안전성분석, 활동성분석, 수익성분석, 성장성분석 등의 재무비율분석에 대해 살펴보았다. 그러나 이러한 재무비율분석은 여러 가지 장점을 갖고 있어 재무제표를 분석함에 있어서 유용한 도구로 사용되어 온 것은 사실이다. 하지만 이 비율분석도 자체적으로 여러 가지 한계를 갖고 있는 것도 사실이므로 이 방법만으로는 기업 전체입장에서의 종합적이고 체계적인 분석은 쉽지가 않다.

이에 따라 본 절에서는 앞에서 학습한 재무비율분석의 문제점을 부분적으로 보완할 수 있는 전통적인 종합비율분석방법을 알아보고자 한다. 이것은 개별적 분석을 통해 얻은 다양한 비율들을 종합적으로 분석 및 검토하는 방법이기 때문이다.

5.1 상호비교분석법과 추세분석법

1. 상호비교분석법

상호비교분석법이란 산출된 비율을 동일시점에서 표준비율(standard ratio)이나 다른 경쟁기업의 비율(또는 산업평균 등)과 비교하여 재무상태와 경영성과를 상대적으로 평가(양호, 불량 등)하는 방법을 말한다.

이 경우는 개별적으로 계산된 재무비율의 상태를 판단할 비교대상(bench marks)이 필요하게 되는데, 이러한 비교의 기준이 되는 대상을 표준비율이라고 한다. 이 때 표준비율로는 다음과 같은 것들이 사용된다.

① 자기 회사의 과거실적

특정 기간의 분석자료를 과거 일정 기간의 자료와 비교함으로써 회사의 상태가 개선되고 있는지 아니면 악화되고 있는지를 판단할 수 있다.

② 자기 회사에서 설정한 목표

자기 회사의 재무제표를 분석할 때는 회사에서 설정한 목표 또는 예산과 비교해 볼 필요가 있다. 그것으로 자기 회사의 업적을 평가해 볼 수도 있으며 경영활동을 검토하여 개선조치를 강구할 수도 있다.

③ 동업 타사의 실적 또는 산업평균치

자기 회사의 업적은 동종산업에서 비슷한 규모의 다른 회사의 수치, 동종산업 내의 몇 개 또는 전체회사의 평균, 또는 전통적으로 인식되고 있는 기준치 등과 비교함으로써 회사의 상태를 파악할 수 있다. 일반적으로 비교대상으로는 동종산업의 평균비율 등을 이용할 수 있으며, 이것은 한국은행의 『기업경영분석』 등을 통해 얻을 수 있다.

2. 추세분석법

추세분석법(trend analysis method)이란 특정비율이 일정기간 동안 어떻게 변화해 왔는가를 분석하는 방법이다. 즉 추세분석법은 일정기간(장기간)의 재무비율 변화추세 예컨대, 변화의 방향과 변화량 등을 파악하여 재무상태나 경영성과가 어느 정도 증감되었는지 등을 분석하는 방법을 말한다.

일반적으로 성장성분석에 추세분석법이 주로 사용되는데, 추세의 파악은 ① 금액으로 보는 방법과 ② 비율로 보는 방법이 있다.

금액으로 보는 경우에는 재무제표의 각 항목별 금액이 결산기별로 어떻게 증감하였는지를 보기 위하여 비교표를 작성하고, 특히 증감이 큰 항목에 주의를 기울인다. 그러나 이 비교표의 작성이 번거로운 경우 일반적으로 비율로 추세를 파악한다.

비율로 보는 경우에는 다음과 같이 ① 추세비율을 이용하는 방법, ② 연도별 재무비율을 이용하는 방법이 있다.

(1) 추세비율을 이용하는 방법

추세비율이란 기준연도의 금액을 100%로 하여 그 이후 연도의 금액을 이것에 대한 %로 나타내는 것을 말한다. 이 방법은 기준연도를 어떻게 정하느냐에 따라 고정기준법과 이동기준법으로 나눈다.

1) 고정기준법

이 방법은 어느 연도를 기준연도로 정하고 기준연도의 재무제표 각 항목금액을 100으로 하여 그 이후 연도의 각 항목금액을 기준연도의 %로 나타내는 방법이다.

$$\text{추세비율} = \frac{\text{비교연도의 금액}}{\text{기준연도의 금액}} \times 100\%$$

2) 이동기준법

이 방법은 비교하고자 하는 재무제표의 직전연도의 항목금액을 100으로 하여 비교연도의 금액을 직전연도의 금액에 대한 %로서 나타내는 방법이다.

$$추세비율 = \frac{비교연도의\ 금액}{직전연도의\ 금액} \times 100\%$$

어느 방법을 택할 것인가는 분석자가 선택할 일이지만 고정기준법을 선택하는 경우는 기준연도를 신중하게 선정하여야 한다.

2013년을 기준연도로 한 고정기준법에 의한 추세비율의 산출을 예시해 보면 다음과 같다.

▌추세비율의 예▐

(연도별 금액)

과 목	2013년	2014년	2015년	2016년	2017년
매출액	300,000원	312,000원	320,000원	330,000원	360,000원
순이익	15,000원	15,600원	19,200원	21,450원	14,550원

(추세비율)

과 목	2013년	2014년	2015년	2016년	2017년
매출액	100%	104%	107%	110%	120%
순이익	100%	104%	128%	143%	97%

(2) 연도별 재무비율을 이용하는 방법

이 방법은 회사의 성장추이를 매 연도별로 산출한 재무비율로 평가해 보는 방법이다. 즉, 수익성비율, 유동성비율 또는 안전성비율, 생산성비율 등을 연도별로 구한 다음 그것으로 회사의 성장성을 평가해 보는 방법이다.

회사의 성장성을 판단하기 위한 연도별 재무비율의 사용 예를 들면 다음과 같다.

재무제표의 추세를 판단하기 위해서는 **추세재무제표**(추세재무상태표나 추세손익계산서)를 작성할 필요가 있다. 추세재무제표는 기준연도의 재무제표의 각 항목을 각각 100%로 하고 그 이후 계속되는 각 연도 재무제표 각 항목의 수치를 기준연도에 대비시켜 각각 몇 % 인지를 나타낸 추세표이다. 추세재무제표는 실수(實數)나 비율(比率)로 작성할 수 있다.

‖ 연도별 수익성 비율의 예 ‖

과 목	2013년	2014년	2015년	2016년	2017년
매출액영업이익률	7.5%	7.8%	7.0%	6.4%	6.6%
매출액순이익률	5.3	5.2	6.0	6.2	6.3
총자본영업이익률	10.6	10.8	10.2	9.8	10.0
총자본순이익률	8.3	8.1	8.6	8.7	8.7

재무비율을 이용한 추세분석에는 공통형재무제표를 이용할 수도 있다. 이 공통형재무제표는 재무제표를 구성하는 구성비율로 작성할 수 있으므로 이것을 '**백분율재무제표**', '**공통형재무제표**', 또는 '**구성재무제표**'라고 부른다. 여기서 '구성비율'이란 재무제표의 각 구성부분을 전체에 대한 백분율로 나타낸 것으로 재무제표의 구성관계를 보여줄 때 사용한다.

예컨대 손익계산서의 경우 매출액을 100%로 하여 각 구성항목인 매출원가, 판매비와관리비, 기타비용 등이 몇 %인지를 표시하는 백분율손익계산서(구성손익계산서, 공통형손익계산서라고도 함.)를 작성할 수 있다. 또한 재무상태표의 경우도 자산총액과 자본(부채 포함)총액을 각각 100%로 하여 각 자산항목과 부채 및 자본항목이 각각 몇 %인지를 표시하는 백분율재무상태표(구성재무상태표, 공통형재무상태표라고도 함.)를 작성할 수 있다. 이러한 구성재무상태표와 구성손익계산서를 수년간 작성하면 구성비율의 변동추세를 파악할 수 있다.

‖ 구성손익계산서의 예 ‖

과 목	2013년		2014년		2015년		2016년		2017년	
	금액	구성비(%)	금액	구성비(%)	금액	구성비(%)	금액	구성비(%)	금액	구성비(%)
매출액	200	100	240	100	280	100	300	100	360	100
매출원가	140	70	160	66.7	190	67.9	200	66.7	240	66.7
매출총이익	60	30	80	33.3	90	32.1	100	33.3	120	33.3
판매비와관리비	30	15	40	16.7	40	14.3	50	16.7	60	16.7
영업이익	30	15	40	16.7	50	17.8	50	6.7	60	16.7

▌추세손익계산서(실수)의 예▐

과 목	2013년		2014년 (%)	2015년 (%)	2016년 (%)	2017년 (%)
	금액	추세(%)				
매 출 액	200	100	120	140	150	180
매 출 원 가	140	100	114.3	135.7	142.9	171.4
매 출 총 이 익	60	100	133.3	150	166.7	200
판매비와관리비	30	100	133.3	133.3	166.7	200
영 업 이 익	30	100	133.3	166.7	166.7	200

▌추세손익계산서(비율)의 예▐

과 목	2013년		2014년	2015년	2016년	2017년
	구성비	추세(%)				
매 출 액	100	-	-	-	-	-
매 출 원 가	70	100	95.1	97	95.1	99.1
매 출 총 이 익	30	100	111.1	107	111.1	102
판매비와관리비	15	100	111.1	95.3	111.1	111.1
영 업 이 익	15	100	111.1	118.6	111.1	111.1

회사의 추세분석 방법 중의 하나는 수익성, 유동성 및 안전성, 생산성, 수익성 등의 관계비율의 추세를 분석해 보는 것이다. 이 방법은 매년 산출되는 각종 비율들이 어떻게 변화하고 있으며 그 변화의 정도가 어느 정도인지를 쉽게 알 수 있다. 관계비율 추세표의 일부를 예시하면 다음과 같다.

▌관계비율 추세표의 예▐

관계비율	2013년		2014년		2015년		2016년		2017년	
	%	추세 (%)	%	추세 (%)	%	추세 (%)	%	추세 (%)	%	추세 (%)
유 동 비 율	150	100	180	120	160	106.7	200	133.3	210	140
당 좌 비 율	80	100	90	112.5	100	125	96	120	120	150
비 유 동 비 율	80	100	100	125	90	112.5	120	150	130	162.5
비유동장기적합률	120	100	132	110	140	116.7	140	116.7	150	125
부 채 비 율	140	100	120	85.7	125	89.3	120	85.7	110	78.6

5.2 지수법

1. 의의

지수법(index method)이란 기업의 재무상태와 경영성과에 대한 종합적인 판단을 위해 주요 재무비율에 일정한 가중치(weight)를 부여하여 가중평균함으로써 종합적으로 평가하는 방법이다. 그러므로 지수법은 다수 비율의 경제적 의미를 종합적으로 평가하기 위한 종합비율 분석방법이라고 할 수 있다. 즉 지수법은 다수의 비율을 선정한 후 이들의 각 비율에 가중치를 부여하여 표준비율과의 상대적 비율에 이들 가중치를 곱하여 각 비율들의 평점을 계산한 후 이들 평점을 모두 합계하여 그 총점으로 평가하는 방법을 말한다.

2. 절차

단계 1 : 분석목적에 맞는 주요 재무비율을 선정한다.
단계 2 : 선정된 비율에 가중치를 부여한다(가중치 합계 = 100).
단계 3 : 산업평균비율 등의 표준비율을 이용하여 분석 대상기업의 재무비율에 대하여 상대적 관계비율을 구한다.
단계 4 : 상대적 관계비율에 가중치를 적용하여 가중평균하여 종합평점을 구한 다음 이것을 평가한다.

종합평점 > 100 : 표준보다 양호한 것으로 평가한다.
종합평점 < 100 : 표준보다 불량한 것으로 평가한다.

즉 상대적 관계비율에 가중치를 적용하여 가중평균하여 구한 종합평점이 100점을 초과하면 산업평균이나 표준비율보다 양호하다고 평가하며, 반대로 종합평점이 100점에 미달하면 산업평균이나 표준비율보다 양호하지 못한 것으로 평가한다.

3. 종류

지수법에는 어떠한 주요 재무비율을 사용하느냐, 그리고 어떠한 가중치를 부여하느냐에 따라 크게 Wall **지수법**, Trant **지수법**, 그리고 Burichet **지수법** 등으로 나눈다.

(1) Wall 지수법

안전성(유동성 포함)비율과 활동성비율을 이용하여 기업의 채무지급능력을 종합적으로 평가하는 방법으로서, 주로 정태적 비율인 안전성(유동성 포함)비율에 초점을 맞추고 있다.

(2) Trant 지수법

Wall 지수법에서 선정한 비율 중 자기자본회전율 대신 매입채무회전율을 추가하여 주로 기업의 활동성을 평가하는 방법이다.

(3) Burichet 지수법

Burichet는 주요 재무비율의 선정과 가중치가 분석자와 분석목적에 따라 달라져야 한다고 가정하여 금융기관과 회사채 투자자로 구별된 지수법을 제시하고 있다. 이 지수법은 5개의 안전성(유동성)비율과 3개의 활동성비율, 2개의 수익성비율로 구성한다.

▌Wall 및 Trant 지수법의 가중치▐

재무비율	산 식	Wall 지수법	Trant 지수법
유동비율	유동자산/유동부채	25%	15%
부채비율	총부채/자기자본	25	10
비유동비율	비유동자산/자기자본	15	10
매출채권회전율	매출액/매출채권	10	10
재고자산회전율	매출액/재고자산	10	20
비유동자산회전율	매출액/비유동자산	10	20
자기자본회전율	매출액/자기자본	5	-
매입채무회전율	매출액/매입채무	-	15
합 계		100%	100%

▌Burichet 지수법의 가중치▐

재무비율	가중치(금융기관)*	가중치(회사채 투자자)**
유동비율	20%	3%
당좌자산/유동자산	20	3
매출채권/재고자산	5	3
부채비율	5	20
재고자산회전율	10	4
매출채권회전율	25	4
총자산회전율	5	20
이자보상비율***	2	30
매출액순이익율	5	8
총자산순이익율	3	5
합 계	100%	100%

* 단기지급능력을 나타내는 비율들에 높은 가중치 부여 ** 장기지급능력을 나타내는 비율들에 높은 가중치 부여 *** 영업이익/이자비용

4. K사의 사례

(1) Wall 지수법

다음의 자료는 K사의 주요 재무비율과 산업평균 비율을 나타낸다. 이 자료를 이용하여 Wall 지수법으로 K사의 종합평점을 구한 다음 이것을 평가해보시오.

자료

재무비율	K사 비율	산업평균 비율
유동비율	81.47%	69.18%
부채비율	249.46	468.79
비유동비율	233.33	380.29
매출채권회전율	1.84	2.95
재고자산회전율	6.20	5.80
비유동자산회전율	0.49	0.61
자기자본회전율	1.06	2.42
매입채무회전율	8.64	10.40

풀이

	(1)	(2)	(3)	(4)*	(5)**
재무비율	Wall 가중치	K사 비율	산업평균 비율	관계비율	평 점
유동비율	25%	81.47%	69.18%	1.18	29.44
부채비율	25%	249.46	468.79	1.88	46.98
비유동비율	15%	233.33	380.29	1.63	24.45
매출채권회전율	10%	1.84	2.95	0.62	6.24
재고자산회전율	10%	6.20	5.80	1.07	10.69
비유동자산회전율	10%	0.49	0.61	0.80	8.03
자기자본회전율	5%	1.06	2.42	0.44	2.19
합 계	100%				128.02

* (2)/(3), 다만, 부채비율과 비유동비율은 낮을수록 양호함으로 (3)/(2)로서 구함. ** (1) × (4)

평가 K사의 경우는 종합평점(128.02)이 100점을 초과하므로 종합적인 재무상황, 장단기지급능력이나 활동성비율 측면에서는 산업평균보다 양호한 것으로 평가된다.

(2) Trant 지수법

위 자료를 이용하여 Trant 지수법으로 K사의 종합평점을 구한 다음 이것을 평가해보시오.

	(1)	(2)	(3)	(4)*	(5)**
재 무 비 율	Trant 가중치	K사 비율	산업평균 비율	관계비율	평 점
유 동 비 율	15%	81.47%	69.18%	1.18	17.67
부 채 비 율	10%	249.46	468.79	1.88	18.79
비 유 동 비 율	10%	233.33	380.29	1.63	16.30
매 출 채 권 회 전 율	10%	1.84	2.95	0.62	6.24
재 고 자 산 회 전 율	20%	6.20	5.80	1.07	21.38
비 유 동 자 산 회 전 율	20%	0.49	0.61	0.80	16.07
매 입 채 무 회 전 율	15%	8.64	10.40	0.83	12.46
합 계	100%				108.90

* (2)/(3), 다만, 부채비율과 비유동비율은 낮을수록 양호함으로 (3)/(2)로서 구함. ** (1) × (4)

평가 K사의 경우는 종합평점(108.90)이 100점을 약간 초과하므로 종합적인 재무상황, 장단기지급능력이나 활동성비율 측면에서는 산업평균보다 약간 양호한 것으로 평가된다.

5. 지수법의 유용성 및 한계

지수의 작성 및 평가가 용이하며 자료 획득이 용이하므로 종합적으로 평가하는 것이 가능하나, 비율의 선정 및 가중치 부여가 임의적이며, 중요 비율 간의 상호연관성을 분리하는 것이 어려운 한계가 있다.

5.3 기업체질 삼각형 분석법

1. 의의

기업체질 삼각형(Business Quality Triangle; BQT) 분석법이란 기업의 체질을 종합적으로 평가하고자 하는 기법이다. 즉 기업체질을 나타내는 3요소, 예컨대, 매출액, 시장점유율, 자본이익률을 삼각형의 3변에 각각 표시하여 시각적으로 나타냄으로써 삼각형 전체 면적의 크기 및 변동을 통하여 종합적으로 평가하는 방법이다.

2. 기업체질 삼각형 작성방법

기업체질 삼각형은 다음의 절차에 따라 작성한다.

단계 1 : 기준시점의 정삼각형(밑변 : 매출액, 좌측변 : 시장점유율, 우측변 : 자본이익률)을 그린다.

단계 2 : 비교시점의 매출액, 시장점유율, 자본이익률로 삼각형을 그린다. 이 때 길이 및 각도는 기준시점과 비례적으로 나타낸다.

3. T사의 사례

다음의 T사 자료로 기업체질 삼각형을 작성하시오.

자료

	기준연도(2016년)	비교연도(2017년)	비 교
매출액	791,275백만	1,037,812백만	31% 증가(1.31배)
시장점유율	19.6%	24.3%	24% 증가(74.4°*)
자본이익률	1.0%	0.8%	20% 감소(48.0°**)

*60 ° × 24.3/19.6 **60 ° × 0.8/1.0

그림과 같이 삼각형 전체면적은 증가하여 기업체질이 전반적으로 개선되었으며 매출액과 시장점유율은 증가하여 외형적인 성장을 하였고 투자수익률, 즉 자본이익률은 감소하여 수익성은 악화되었다. 따라서 내실 있는 성장을 추구하기 위한 개선방안 마련이 필요하다.

▌T사의 기업체질 삼각형 예▐

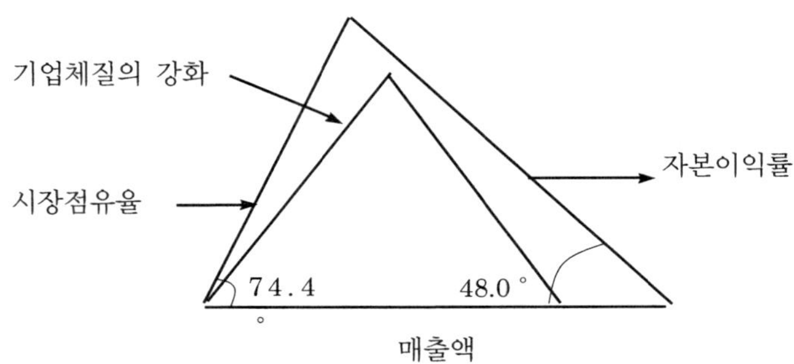

5.4 원형도표 분석법

1. 의의

원형도표 분석법이란 원형도표를 이용하여 기업의 체질을 종합적으로 평가하고자 하는 기법이다. 즉 기업체질을 나타내는 수익성, 안전성(유동성포함), 활동성, 성장성 등의 주요 비율을 선정하여 시각적(원형도표)으로 나타냄으로써 기업의 어느 부분이 양호 또는 불량한지를 종합적으로 평가하는 방법이다.

2. 원형도표 작성 예

- 수익성 : 자기자본순이익률, 매출액영업이익률
- 유동성 : 유동비율, 당좌비율
- 안전성 : 부채비율, 비유동비율
- 성장성 : 총자산증가율, 매출액증가율
- 활동성 : 매출채권회전율, 재고자산회전율

학습보충자료 **한국은행의 '기업경영분석'에서는 어떤 재무비율을 활용하나?**

한국은행에서는 주요 재무비율을 다음과 같이 분류하고 각 관련지표별로 다음과 같은 많은 재무비율을 산정하여 '기업경영분석'에 활용하고 있다.

① 재무구조 관련지표(안전성, 유동성 지표)
② 수익성 관련지표
③ 성장성 관련지표
④ 활동성 관련지표
⑤ 현금흐름 관련지표
⑥ 주식관련 분석지표

가. 재무구조 관련지표(안정성, 유동성 지표)

1) 자기자본비율

$$자기자본비율 = \frac{자기자본}{총자본} \times 100$$

2) 부채비율

$$부채비율 = \frac{부채}{자기자본} \times 100$$

3) 차입금의존도

$$차입금의존도 = \frac{차입금(=회사채 + 장단기차입금)}{총자본} \times 100$$

4) 유동비율

$$유동비율 = \frac{유동자산}{유동부채} \times 100$$

현금비율(현금/유동부채), 당좌비율(당좌자산/유동부채) 등도 단기 유동성 평가에 활용

5) 비유동비율

$$비유동비율 = \frac{비유동자산}{자기자본} \times 100$$

비유동장기적합률(비유동자산/(비유동부채+자기자본))도 같이 사용

나. 수익성 관련지표

1) 매출액영업이익률

$$매출액영업이익률 = \frac{영업이익}{매출액} \times 100$$

2) 매출액순이익률

$$매출액순이익률 = \frac{순이익}{매출액} \times 100$$

3) 금융비용부담률

$$금융비용부담률 = \frac{금융비용}{매출액} \times 100$$

$$= \frac{금융비용}{차입금} \times \frac{차입금}{총자산} \times \frac{총자산}{매출액} \times 100$$

4) 이자보상비율(이자보상배수)

$$이자보상비율 = \frac{영업이익}{이자비용} \times 100$$

5) 차입금평균이자율

$$차입금평균이자율 = \frac{금융비용}{차입금(=회사채+장·단기 차입금)} \times 100$$

6) 총자산순이익률(ROA)

$$총자산경상(순)이익률 = \frac{순이익}{총자산} \times 100$$

$$= \frac{순이익}{매출액} \times \frac{매출액}{총자산} \times 100$$

7) 자기자본영업(순)이익률(ROE)

$$자기자본이익률 = \frac{순이익}{자기자본} \times 100$$

$$= \frac{순이익}{매출액} \times \frac{매출액}{총자산} \times \frac{총자산}{자기자본} \times 100$$

8) 기업순이익률

$$기업순이익률 = \frac{순이익 + 금융비용}{총자본} \times 100$$

9) 투하자본수익률(ROIC; Return on Invested Capital)

투하자본수익률 = 영업이익 × (1－법인세율)/투하자본 × 100

*투하자본 = (유동자산 - 비이자부 유동부채) + (유형자산 - 건설중인 자산) + (투자자산 - 투자유가증권) + (무형자산 - 비이자부 비유동부채)

다. 성장성 관련지표

1) 매출액증가율

$$매출액증가율 = \frac{당기\ 매출액}{전기\ 매출액} \times 100\% - 100\%$$

2) 총자산증가율

$$총자산증가율 = \frac{당기\ 총자산}{전기\ 총자산} \times 100\% - 100\%$$

3) 유형자산증가율

$$유형자산증가율 = \frac{당기말\ 유형자산}{전기말\ 유형자산} \times 100\% - 100\%$$

라. 활동성 관련지표

1) 총자산회전율

$$총자산회전율 = \frac{매출액}{총자산}$$

2) 유형자산회전율

$$유형자산회전율 = \frac{매출액}{유형자산}$$

3) 재고자산회전율

$$\text{재고자산회전율} = \frac{\text{매출액(또는 매출원가)}}{\text{재고자산}}$$

4) 매출채권회전율

$$\text{매출채권회전율} = \frac{\text{매출액}}{\text{매출채권}}$$

5) 매입채무회전율

$$\text{매입채무회전율} = \frac{\text{매출액}}{\text{매입채무}}$$

마. 현금흐름 관련지표

1) 현금보상비율

$$\text{현금보상비율} = \frac{\text{영업활동으로 인한 현금흐름} + \text{금융비용}}{\text{단기차입금} + \text{금융비용}} \times 100$$

2) 금융비용보상비율

$$\text{금융비용보상비율} = \frac{\text{영업활동으로 인한 현금흐름} + \text{금융비용}}{\text{금융비용}} \times 100$$

3) 투자적정성 비율

영업활동현금흐름/유형자산 투자지출, 영업활동현금흐름/투자활동 현금지출 등의 비율을 통해 영업활동에서 창출된 현금으로 어느 정도의 투자자금을 충당하고 있는지를 파악

바. 주식관련 분석지표

1) 주당 순이익(EPS: Earning Per Share)

(당기순이익-우선주배당금)/가중평균 유통 보통주식수

2) 주가/수익비율(PER: Price-to-Earnings Ratio)

주당 주식가격/주당 순이익(EPS)

3) 배당수익률

주당 배당금/주당 주식가격

4) 주가/매출액 비율(PSR: Price-to-Sales Ratio)

주당 주식가격/주당 매출액

5) 주가/순자산 비율(PBR: Price-to-Book Value Ratio)

주당 주식가격/주당 순자산(주당 장부가치)*

*주당 장부가치 = (보통주)순자산(=자본총계-우선주자본금)/보통주 주식수

연습문제

1. 다음은 KS(주)의 2017년도의 재무상태표와 손익계산서의 일부이다. 자료를 토대로 재무상태표와 손익계산서를 완성하시오.

재무상태표

자 산		
유동자산		
현 금		?
매출채권		?
재고자산		?
유동자산 합계		?
비유동자산		
비 품	?	
비품감가상각누계액	250,000	?
비유동자산 합계		?
자산 총계		?
부 채		
유동부채		2,000,000
비유동부채(사채)		?
부채 합계		?
자 본		
자본금		?*
이익잉여금		750,000
자본 합계		?
부채와 자본 총계		?

* 보통주 @₩500×500주

손익계산서

매출액	₩?
매출원가	?
매출총이익	?
판매비와관리비	?
영업이익	1,055,000

이자비용	?
법인세비용차감전순이익	?
법인세비용	225,000
당기순이익	₩730,000

자료

1) KS(주)의 유동비율은 125%이고, 당좌비율은 75%이다.
2) 매출채권 회수기간은 50일이다. 매출채권의 기초잔액과 기말잔액은 동일하다.
3) 유동자산과 비유동자산(비품)의 구성비율은 1:1이다.
4) 부채의 구성비율[부채/(부채+자기자본)]은 80%이다.
5) 매출액총이익률(매출총이익/매출액)은 20%이며, 매출액순이익율은 10%이다.
6) 손익계산서의 이자비용은 비유동부채인 사채에 대한 연 5%의 이자비용이다.

2. 위 1.에서 완성한 재무제표를 기초로 다음의 주요 재무비율을 구하고 그것과 산업평균비율을 토대로 Wall 지수법을 사용하여 KS(주)의 경영상태를 평가하시오.

재무비율	가중치	재무비율	산업평균	관계비율	평 점
유동비율	25%	125%	200%	( )	( )
부채비율	25	(%)	250%	( )	( )
비유동비율	15	(%)	150%	( )	( )
매출채권회전율	10	7.30회	8.80회	( )	( )
재고자산회전율*	10	5.00회	5.80회	( )	( )
비유동자산회전율	10	(회)	3.60회	( )	( )
자기자본회전율	5	(회)	2.40회	( )	( )
합 계	100%				

* 매출원가/평균 재고자산의 산식을 사용하며, 재고자산의 기초잔액은 ₩1,336,000임.

평가

3. 12월 결산법인인 한국(주)의 2017년도 당기순이익은 ₩64,000,000이다. 2017년 초 현재 한국(주)의 보통주 발행주식수는 100,000주(주당 액면금액 @₩5,000)였으며, 우선주 발행주식수는 10,000주(주당 액면금액 @₩5,000)이고, 보유 자기주식은 없었다. 우선주는 약정배당금만 받는 비참가적 우선주이며, 이 우선주에 대한 약정배당률은 8%이다. 그리고 2017년 중 주식 수 변동 자료는 다음과 같다. 물음에 답하시오.

7월 1일 유상증자를 실시하여 보통주 발행주식수가 50,000주 증가하였다.

10월 1일 자기주식(보통주) 10,000주를 취득하였다.

물음1 한국(주)의 당기순이익 중 보통주에 귀속하는 당기순이익을 구하시오.

물음2 한국(주)의 2017년 가중평균 보통주 유통주식수를 산정하시오.

물음3 한국(주)의 2017년 주당순이익(earnings per share; EPS)은 얼마인가?

물음4 한국(주)의 2018년 4월 1일의 보통주 가격이 ₩7,000인 경우 주가수익비율(PER; price-to-earnings ratio)을 구하시오.

해답

1.

재무상태표

자　산		
유동자산		
현　금		(500,000)
매출채권		(1,000,000)
재고자산		(1,000,000)
유동자산 합계		(2,500,000)
비유동자산		
비　품	(2,750,000)	
감가상각누계액	250,000	(2,500,000)
비유동자산 합계		(2,500,000)
자산 총계		(5,000,000)
부　채		
유동부채		2,000,000
비유동부채(사채)		(2,000,000)
부채 합계		(4,000,000)
자　본		
자본금		(250,000*)
이익잉여금		750,000
자본 합계		(1,000,000)
부채와 자본 총계		(5,000,000)

* 보통주 @₩500×500주

손익계산서

매출액	(₩7,300,000)
매출원가	(5,840,000)
매출총이익	(1,460,000)
판매비와관리비	(405,000)
영업이익	1,055,000
이자비용	(100,000)
법인세비용차감전순이익	(955,000)
법인세비용	225,000
당기순이익	₩730,000

2.

1) 부채비율의 계산
부채비율 = 총부채/자기자본×100%
= ₩4,000,000/₩1,000,000×100% = 400%

2) 비유동비율의 계산
비유동비율 = 비유동자산/자기자본×100%
= ₩2,500,000/₩1,000,000×100% = 250%

3) 매출채권의 계산
매출채권회수기간 = 365일/매출채권회전율 = 50일
매출채권회전율 = 365일/매출채권회수기간 = 7.3회
매출채권회전율 = 매출액/매출채권 = ₩7,300,000/매출채권 = 7.3회
매출채권 = 매출액/매출채권회전율 = ₩7,300,000/7.3회 = ₩1,000,000

4) 재고자산회전율 = 매출원가/평균 재고자산
= ₩5,840,000/[(₩1,336,000+₩1,000,000)÷2] = 5.0회

5) 비유동자산회전율의 계산
비유동자산회전율 = 매출액/비유동자산 = ₩7,300,000/₩2,500,000 = 2.92회

6) 자기자본회전율의 계산
자기자본회전율 = 매출액/자기자본 = ₩7,300,000/₩1,000,000 = 7.3회

재무비율	가중치	재무비율	산업평균	관계비율	평 점
유동비율	25%	125%	200%	(0.625)	(15.625)
부채비율	25	(400%)	250%	(0.625)	(15.625)
비유동비율	15	(250%)	150%	(0.600)	(9.00)
매출채권회전율	10	7.30	8.80	(0.830)	(8.30)
재고자산회전율	10	5.00	5.80	(0.862)	(8.62)
비유동자산회전율	10	(2.92)	3.60	(0.811)	(8.11)
자기자본회전율	5	(7.30)	2.40	(3.042)	(15.21)
합 계	100%				80.49

평가 KS(주)의 경우는 종합평점(80.49)이 100점에 다소 부족하므로 종합적인 경영상태, 특히 장단기지급능력이나 자산의 효율적인 활용에 있어서 산업평균보다 다소 불량한 것으로 평가할 수 있다.

3.

물음1

비참가적 우선주 배당금 = @₩5,000×8%×10,000주 = ₩4,000,000

보통주에 귀속하는 당기순이익 = ₩64,000,000-₩4,000,000 = ₩60,000,000

물음2

2017년 중 보통주 유통주식수의 변화를 나타내면 다음과 같다.

(1/1)		(7/1)		(10/1)		(12/31)
100,000주	→	150,000주	→	140,000주	→	140,000주
	(6개월)		(3개월)		(3개월)	

가중평균 보통주 유통주식수 = 100,000주×6/12+150,000주×3/12+140,000주×3/12
= 122,500주

물음3 주당순이익 = 보통주에 귀속하는 당기순이익/가중평균 보통주 유통주식수
= (당기순이익-우선주에 귀속하는 당기순이익)/가중평균 보통주 유통주 식수
= ₩60,000,000/122,500주 = @₩489.8

물음4 주가수익비율(PER) = 주식가격/주당순이익 = ₩7,000/@₩489.8 = 14.29

종합문제

1. 다음은 KS(주)의 2017년도 재무상태표와 손익계산서이나, 거의 모든 항목들이 누락되어 으며 오직 다음의 사항들만 이용가능하다.

자료

1) KS(주)의 당좌비율은 120%이다.
2) 매출채권 회수기간은 36.5일이다. 매출채권의 기초잔액과 기말잔액은 동일하다.
3) 매출액순이익률은 8%이다.
4) 매출액총이익률(매출총이익/매출액)은 30%이다.
5) 총자본(총자산) 영업이익율은 20%이다. 단, 총자본의 기초잔액은 ₩600,000이었다.
6) 손익계산서의 이자비용은 비유동부채인 사채에 대한 연 10%의 이자비용이다.

재무상태표

자 산		
유동자산		
현 금		₩?
매출채권		?
재고자산		240,000
비유동자산		
비 품	?	
	121,600	?
자산 총계		₩720,000
부 채		
유동부채		?
비유동부채		
사 채		?
부채 합계		₩216,000
자 본		
자본금		?
이익잉여금		204,000
자본 합계		?
부채와 자본 총계		?

손익계산서

매출액	?
매출원가	?
매출총이익	?
판매비와관리비	?
영업이익	?
영업외비용(이자비용)	?
법인세비용차감전순이익	?
법인세비용(40%)	?
당기순이익	₩72,000

물음1 위 자료로 KS(주)의 2017년도의 재무상태표와 손익계산서를 완성하시오.

물음2 위에서 완성한 재무제표를 기초로 다음의 주요 재무비율을 구하고 그것과 산업평균비율을 토대로 Wall 지수법을 사용하여 KS(주)의 경영상태를 평가하시오.

재무비율	가중치	재무비율	산업평균	관계비율	평 점
유동비율	25%	( )	200%	( )	( )
부채비율	25	( )	86%	( )	( )
비유동비율	15	( )	100%	( )	( )
매출채권회전율	10	( )	8.80	( )	( )
재고자산회전율	10	( )	5.80	( )	( )
비유동자산회전율	10	( )	3.60	( )	( )
자기자본회전율	5	( )	2.40	( )	( )
합 계	100%				

평가

제2부

원가관리회계의 기초

제 8 장 원가함수의 추정

경영자가 미래 경영활동에 대해 계획, 통제 및 의사결정을 하기 위해서는 미래의 원가함수를 추정하는 것이 필요하다. 즉 과거에 발생한 원가인 역사적 원가는 미래의 의사결정 등에 활용할 수 없기 때문이다. 물론 미래에 발생할 원가함수를 추정하기 위해서는 역사적 원가의 분석을 통해 이루어진다. 그러므로 원가함수의 추정에서는 역사적 원가의 행태가 미래에도 반복된다는 가정 하에 원가함수를 추정하게 된다. 본 장에서는 원가함수를 추정하기 위해 사용되는 개념과 그 추정 방법 등에 대해서 설명한다.

제 1 절 원가함수의 추정

1.1 원가함수 추정의 의의

원가함수의 추정이란 역사적 원가에 근거하여 미래에 발생할 원가함수를 추정하는 것을 말한다.

경영자가 경영활동을 효율적으로 수행하기 위해서는 과거에 발생한 원가정보도 필요하지만, 또한 미래에 원가가 얼마나 발생할 것인가를 예측한 미래의 원가도 필요로 한다. 즉, 올해 목표생산량을 100,000단위로 설정했을 때 재료원가와 노무원가가 얼마나 발생할 것인지, 또한 총제조원가는 얼마나 발생한 것인지에 대한 정보가 필요하다. 이러한 정보로 경영자는 예산을 합리적으로 편성할 수 있기 때문이다.

미래에 발생할 원가를 예측하는 것을 **원가함수의 추정(cost function estimate)**이라고 하며, 이것은 역사적 원가 즉, 과거원가를 분석함으로써 수행된다. 원가함수를 추정하기 위해서 사용되는 역사적 원가는 원가행태에 따른 원가정보로 제공되어야 한다.

원가행태(cost behavior pattern)란 원가동인(원가요인, cost driver), 즉 조업도가 변화함에 따라 원가가 어떻게 변화하는가 하는 것으로, 이 원가행태에 따라 원가는 변동원가, 고정원가, 준변동원가, 준고정원가 등으로 분류된다. 이 원가행태는 원가함수를 통해 파악할 수 있다. 여기서 **원가함수(cost function)**란 원가동인과 원가의 변화를 수학적으로 표현한 것이다. 즉 생산량이나 직접작업시간, 기계시간 등과 같은 원가동인이 변화할 때 원가가 어떻게 변화하는가를 보여주는 것이다.

일반적으로 원가/관리회계에서는 원가의 행태를 **선형(linearity)**으로 가정한다. 그러나 이 선형의 원가행태는 모든 구간에 유효한 것이 아니고 관련범위(relevant range) 내에서만 유지된다. 관련범위 내에서 선형적으로 표시되는 모든 원가는 어떤 종류라도 $y = ax + b$ 라는 등식으로 표현될 수 있는데, 이를 **선형 원가함수(linear cost function)**라고 한다.

선형 원가함수에서 y는 총원가, a는 단위당 변동원가, b는 고정원가, 그리고 x는 원가동인(조업도)을 의미한다. 가령 원가함수에서 변동원가는 $b = 0$인 경우이고, 고정원가는 $a = 0$인 경우이며, 준변동원가는 a값과 b값이 모두 0이 아닌 경우이다. 그리고 준고정원가는 관련범위 내에서는 조업도와 관계없이 일정한 값을 갖게 되므로 고정원가와 마찬가지로 표시된다.

따라서 원가함수의 추정이란 궁극적으로 역사적 원가자료를 이용하여 선형 원가함수인 $y = ax + b$ 에서 a와 b의 값을 구하는 것을 의미한다.

[학습보충자료] 원가분류의 국제적 비교

회사마다 개별원가를 분류하는 것이 다르다. 특정 회사의 변동원가 항목은 다른 회사에서 고정원가가 될 수 있다. 예컨대, 노무원가를 생각해 보자. 주택/건설회사는 노무원가를 변동원가로 분류한다. 이들 회사는 주택/건설수요에 맞추어 빠르게 노동력을 변화시킨다. 이와 다르게 석유정제회사는 노무원가를 고정원가로 분류한다. 노동력은 정제한 석유제품의 양과 유형에서 변화가 있다할지라도 안정적이기 때문이다.

조사결과 개별원가 항목들을 변동원가, 고정원가, 혼합원가로 구분하는 비율이 국가별로 매우 다르다는 점을 알 수 있다. 미국이나 호주의 기업은 일본의 기업과 비교해서 노무원가를 고정원가로 분류하는 비율이 낮다.

원가항목	미국기업			일본기업			호주기업		
	변동	혼합	고정	변동	혼합	고정	변동	혼합	고정
직접노무원가	86%	6%	8%	52%	5%	43%	70%	20%	10%
작업준비 노무원가	60	25	15	44	6	50	45	33	22
재료취급 노무원가	48	34	18	23	16	61	40	30	30
품질관리원가	34	36	30	13	12	75	21	27	52
공작기계 노무원가	32	35	33	31	26	43	25	28	47
에너지	26	45	29	42	31	27	—	—	—
건물점유	1	6	93	0	0	100	—	—	—
감가상각비	1	7	92	0	0	100	—	—	—

제 2 절 선형 원가함수의 추정

원가함수를 추정하기 위해서는 원가행태별로 구분된 과거의 원가자료를 이용하여 원가함수의 a와 b의 값을 구해야 한다. 원가함수를 추정하는 방법에는 산업공학적 방법, 회의법, 계정분석법, 계량적 분석법(고저점법, 산포도법 및 회귀분석법 등) 등이 있다.

2.1 산업공학적 방법

산업공학적 방법은 투입물(input)과 산출물(output)의 관계를 물량적으로 분석하여 원가를 추정하는 방법이다.

산업공학적 방법(industrial engineering method)은 다른 방법과 달리 과거의 원가자료를 이용하지 않고 효율적인 상태에서 투입물과 산출물의 관계를 물량적으로 파악하여 원가를 추정하는 방법으로서, 이것은 흔히 **작업측정법(work-measurement method)**이라고도 한다. 그러므로 이 방법은 생산방법, 원재료, 작업시간, 설비, 생산효율, 동작 등에 대한 산업공학(시간연구, 동작연구 등)의 평가를 기초로 원가함수를 추정하는 방법이다.

이 방법은 투입물과 산출물의 기술적(공학적) 관계를 기초로 원가를 추정하기 때문에 투입물과 산출물 간의 물리적 관계를 쉽게 파악할 수 있는 직접원가(직접재료원가, 직접노무원가 등)의 추정에 주로 활용하며, 간접원가 항목에 대해서는 투입물과 산출물 간의 관계를 물량적으로 파악하는 것이 어려우므로 잘 활용하지 않는다.

예를 들어 직접노무원가를 추정하는 경우 시간연구와 동작연구 등을 사용하여 제조공정의 각 활동을 수행하는데 소요되는 시간을 결정한다. 이것을 토대로 각 제품을 생산하는데 요구되는 표준시간을 결정하고, 표준시간에 표준임률을 곱하여 제품단위당 직접노무원가를 추정한다. 그러나 투입물과 산출물 간의 물리적 관계를 파악하기 어려운 제조간접원가의 추정 시에는 사용하기가 어렵다. 즉, 제조간접원가 추정 시에는 과거 원가자료의 분석이나 순수한 주관적 측정에 의한다.

이 방법은 과거 원가자료가 없어도 원가를 추정할 수 있다는 장점이 있으나, 표준시간 및 표준임률을 결정하기 위해 제조공정을 분석하여 공정별로 시간연구 및 동작연구를 해야 하기 때문에 시간과 비용이 많이 든다는 단점이 있다.

2.2 회의법

회의법은 조직 내의 전문가들의 의견을 기초로 원가를 추정하는 방법이다.

회의법(conference method)이란 회사 내의 여러 부문(구매부문, 제조부문 등)으로부터 수집한 원가 및 원가동인에 대한 분석과 의견을 기초로 원가함수를 추정하는 방법을 말한다.

이 방법은 부문 간의 상호협력을 꾀할 수 있다는 장점이 있고, 각 부문의 전문적 지식을 활용할 수 있으므로 신뢰할 수 있는 방법이며 상세한 자료분석이 필요 없으므로 원가추정을 쉽게 할 수 있으나, 참여자가 누구냐에 따라 그 정확성이 달라질 수 있다는 한계를 갖고 있다.

2.3 계정분석법

계정분석법은 회계담당자가 각 계정의 원가를 변동원가와 고정원가로 구분하여 원가를 추정하는 방법이다.

계정분석법(account analysis method)은 계정분류법(account classification method)이라고도 하는 것으로, 회계담당자가 전문지식을 활용하여 모든 계정에 기록된 원가를 변동원가와 고정원가로 분류하는 방법을 말한다. 이렇게 모든 원가를 변동원가와 고정원가로 구분한 뒤 총고정원가는 $y = ax + b$ 에서 b 의 추정치로 사용하고, 총변동원가는 조업도로 나누어 단위당 변동원가인 a의 추정치로 사용한다.

이 방법은 계정을 식별된 원가동인에 따라 변동원가, 고정원가, 혼합원가 등으로 분류하는 질적 분석방법으로 실무에서도 널리 사용하고 있는 방법이다. 이 방법도 분석자의 경험과 판단에 주로 의존하므로 회의법과 함께 활용하면 매우 유용하게 사용할 수 있다.

계정분석법은 추정방법이 간단하고 원가추정에도 많은 시간과 비용이 들지 않는다는 장점이 있다. 반면에 각 계정을 고정원가와 변동원가로 분류할 때 회계담당자의 주관적 판단이 개입될 수 있다는 단점이 있다. 특히 준변동원가를 고정원가와 변동원가로 분류하는 명확한 기준이 없기 때문에 회계담당자 마다 다르게 분류할 수 있어 객관성이 부족하게 된다.

예제 1

대한제조(주)는 2017년 7월 한 달 동안 1,080단위의 인형을 생산하였는데, 그 때 발생한 총제조간접원가는 ₩14,800,000이었다. 다음은 이 회사의 회계담당자가 원가추정을 위해 제조간접원가의 각 계정을 고정원가와 변동원가로 분류한 것이다.

(단위 : ₩1,000)

계정과목	금액	고정원가	변동원가
간접재료원가	₩2,000	₩500	₩1,500
간접노무원가	2,500	500	2,000
수도광열비	8,000	1,500	6,500
소모품비	800	300	500
재산세	500	200	300
감가상각비	1,000	1,000	–
합계	₩14,800	₩4,000	₩10,800

요구사항

1. 계정분석법을 이용하여 원가함수를 추정하시오.
2. 대한제조(주)는 2017년 8월에 2,000단위의 인형을 생산할 예정이다. 2017년 8월에 발생할 제조간접원가를 추정하시오.

풀이

1. 총고정원가(b의 추정치) = ₩4,000,000
   단위당 변동원가(a의 추정치) = 총변동원가/생산량 = ₩10,800,000/1,080개
   = ₩10,000
   따라서 총제조간접원가를 y, 생산량을 x라 할 때
   원가함수는 y = 10,000x + 4,000,000이 된다.

2. 원가함수 y = 10,000x + 4,000,000에서 x에 2,000단위를 대입하면
   ₩10,000 × 2,000단위 + ₩4,000,000 = ₩24,000,000
   따라서 2017년 8월 중에 2,000단위의 인형을 생산할 경우 제조간접원가는 ₩24,000,000이 발생할 것으로 추정된다.

2.4 계량적 분석방법

계량적 분석방법(quantitative analysis methods)은 과거의 관찰자료를 이용하여 원가함수를 추정하는 수학적 방법을 의미한다. 이 방법 하에서는 다음의 절차에 따라 원가함수를 추정한다.

1단계 : 종속변수를 선정한다.

2단계 : 독립변수 혹은 원가동인을 확인한다. 여기서 독립변수 혹은 원가동인은 원가배분기준(cost-allocation base)이라고도 하며, 이것은 ① 종속변수와 경제적 타당성(economic plausibility)을 가져야 하며, ② 측정할 수 있어야(measurable)한다는 두 가지 속성을 지녀야 한다.

3단계 : 종속변수 및 독립변수(원가동인)에 관한 자료를 수집한다. 이 자료는 시계열자료(time-series data)이거나 횡적 자료(cross-sectional data)일 것이다.

4단계 : 자료를 그래프로 나타낸다. 자료를 그래프로 나타내면 비정상적 자료를 파악할 수 있으며, 대략적이나마 원가함수가 관련범위 내에서 선형관계를 이루고 있는가를 파악할 수도 있다.

5단계 : 원가함수를 추정한다. 예컨대, 이하에서 설명할 고저점법이나 회귀분석법 등으로 원가함수를 추정하게 된다.

6단계 : 추정 원가함수의 원가동인을 평가한다. 원가동인, 즉 독립변수가 종속변수를 얼마나 잘 설명하고 있는가를 평가하고, 경우에 따라서 종속변수를 보다 잘 설명할 수 있는 새로운 원가동인을 선정한다.

1. 고저점법

> 고저점법은 원가자료 중 가장 높은 조업도와가장 낮은 조업도를 연결하여 원가함수를 추정하는 방법을 말한다.

고저점법(high-low method)은 과거의 원가자료 중 최고조업도의 원가자료와 최저조업도의 원가자료를 직선으로 연결하여 변동원가와 고정원가를 추정하는 방법이다. 이 방법은 최고조업도와 최저조업도의 고정원가가 동일하다고 가정함으로써 두 조업도 간의 총원가 차이는 변동원가의 차이에 의한 것으로 간주한다. 따라서 최고조업도와 최저조업도를 잇는 직선의 기울기는 단위당 변동원가를 나타낸다.

$$\text{단위당 변동원가} = \frac{\text{최고조업도의 총원가} - \text{최저조업도의 총원가}}{\text{최고조업도} - \text{최저조업도}}$$

$$\begin{aligned}\text{총고정원가} &= \text{최고(최저)조업도의 총원가} - \text{최고(최저)조업도 총변동원가} \\ &= \text{최고(최저)조업도의 총원가} - \text{최고(최저)조업도} \times \text{단위당 변동원가}\end{aligned}$$

고저점법은 원가를 고정원가와 변동원가로 구분하는데 계정분석법과는 달리 주관적 판단이 개입되지 않기 때문에 객관적인 방법이라고 할 수 있다. 즉, 서로 다른 사람이 고저점법으로 원가를 추정하더라도 동일한 결과가 나타난다. 그러나 이 방법은 단지 두 개의 점만을 사용한다는데 문제가 있다. 만일 두 개의 점이 모든 점을 대표하지 못하고 비정상적인 상황에서 나타난 '비정상적 관찰치들(outliers)'이라면 이것을 이용하여 원가추정을 하는 것은 바람직하지 않다.

이와 같이 고저점법은 최고조업도와 최저조업도의 원가자료만을 이용해서 원가를 추정하므로 다른 조업도에 포함된 원가자료를 전혀 고려하지 않는다는 단점이 있다. 즉 오직 두 개의 관찰치를 이용하고 다른 관찰자료를 무시(예: 40개의 관찰자료로 원가함수를 추정하는 경우 38개의 관찰자료는 무시하고, 오직 2개의 관찰자료만 사용)하므로 두 개의 관찰자료가 선형을 이루고 있는 경우에만 유용하다고 할 수 있다. 따라서 고저점법에 의한 원가추정은 모든 원가자료를 대표한다고 볼 수 없다. 이러한 이유로 고저점법은 원가추정의 지침 정도로만 사용하는 것이 바람직하다.

따라서 이러한 문제를 해결하기 위해서 최고조업도와 최저조업도를 이용하지 않고 두 번째나 세 번째 위치에 있는 조업도를 이용할 수도 있는데 이러한 방법을 **대표고저점법(representative high-low method)**이라고 한다.[1] 그러나 대표고저점법에서도 원가자료의 대표성을 유지하지 못한다면 고저점법은 객관성을 유지하지 못하게 된다.

고저점법에서 원가함수 $y = ax + b$를 추정할 때 고정원가를 의미하는 b가 (−)값을 갖는 경우가 있다. 이러한 경우는 비선형인 원가함수를 선형으로 추정하거나, 조업도가 0인 점이 관련범위 밖에 있기 때문이다. 일반적으로 조업도가 0인 상태에서 고정원가가 (−)값을 갖는 경우는 없으므로 이 경우에는 앞에서 배운 공학적 방법이나 계정분석법 등을 이용하여 고정원가를 추정하는 것이 바람직하다.[2)]

예제 2

다음은 KS제조(주)의 2017년도의 조업도와 원가에 관한 자료이다

	기계시간	제조간접원가
1월	68시간	₩1,190,000
2월	88	1,211,000
3월	62	1,004,000
4월	72	917,000
5월	60	770,000
6월	96	1,456,000
7월	78	1,180,000
8월	46	710,000
9월	82	1,316,000
10월	94	1,032,000
11월	68	752,000
12월	48	963,000

요구사항

위 자료를 이용하여 고저점법에 의한 원가함수를 추정하시오.

---

1) 이에 반해 앞에서 설명한 방법은 흔히 **순수고저점법(pure high-low method)**이라고 하며, 이러한 순수고저점법과 대표고저점법 이외에도 여러 개의 최고 조업도군과 최저 조업도군의 평균을 이용하여 원가함수를 구하는 평균고저점법도 있다.

2) 추정된 원가함수의 상수가 (−)인 경우는 위에서 설명한 바와 같이 비선형 원가함수를 선형으로 추정하거나 조업도가 0인 점이 관련범위 밖에 있기 때문이다. 따라서 원가함수의 상수가 (−)인 경우는 종속변수(예컨대, 제조간접원가) 중 고정원가를 나타내지 못하므로 다른 원가함수 추정방법을 이용하여 고정원가를 추정하는 것이 바람직하다.

풀이

최고조업도는 6월의 96시간이고, 최저조업도는 8월의 46시간이므로

단위당 변동원가 = 총제조원가의 차이/조업도의 차이

$$= \frac{₩1,456,000 - ₩710,000}{96시간 - 46시간}$$

$$= \frac{₩746,000}{50시간} = ₩14,920/시간$$

고정원가 = ₩1,456,000 − ₩14,920×96시간 = ₩23,680

따라서 추정총원가를 y, 생산량을 x라고 할 때 추정된 원가함수는 다음과 같다.

$$y = 14,920x + ₩23,680$$

2. 산포도법

산포도법은 조업도와 원가를 두 축으로 하는 좌표 위에 과거의 원가자료를 표시하고, 이들 점들을 대표하는 직선을 구하여 원가를 추정하는 방법이다.

산포도법(scatter diagram method)은 조업도와 원가를 두 축으로 하는 좌표 상에 과거의 원가자료를 각 조업도에서 발생한 원가를 점으로 나타내고, 이러한 점들을 대표하는 직선을 구하여 원가를 추정하는 방법이다. 산포도법에서 구한 직선이 y축과 만나는 점은 고정원가(b의 추정치)가 되고, 직선의 기울기는 단위당 변동원가(a의 추정치)가 된다.

산포도법은 최고조업도와 최저조업도만을 이용하여 원가추정을 하는 고저점법보다 더 많은 원가자료를 고려하기 때문에 고저점법보다 더 정확한 원가추정이 가능하다. 그리고 산포도법은 전체 자료가 선형관계에 있는지의 여부를 파악하는데 도움을 줄 수 있으며, 비정상적 관찰치들(outliers)인지를 판단하는데도 편리한 방법이다.

산포도법은 좌표상의 점들을 대표하는 직선을 회계담당자가 눈대중으로 그리기 때문에 회계담당자에 따라 다르게 직선이 표시될 수 있다는 단점이 있다. 따라서 산포도법은 원가함수를 정확히 추정하는 방법이라기보다 다른 정교한 원가추정 방법을 이용하기에 앞서 원가추정의 예비분석 단계로 많이 사용된다.

[그림 1] 산포도법

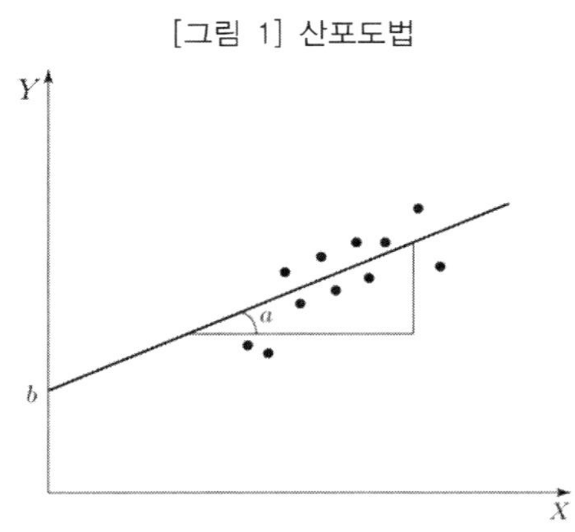

3. 회귀분석법

회귀분석법이란 통계적 기법을 사용하여 과거의 모든 원가자료에 가장 적절한 직선을 구하여 원가를 추정하는 방법이다.

회귀분석법(regression analysis method)이란 하나 이상 독립변수의 단위당 변화와 관련된 종속변수의 평균변화량을 측정하는 통계적 방법을 말한다. 그러므로 원가 및 조업도관계를 측정함에 있어 통계적 회귀분석을 사용하면 어떠한 원가추정 방법보다 정밀한 원가예측이 가능하다.

회귀분석은 크게 독립변수가 하나인 **단순회귀분석(simple regression analysis)**과 독립변수가 둘 이상인 **다중회귀분석(multiple regression analysis)**으로 나눌 수 있다.

단순회귀분석 : $Y = \alpha + \beta X + \varepsilon$

다중회귀분석 : $Y = \alpha + \beta X_1 + \beta X_2 + \cdots\cdots + \varepsilon$

여기서

Y = 종속변수　　　　X_1, X_2 = 독립변수 또는 원가동인

α = 절편(상수)　　　　β = 기울기(독립변수 한 단위 변동이 종속변수에 미치는 영향)

ε = 잔차항(error term, 독립변수 X에 의해 설명하지 못하는 종속변수 Y의 변동)

독립변수와 종속변수 간의 관계를 산포도법으로 나타냈을 때 점의 수가 적고 모든 점들이 하나의 직선 근처에 분포되어 있다면 눈대중으로도 쉽게 직선을 그릴 수 있어 독립변수와 종속변수 간의 관계를 파악할 수 있다. 그러나 점의 수가 많고 점들의 분포

상태가 직선형으로 나타나지 않을 경우에는 눈대중으로 쉽게 직선을 구할 수 없고, 회계 담당자마다 직선을 다르게 표시할 가능성이 높다. 이러한 경우에는 객관적인 회귀선을 찾아야 하는데 이때 적합한 방법이 **회귀분석법(regression analysis method)**이다.

회귀분석법 중 단순회귀분석에서는 일반적으로 최소자승법이라는 수학적 방법을 사용하여 회귀선을 구한다. 그러나 원가자료가 많아 좌표 상에 점들이 많이 존재하는 경우에는 복잡하여 수작업으로는 회귀선을 구할 수가 없고 SAS나 SPSS와 같은 통계적 프로그램을 이용하여 회귀선을 구해야 한다.

여기서 **최소자승법(least square method)**이란 [그림 2]에서 보는 것과 같이 특정 직선(추정선)과 실제값과의 잔차(ei)의 제곱의 합이 최소화되는 회귀선을 도출하는 방법을 말한다. 이를 식으로 나타내면 다음과 같다.

[그림 2] 회귀선

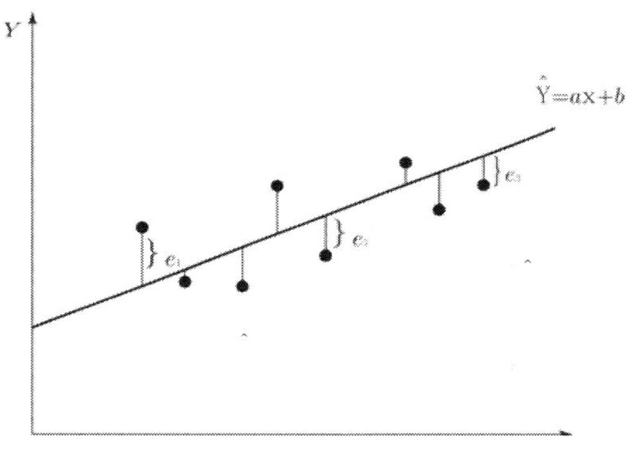

최소화 $\sum(Yi - yi)^2$

여기서 yi : 관찰조업도 i의 실제원가

Yi : 관찰조업도 i의 추정원가

여기서 잔차제곱의 합을 최소화하는 a와 b는 다음과 같이 두 개의 방정식에 의해 구하게 된다.

$$\sum y = a\sum x + nb \quad \text{\_\_\_\_\_\_\_\_(1)}$$

$$\sum xy = a\sum x^2 + b\sum x \quad \text{\_\_\_\_\_\_\_\_(2)}$$

(n = 관찰회수)

위의 두 식을 연립방정식으로 a와 b에 대하여 풀면 잔차제곱의 합을 최소화하는 a와 b의 값을 구할 수 있다. 여기서 y = ax+b가 되므로 a, b를 구하여 도출된 회귀선은 반드시 실제값의 평균을 통과하며, 추정치의 평균과 실제값의 평균이 일치하고 잔차의 평균은 0이 된다.

고저점법은 두 조업도의 원가자료만을 이용하고, 산포도법에서는 모든 원가자료를 고려하지만 목측(目測)으로 직선을 구하고 있어 두 방법 모두 정확한 원가추정을 기대할 수 없다. 그러나 회귀분석법은 모든 원가자료를 고려하여 객관적으로 원가함수를 추정하기 때문에 가장 정확한 원가추정방법이라고 할 수 있다. 그러나 어떠한 원가추정방법을 선택할 것인가는 각 방법이 갖는 비용 – 효익을 고려하여 결정하여야 할 것이다.

예제 3

다음은 KS제조(주)의 2017년도의 조업도와 원가에 관한 자료이다.

	기계시간	제조간접원가
1월	68시간	₩1,190,000
2월	88	1,211,000
3월	62	1,004,000
4월	72	917,000
5월	60	770,000
6월	96	1,456,000
7월	78	1,180,000
8월	46	710,000
9월	82	1,316,000
10월	94	1,032,000
11월	68	752,000
12월	48	963,000

요구사항

회귀분석법을 이용하여 원가방정식을 추정하시오.

풀이

기간	기계시간(x)	제조간접원가(y)	xy	x^2
1월	68시간	₩1,190,000	80,920,000	4,624
2월	88	1,211,000	106,568,000	7,744
3월	62	1,004,000	62,248,000	3,844
4월	72	917,000	66,024,000	5,184
5월	60	770,000	46,200,000	3,600
6월	96	1,456,000	139,776,000	9,216
7월	78	1,180,000	92,040,000	6,084
8월	46	710,000	32,660,000	2,116
9월	82	1,316,000	107,912,000	6,724
10월	94	1,032,000	97,008,000	8,836
11월	68	752,000	51,136,000	4,624
12월	48	963,000	46,224,000	2,304
총계	862시간	₩12,501,000	928,716,000	64,900

$12,501,000 = 862a + 12b$ $\quad\quad 928,716,000 = 64,900a + 862b$

위 방정식을 계산하여 a, b값을 구하면 $a = 10,312 \quad b = 300,978$

따라서 원가함수는 다음과 같이 추정된다.

$y = 300,978 + 10,312x$

4. 계량적 분석방법의 고려사항

원가함수를 추정하기 위하여 계량적 분석방법을 사용하는 경우는 다음과 같은 이상적인 데이터베이스(ideal database)의 특성이 요구된다.

① 그 데이터베이스는 신뢰성 있게 측정된 원가동인(독립변수)과 원가(종속변수)의 관찰자료를 갖고 있어야 한다. 원가와 원가동인을 측정할 때 발생하는 오류는 부정확한 원가추정을 유발시킨다.

② 그 데이터베이스는 넓은 범위에 걸친 원가동인의 값을 고려하여야 한다. 몇 개의 원가동인의 값만을 사용하면 관련범위의 일부를 고려하는 것이 되므로 추정치의 신뢰도를 떨어뜨리게 된다.

그러나 일반적으로 원가분석가들이 이러한 두 가지 특성을 가진 데이터베이스를 갖고 원가함수를 추정하는 경우란 쉽지 않다. 따라서 이하에서는 원가함수를 추정하는

데 직면하는 문제점과 해결책을 모색해보고자 한다.

첫째, 종속변수(원가, 예컨대 기계 소모품비)를 측정하는 기간과 독립변수(원가동인, 예컨대 기계시간)를 측정하는 기간이 적절히 대응되지 않고 있다는 점이다. 이러한 문제는 회계기록이 발생주의(accrual basis)에 의해 이루어지지 않을 때 자주 발생한다. 예를 들어 기계 소모품비(예 : 윤활유비)가 종속변수이고 기계시간이 독립변수(원가동인)인 경우의 원가함수를 가정해보자. 윤활유를 수시로 구입하여, 저장한 후 나중에 소비하는 경우 회계기록을 현금주의(case basis)로 기록한다면 특정한 달에는 그것을 하나도 사용하지 않은 것으로 나타날 수 있다. 이와 같은 문제를 해결하기 위하여 원가분석가들은 종속변수(원가)와 독립변수(원가동인)를 잘 대응시키기 위해 발생주의 회계(accrual accounting)를 사용하여야 한다. 그 경우 윤활유의 소비를 보다 잘 추정할 수 있을 것이다.

둘째, 고정원가가 마치 변동원가처럼 배분된다는 점이다. 예컨대, 감가상각비나 보험료, 임차료와 같은 고정원가들을 단위원가를 계산하기 위해 제품에 배분하는 경우 등이다. 이와 같은 경우 이들 원가들은 고정원가라고 하기 보다는 변동원가로 간주될 수 있다. 그 고정원가들은 사용되는 배분방법 때문에 변동원가처럼 보인다. 이와 같은 문제점을 피하기 위하여 원가분석가들은 고정원가와 변동원가를 세심하게 구분하고 단위당 배분된 고정원가를 변동원가처럼 취급해서는 안 된다.

셋째, 모든 관찰자료를 이용할 수 없으며, 신뢰성 또한 동일하지 않다는 점이다. 원가를 기록하지 못하였거나 원가를 잘못 분류하여 누락되는 관찰자료가 있다. 예컨대, 상품을 판매하기 위해 고객을 방문하는 경우에 발생하는 원가가 상품 판매 후 발생하는 고객서비스원가로 분류되어 기록되기도 한다. 또한 수작업으로 자료를 기록하는 경우 컴퓨터작업으로 자료를 기록하는 경우보다 자료가 누락되는 경우가 많고, 부정확한 자료가 기록될 수 있다. 이러한 문제점을 최소화하기 위해서 원가분석가는 정기적이고 일상적으로 필요한 자료를 수집하는 자료수집 보고서(data collection reports)를 작성하여야 하며, 자료가 누락되는 경우 즉시 보완하여야 한다.

넷째, 비정상적인 관찰자료가 발생한다는 점이다. 이것은 ① 원가를 기록하는 과정(예컨대, 소수점을 잘못 찍음으로 인해)에, ② 대표성 없는 기간(예컨대, 작업시간이 아닌 기계고장시간)에, ③ 관련범위 밖의 관찰자료 등으로부터 발생한다. 원가분석가는 원가관계를 추정하기 전에 이러한 비정상적 관찰자료를 조정하거나 제거하여야 한다.

다섯 번째, 종속변수 원가집합(cost pool)에 있는 개별원가 항목과 원가동인 사이에 동질적인 관계가 존재하지 않는 점이다. 종속변수에 포함된 각 활동원가가 동일한 원가동인을 갖는다면 동질적인 관계가 존재한다. 이 경우 단일 원가함수가 추정될 수 있다. 앞에서도 설명한 바와 같이 각 활동별 원가동인이 다른 경우 각 원가동인을 가진 별개의 원가함수가 각 활동별로 추정되어야 한다.

여섯 번째, 원가와 원가동인 간의 관계가 안정적이지 않다는 점이다. 즉 관찰자료가 만들어지는 과정이 안정적이지 않다. 예컨대, 기계시간 수와 제조간접원가의 관계는 새로운 기술이 도입되는 기간에는 안정적이지 않을 것이다. 이러한 경우 그 관계가 안정적인가를 보기 위해서는 표본을 기술이 도입되기 이전과 기술이 도입된 이후로 나누어 별개의 원가관계를 추정하여야 한다. 이와 같이 하여 두 기간의 추정계수(estimated coefficients)가 유사하다면 모든 자료를 하나로 합쳐 단일의 원가관계를 추정할 수 있다. 이 경우 자료를 합치면 추정을 위한 자료의 수도 증가하고, 원가예측의 신뢰성도 높아지게 될 것이다.

마지막으로, 인플레이션이 원가나 원가동인, 혹은 그 두 가지 모두에 영향을 준다는 점이다. 예컨대, 인플레이션이 비록 원가동인에는 아무런 영향을 미치지 않았지만 원가에 영향을 미칠 수 있다. 원가동인과 원가 사이에 존재하는 인과관계를 연구하기 위해서는 자료로부터 각 원가를 원가가 발생한 시점의 가격지수(price index)로 나누어 순수한 인플레이션 가격효과를 제거하여야 한다.

이상에서 언급한 바와 같이 원가분석가들은 과거의 자료를 기초로 원가함수를 추정하기 전에 이러한 문제점들을 개선하기 위하여 많은 노력을 기울여야 할 것이다.

제 3 절 활동중심원가계산에서 원가함수의 추정

3.1 원가함수의 추정

앞에서 회귀분석은 크게 독립변수가 하나인 단순회귀분석과 독립변수가 둘 이상인 다중회귀분석으로 나눈다고 설명하였다.

단순회귀분석에서의 원가추정은 원가(종속변수)에 영향을 미치는 독립변수(원가동인)는 하나라고 가정하는 것이다. 그러나 활동중심원가계산에서는 원가에 영향을 미치는 원가동인이 활동별로 다양하게 존재하므로 원가의 변동을 설명하는 독립변수가 다수 존재하게 된다. 따라서 활동중심원가계산을 도입하여 사용하는 기업에서 원가를 추정하기 위해서는 다양한 원가동인을 독립변수로 설정하는 **다중회귀분석(multiple regression** analysis)이 필요하다. 이 다중회귀분석은 하나의 독립변수를 사용하는 단순회귀분석의 확장으로, 두 개 이상의 독립변수를 사용하여 종속변수의 변화를 추정하는 방법이다. 따라서 두 개 이상의 원가동인이 원가에 영향을 미치는 상황에서는 이 다중회귀분석이 매우 유용한 원가추정 기법이 될 수 있다. 다중회귀분석은 계산과정이 복잡하기 때문에 보통 SAS나 SPSS와 같은 컴퓨터 프로그램으로 수행한다.

다중회귀분석의 모형을 나타내면 다음과 같다.

$$Y = \alpha + \beta X_1 + \beta X_2 + \cdots\cdots + \varepsilon$$

여기서

Y = 종속변수 X_1, X_2 = 독립변수 또는 원가동인

α = 절편(상수) β = 기울기(독립변수 한 단위 변동이 종속변수에 미치는 영향)

ε = 잔차항(error term, 독립변수에 의해 설명하지 못하는 종속변수의 변동)

예제 4

다음은 KS제조(주)의 2017년도의 원가동인과 제조간접원가에 관한 자료이다. 이 회사의 경우 한 묶음생산(배치생산)이 완료된 후 새로운 묶음생산이 시작될 때 기계작업준비활동과 생산 교체활동이 수행되므로 제조간접원가는 기계시간 뿐만 아니라 생산묶음의 수에 의해서도 영향을 받는 것으로 분석되었다.

	기계시간(X_1)	생산묶음 수(X_2)	제조간접원가
1월	68시간	12	₩1,190,000
2월	88	15	1,211,000
3월	62	13	1,004,000
4월	72	11	917,000
5월	60	10	770,000
6월	96	12	1,456,000
7월	78	17	1,180,000
8월	46	7	710,000
9월	82	14	1,316,000
10월	94	12	1,032,000
11월	68	7	752,000
12월	48	14	963,000

요구사항

위 자료로 다중회귀분석법을 이용하여 원가함수를 추정하시오.

풀이

컴퓨터 프로그램에 의한 다중회귀분석 결과 제조간접원가는 다음과 같이 추정되었다.

$$y = 42,580 + 7,600X_1 + 37,770X_2$$

3.2 원가함수의 검증

단순회귀분석법이나 다중회귀분석법을 이용하여 회귀방정식을 추정한 경우는 일반적으로 다음의 방법으로 회귀식을 검증한다.

1. 적합도(goodness of fit)의 검증

적합도는 원가동인(독립변수, 예로서 기계작업시간)을 사용하여 추정한 종속변수(예로서 제조간접원가)의 추정치가 실제로 관찰된 원가인 제조간접원가를 얼마나 잘 추정하는지를 측정하는 통계량이다. 즉 원가동인에 기초한 예측치 y가 실제의 원가 관측치 Y와 잘 맞는가를 측정하기 위해 적합도를 검증한다. 적합도는 흔히 결정계수(coefficient of determination)와 회귀식의 표준오차(standard error of regression)로 검증한다.

(1) 결정계수

일반적으로 적합도는 결정계수(coefficient of determination, r^2)를 산정하여 측정한다. 여기서 결정계수는 다음과 같이 산출한다.

$$r^2 = 1 - \text{설명되지 않는 변동(분산)/총변동(총분산)}$$

일반적으로 결정계수(r^2)가 높을수록 독립변수의 종속변수에 대한 설명력이 높다고 판단되며, $r^2 > 0.3$인 경우 적합도의 검증을 합격으로 간주한다. 그러나 결정계수에만 의지해서는 안 될 경우도 있다. 그 이유는 의미없는 독립변수의 수를 추가하여도 결정계수가 높아질 수 있기 때문이다.

(2) 표준오차

결정계수 외에 적합도를 평가할 수 있는 통계량으로 회귀식의 표준오차(standard error of regression)가 사용되기도 한다. 일반적으로 회귀모형의 표준오차가 작을수록 적합도가 높다고 평가할 수 있다.

2. 독립변수의 유의수준 검증

추정된 회귀선을 평가하는 하나의 기준으로서 독립변수 계수 값의 유의수준을 검증하는 것이다. 즉 논리적으로 타당성이 있는 독립변수의 변화가 종속변수를 유의하게 변화시킬 수 있는지를 평가해야 한다. 따라서 종속변수의 변화가 유의적인지를 판단하기 위해서는 독립변수의 기울기 계수가 통계적으로 유의적인지를 평가하여야 한다. 계수 값이 통계적으로 유의적이라는 것은 계수 값이 0과 다르다는 것을 의미한다. 이것은 일반적으로 추정계수의 표준오차(standard error of the estimated coefficient)로 측정한다. 즉 이것은 경제적으로 타당한 독립변수의 변화는 종속변수에 중요한 영향을 주는지, 또는 회귀선의 기울기 b는 통계적으로 유의적인지 등 독립변수의 유의성 검증에 관한 것이다.

이 경우 회귀계수 b의 유의성을 측정하기 위하여, 즉 독립변수의 계수가 0이 아닌지를 판단하기 위하여 t값을 구한다. 일반적으로 t 〉 2이면 통계적으로 유의적인 것으로 판단한다.

$$t = b \,/\, \text{표준오차}$$

3. 추정 원가함수의 모형 적정성 분석(specification analysis)

이것은 회귀분석의 가정 즉 추정된 원가함수에 대해 검증하는 것이다. 추정된 원가함수(선형 회귀모형)는 다음의 네 가지 가정을 기초하고 있다. 회귀선이 이런 가정을 잘 충족하고 있다면 그 회귀선의 적합도는 높고 독립변수의 종속변수에 대한 원가 예측력은 높다고 할 수 있다. 회귀선이 이런 가정을 잘 충족시키지 못하면 더 나은 회귀모형 예컨대, 비선형 회귀모형 등을 추정해야 할 것이다. 검증하여야 할 네 가지 일반적인 선형회귀선의 가정은 다음과 같다.

(1) 관련범위 내에서의 선형성 검증(linearity within the relevant range)

가장 일반적인 가정 중의 하나는 관련범위(relevant range) 내에서 독립변수와 종속변수 사이에 선형관계가 존재한다는 것이다. 독립변수가 하나인 경우 즉 단순회귀의 경우 가장 일반적인 방법은 산포도를 분석하는 것이다. 이와 같이 단순회귀의 경우 산포도법에 의한 선형성 검증이 여기에 속한다. 그러나 비선형 함수인 학습곡선 모형과 같은 경우는 조업도가 증가하면 원가도 증가하지만 선형 함수와는 다르므로 그 경우에는 학습효과를 고려한 비선형 원가함수를 추정하여야 한다.

(2) 잔차의 일정한 분산 검증(constant variance of residuals)

잔차의 동분산(homoscedasticity) 즉 일정한 잔차의 분산이 유지되고 있는지를 검증하는 것이다. 실제 관찰치와 회귀 추정치 사이의 수직적 편차를 잔차항 또는 오차항이라고 한다. 잔차의 동분산 또는 잔차의 일정한 분산은 잔차의 크기가 독립변수의 수준에 따라 달라지지 않는 동시에 실제 관찰치들이 회귀 추정치를 중심으로 균등하게 분포되어 있다는 것을 의미한다. 이러한 경우 선형회귀함수가 적합하다. 즉 독립변수가 증가할수록 잔차의 크기가 증가하거나 감소하면 잔차의 동분산 가정이 충족되지 않는다. 이러한 현상을 잔차의 이분산(heteroscedasticity)이라 한다.

이 잔차의 이분산은 추정된 회귀계수의 정확성에는 영향을 미치지 않으나, 이것이 존재하면 추정된 표준오차의 신뢰성이 낮아지게 된다. 그러므로 잔차의 동분산(즉 회귀선을 중심으로 자료의 산포도가 일정한 경우)인 쪽이 잔차의 이분산(즉 회귀선을 중심으로 자료의 산포도가 일정하지 않은 경우)인 쪽 보다 회귀식을 더 신뢰할 수 있다.

(3) 잔차의 독립성(independence of residuals)

잔차의 독립성은 어느 한 관찰치의 잔차항이 그 밖의 다른 관찰치의 잔차항과 아무런 관련이 없다는 것을 의미(예컨대, 잔차의 산포도를 그릴 때 체계적인 형태가 나타나지 않으면 잔차는 독립성이 있다는 것)한다. 그러므로 잔차가 일정한 체계적인 형태를 나타내게 되면 잔차의 독립성이 없으며, 자기상관(autocorrelation) 또는 계열상관(serial correlation)의 문제가 발생하게 된다.

자기상관이 존재하면 추정된 회귀계수의 표준오차에 편의가 발생하게 된다. 그러므로 잔차 간 자기상관이 존재하지 않아야 한다. 이것은 보통 Durbin-Watson 통계량으로 측정하며, 이것은 관찰치의 수와 독립변수의 수에 따라 변동되나 표본의 수가 대략 10-20개인 경우는 1.1에서 2.9 사이인 경우이면 잔차는 상호 독립적이라고 판단한다. 잔차의 이분산의 경우처럼 잔차의 자기상관도 회귀계수 추정 값에는 영향을 미치지 않으나, 자기상관이 존재하면 추정된 계수의 표준오차에 영향을 미치게 되어 회귀함수의 추정 결과로부터 도출된 모집단의 계수에 대한 추론에 영향을 미친다.

4. 잔차의 정규성(normality of residuals)

잔차의 정규성 가정은 잔차가 회귀선을 중심으로 정규분포되어 있다는 것이다. 이 가정이 충족되지 않는다고 해도 추정된 회귀식에 근거하여 산출된 종속변수의 값의 정확성에는 문제가 없으나, 추정 값의 표준오차에 편의가 존재하므로 추정 값의 신뢰구간이 부정확해지는 문제가 발생한다[3].

제 4 절 비선형 원가함수의 추정

4.1 비선형 원가함수

본 장의 앞 절에서는 원가함수를 선형함수로 가정하여 설명하였다. 그러나 실제로 원가함수의 상당부분은 선형함수가 아닌 비선형 원가함수라고 할 수 있다. **비선형 원가함수(nonlinear cost function)**란 관련범위 내에서 독립변수(원가동인)와 종속변수(총원가)의 관계가 직선이 아닌 원가함수를 말한다. 비선형 원가함수는 규모의 경제, 수량할인, 계단식 원가함수, 학습효과 등으로 인해 주로 발생한다.

예컨대, 기업에서 광고활동을 하는 경우 규모의 경제로 인하여 광고횟수를 두 배로 늘리는 경우 광고비용은 두 배로 증가하지 않을 것이다. 또한 직접재료원가의 경우도 항상 선형 변동원가는 아니다. 직접재료를 구입하는 경우 수량할인을 받게 되면 비선형의 원가행태가 나타날 것이다. 이 밖에도 계단식 원가함수(step cost functions)와 학습효과도 비선형 원가함수의 행태를 나타낸다. 여기서 계단식 원가함수란 원가동인이 한 범위에서 다음 범위로 증가하는 경우 원가가 불연속적(계단식)으로 증가하는 경우를 말한다. 이하에서는 비선형 원가함수의 전형이라고 할 수 있는 학습곡선의 모형을 설명하고자 한다.

3) 한편 다중회귀의 경우는 다중공선성(multicollinearity)을 검증하여야 한다. 이는 둘 이상의 독립변수들이 서로 높은 상관관계를 가질 때 존재한다. 일반적으로 상관계수가 0.7 이상이면 다중공선성이 존재한다고 본다. 다중공선성은 각 변수의 계수의 표준오차를 증가시킨다. 따라서 각 독립변수의 계수들의 값에 대한 불확실성이 더 커진다.

4.2 학습곡선

학습곡선도 비선형 원가함수의 한 예이다. **학습곡선(learning curve)**이란 작업자의 학습결과 생산량의 증가에 따라 단위당 작업시간(또는 노무원가)이 어떻게 감소하는가를 나타내는 함수를 말한다. 따라서 경영자들은 생산량이 증가할 때 작업시간(또는 노무원가)이 어떻게 변화할 수 있는가를 예측하는데 학습곡선을 활용한다.

일반적으로 항공기 조립에 있어서는 학습에 따라 효율이 증대되는 것으로 알려져 있다. 이에 따라 최근에는 이와 같은 학습현상을 마케팅, 유통, 고객서비스 등과 같은 가치사슬(value chain) 상의 다른 원가영역까지 확장하여 적용하고 있다. 학습곡선을 때로는 경험곡선(experience curve)이라는 용어로 사용하기도 하나, 이 경험곡선은 학습곡선을 보다 광범위하게 적용할 때 사용하는 용어라고 할 수 있다. 이 경험곡선은 산출단위가 증가함에 따라 마케팅, 유통 등과 같은 가치사슬에서 단위당 원가가 감소하는 것을 말한다.

4.3 학습곡선의 모형

학습곡선은 크게 두 가지의 모형으로 설명한다. 그 하나는 누적평균시간 학습모형이며, 다른 하나는 증분단위시간 학습모형이다.

1. 누적평균시간 학습모형

누적평균시간 학습모형(cumulative average-time learning model)에서는 누적생산량이 두 배가 될 때마다 단위당 누적평균시간이 일정한 비율로 감소한다. [그림 3]은 80% 학습곡선의 누적평균시간 학습모형을 나타내고 있다. 여기서 80%란 생산량이 X에서 2X로 두 배가 될 때 2X에 대한 단위당 누적평균시간이 X개 단위에 대한 단위당 누적평균시간의 80%임을 의미한다. 즉 달리 표현하면 생산량이 두 배로 증가할 때마다 단위당 평균시간이 20%씩 감소한다는 것이다.

[그림 3]은 누적평균시간 학습모형을 예시한 것이다. 이 누적평균시간 학습모형에 따르면 생산량이 1에서 2로 두 배 증가함에 따라 단위당 누적평균시간은 100시간에서 80시간(100시간×80%)으로 감소하며, 생산량이 2에서 4로 두 배 증가함에 따라 단위당 누적평균시간은 다시 64시간(80시간×80%)으로 감소한다. 이 때 총누적시간은 단위당 누적평균시간에 누적생산량을 곱하여 산출하며, X번째의 개별단위(증분)시간은 누적생산량의 증가에 따른 총누적시간의 증분시간을 의미한다.

[그림 3] 누적평균시간 학습모형

학습율 = 80%

(1) 누적생산량	(2) 단위당 누적평균시간	(3)=(1)×(2) 총누적시간	(4) X번째의 개별단위시간(증분시간)
1	100	100.00	100.00
2	80(100×0.8)	160.00	60.00
3	70.21	210.63	50.63
4	64.00(80×0.8)	256.00	45.37
5	59.57	297.85	41.85
6	56.17	337.02	39.17
7	53.45	374.15	37.13
8	51.20(64×0.8)	409.60	35.45
· ·	· ·	· ·	· ·
16	40.96(51.2×0.8)	655.36	28.06

$y = aX^b$ y = 단위당 누적평균시간 혹은 누적평균변동원가, 즉 총누적시간 ÷ 누적생산량
a = 첫 단위 생산에 필요한 시간(혹은 변동원가) X = 누적생산량 b = 학습율

여기서 b의 값은 다음과 같이 계산된다.

b = ln(학습율) / ln 2

80%의 학습곡선에서 b = ln 0.8 / ln 2 = −0.2231 / 0.6931 = −0.3219

예를 들어 X = 3, a = 100, b = −0.3219인 경우 $y = 100 \times 3^{-0.3219} = 70.21$시간

따라서 X = 3일 때 총누적시간은 70.21시간×3단위 = 210.63시간이다.

2. 증분단위시간 학습모형

증분단위시간 학습모형(incremental unit-time learning model)에서는 누적생산량이 두 배가 될 때마다 단위당 증분단위시간(마지막단위를 생산하는데 필요한 시간)이 일정한 비율로 감소한다.

[그림 4]는 80%의 학습곡선을 가진 증분단위시간 학습모형을 보여주고 있다. 여기서 80%란 생산량이 X에서 2X로 두 배가 될 때 2X의 생산수준에서 마지막 단위를 생산하는데 필요한 시간은 X의 생산수준에서 마지막 단위를 생산하는데 소요되는 시간의 80%가 된다는 것을 의미한다. 이 증분단위시간 학습모형에 따르면 생산량이 2에서 4로 두 배 증가할 때 4단위를 생산하는 시간(마지막 4단위 생산 시)은 64시간인데 이것은 2단위를 생산하는데 필요한 80시간의 80%(마지막 2단위 생산 시)에 해당한다. 따라서 총누적시간은 개별단위시간(증분시간)을 합한 것이다. 예컨대, 누적하여 4단위를 생산하기 위해서는 314.21시간(100.00시간 + 80.00시간 + 70.21시간 + 64.00시간)

이 필요하다.

[그림 4] 증분단위시간 학습모형

학습율 = 80%

(1) 누적생산량	(2) X번째의 개별단위시간(증분시간)	(3) 총누적시간	(4)=(3)/(1) 단위당 누적평균시간
1	100	100.00	100.00
2	80(100×0.8)	180.00	90.00
3	70.21	250.21	83.40
4	64.00(80×0.8)	314.21	78.55
5	59.57	373.78	78.55
6	56.17	429.95	71.66
7	53.45	483.40	69.06
8	51.20(64×0.8)	534.60	66.82
· ·	· ·		· ·
16	40.96(51.2×0.8)	892.00	55.75

$y = aX^b$ y = 마지막 한 단위를 생산하는데 걸리는 시간(혹은 변동원가)
a = 첫 단위 생산에 필요한 시간(혹은 변동원가) X = 누적생산량 b = 학습율

여기서 b의 값은 다음과 같이 계산된다. b = ln(학습율) / ln 2

80%의 학습곡선에서 b = ln 0.8 / ln 2 = −0.2231 / 0.6931 = −0.3219

예를 들어 X = 3, a = 100, b = −0.3219인 경우 $y = 100 \times 3^{-0.3219}$ = 70.21시간

따라서 X = 3일 때 총누적시간은 100시간 + 80시간 + 70.21시간 = 250.21시간이다.

위 두 가지 학습모형을 동일한 학습율(예 : 80% 학습율)을 가정하여 비교해보면 증분단위시간 학습모형이 누적평균시간 학습모형보다 2단위 이상을 생산할 때 총누적시간이 더 많이 소요된다는 것을 알 수 있다. 예로서, 위의 두 모형의 결과를 비교해보면 4단위를 생산하는 경우 증분단위시간 학습모형에 의하면 314.21시간이 예상되는데 반해, 누적평균시간 학습모형에 의하면 256.00시간이 예상된다.

그러면 어떠한 학습모형이 우수하다고 할 수 있는가? 그것은 상황에 따라 다르다고 할 수 있다. 예컨대, 생산량의 증감에 따라 작업시간이 누적평균시간 학습모형의 패턴을 따르는 경우라면 그 모형이 더 유용할 것이다. 엔지니어나 공장관리자, 작업자들이야말로 작업에서 발생하는 학습의 형태나 학습율에 대한 중요한 정보원이라고 할 수 있다. 그들로부터 얻은 정보를 도표화한다면 적절한 모형을 선택하는데 큰 드움이 될 것이다.

3. 학습곡선의 적용

학습곡선모형은 원가의 예측은 물론 표준이나 예산의 설정, 가격의 결정 등에 활용할 수 있다.

(1) 학습곡선모형을 활용한 원가예측

작업을 진행함에 따라 학습효과가 나타나는 경우 학습곡선모형을 적용하여 원가를 예측하는 것이 가능하다. 즉 학습효과에 따라 생산량이 증대하면 처음의 생산원가와는 비교할 수 없는 낮은 원가로 제품을 생산할 수 있으며, 이를 토대로 가격결정 의사결정(신제품의 개발, 입찰가격의 결정 등)에도 활용할 수 있다.

(2) 자가제조 또는 외부구입 의사결정

자가제조의 경우 학습효과가 존재한다면 단위당 평균원가를 지속적으로 절감시킬 수 있으나, 외부구입의 경우는 구입단가가 변동되지 않는다면 단기적으로는 비록 자가제조원가가 외부구입원가 보다 높을지라도 장기적으로는 학습현상으로 낮아질 수도 있다.

(3) 표준의 설정 등

많은 회사들은 성과를 평가할 때 학습효과를 반영한다. 예컨대, Nissan 자동차의 경우 지속적인 생산으로 인하여 발생하는 학습효과를 감안한 이후 신모델 자동차의 조립노동력에 대한 능률표준(노무원가 능률표준)을 설정한다. 이와 같이 학습곡선모형은 원가의 예측, 표준원가의 설정 및 이를 통한 성과평가, 재고자산의 평가 등에 활용할 수 있다.

물론 학습효과는 동일한 작업을 반복할 경우 단위당 작업시간(노무원가)이 감소하는 것이므로 원칙적으로 직접작업시간과 관련이 있는 원가와 관련되므로 직접노무원가나 변동제조간접원가는 학습효과가 나타나지만 이와 관계없는 직접재료원가, 고정제조간접원가, 판매비와 관리비 등은 학습효과가 나타나지 않는다. 이 밖에도 최근 생산설비의 자동화로 인하여 직접작업시간이 감소되고 있으며, 생산형태도 소품종 대량생산방식에서 다품종 소량생산방식으로 전환되고 있어 종전과 같은 반복적인 생산이 줄어듦에 따라 학습곡선모형의 효과도 점차 퇴색되고 있는 것도 사실이다.

예제 5

K사는 신제품을 개발하여 처음 25단위를 생산한바 다음과 같은 원가가 발생하였다.

직접재료원가	₩500,000
직접노무원가(500**시간**, @₩2,500)	1,250,000
변동제조간접원가(**직접노무원가의** 20%)	250,000
고정제조간접원가	312,500
합 계	₩2,312,500(@₩92,500)

K사는 직접작업시간이 90%의 학습곡선에 따라 움직이는 것으로 가정하고 있다.

요구사항

1. K사가 추가로 75단위를 생산할 경우 예상되는 제조원가는 얼마인가? 단, 추가생산의 경우 고정제조간접원가는 발생하지 않는 것으로 가정한다.
2. 이웃의 Y사에 이 신제품 100단위를 판매할 수 있다고 할 때 단위당 얼마에 팔 수 있는가? 단, 판매가격은 제조원가에 40%의 이익을 더하여 판매한다고 가정한다.

풀이

1.

(1) 누적생산량	(2) 단위당 누적평균작업시간	(3) 총작업시간	(4) 증분작업시간
25	20시간(500시간/25단위)	500시간	-
50	18(20시간×90%)	900(18시간×50)	400시간
100	16.2(18시간×90%	1,620(16.2시간×100)	720

이상에서 보는 바와 같이 추가로 75단위 생산시 1,120시간(400시간 + 720시간, 또는 1,620시간 − 500시간)이 소요되므로 추가로 예상되는 제조원가는 다음과 같다.

직접재료원가(₩500,000×3)	₩1,500,000
직접노무원가(1,120**시간**, @₩2,500)	2,800,000
변동제조간접원가(**직접노무원가의** 20%)	560,000
고정제조간접원가	0
합 계	₩4,860,000(@₩64,800)

2.

총제조원가 = ₩2,312,500 + ₩4,860,000 = ₩7,172,500
단위당 제조원가 = ₩7,172,500/100단위 = @₩71,725
단위당 판매가격 = @₩71,725 × 1.4 = @₩100,415

예제 6

KS조선(주)는 관광용 유람선 3척을 수주하기 위하여 공개입찰에 응하고자 한다. 이 회사는 유람선 한 척을 이미 건조하였는데 다음의 원가가 발생하였다.

직접재료원가	₩200,000,000
직접노무원가	1,500,000,000
변동제조간접원가	300,000,000
기타원가	120,000,000
합 계	₩2,120,000,000

변동제조간접원가는 직접노무원가에 비례하여 발생한다. 기타원가는 첫 번째 유람선 건조 시에만 발생하며, 이후에는 발생하지 않는다. KS조선(주)는 변동원가에 30%의 이익을 가산하여 입찰에 응하고자 하며, 배의 건조에는 80%의 학습효과가 있을 것으로 예상하고 있다.

요구사항

이상의 자료로 KS조선(주)가 제시할 입찰가격을 계산하시오.

풀이

(단위: ₩1,000)

(1) 누적생산량	(2) 단위당 누적평균원가	(3) 총누적원가	(4) X번째의 개별단위원가
1	1,500,000	1,500,000	1,500,000
2	1,200,000(1,500,000×0.8)	2,400,000	900,000
3	960,000(1,200,000×0.8)	3,840,000	1,440,000

따라서 3척의 생산에 대한 노무원가 = ₩3,840,000,000 − ₩1,500,000,000
= ₩2,340,000,000

직접재료원가 ₩200,000,000×3	₩600,000,000
직접노무원가	2,340,000,000
변동제조원가	
₩2,340,000,000×300,000,000/1,500,000,000	468,000,000
기타원가	0
변동원가 총액	₩3,408,000,000

따라서 입찰가격은 다음과 같이 계산할 수 있다.
입찰가격 = ₩3,408,000,000 × 1.3 = ₩4,430,400,000

예제 7

KS반도체장비(주)는 고객으로부터 반도체장비 8대를 구입하겠다는 주문을 받았다. 주문가격은 ₩80,000,000이며, 이 주문으로 추가적인 고정원가는 발생하지 않을 것으로 예상된다. 그러나 이 주문을 받아들일 경우 각 장비당 ₩3,500,000의 원재료 및 부품이 필요하며, 직접노무원가 및 노무관련 변동제조간접원가는 최초의 1대 생산 시는 ₩3,000,000이 예상되며, 경험상 80%의 학습효과가 있을 것으로 예상된다.

KS반도체장비(주)는 기대되는 공헌이익이 ₩35,000,000이상이 되지 않으면 이 주문을 수락하지 않을 계획이다. KS반도체장비(주)의 경영자로서 이 주문수락 여부를 의사결정하시오.

풀이

총수익		₩80,000,000
변동원가 :		
직접재료 및 부품원가(@₩3,500,000, 8대)	₩28,000,000	
직접노무원가 및 노무관련 제조간접원가	12,288,000*	40,288,000
공헌이익		₩39,712,000

따라서 공헌이익 ₩39,712,000은 예상되는 공헌이익 ₩35,000,000을 초과하므로 이 주문을 수락하여야 한다.

*(1) 누적생산량	(2) 단위당 누적평균원가	(3) 총누적원가	(4) X번째의 개별단위원가
1	3,000,000	3,000,000	3,000,000
2	2,400,000(3,000,000×0.8)	4,800,000	1,800,000
3	1,920,000(2,400,000×0.8)	7,680,000	2,880,000
4	1,536,000(1,920,000×0.8)	12,288,000	4,608,000

참고 아인슈타인도 놀라워한 복리이야기

최근 초저금리(超低金利) 상태에 있던 은행 이자가 조금씩 올라가고 있습니다. 올해 등장한 인터넷 전문 은행들이 1년에 2%대 이자를 주는 예금을 선보이기 시작했고, 저축은행들은 이보다 더 높은 이자를 앞세우고 있죠. 금융 전문가들은 "이럴 때 복리(複利)의 힘을 빌려 저축을 하라"고 권고하고 있답니다.

은행은 보험·증권·신용카드 회사 등 여러 종류의 금융회사 가운데 우리가 가장 자주 이용하는 곳이에요. 은행을 뜻하는 영어 단어 'bank'는 중세 이탈리아 상인들이 작은 탁자(banko) 하나를 놓고 서로 돈을 빌려주던 데서 유래했어요. 한자어인 '은행(銀行)'은 옛날 중국 상인들 모임인 '행(行)'이 무역을 할 때 '은(銀)'을 사용한 것에서 비롯됐답니다. 은행은 고객의 돈을 맡아주거나(예금), 돈을 필요한 사람에게 빌려주거나(대출), 우리나라 돈을 외국 돈으로 바꿔주거나(환전), 다른 사람에게 돈을 보내주는 업무(송금) 등 여러 가지를 해요. 이 중 가장 핵심적인 기능이 예금과 대출이죠. 우리는 은행에 돈을 맡기면서 그 대가로 이자(예금이자)를 받고, 은행은 그 돈을 필요한 사람에게 빌려주면서 이자(대출이자)를 받는답니다. 이자란 돈에 대한 일종의'사용료'인 셈이죠.

은행이 고객에게 예금 이자를 주는 방식은 크게 두 가지예요. 단리(單利)와 복리(複利)이죠. 단리는 내가 예금한 돈(원금)에 대해서만 정해진 이자를 주는 것이고, 복리는 원금에 이자를 붙여 늘어난 액수(원리금)에 또다시 이자를 주는 방식이에요. 단리는 1년을 맡기든 10년을 맡기든 매년 똑같은 이자를 제공하지만, 복리는 원리금에 이자를 붙이는 방식이 계속 반복되기 때문에 시간이 갈수록 돈이 많이 늘게 돼요. 예를 들어 볼까요? 내가 100만원을 연 10% 이자를 주는 은행에 2년 간 맡길 예정이에요. 단리를 적용하면 내가 2년 후 은행에서 찾을 수 있는 돈(원리금)은 원금 100만원에다 이자 20만원을 합친 120만 원이 돼요. 1년마다 100만원의 10%에 해당하는 이자(10만원)를 두 번 받기 때문이죠. 하지만 복리를 적용하면 첫해 100만원의 10%에 해당하는 이자(10만원)를 받고, 둘째 해에는 늘어난 돈(100만+10만=110만원)의 10%에 해당하는 이자(11만원)를 받아 2년 간 총 121만원을 받게 된답니다. 이런 차이는 별것 아닌 것처럼 보이지만 예금기간이 길어질수록 기하급수적으로 늘어나요. 만약 100만원을 10년 간 예금한다고 했을 때, 단리를 적용하면 10년 후 200만원, 복리를 적용하면 259만원을 받을 수 있죠. 1만원에 불과했던 차이가 무려 59만원으로 훌쩍 커지는 거예요. 이런 복리의 위력을 두고 미국의 천재 과학자 알베르트 아인슈타인(Einstein, 1879 – 1955)은 "복리는 지구상에서 가장 강력한 힘"이라며 경이로워했어요.

복리의 강력한 힘을 보여주는 대표적인 사례가 있어요. 미국 뉴욕의 중심인 맨해튼섬 이야기인데요. 맨해튼은 세계 금융·문화의 중심지이기 때문에 전 세계적으로 땅값이 비싸기로 유명하죠. 맨해튼은 유럽 강대국들이 신대륙 발견에 나서기 전까지 인디언들의 땅이었어요. 1600년대 초 영국 탐험가 헨리 허드슨이 맨해튼을 발견했고, 이후 이곳으로 네덜란드계 이민자들이 이주해 들어옵니다. 1626년 네덜란드 정부는 본국에서 건너온 이민자들이 살 땅을 마련하기 위해 맨해튼 섬을 원래 주인인 인디언으로부터 사들이게 돼요. 그러면서 이곳을 네덜란드 수도인 암스테르담에서 이름을 딴 '뉴 암스테르담(New Amsterdam)'이라고 부르죠. 네덜란드 정부는 맨해튼 섬을 사면서 인디언들에게 얼마만큼의 돈을 줬을까요? 네덜란드 식민지 총독이 당시 인디언들에게 건넨 돈은 고작 60길더(24달러). 그것도 현금이 아닌 귀걸이·목걸이 같은 장신구로 24달러어치를 줬답니다. 아무리 돈의 가치가 현재와 달랐다 해도 너무나 싼 값에 노른자위 땅을 넘긴 것이죠.

하지만 이 돈의 가치는 '복리'로 계산 했을 때 전혀 다르게 나타나요. 미국 월스트리트에서 가장 뛰어난 투자가 중 한 사람으로 손꼽히는 존 템플턴(Templeton; 1912~2008)은 인디언이 당시 받은 24달러를 연 이자율 8%의 복리로 은행에 예금했다면 지금쯤 어떻게 됐을까를 추정해봤어요. 그랬더니 불린 돈으로 현재(2006년 기준)의 맨해튼을 두 번 사고도 남아 LA 일부 지역까지 살 수 있었을 것이라는 결론을 내렸답니다. 즉, 첫해 원금 24달러에 8% 이자가 붙고 그 다음 해 불어난 돈에 또다시 8% 이자를 지급하는 방식으로 380년간 복리를 적용했더니 24달러가 5조배(倍)만큼 뛰어 125조 달러라는 천문학적 금액이 됐다는 얘기죠. 반면, 똑같은 8% 이자라 하더라도 단리로 예금했을 경우, 380년 후 받게 되는 돈은 9,771달러에 불과했답니다. 복리의 위력이 엄청나죠?

한편 미국 월스트리트의 전설적인 펀드매니저인 피터 린치(Lynch)는 금융 투자를 할 때 참고해야 할 공식으로 '72의 법칙(The Rule of 72)'을 만들었어요. 이를 활용하면 복리로 예금을 할 경우, 원금이 지금보다 두 배로 늘어나는 데 필요한 시간 즉 [원금이 두 배 되는 데 걸리는 시간 = 72÷복리 이자]의 계산식으로 쉽게 계산할 수 있죠. 예를 들어, 복리 이자가 1년에 4%면 원금을 두 배로 불리는 데 걸리는 시간은 72÷4=18, 즉 18년이 걸리는 거예요. 이 법칙은 경제성장률 계산에도 적용돼요. 매년 경제성장률을 8%로 유지할 경우, 국민소득이 현재의 두 배가 되는 시점은 72÷8=9, 즉 9년 후가 되죠. 물가상승률이 4%대로 유지된다고 가정할 때 물가수준이 지금의 두 배가 되는 시점은 72÷4=18이라서 18년 후가 된답니다.

출처: 조선일보, [경제이야기]

연습문제

1. 인천(주)에서는 신규투자를 위해 과거의 원가를 분석하고자 한다. 분석방법으로는 원가자료를 변동원가와 고정원가, 준변동원가로 분류하는 방법을 이용하고자 한다. 다음은 회사의 주제품인 우유 1,000리터 생산에 소요된 지난 한 달간의 원가자료이다.

직접재료원가	₩100,000
직접노무원가	80,000
제조간접원가	
감독자급여	10,000
소 모 품 비	6,500
전 력 비	18,000
감가상각비	30,000

회계부서에서 분석한 자료로는 전력비의 30%가 고정원가요소인 것으로 판단된다.

물음 계정분석법에 의한 원가함수를 추정하시오.

2. KS Co.의 지난 6개월간 기계시간과 수선비에 대한 자료는 다음과 같다.

기간	기계시간	수선유지비
1월	3,000시간	180,000
2월	2,200	96,000
3월	2,000	100,000
4월	3,600	240,000
5월	5,000	400,000
6월	4,800	420,000

물음

1) 고저점법을 이용하여 월간 수선비에 대한 원가함수를 추정하시오.

2) 추정된 원가함수의 상수는 수선비 중 고정비를 나타내는가?

3. KS항공제조(주)의 헬기사업부는 ABC항공(주)로부터 헬기콥터 8대를 주문받고, 헬리콥터의 조립원가를 검토한 결과 다음과 같은 자료를 수집하였다. KS항공제조(주)는 다음의 두 가지 방법 중 하나를 선택하여 헬리콥터를 생산할 수 있다.

	노동집약적 조립방법	자본집약적 조립방법
단위당 직접재료원가	₩40,000,000	₩36,000,000
첫 단위 생산시 직접작업시간	2,000시간	800시간
작업시간 학습율	85%*	90%**
시간당 직접노무원가	₩30,000	₩30,000
제조간접원가		
직접작업시간당 설비관련원가	₩12,000	₩45,000
재료처리원가	직접재료원가의 50%	좌 동

* 누적평균시간 학습모형; b=-0.234465
** 증분단위시간 학습모형; b=-0.152004

물음

1) 양 방법에 의한 헬리콥터 8대에 소요되는 직접작업시간을 산정하시오.

2) 양 방법에 의한 헬리콥터 8대에 소요되는 조립원가의 총액을 산정하고, 어떤 방법에 의한 경우가 어느 만큼의 원가가 적게 발생하는지를 산정하시오.

해답

1.

	실제원가	추정변동원가	추정고정원가
직접재료원가	₩100,000	₩100,000	
직접노무원가	80,000	80,000	
제조간접원가 :			
감독자급여	10,000		₩10,000
소모품비	6,500	6,500	
전력비	18,000	12,600	5,400
감가상각비	30,000		30,000
합 계	₩244,500	₩199,100	₩45,400

따라서 원가함수는 다음과 같이 추정된다.

$$y = \frac{₩199,100}{1,000} \times x + ₩45,400 = ₩199.1x + ₩45,400$$

2. 1)

$$단위당변동원가 a = \frac{₩400,000 - ₩100,000}{5,000시간 - 2,000시간} = ₩100$$

고정원가 b = ₩400,000 - ₩100 × 5,000시간 = -₩100,000
또는 ₩100,000 - ₩100 × 2,000시간 = -₩100,000

따라서 원가함수 y = ₩100x - ₩100,000이 된다.

2) 추정된 원가함수의 상수는 −₩100,000이다. 이는 비선형 원가함수를 선형으로 추정하거나 조업도가 0인 점이 관련범위 밖에 있기 때문이다. 따라서 원가함수의 상수가 수선비 중 고정원가를 나타내지 못하므로 다른 원가추정방법을 이용하여 고정원가를 추정하는 것이 바람직하다.

3. 1)

가. 누적평균시간 학습모형

누적생산량	단위당 누적평균시간	총누적시간	X번째의 개별단위 증분시간
1	2,000	2,000	2,000
2	1,700(2,000×85%)	3,400	1,400
3	1,546*	4,638	1,238
4	1,445(1,700×85%)	5,780	1,142
5	1,371	6,855	1,075
6	1,314	7,884	1,029
7	1,267	8,869	985
8	1228.25(1,445×85%)	9,826	957

* 식 y $=aX^b$에서 X=3, a=2,000, b=−0.234465인 경우
  y=2,000×3−0.234465=1,546시간

나. 증분단위시간 학습모형

누적생산량	X번째의 개별단위 증분시간	총누적시간	단위당 누적평균시간
1	800	800	800
2	720(800×90%)	1,520	760
3	677*	2,197	732
4	648(720×90%)	2,845	711
5	626	3,471	694
6	609	4,080	680
7	595	4,675	668
8	583(648×90%)	5,258	657

* 식 y $=aX^b$에서 X=3, a=800, b=−0.152004인 경우
  y=800 × $3^{-0.152004}$=677시간

2)

	노동집약적 조립방법	자본집약적 조립방법
직접재료원가	₩320,000,000	₩288,000,000
(8×₩40,000,000; ₩36,000,000)		
직접노무원가	294,780,000	157,740,000
(₩30,000×9,826시간; 5,258시간)		
제조간접원가		
설비관련	117,912,000	236,610,000
(9,826시간×₩12,000; 5,258시간×₩45,000)		
재료처리	160,000,000	144,000,000
(50%×₩320,000,000; ₩288,000,000)		
총조립원가	₩892,692,000	₩826,350,000

따라서 자본집약적 조립방법에 의한 경우가 ₩66,342,000만큼 원가가 적게 발생한다.

종합문제

1. 다음은 충남세차서비스(주)의 2017년 1년간의 자료이다. 이 회사는 2017년에 80,000대의 자동차를 세차하였다.

계 정	원 가
노무원가	₩240,000,000
소모품비	32,000,000
수도료	28,000,000
전기료	72,000,000
감가상각비	64,000,000
감독자 급여	30,000,000
회계담당자 급여	16,000,000

물음

1) 각 계정을 세차한 차량의 수량에 따라 변동원가 또는 고정원가로 분류하시오.
2) 충남세차서비스(주)는 2018년 90,000대의 차량을 세차할 수 있을 것으로 기대한다. 위 1)에서의 원가분류를 토대로 2018년의 총원가를 추정하시오.
3) 2017년 및 2018년의 한 대당 평균세차원가를 계산하시오.

2. 강동제조(주)의 지난 7개월간의 생산량과 월별 제조원가는 다음과 같다.

기 간	생산량	제조원가
1월	2,100단위	1,800,000
2월	2,350	1,950,000
3월	2,700	2,180,000
4월	2,820	2,240,000
5월	2,950	2,300,000
6월	3,100	2,520,000
7월	3,000	2,331,000

물음 위의 자료를 이용하여 고저점법에 의한 원가함수를 추정하시오.

	직접노동시간	제조간접원가
1월	2,000시간	₩ 90,000
2월	1,600	70,000
3월	2,700	115,000
4월	2,300	95,000
5월	1,600	80,000
6월	3,300	150,000
7월	2,900	135,000
8월	1,200	55,000
9월	2,400	120,000
10월	4,000	160,000

3. 다음은 강원(주)의 2017년 10개월간의 조업도와 원가에 관한 자료이다.

물음 위 자료로 회귀분석법을 이용하여 원가방정식을 추정하시오.

4. 한국 경비행기 제조주식회사는 새로 설계한 경비행기 1대를 생산하였다. 회사는 이 경비행기 생산을 위해 3,000직접작업시간이 소비되었다. 이 회사는 차후 경비행기 생산에 직접작업시간에 대한 90%의 누적평균시간 학습모형이 적용될 것으로 기대하고 있다(90% 학습곡선은 b = −0.1520).
경비행기 1대 생산과 관련된 변동원가는 다음과 같다.

직접재료원가	₩80,000,000
직접노무원가	@₩25,000/직접작업시간
변동제조간접원가	@₩15,000/직접작업시간

물음 경비행기를 2대, 4대, 8대 생산하는 경우의 총변동원가를 계산하시오.

제 9 장 활동중심원가계산과 활동중심경영

최근 제조간접원가를 배분하기 위한 유용한 원가계산인 활동중심원가계산(Activity-Based Costing; ABC)이 등장하였다. 본 장에서는 먼저 최근 등장한 활동중심원가계산과 이 ABC를 더욱 확장하여 새롭게 등장한 시간동인 활동중심원가계산(Time-Driven Activity-Based Costing; TDABC)에 대해 설명하고, 또한 이 ABC를 통해 얻어진 활동원가정보를 활용한 효율적 원가관리 즉 이와 같은 ABC를 활용한 원가관리인 활동중심경영(Activity-Based Management; ABM)을 설명한다. 이 ABM에서는 활동원가정보를 활용한 각 세그먼트(segment)별 수익성 분석(profitability analysis)인 고객수익성 분석, 제품수익성 분석 등을 설명한다.

제 1 절 활동중심원가계산

1.1 활동중심원가계산의 의의

최근 기업을 둘러싸고 있는 환경들은 급변하고 있는 실정이다. 산업사회가 고도화하고 있으며 고객의 욕구 등도 다양화하여 생산방식도 소품종 대량생산방식에서 다품종 소량생산방식으로 변화하고 있다. 이에 따라 기업에서는 전략적 의사결정에 필요한 정확한 원가정보의 생성이 점차 필요하게 되었으며, 또한 전통적인 노동집약적인 생산방식에 대신하여 새로운 자본집약적인 생산방식이 등장하게 되었다.

이러한 새로운 생산방식의 등장은 대규모의 설비투자를 요구하게 되었으며 이것은 결국 원가 구성요소를 변화시켜 제조간접원가의 비중이 증대되게 되었다. 따라서 직접노무원가나 직접노동시간, 기계시간 등과 같은 전통적인 조업도 관련 배분기준으로 제조간접원가를 배분하는 전통적인 원가계산방법으로는 결국 제품원가의 왜곡을 초래하게 되어, 새로운 원가계산방법의 도입이 요구되게 되었는데 이것이 이른바 **활동중심원가계산(활동기준원가계산; Activity-Based Costing; ABC, 이하 ABC로 약칭함.)**이다.

이 새로운 원가계산방법인 ABC는 전통적인 원가계산방법과는 달리 제조간접원가를 활동(activity)별로 집계하고 활동별로 집계한 원가를 그 원가를 발생시킨 **원가동인(원가요인, cost driver)**[1]을 기초로 배분하는 방법을 말한다. 즉 전통적인 원가계산방법에서는 제조간접원가를 공장 전체나 부문별로 집계하여 제조간접원가를 발생시키는 원인과 관계가 없는 제품의 제조관련 조업도를 기준으로 배분함으로써 원가가 왜곡되었다. 따라서 ABC는 제품원가를 정확히 계산하기 위하여 자원을 소비하는 활동별로 제조간접원가를 집계하고, 그 원가를 발생시킨 원가동인을 기준으로 제조간접원가를 배분하는 새로운 원가계산방법이라고 말할 수 있다.

1.2 활동중심원가계산의 목적

ABC의 목적은 다음과 같이 두 가지로 요약할 수 있다.

첫째, ABC는 정확한 원가정보를 제공해 준다. 전통적인 원가계산은 제조간접원가의 배분에 있어서 원가의 발생과 인과관계가 낮은 조업도를 배분기준으로 계속 사용함으로써 원가정보의 왜곡을 초래하였다.

제조환경의 변화로 제조간접원가가 차지하는 비중이 증가하였으며 그 중에는 조업도와 관계없이 발생하는 원가가 상당부분을 차지함에도 불구하고 조업도를 기준으로 원가를 배분하는 것은 결국 원가의 왜곡현상을 초래하게 되었다.

이와 같이 전통적인 원가계산은 제조간접원가의 배분에 있어서 원가의 발생과 인과관계가 낮은 조업도를 배분기준으로 사용함으로써 원가정보의 왜곡을 초래하나, ABC는 제조간접원가를 활동별로 집계하고, 활동별로 집계한 원가를 그 원가를 발생시킨 원가동인을 기초로 배분하므로 정확한 원가계산이 가능하다.

둘째, ABC는 효율적 원가관리를 위한 정보를 제공해 준다. 전통적 원가계산은 단지 제품의 단위당 원가계산만을 위한 것이었으므로 효율적 원가관리를 위한 정보는 제공할 수 없었다. 그러나 ABC는 제품원가의 정확한 산정뿐만 아니라 활동분석 등을 통해 원가의 절감 등 효율적 원가관리를 위한 정보를 제공할 수 있다.

---

1) 원가동인 또는 원가요인(원가작용요인이라고도 함)이란 원가를 발생시키는 요인, 혹은 그 요인의 수량을 반영하는 물량적 척도를 말한다.

1.3 활동중심원가계산의 모형

[그림 1] 활동중심원가계산의 모형

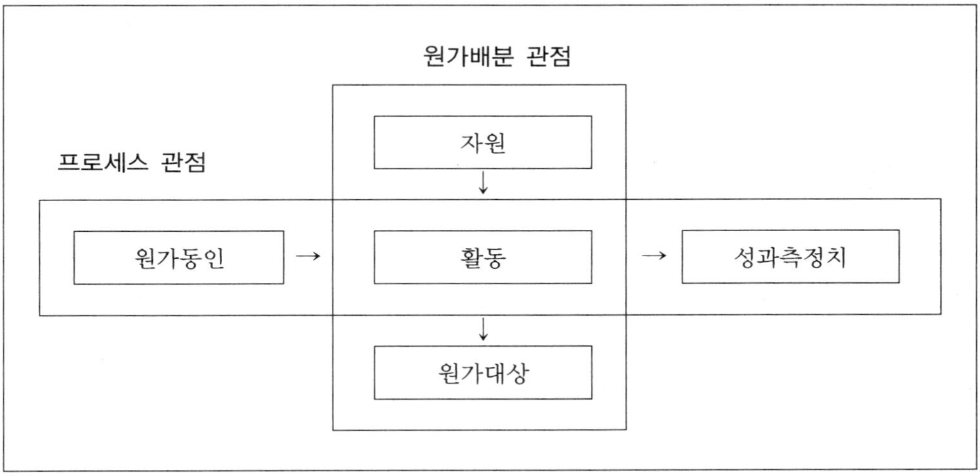

위에서 보는 바와 같이 ABC는 원가배분 관점[2](cost assignment view, 또는 원가계산과정)과 프로세스 관점[3](process view, 또는 활동관리과정)으로 나누어 볼 수 있다.

우선 원가배분 관점(또는 원가계산과정)에서 보면 ABC의 중요한 목적 중의 하나는 정확한 원가를 계산하는 것이라고 할 수 있다. 이러한 목적을 달성하기 위하여 ABC에서 중요한 요소는 자원(resources)과 활동(activities), 그리고 원가대상(cost objects)이다. 즉 활동은 자원을 소비하고, 원가대상은 활동을 필요로 한다. 그러므로 ABC에서는 자원으로부터 활동을 거쳐 원가대상으로의 원가의 흐름을 인과관계에 의해 파악하여 정확한 원가를 산정하고자 하는 것이다(ABC).

한편 프로세스 관점(또는 활동관리과정)에서 보면 활동중심원가계산은 기업에서 수행하고 있는 활동에 관한 정보를 제공한다. 이 경우는 원가동인(cost drivers)과 활동(activities), 그리고 성과측정치(performance measures)가 중요한 요소가 된다. 활동중심원가계산을 수행하기 위해서는 당해 기업이 수행하는 활동을 분석하여야 하는데 이 활동분석(activity analysis)을 통해 활동에 관한 정보를 얻게 된다. 즉 체계적인 활

2) 여기서 **원가배분 관점**이란 자원을 소비하는 활동과 활동을 소비하는 원가대상 간의 인과관계에 근거하여 이를 반영하는 자원, 활동을 파악함으로써 원가대상의 원가를 정확히 파악하고자 하는 관점을 말한다.

3) 여기서 **프로세스 관점**이란 ABC을 통하여 효과적인 활동수행 여부와 개선의 기회를 제공한다는 데 초점을 맞추는 관점을 말한다.

동분석을 통해 활동을 부가가치활동(value added activity)과 비부가가치활동(non-value added activity)으로 구분하고, 비부가가치활동을 가능한 한 줄이거나 제거하기 위하여 그 활동을 유발시키는 원가동인(process drivers)을 줄이거나 제거하여야 한다. 또한 비부가가치활동을 줄이거나 제거하기 위해서는 성과측정치의 올바른 선택이 요구된다(ABM).

1.4 활동중심원가계산의 계산절차

ABC는 전통적인 원가계산과는 달리 원가를 활동별로 집계한다. 활동은 자원을 소비하고 원가대상은 활동을 필요로 한다. 그러므로 ABC는 자원으로부터 활동을 거쳐 원가대상으로의 원가의 흐름을 파악하여 정확한 원가를 산정하고자 하는 것이므로 활동분석이 필요하며, 각 활동별로 원가를 집계하여 원가를 배분하는 계산절차를 따르고 있다.

1. 활동분석

활동은 자원을 소비하는 단위이므로 원가를 집계하기 위하여 기업 내의 활동을 분석하여 활동의 종류와 수를 결정한다. 이 과정에서 특정의 활동이 제품의 가치를 증가시키는 활동인 **부가가치활동(value added activity)**인지 아니면 제품의 가치를 증가시키지 못하고 단지 자원만 소비하는 활동인 **비부가가치활동(non-value-added activity)**인지를 구별할 수 있으므로 효율적인 원가관리가 가능해진다.

ABC에서는 활동을 일반적으로 다음과 같이 나누어 분석한다.

① 단위수준활동

단위수준활동(output unit-level activities ; 단위관련활동)이란 각 제품의 생산량(또는 기계시간, 직접작업시간 등)에 비례하여 발생하는 활동을 말한다. 예컨대, 직접재료원가나 직접노무원가를 발생시키는 활동이나 기계시간 등에 비례하여 소비되는 공장소모품의 소비활동(예 : 기계 윤활유의 소비) 등이 여기에 속한다.

② 묶음수준활동

묶음수준활동(batch-level activities ; 묶음관련활동)이란 생산을 위하여 작업준비를 하는 것과 같이 묶음생산이 이루어질 때마다 수행되는 활동을 말한다. 즉 제품의 개별단위가 아닌 묶음단위와 관련된 활동으로 작업준비활동, 주문활동 등이 여기에 속한다.

③ 제품유지활동

제품유지활동(product－sustaining activities)이란 생산된 제품의 단위수준이나 묶음수준과 관계없이 특정제품을 지원하기 위한 활동을 말한다. 예컨대, 특정제품의 설계활동, 연구개발활동 등이 여기에 속한다.

④ 설비유지활동

설비유지활동(facility－sustaining activities)이란 특정제품의 생산과는 관계없이 조직 전체를 지원하는 활동을 말한다. 설비유지활동과 관련하여 발생하는 원가에는 공장관리비, 재산세 등이 있다. 일반적으로 이러한 원가와 원가배분기준 사이에 적절한 인과관계를 찾는 것이 어려우므로 이러한 원가는 제품에 배분하기보다는 영업이익에서 차감하는 것이 바람직하다.

예제 1

KS양복(주)는 고객의 요구에 부응하는 맞춤양복을 만들어 판매하고 있다. 지난달 이 회사는 양복 500벌을 생산하여 판매하였다. 다음은 지난달 발생한 원가들이다.

양복을 만드는데 사용된 옷감의 재료원가	₩ 60,000,000
양복을 만든 직원의 인건비	5,000,000
양복 디자인 직원의 인건비	4,000,000
양복 판매원의 인건비	1,000,000
신소재 및 디자인연구를 위한 직원의 인건비	3,000,000
양복을 만드는 기계 수선공의 인건비	2,000,000
사장 보조원의 인건비	1,200,000
양복 진열원가	400,000
양복제조와 관련하여 발생한 수도광열비	200,000
양복제조 기계에 대한 감가상각비	10,000,000
지방매스컴을 통한 광고비	800,000
광고선전을 위한 경비행기 임차비용	1,400,000
제조직원을 위한 보험료	2,000,000
건물임차료*	6,000,000

* 2층을 임차하여 그 중 1층의 1/2은 사무실로, 나머지 1/2은 판매부서로 사용하며, 2층은 모두 제조 및 원재료 보관장소로서 사용하고 있다.

요구사항

1. 이상의 자료를 토대로 다음의 각 범주의 하나로 분류하고, 각 범주별 원가를 구하시오.

직접재료원가 :
직접노무원가 :
제조간접원가 :

판매비 :
마케팅비용 :
연구개발비 :
관리비 :

2. 이상의 자료를 토대로 다음의 각 범주의 하나로 분류하고, 각 범주별 원가를 구하시오.

단위수준활동원가 :
묶음수준활동원가 :
제품유지활동원가 :
설비유지활동원가 :

풀이

1.

직접재료원가 :		
양복을 만드는데 사용된 옷감의 재료원가		₩60,000,000
직접노무원가 :		
양복을 만든 직원의 인건비	5,000,000	
양복 디자인 직원의 인건비	4,000,000	9,000,000
제조간접원가 :		
양복을 만드는 기계 수선공의 인건비	2,000,000	
양복제조와 관련하여 발생한 수도광열비	200,000	
양복제조 기계에 대한 감가상각비	10,000,000	
제조직원을 위한 보험료	2,000,000	
건물임차료(6,000,000×1/2)	3,000,000	17,200,000
판매비 :		
양복 판매원의 인건비	1,000,000	
건물임차료(6,000,000×1/4)	1,500,000	2,500,000

마케팅비용 :		
양복 진열원가	400,000	
지방매스컴을 통한 광고비	800,000	
광고선전을 위한 경비행기 임차비용	1,400,000	2,600,000
연구개발비 :		
신소재 및 디자인연구를 위한 직원의 인건비		3,000,000
관리비 :		
사장 보조원의 인건비	1,200,000	
건물임차료(6,000,000×1/4)	1,500,000	2,700,000
총원가		₩97,000,000

2.

단위수준활동원가 :		
양복을 만드는데 사용된 옷감의 재료원가	₩60,000,000	
양복을 만든 직원의 인건비	5,000,000	
양복 디자인 직원의 인건비	4,000,000	
양복제조 기계에 대한 감가상각비	10,000,000	79,000,000
묶음수준활동원가 :		
양복 판매원의 인건비*		1,000,000
제품유지활동원가 :		
신소재 및 디자인연구를 위한 직원의 인건비	3,000,000	
양복제조와 관련하여 발생한 수도광열비	200,000	32,000,000
설비유지활동원가 :		
양복을 만드는 기계 수선공의 인건비	2,000,000	
사장 보조원의 인건비	1,200,000	
양복 진열원가	400,000	
지방매스컴을 통한 광고비	800,000	
광고선전을 위한 경비행기 임차비용	1,400,000	
제조직원을 위한 보험료	2,000,000	
건물임차료	6,000,000	13,800,000
총원가		₩97,000,000

* 만일 고객에게 한 번에 한 벌씩만 판매한다면 단위수준활동원가로 분류할 수 있다.

2. 활동별 원가집계

활동분석을 토대로 각 활동별로 원가를 집계한다. 즉 각 활동별로 자원의 소비를 파악하여 발생한 원가를 집계한다.

3. 원가동인의 결정

원가의 발생과 직접적인 관계가 있는 요인(동인; driver)을 파악한다. 이것은 곧 활동별 원가 배분기준이 된다. 예컨대, 주문활동의 경우 주문횟수 등이 여기에 해당한다[4].

4. 활동별 원가동인율의 산출

각 활동별로 집계된 제조간접원가를 활동별 원가동인 수로 나누어 활동별 원가동인율, 즉 각 활동별 제조간접원가 배분율을 구한다.

---

4) ABC시스템을 설계하기 위해서는 다음의 3가지 활동 원가동인인 거래동인(transaction drivers), 시간동인(duration drivers), 포괄동인(intensity drivers) 중 하나를 선택하여야 한다. 그러나 이 셋 중 하나를 선택할 때는 그것에 대한 측정 원가(cost of measurement)와 그것을 얻을 수 있는 정확성(accuracy)을 고려하여야 한다.
거래동인(transaction drivers)은 그 예로서 '작업준비횟수(numbers of setups)'를 들 수 있는데 이것은 활동을 위해 어떤 원가동인이 얼마나 자주 수행되느냐 하는 것이다. 이 거래동인은 어떤 활동에 대해 항상 동일한 수요 즉 동일한 시간과 노력을 나타낼 때 사용될 수 있는 원가동인으로, 가장 적은 비용으로 구할 수 있으나 반면 가장 정확성이 떨어지는 원가동인이라고 할 수 있다. 한편 시간동인(duration drivers)은 그 활동을 수행하는데 요구되는 시간의 양으로 나타낼 수 있는 원가동인을 말한다. 이 시간동인은 활동을 수행하는데 요구되는 시간의 차이가 크게 다를 때 사용할 수 있다. 예컨대 단순한 제품을 생산하기 위해서는 30분의 작업준비시간이 필요하지만, 복잡하고 정교한 제품을 생산하기 위해서는 3시간의 작업준비시간이 필요한 경우 작업준비횟수와 같은 거래동인을 사용하게 되면 단순한 제품 준비에는 원가가 과대하게 배분될 것이며, 복잡하고 정교한 제품 준비에는 원가가 과소하게 배분될 것이다. 이러한 경우 ABC설계자는 작업준비원가를 개별 제품에 배분하기 위해서는 '작업준비시간(setup hours)'과 같은 시간동인을 사용할 필요가 있다. 이 시간동인의 예로는 작업준비시간, 검사시간, 직접작업시간 등을 들 수 있다. 그 밖에 원재료 이동의 경우 '이동거리'도 이 시간동인의 하나로 간주될 수 있을 것이다. 이 경우 '이동거리'는 원재료 이동을 시간의 대용치로 사용할 수 있기 때문이다. 일반적으로 시간동인은 거래동인 보다는 더 정확할 수 있으나 비용 또한 더 드는 문제가 있다. 한편 포괄동인(intensity drivers)은 시간동인으로 충분히 정확하지 않을 때 사용할 수 있다. 이 포괄동인은 활동을 수행할 때마다 사용되는 자원의 양이 상이할 때, 즉 시간동인을 사용하는 것이 쉽지 않을 때 그 자원의 양을 활동에 직접 부과하는 것이다. 예컨대 어떤 복잡하고 정교한 제품을 생산하기 위해 작업준비활동을 하는 경우 특별한 작업준비 및 기술자, 고급 장비가 필요할 수 있다. 시간당 작업준비원가와 같은 시간동인은 모든 시간의 원가가 동일하다고 가정하므로 숙련공이나 고급 장비와 같은 요인은 고려하지 않고 있으므로 정확한 원가동인이라고 할 수 없다. 이와 같은 복잡하고 정교한 제품을 만들기 위해 숙련공이나 고급 장비 등이 필요한 경우는 포괄동인이 더 적합할 것이다. 그러나 이 원가동인은 다른 원가동인에 비해 정확성은 있으나 비용도 더 많이 발생하는 문제점이 있을 수 있다.

활동별 원가동인율 = 활동별 제조간접원가 / 활동별 원가동인 수

5. 활동원가의 계산

각 원가대상이 사용한 활동 수에 각 활동별 동인율을 곱하여 활동원가를 계산한다.

활동원가 = 활동 수 × 활동별 원가동인율

1.5 활동중심원가계산의 예

예제 2

KS가구제조(주)는 가구를 제조하는 회사로서 고급형과 일반형을 생산하고 있다. KS가구제조(주)는 처음에는 일반형 가구만 만들었으나 최근에는 소비자들의 주문에 의해 고급형 가구도 생산하고 있다. 그런데 최근 고급형 가구를 생산한 이후 고급형 가구의 수요는 꾸준히 증가하고 있으나 오히려 회사전체의 이익은 감소하고 있는 실정이다. 다음은 KS가구제조(주)의 원가관련 자료이다.

	고급형	일반형
예상생산량	2,500단위	20,000단위
단위당 직접노동시간	4시간	2시간
단위당 직접재료원가	180원	127.5원
단위당 직접노무원가	19.2	9.6
총제조간접원가	2,400,000원	

또한 ABC을 위한 자료는 다음과 같다.

활 동	원가동인	활동별원가	제품별 원가동인 수		
			고급형	일반형	합 계
매입주문활동	주문횟수	100,800원	10회	20회	30회
재작업지시활동	지시횟수	259,200	60	120	180
품질검사활동	검사횟수	540,000	8	22	30
기계관련활동	기계시간	1,500,000	40시간	60시간	100시간
합 계		2,400,000원			

이상의 자료로 요구사항에 답하시오.

요구사항

1. KS가구제조(주)는 전통적으로 직접재료원가를 기준으로 제조간접원가를 배분하였다고 할 때의 제조간접원가 배분율과 각 제품의 단위당 제조원가를 구하시오.
2. KS가구제조(주)는 이제 제조간접원가의 배분을 위해 ABC를 도입하고자 한다. 이 원가계산방법에 의한 각 제품의 단위당 제조원가를 구하시오.
3. 요구사항 1.에 의하면 KS가구제조(주)는 전통적으로 제조간접원가를 직접재료원가를 기준으로 배분하였다고 하였다. 이 배분기준방법에 대한 당신의 견해는 어떠한가?
4. 위의 자료를 이용하여 당신은 KS가구제조(주)의 이익감소를 어떻게 설명하겠는가?

풀이

1.

1) 제조간접원가 배분율 = ₩2,400,000/(2,500단위×@₩180+20,000단위 × @₩127.5) = @₩0.8/직접재료원가

고급형에 대한 제조간접원가 배분액	=	2,500단위×@₩180×@₩0.8
	=	₩360,000
일반형에 대한 제조간접원가 배분액	=	20,000단위×@₩127.5×@₩0.8
	=	₩2,040,000
합 계	=	₩2,400,000

2) 단위당 제조원가

	고급형	일반형
직접재료원가	₩180.0	₩127.5
직접노무원가	19.2	9.6
제조간접원가	144*	102**
제조원가	₩343.2	₩239.1

* ₩360,000/2,500단위 ** ₩2,040,000/20,000단위

2.

1) 원가동인율

매입주문활동	₩100,800/30회	= @₩3,360/회
재작업지시활동	₩259,200/180회	= @₩1,440/회
품질검사활동	₩540,000/30회	= @₩18,000/회
기계관련활동	₩1,500,000/100시간	= @₩15,000/시간

2) 단위당 제조간접원가 배분액

	고급형		일반형	
매입주문활동	@₩3,360×10회 =	₩33,600	@₩3,360× 20회 =	₩67,200
재작업지시활동	1,440×60회 =	86,400	1,440×120회 =	172,800
품질검사활동	18,000×8회 =	144,000	18,000×22회 =	396,000
기계관련활동	15,000×40시간 =	600,000	15,000×60시간 =	900,000
합 계		₩864,000		₩1,536,000
생산수량		2,500단위		20,000단위
단위당 제조간접원가 배분액		@₩345.6		@₩76.8

3) 단위당 원가

	고급형	일반형
직접재료원가	₩180.0	₩127.5
직접노무원가	19.2	9.6
제조간접원가	345.6	76.8
제조원가	₩544.8	₩213.9

3. KS가구제조(주)의 경우 가구를 제조하는 업체이며 제조원가 중 직접재료원가의 비중이 크므로 직접재료원가를 기준으로 제조간접원가를 배분하는 것이 다른 원가배분기준 예컨대, 직접노무원가나 직접노동시간을 기준으로 배분하는 방법보다 더 타당하다고 주장할 수 있으나, 이하에서 보는 바와 같이 다른 배분기준보다 더 타당하다고 주장하는 것이 어렵다. 그 증거로서 다음과 같이 여러 가지 배분기준에 따른 제조간접원가 배분액을 산정해 볼 수 있다.

	고급형	일반형	합 계
직접재료원가 기준	₩360,000	₩2,040,000	₩2,400,000
직접노동시간 기준	480,000	1,920,000	2,400,000
직접노무원가 기준	480,000	1,920,000	2,400,000
활동별 원가동인 기준	864,000	1,536,000	2,400,000

일반적으로 활동별 원가동인에 의한 제조간접원가의 배분이 보다 합리적이라고 한다면 직접재료원가를 기준으로 배분하는 것 보다 직접노동시간이나 직접노무원가를 기준으로 배분하는 것이 위에서 보는 바와 같이 더 나은 방법이라고 할 수 있을 것이다.

4. 전통적인 방법에 의하면 제조간접원가는 직접재료원가를 기준으로 배분하였으므로 제조간접원가의 15%(₩360,000/₩2,400,000)만이 고급형에 배분되었다. 그러나 고급형은 전체 매입주문활동과 재작업지시활동의 1/3을 소비하며, 품질검사활동의 26.7%, 기계관

련활동의 40%를 소비한다. 그럼에도 불구하고 전체 제조간접원가의 15%만 배분되므로 단위당 원가가 ₩343.2이 되어 이를 기준으로 가격결정(원가가산 가격결정; cost plus pricing)이 이루어진다면 고급형의 판매가격이 너무 낮게 설정되게 된다. 이것이 과거 몇 년 동안의 KS가구제조(주)의 이익감소의 원인 중의 하나라고 할 수 있다.

제 2 절 시간동인 활동중심원가계산

2.1 전통적 활동중심원가계산

1980년 후반부터 소개된 ABC는 전통적 원가계산의 오류를 바로 잡아주는데 큰 기여를 하였다. 전통적 원가시스템에서는 일반적으로 원가를 직접재료원가, 직접노무원가, 제조간접원가의 3가지 범주로만 사용하였으며, 직접재료원가나 직접노무원가와 같은 직접원가는 개별제품별로 직접 추적할 수 있으므로 문제가 없었으나, 생산지원부서의 경비 등 제조간접원가는 개별 제품별로 직접 추적할 수 없어 직접작업시간이나 직접노무원가 등과 같은 조업도를 기준으로 개별제품에 배분하여 왔다.

물론 이와 같은 전통적 원가계산에서 제조간접원가가 차지하는 비중이 적은 경우는 큰 문제가 되지 않았으나, 자동화 등의 영향으로 직접노무원가의 비중은 점차 감소하고 제조간접원가의 비중은 지속적으로 증가하며 다양하게 발생하는 현실에서는 그 배분에 어려움이 발생하게 되었고, 이로 인해 정확한 제품원가를 산정할 수 없게 되었다.

이와 같은 전통적 원가계산의 어려움을 극복하기 위하여 간접원가를 조직의 고유 자원에 의해 수행되는 활동별로 추적하여, 그 활동원가를 각 조직의 활동소비량(자원소비량)을 기초로 주문, 제품, 고객별로 배분하는 원가시스템이 바로 (전통적) 활동중심원가계산(ABC)이다. 이와 같은 ABC는 경영자들로 하여금 보다 정확한 ABC와 수익성 정보를 기초로 프로세스의 개선, 주문의 수락 및 거부, 가격책정, 고객관계 등과 관련된 기업의 의사결정을 좀 더 효율적으로 할 수 있게 되었고, 이러한 의사결정능력의 향상을 통해 회사들은 제품과 고객 수익성 등을 단기적으로 그리고 지속적으로 개선할 수 있었다. 그러나 이러한 ABC의 유용성에도 불구하고 다음과 같은 (전통적) ABC의 한계를 지적하는 목소리가 있어왔던 것이 사실이다.

① 낮은 도입비율과 높은 구축비용

이러한 전통적 ABC는 제품, 프로세스, 서비스, 고객 등의 원가 및 수익성에 관한 정보를 제공하는 유일한 경영관리시스템임에도 불구하고 도입한 조직은 전 세계적으로 50%에 불과한 것으로 드러났다. 이는 일부 기업들이 ABC를 도입하는데 따른 행동적 또는 조직적 저항 때문에 ABC를 도입하는데 실패하였거나 포기한 결과라고 할 수 있으나, 그보다는 이 ABC가 구축에 많은 비용이 들고 유지하기가 복잡하며, 수정이 용이하지 않다는 단점을 갖고 있기 때문일 것이다.

② 주관적인 자료

ABC의 경우 개인의 다양한 활동별 소비시간을 전적으로 각자의 주관적인 판단(즉 개인별 면접과 설문조사 등)에 의존하므로 각자의 주관적인 추정에 근거한 원가배분이 얼마나 정확한 것인지에 대해 의문을 제기하고 있다. 특히 개인은 총 캐퍼시티(완전조업도; full capacity)를 전제로 소요시간 측정치를 보고할 것이므로 이를 기초로 산정한 원가동인율(cost driver rate)로 간접원가를 배분하는 경우 문제가 발생할 수밖에 없게 된다. 사실상 원가동인율은 실질적 캐퍼시티(실질적 조업도; practical capacity)[5)]를 기초로 산정되는 것이 바람직할 것이기 때문이다.

③ 운영의 복잡성

ABC모형에 포함된 많은 활동들에도 불구하고 그것이 실제적인 운영의 복잡성을 파악하기에는 정확성이나 세밀성 측면에서 크게 부족할 수 있다는 것이다. 예컨대, 고객에 대한 주문 선적(ship order to customer)s의 경우 회사들은 선적된 주문별로 동일한 원가를 적용하기 보다는 최저적재량을 충족해서 운임요율을 할인받는 경우와 그렇

5) 조업도(capacity)는 크게 다음과 같이 4가지로 나눌 수 있다. ① 이론적 조업도(theoretical capacity) : 이것은 최고의 능률로 기계의 고장 등에 의한 조업중단이 전혀 허용되지 않는 이상적 상태에서만 달성할 수 있는 이상적 조업도수준으로서, 이론상으로만 달성 가능한 연간 최대조업도(총 캐퍼시티 또는 완전조업도)수준을 말한다. 이 이론적 조업도는 제조간접원가 등을 예정배분하기 위한 기준조업도로서 선택하는 경우보다는 후술하는 실질적 조업도(실제 최대조업도)를 측정하기 위한 출발점으로서 의미가 있다고 할 수 있다. ② 실질적 조업도(실제 최대조업도, practical capacity) : 이것은 기계의 고장, 작업대기, 작업자의 결근, 휴가 등 불가피한 작업정지에 의한 감소분을 허용하면서 달성할 수 있는 연간 최대조업도를 말한다. 따라서 이 조업도는 특정 공장이나 부문이 실제로 달성할 수 있는 최대수준의 조업도이나, 판매가능성을 고려하지 않고 오로지 생산기술적 관점에서 측정한 것이라고 할 수 있다. ③ 평균조업도(average capacity) : 이것은 수요의 계절적 및 경기변동의 영향에 의한 생산량의 증감을 장기적으로 평균한 조업도로서, 평균화하는 기간은 보통 3-5년이다. 따라서 이 조업도는 장기적인 생산 및 판매능력을 나타내는 것이라고 할 수 있다. ④ 연간기대조업도(expected annual capacity) : 이것은 경영자가 기대하는 다음 해의 예상조업도로서 일반적으로 종합예산 편성의 기초가 되는 예산조업도(budgeted volume)를 의미한다.

지 않은 경우의 원가차이를 알고 싶어 할 것이며, 급행 배송업체를 이용한 경우와 일반 배송업체를 이용한 경우의 원가차이를 알고 싶을 것이다. 이러한 다양한 배송에 따른 각기 다른 자원소비의 편차를 반영하기 위해서는 기존의 모형에 새로운 활동을 추가하여야 하고, 이로 인해 ABC모형은 더욱 복잡해질 것이다. 이런 식으로 더 광범위하고 복잡해진 활동들을 기초로 종업원들의 소요시간 배분에 관한 면접조사가 다시 이루어진다면 원가배분의 주관성과 부정확성은 이전보다 더 심화될 수도 있다는 것이다.

요약하자면 전통적인 ABC는 다음과 같은 실행상의 문제에 직면하게 된다.

첫째, 면접 및 설문조사에 너무 많은 시간과 비용이 소요된다.

둘째, ABC모형의 자료가 주관적이고 실제적 검증이 어렵다.

셋째, 자료의 저장, 처리, 보고에 많은 비용이 든다.

넷째, 대부분의 ABC모형은 지엽적이므로 전사적으로 수익성을 향상시킬 수 있는 기회에 대한 통합적인 관점을 제시해주지 못한다.

다섯째, ABC모형은 상황변화에 따른 업데이트가 용이하지 않다.

여섯째, ABC모형은 미사용 캐퍼시티(미사용 조업도; unused capacity)의 존재가능성을 무시하게 되므로 이론적으로 올바르지 않다고 할 수 있다.

2.2 시간동인 활동중심원가계산(TDABC)6)

위와 같은 전통적 ABC의 문제점을 해결하기 등장한 것이 바로 **시간동인 활동중심원가계산(Time-Driven Activity-Based Costing; TDABC, 이하 TDABC로 약칭함.)** 이다7). 이 TDABC는 종래의 ABC보다 간단하고 비용이 적게 들며 효능 면에서는 더 우수하다고 할 수 있다.

TDABC에서는 원가계산 과정을 대폭 단순화시켰다. 종전의 ABC모형에서 자원원가를 주문이나 제품, 고객 등 원가대상에 배분하기 전에 활동별로 배분하기 위해 실시하던 종업원들을 위한 면접조사나 설문조사 과정을 완전히 생략한 것이다.

이 새로운 TDABC모형에서는 다음의 두 가지 방법으로 자원원가를 직접 원가대상에

6) 위 시간동인 활동중심원가계산의 내용은 주로 Robert S. Kaplan and Steven R. Anderson의 "Time-Driven Activity-Based Costing(Harvard Business School Press, 2007)"을 인용하였음을 밝혀둡니다.

7) 2001년까지 Anderson과 Acorn은 '시간동인 활동중심원가계산(Time-Driven Activity-Based Costing)'이라는 용어를 사용하지 않고 '거래중심 ABC(Transaction-Based ABC)'라는 용어를 사용한 바 있다.

배분한다. 1) 자원 캐퍼시티 공급원가(cost of supplying resource capacity)를 산정한다. 예컨대, 고객의 주문을 처리하는 부서 또는 프로세스에 대해 생각해보자. TDABC에서는 이 부서 또는 프로세스에 공급하는 모든 자원인 투입 인원, 감독자, 점유 면적, 장비 등의 원가를 산정한다. 그리고 이 총원가를 그 부서의 캐퍼시티-그 업무를 실질적으로 수행한 종업원들의 이용가능시간-로 나누어 캐퍼시티 원가율(capacity cost rate)을 산정한다[8]. 2) 이 캐퍼시티 원가에 자원 캐퍼시티에 대한 수요(일반적으로 '시간'을 사용)를 곱하여 부서의 자원원가를 원가대상에 배분한다. 예컨대, 고객의 주문을 처리하는 부서의 경우 TDABC가 필요로 하는 자료는 오직 특정 고객의 주문을 처리하는데 소요되는 시간추정치(time estimate)이다. 그러나 TDABC의 경우 모든 고객의 주문이 모두 동일하다고 가정하지 않는다. 수작업 주문, 자동화된 주문, 급한 주문, 국제 주문, 위험물에 대한 주문, 신규고객의 주문 등 그 주문의 요구에 따라 시간추정치를 다양하게 산정할 수 있으며, 업무 수행에 필요한 실제적인 과정들을 전사적으로 시뮬레이션하는 것이 가능하다. 그러므로 TDABC는 자료의 예측, 저장, 처리능력을 크게 확장하지 않고도 종전의 ABC보다 훨씬 더 많은 변이와 복잡성을 수용하여 소위 시간방정식(time equations)으로 파악할 수 있다.

2.3 ABC와 TDABC의 비교

다음은 ABC와 TDABC를 비교하기 위한 예이다. 고객서비스부서의 분기별 총 운영비는 56,700,000원이며, 업무량과 관계없이 불변이라고 가정하자. 이 부서의 활동은 다음과 같다.

직원 수는 총 28명이고, 한 달 평균 20일(분기당 60일) 근무하며, 1일 근무시간은 7.5시간으로 보통 하루에 75분 정도를 휴식, 훈련, 교육 등에 소비한다.

1. ABC 방식

ABC 방식에서는 다음의 절차에 따라 원가를 배분한다.

8) 일반적으로 전통적 ABC에서 사용하는 시간동인(duration drivers)과 TDABC에서 사용하는 시간동인(time-driven)은 본원적으로 활동시간을 기준으로 한다는 점에서는 같다고 할 수 있으나, 전통적 ABC에서의 시간동인은 앞에서 본 바와 같이 세 가지 동인(transaction drivers, duration drivers, intensity drivers) 중 하나이며, TDABC에서의 시간동인은 경영활동을 위한 인적 자원, 물적 자원 대부분을 시간이라는 하나의 동인을 사용하여 측정한다는 점에서 차이가 있다고 할 수 있다.

① 고객서비스부서의 업무활동을 파악한다.

ABC의 경우 우선 그들의 다양한 업무량을 파악하기 위해서 모든 감독자와 부서 직원들을 대상으로 면접과 설문조사를 실시한다. 설명을 단순화하기 위해 ABC팀은 이 부서의 업무를 다음과 같이 세 가지 활동으로 파악하였다고 가정한다.

업무활동
고객주문 처리 활동
고객문의 처리 활동
고객신용조사 수행 활동

② 면접 및 설문조사를 통해 활동별로 소비한 시간 자료를 수집한다.

활동이 정해지면 면접 및 설문조사를 통해 활동별로 소비한 시간 자료를 수집한다. ABC의 경우 보통 이 단계에서 많은 시간이 소요되며, 정확한 자료의 수집이 용이하지 않게 된다. 일단 면접 및 설문조사의 결과 각 활동에 다음의 시간배분이 결정되었다고 가정하자.

고객주문 처리 활동	70%
고객문의 처리 활동	10%
고객신용조사 수행 활동	20%
	100%

③ 시간 자료를 활용하여 부서 원가를 각 활동별로 배분하고 각 활동별로 수행된 활동량에 관한 자료를 수집한다.

이 경우 분석을 단순화하기 위해 모든 고객주문 처리, 고객문의 처리, 고객신용조사 수행에 거의 동일한 양(시간)과 노력이 소요된다고 가정한다.

활동별 수행된 활동량
49,000건의 고객주문 처리
1,400건의 고객문의 처리
2,500회의 고객신용조사 수행

④ 활동별로 배분된 원가를 활동별 활동의 양(원가동인)으로 나누어 다음과 같이 평균 원가동인율을 산정한다.

활 동	소요 시간(%)	배분 원가(원)	원가동인량	원가동인율(원)
고객주문 처리	70	39,690,000	49,000	주문당 810
고객문의 처리	10	5,770,000	1,400	문의당 4,050
고객신용조사 수행	20	11,340,000	2,50	신용조사 수행당 4,536
합 계	100%	56,700,000		

⑤ 최종적으로 원가동인율과 고객의 활동별 활동의 양(원가동인)을 활용하여 비용을 고객별로 배분한다.

2. TDABC 방식

TDABC는 우선 활동을 정의하는 단계를 생략하므로 부서의 원가를 그 부서에서 수행한 활동별로 배분할 필요가 없다. 즉 TDABC에서는 시간과 비용이 많이 들고 객관성이 결여되어 있는 종래 ABC에서 사용하는 활동 관련 설문방식이나 인터뷰 과정을 모두 생략한다. 그 대신 TDABC에서는 독창적인 시간방정식(time equations)을 사용하여 자원원가를 수행한 활동과 처리된 거래에 직접 자동적으로 배분한다. 그러므로 TDABC에서는 1) 부서의 캐퍼시티 원가율(capacity cost rate)과 2) 부서에서 처리한 거래별 캐퍼시티 사용량(capacity usage)만이 필요하다. 그리고 이 두 가지는 모두 객관적으로 쉽게 추정할 수 있다.

TDABC 방식에서는 다음의 절차에 따라 원가를 배분한다.

① 캐퍼시티 원가율을 산정한다.

우선 캐퍼시티 원가율은 다음과 같이 정의한다.

캐터시티 원가율 = 캐퍼시티 원가/사용된 자원의 실질적 캐퍼시티

여기서 업무수행에 사용된 캐퍼시티 원가는 56,700,000원이다. 그리고 사용된 자원의 실질적 캐퍼시티를 측정하기 위해서는 실제로 업무를 수행한 자원(일반적으로 인원 또는 장비)의 양을 파악해야 한다. 이 부서의 직원 수는 총 28명(감독자나 지원인원은 이 인원에서 제외)이고, 한 달 평균 20일(분기당 60일) 근무하며, 매일 근무시간은 7.5시간이므로 각 직원은 1분기당 약 450시간(27,000분)의 업무를 수행한다. 그러나 고객서비스부서의 직원들은 보통 하루에 75분 정도를 휴식, 훈련, 교육 등에 소비하므로 각 직원들의 실질적 캐퍼시티(practical capacity)는 분기당 22,500분[(7.5시간×60분−75분)×60일]이 된다. 그리고 이 부서의 직원은 28명이므로 부서 전체의 실질적 캐퍼시티는 630,000분(22,500분×28명)이 된다. 이에 따라 다음과 같이 캐퍼시티 원가율을 산출할 수 있다.

캐퍼시티 원가율 = 56,700,000원/630,000분 = 90원/분

실제로 종업원 1인당 또는 장비 1대당 실질적 캐퍼시티를 산정하는 일은 매우 직접적이고 간단하다. 이것은 종업원과 기계가 한 달(또는 한 분기)에 평균적으로 얼마나 작업을 하는지, 그리고 예정된 휴식, 교육훈련, 회의, 유지활동 등을 제외하고 얼마나 작업하는지를 계산하는 것이다. 그러므로 캐퍼시티 원가율은 실제로 업무를 수행하는 자원의 양인 실질적 캐퍼시티를 파악하여 캐퍼시티당 원가율을 산정하는 것이다.

② 각 활동을 수행하는 데 소요되는 캐퍼시티의 양(소요시간)을 산정한다.

일반적으로 ABC에서는 작업준비횟수나 주문횟수 등과 같은 각 활동별 거래동인(transaction driver)을 사용한다. 그러나 TDABC에서는 이러한 거래동인의 개념을 사용하지 않고 단순히 이 거래활동 각각에 소요되는 캐퍼시티 즉 소요시간을 추정한다. 이 시간추정치는 직접적인 관찰이나 면접조사 등을 통해 확보할 수 있다. 실질적 캐퍼시티를 추정하는 경우와 마찬가지로 이 시간추정치도 완전히 정확할 필요가 없으며, 어느 정도의 정확성만 갖추면 충분하다. 그리고 종업원들의 주관적 추정에 의존하는 ABC와는 달리 TDABC의 캐퍼시티 소비량(소요시간) 추정치는 단순한 관찰만으로도 그 유효성을 쉽게 검증할 수 있다.

TDABC의 경우 고객서비스부서의 3가지 활동에 대해 직접적인 관찰을 통해 다음과 같은 평균 단위시간 추정치를 파악하였다고 가정하자.

고객주문 처리 : 8분
고객문의 처리 : 44분
고객신용조사 수행: 50분

③ 원가동인율을 산정한다.

캐퍼시티 원가율을 산정하고 각 활동을 수행하는데 각 활동에 소요되는 캐퍼시티의 양(소요시간)을 산정하였다면 이를 곱하여 다음과 같이 각 활동별 원가동인율을 산정할 수 있다.

활 동	단위시간(분)	원가동인율(분당 90원)
고객주문 처리	8	720원
고객문의 처리	44	3,960원
고객신용조사 수행	50	4,500원

한편 ABC모형의 3가지 고객서비스활동을 다음과 같은 하나의 시간방정식으로 간략히 표현할 수 있다.

고객서비스 시간(분) = 8분×고객주문 처리횟수+44분×고객문의 처리횟수 +50분×고객신용조사 수행횟수

2.4 TDABC의 유용성

1. 미사용 캐퍼시티의 양과 원가

일반적으로 TDABC의 원가동인율은 ABC의 원가동인율 보다 더 낮게 나온다. 그 이유는 TDABC의 경우 미사용 캐퍼시티가 존재하기 때문이며, 각 활동에 대한 원가를 다시 산정해보면 명확히 알 수 있다.

활 동	ABC 원가동인율	TDABC 원가동인율
고객주문 처리	810원	720원
고객문의 처리	4,050원	3,960원
고객신용조사 수행	4,536원	4,500원

활 동	단위시간(분)	원가동인량	소요시간(분)	총원가(원)*
고객주문 처리	8	49,000	392,000	35,280,000
고객문의 처리	44	1400	61,600	5,544,000
고객신용조사 수행	50	2500	125,000	11,250,000
사용 캐퍼시티			278,600	52,074,000
미사용 캐퍼시티(8.2%)			51,400	4,626,000
합 계			630,000	56,700,000

* 원가 동인량×TDABC 원가동인율(예컨대, 고객주문 처리활동의 총원가는 90원×392,000분(또는 49,000건×720원)으로 산정한다.

위 표에서 보는 바와 같이 이 기간 동안 사용된 자원의 실질적 캐퍼시티의 약 92%(578,600분/630,000분) 정도만이 생산적인 업무에 사용되었음을 알 수 있다. 그러므로 이 기간 동안 총비용 56,700,000원 중 약 92%만이 고객에게 사용된 것이다. 그러나 ABC에서는 56,700,000원 모두가 사용된 것으로 가정하므로 결국 활동 수행원가가 과대계산되는 결과를 낳게 된다. 이는 결론적으로 TDABC를 사용하는 경우 각 활동별 원가뿐만 아니라 그 효율성을 평가하는데도 유용하다는 것을 의미한다.

2. 미래 예측 능력

또한 TDABC는 과거의 자료를 토대로 측정하지만 그 주된 효용은 미래를 예측하는데도 도움이 될 것이다. 예컨대, 다음 기간에 다음과 같은 활동이 예상된다고 가정해보자.

활동별 예정된 활동양
51,000건의 고객주문 처리
1,150건의 고객문의 처리
2,700회의 고객신용조사 수행

이 경우 실질적 캐퍼시티를 통해 산정한 표준(고객주문당 720원, 고객문의당 3,960원, 고객신용조사 수행당 4,500원)을 토대로 원가를 주문과 고객에게 배분할 수 있다. 또한 이 표준원가율은 신규 사업을 받아들이거나 가격을 책정할 때도 유용하게 활용할 수 있다. 그리고 그 기간이 끝날 때 실제로 수행된 자원의 양이 예정하였던 것과 동일하다면 곧바로 다음과 같은 보고서도 작성할 수 있을 것이다.

활 동	단위시간(분)	원가동인량	소요시간(분)	총원가(원)*
고객주문 처리	8	51,000	408,000	36,720,000
고객문의 처리	44	1,150	50,600	4,554,000
고객신용조사 수행	50	2,700	135,000	12,150,000
사용 캐퍼시티			593,600	53,424,000
미사용 캐퍼시티(5.8%)			36,400	3,276,000
합 계			630,000	56,700,000

위 표에서 보는 바와 같이 회사는 이 보고서를 통해 3가지 활동을 수행하는데 필요한 시간과 그 자원원가를 알 수 있으며, 또한 사용 캐퍼시티와 미사용 캐퍼시티의 양과 원가를 파악할 수 있다. 따라서 경영자들은 3,276,000원의 미사용 캐퍼시티 원가를 검토하여 차기의 미사용자원에 대한 원가의 절감여부도 사전에 파악할 수 있을 것이다.

이와 같이 ABC에서는 활동별로 원가를 배분하고, 이것을 원가동인(cost driver)을 기준으로 배분하기 때문에 발생원가 전액이 배분되지만, TDABC에서는 부서의 가용시간인 실질적 캐퍼시티(practical capacity)를 기준으로 원가율을 산정한 다음에 캐퍼시티 소비량을 기준으로 원가를 배분하기 때문에 미사용 캐퍼시티(unused capacity)가 존재하는 경우 ABC가 TDABC보다 활동수행원가를 과대평가하게 된다. 그러므로 TDABC는 각 활동의 수행에 필요한 단위시간을 명확히 적시함으로서 조직은 활동 수행을 위해 사용가능한 자원 중 사용되지 않은 캐퍼시티의 양과 원가는 물론이고, 각 활동별 원가와 효율성에 관해서도 좀 더 유효한 시그널을 얻게 된다.

3. 시간방정식을 통한 자원수요 파악

TDABC에서는 거래 유형에 따른 시간수요(time demand)의 차이를 쉽게 반영할 수 있다. 그러므로 TDABC에서는 ABC와는 달리 가정을 단순화할 필요가 없다. 즉 TDABC에서는 ABC와 달리 모든 주문이나 거래가 동일하고 그 처리에도 동일한 시간이 소용된다고 가정할 필요가 없으므로 단위시간 추정치는 주문과 활동의 특성에 따라 자유자재로 변화시킬 수 있다. 예컨대, 주문품을 선적하기 위해 포장을 하는 부서의 경우를 생각해보자. 표준품의 포장에 0.5분의 시간이 소요되며, 특별한 포장의 경우 추가로 6.5분이 더 소요되며, 제품을 항공편으로 보내야 하는 경우 비닐포장으로 인해 추가로 0.2분이 더 소요되고, 위험물질 포장에 30분이 더 소요된다고 가정하자. 이 경우 TDABC에 의하면 선적 특성에 따라 여러 가지 조합이 가능한 모든 활동들을 하나씩 개별적으로 정의하거나 그 거래를 일일이 측정하는 번거로움 없이 이 부서의 자원수요를 다음과 같은 간단한 시간방정식(time equations)으로 나타낼 수 있다.

포장시간 = 0.5분+6.5분(특별한 포장)+0.2분(항공편 포장)+30분(위험물질 포장)

대부분의 회사들의 경우 ERP시스템에 주문, 포장, 유통, 기타 특성에 관한 자료들이 이미 저장되어 있으므로 시간방정식을 도출하는 것은 어렵지 않을 것이다. 따라서 회사들은 자원 사용에 영향을 미치는 각각의 특성을 반영한 간단한 알고리즘을 사용하여 각 주문별 시간수요를 신속히 계산해 낼 수 있으며, 시간방정식에 조건을 추가함으로써 다양한 변화를 반영하여 선형적으로 확장해 나갈 수 있다. 이에 반해 ABC에서는 동일한 상황에서 복잡성의 증가를 반영하기 위해서는 기하급수적인 확장을 해야 한다. 위 부서의 경우 다음과 같은 4가지 활동으로 분류해보자.

표준품의 포장 활동　특별한 포장 활동　항공편 포장 활동　위험물질 포장 활동

이 경우 ABC에서는 매 기간(예컨대, 매월) 각 활동별 시간 비율을 측정하기 위해 직원들을 대상으로 설문조사를 해야 하며, 이를 위해 많은 시간과 비용을 낭비하게 될 것이다.

이에 비해 TDABC에서는 이 모든 활동들을 하나의 시간방정식에 포함시킬 수 있다. 이 시간방정식의 수는 일반적으로 ABC에서 사용하는 활동의 수보다 더 적지만 주문, 제품, 고객 등에 대해 훨씬 더 높은 수준의 다양성과 복잡성을 나타낼 수 있다. 이런 특성 때문에 TDABC에서는 추가적인 비용과 노력을 거의 들이지 않고도 높은 수준의

정확성을 구현해 낼 수 있다.

이와 같이 특수한 작업과 포장 및 운송 등이 필요한 경우 TDABC에서는 시간방정식에 조건을 추가하면서 다양한 변화를 반영할 수 있지만, ABC에서는 활동을 확장하고 원가동인을 추가하여야 하기 때문에 많은 시간과 비용을 낭비하게 된다. 그러므로 인터뷰와 시간조사 등을 통해 각 프로세스별 시간방정식이 구축되면, TDABC에서는 각 기간에 수행된 실제 활동을 역동적으로 반영할 수 있다. 그리고 더 나아가 TDABC에서의 시간방정식은 관리자들에게 미래에 대한 시뮬레이션 능력을 제공해 줄 수도 있다. 예컨대, 관리자들은 시간방정식을 통해 프로세스 캐퍼시티(process capacity)의 수요를 유발하는 주요 요소들의 추세와 동향도 파악할 수 있다. 뿐만 아니라 TDABC에서는 미래 기간 동안의 판매 및 생산계획을 완수하기 위해 필요한 자원 캐퍼시티의 공급과 소비를 분석적으로 계산하는 새로운 개념의 예산수립 프로세스와도 쉽게 통합될 수 있다.

4. 모형 업데이트

앞의 시간방정식에서도 설명한 바와 같이 TDABC에서는 프로세스, 주문, 공급자, 고객의 다양성과 복잡성에 대해 관리자가 추가적으로 얻은 지식을 쉽게 반영할 수 있기 때문에 모형의 업데이트가 쉽게 가능해진다. 따라서 TDABC에서는 원가동인율을 변화시키는 요인인 자원에 공급되는 원가의 변화와 캐퍼시티의 양의 변화를 간단하게 반영할 수 있다.

예제 3

KS사는 다음의 자료에 의거하여 고객서비스원가 ₩600,000,000을 전통적 ABC에 의해 배분하고 있다.

활 동	시간(%)	추정 원가동인량
고객주문 처리	75	8,000번의 고객주문 처리수
고객문의 처리	10	400번의 고객문의 처리수
고객신용 조사	15	450번의 신용조사 건수
	100%	

이상의 자료로 요구사항에 답하시오.

요구사항

1. 전통적인 ABC를 사용하여 활동원가동인율을 산출하시오.

2. KS사는 새로운 ABC 방식인 시간을 중심으로 한 ABC 방식인 TDABC 방식으로 고객서비스원가 ₩600,000,000을 배분하고자 한다. 서비스 가능시간 10,000시간과 다음의 단위당 시간추정치를 가정하여 활동원가동인율을 산출하시오.

활 동	단위시간(시간수)
고객주문 처리	0.75
고객문의 처리	3.50
고객신용 조사	3.00

3. 같은 기간 동안의 실제 활동량은 고객주문 횟수 8,000번, 고객문의 횟수 400번, 신용조사 건수 450번이라고 가정하여 요구사항 2.에서 산출한 활동원가동인율을 사용하여 각 활동에 배분된 원가와 사용하지 못한 시간과 그 원가를 산출하시오.

4. 차기에 활동량이 고객주문 횟수 8,500번, 고객문의 횟수 350번, 신용조사 건수 500번으로 변경할 것이라고 가정하여 요구사항 2.에서 산출한 활동원가동인율을 사용하여 각 활동에 배분된 원가와 사용하지 못한 시간과 그 원가를 산출하시오.

5. 요구사항 1.에서 산출한 활동원가동인율과 요구사항 2.에서 산출한 활동원가동인율이 차이가 나는 이유를 설명하시오.

풀이

1.

활 동	%	배분원가	추정 원가동인량	활동원가 동인율
고객주문처리	75%	₩450,000,000	8,000	@₩56,250/주문 횟수
고객문의처리	10	60,000,000	400	150,000/문의처리 횟수
고객신용조사	15	90,000,000	450	200,000/신용조사 건수
		₩600,000,000		

2. 서비스 가능시간당 원가 = ₩600,000,000/10,000시간 = @₩60,000/시간

활 동	단위시간(시간수)	활동원가 동인율
고객주문처리	0.75	₩45,000
고객문의처리	3.50	210,000
고객신용조사	3.00	180,000

3.

활 동	단위시간(시간수)	원가동인량	총시간	배분원가
고객주문처리	0.75	8,000번	6,000시간	₩360,000,000*
고객문의처리	3.50	400	1,400	84,000,000
고객신용조사	3.00	450	1,350	81,000,000
총 계			8,750시간	₩525,000,000

* @₩60,000/시간×6,000시간

실제로 서비스를 제공한 시간 = 8,750시간/10,000시간 = 87.5%
실제로 서비스를 제공하지 못한 시간(미사용 시간) = 10,000시간 − 8,750시간 = 1,250시간
배분되지 않은 원가 = ₩600,000,000 − ₩525,000,000 = ₩75,000,000

4.

활 동	단위시간(시간수)	원가동인량	총시간	배분원가
고객주문처리	0.75	8,500번	6,375시간	₩382,000,000*
고객문의처리	3.50	350	1,225	73,500,000
고객신용조사	3.00	500	1,500	90,000,000
총 계			9.100시간	₩546,000,000

*@₩60,000/시간×6,375시간

실제로 서비스를 제공한 시간 = 9,100시간/10,000시간 = 91.0%
실제로 서비스를 제공하지 못한 시간(미사용 시간) = 10,000시간 − 9,100시간 = 900시간
배분되지 않은 원가 = ₩600,000,000 − ₩546,000,000 = ₩54,000,000

5. 그 이유는 요구사항 3.과 요구사항 4.에서 본 바와 같이 서비스 가능시간을 모두 사용하지 못하였기 때문이다. 즉 전통적인 ABC에서는 모든 고객서비스원가를 세 활동에 배분함으로써 활동별원가를 과대 계상하고 있다(일반적으로 전통적인 ABC에서는 자원소비량을 측정함에 있어서 주로 면담(interview)이나 서면조사(survey) 등을 활용하는데 그것은 많은 시간과 비용이 소요될 뿐만 아니라, 다소 주관적이며, 부정확한 면이 있다. 예를 들어 각 개인은 자기업무를 행함에 있어서 발생하는 유휴시간(idle time)이나 사용하지 않는 시간은 보고하지 않는 것이 일반적이므로 자원(시간)을 100% 사용하는 것으로 가정한다.) 따라서 ABC에서는 사용하지 못한 자원원가도 사용한 자원원가와 함께 배분한다. 그러나 새로운 ABC인 TDABC에서는 각 활동별 필요한 자원과 사용하지 못한 자원에 대한 정보도 제공한다.

제3절 활동중심경영

3.1 활동중심경영의 의의

Cooper와 Kaplan에 의하면 ABC는 개별제품별, 서비스별, 고객별, 유통경로별 자원원가에 대한 정확한 정보를 제공하기 위해 탄생하였으며, 실제로 제조간접원가 등을 활동별로 추적한 후 제품이나 서비스, 고객별로 집계하는데 활용하고 있어 경영자들에게 유용한 정보를 제공하고 있다고 한다. 이와 같이 ABC는 활동분석을 통해 프로세스 개선활동의 우선순위 결정 등에 유용한 정보를 제공하고 있지만, 기업에서 행해지고 있는 단기적 업무의사결정이나 통제활동 및 전략적 의사결정 등에는 아직도 유용한 정보를 제공하고 있지 못하고 있다.

이에 따라 기업에서는 ABC정보를 업무적 의사결정 및 전략적 의사결정에 활용할 필요가 생겼는데 이와 같은 "ABC정보를 활용할 수 있는 일련의 행위(set of actions)"를 **활동중심경영(Activity-Based Management ; ABM, 이하 ABM으로 약칭함)**이라고 정의하고 있다[9].

다음은 ABC와 ABM의 관계를 모형화한 것이다. ABM은 기업의 모든 활동, 즉 제품의 설계단계로부터 고객으로부터 대금을 회수할 때까지의 모든 활동을 관리함으로써 프로세스의 개선을 도모하자는 것이다. 그러므로 ABM은 자원을 소비하는 활동을 분석하여, 가치를 창출하는 부가가치활동(value added activity)과 가치를 창출하지 못하는 비부가가치활동(non-value added activity)으로 구분하고, 그 중 비부가가치활동을 최소화하고 부가가치활동은 효율화하자는 것이다.

---

9) Turney도 "ABM이란 고객에 의해 받아들여진 가치 및 이러한 가치를 제공함으로써 달성된 이익을 개선하기 위한 경로로서 활동분석, 원가동인분석, 그리고 성과분석을 포함하여 활동경영을 하기 위해 ABC정보를 이용하는 것"이라고 정의하고 있다. 이와 같이 ABM을 이익을 향상시키기 위한 활동경영(활동관리, activity management)에 초점을 두는 기법으로 이해하고 있으며, 이 활동업무의 개선이나 최적화를 위한 기법으로서의 ABM은 일반적으로 다음과 같이 세 가지로 구분하고 있다. 첫째, 개선의 기회를 확인하기 위하여 활동분석(activity analysis)을 한다. 둘째, 원가동인(cost driver)을 확정한다. 셋째, 기업의 성공이나 고객에게 대한 유익한 서비스 제공에 활동이 공헌한다면 그 성과(시간, 품질 등)를 측정 및 평가한다.

[그림 2] ABC와 ABM의 관계

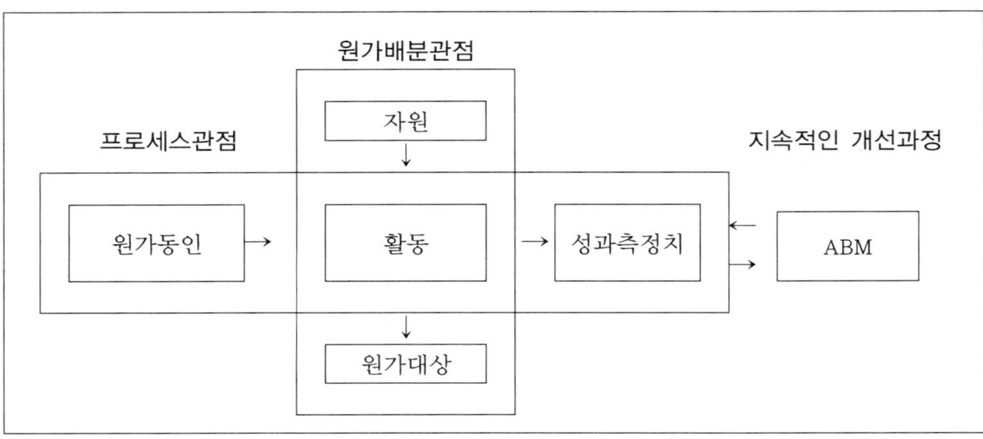

ABC는 ABM의 프로세스의 지속적인 개선에 기초가 되고 있으며, 이들 모두 활동분석이 중심이 되고 있어 원가와 같은 재무적 측정치뿐만 아니라 비재무적 측정치도 활용함으로써 활동을 직접 관리하게 된다. 그러므로 광의의 ABM에는 ABC에 기초한 예산편성(Activity-Based Budgeting; ABB), ABC에 기초한 협의의 활동중심경영(Activity-Based Management; ABM), 그리고 ABC에 기초한 성과평가(Activity-Based Evaluation; ABE) 등이 포함된다고 할 수 있다.

이와 같이 ABC으로부터 ABM으로 확장됨에 따라 업무적 ABM(Operational ABM)과 전략적 ABM(Strategic ABM)으로 구분할 수 있게 되었으며, 기업들은 ABM을 통해 적은 비용으로 보다 나은 성과를 달성할 수 있다. 그러므로 기업들은 업무적 ABM과 전략적 ABM을 통해 소기의 목적을 달성하게 된다. 여기서 업무적 ABM의 목적은 적은 비용과 자산의 효율적 활용으로 능률을 향상시키는 것이다. 예컨대, 기업들은 기계고장시간을 줄이며, 비부가가치활동을 향상시키거나 제거함으로써, 그리고 조직의 자원을 효율적으로 사용함으로써 기업의 목표를 달성할 수 있다. 그러므로 이 업무적 ABM으로부터의 효익은 원가 절감액, 자원의 효율적 사용으로 인한 수익 증가액, 현행 설비의 효율적 활용에 따른 투자원가의 회피액 등으로 측정될 수 있다.

한편 전략적 ABM은 활동의 능률이 일정하다는 가정 하에 수익성을 증가시키는 활동으로 전환하는 것 등이 포함된다. 만약 어느 기업의 경우 특정의 제품, 서비스, 고객으로부터 획득하는 수익이 그 수익획득과정에서 발생하는 원가보다 적은 경우에도 경영활동을 수행하는 경우가 있을 것이다. 이러한 경우 전략적 ABM을 통해 기업은 활동구성(activity mix)을 변경하지 않으면 안 된다. 즉 경영자는 보다 수익력이 있는 쪽으로 활동구성을 변경하여야 한다. 그러므로 전략적 ABM에는 제품의 설계나 개발에 관한 의사결정, 제품 및 고객구성에 관한 의사결정, 공급자 선정에 관한 의사결정, 수익성 분석 등 기업의 전략적 의사결정에 ABC정보를 활용하게 된다[10].

[그림 3] ABC의 확장 : ABM

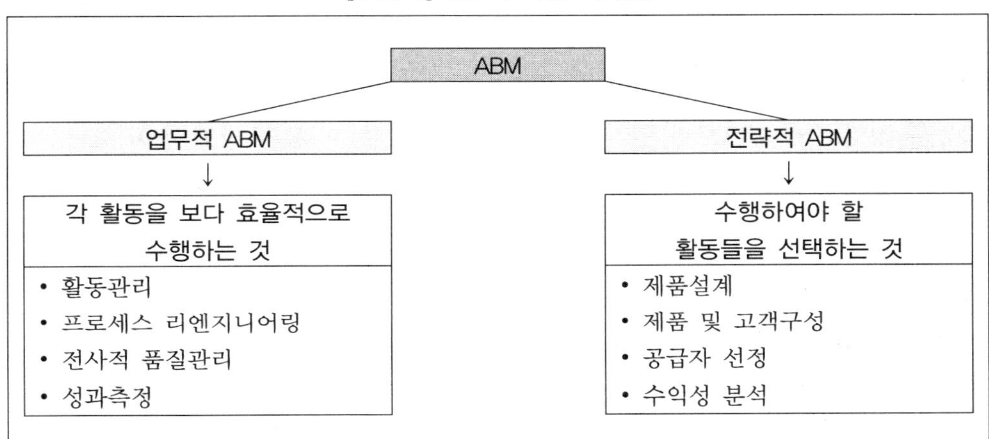

3.2 활동중심경영의 내용

1. 업무적 활동중심경영

기업들은 기존 제품이나 서비스의 '지속적인 개선'과 '프로세스 리엔지니어링'을 통해 제품이나 서비스의 가치를 향상시키며 원가를 절감시킬 필요가 있다. 여기서 '**지속적인 개선(continuous improvement)**'이란 현재의 제품이나 서비스, 프로세스 등을 평가하여 더 나은 방법을 추구하는 것을 말한다. 예컨대, 프로세스표(process map)를 통해 현재의 프로세스를 개선하여 작업자와 기계의 효율을 향상시키는 것을 말한다. 한편 '**프로세스 리엔지니어링**'(**process reengineering**)이란 현재의 프로세스를 재설계 또는 재배치하여 원가의 절감이나 품질 및 서비스를 향상시키는 것이다.

---

10) Horngren은 활동중심경영을 고객의 만족 및 수익성을 향상시키기 위하여 ABC정보를 활용한 경영의사결정방법으로 정의하고, ① 가격 및 제품구성 의사결정(Pricing and Product-Mix Decisions), ② 원가 절감 및 프로세스 개선 의사결정(Cost Reduction and Process Improvement Decisions), ③ 설계 의사결정(Design Decisions), ④ 활동 계획 및 관리(Planning and Managing Activities) 등을 ABM의 주요 내용으로 삼고 있다.

따라서 기업들은 이와 같은 '지속적인 개선'활동과 '프로세스 리엔지니어링'활동을 통해 비부가가치활동(non-value added activity)을 최소화하거나 제거함으로써 원가를 절감하는데 역점을 두게 된다. 비부가치활동의 전형적인 예로는 이동활동(movement activity; 작업장 간 제품의 이동이나 병원에서 진료부서 간 환자의 이동 등), 대기활동(waiting activity), 작업준비활동(set-up activity), 검사활동(inspection activity) 등이 있다. 이와 같이 업무적 활동중심경영을 통해 원가절감을 위한 가장 바람직한 방법은 활동을 경영(관리)함에 의해 활동들이 수행하고 있는 방법을 변경하거나 자원을 재배치하는 것이다.

활동을 경영(관리)함으로써 원가를 절감하기 위해서는 다음의 방법 등이 요구된다.

① 시간과 노력을 줄인다.

즉 개선을 위해서는 무엇보다도 활동을 수행하는데 필요한 시간과 노력을 줄이는 것이다. 이 시간과 노력의 절감은 프로세스 개선 및 제품 개선을 통해 가능하다. 예컨대, 기계작업을 위한 준비시간은 교육훈련이나 각종 도구를 용이하게 사용할 수 있도록 배치하는 것 등을 통해 줄일 수 있다. 이 밖에도 준비시간은 제품설계의 변경을 통한 제품명세를 변경시킴으로서도 줄일 수 있다. 시간과 노력의 절감은 해당 활동(프로세스)뿐만 아니라 앞 활동(프로세스)에서의 질을 개선함으로써, 그리고 이를 통해 원가동인의 수를 줄임으로써도 가능하다.

② 불필요한 활동들을 제거한다.

고객에 대해 가치를 창출해 주지 못하는 활동과 조직관리에 불필요한 활동은 제거하여야 한다. 예컨대, 프로세스나 제품의 변경을 통해 원재료 취급활동을 제거하는 것 등이 여기에 속한다. 원재료나 부품을 직접 사용부문으로 공급받게 되면 이 활동은 불필요하게 되며, 결과적으로 원가가 절감되게 된다.

③ 적은 원가를 발생시키는 활동들(low-cost activities)을 선택한다.

제품이나 프로세스를 설계하는 설계담당자는 여러 활동 중에서 가장 낮은 원가를 발생시키는 활동을 선택함으로써 원가를 절감할 수 있다. 예컨대, 전자부품을 조립하는 경우 수작업과 자동화작업이 모두 가능하다고 할 때 수작업의 경우는 직접작업 활동이 필요하지만, 자동화작업의 경우는 설비, 소프트웨어, 작업준비 등 여러 활동이 필요하게 된다. 이에 따라 각 활동에 따라 요구되는 자원도 상이하며 원가도 상이하게 되어, 제품설계 담당자의 선택 의사결정이 원가에 중요한 영향을 미치게 된다. 물론 프로세스 설계 담당자도 이와 유사한 선택을 하게 된다.

④ 가능한 경우 활동들을 공유한다.

만일 특정 고객이 특별한 요구를 하면 그 고객에게 필요한 활동을 수행하여야 하지만 고객들이 공통의 요구를 하면 동일한 활동으로 그들의 요구를 수행하면 된다. 예컨대, 제품설계 담당자는 신제품 설계에 몇 개의 제품에 동일한 기능을 수행할 수 있는 공통 부품을 사용할 수 있다. 공통부품 관련활동들은 그것을 사용하는 모든 제품에 의해 공유될 수 있다. 이와 같이 활동을 공유함으로써 소비되는 부품 수가 증가하면 부품 단위당 원가도 절감되게 된다. 또한 프로세스 설계 담당자도 제품을 작업 셀(work cell)과 결합시킴으로써 원가를 절감할 수 있다. 유사하게 설계된 제품들을 결합시켜 활동을 공유함으로써 원가를 절감할 수 있다.

⑤ 미사용자원을 재배치한다.

기업에 따라서는 자원을 재배치함으로써도 원가를 절감할 수 있다. 그러므로 경영자는 미사용자원을 다른 활동으로 재배치하거나 기업에서 그것들을 제거함으로써 원가를 절감할 수 있는 의사결정을 할 필요가 있다.

2. 전략적 활동중심경영

기업들은 특정의 제품, 서비스, 고객으로부터 획득하는 수익이 그 수익획득과정에서 발생하는 원가보다 적은 경우 ABC정보를 활용하여 보다 수익성이 높은 쪽으로 활동구성(activity mix)을 변경하는 등 ABC정보를 ① 제품의 설계나 개발(product design and development), ② 제품구성 및 가격결정(product mix and pricing), ③ 공급자 관계(supplier selection and relationships), ④ 수익성 분석(profitability analysis) 등 기업의 전략적 의사결정에 활용할 수 있다. 이하에서는 전략적 활동중심경영의 일부인 제품구성 및 가격결정, 수익성 분석에 관해 살펴보고자 한다.

3.3 활동중심경영의 예

1. 활동분석에 따른 비부가가치원가의 절감

앞의 업무적 활동중심경영에서 본 바와 같이 기업들은 현존 제품이나 서비스의 '지속적인 개선(continuous improvement)'과 '프로세스 리엔지니어링(process reengineering)'을 통해 제품이나 서비스의 가치를 향상시키며 원가를 절감시킬 필요가 있다.

따라서 기업들은 이와 같은 '지속적인 개선'활동과 '프로세스 리엔지니어링'활동을 통해 비부가가치활동(non-value added activity)을 최소화하거나 제거함으로써 원가를 절감하는데 역점을 두게 된다. 비부가가치활동의 전형적인 예로는 이동활동(movement activity; 작업장 간 제품의 이동이나 병원에서 진료부서 간 환자의 이동 등), 대기활동(waiting activity), 작업준비활동(set-up activity), 검사활동(inspection activity) 등이 있다. 이와 같이 업무적 활동중심경영을 통해 원가절감을 위한 가장 바람직한 방법은 활동을 관리함에 의해 활동들이 수행하고 있는 방법을 변경하거나 자원을 재배치하는 것이다.

예제 4

KS제조(주)는 공작기계를 수선하는 회사이다. 다음은 이 회사의 2017년 활동별 원가를 요약한 자료이다.

1) **수선을 위한 재료원가 및 노무원가**	80,000,000원
2) **재작업원가**	7,500,000원
3) **작업지연에 따른 긴급처리원가**	6,000,000원
4) **원재료처리원가**	5,000,000원
5) **재료조달 및 검사원가**	3,500,000원
6) **설비에 대한 사전 정비원가**	1,500,000원
7) **설비 고장에 따른 수선유지비**	5,500,000원

요구사항

1. 위 활동별 원가를 부가가치원가, 비부가가치원가, 그리고 어느 한 쪽으로 분류하는 것이 곤란한 원가로 분류하시오.
2. 어느 한 쪽으로 분류하는 것이 곤란한 원가 중 65%는 부가가치원가이며, 나머지 35%는 비부가가치원가라고 가정할 때 위 활동별 총원가 중 부가가치원가와 비부가가치원가는 각 각 얼마씩으로 계산될까?
3. 이 회사는 다음과 같은 내부 혁신을 검토하고 있다.
   1) 품질향상 프로그램을 도입하여 재작업원가와 긴급처리원가를 75%, 공작기계 수선을 위한 재료원가 및 노무원가를 5% 줄인다.
   2) 공급업체와 협조하여 재료조달 및 검사원가를 20%, 원재료처리원가를 25% 줄인다.
   3) 설비에 대한 사전 정비원가를 50% 증가시켜 설비 고장에 따른 수선유지비를 40% 줄인다. 위 1), 2), 3)과 같은 내부 혁신을 통한 부가가치원가, 비부가가치원가, 총원가에 미치는 효과를 나타내시오.

풀이

1.

분 류	활동별 원가	금 액
부가가치원가	수선을 위한 재료원가 및 노무원가	80,000,000원
비부가가치원가	재작업원가	7,500,000원
	작업지연에 따른 긴급처리원가	6,000,000
	설비 고장에 따른 수선유지비	5,500,000
		19,000,000원
분류가 어려운 원가	원재료처리원가	5,000,000원
	재료조달 및 검사원가	3,500,000
	설비에 대한 사전 정비원가	1,500,000
		10,000,000원

솔직히 위와 같은 분류는 명확하다고 할 수 없다. 따라서 논자에 따라 위 활동원가들을 다르게 분류하는 것도 가능할 것이다. 그러므로 위 원가 중 원재료처리원가, 재료조달 및 검사원가, 설비에 대한 사전 정비원가 등은 논자에 따라 좋은 수선서비스에 필요한 것으로 인식된다면 부가가치원가로도 분류할 수도 있을 것이다. 예컨대, 설비에 대한 사전 정비원가의 경우 비부가가치에 해당하는 설비고장을 방지할 수 있다는 면에서 부가가치원가로 분류할 수도 있을 것이다.

2. 부가가치원가와 비부가가치원가로 분류하기 어려운 원가 총액은 10,000,000원이다. 이 중 65%(6,500,000원)를 부가가치원가로, 35%(3,500,000원)를 비부가가치원가로 분류하면 부가가치원가와 비부가가치원가의 총액은 다음과 같다.

총부가가치원가 : 80,000,000원 + 6,500,000원 =	86,500,000원
총비부가가치원가 = 19,000,000원 + 3,500,000원 =	22,500,000
총원가:	109,000,000원

따라서 부가가치원가율은 79.36% (86,500,000원/109,000,000원)이며, 비부가가치원가율은 20.64% (22,500,000원/109,000,000원)이다.

3.

	부가가치원가	비부가가치원가	분류 곤란한 원가
1) **재작업원가**(7,500,000원×0.75)		-5,625,000원	
긴급처리원가(6,000,000원×0.75)		-4,500,000	
수선을 위한 재료원가 및 노무원가 (80,000,000원×0.05)	-4,000,000원		
총 효과	-4,000,000원	-10,125,000원	

2) 재료조달 및 검사원가			
(3,500,000원×0.20)			-700,000원
원재료처리원가(5,000,000×0.25)			-1,250,000
총 효과			-1,950,000원
분류 곤란한 원가를 부가가치원가와			
비부가가치원가로 분류한 경우			
(−1,950,000원×0.65)	-1,267,500원		
(−1,950,000원×0.35)		-682,500원	+1,950,000원
부가가치원가 및 비부가가치원가에			
대한 효과	-1,267,500원	-682,500원	0원
3) 설비에 대한 사전 정비원가			
(1500000원×0.50)			+750,000원
설비 고장에 따른 수선유지비			
(5,500,000원×0.40)		-2,200,000원	
총 효과		-2,200,000원	
분류 곤란한 원가(750,000원)를			
재분류한 경우(750,000원×0.65;0.35)	+487,500원	+262,500원	-750,000원
부가가치원가 및 비부가가치원가에			
대한 효과	+487,500원	-1,937,500원	0원
위 1), 2), 3)의 총 효과	-4,780,000원	-12,745,000원	
원래의 부가가치원가와			
비부가가치원가(위 2. 참조)	86,500,000원	22,500,000원	
내부 혁신 프로그램(위 3.)			
실시 결과 후 기대되는			
부가가치원가와 비부가가치원가	81,720,000원	9,755,000원	

이와 같이 내부 혁신 프로그램들을 실행하면 총원가는 109,000,000원에서 91,475,000원(81,720,000원+9,755,000원)으로 감소할 것이며, 비부가가치원가율도 20.64%(위 2.)에서 10.66%(9,755,000원/91,475,000원)으로 감소할 것이다. 이로 인해 KS제조(주)의 성과는 크게 향상될 것이다.

예제 5

KS제조(주)는 A제품과 B제품을 생산하고 있다. 작업준비원가는 작업준비횟수에 따라 변동하며, 설비 및 유지원가는 기계시간에 따라 증가하며, 임차료는 점유면적에 따라 증가한다. 공장의 총 면적은 1,200평이며, 현재 이 회사는 이 면적의 70%만 사용하고 있다. 이 회사는 미사용 캐퍼시티를 제품원가에 포함시키지 않고 있으며, 별도의 항목으로 처리하고 있다. 이 회사의 예산자료 등은 다음과 같다.

예산 원가 및 활동	
직접재료원가	
A제품	209,750,000원
B제품	358,290,000
직접노무원가	
A제품	107,333,000
B제품	102,969,000
작업준비원가	143,500,000
설비 및 유지원가	109,900,000
임차료	216,000,000
총 계	1,247,742,000원

	A제품	B제품
생산량	66,000개	100,000개
기계시간	11,000시간	12,500시간
작업준비횟수	300회	400회
점유 면적	336평	504평

요구사항

1. 원가동인당 제조간접원가율을 산정하시오.
2. 미사용 캐퍼시티원가를 산정하시오.
3. 제품을 생산하기 위해 사용한 자원의 단위당 예산원가와 총예산원가를 산정하시오.
4. 만일 이 회사가 C제품을 생산할 기회가 있을 때 고려하여할 요인은 무엇인가?

풀이

1.

	A제품	B제품	합 계
기계시간	11.000시간	12,500시간	23,500시간
작업준비횟수	300회	400회	700회

작업준비원가(1회당) = 205,000원(143,500,000원/700회)
설비 및 유지원가(1시간당) = 4,676.6원(109,900,000원/23,500시간)
임차료(1평당) = 180,000원(216,000,000원/1,200평)

2.

미사용 캐퍼시티 = 총 캐퍼시티-(A제품 사용 캐퍼시티+B제품 사용 캐퍼시티)
= 1,200평-(336평+504평) = 360평

미사용 캐퍼시티원가 = 180,000원/평×360평 = 64,800,000원

3.

	A제품	B제품	합 계
직접재료원가	209,750,000원	358,290,000원	568,040,000원
직접노무원가	107,333,000	102,969,000	210,302,000
작업준비원가(@205,000원, 300;400)	61,500,000	82,000,000	143,500,000
설비 및 유지원가(@4,676.6원, 11,000;12,500)	51,442,550	58,457,450	109,900,000
임차료(@180,000원, 336;504)	60,480,000	90,720,000	151,200,000
총원가	490,505,550원	692,436,450원	1,182,942,000원
생산량	66,000개	100,000개	
단위원가	7,432원	6,924원	

4. 현재 이 회사의 경우 70% 자원을 사용하고 있다. 따라서 경영자는 C제품을 생산할 수 있는 유휴시설이 있는지와 그 제품에 대한 수요가 있는지, 경쟁력이 있는지, 설비투자액이 있는지, 가용 인적자원이 있는지도 고려하여야 할 것이다.

2. 제품구성 및 가격결정(Product Mix and Pricing Decision)

예제 6

KS제조(주)는 가정용 제품을 제조하는 회사로서 고급형과 일반형을 생산하고 있다. KS제조(주)는 처음에는 일반형 제품만 만들었으나 최근에는 소비자들의 주문에 의해 고급형 제품도 생산하고 있다. 다음은 KS제조(주)의 원가관련 자료이다.

	일반형	고급형
1) 예상생산량	1,000단위	250단위
2) 단위당 직접재료원가	₩400	₩500
3) 단위당 직접노무원가(직접작업시간×임률)		
제1제조부문	120(0.8시간×@₩150)	120(0.8시간×@₩150)
제2제조부문	105(0.7시간×@₩150)	180(1.2시간×@₩150)
4) 총제조간접원가예산		₩700,000
(제1제조부문원가 ₩200,000, 제2제조부문원가 ₩500,000)		

5) **제조간접원가 배분기준 : 직접작업시간**		
6) **제품의 판매가격**	₩1,300	₩2,000

또한 활동중심원가계산을 위한 자료는 다음과 같다.

			제품별 원가동인 수		
활 동	**원가동인**	**활동별원가**	**일반형**	**고급형**	**합계**
설계활동	**설계시간**	₩200,000	50시간	200시간	250시간
준비작업활동	**준비횟수**	20,000	2회	6회	8회
품질검사활동	**검사횟수**	30,000	5	25	30
기계관련활동	**기계운전시간**	450,000	2,600시간	1,000시간	3,600시간
합 계		₩700,000			

요구사항

1. KS제조(주)는 전통적으로 직접작업시간을 기준으로 제조간접원가를 배분하였다고 할 때의 제조간접원가 배분율(총괄배분법과 부문별 배분법)과 각 제품의 단위당 제조원가를 구하시오.
2. KS제조(주)는 이제 제조간접원가의 배분을 위해 ABC을 도입하고자 한다. 이 원가계산방법에 의한 각 제품의 단위당 제조원가를 구하시오.
3. 전통적 원가계산과 ABC를 비교하여 설명하시오.

풀이

1. 전통적 원가계산에 의한 제품원가의 계산

가. 총괄배분법에 의한 경우

KS제조(주)의 경우 총괄배분법에 의해 제품단위당 제조간접원가를 산출한 결과 일반형은 ₩525이며, 고급형은 ₩700이다. 이것을 토대로 제품단위당 원가를 산출하면 다음과 같이 일반형은 ₩1,150이며, 고급형은 ₩1,500이다.

	일반형	**고급형**
직접재료원가	₩400,000(@₩400)	₩125,000(@₩500)
직접노무원가	225,000(@₩225)	75,000(@₩300)
제조간접원가	525,000(@₩525)	175,000(@₩700)
제조원가 계	₩1,150,000(@₩1,150)	₩375,000(@₩1,500)

나. 부문별 배분법에 의한 경우

KS제조(주)의 경우 부문별 배분법에 의해 제품단위당 제조간접원가를 산출한 결과 일반형은 ₩5

10이며, 고급형은 ₩760이다. 이것을 토대로 제품단위당 원가를 산출하면 다음과 같이 일반형은 ₩1,135이며, 고급형은 ₩1,560이다.

		일반형		고급형
직접재료원가		₩400,000(@₩400)		₩125,000(@₩500)
직접노무원가		225,000(@₩225)		75,000 (@₩300)
제조간접원가				
제1제조부문원가	₩160,000		40,000	
제2제조부문원가	350,000	510,000(@₩510)	150,000	190,000(@₩760)
제조원가 계		₩1,135,000(@₩1,135)		₩390,000(@₩1,560)

2. ABC에 의한 제품원가의 계산

KS제조(주)의 경우 ABC에 의해 제품단위당 제조간접원가를 산출한 결과 일반형은 ₩375이며, 고급형은 ₩1,300이다. 이것을 토대로 제품단위당 원가를 산출하면 다음과 같이 일반형은 ₩1,000이며, 고급형은 ₩2,100이다.

		일반형		고급형
직접재료원가		₩400,000(@₩400)		₩125,000(@₩500)
직접노무원가		225,000(@₩225)		75,000 (@₩300)
제조간접원가				
설계작업활동	₩40,000		₩160,000	
준비작업활동	5,000		15,000	
품질검사활동	5,000		25,000	
기계작업활동	325,000	375,000(@₩375)	125,000	325,000(@₩1,300)
제조원가 계		₩1,000,000(@₩1,000)		₩525,000(@₩2,100)

3. 이상의 자료를 토대로 전통적인 원가계산(총괄배분법과 부문별 배분법) 및 ABC에 의한 원가계산에 의한 제품단위당 제조원가와 이익을 나타내면 다음과 같다.

[전통적 방법과 ABC에 의한 이익의 비교]

	총괄배분법		부문별 배분법		ABC	
	일반형	고급형	일반형	고급형	일반형	고급형
판매가격	₩1,300	₩2,000	₩1,300	₩2,000	₩1,300	₩2,000
제조원가	1,150	1,500	1,135	1,560	1,000	2,100
이익	₩150	₩500	₩165	₩440	₩300	(₩100)

전통적인 원가계산에 의하면 총괄배분법이나 부문별 배분법 모두 소량 생산하는 고급형 제품의 이익이 대량 생산하는 일반형 제품의 이익보다 높다는 것을 알 수 있다.

회사가 ABC정보를 갖고 있지 않은 경우 이 자료를 토대로 제품구성 의사결정(product-mix decision)을 한다면 회사는 고급형 제품의 제조 및 판매에 중점을 두고, 일반형 제품은 제조 및 판매를 축소하거나 중지함으로써 기업의 이익을 극대화하려고 할 것이다.

그러나 이러한 의사결정은 잘못된 것이라는 것을 쉽게 알 수 있다. ABC에 의하면 일반형은 이익이 발생하나 고급형은 반대로 손실이 발생하기 때문이다. 즉 전통적인 원가계산에 의하면 수익성이 있던 고급형 제품은 반대로 손실을 초래하는 적자제품이 되어 버린 것이다.

그 원인은 제품 상호간에 내부 상호보조가 이루어져 전통적인 원가계산의 경우 대량으로 생산하는 일반형 제품에 과대한 제조간접원가를 부담(총괄배분법에서는 ₩150,000, 단위당 ₩150, 부문별 배분법에서는 ₩135,000, 단위당 ₩135)시키고, 소량으로 생산하는 고급형 제품에 과소한 제조간접원가를 부담(총괄배분법에서는 ₩150,000, 단위당 ₩600, 부문별 배분법에서는 ₩135,000, 단위당 ₩540)시켰기 때문이다[11].

또한 전통적 원가계산에 의한 경우 일반형 제품이나 고급형 제품 모두 가격결정(pricing)에 문제가 없어 보이지만, ABC에 의한 경우 가격결정에 문제가 있음을 쉽게 알 수 있다. 즉 ABC에 의한 경우 고급형 제품은 현재의 판매가격으로는 손실을 볼 수밖에 없기 때문이다. 따라서 원가가산 가격결정법(cost plus pricing method)으로 가격을 결정하는 경우라면 고급형 제품의 가격은 적어도 단위당 제조원가인 ₩2,100 이상은 되어야 하기 때문이다.

11) 전통적 원가계산에서 제품 간에 원가의 상호내부 보조가 어느 정도 행해지는가, 즉 원가의 왜곡이 어느 정도 이루어지는가는 전통적 원가계산에 의해 제품별로 계산한 제조원가에서 ABC에 의해 제품별로 계산한 제조원가를 차감해보면 분명해진다. 위 예의 경우를 계산해보면 다음과 같은 원가왜곡이 행해졌다는 것을 알 수 있다.

	총괄배분법		부문별 배분법	
	일반형	고급형	일반형	고급형
전통적인 방법에 의한 제조원가	₩1,150,000 (@₩1,150)	₩375,000 (@₩1,500)	₩1,135,000 (@₩1,135)	₩390,000 (@₩1,560)
ABC에 의한 제조원가	₩1,000,000 (@₩1,000)	₩525,000 (@₩2,100)	₩1,000,000 (@₩1,000)	₩525,000 (@₩2,100)
차이: 원가의 왜곡	₩150,000 (@₩150)	-₩150,000 (-@₩600)	₩135,000 (@₩135)	-₩135,000 (-@₩540)

3. 수익성 분석

ABC 원가정보를 활용하면 각종 세그먼트(segment)별 수익성 분석(profitability analysis)이 가능하다. 수익성 분석은 고객차원의 고객수익성 분석 이외에도 다양하게 행할 수 있다. 예컨대, 제품별, 유통경로별, 지역별, 판매방식별 수익성 분석이 그것이다. 이와 같이 상품이나 유통경로, 지역별, 판매방식별로 관련수익과 원가를 집계하여 이익을 계산하는 수익성 분석은 어느 제품, 어느 유통경로, 어느 지역, 어느 판매방식이 수익성이 높은지, 혹은 채산성이 있는지 등을 파악하는데 유용하다. 특히 최근 활동중심원가계산의 등장으로 활동중심원가정보를 활용하는 경우 수익성 분석을 보다 정교하게 행할 수 있게 되었다.

이와 같이 수익과 원가의 집계대상인 세그먼트(segment)를 무엇으로 삼느냐에 따라 수익성 분석은 고객수익성 분석, 제품수익성 분석, 유통경로수익성 분석, 지역수익성 분석, 판매방식수익성 분석 등 다양하게 부를 수 있다. 이 중 이하에서는 고객수익성 분석과 제품수익성 분석의 예를 들어 설명하고자 한다.

(1) 고객수익성 분석

고객수익성 분석(customer-profitability analysis)은 개별 고객 또는 한 집단고객으로부터 얻은 수익과 그 수익을 획득하는데 발생한 원가를 분석하여 보고하는 것으로 수익성 차원에서 고객별로 어떠한 차이를 나타내는가 하는 것을 검토하는 것을 말한다. 즉, 개별 고객 또는 한 집단고객으로부터 벌어들인 고객수익(customer revenue)에서 고객들에게 약속한 제품 또는 서비스를 제공함에 소요된 고객원가(customer costs)를 차감하여 구한 고객이익(customer profit)이 고객 간에 어떠한 차이를 보이며 어떠한 고객의 이익이 최대인가 등을 파악하는 것이다.

그러면 고객수익성 정보가 경영자에게 유용한 이유는 무엇일까? 그것은 기업의 존재이유이기도 한 고객에 대한 이해를 높여 계속해서 경쟁력 있는 기업으로 살아남게 하기 때문이다. 즉, 고객수익성 분석은 과연 어떤 고객(또는 고객집단)을 주력 고객으로 삼을 것인가? 특정 고객과의 거래를 계속할 필요가 있을까? 특정 고객을 유지하기 위해서 차별적인 가격을 설정할 것인가? 등과 같은 고객에 대한 다양한 의사결정이 필요하기 때문이다. 또한 고객별 수익성 정보는 또 다른 유형의 세그먼트인 지역별 또는 제품별 수익성 분석에도 참고가 되기 때문이다.

이처럼 이미 존재했던 고객수익성 분석이 최근 강조되는 이유는 무엇일까? 그것은 두 가지로 요약할 수 있다.

① 주주가치 중심의 경영이 강조되는 오늘날은 과거의 외형위주의 성장보다는 실속 있는 이익의 실현이 강조되기 때문이다. 이익중심의 경영에서는 보다 정교한 고객별 수익성 파악이 필연적이며, 끊임없이 경영혁신을 꾀하는 경쟁업체들로부터 살아남기 위해서는 적자 고객까지 끌어안을 수 없기 때문이다.

② 고객수익성 분석을 수행하려면 종전에 비해 보다 정교한 수익과 원가의 추적 및 집계가 가능해야 하는데, 이것을 뒷받침하는 활동중심원가계산의 등장과 컴퓨터를 이용한 데이터베이스의 활용(즉, 자료의 수집과 저장)이 용이해졌기 때문이다. 즉, 활동중심원가계산의 핵심개념인 원가계층구조(cost hierarchies)와 원가동인(cost drivers)의 개념을 이용함으로써 고객수익성 분석은 종전보다 한 차원 높아질 수 있게 된 것이다.

고객수익성 분석개념은 과거에도 존재했었다. 소위 세그먼트보고(segment reporting)에서 세그먼트(segment)를 고객으로 정의하고 이들 세그먼트와 관련된 수익(고객수익)과 원가(고객원가)를 집계하여 이익(고객이익)을 계산하면 그것이 곧 고객수익성 분석이다. 즉 각 고객별 수익(고객수익)에서 원가(고객원가)를 차감한 이익(보통 고객수준 영업이익)의 크기로 고객수익성을 평가하는 것이다. 이하 예제를 통해 고객수익성을 분석하고자 한다.

예제 7

KS복사기(주)는 복사기 수선 전문회사이다. 이 회사는 열 명의 고객들로부터 고객소유의 복사기 유형과 고용된 종업원 수에 기초하여 고정 수선서비스 요금을 받고 있다. 이 회사는 최근 각 고객별 수익성을 분석하기로 하였다. 다음의 자료는 2017년 5월의 자료이다.

고객	고객수익	고객원가
1	₩260,000	₩182,000
2	180,000	184,000
3	163,000	178,000
4	322,000	225,000
5	235,000	308,000
6	80,000	74,000
7	174,000	100,000
8	76,000	108,000
9	137,000	110,000
10	373,000	231,000

요구사항

1. 각 고객의 영업이익을 계산하고, 그 결과를 평가하시오.
2. 위 1.의 고객수익성 분석을 기초로 KS복사기(주)는 개별 고객에 대해 어떤 선택을 하여야 하는가?
3. 각 고객에 대한 정확한 영업원가를 측정할 때 KS복사기(주)는 어떤 문제에 직면하게 되는가?

풀이

1.

<표 1> 고객수준 영업이익의 계산

고객	고객수익	고객원가	고객수준 영업이익
1	₩260,000	₩182,000	₩78,000
2	180,000	184,000	(4,000)
3	163,000	178,000	(15,000)
4	322,000	225,000	97,000
5	235,000	308,000	(73,000)
6	80,000	74,000	6,000
7	174,000	100,000	74,000
8	76,000	108,000	(32,000)
9	137,000	110,000	27,000
10	373,000	231,000	142,000

<표 2> 고객수준 영업이익별 고객순위

고객 코드	고객수준 영업이익 (1)	고객수익 (2)	고객수익대비 고객수준영업이익 (3)=(1)/(2)	누적고객수준 영업이익 (4)	총고객수준 영업이익에 대한 누적영업이익비율 (5)=(4)/₩300,000
10	₩142,000	₩373,000	38.07%	₩142,000	47%
4	97,000	322,000	30.12	239,000	80
1	78,000	260,000	30.00	317,000	106
7	74,000	174,000	42.53	391,000	130
9	27,000	137,000	19.71	418,000	139
6	6,000	80,000	7.50	424,000	141
2	(4,000)	180,000	-2.22	420,000	140
3	(15,000)	163,000	-9.20	405,000	135
8	(32,000)	76,000	-42.11	373,000	124
5	(73,000)	235,000	-31.06	300,000	100
	₩300,000	₩2,000,000			

<표 3> 고객수익별 고객순위

고객 코드	고객수익 (1)	고객수준 영업이익 (2)	수익에 대한 고객수준 영업이익율 (3)=(2)/(1)	누적고객 수익 (4)	총고객수익에 대한 누적고객수익 비율 (5)=(4)/₩2,000,000
10	₩373,000	₩142,000	38%	₩373,000	19%
4	322,000	97,000	30	695,000	35
1	260,000	78,000	30	955,000	48
5	235,000	(73,000)	(31)	1,190,000	60
2	180,000	(4,000)	(2)	1,370,000	69
7	174,000	74,000	43	1,544,000	77
3	163,000	(15,000)	(9)	1,707,000	85
9	137,000	27,000	20	1,844,000	92
6	80,000	6,000	8	1,924,000	96
8	76,000	(32,000)	(42)	2,000,000	100
	₩2,000,000	₩300,000			

위 표에서 보는 바와 같이 가장 수익성이 있는 고객은 고객 10, 고객 4이다. 이들 고객들은 고객수준 총영업이익의 80%와 총수익의 35%를 차지하고 있다.

2. KS복사기(주)가 고려하여야 할 선택사항은 다음과 같다.

(1) 고객 10과 고객 4에 대한 관심을 보다 증대시켜야 한다. 이들은 KS복사기(주)의 주요 고객(key customers)이기 때문이다.

(2) 고객 2, 고객 3, 고객 8, 고객 5에 대해서는 원가를 절감하거나 수익을 증대시키는 방안을 강구하여야 한다. 특히 고객 5와 고객 8에 대해서는 원가의 절감이나 수익의 증대가 어려우면 포기하는 것이 바람직하다.

3. 고객별 영업원가를 정확히 추정하는데 있어서의 중요한 문제점으로는 다음의 것들을 들 수 있다.

(1) 기초적인 기록이 정확하지 않을 수 있다. 예컨대, 어떤 기술자의 경우 수선시간의 기록에 수선하기 위해 고객을 방문하기 위한 이동시간이나 휴식시간 등도 포함시키기 때문이다.

(2) 모든 원가가 개별 고객별로 쉽게 배분할 수 없다. 예컨대, 오직 세 고객만을 위한 부품 인도시간에 대한 원가를 모든 개별 고객에게 어떻게 배분할 수 있겠는가?

(3) KS복사기(주)의 상당수의 원가는 특정고객과 관련이 없을 수 있다. 예컨대, KS복사기(주)의 광고비의 경우 특정 고객을 목표로 한 것이라기보다는 전체 시장을 대상으로 하고 있기 때문이다.

(2) 제품수익성 분석

ABC정보를 활용하여 제품원가를 산정하는 경우 전통적인 원가계산에 의해 산정한 제품원가에 비해 제조간접원가를 보다 정확히 제품에 배분함에 따라 대량 생산하는 제품의 제조원가는 낮아지는 경향이 있고, 소량 생산하는 제품의 제조원가는 높아지는 경향이 있어 제품별 수익성을 분석하는 것이 필요하다.

지금까지 ABC정보를 활용한 제품수익성 분석의 결과를 요약하면 일반적으로 다음과 같다. 약 20%의 제품의 매출액이 전체 매출액의 80% 정도를 차지하고 있으며, 수익성이 높은 일부 제품의 이익이 전체 이익의 상당부분을 차지한다[12]. 즉 수익성이 있는 일부 제품이 전체 매출액의 상당부분을 차지할 뿐만 아니라 이익의 대부분도 차지한다는 것이다. 따라서 기업에서는 수익성 있는 제품과 수익성 없는 제품을 분석할 필요가 있으며, 각 제품별 전략도 강구할 필요가 있다.

예제 8

대한유통(주)는 A, B, C 세 가지 상품을 취급하고 있다. 이 회사는 최근 활동중심원가계산제도를 도입하여, 활동분석 결과 다음의 활동과 원가동인율을 파악하였다.

활 동	원가동인율	
주문활동	주문 1회당	₩200,000
상품배달	배달 1회당	160,000
상품진열	시간당	40,000
고객서비스	판매품목당	400

매출액, 매출원가, 기타비용에 대한 자료는 다음과 같다.

	A	B	C
매출액	₩114,000,000	₩126,000,000	₩104,000,000
매출원가	76,000,000	94,000,000	70,000,000
기타비용	22,800,000	28,200,000	21,000,000

그리고 원가동인의 관련자료는 다음과 같다.

12) Cooper와 Kaplan에 의하면 상위 20%의 제품이 약 300%의 이익을 올리고 있으며, 나머지 80%의 제품이 200%의 손실을 가져온다고 하여, 이것을 그림으로 나타냈을 때 마치 고래의 등과 같다고 하여 **고래곡선(whale curve)**이라고 불렀다.

	A	B	C
주문횟수	30	25	13
배달횟수	98	36	28
진열시간	183	166	24
판매품목	15,500	20,500	7,900

이 회사는 그 동안 기타비용을 매출원가의 30%로 각 상품에 배분하여 왔다.

요구사항

1. 대한유통(주)의 상품별 수익성을 기존의 원가계산방법으로 계산하시오.
2. 대한유통(주)의 상품별 수익성을 활동중심원가계산방법으로 계산하시오.
3. 위 2.에서 활동중심원가계산은 대한유통(주)의 경영자에게 어떤 새로운 통찰력을 줄 수 있겠는가?

풀이

1.

	A	B	C	총 계
매출액	₩114,000,000	₩126,000,000	₩104,000,000	₩344,000,000
매출원가	76,000,000	94,000,000	70,000,000	240,000,000
기타비용	22,800,000	28,200,000	21,000,000	72,000,000
영업이익	₩15,200,000	₩3,800,000	₩13,000,000	₩32,000,000
영업이익률	13.33%	3.02%	12.50%	9.30%

2.

	A	B	C	총 계
매출액	₩114,000,000	₩126,000,000	₩104,000,000	₩344,000,000
매출원가	76,000,000	94,000,000	70,000,000	240,000,000
주문원가	6,000,000	5,000,000	2,600,000	13,600,000
배달원가	15,680,000	5,760,000	4,480,000	25,920,000
진열원가	7,320,000	6,640,000	960,000	14,920,000
고객서비스원가	6,200,000	8,200,000	3,160,000	17,560,000
영업이익	₩2,800,000	₩6,400,000	₩22,800,000	₩32,000,000
영업이익률	2.46%	5.08%	21.92%	9.30%

3. 수익성을 비교해보면 전통적인 원가계산방법에 의한 경우의 영업이익률은 A상품 13.33%, C상품 12.50%, B상품 3.02%의 순서였으나, 활동중심원가계산방법에 의한 경우의 영업이익률은 C상품 21.92%, B상품 5.08%, A상품 2.46%의 순서가 되었다. 이것은 A상품의 경우 활동중심원가계산에 의한 경우 그 수익성이 현저히 떨어졌음을 보여주고 있다. 이것은 다음의 표에서 보는 바와 같이 매출원가율이 31.67%임에도 불구하고 각 활동에서 보다 많은 자원을 소비함으로써, 특히 배달활동에서 자원을 많이 소비함으로써 원가가 많이 발생하였기 때문이다. 반면, C상품의 경우 매출원가율보다 상대적으로 각 활동에서 적은 자원을 소비하여 영업이익률이 가장 높으므로, 이 세 상품 중 가장 수익성이 높은 상품이라고 할 수 있다.

참고

〈 매출액 대비 각 상품별 원가율 〉

	A	B	C	총 계
매출액	33.14%	36.63%	30.23%	100.00%
매출원가	31.67	39.17	29.16	100.00
주문원가	44.12	36.76	19.12	100.00
배달원가	60.49	22.22	17.29	100.00
진열원가	49.06	44.50	6.44	100.00
고객서비스원가	35.31	46.70	17.99	100.00

공 • 부 • 합 • 시 • 다

주식회사의 효시는 '17세기 동인도회사'

우리나라에서 2017년 '코스피 2500 시대'가 열렸어요. 얼마 전 증시에서 코스피(증권거래소 주식시장) 지수가 사상 처음으로 2500을 넘은 거예요. 전문가들은 "미국 증시가 제2차 세계대전 이후 가장 긴 상승세를 타고 있는 데다, 국내 기업들 실적이 탄탄하기 때문"이라고 분석하고 있어요. 이처럼 주가지수는 한 나라의 경제 상황을 보여주는 중요한 지표 중 하나이지요.

어떤 기업이 공장을 세우고 물건을 만들려면 돈이 많이 필요해요. 공장을 지을 땅도 있어야 하고 기계도 들여야 하고 근로자에게 월급도 줘야 하지요. 하지만 그렇게 큰 돈을 가지고 있는 기업은 많지 않기 때문에 투자자들로부터 돈을 모으게 돼요. 이때 기업이 투자자들에게 주는 증서는 '주식(株式)', 주식을 팔아서 세운 회사는 '주식회사', 주식을 산 사람은 '주주(株主)'라고 하지요. 주식은 물건처럼 누구나 사고팔 수 있는데, 주식을 사고파는 곳을 '주식시장'이라고 해요. 우리나라의 한국거래소, 미국 뉴욕증권거래소, 일본 도쿄증권거래소 등이 있지요.

주식이 처음 등장한 건 17세기 유럽이었어요. 당시 영국·스페인·네덜란드 등 유럽 각국은 인도, 동남아시아를 상대로 하는 무역을 독점하려고 치열한 경쟁을 벌이고 있었지요. 특히 네덜란드는 후추·커피·사탕·면직물 등을 수입해 유럽 여러 나라에 비싸게 팔아서 큰 이윤을 남겼어요. 하지만 배를 타고 무역을 한다는 건 위험 부담이 컸어요. 예기치 못한 태풍이나 질병을 만나거나, 해적의 약탈로 빈손으로 돌아오는 일도 많았거든요. 1602년 네덜란드 정부가 무역회사 간 과도한 경쟁을 막기 위해 이들을 통합한 '네덜란드 동인도회사'를 세웁니다. 그러면서 막대한 자금을 댈 수 있는 새로운 운영 방식을 도입하는데요. 투자자들에게 돈을 받고 주식을 나눠준 뒤 배가 돌아오면 투자한 금액만큼 이윤을 나눠 갖기로 한 거죠. 세계 최초의 주식회사가 탄생한 것이에요. 주식을 사고파는 사람이 많아지자 네덜란드에는 세계 최초의 주식시장인 '암스테르담 증권거래소'도 생겼어요.

그러면 주가는 왜 변동할까요? 보통 금리(은행 이자율)가 높으면 주식가격(주가)이 떨어지고, 금리가 낮으면 주가가 올라요. 금리가 높으면 이자를 많이 받기 위해 저축하는 사람이 많아지고 주식을 사려는 사람이 줄기 때문이지요. 반면 금리가 낮으면 저축하는 대신 주식을 사려는 사람이 많아져 주가가 오른답니다. 기업 매출이 늘어도 주가가 오르지요. 기업이 장사를 잘해 투자자들이 더 많은 배당금(회사의 이익 분배금)을 받을 수 있게 되면, 그 기업 주식을 사려는 사람도 많아져 주가가 올라요. 정부가 특정한 산업이나 기업을 지원할 때도 해당 기업 매출이 늘어날 것으로 보고 주가가 오를 가능성이 높답니다.

주식시장에는 다양한 회사 주식이 거래돼요. 어떤 회사 주가는 올라가고 어떤 회사 주가는 떨어지지요. 그래서 전체 주식시장이 어떻게 움직이는지 판단하려면 주가가 평균적으로 올랐는지 떨어졌는지를 보여주는 '주가지수'가 필요하답니다. 한국의 코스피, 미국의 다우존스, 일본의 닛케이 등이 있어요.

코스피 지수는 현재 거래되는 주식 가격이 과거보다 얼마나 뛰었는지 보여주는 것이랍니다. 우리나라는 1980년 1월 4일을 기준으로 당시 시가총액을 100포인트로 잡고 현재 시가총액을 여기에 비교해 구하지요. 예를 들어 현재 코스피 지수가 2,500포인트라고 하면 현재 주식시장에서 거래되는 주식 가격이 평균적으로 1980년 1월 4일에 비해 25배 올랐다고 해석할 수 있답니다.

주가와 관련해 가장 유명한 사건이 1929년 10월 뉴욕증권거래소에서 벌어진 '검은 목요일(Black Thursday)'이에요. 주가가 갑자기 크게 떨어지며 미국 전역을 대공황으로 몰고 간 사건을 말하지요. 1920년대 미국은 풍부한 자원과 기술력을 바탕으로 호황을 누리고 있었어요. 하지만 여윳돈이 과도하게 주식시장으로 몰려들면서 주가가 실제 기업 가치보다 높아지는 '거품 현상'을 보였지요. 1929년 10월 24일 목요일, 수많은 투자자가 갑자기 주식을 대량으로 팔아치우기 시작하면서 주가가 폭락합니다. 많은 사람이 파산했고, 은행과 기업 수천 곳이 문을 닫았어요. 일자리를 잃은 사람들은 거리로 쏟아져 나왔지요.

한 기업의 주가가 오르면 주주들 재산이 늘어나 경제적으로 풍족해져요. 기업도 주식을 더 많이 발행해 돈을 쉽게 모을 수 있기 때문에 새로운 사업에 투자할 기회가 생기지요. 하지만 주가가 떨어지면 개인 재산이 줄어들고 기업도 돈이 부족해 생산과 일자리를 모두 줄여야 하기 때문에 나라 경제 전체가 어려워질 수 있어요. 주식을 잘 사고팔면 개인과 기업, 나라 모두가 이득을 보지만, 섣불리 거래하면 모두가 손해를 볼 수 있기 때문에 많이 공부하고 신중히 해야 한답니다.

출처: 조선일보, [경제이야기]

연습문제

1. K사는 시계를 제조하는 회사이다. 설립당시는 한 종류의 표준형 시계만을 생산하였으나 최근에는 특별주문품(이하 특주품이라 칭한다.)을 생산하게 되었다. 특주품에는 여러 가지 색상 및 디자인 제품이 있다. K사는 최근에 공정을 자동화하여 생산의 질과 유연성을 향상시켰으며, 적시생산방식(just-in-time; JIT)에 의한 재고관리도 실시하고 있다. 결과적으로 직접노무원가는 상당히 감소하였으나 제조간접원가의 비중은 현저히 증가하고 있다. 그 동안 제조간접원가는 직접노무원가를 기준으로 하여 제품에 배분하여 왔다. 한편, 앞으로는 특주품의 이익이 표준품보다 크다는 점을 감안하여 특주품의 판매에 주력할 판매전략을 수립하고 있다. K사의 원가관련자료는 (표 1), (표 2), (표 3)과 같다.

(표 1) 원가관련 자료

	표준품	특주품
제조판매량	1,500단위	500단위
단위당 판매가격	₩180	₩240
단위당 직접재료원가	73	91
단위당 직접노무원가	30	40

(표 2) 제조간접원가 분석

전통적 원가계산에 의한 분석	
간접노무원가	₩40,000
동력원가	20,000
감가상각비 - 건물	30,000
설비	20,000
공장임차료	20,000
	₩130,000
ABC에 의한 분석	
품질관리원가	₩16,000
구매원가	16,000
생산계획원가	50,000
생산촉진원가	10,000
공정준비원가	10,000
기계운전원가	28,000
	₩130,000

(표 3) 활동과 원가동인

활동	원가동인	월간 원가동인량		
		총계	표준품	특주품
품질관리	검사횟수	40	10	30
구 매	발주횟수	80	45	35
생산계획	주문변경횟수	10	6	4
생산촉진	촉진횟수	10	4	6
공정준비	준비횟수	20	5	15
기계운전	기계운전시간	200	150	50

이상의 자료로 물음에 답하시오.

물음

1) K사는 전통적으로 직접노무원가를 기준으로 제조간접원가를 배분하였다고 할 때의 제조간접원가 배분율과 각 제품의 단위당 제조원가를 구하시오.
2) K사는 이제 제조간접원가의 배분을 위해 활동중심원가계산을 도입하고자 한다. 이 원가계산방법에 의한 각 제품의 단위당 제조원가를 구하시오.
3) 전통적 원가계산과 활동중심원가계산에 의한 단위당 제조원가를 비교하고 양 방법의 차이를 설명하시오.
4) 양 방법으로 산정한 단위원가를 토대로 각 제품의 수익성을 평가하시오.

2. 한국가구공업(주)는 가구를 제조하는 회사로서 고급형과 일반형을 생산하고 있다. 한국가구공업(주)는 처음에는 일반형 가구만 만들었으나 최근에는 소비자들의 주문에 의해 고급형 가구도 생산하고 있다. 다음은 한국가구공업(주)의 원가관련자료이다.

	고급형	일반형
예상생산량	540단위	1,800단위
단위당 직접재료원가	₩300	₩300
단위당 직접노무원가	₩200(@₩40×5시간)	₩160(@₩40×4시간)
제조간접원가		
A제조부문	₩445,500	
B제조부문	324,000	
단위당 기계시간(B제조부문)	2시간	3시간

물음

1) 전통적으로 이 회사는 A제조부문의 제조간접원가는 직접작업시간을 기준으로 배분하며, B제조부문의 제조간접원가는 기계시간을 기준으로 제품에 배분하고 있다. 이와 같이 제조간접원가를 배분할 때의 부문별 제조간접원가 배분율과 각 제품의 단위당 제조원가를 구하시오.

2) 한국가구공업(주)는 이제 제조간접원가의 배분을 위해 활동중심원가계산을 도입하고자 한다. 이 원가계산방법에 의한 각 제품의 단위당 제조원가를 구하시오. 활동중심원가계산을 위한 자료는 다음과 같다.

활 동	원가동인	활동별원가	제품별 원가동인 수	
			고급형	일반형
디자인	도면의 수	₩210,000	6	15
마무리	작업지시횟수	220,000	24	40
재료가공	기계전환횟수	339,500	60	80

3) 흔히 활동중심원가계산방법이 전통적인 원가계산방법에 비해 나은 방법이라고들 한다. 이에 대한 당신의 견해는 어떠하며, 만일 나은 방법이라고 한다면 어떠한 면에서 낫다고 할 수 있는가?

4) 활동중심원가계산에 의한 제조간접원가의 배분이 합리적이라고 가정할 경우 한국가구공업(주)는 제품의 가격을 얼마나 왜곡시켰다고 생각하는가? 이 회사는 각 제품의 판매가격을 제품원가에 30%의 이익을 가산하여 결정하고 있다.

3. KS사는 다음의 다섯 고객의 수익성을 분석하고자 한다. 회사는 음료수를 병당 ₩500에 구입하여 도매고객에게 병당 ₩600씩 팔고 있다. 고객관련 자료는 다음과 같다.

	고 객				
	P	Q	R	S	T
1. 판매된 병수	50,000	210,000	1,460,000	764,000	94,000
2. 정가판매가격	₩600	₩600	₩600	₩600	₩600
3. 실제판매가격	₩600	₩590	₩550	₩580	₩540
4. 구매주문수	15	25	30	25	30
5. 판매방문수	2	3	6	2	3
6. 배달횟수	10	30	60	40	20
7. 배달당 운전마일수	14	4	3	8	40
8. 긴급배달수	0	0	0	0	1

또한 이 회사의 다섯 가지 활동영역과 원가동인율은 다음과 같다.

활동영역	원가동인과 동인율	
주문접수	주문당	₩100,000
판매방문	방문당	₩80,000
배달차량	배달마일당	₩2,000
제품취급	판매된 병당	₩20
긴급배달	긴급배달당	₩300,000

물음

1) 이상의 자료로 다섯 고객별 고객수준 영업이익을 계산하고, 그 결과에 대해 논평하시오.
2) 각 고객들에 대해 정가판매가격과 실제판매가격 둘 모두를 보고함으로써 얻어지는 것은 무엇인가?
3) 다섯 고객 중 일부의 고객을 탈락시키는 의사결정을 하는데 있어서 KS사가 고려하여야 할 요소는 무엇인가?

해답

1. 1) 전통적 원가계산에 의한 단위당 제조원가

① 직접노무원가 총액

표준품 :	₩30×1,500단위＝	₩45,000
특주품 :	40× 500단위＝	20,000
합 계		₩65,000

② 제조간접원가 배분율

$$\frac{\text{제조간접원가}}{\text{직접노무원가 총액}} = \frac{₩130{,}000}{₩65{,}000} = @₩2/\text{직접노무원가}$$

③ 제조간접원가 배분액

표준품 : (@₩2×₩45,000)/1,500단위＝₩60/단위
특주품 : (@₩2×₩20,000)/500단위 ＝₩80/단위

(표 1) 전통적 원가계산에 의한 제품원가

	표준품	특주품
직접재료원가	₩73	₩91
직접노무원가	30	40
제조간접원가	60	80
	₩163	₩211

2) 활동중심원가계산에 의한 단위당 제조원가

① 원가동인율

	(1) 원가	(2) 동인량	(3) 원가동인율 ＝ (1)/(2)
품질관리원가	₩16,000	검사횟수 40회	@₩400/검사횟수
구매원가	16,000	발주횟수 80회	@₩200/발주횟수
생산계획원가	50,000	주문변경횟수 10회	@₩5,000/주문변경횟수
생산촉진원가	10,000	촉진횟수 10회	@₩1,000/촉진횟수
공정준비원가	10,000	준비횟수 20회	@₩500/준비횟수
기계운전원가	28,000	기계운전시간 200시간	@₩140/기계운전시간

② 제조간접원가 배분액

	원가동인율	동인량	표준품	특주품
품질관리원가	@₩400	검사횟수 10회	₩4,000	
		30회		₩12,000
구매원가	@₩200	발주횟수 45회	9,000	
		35회		7,000
생산계획원가	@₩5,000	주문변경횟수 6회	30,000	
		4회		20,000
생산촉진원가	@₩1,000	촉진횟수 4회	4,000	
		6회		6,000
공정준비원가	@₩500	준비횟수 5회	2,500	
		15회		7,500
기계운전원가	@₩140	운전시간 150시간	21,000	
		50시간		7,000
합 계			₩70,500	₩59,500
			1,500단위	500단위
단위당 배분액			@₩47	@₩119

(표 2) 활동중심원가계산에 의한 제품원가

	표준품	특주품
직접재료원가	₩73	₩91
직접노무원가	30	40
제조간접원가	47	119
	₩150	₩250

3) 양 방법에 의한 원가 비교

(표 3) 제품단위당 원가 비교

	표준품	특주품
전통적 원가계산	₩163	₩211
활동중심원가계산	150	250

(표 3)에서 보는 바와 같이 활동중심원가계산에 의하면 특주품(소량생산)의 경우 표준품(다량생산)에 비해 1회 작업량이 적은 것이 보통이므로 단위당 제조간접원가가 상대적으로 많게 된다.

원인

전통적 원가계산 :

모든 제조간접원가를 각 제품에 균등하게 배분(peanut-butter costing)하므로 다량생산 제품이 소량생산 제품의 원가를 부담한다(다량 고원가 소량 저원가).

활동중심원가계산 :

모든 제조간접원가를 각 제품에 동일하게 배분하지 않고 제품별로 추적한다(다량 저원가 소량 고원가).

자료 제조간접원가의 배분액

	표준품	특주품	합 계
전통적 원가계산	₩90,000	₩40,000	₩130,000
활동중심원가계산	70,500	59,500	130,000

전통적 원가계산방법에 의하면 제조간접원가는 직접노무원가를 기준으로 배분하므로 제조간접원가의 약 30%(₩40,000/₩130,000)만이 특주품에 배분된다. 그러나 특주품을 생산하기 위해서는 품질관리활동, 생산촉진활동, 공정준비활동 등에서는 오히려 표준품 생산을 위해서 소비하는 자원보다 많은 자원을 소비하며, 다른 활동에서도 적어도 30% 이상의 자원을 소비하고 있다. 그러므로 종래의 전통적 원가계산에 의한 단위당 제품원가를 기초로 가격을 설정한다면 특주품의 판매가격을 너무 낮게 설정하게 될 위험이 있다.

4) 제품수익성 비교

(표 4) 전통적 원가계산에 의한 제품 수익성

	표준품	특주품
판매가격	₩180	₩240
제품원가	163	211
이 익	₩17	₩29

(표 5) 활동중심원가계산에 의한 제품 수익성

	표준품	특주품
판매가격	₩180	₩240
제품원가	150	250
이 익	₩30	₩(10)

전통적 원가계산방법에 의한 제품원가를 토대로 제품의 수익성을 평가하면 (표 4)에서 보는 바와 같이 표준품이나 특주품 모두 이익이 발생하며, 특히 표준품보다는 특주품이 이익이 많이 발생하는 것으로 보인다. 그러나 활동중심원가계산에 의한 제품원가를 토대로 제품의 수익성을 평가하면 (표 5)에서 보는 바와 같이 표준품은 이익이 발생하나 특주품의 경우는 손실이 발생하는데 이것은 3)에서 본 바와 같이 특주품을 생산하기 위해서는 품질관리활동, 생산촉진활동, 공정준비활동 등에서 오히려 표준품 생산을 위해서 소비하는 자원보다 많은 자원을 소비하며, 다른 활동에서도 비교적 많은 자원을 소비하고 있어 제품원가가 높아지기 때문이다.

그러므로 종래의 전통적 원가계산에 의한 단위당 제품원가를 기초로 가격을 설정한다면 특주품의 판매가격을 너무 낮게 설정하게 될 위험이 있으며, 이로 인해 기업의 수익성이 낮아지게 될 수 있다.

2. 1)

① 부문별 제조간접원가 배분율

A제조부문 제조간접원가 배분율 = ₩445,500/(540단위×5시간＋1,800단위×4시간)
= @₩45/직접작업시간

B제조부문 제조간접원가 배분율 = ₩324,000/(540단위×2시간＋1,800단위×3시간)
= @₩50/기계시간

단위당 단위원가

	고급형		일반형	
직접재료원가	₩300		₩300	
직접노무원가	200		160	
제조간접원가				
A제조부문원가	225	(@₩45×5시간)	180	(@₩45×4시간)
B제조부문원가	100	(@₩50×2시간)	150	(@₩50×3시간)
제조원가	₩825		₩790	

2)

① 원가동인율

디자인활동	₩210,000/21단위	=	@₩10,000/단위
마무리활동	₩220,000/64회	=	@₩3,437.5/회
재료가공활동	₩339,500/140회	=	@₩2,425/회

② 단위당 제조간접원가 배분액

	고급형		일반형	
디자인활동	@₩10,000×6단위＝	₩60,000	@₩10,000×15단위＝	₩150,000
마무리활동	@₩3,437.5×24회 ＝	₩82,500	@₩3,437.5×40회 ＝	₩137,500
재료가공활동	@₩2,425 × 60회 ＝	₩145,500	@₩2,425×80회 ＝	₩194,000
합 계		₩288,000		₩481,500
생산수량		540단위		1,800단위
단위당 제조간접원가 배분액		₩533.33		₩267.5

③ 단위당 원가

	고급형	일반형
직접재료원가	₩300	₩300
직접노무원가	200	160
제조간접원가	533.33	267.5
제조원가	₩1,033.33	₩727.5

3) 전통적인 방법에 의하면 제조간접원가는 직접작업시간이나 기계시간을 기준으로 배분하였으므로 제조간접원가의 22.8%(175,500원/769,500원)만이 고급형에 배분되었다. 그러나 고급형은 전체 디자인활동의 28.6%, 마무리활동의 37.5%, 재료가공활동의 42.9%를

소비한다. 그럼에도 불구하고 전체 제조간접원가의 22.8%만 배분되므로 단위당 원가가 825원이 되어 이를 기준으로 가격결정이 이루어지면 고급형의 판매가격이 너무 낮게 설정되게 된다.

4)

	고급형		일반형	
전통적 원가계산하의 제품가격	₩825×1.3 =	₩1,072.5	₩790×1.3 =	₩1,027
ABC하의 제품가격	1,033.33×1.3 =	1,343.33	727.5×1.3 =	945.75
과대(과소)책정		₩270.83 (과소)		₩81.25 (과대)

3.

1) (단위: ₩1,000)

	고객				
	P	Q	R	S	T
매출액(정가)	₩30,000	₩126,000	₩876,000	₩458,400	₩56,400
가격할인	0	2,100	73,000	15,280	5,640
매출액(실제)	30,000	123,900	803,000	443,120	50,760
매출원가	25,000	105,000	730,000	382,000	47,000
매출총이익	5,000	118,900	73,000	61,120	3,760
고객수준 영업원가					
주문접수	1,500	12,500	3,000	2,500	3,000
판매방문	160	1,240	480	160	240
배달차량*	280	1,240	360	640	1,600
제품취급	1,000	14,200	29,200	15,280	1,880
긴급배달	0	10	0	0	300
계	2,940	17,180	33,040	18,580	7,020
고객수준 영업이익	₩2,060	₩11,720	₩39,960	₩42,540	(₩3,260)

* ₩2×(10×14); (30×4); (60×3); (40×8); (20×40)

고객 S는 고객 R에 대한 판매량의 52%만 구매하나 가장 수익성이 높은 고객이다. 그 주요 이유는 고객 R은 병당 ₩50씩 가격을 할인해주고 있으나 고객 S는 병당 ₩20씩의 가격을 할인해 주고 있기 때문이다. 반면, 고객 T는 수익성이 없는 고객이다. 고객 T는 병당 ₩60씩의 가격을 할인해주고 있으며, 주문이 잦고, 많은 배달과 장거리 배달을 해주는 등 많은 자원을 사용하고 있기 때문이다.

2) KS사로 하여금 각 고객이 얼마나 상이한 가격할인을 해주고 있는가 등을 알 수 있다.

고객	판매된 병수	가격할인
R	1,460,000단위	₩50
S	764,000	20
Q	210,000	10
T	94,000	60
P	50,000	0

3)

① 각 고객별 미래의 수익성. 예컨대, 현재 수익성이 없는 고객 T와 P가 앞으로는 수익성이 있을 수 있을까?

② 고객들이 단기적으로는 수익성이 없을지라도 다른 고객들과 차별성이 있는가?

③ 일부의 고객을 제외시키는 경우 회피가능한 원가가 발생하는가?

종합문제

1. M사는 시계를 제조하는 회사이다. 과거 수년 동안은 일반형 시계만을 생산하였으나 최근에는 고객의 욕구를 충족시키기 위하여 고급형을 생산하게 되었다. 그리고 그 고급형 시계의 매출은 나날이 증대하고 있는 실정이다. 그러나 고급형 시계를 생산하면서부터 회사의 이익을 줄어들게 되어 회사의 경영자는 최근 등장한 활동중심원가계산에 대해 관심을 갖게 되었다. 현재 M사는 제조간접원가를 두 제품에 직접작업시간을 기준으로 배분하고 있다.

이 M사는 2018년도에 제조간접원가가 ₩1,000,000,000이 발생할 것으로 예상하고 있으며, 일반형 40,000단위와 고급형 5,000단위를 생산할 예정이다. 그리고 일반형 시계는 1시간, 고급형은 2시간의 작업시간이 소요될 것으로 예상하고 있다. 단위당 직접재료원가와 직접노무원가 및 판매가격은 다음과 같다.

(표 1) 원가관련 자료

	일반형	고급형
단위당 판매가격	₩80,000	₩140,000
단위당 직접재료원가	30,000	45,000
단위당 직접노무원가	10,000	20,000

(표 2) 활동과 원가동인

			제품별 원가동인 수	
활 동	원가동인	활동별원가	일반형	고급형
구 매	주문횟수	₩180,000,000	400	200
품질관리	검사횟수	250,000,000	1,000	1,000
제품준비	준비횟수	220,000,000	100	100
기계유지	기계시간	350,000,000	15,000	20,000

물음 이상의 자료로 다음의 물음에 답하시오.

1) M사의 현행 원가계산방식에 의한 제조간접원가 배분율과 각 제품의 단위당 제조원가를 구하시오.

2) M사는 이제 제조간접원가의 배분을 위해 활동중심원가계산을 도입하고자 한다. 이 원가계산방법에 의한 각 제품의 단위당 제조원가를 구하시오.

3) 전통적 원가계산과 활동중심원가계산에 의한 단위당 제조원가를 비교하고 양 방법의 차이를 설명하시오.

4) 양 방법으로 산정한 단위원가를 토대로 각 제품의 수익성을 평가하시오.

2. 일반형 배낭을 제조하는 K사는 최근 고급형 배낭을 제조하기 시작하였다. 고급형은 재질이 우수한 원재료를 사용하므로 원가가 비싸고 제조시간도 더 소요(예컨대, 일반형의 경우는 절단 및 봉제하는데 단위당 30분이 소요되나, 고급형의 경우는 45분이 소요된다.)되고 있다. K사는 배낭을 묶음(batch)별로 생산하고 있으며, 일반형의 경우는 1묶음에 1,000단위를, 고급형의 경우는 1묶음에 100단위를 생산하며, 각 묶음별 검사시간은 1시간이다. 그 동안 K사는 제조간접원가를 직접작업시간을 기준으로 제품에 배부하여 왔으며, 단위당 제품수익성 분석을 위한 자료는 다음과 같다.

항목	일반형	고급형
매출액	₩10,000	₩30,000
차감 :		
직접재료원가	2,000	10,000
직접노무원가	2,000	3,000
제조간접원가	3,000	4,500
매출총이익	₩3,000	₩12,500
판매비와관리비	500	1,000
영업이익	₩2,500	₩11,500
매출액 영업이익률	25%	38.33%
판매량	90,000단위	6,000단위

K사의 새로운 컨트롤러는 이제 활동중심원가계산을 도입하여 제품수익성 분석을 하고자 한다. 활동중심원가계산을 위한 자료는 다음과 같다.

활동	활동원가	원가동인	일반형	고급형
절단 및 봉제활동	₩19,800,000	직접작업시간	45,000시간	4,500시간
주문활동	97,500,000	주문횟수	450회	200회
검사활동	179,700,000	검사시간	?	?
총계	₩297,000,000			

물음 활동중심원가계산을 사용하여 제품의 수익성분석을 하시오.

3. 대한제약유통(주)는 의약품 유통을 전문으로 하는 회사이다. 이 회사의 활동중심원가계산시스템은 다음의 다섯 가지 활동영역을 가지고 있다.

활동영역	2017년의 원가동인율	
주문처리	주문당	₩40,000
개별품목주문	개별품목당	₩3,000
배달	배달당	₩50,000
상자운반	상자당	₩1,000
진열	진열시간당	₩10,000

대한제약유통(주)의 컨트롤러는 각 시장에 있는 개별 고객의 수익성을 분석하기 위해 활동중심원가계산정보를 활용하고자 한다. 우선 그는 소매시장에 초점을 맞추어 두 명의 고객을 그 대상으로 삼았다. 2017년 8월 이후 이 두 고객과 관련한 자료는 다음과 같다.

	A약국	B약국
주문횟수	12회	10회
주문당 개별품목수	10	18
상점배달횟수	6	10
1회 배달에 대한 평균 상자수	24	20
1회 배달시 진열에 걸리는 시간	0	0.5
1회 배달의 평균수익	₩2,400,000	₩1,800,000
1회 배달의 평균원가	2,100,000	1,650,000

물음

1) 활동중심원가정보를 사용하여 2017년 8월의 각 고객별 영업이익을 계산하고, 그 성과를 평가하시오.

2) 컨트롤러는 영업이익을 기준으로 고객의 순위를 정하였다. 상위 20% 내에 있는 고객들의 영업이익의 합계는 ₩55,680,000이었다. 한편 컨트롤러는 하위 40%의 고객들은 ₩21,247,000의 영업손실이 발생하였다고 보고하였다. 이러한 고객수익성에 대한 새로운 정보를 가지고 컨트롤러가 고려하여야 할 추천사항을 4가지만 제시해 보시오.

제 10 장 변동원가계산과 초변동원가계산

원가계산방법은 고정제조간접원가를 제품원가에 포함시키는가 아니면 기간원가로 처리하는가에 따라 전부원가계산과 부분원가계산(변동원가계산과 초변동원가계산)으로 구분된다. 따라서 본 장에서는 전부원가계산의 단점을 보완하기 위해 개발된 변동원가계산과 초변동원가계산의 의의와 유용성을 살펴보고, 외부보고를 위한 전부원가계산과 변동원가계산에 의한 영업이익차이의 조정에 대해서 설명한다. 또한 최근 등장한 초변동원가계산(재료처리량 원가계산)에 대해서도 학습한다.

제 1 절 변동원가계산

1.1 변동원가계산의 의의

원가계산제도는 고정제조간접원가의 제품원가에의 포함여부에 따라 전부원가계산과 부분원가계산으로 구분된다.

전부원가계산(absorption costing ; **흡수원가계산**[1])은 직접재료원가, 직접노무원가, 변동제조간접원가, 고정제조간접원가 등 모든 제조원가를 제품원가에 포함시키는 원가계산방법으로 전통적으로 널리 사용되고 있다.

---

1) 전부원가계산에서는 원가를 변동원가와 고정원가로 구분하지 않고 제조원가 전부를 제품원가에 포함시키는 원가계산방법으로, 재고자산은 모든 제조원가를 "흡수(absorbs)"한다. 따라서 직접재료원가, 직접노무원가, 제조간접원가의 전부가 제품원가가 되므로 흡수원가계산(absorption costing)라고도 부른다.

부분원가계산은 제조원가의 일부인 직접재료원가, 직접노무원가, 변동제조간접원가만을 제품원가로 보고, 고정제조간접원가는 판매비와 관리비와 마찬가지로 기간원가로 처리하는 원가계산방법인 **변동원가계산(variable costing**[2]**)**과 직접재료원가만을 제품원가로 보고 기타의 원가를 모두 기간원가(기간비용)로 처리하는 원가계산인 **초변동원가계산(재료처리량 원가계산 ; throughput costing, super-variable costing)**으로 나눌 수 있다.

전부원가계산과 부분원가계산의 차이점은 자산의 본질을 무엇으로 보느냐에 따른 분류라고 할 수 있다. 예컨대, 전부원가계산과 부분원가계산의 하나인 변동원가계산의 차이점은 고정제조간접원가의 원가성, 즉 고정제조간접원가를 자산으로 인정하느냐, 비용으로 인정하느냐의 여부에 있다. 즉 전부원가계산과 부분원가계산의 차이는 고정제조간접원가 또는 기타의 제조원가를 언제 비용으로 인식하는가 하는 **기간귀속문제(timing of expenses)**로 귀결된다.

전부원가계산에서는 고정제조간접원가를 제품원가의 일부로 보아 판매되기까지는 재고자산으로 간주하고 제품이 판매되는 시점에서 매출원가라는 기간원가(기간비용)로 처리하나, 변동원가계산에서는 변동제조원가만을 제품원가로 인정하고 고정제조간접원가는 발생 즉시 해당기간의 기간원가로 처리한다. 또한 초변동원가계산에서는 직접재료원가만을 진실한 변동원가로 간주하여 제품원가로 인정하고 기타의 제조원가는 발생 즉시 해당기간의 기간원가로 처리한다.

따라서 전부원가계산을 지지하는 사람들은 제품을 생산하기 위해서는 반드시 생산설비를 이용해야 하므로 생산설비로부터 발생하는 감가상각비와 같은 고정제조간접원가도 변동제조간접원가와 마찬가지로 제품원가에 포함되어야 한다고 주장하고 있다. 반면 변동원가계산을 지지하는 사람들은 고정제조간접원가를 제품원가의 일부로 간주하지 않고 있는데, 이는 생산설비를 갖추는 것은 과거의 의사결정에서 비롯되었으며, 제품생산을 증가시키더라도 감가상각비와 같은 고정제조간접원가는 변하지 않으므로 제품원가에 포함시켜서는 안 된다는 것이다.

---

2) 변동원가계산을 직접원가계산(direct costing)이라고도 부르나, 이 직접원가계산이라는 용어는 다음과 같은 두 가지 측면에서 바람직하지 않다.

① 변동원가계산은 모든 직접원가를 제품원가(재고가능원가)에 포함시키지 않는다. 즉 직접변동제조원가만 제품원가에 포함되며, 직접 고정제조원가와 직접 비제조원가는 제품원가에 포함되지 않는다.

② 변동원가계산은 직접제조원가 뿐만 아니라 일부의 간접원가(예 : 변동제조간접원가)도 제품원가에 포함시킨다. 물론 변동원가계산이라는 용어도 완벽하다고는 할 수 없다. 그 이유는 모든 변동원가가 제품원가는 아니기 때문이다. 변동원가 중 "변동제조원가"만이 제품원가이기 때문이다.

[그림 1] 전부원가계산의 원가흐름

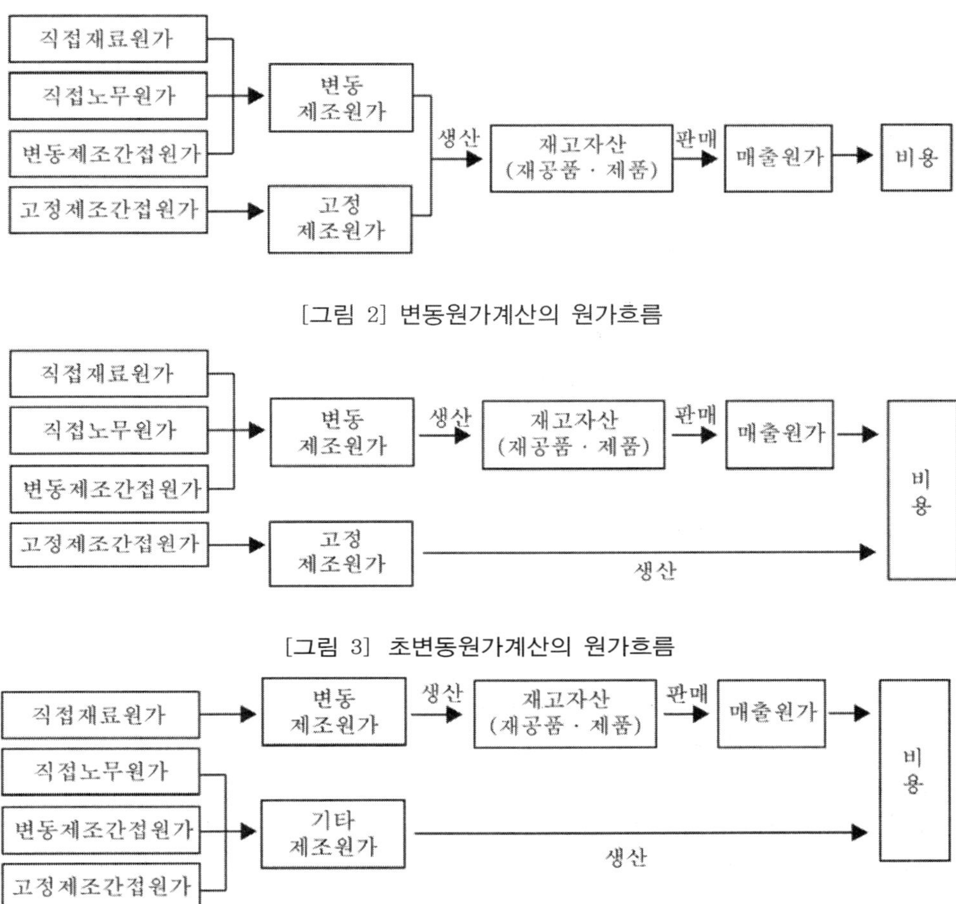

[그림 2] 변동원가계산의 원가흐름

[그림 3] 초변동원가계산의 원가흐름

1.2 변동원가계산의 유용성

1. 변동원가계산의 유용성

(1) 자산의 본질

변동원가계산에서는 자산의 본질을 **원가회피개념(cost avoidance concept; 원가회피설)**에 두고 있다. 즉 변동원가계산에서는 특정원가의 자산성 여부는 미래에 회피가능한 원가에 한하여 인정한다. 즉 변동제조원가는 미래에 제품을 생산하지 않는다면 회피가 가능한 원가, 즉 발생하지 않는 원가이므로 제품원가로 인정되나, 고정제조간접원가는 미래에 제품을 생산하지 않더라도 발생하는 원가이므로 미래에 회피가 불가능한 원가가 된다. 이와 같은 미래에 회피가 불가능한 고정제조간접원가는 자산으로 인정할 수 없으므로 제품원가를 구성할 수 없고 발생 즉시 기간원가로 처리해야 한다는 것이다.

(2) 성과평가면

[그림 4] 공헌손익계산서

Ⅰ. 매 출 액		×××
Ⅱ. 변동매출원가		
1. 기초제품재고액	×××	
2. 당기제품제조원가	×××	
3. 기말제품재고액	×××	×××
Ⅲ. 제조공헌이익		×××
Ⅳ. 변동판매비와관리비		×××
Ⅴ. 공헌이익		×××
Ⅵ. 고정비		
1. 고정제조간접원가	×××	
2. 고정판매비와관리비	×××	×××
Ⅶ. 영업이익		×××

변동원가계산에서 이익은 판매량에 의해 결정된다. 그러나 전부원가계산에서 이익은 생산량과 판매량, 즉 재고량의 증감에 따라 결정된다. 즉 전부원가계산에서는 생산량이 증가하면 이익이 증가하는 문제점이 있으나, 변동원가계산에서는 이익이 판매량에 따라 증감하므로 생산량과 판매량에 의해 결정되는 재고량의 증감에 따라 이익이 영향을 받을 가능성을 배제한다. 그리고 손익계산서는 전통적인 기능적 손익계산서를 작성하지 않고 **공헌손익계산서(contribution income statement)**를 작성한다.

(3) 의사결정면

변동원가계산을 위해서는 원가를 변동원가와 고정원가로 구분하여야 한다. 이와 같이 원가를 변동원가와 고정원가로 구분하게 되면 CVP분석 등 단기의사결정에 유용한 정보를 제공하게 된다. 예컨대, 제품별 수익성 비교 및 상이한 조업도 수준에서의 기대이익 비교 등을 통해 기업에 가장 유리한 대체안을 선택할 수 있으며, 공헌이익개념을 활용하는 변동원가계산은 부품의 자가제조 또는 외부구입, 특별주문의 수락 여부 등 다양한 단기의사결정에 유용한 정보를 제공할 수 있다.

2. 변동원가계산의 한계

(1) 고정원가의 회수

변동원가계산에서는 고정제조간접원가를 포함하여 제품제조시 발생하는 모든 제조원가는 제품원가에 포함되어야 한다는 개념(cost attach concept)을 무시하고 있다. 즉 전부원가계산 주창자들에 의하면 자산을 **미래용역잠재력(future service potential)**으로 정의하여, 미래에 용역(서비스)을 제공할 수 있는 잠재력을 갖춘 것은 모두 자산으로 인정하여야 한다는 것이다[3]. 결국 장기적인 관점에서 볼 때 고정제조간접원가도 미래에 용역을 제공할 수 있는 잠재력을 갖고 있기 때문에 자산으로 간주하여야 할 것이다.

(2) 의사결정면

변동원가계산에 의한 가격의사결정은 단기적으로 유용하나, 가격결정시 고정제조간접원가를 제품원가에 포함시키지 않으므로 **원가가산가격결정(cost plus pricing)**에 의한 경우 장기적으로는 고정제조간접원가를 회수할 수 없는 문제가 발생한다.

(3) 기타

실무적으로 원가를 고정원가와 변동원가로 구분하는 것이 쉽지 않으며, 변동원가계산은 외부보고용으로 인정받지 못하므로 변동원가계산에 의한 이익을 전부원가계산에 의한 이익으로 전환해야 하는 문제 등이 있다.

1.3 전부원가계산과의 비교

변동원가계산방법을 전부원가계산방법과 비교하여 요약해 보면 다음과 같다.

---

3) 미래에 용역(서비스)을 제공할 수 있는 잠재력을 갖춘 것은 모두 자산으로 인정하여야 한다는 개념을 '용역잠재력설'이라고 한다.

[그림 5] 변동원가계산과 전부원가계산의 비교

구 분	변동원가계산	전부원가계산
1. 주요목적	계획수립 및 통제	외부보고목적
2. 제품원가	변동제조원가	변동 및 고정제조원가
3. 기간원가	고정제조원가 변동판매비와관리비 고정판매비와관리비	변동판매비와관리비 고정판매비와관리비
4. 손익계산서 형식	공헌이익 접근법	원가기능 접근법
5. 이익함수	p＝f(판매량)	p＝f(판매량, 생산량) ＝f(재고량)
6. 순이익		
1) 생산량 〉 판매량	상대적으로 적다.	상대적으로 많다.
2) 생산량 〈 판매량	상대적으로 많다.	상대적으로 적다.
3) 생산량 ＝ 판매량	동일하다.	동일하다.
7. 순이익 조정*	변동원가계산 순이익 ＋기말재고 고정제조간접원가 －기초재고 고정제조간접원가 ＝전부원가계산 순이익	전부원가계산 순이익 －기말재고 고정제조간접원가 ＋기초재고 고정제조간접원가 ＝변동원가계산 순이익
8. 장점	각종 단기적 의사결정과 성과 평가에 활용 가능 불필요한 재고누적 방지	일반적으로 인정된 회계원칙에서 인정하는 방법 장기적 의사결정에 활용
9. 단점	일반적으로 인정된 회계원칙에서 인정하지 아니함 고정원가의 중요성 간과 가능	불필요한 재고누적 초래 가능

* 기초 및 기말재고자산의 단위당 고정제조간접원가가 동일한 경우는 다음과 같이 계산할 수 있다.

변동원가계산 순이익	전부원가계산 순이익
＋(기말재고량－기초재고량)	＋(기초재고량 －기말재고량)
×단위당 고정제조간접원가	×단위당 고정제조간접원가
＝전부원가계산 순이익	＝변동원가계산 순이익

[학습보충자료] 기업에서 변동원가계산의 활용도

각국의 기업실무조사에서는 대개 30%에서 50%의 기업이 내부회계시스템에 변동원가계산을 활용하고 있는 것으로 보고하고 있다.

	미국	캐나다	호주	일본	스웨덴	영국
변동원가계산 사용	31%	48%	33%	31%	42%	52%
전부원가계산 사용	65	52	} 67	} 69	} 58	} 48
기타	4	0				

현재까지의 조사에서는 초변동원가계산(재료처리량 원가계산)의 사용을 조사하지 않았다. 많은 기업들은 내부보고용으로는 변동원가계산을 사용하지만, 외부보고용 또는 세무보고용으로 전부원가계산을 사용하고 있다.

변동원가계산방법을 사용하는 기업은 내부보고시스템에서 고정제조간접원가를 어떻게 처리하는가?

	호주	일본	영국
고정제조간접원가를 기말재고와 매출원가에 배분	41%	39%	25%
변동원가계산은 매월마다, 연말에는 전부원가계산으로 변환	11	8	4
변동원가계산과 전부원가계산을 병행하여 사용하는 이중시스템	23	33	31
고정제조간접원가를 기간원가로 처리	25	3	35
기타	0	17	5

변동원가계산을 사용하는 기업들이 보고하는 가장 공통적 문제점은 원가를 고정원가와 변동원가로 분류하기 어렵다는 점이다.

1.4 변동원가계산의 예시

이하에서는 KS제조(주)의 원가자료로 변동원가계산을 전부원가계산과 비교하여 예시하고자 한다.

예제 1

KS제조(주)의 원가자료는 다음과 같다. 이하의 자료로 요구사항에 답하시오.

기초재고량	0단위
생산량	800
판매량	600
판매가격	₩1,000/단위
변동제조원가	
직접재료원가	₩110/단위
직접노무원가	40
제조간접원가	50
변동판매비	190/단위
고정제조간접원가	₩120,000
고정판매비	₩108,000

예산생산량 및 판매량은 실제생산량 및 판매량과 일치한다고 가정한다.

요구사항

1. 전부원가계산에 의한 손익계산서를 작성하시오.

2. 변동원가계산에 의한 손익계산서를 작성하시오.

3. 두 방법에 의한 손익의 차이의 원인을 분석하시오.

풀이

1. 전부원가계산에 의한 손익계산서

Ⅰ. 매출액(@₩1,000, 600단위)			₩600,000
Ⅱ. 매출원가			
1. 기초제품재고액		0	
2. 당기제품제조원가			
변동제조원가(@₩200, 800단위)	160,000		
고정제조원가	120,000	280,000	
3. 기말제품재고액(@₩350*, 200단위)		70,000	210,000
Ⅲ. 매출총이익			390,000
Ⅳ. 판매비와관리비			
1. 변동판매비(@₩190, 600단위)		114,000	
2. 고정판매비		108,000	222,000
Ⅴ. 영업이익			₩168,000

* 전부원가계산에서의 단위당 제품원가는 @₩350[=₩110+₩40+₩50+(₩120,000/ 800단위)]이다. 즉 전부원가계산에서는 직접재료원가, 직접노무원가, 변동제조간접원가, 고정제조간접원가 모두가 제품원가가 된다.

2. 변동원가계산에 의한 손익계산서

Ⅰ. 매출액(@₩1,000, 600단위)			₩600,000
Ⅱ. 변동원가			
1. 제조원가			
기초제품재고액	0		
당기제품제조원가(@₩200, 800단위)	160,000		
기말제품재고액(@₩200*, 200단위)	40,000	120,000	
2. 판매비(@₩190, 600단위)		114,000	234,000
Ⅲ. 공헌이익			366,000
Ⅳ. 고정원가			
1. 제조원가		120,000	
2. 판매비		108,000	228,000
Ⅴ. 영업이익			₩138,000

* 변동원가계산에서의 단위당 제품원가는 @₩200(=₩110+₩40+₩50)이다. 즉 변동원가계산에서는 직접재료원가, 직접노무원가, 변동제조간접원가만이 제품원가가 된다.

3. 두 방법하의 영업이익

고정제조간접원가	발생액	비용화된 금액	잔 액
전부원가계산	₩120,000	₩90,000	₩30,000
변동원가계산	120,000	120,000	0

이 경우 변동원가계산에서는 고정제조간접원가 ₩120,000이 모두 당기에 비용화되나, 전부원가계산에서는 ₩90,000이 비용화되고 나머지 ₩30,000은 기말재고에 포함하여 자산으로 이연된다. 따라서 전부원가계산에서는 직접원가계산에 비해 ₩30,000만큼 비용이 적게 계상되어 동액만큼 영업이익이 많게 된다. 이것은 변동원가계산과 전부원가계산에서 제조원가를 다음과 같이 회계처리하기 때문이다.

	변동원가계산	전부원가계산
변동제조원가: @₩200	제품원가	제품원가
고정제조원가: 120,000	기간원가	제품원가
	(₩120,000)	(@₩150)

두 방법하의 영업이익은 다음의 계산식을 이용하여 전환할 수도 있다.

변동원가계산 순이익	전부원가계산 순이익
+(기말재고량 − 기초재고량)	+(기초재고량 − 기말재고량)
×단위당 고정제조간접원가	×단위당 고정제조간접원가
=전부원가계산 순이익	=변동원가계산 순이익
₩138,000	₩168,000
+(200단위 − 0단위)×@₩150	+(0단위 − 200단위)×@₩150
=₩168,000	=₩138,000

예제 2

다음의 자료는 KS제조(주)의 생산 및 원가자료이다. 요구사항에 답하시오.

	2015년	2016년	2017년
기초재고량	0단위	200단위	50단위
생산량	800	500	1,000
판매량	600	650	750
기말재고량	200	50	300
판매가격	₩1,000/단위		
변동제조원가			
직접재료원가	₩110/단위		
직접노무원가	40		
제조간접원가	50		
변동판매비	190/단위		
고정제조간접원가	연간 ₩120,000		
고정판매비	연간 ₩108,000		

단, 고정제조간접원가는 연간 기준조업도 800단위를 기준으로 배분하며, 원가차이(조업도차이)는 매출원가에 가감한다.

요구사항

1. 전부원가계산에 의한 각 연도별 손익계산서를 작성하시오.
2. 변동원가계산에 의한 각 연도별 손익계산서를 작성하시오.
3. 두 방법에 의한 각 연도별 손익차이의 원인을 분석하시오.

풀이

1. 전부원가계산에 의한 손익계산서

	2015년		2016년		2017년	
Ⅰ. 매출액 (@₩1,000, 600; 650; 750단위)		₩600,000		₩650,000		₩750,000
Ⅱ. 매출원가						
1. 기초제품재고액 (@₩350, 0; 200; 50단위)	₩0		₩70,000		₩17,500	
2. 당기제품제조원가						
변동제조원가(@₩200, 800; 500; 1,000단위)	160,000		100,000		200,000	
고정제조원가	120,000		75,000		150,000	
3. 기말제품재고액 (@₩350*, 200; 50; 300단위)	70,000		17,500		105,000	
4. 원가차이[4]	0	210,000	(+)45,000	272,500	(−)30,000	232,500
Ⅲ. 매출총이익		390,000		377,500		517,500
Ⅳ. 판매비와관리비						
1. 변동판매비 (@₩190, 600; 650; 750단위)	114,000		123,500		142,500	
2. 고정판매비	108,000	222,000	108,000	231,500	108,000	250,500
Ⅴ. 영업이익		₩168,000		₩146,000		₩267,000

4) 원가차이(즉 조업도차이)는 전부원가계산에서만 존재한다. 그 이유는 변동원가계산이나 초변동원가계산에서 고정제조간접원가는 모두 발생 즉시 기간원가로 처리되기 때문이다. 이 원가차이 즉 조업도차이는 연간 기준조업도 800단위를 기준으로 고정제조간접원가를 배분함에 따라 발생한 것이다. 그러므로 생산수량이 기준조업도와 상이할 때 (생산)조업도차이가 발생한다. 예컨대, 2015년의 경우 생산수량과 기준조업도가 일치하므로 조업도차이가 발생하지 않으나, 2016년과 2017년은 생산수량과 기준조업도가 일치하지 않으므로 조업도차이가 발생한다.
즉 2016년의 경우 생산수량은 500단위이므로 예상생산량인 기준조업도보다 300단위 적게 생산되어 그 결과 불리한 조업도차이 ₩45,000이 발생하였으며, 2017년의 경우 생산수량은 1,000단위이므로 예상생산량인 기준조업도보다 200단위 많이 생산되어 그 결과 유리한 조업도차이 ₩30,000이 발생하였다. 이 경우 불리한 조업도차이 ₩45,000은 제품원가에 과소배분(underapplied)되었으므로 매출원가에 가산하여야 하며, 유리한 조업도차이 ₩30,000은 제품원가에 과대배분(overapplied)되었으므로 매출원가에서 차감하여야 한다.

@₩150×(800단위−800단위) = ₩0
@₩150×(800단위−500단위) = ₩45,000(U)(과소배분)

2. 변동원가계산에 의한 손익계산서

	2015년		2016년		2017년	
Ⅰ. 매출액		₩600,000		₩650,000		₩750,000
(@₩1,000, 600; 650; 750단위)						
Ⅱ. 변동원가						
1. 제조원가						
기초제품재고액	0		₩40,000		₩10,000	
(@₩200, 0; 200; 50단위)						
당기제품제조원가						
변동제조원가	160,000		100,000		200,000	
(@₩200, 800; 500; 1,000 단위)						
기말제품재고액	40,000		10,000		60,000	
(@₩200, 200; 50; 300단위)						
합 계	120,000		130,000		150,000	
2. 판매비	114,000	234,000	123,500	253,500	142,500	292,500
(@₩190, 600; 650; 750단위)						
Ⅲ. 공헌이익		366,000		396,500		457,500
Ⅳ. 고정원가						
1. 제조원가	120,000		120,000		120,000	
2. 판매비	108,000	228,000	108,000	228,000	108,000	228,000
Ⅴ. 영업이익*		₩138,000		₩168,500		₩229,500

* 앞에서 변동원가계산에서의 이익은 판매량의 함수라고 하였으며, 전부원가계산에서의 이익은 생산량과 판매량, 즉 재고량의 함수라고 하였다. 즉 변동원가계산방법하에서는 판매량이 증가하면 이익이 증가하나, 전부원가계산방법 하에서는 재고량이 증가하면 이익이 증가한다는 의미이다. 따라서 변동원가계산방법에 의한 기간별 영업이익의 변화도 단위당 공헌이익과 고정원가가 일정한 경우 판매수량의 변화에 의해 증감한다. 위 KS제조(주)의 경우에서 보는 바와 같이 2015년과 2016년간의 영업이익의 차이는 판매량의 변화에 따라 발생하며, 다음과 같이 계산할 수 있다.

영업이익의 변동액 = 단위당 공헌이익 × 판매량의 변화

영업이익의 변동액 = 단위당 공헌이익**×판매량의 변화 = @₩610×(650단위−600단위)
= @₩610×50단위(증가) = ₩30,500(증가)***

이와 같이 2016년의 영업이익이 2015년보다 ₩30,500 증가하였는데 그것은 2015년에 비해 2016년의 판매량이 50단위만큼 증가하였기 때문이다.

** 판매가격−변동원가 = ₩1,000−(₩110+₩40+₩50+₩190) = ₩610

***₩168,500−₩138,000

@₩150×(800단위−1,000단위) = ₩30,000(F)(과대배분)

U : 불리한 차이　　　　F : 유리한 차이

3. 두 방법하의 영업이익의 차이

	2015년	2016년	2017년
변동원가계산 순이익	₩138,000	₩168,500	₩229,500
+기말재고 고정제조간접원가*	+30,000	+ 7,500	+ 45,000
−기초재고 고정제조간접원가	− 0	− 30,000	− 7,500
=전부원가계산 순이익	₩168,000	₩146,000	₩267,000

* @₩150× (200단위; 50단위; 300단위)

한편 기초 및 기말재고자산의 단위당 고정제조간접원가가 동일한 경우는 다음과 같이 계산할 수 있다.

	2015년	2016년	2017년
변동원가계산 순이익	₩138,000	₩168,500	₩229,500
+(기말재고량 − 기초재고량)	+(200 − 0)	+(50 − 200)	+(300 − 50)
× 단위당 고정제조간접원가	× @₩150	× @₩150	× @₩150
=전부원가계산 순이익	₩168,000	₩146,000	₩267,000

제 2 절 초변동원가계산

2.1 전통적 원가계산과 성과평가

일반적으로 대부분의 기업들은 외부보고를 위한 재고평가방법으로서 전부원가계산을 사용하며, 내부보고용으로 변동원가계산을 사용하고 있다. 그러나 이들 방법 모두 바람직하지 못한 과잉의 재고자산을 쌓게 할 여지를 남기고 있다. 특히 전부원가계산을 사용하는 경우 만일 경영자에 대한 보상이 영업이익에 따라 결정된다고 하면 수요에 관계없이 생산을 증가시킴으로써 영업이익을 증대시키려는 동기를 유발시킬 수 있다.

KS제조(주)의 경영자에게 영업이익에 따라 상여금을 지급할 계획이 있다고 가정해 보자. [그림 6]은 2016년도 KS제조(주)의 판매량이 일정한 경우 전부원가계산에 의한 영업이익이 생산량이 변화함에 따라 어떻게 변화하는가를 보여주고 있다. 이 그림에서는 조업도차이를 기말에 매출원가에 포함시켰다. 2016년도의 200단위의 기초재고량과 650단위의 판매량은 앞의 [예제 2]와 같다.

[그림 6] 생산량에 따른 전부원가계산의 영업이익이 미치는 영향

(수량자료)								
기초재고량	200단위			200			200	
생산량	450			650			800	
판매량	650			650			650	
기말재고량	0			200			350	
(손익계산서)								
Ⅰ. 매출액			₩650,000			₩650,000		₩650,000
Ⅱ. 매출원가								
기초재고액	70,000			70,000			70,000	
변동제조원가	90,000			130,000			160,000	
고정제조원가	67,500			97,500			120,000	
계	227,500			297,500			350,000	
기말재고액	0			70,000			122,500	
원가차이*	52,500	(U)	280,000	22,500	(U)	250,000	0	227,500
Ⅲ. 매출총이익			370,000			400,000		422,500
Ⅳ. 판매비			231,500			231,500		231,500
Ⅴ. 영업이익			₩138,500			₩168,500		₩191,000

* 단위당 고정제조간접원가×(기준조업도－실제생산량) @₩150×(800단위－450단위)＝₩52,500(U)
@₩150×(800단위－650단위)＝₩22,500(U) @₩150×(800단위－800단위)＝₩0

[그림 6]에 의하면 판매량은 동일하게 650단위이나 생산량이 각각 450단위, 650단위, 800단위로 증가함에 따라 기말재고량도 0단위에서 200단위, 350단위로 증가하고, 이것과 함께 영업이익도 점차 증가하고 있음을 알 수 있다. 그리고 그 증가하는 영업이익은 기말재고량이 1단위 증가할 때마다 @₩150씩 증가시키고 있다는 것을 알 수 있다. 즉 기말재고량이 0단위에서 200단위, 350단위로 증가함에 따라 영업이익은 ₩30,000, ₩52,500이 증가하는 것을 알 수 있다.

단위당 고정제조간접원가×재고량의 변화＝영업이익의 변동액

@₩150×(200단위－0단위)＝₩30,000(증가)

@₩150×(350단위－0단위)＝₩52,500(증가)

이상에서 보는 바와 같이 KS제조(주)의 경영자가 만일 영업이익에 따라 보상을 받게 된다면 당연히 그는 판매에 관계없이 생산을 증가시킴으로써 영업이익을 증대시킬 것이며, 그 결과 바람직하지 못한 과잉의 재고자산이 쌓이게 될 것이다. 위의 예는 2016년에 한정한 것이지만 KS제조(주)의 경영자는 2017년에도 영업이익을 증가시키기 위해 기말재고를 더욱 증대시킬 것이다.

기업에서 변동원가계산을 도입하여 내부보고목적으로 활용하는 경우 경영자가 생산을 증대시킴으로써 영업이익을 증대시키려는 유인을 감소시킬 수 있다. 물론 이 유인은 초변동원가계산(재료처리량 원가계산, throughput costing, super－variable costing)을 도입하여 활용하면 더욱 감소시킬 수 있다. 이 초변동원가계산은 변동원가계산에서 보다 적은 원가가 재고화되기 때문이다. 재고자산의 감소는 자금이 재고자산에 덜 묶인다는 것을 의미하며, 더 나아가 재고관리를 위한 비용(재고의 손상이나 진부화비용 포함)이 줄어든다는 면에서 원가관리 측면에서도 유용하다.

2.2 초변동원가계산의 개념

기존의 원가계산방법을 비판하는 사람들은 변동원가계산방법 조차도 과잉의 재고를 쌓게 할 여지가 있다고 주장한다. 초변동원가계산에서는 직접재료원가만이 "진실한 변동원가"라고 주장하고 초변동원가계산을 사용할 것을 권고하고 있다.

초변동원가계산(재료처리량 원가계산, throughput costing, super－variable costing)에서는 단지 직접재료원가만을 진정한 변동원가로 보고 제품원가(재고가능원가)로 간주한다. 따라서 이 방법에서는 직접재료원가를 제외한 모든 원가는 발생한 기간원가(기간비용)로 처리한다.

2.3 초변동원가계산의 예시

[그림 7]은 앞의 [예제 2]를 토대로 작성한 KS제조(주)의 초변동원가계산에 의한 손익계산서이다. 여기서 **재료처리량 공헌이익(throughput contribution)**은 매출액에서 직접재료 매출원가를 차감한 것이다.

재료처리량 공헌이익 = 매출액 － 직접재료 매출원가

[그림 7] 초변동원가계산(재료처리량 원가계산)에 의한 손익계산서

		2015년		2016년		2017년
Ⅰ. 매출액		₩600,000		₩650,000		₩750,000
(@₩1,000, 600; 650; 750단위)						
Ⅱ. 직접재료 매출원가						
기초재고액		0		₩22,000		₩5,500
(@₩110, 0; 200; 50단위)						
직접재료		88,000		55,000		110,000
(@₩110, 800; 500; 1,000단위)						
기말재고		22,000		5,500		33,000
(@₩110, 200; 50; 300단위)						
원가차이*	0	66,000	0	71,500	0	82,500
Ⅲ. 재료처리량 공헌이익**		534,000		578,500		667,500
Ⅳ. 기타비용						
1. 제조원가***	192,000		165,000		210,000	
2. 판매비****	222,000	414,000	231,500	396,500	250,500	460,500
Ⅴ. 영업이익		₩120,000		₩182,000		₩207,000

* 고정제조간접원가가 제품원가에 포함되지 않으므로 원가차이(조업도차이)가 발생하지 않는다.
** 매출액－직접재료 매출원가
*** 고정제조간접원가＋[(직접재료원가를 제외한) 단위당 변동원가×생산량);
₩120,000＋(₩40＋₩50)×800; 500; 1,000단위
**** 고정판매비＋(단위당 변동판매비×판매량); ₩108,000＋₩190×600; 650; 750단위

[그림 7]의 초변동원가계산에 의한 영업이익을 앞의 [예제 2]의 전부원가계산과 변동원가계산에 의한 영업이익과 비교해보면 다음과 같다.

	2015년	2016년	2017년
전부원가계산 영업이익	₩168,000	₩146,000	₩267,000
변동원가계산 영업이익	138,000	168,500	229,500
초변동원가계산 영업이익	120,000	182,000	207,000

여기서 알 수 있는 바와 같이 초변동원가계산에서는 직접재료원가 @₩110만이 재고자산의 원가가 된다. 이것은 전부원가계산에서는 @₩350, 변동원가계산에서는 @₩200이었다. 2015년이나 2017년과 같이 생산량이 판매량을 초과할 때, 즉 재고량이 증가할 때 초변동원가계산에서 가장 많은 금액이 비용화된다. 다시 말해 생산량이 판매량을 초과할 때 초변동원가계산에서 가장 많은 금액이 비용화되므로 영업이익은 전통적인 원가계산에 의한 경우보다 적게 계산된다.

그리고 변동원가계산에 의한 영업이익과 초변동원가계산에 의한 이익차이인 2015년의 ₩18,000, 2016년의 ₩13,500, 2017년의 ₩22,500은 재고량의 변화에 대한 변동제

조원가 중 직접재료원가를 제외한 직접노무원가와 변동제조간접원가에 해당하는 만큼의 차이라고 할 수 있다.

변동원가계산에 의한 영업이익－초변동원가계산에 의한 영업이익
＝(기말재고량－기초재고량)×(단위당 직접노무원가＋단위당 변동제조간접원가)

즉, 변동원가계산에 의한 영업이익과 초변동원가계산에 의한 영업이익의 차이는 다음과 같이 계산할 수 있다. 여기서 보는 바와 같이 생산량이 판매량을 초과하는 경우 즉, 재고량이 증가하는 경우는 초변동원가계산에 의한 이익이 변동원가계산에 의한 이익보다 적으며, 반대로 판매량이 생산량을 초과하는 경우 즉, 재고량이 감소하는 경우는 초변동원가계산에 의한 이익이 변동원가계산에 의한 이익보다 많다는 것을 알 수 있다.

2015년 : (200단위－0단위)×(₩40＋₩50)　＝ ₩18,000
2016년 : (50단위－200단위)×(₩40＋₩50) ＝ ₩13,500
2017년 : (300단위－50단위)×(₩40＋₩50) ＝ ₩22,500

이에 따라 초변동원가계산을 지지하는 사람들은 이 방법이 변동원가계산이나 특히 전부원가계산을 적용할 때보다 과도한 재고축적의 유인을 제거시킨다고 주장한다. 즉 초변동원가계산을 사용하는 경우 불필요한 재고의 증가를 방지하는 효과가 가장 크게 나타날 수 있기 때문이다. 이 때문에 초변동원가계산은 과잉생산을 하지 않도록 유도한다는 면에서 오늘날 적시생산방식(just－in－time; JIT)과 재고를 적게 유지하려는 입장에서는 그 맥락을 같이 한다고 할 수 있다.

참고 공익과 이윤 두 마리 토끼를 쫓는 사회적 기업

최근 정부가 일자리를 늘리겠다며 '사회적 경제'를 활성화하겠다고 밝혔어요. ‘사회적 경제’란 이윤보다는 일자리 만들기나 빈부 격차 해소 등 공공의 이익을 목적으로 하는 기업들의 경제활동을 말해요. 정부는 앞으로 국가나 지방자치단체가 어떤 물건을 살 때 사회적 경제 기업에서 만든 물건을 우선 사도록 하고, 사회적 경제 기업이 쉽게 대출받을 수 있도록 하는 등 지원을 더 늘리겠다고 했어요. 정부에서는 사회적 경제를 확대하면 일자리가 늘어나고 양극화 현상을 해결할 수 있다고 말해요. 하지만 사회적 경제가 과연 일자리 만들기에 도움이 되는지 의문이라는 지적도 적지 않지요.

사회적 경제를 추구하는 기업에는 장애인이나 노인 등 취약 계층을 직원으로 고용하는 '사회적 기업'이 대표적이며, 그 밖에도 지역주민들이 물품·서비스를 협동으로 구매하거나 생산하는 '협동조합', 지역 내 자원을 활용해 생산 활동을 하는 '마을 기업' 등이 포함돼요. 쉽게 이야기하면 우리가 알고 있는 일반 기업(주식회사)과 시민 단체의 중간쯤으로, 돈을 벌면서 공공 이익을 달성하려는 기업이지요. 주식회사와 같이 이윤을 많이 얻기보다는 구성원 전부에게 도움이 되는 경제활동을 우선적으로 하고, 의사결정과정에도 구성원들이 동등하게 참여해요.

사회적 경제는 산업혁명이 한창 진행 중이던 19세기 영국에서 처음 등장했어요. 1844년 12월, 맨체스터 방직 공장 근로자 28명이 1파운드씩 내고 '로치데일 공정선구자 조합'을 세운 거예요. 당시 영국을 비롯한 유럽에는 자본주의가 급속도로 발달하면서 근로자의 낮은 임금, 열악한 근로 환경, 불안정한 일자리가 심각한 사회문제로 떠오르고 있었지요. 조합원들은 모은 돈으로 작은 가게를 열고 버터, 밀가루, 설탕 같은 생활필수품을 공동 구입했어요. 물건 가격을 사올 때와 거의 그대로 해서 팔았답니다. 무엇을 팔 것인지, 가게를 어떻게 운영할 것인지 같은 중요 결정은 모든 조합원이 같은 투표권을 갖고 결정했어요. 이윤이 생기면 조합원들이 나눠 가졌지요. 또 가게 한편에 책이나 신문을 갖춰놓고 조합원들이 무언가를 새롭게 배우게 했어요. 당시 이윤을 추구하던 일반 자본가들은 상상하기 힘든 방식으로 운영했던 거예요. 이런 방식에 대중은 크게 호응했고, 20년도 안 돼 조합원 수가 3,500여 명까지 늘었답니다. 프랑스, 이탈리아 등 다른 유럽 국가로도 번졌지요.

오스트리아 출신 미국 경제학자 칼 폴라니(Polanyi; 1886~1964)는 사회적 경제의 이론적 배경을 제시한 사람인데요. 그는 1944년에 쓴 '거대한 전환(The Great Transformation)'에서 정부가 전혀 개입하지 않고 오로지 시장에서 수요와 공급을 자율적으로 조정하는 시장 만능주의는 현실에선 불가능한 허구라고 주장했어요. 그렇기 때문에 시장경제의 한계를 극복하려면 사람과 관계를 중시하는 사회적 경제로 패러다임을 바꿔야 한다고 주장했지요. 이를 위해선 자원이나 소득을 공평하게 재분배하는 것이 중요하다고 강조했어요. 이러한 주장은 당시 좌파 경제학자들에게 크게 환영받았어요. 또 지난 2008년 금융 위기로 전 세계가 불황을 겪었을 때는 '폴라니 열풍'이라는 말이 나올 만큼 인기가 높았지요.

우리나라는 1920년대 농민들의 협동조합 형태로 사회적 경제활동이 시작됐어요. 1960년대 산업화 이후 지자체나 마을 중심으로 협동조합이 많이 만들어졌지요. 지금은 정부에서 '사회적 기업 육성법'(2007년)과 '협동조합 기본법'(2012년)을 제정해 인건비·보험료 지원, 세금 감면 혜택 등을 주고 있어요. 2017년 현재 우리나라의 사회적 경제 기업은 1만 5,000여 곳이고 9만여 명이 일하고 있답니다. 일자리 비율로 따지면 전체의 1.4%로, 아직은 미미한 수준이지요.

정부가 사회적 경제 기업을 늘리려는 이유는 고용이나 복지, 문화·예술, 지역 발전 같은 공익을 우선하는 경제활동을 벌이면서 장애인 등 취약 계층에게 일자리를 줄 수 있고, 젊은 사람들도 비교적 적은 자본금으로 다양한 분야에서 쉽게 창업할 수 있다고 보기 때문이에요. 이를 통해 현재 문제가 큰 실업난을 어느 정도 해결할 수 있다고 보는 것이지요. 하지만 사회적 경제 활성화로 사람들이 좋아하는 양질(良質) 일자리를 만들어낼 수 있는가에 대해선 회의적 시각도 있답니다. 아직까지 사회적 경제 기업 대부분이 영세한 규모로 운영하고 있고, 정부 지원이 끝나도 스스로 수익을 올릴 만큼 경쟁력을 갖추고 있는지 의문이라는 거예요. 예를 들어 지금까지 설립된 마을 기업 중 절반 이상이 폐·휴업하거나 적자를 내는 등 부실 경영에 시달리는 것으로 나타났어요.

사회적 경제에 대한 지원이 일자리 만들기로 연결될지 모르겠다는 지적도 있어요. 일부 사회적 경제 기업이 인건비 등을 부풀려 지원금을 받아내는 경우가 있었고, 정부의 지원이 끝나면 일자리를 갑자기 줄이는 일도 종종 있어 일자리 창출 효과가 생각보다 낮다는 거예요. 사회적 경제의 생산성을 올릴 만한 실행 방안을 마련하는 것이 우선돼야 한다는 얘기지요.

많은 전문가가 우리가 선택한 시장경제의 문제점을 해결하고자 다양한 방법을 제시하고 있어요. 정부가 추진하는 사회적 경제 정책이 시장경제의 모순점을 해결하고 더 합리적인 제도로 발전하는 훌륭한 보완책이 되길 기대합니다.

출처: 조선일보, [경제이야기]

연습문제

1. 대한제조(주)의 2017년 10월과 11월의 영업결과는 다음과 같다.

	10월	11월
판매량	40,000단위	40,000단위
생산량	40,000	60,000
단위당 판매가격	₩12	₩12
단위당 변동제조원가	8	8
고정제조간접원가	120,000	120,000
고정판매비와 관리비	80,000	80,000

물음

1) 전부원가계산에 의한 월별 손익계산서를 작성하시오.
2) 변동원가계산에 의한 월별 손익계산서를 작성하시오.
3) 두 방법에 의한 손익의 차이의 원인을 분석하시오.

2. 다음은 한국제조(주)의 2017년의 원가관련 자료이다.

자료

① 기초제품재고 15,000단위
② 제품생산량 112,000단위
③ 제품판매량 102,000단위
④ 단위당 제조원가
  변동원가 ₩20,000
  고정원가 ₩30,000*
  * 고정제조간접원가 ₩3,000,000,000 /예정생산량 100,000단위
⑤ 판매비와관리비
  변동비(단위당) ₩5,000
  고정비(연간) ₩1,400,000,000
⑥ 단위당 판매가격 ₩80,000
⑦ 모든 제조원가는 예상대로 실제로 발생하였다.

물음

1) 전부원가계산에 의한 손익계산서를 작성하시오.
2) 변동원가계산에 의한 손익계산서를 작성하시오.
3) 변동제조원가 ₩20,000 중 직접재료원가는 ₩8,000이다. 초변동원가계산에 의한 손익계산서를 작성하시오.

해답

1.

1)

	10월		11월	
매출액		₩480,000		₩480,000
매출원가				
기초제품재고액	₩0		₩0	
당기제품제조원가	440,000		600,000	
기말제품재고액	0	440,000	200,000	400,000
매출총이익		40,000		80,000
고정판매비와관리비		80,000		80,000
영업이익		(₩40,000)		(₩0)

2)

	10월		11월	
매출액		₩480,000		₩480,000
매출원가				
기초제품재고액	₩0		₩0	
당기제품제조원가	320,000		480,000	
기말제품재고액	0	320,000	160,000	320,000
공헌이익		160,000		160,000
고정제조간접원가	120,000		120,000	
고정판매비와관리비	80,000	200,000	80,000	200,000
영업이익		(₩40,000)		(₩40,000)

3) 두 방법하의 영업이익

(1) 10월

	고정제조간접원가 발생액	비용화된 금액	잔액
전부원가계산	₩120,000	₩120,000	₩0
변동원가계산	120,000	120,000	0

이 경우 고정제조간접원가 ₩120,000은 모두 당기 비용화되므로 두 방법에 의한 영업이익의 차이는 발생하지 않는다.

(2) 11월

	고정제조간접원가 발생액	비용화된 금액	잔액
전부원가계산	₩120,000	₩80,000	₩40,000
변동원가계산	120,000	120,000	0

이 경우 변동원가계산에서는 고정제조간접원가 ₩120,000이 모두 당기에 비용화되나, 전부원가계산에서는 ₩80,000이 비용화되고 나머지 ₩40,000은 기말재고에 포함하여 자산으로 이연된다. 따라서 전부원가계산에서는 변동원가계산에 비해 ₩40,000만큼 비용이 적게 계상되어 동액만큼 영업이익이 많게 된다.

2.

1)

손익계산서(전부원가계산)

(단위 : ₩1,000)

Ⅰ. 매출액(102,000단위, ₩80)		₩8,160,000
Ⅱ. 매출원가		
1. 기초재고액(15,000단위, ₩50)	₩750,000	
2. 변동제조원가(112,000단위, ₩20)	2,240,000	
3. 고정제조원가(112,000단위, ₩30)	3,360,000	
계	6,350,000	
4. 기말재고액(25,000단위, ₩50)	1,250,000	
5. 조업도차이*	360,000 (F)	4,740,000
Ⅲ. 매출총이익		3,420,000
Ⅳ. 판매비와관리비**		1,910,000
Ⅴ. 영업이익		₩1,510,000

* (112,000단위－100,000단위)× @₩30 또는 ₩3,000,000－(@₩30×112,000단위)

** @₩5×102,000단위＋₩1,400,000

2)

손익계산서(변동원가계산)

(단위 : ₩1,000)

Ⅰ. 매출액(102,000단위, ₩80)		₩8,160,000
Ⅱ. 매출원가		
1. 기초재고액(15,000단위, ₩20)	₩300,000	
2. 변동제조원가(112,000단위, ₩20)	2,240,000	
계	2,540,000	
3. 기말재고액(25,000단위, ₩250)	500,000	2,040,000
Ⅲ. 변동제조공헌이익		6,120,000
Ⅳ. 변동판매비와관리비*		510,000
Ⅴ. 공헌이익		5,610,000
Ⅵ. 고정원가		
1. 제조원가	₩3,000,000	
2. 판매비와 관리비	1,400,000	4,400,000
Ⅶ. 영업이익		₩1,210,000

* 102,000단위 × @₩5

3) 손익계산서(초변동원가계산)

(단위 : ₩1,000)

Ⅰ. 매출액(102,000단위, ₩80)		₩8,160,000
Ⅱ. 직접재료 매출원가		
1. 기초재고액(15,000단위, ₩8)	₩120,000	
2. 변동제조원가(112,000단위, ₩8)	896,000	
계	1,016,000	
3. 기말재고액(25,000단위, ₩8)	200,000	816,000
Ⅲ. 재료처리량 공헌이익		7,344,000
Ⅳ. 기타비용		
1. 제조원가*	4,344,444	
2. 판매비**	1,910,000	6,254,000
Ⅴ. 영업이익		₩1,090,000 ***

* 고정제조간접원가＋[(직접재료원가를 제외한) 단위당 변동원가×생산량)

; ₩3,000,000＋(₩20－₩8)×112,000단위

** 고정판매비＋(단위당 변동판매비×판매량); ₩1,400,000＋₩5×102,000단위

*** 변동원가계산에 의한 영업이익(₩1,210,000)과 초변동원가계산에 의한 영업이익(₩1,090,000)의 차이 ₩120,000은 다음과 같이 계산할 수도 있다.

변동원가계산에 의한 영업이익(₩1,210,000)－초변동원가계산에 의한 영업이익(₩1,090,000)

＝ (기말재고량－기초재고량)×(단위당 직접노무원가＋단위당 변동제조간접원가)

＝ (25,000단위－15,000단위)×(@₩20－@₩8)

＝ ₩120,000

종합문제

1. 한국컴퓨터제조(주)는 성능이 개량된 신형 컴퓨터를 제작하여 판매하고 있다. 이 회사는 실제원가계산을 적용하여, 매월 단위당 원가를 계산하고 있다. 2017년 1월, 2월, 3월의 관련 자료는 다음과 같다.

	1월	2월	3월
(수량자료)			
기초재고량	0단위	300단위	300단위
생산량	1,000	800	1,250
판매량	700	800	1,500
(원가자료)			
변동원가			
단위당 제조원가	₩900,000	₩900,000	₩900,000
단위당 판매비	600,000	600,000	600,000
고정원가			
제조원가	400,000,000	400,000,000	400,000,000
판매비	140,000,000	140,000,000	140,000,000

* 단위당 판매가격은 ₩2,500,000이다.

물음

1) 전부원가계산에 의한 월별 손익계산서를 작성하시오.
2) 변동원가계산에 의한 월별 손익계산서를 작성하시오.
3) 두 방법에 의한 손익의 차이의 원인을 분석하시오.
4) 단위당 변동제조원가는 다음과 같은 원가항목으로 구성되어 있다고 가정하고, 초변동원가계산(재료처리량 원가계산)에 의한 월별 손익계산서를 작성하시오.

	1월	2월	3월
직접재료원가	₩500,000	₩500,000	₩500,000
직접노무원가	100,000	100,000	100,000
제조간접원가	300,000	300,000	300,000

5) 4)의 결과를 1) 및 2)의 결과와 비교하시오.
6) 한국컴퓨터제조(주)가 초변동원가계산을 도입하고자 한다면 그 동기는 무엇이라고 생각되는가?

제 11 장 기본적 CVP분석과 확장

기업은 적정한 목표이익을 창출해야만 유지, 성장, 발전을 하게 된다. 경영자는 목표이익을 달성하기 위해 이익계획을 수립하여 그 실현가능성을 검토하게 된다. 목표이익은 목표매출액에서 발생원가를 차감하여 계산되므로 경영자는 매출액의 변동에 따라 원가가 어떻게 변하고, 그 결과 이익은 얼마나 증감하는가에 대한 회계정보를 필요로 한다. 따라서 본 장에서는 매출액의 단기적 변화가 기업의 수익성에 미치는 영향을 분석하는 원가-조업도-이익(cost-volume-profit; CVP) 분석방법에 대해 기본적 CVP분석과 기본적 CVP분석의 확장으로 나누어 설명하기로 한다.

제 1 절 기본적 CVP분석

1.1 기본적 CVP분석의 기초

1. CVP분석의 의의

원가-조업도-이익분석(Cost-Volume-Profit Analysis ; CVP분석, 이하 CVP분석으로 약칭함.)이란 조업도의 변화가 원가와 이익에 미치는 영향을 분석하는 기법을 말한다. CVP분석은 조업도의 변화에 따라 원가가 어떻게 변화하며, 그 결과 이익이 어떻게 변화하는가를 알아보는 것으로 원가, 조업도, 이익의 상호관계를 분석하는 기법을 말한다.

여기서 조업도(Volume)는 생산량 또는 판매량을 말하며, 원가(Cost)는 CVP분석이 기초 및 기말재고자산은 없거나 동일하다고 가정하기 때문에 제품원가(당기총제조원가)와 기간비용(판매비와 관리비)을 포함한 금액을 나타내고, 이익(Profit)은 수익에서 원가를 차감한 금액이다.

2. CVP분석의 가정

CVP분석은 다음과 같은 가정 하에서 이루어진다.

① 기초재고자산과 기말재고자산은 동일하거나 없다고 가정한다. 즉, 제품의 생산량과 판매량은 같다고 가정한다.
② 원가에 영향을 미치는 요인은 조업도뿐이라고 가정한다. 원가에 영향을 미치는 요인으로는 조업도 이외에 생산요소의 가격변화, 기술변화, 작업능률 등의 많은 요인이 있으나, 가장 직접적이고 많은 영향을 미치는 요인은 조업도이기 때문에 조업도만을 고려하며 다른 요인은 일정하다고 가정한다.
③ 모든 원가는 고정원가와 변동원가로 구분할 수 있으며 제품 단위당 변동원가는 일정하고, 고정원가는 조업도와 관계없이 일정하게 발생한다고 가정한다.
④ 판매대상이 되는 제품의 종류는 하나이며, 제품 단위당 판매가격은 일정하다고 가정한다. 만일 여러 제품을 판매하는 경우에는 제품의 매출배합(sales mix) 비율이 일정하다고 가정한다.
⑤ 분석기간은 단기간이며, 따라서 화폐의 시간적 가치는 고려하지 않는다.

3. CVP분석의 주요 개념

(1) 공헌이익

공헌이익(contribution margin)이란 매출액에서 총변동원가를 차감한 금액을 말한다. CVP모형은 단위당 판매가격이 일정하다고 가정하므로 총수익, 즉 매출액은 제품 단위당 판매가격에 판매량을 곱한 것이 되며, 총원가는 총변동원가와 총고정원가를 합한 것이 된다. 따라서 이익은 총수익에서 총원가를 차감한 금액이므로 다음과 같이 계산된다.

이익 = 총수익 − 총원가
　　= (제품 단위당 판매가격×판매량) − (총변동원가 + 총고정원가)
　　= $p \times q - (v \times q + F) = (p - v) \times q - F$
여기서 p : 제품 단위당 판매가격　　q : 판매량
　　　v : 제품 단위당 변동원가　　F : 총고정원가

위 식에서 제품 단위당 판매가격에서 제품 단위당 변동원가를 차감한 금액을 **제품 단위당 공헌이익**(unit contribution margin; UCM)이라고 하며, 제품 단위당 공헌이익에 판매량을 곱한 전체 공헌이익을 총공헌이익 또는 단순히 **공헌이익**(contribution margin; CM)이라고 한다. 공헌이익은 총수익인 매출액에서 총변동원가를 차감한 금액과 같다.

제품 단위당 공헌이익 = 제품 단위당 판매가격 − 제품 단위당 변동원가 = $p - v$
공헌이익 = 매출액 − 총변동원가 = $(p \times q) - (v \times q) = (p - v) \times q$

공헌이익은 매출액에서 변동원가를 이미 차감한 금액이므로, 고정원가를 회수하는데 충당되어야 하며 고정원가가 모두 회수되면 비로소 이익을 창출하는데 공헌하는 이익이다. 따라서 공헌이익이 고정원가를 모두 회수하지 못하면 손실이 발생하고, 반대로 고정원가를 모두 회수한 후에는 이익이 나타나게 된다.

공헌이익을 높이기 위해서는 제품 단위당 판매가격(p)을 인상하거나, 제품 단위당 변동원가(v)를 감소시키거나 또는 판매량(q)을 증가시켜야 한다.

(2) 공헌이익률

공헌이익률(contribution margin ratio 또는 contribution margin percentage)이란 매출액에 대한 공헌이익의 비율을 말한다. 공헌이익률은 공헌이익과 매출액의 상대적 비율 또는 제품 단위당 공헌이익과 제품 단위당 판매가격의 상대적 비율로 매출액의 몇 %가 공헌이익인가를 의미한다.

$$\text{공헌이익률} = \frac{\text{제품 단위당 공헌이익}}{\text{제품 단위당 판매가격}}$$
$$= \frac{\text{제품 단위당 판매가격} - \text{제품 단위당 변동원가}}{\text{제품 단위당 판매가격}}$$
$$= (p - v)/p$$

기업이 여러 제품을 생산하는 경우에는 단위당 공헌이익보다 공헌이익률 개념이 경영자의 의사결정에 더 유용한 정보를 제공한다. 이것은 비율의 형태인 공헌이익률이 제품 간의 수익성을 평가하는데 보다 용이하기 때문이다. 따라서 경영자들은 이익을 극대화하기 위해 단위당 공헌이익보다는 공헌이익률이 큰 제품의 판매 증가를 위해 노력하여야 한다.

1.2 손익분기점분석

1. 손익분기점의 개념

손익분기점(break-even point ; 이하 BEP로 약칭함.)이란 총수익과 총원가가 일치하는 판매량 또는 매출액으로, 이익이 0이 되는 조업도를 말한다. 실무에서는 CVP분석을 단순하게 손익분기점분석으로 칭하고 있지만, 엄밀하게 보면 손익분기점분석은 CVP분석의 일부분이다. 총수익과 총원가가 만나는 점을 손익분기점이라고 하며, 이 손익분기점의 조업도(매출액이나 판매량)에서 기업의 이익은 0이 된다.

그러면 손익분기점에 관심을 갖는 이유는 무엇일까? 이것은 누구나 기업을 경영함에 있어서는 영업손실을 피하고 싶으며, 손익분기점은 손실을 피하기 위해 달성하여야 할 판매량(매출액) 수준을 알려주기 때문이다. 여기서 수익과 원가는 영업활동에서 발생한 것만을 말하며, 영업외수익 또는 영업외비용은 조업도와 직접 관련이 없으므로 제외하는 것이 원칙이다.

2. 손익분기점의 산출방법

손익분기점은 일반적으로 등식법(equation method), 공헌이익접근법(contribution margin method), 도표법(graph method) 등으로 산출할 수 있다. 이하에서는 등식법으로 손익분기점을 산출하는 방법으로 소개한다.

다음의 약어들은 본 장에서 공통으로 사용된다.

p = 단위당 판매가격	v = 단위당 변동원가
V = 총변동원가	F = 총고정원가
S = 매출액	X´ = 손익분기점 매출액

등식법에서는 다음의 식을 이용하여 손익분기점을 산출하는 방법이다.

총수익 = 총비용(총원가) + 이익 = 총변동원가 + 총고정원가 + 이익

이 경우 이익이 0인 경우가 손익분기점이다. 그리고 총변동원가는 변동제조원가와 변동판매비와 관리비를 합한 금액이며, 총고정원가는 고정제조원가와 고정판매비와 관리비를 합한 금액이다. 그러므로 위 식을 이용하여 손익분기점(매출액)을 구하면 다음과 같다.

손익분기점 매출액 = 총변동원가 + 총고정원가 + 이익(0)

$$X' = V+F+0 \qquad X' = V/S \times X'+F+0$$
$$X'-V/S \times X' = F \qquad X'(1-V/S) = F$$
$$\therefore X' = F/(1-V/S)$$

즉 손익분기점 매출액은 총고정원가 / (1 – 총변동원가/매출액) 즉 총고정원가/공헌이익률로 산출하며, 손익분기점의 판매량은 총고정원가/단위당 공헌이익으로 산출한다.

1.3 민감도 분석

기업에서 손익분기점만을 분석하는 것은 의미가 별로 없다. 기업은 손익분기점에 도달하려고, 즉 이익이 0이 되기 위해 경영활동을 하는 것이 아니므로 손익분기점과 원가-조업도-이익의 관계를 분석하여 예산편성, 경영의사결정 및 성과평가 등에 적용하여 의사결정의 자료로 활용하여야 한다.

1. 민감도 분석의 의의

민감도 분석(sensitivity analysis)이란 독립변수의 하나 또는 그 이상의 변수가 변화할 때 종속변수의 민감도(반응도)를 분석하는 방법을 말하며, 여기서 독립변수로는 변동원가, 고정원가, 판매가격 등이 속하며, 종속변수로는 이익, 현금흐름 등이 속한다.

2. 민감도 분석의 유형

CVP분석에서는 관리적 의사결정을 위해 주로 ① 판매량의 변동, ② 판매가격의 변동, ③ 변동원가의 변동, ④ 고정원가의 변동 등의 요소들에 초점을 두어 민감도 분석

이 이루어진다. 물론 이 ①, ②, ③, ④가 복합적으로 결합하여 변동하는 경우의 민감도 분석도 가능하다.

① 판매량의 변동

기업에서 판매량의 변동은 영업이익의 변동(증감)을 가져온다. 만일 상품의 판매로 인해 이미 고정원가를 모두 회수하고 있는 경우, 즉 상품판매로 이익이 발생하고 있는 경우 상품을 한 단위 추가로 판매할 때마다 단위당 공헌이익만큼의 이익이 증가할 것이며, 그 반대의 경우도 마찬가지일 것이다.

영업이익 변동액 = 판매량 변동분 × 단위당 공헌이익
= 매출액 변동액 × 공헌이익율

한편 특정한 판매량(매출액)일 때의 영업손익은 다음과 같이 계산한다.

영업이익 = 판매수량 × (단위당 판매가격 - 단위당 변동원가) - 고정원가
$= Qs \times (p - v) - F$

또는

영업이익 = 매출액 × 공헌이익율 - 고정원가 $= S' \times (1 - V/S) - F$

Qs : 판매수량, S' : 특정 매출액

또한 매출배합(sales mix ; 매출구성 또는 판매구성)이 변동하는 경우도 영업이익이 변동하며, 손익분기점이 변동한다.

[그림 1] 매출배합의 변동

(본래의 매출배합)

구 분	제품 A	제품 B	제품 C	합 계
매출액	₩7,500,000	₩6,000,000	₩1,500,000	₩15,000,000
제품구성비	50%	40%	10%	100%
변동원가(율)	₩4,200,000(56%)	₩3,120,000(52%)	₩690,000(46%)	₩8,010,000(53.4%)
공헌이익	₩3,300,000	₩2,880,000	₩810,000	₩6,990,000
공헌이익율	44%(최저)	48%(중간)	54%(최고)	46.6%
고정원가				₩4,500,000
영업이익				₩2,490,000
손익분기점				₩9,656,652
				(₩4,500,000/0.466)

(변동된 매출배합)

구 분	제품 A	제품 B	제품 C	합 계
매출액	₩3,000,000	₩7,500,000	₩4,500,000	₩15,000,000
제품구성비	20%	50%	30%	100%
변동원가(율)	₩1,680,000(56%)	₩3,900,000(52%)	₩2,070,000(46%)	₩7,650,000(51%)
공헌이익	₩1,320,000	₩3,600,000	₩2,430,000	₩7,350,000
공헌이익율	44%(최저)	48%(중간)	54%(최고)	49%
고정원가				₩4,500,000
영업이익				₩2,850,000
손익분기점				₩9,183,673
				(₩4,500,000/0.49)

[그림 1]에서 보는 바와 같이 매출배합이 변동됨에 따라 손익분기점은 물론 영업이익도 변동되었음을 알 수 있다. 즉 공헌이익율이 높은 제품의 매출배합을 증대시키면 시킬수록 기업의 영업이익은 증가하며, 손익분기점은 낮아진다.

② 판매가격의 변동

기업에서 판매가격의 변동은 영업이익의 변동(증감)을 가져온다. 다른 요소의 수준을 그대로 유지하면서 판매가격을 변동시키는 경우는 단위당 공헌이익의 변동을 가져오며, 이것은 곧 영업이익의 변동(증감)을 초래한다.

영업이익 변동액 = 판매량 × 판매가격의 변동분

한편 판매가격의 변동은 손익분기점의 변동(증감)을 가져온다. 만일 다른 요소의 수준을 그대로 유지하면서 판매가격을 인상시키는 경우 손익분기점이 낮아지며, 반대로 판매가격을 인하시키는 경우 손익분기점이 높아진다.

[판매가격이 r율만큼 변동하는 경우의 손익분기점]

손익분기점 판매량 = 총고정원가/[단위당 판매가격(1±r)−단위당 변동원가]

$= F/[p(1\pm r)-v]$

또는

손익분기점 매출액 = 총고정원가/[1−변동원가/매출액(1±r)] $= F/[1-V/S(1\pm r)]$

③ 변동원가의 변화

기업에서 변동원가의 변동은 영업이익의 변동을 가져온다. 다른 요소의 수준을 그대로 유지하면서 변동원가를 변동시키는 경우는 단위당 공헌이익(또는 공헌이익율)의 변동을 가져오며, 이것은 곧 영업이익의 변동(증감)을 초래한다.

영업이익 변동액 = 판매량×변동원가의 변동분

한편 변동원가의 변동은 손익분기점의 변동을 가져온다. 만일 다른 요소의 수준을 그대로 유지하면서 변동원가가 증가하는 경우 단위당 공헌이익(또는 공헌이익율)이 낮아지며, 그 결과 손익분기점이 높아지며, 반대로 변동원가가 감소하는 경우 단위당 공헌이익(또는 공헌이익율)이 높아지며, 그 결과 손익분기점이 낮아진다.

[변동원가가 r율만큼 변동하는 경우의 손익분기점]

손익분기점 판매량 = 총고정원가/[단위당 판매가격−단위당 변동원가(1±r)]
= F/[p−v(1±r)]

또는

손익분기점 매출액 = 총고정원가/[1−변동원가(1±r)/매출액] = F/[1−V(1±r)/S]

④ 고정원가의 변화

기업에서 고정원가의 변동은 영업이익의 변동을 가져온다. 다른 요소의 수준을 그대로 유지하면서 고정원가를 변동시키는 경우 동액(同額)만큼의 영업이익의 변동을 초래한다. 예컨대, 고정원가가 ₩10,000,000만큼 증가하면 영업이익은 ₩10,000,000만큼 감소하게 된다.

한편 고정원가의 변동은 손익분기점의 변동을 가져온다. 만일 다른 요소의 수준을 그대로 유지하면서 고정원가가 증가하는 경우 손익분기점은 동율(同率)만큼 변동한다.

[고정원가가 a만큼 증가하는 경우의 손익분기점]

손익분기점 판매량 = (총고정원가+a)/단위당 공헌이익 = (F+a)/(p−v)

또는

손익분기점 매출액 = (총고정원가+a)/공헌이익율 = (F+a)/(1−V/S)

KS사의 다음의 자료로 예를 들어보자. KS사의 손익분기점은 현재 60,000단위(금액으로는 ₩30,000,000)이다. 이 경우 만일 KS사가 월간 고정원가를 ₩6,000,000에서 ₩7,000,000으로 ₩1,000,000만큼 증가시키는 경우 손익분기점을 산출해 보면 손익분기점은 70,000단위(금액으로는 ₩35,000,000)가 되어 고정원가가 ₩1,000,000(즉 1/6)만큼 증가함에 따라 손익분기점도 10,000단위 또는 ₩5,000,000(즉 1/6)만큼 증가하게 된다.

	단위당 금액	판매가격에 대한 비율
판매가격	₩500	100%
변동원가	400	80%
공헌이익	₩100	20%
월간 고정원가(총액)	₩6,000,000	

기존의 손익분기점 판매량	= ₩6,000,000 / ₩100	= 60,000단위
기존의 손익분기점 매출액	= ₩6,000,000 / 20%	= ₩30,000,000
새로운 손익분기점 판매량	= ₩7,000,000 / ₩100	= 70,000단위
새로운 손익분기점 매출액	= ₩7,000,000 / 20%	= ₩35,000,000

그러나 고정원가의 변동은 공헌이익(율)에는 아무런 영향을 미치지 못한다. 이것은 공헌손익계산서에서 알 수 있듯이 공헌이익은 매출액에서 변동원가를 차감한 것으로 고정원가를 차감하기 전에 계산되기 때문이다.

참고

공헌이익과 고정원가의 관계

① 공헌이익 > 고정원가의 경우 : 이익이 발생한다.
② 공헌이익 = 고정원가의 경우 : 이익이 발생하지 않는다. 이 경우가 손익분기점이다.
③ 공헌이익 < 고정원가의 경우 : 손실이 발생한다.

3. 민감도 분석에 의한 의사결정

민감도 분석은 다음과 같은 문제에 직면하여 의사결정을 하는 경우에 많이 사용된다.

① 판매단가를 5% 인하하면 판매량이 현재보다 20% 증가할 경우 판매단가를 인하

해야 하는가?

② 광고비용을 5,000만원 증가시킬 경우 판매량이 현재보다 20% 증가한다면 광고비용을 증액시킬 것인가?

③ 고정급으로 지급하던 판매원의 급여를 성과급으로 전환하면 판매량이 현재보다 15% 증가한다면 판매원의 급여시스템을 변경할 것인가?

④ 현재 사용되고 있는 재료보다 5% 비싼 고급 재료를 사용하여 제품생산을 할 경우, 판매량이 현재보다 10% 증가한다면 고급 재료를 사용할 것인가?

민감도 분석은 기본적으로 대체안의 공헌이익 변화액을 계산하여 공헌이익이 증가하면 대체안을 선택하고, 공헌이익이 감소하면 대체안을 기각한다. 그러나 대체안에 고정원가의 변화가 있으면 공헌이익에서 고정원가 변화액을 차감하여 이익 변화액을 계산한다. 그리고 대체안의 이익이 증가하면 채택하고, 감소하면 기각하는 의사결정을 한다.

이를 요약하면 다음 절차에 따라 민감도 분석을 수행한다.

① 변동원가 또는 판매가격의 변화에 따른 공헌이익 변화액을 계산한다.
② 공헌이익 변화액에서 고정원가 변화액을 차감하여 이익 변화액을 계산한다.
③ 이익이 증가(+)하면 채택하고, 감소(−)하면 기각하는 의사결정을 한다.

이익 변화액 = 공헌이익 변화액 − 고정원가 변화액

4. 민감도 분석에 의한 의사결정의 예

이하에서는 예제를 통하여 민감도 분석에 의한 의사결정의 예를 살펴보고자 한다.

예제 1

갑을회사는 K제품을 생산하여 판매하고 있으며, 제품생산과 판매에 관한 기초적인 원가수익 자료는 다음과 같다. 단, 고정원가는 월 ₩21,000,000이다.

	단위당	비율
판매가격	₩150,000	100%
변동원가	90,000	60
공헌이익	₩60,000	40%

요구사항

1. 현재 매월 400개(매출액 ₩60,000,000)의 K제품을 판매하고 있는 회사의 경우 월 광고비용을 ₩6,000,000을 증가시키면 월 매출액이 ₩18,000,000이 증가할 것으로 판단된다. 이 경우 광고비용을 증가시켜야 하는가?
2. 현재 매월 400개(매출액 ₩60,000,000)의 K제품을 판매하고 있는 회사의 경우 고품질의 부품을 사용할 것을 고려하고 있다. 이로 인해 변동원가가 단위당 ₩6,000이 증가할 것으로 판단된다. 이 경우 판매량이 월 480개로 증가할 것으로 예상될 때 이 방안을 채택해야 되는가?
3. 현재 매월 400개(매출액 ₩60,000,000)의 K제품을 판매하고 있는 회사의 경우 판매가격을 단위당 ₩12,000을 낮추고 광고비용을 월 ₩9,000,000 만큼 늘리기로 하였다. 이 경우 판매량이 50% 증가할 것으로 예상된다. 이에 대한 의사결정을 하시오.

풀이

1.

공헌이익의 증가 : ₩18,000,000×40%	₩7,200,000
(−) **광고비용의 증가** :	6,000,000
영업이익의 증가	₩1,200,000

의사결정 : 영업이익이 증가하므로 채택한다.

2.

예상되는 총공헌이익 :	480개×₩54,000 =	₩25,920,000
현재의 총공헌이익 :	400개×₩60,000 =	24,000,000
총공헌이익의 증가		₩1,920,000

의사결정 : 총공헌이익이 증가하므로 채택한다.

3.

예상되는 총공헌이익 :	400개×150%×₩48,000 =	₩₩28,800,000
현재의 총공헌이익 :	400개×₩60,000 =	24,000,000
공헌이익의 증가		4,800,000
(−)**고정원가의 증가**		9,000,000
영업이익의 감소		₩₩4,200,000

의사결정 : 영업이익이 감소하므로 그 의사결정을 기각한다.

1.4 목표이익을 고려한 CVP분석

1. 특정의 목표이익(금액)을 달성하기 위한 판매량(매출액)

일반적으로 경영자는 손익분기점에서의 판매량보다는 일정한 목표이익을 달성하기 위한 판매량(매출액)에 더 많은 관심을 갖는다. 목표이익(g)을 달성하기 위한 판매량(매출액)은 손익분기점에서의 판매량(매출액)을 구하는 공식을 이용하여 다음과 같은 식을 제시할 수 있다.

총수익=총변동원가+총고정원가+(목표)이익

$X = V/S \times X + F + g \qquad X - V/S \times X = F + g$

$X(1 - V/S) = F + g \qquad \therefore X = (F+g)/1 - V/S$

(X : 매출액, g : 목표이익)

$$\text{즉 목표이익을 달성하기 위한 판매량} = \frac{F+g}{p-v}$$

$$\text{목표이익을 달성하기 위한 매출액} = \frac{F+g}{(p-v)/p}$$

즉 목표판매량 = (총고정원가 + 목표이익) / 단위당 공헌이익

또는 목표매출액 = (총고정원가 + 목표이익) / 공헌이익율의 계산식이 성립한다.

즉, 목표이익을 달성하기 위해서는 손익분기점의 판매량에 목표이익을 공헌이익으로 나눈 만큼의 수량을 추가로 더 판매하여야 한다.

2. 특정의 목표이익율(비율)을 달성하기 위한 판매량(매출액)

한편 목표이익을 금액으로 정하여 달성하고자 하는 경우와는 달리 특정한 목표매출액영업이익율(r)로 정하고 그것을 달성하기 위한 목표판매량(목표매출액)을 계산하는 것도 가능하다.

총수익=총변동원가+총고정원가+(목표)이익

$X' = V/S\ X' + F + rX' \qquad X' - V/SX' - rX' = F$

$X'(1 - V/S - r) = F \qquad X' = F/(1 - V/S - r) = F/[1 - (V/S + r)]$

(r : 목표매출액영업이익율)

즉 목표매출액 = 총고정원가 / [1 - (변동원가율 + 목표매출액영업이익율)]의 계산식이 성립한다.

1.5 법인세를 고려한 CVP분석

1. 특정의 목표이익(금액)을 달성하기 위한 판매량(매출액)

지금까지는 법인세를 고려하지 않았다. 이는 손익분기점 분석 시 이익이 0이그로 법인세가 발생하지 않기 때문이다. 그러나 목표이익이 존재하는 경우에는 현금지출을 수반하는 법인세가 발생하므로 이를 고려해야 한다. 목표이익이 존재하는 경우 일반적으로 법인세 차감후 금액으로 목표이익을 그대로 대입해서는 안 되며, 법인세 차감전 금액을 목표이익으로 대입해야 한다. 그 이유는 법인세 차감후 금액을 목표이익으로 하는 경우에는 법인세가 고려되지 않음으로서 실제이익은 목표이익보다 작게 나타나기 때문이다. 법인세 차감전 목표이익과 법인세 차감후 목표이익 사이에는 다음과 같은 관계가 성립한다.

법인세 차감후 목표이익(순이익) = 법인세 차감전 목표이익 × (1 − 법인세율)

따라서 법인세 차감전 목표이익은 다음과 같이 계산한다.

법인세 차감전 목표이익 = 법인세 차감후 목표이익(순이익) ÷ (1 − 법인세율)

그러므로 법인세를 고려하여 목표이익을 달성하기 위한 판매량의 계산은 다음과 같다.

$$\text{목표이익을 달성하기 위한 목표판매량} = \frac{F + \frac{g}{1-t}}{p-v}$$

(t : 법인세율)

한편, 목표이익을 달성하기 위한 목표매출액
= [총고정원가 + 법인세 차감후 목표이익(순이익) / (1 − 법인세율)] / 공헌이익율의 계산식이 성립한다.

2. 특정의 목표이익율(비율)을 달성하기 위한 판매량(매출액)

한편 목표이익(당기순이익)을 금액으로 정하여 달성하고자 하는 경우와는 달리 특정한 목표매출액이익율(r)로 정하고 그것을 달성하기 위한 목표판매량(목표매출액)을 계산하는 것도 가능하다.

목표매출액 = 총고정원가 / {1 – [변동원가율 + 세후 목표매출액이익율 / (1– 법인세율)]}

예제 2

다음은 KS(주)의 공헌손익계산서이다. 이 자료로 요구사항에 답하시오.

공헌손익계산서	
매출액(@₩100, 10,000단위)	₩1,000,000
변동원가(@₩60, 10,000단위)	600,000
공헌이익	400,000
고정원가	300,000
영업이익	₩100,000

요구사항

1. 손익분기점(판매수량 및 금액)을 구하시오.
2. 판매가격이 20%만큼 증가하는 경우의 손익분기점은?
3. 변동원가가 25%만큼 증가하는 경우의 손익분기점은?
4. 고정원가가 ₩100,000 증가하는 경우의 손익분기점은?
5. 목표이익 ₩200,000을 달성하기 위한 목표판매량(목표매출액)을 구하시오.
6. 목표매출액영업이익율 25%를 달성하기 위한 목표판매량(목표매출액)을 구하시오.
7. 법인세 차감 후 목표이익(순이익) ₩200,000을 달성하기 위한 목표판매량(목표매출액)을 구하시오. 단, 법인세율은 20%로 가정한다.
8. 세후 목표매출액이익율(순이익율) 20%를 달성하기 위한 목표판매량(목표매출액)을 구하시오.

풀이

1. 위의 자료로 손익분기점 매출액을 구하면 다음과 같다.

손익분기점의 매출액 = 총고정원가 / (1 – 총변동원가 / 매출액)
= ₩300,000 / (1 – ₩600,000 / ₩1,000,000) = ₩750,000

한편, 이것을 수량으로 나타내면 ₩750,000 ÷ ₩100 = 7,500단위가 된다. 이것은 다음과 같이 구할 수도 있다.

손익분기점 판매량 = 총고정원가 / (단위당 판매가격 - 단위당 변동원가)
= 총고정원가 / 단위당 공헌이익 = ₩300,000 / (₩100 - ₩60) = 7,500단위

2. 판매가격이 20% 만큼 증가하는 경우의 손익분기점은 다음과 같이 계산한다.

손익분기점 판매량 = 총고정원가 / [단위당 판매가격(1±r) - 단위당 변동원가]
= ₩300,000 / [@₩100(1+0.2) - @₩60] = 5,000단위

또는

손익분기점 매출액 = 총고정원가 / [1 - 변동원가/매출액(1±r)]
= ₩300,000 / [1 - ₩600,000/₩1,000,000 × (1+0.20)] = ₩600,000

검증

매출액(@₩120, 5,000단위)	₩600,000
변동원가(@₩60)	300,000
공헌이익	300,000
고정원가	300,000
영업이익	₩ 0

3. 변동원가가 25% 만큼 증가하는 경우의 손익분기점은 다음과 같이 계산한다.

손익분기점 판매량 = 총고정원가 / [단위당 판매가격 - 단위당 변동원가(1±r)]
= ₩300,000 / [@₩100 - @₩60(1+0.25)] = 12,000단위

또는

손익분기점 매출액 = 총고정원가 / [1 - 변동원가(1±r)/매출액]
= ₩300,000 / [1 - ₩600,000 × (1+0.25)/₩1,000,000] = ₩1,200,000

검증

매출액(@₩100, 12,000단위)	₩1,200,000
변동원가 75%	900,000
공헌이익	300,000
고정원가	300,000
영업이익	₩ 0

4. 고정원가가 ₩100,000 증가하는 경우의 손익분기점은 다음과 같이 계산한다.

손익분기점 판매량 = (총고정원가 + a) / 단위당 공헌이익
= (₩300,000 + ₩100,000) / (₩100 − ₩60) = 10,000단위

또는

손익분기점 매출액 = (총고정원가 + a) / 공헌이익율
= (₩300,000 + ₩100,000) / 0.4 = ₩1,000,000

검증

매출액	₩1,000,000
변동원가 60%	600,000
공헌이익	400,000
고정원가	400,000
영업이익	₩ 0

5. 위의 자료로 목표판매량(목표매출액)을 구하면 다음과 같다.

목표이익을 달성하기 위한 판매량 $= \dfrac{F+g}{p-v} = \dfrac{₩300,000 + ₩200,000}{₩100 - ₩60} = 12,500$단위

목표이익을 달성하기 위한 매출액 $= \dfrac{F+g}{(p-v)/p} = \dfrac{₩300,000 + ₩200,000}{(₩100 - ₩60)/₩100} = ₩1,250,000$

검증

매출액	₩1,250,000
변동원가 60%	750,000
공헌이익	500,000
고정원가	300,000
영업이익	₩ 200,000

6. 목표매출액 = 총고정원가 / [1 − (변동원가율 + 목표매출액영업이익율)]
= ₩300,000 / [1 − (₩600,000 / ₩1,000,000 + 0.25)] = ₩2,000,000

검증

매출액	₩2,000,000
변동원가 60%	1,200,000
공헌이익	800,000
고정원가	300,000
영업이익	₩ 500,000

∴ 매출액영업이익율 = ₩500,000 / ₩2,000,000 × 100% = 25%

7. 위의 자료로 목표판매량(목표매출액)을 구하면 다음과 같다.

목표매출액 = [총고정원가+법인세 차감후 목표이익(순이익)/(1 - 법인세율)]/공헌이익율
= [₩300,000+₩200,000/(1-0.2)]/(1-₩600,000/₩1,000,000) = ₩1,375,000

검증

매출액	₩1,375,000
변동원가 60%	825,000
공헌이익	550,000
고정원가	300,000
영업이익	250,000
법인세 20%	50,000
당기순이익	₩ 200,000

8. 목표매출액 = 총고정원가 / {1- [변동원가율 + 세후 목표매출액이익율 / (1- 법인세율)]}
= ₩300,000 /{1-[(₩600,000/₩1,000,000)+0.2/(1-0.2)]} = ₩2,000,000

검증

매출액	₩2,000,000
변동원가 60%	1,200,000
공헌이익	800,000
고정원가	300,000
영업이익	500,000
법인세 20%	100,000
당기순이익	₩ 400,000

∴ ₩400,000/₩2,000,000×100% = 20%

1.6 복수제품의 CVP분석

앞에서 기본적으로 CVP분석은 제품이 한 종류라는 가정을 하였다. 그러나 오늘날 대부분의 기업들은 여러 종류의 제품을 생산하고 있으므로, 여기서는 복수제품을 생산하여 판매하는 경우의 CVP분석에 대해 살펴보기로 한다. 복수제품에 대한 CVP분석을 하기 위해서는 매출배합이 일정하다는 추가적 가정이 필요하다.

매출배합(sales mix ; 판매구성)이란 총판매량 중에서 각 제품의 판매량이 차지하는 비율을 말한다. 예를 들어 두 제품의 판매량이 각각 400개, 500개라면 매출배합은 4 : 5가 된다. 여기에서 매출배합이란 판매량의 비율이며, 매출액의 비율이 아님을 유의해야 한다.

매출배합이 일정하다는 가정 하에서 복수제품의 손익분기점은 일반적으로 가중평균공헌이익(weighted average contribution margin, 이하 WACM으로 약칭함.)을 이용하여 다음과 같은 절차를 거쳐 계산된다.

① 각 제품의 공헌이익을 계산한다.

② 매출배합의 구성비율에 따라 가중평균공헌이익을 계산한다.

$$WACM = \sum P_i \times C_i$$

여기서 i : 제품

P_i : 총판매량 중 제품 i의 매출배합 비율

C_i : 제품 i의 단위당 공헌이익

③ 총고정원가를 가중평균공헌이익으로 나누어 손익분기점에서의 총판매량을 계산한다.

$$q = \frac{F}{WACM}$$

만일 목표이익(g)이 설정되어 있는 경우에는 다음과 같이 계산한다.

$$q = \frac{F+g}{WACM}$$

④ 위 ③에서 계산된 손익분기점의 총판매량에 각 제품별 매출배합 구성비율을 곱하여 제품별 손익분기점의 판매량을 계산한다.

$$qi = q \times Pi$$

예제 3

KS제조(주)에서는 A, B 두 종류의 제품을 생산하여 판매하고 있으며, 생산 및 판매 관련자료는 다음과 같다.

	A제품	B제품	합계
매출액	(@₩5,000×120,000)	(@₩10,000×40,000)	
	₩600,000,000	400,000,000	₩1,000,000,000
변동원가	(@₩4,000×120,000)	(@₩3,000×40,000)	
	480,000,000	120,000,000	600,000,000
공헌이익	120,000,000	280,000,000	400,000,000
고정원가			300,000,000
영업이익			₩100,000,000

요구사항

1. 이 자료를 이용하여 손익분기점의 판매량을 구하시오.
2. 목표이익 ₩200,000,000을 달성하기 위한 목표판매량(목표매출액)을 구하시오.

풀이

1. 손익분기점 판매량의 산정

① 각 제품의 단위당공헌이익
제품 A : ₩5,000 − ₩4,000 = ₩1,000
제품 B : ₩10,000 − ₩3,000 = ₩7,000

② 각 제품의 매출배합 및 가중평균공헌이익
가. 매출배합
제품 A : 120,000단위 / (120,000단위 + 40,000단위) × 100% = 75%
제품 B : 40,000단위 / (120,000단위 + 40,000단위) × 100% = 25%
나. 가중평균공헌이익
(₩1,000 × 0.75) + (₩7,000 × 0.25) = ₩2,500

③ 손익분기점(수량)의 산정
₩300,000,000 / ₩2,500 = 120,000단위

④ 각 제품별 손익분기점(수량)
제품 A : 120,000단위 × 0.75 = 90,000단위(금액 ₩450,000,000)
제품 B : 120,000단위 × 0.25 = 30,000단위(금액 ₩300,000,000)

참고 손익분기점 매출액의 산정

① 가중평균공헌이익율 = 공헌이익 / 매출액 = ₩400,000,000 / ₩1,000,000,000 × 100% = 40%

② 손익분기점 매출액 = 고정원가 / 가중평균공헌이익율 = ₩300,000,000 / 40% = ₩750,000,000

③ 제품별 손익분기점 매출액 = 손익분기점 매출액 × 매출액 구성비율
제품 A : ₩750,000,000 × 60%* = ₩450,000,000(수량 90,000단위)
제품 B : ₩750,000,000 × 40%* = ₩300,000,000(수량 30,000단위)

* 매출액 구성비율
제품 A : ₩600,000,000/(₩600,000,000 + ₩400,000,000) × 100% = 60%
제품 B : ₩400,000,000/(₩600,000,000 + ₩400,000,000) × 100% = 40%

2. 목표이익 달성을 위한 판매량(매출액) 산정

① 각 제품의 단위당공헌이익
제품 A : ₩5,000 - ₩4,000 = ₩1,000
제품 B : ₩10,000 - ₩3,000 = ₩7,000

② 각 제품의 매출배합 및 가중평균공헌이익
가. 매출배합
제품 A : 120,000단위 / (120,000단위 + 40,000단위) × 100% = 75%
제품 B : 40,000단위 / (120,000단위 + 40,000단위) × 100% = 25%
나. 가중평균공헌이익
(₩1,000 × 75%) + (₩7,000 × 25%) = ₩2,500

③ 목표이익 달성을 위한 판매량 산정
(₩300,000,000 + ₩200,000,000) / ₩2,500 = 200,000단위

④ 각 제품별 판매량
제품 A : 200,000단위 × 75% = 150,000단위
제품 B : 200,000단위 × 25% = 50,000단위

참고 목표이익 달성을 위한 매출액의 산정

① 가중평균공헌이익율 = 공헌이익 / 매출액 = ₩400,000,000 / ₩1,000,000,000×100% = 40%

② 목표이익 매출액 = (고정원가 + 목표이익) / 가중평균공헌이익율
= (₩300,000,000 + ₩200,000,000) / 40% = ₩1,250,000,000

③ 제품별 목표이익 달성을 위한 매출액 = 목표이익 매출액×매출액 구성비율
제품 A : ₩1,250,000,000 × 60%* = ₩750,000,000
제품 B : ₩1,250,000,000 × 40%* = ₩500,000,000

* 매출액 구성비율
제품 A : ₩600,000,000/(₩600,000,000 + ₩400,000,000) × 100% = 60%
제품 B : ₩400,000,000/(₩600,000,000 + ₩400,000,000) × 100% = 40%

검증

	A제품	B제품	합계
매출액	(@₩5,000×150,000) ₩750,000,000	(@₩10,000×50,000) ₩500,000,000	₩1,250,000,000
변동원가	(@₩4,000×150,000) 600,000,000	(@₩3,000×50,000) 150,000,000	750,000,000
공헌이익	150,000,000	350,000,000	500,000,000
고정원가			300,000,000
영업이익			₩200,000,000

1.7 손익분기점비율과 안전한계율

기업은 손익분기점이 계산되는 경우 손익분기점비율과 안전한계(또는 안전여유라고도 함.)라는 개념을 이용하여 매출수준에 대한 안전도를 평가할 수 있는 안전한계율(또는 안전여유율이라고도 함.)에 관심을 갖게 된다. 여기서 **손익분기점비율(break even point ratio)**이란 손익분기점 매출액이 예상(실제) 매출액의 몇 %에 해당하는가를 나타내는 비율로서 다음과 같이 구한다.

손익분기점비율 = 손익분기점 매출액/예상(혹은 실제) 매출액 × 100%

한편 **안전한계율(margin of safety ratio, M/S ratio ; 안전여유율)**이란 예상(실제) 매출액에서 손익분기점 매출액을 차감한 안전한계(또는 안전여유)를 예상(실제) 매출액으로 나누어 산정한 비율로서 다음과 같이 구한다.

$$
\begin{aligned}
\text{안전한계율} &= \frac{\text{안전한계}}{\text{예상(실제) 매출액}} \times 100\% \\
&= \frac{[\text{예상(실제) 매출액} - \text{손익분기점 매출액}]}{\text{예상(실제) 매출액}} \times 100\% \\
&= 1 - \text{손익분기점비율}
\end{aligned}
$$

이와 같이 안전한계율이란 안전한계를 실제(예상) 매출액으로 나누어 산정한 비율로서 그 기업의 안전도를 나타낸다. 여기서 **안전한계(margin of safety ; 안전여유)**란 실제(예상) 매출액이 손익분기점 매출액을 초과한 금액을 말하며 이는 현 상황에서 손실을 발생시키지 않으면서 허용될 수 있는 매출의 최대감소폭, 즉 안전도를 표시한다.

안전한계 = 예상(실제) 매출액 − 손익분기점에서의 매출액

그러므로 안전한계율은 기업의 안전성을 나타내는 비율로 안전한계율이 높을수록 안전도가 높다고 판단한다. 만일 안전한계율이 낮으면 고정원가와 공헌이익률이 높은 경우에는 고정원가를 절감하거나 판매량을 증가시켜야 하며, 공헌이익률이 낮은 경우에는 판매가격의 인상 또는 변동원가의 절감을 추진해야 한다.

예제 4

다음은 매출액, 총원가, 영업이익이 동일한 A사와 B사의 자료이다.

	A사		B사	
매출액	₩300,000,000	(100%)	₩300,000,000	(100%)
변동원가	60,000,000	(20%)	210,000,000	(70%)
공헌이익	240,000,000	(80%)	90,000,000	(30%)
고정원가	210,000,000	(70%)	60,000,000	(20%)
영업이익	₩30,000,000	(10%)	₩30,000,000	(10%)

요구사항

A사와 B사의 손익분기점(BEP)매출액, 손익분기점비율(BEP Ratio), 안전한계(M/S), 그리고 안전한계율(M/S Ratio)을 계산하시오.

풀이

A사

$$\text{BEP} = \frac{₩210{,}000{,}000}{1-(₩60{,}000{,}000/₩300{,}000{,}000)} = ₩262{,}500{,}000$$

$$\text{BEP Ratio} = \frac{₩262{,}500{,}000}{₩300{,}000{,}000}\times 100\% = 87.5\%$$

$$\text{M/S} = ₩300{,}000{,}000 - ₩262{,}500{,}000 = ₩37{,}500{,}000$$

$$\text{M/S Ratio} = \frac{₩300{,}000{,}000 - ₩262{,}500{,}000}{₩300{,}000{,}000}\times 100\% = 12.5\%$$

B사

$$BEP = \frac{₩60,000,000}{1-(₩210,000,000/₩300,000,000)} = ₩200,000,000$$

$$BEP\ Ratio = \frac{₩200,000,000}{₩300,000,000} \times 100\% = 66.67\%$$

$$M/S = ₩300,000,000 - ₩200,000,000 = ₩100,000,000$$

$$M/S\ Ratio = \frac{₩300,000,000 - ₩200,000,000}{₩300,000,000} \times 100\% = 33.33\%$$

1.8 원가구조와 영업레버리지

1. 원가구조

원가구조(cost structure)란 변동원가와 고정원가의 상대적 비율을 말한다. 기업에서는 변동원가와 고정원가의 비율을 적절히 조절할 수 있는 경우가 있다. 예컨대, 노동집약적 기업에서 자동화설비를 도입함으로써 변동원가를 줄이고 고정원가를 증대시킬 수 있으며, 그 반대의 경우도 가능할 것이다.

이러한 기업의 원가구조는 공헌이익(율)에 직접적인 영향을 미친다. 일반적으로 노동집약적 기업은 직접노무원가의 비중이 높아서 변동원가율(또는 단위당 변동원가)이 높고, 그 결과 공헌이익율(또는 단위당 공헌이익)이 낮으며, 자본집약적 기업은 고정원가의 비중이 높아서 변동원가율(또는 단위당 변동원가)이 낮고, 그 결과 공헌이익율(또는 단위당 공헌이익)이 높다. 이와 같이 원가구조는 공헌이익(율)에 직접적인 영향을 미치므로 그 결과 기업의 이익에도 중대한 영향을 미친다.

그러면 모든 기업에 적용할 수 있는 '최적의 원가구조'란 존재하는가? 한 마디로 최적의 원가구조란 존재하지 않으며 기업이 처한 환경에 따라 다르다고 할 수 있다. 즉, 최적의 원가구조는 그 기업의 장기적인 매출추세, 연도별 매출수준의 변동, 경영자의 위험에 대한 태도 등에 따라 달라질 수 있다고 할 수 있다.

예제 5

요구사항

1. 앞 A사와 B사의 예제를 이용하여 각 회사의 매출액이 현재보다 20% 증가하는 경우의 각 회사별 손익계산서를 작성하고, 이러한 상황에서 어떠한 원가구조가 더 유리한가를 설명하시오.
2. 앞 A사와 B사의 예제를 이용하여 각 회사의 매출액이 현재보다 20% 감소하는 경우의 각 회사별 손익계산서를 작성하고, 이러한 상황에서 어떠한 원가구조가 더 유리한가를 설명하시오.

풀이

1.

	A사		B사	
매출액	₩360,000,000	(100%)	₩360,000,000	(100%)
변동원가	72,000,000	(20%)	252,000,000	(70%)
공헌이익	288,000,000	(80%)	108,000,000	(30%)
고정원가	210,000,000	(58%)	60,000,000	(17%)
영업이익	₩78,000,000	(22%)	₩48,000,000	(13%)

두 회사의 매출액이 동일하게 20%씩 증가하는 경우에는 상대적으로 고정원가의 비중이 큰 자본집약적 회사인 A사의 이익이 노동집약적 회사인 B사의 이익보다 커지므로, 이러한 상황에서는 A사, 즉 자본집약적 회사가 더 유리한 원가구조를 갖고 있다고 할 수 있다.

2.

	A사		B사	
매출액	₩240,000,000	(100%)	₩240,000,000	(100%)
변동원가	48,000,000	(20%)	168,000,000	(70%)
공헌이익	192,000,000	(80%)	72,000,000	(30%)
고정원가	210,000,000	(87.5%)	60,000,000	(25%)
영업이익	₩(18,000,000)	(-7.5%)	₩12,000,000	(5%)

이 경우는 위 요구사항 1.의 경우와는 반대로 노동집약적 회사인 B사가 더 나은 원가구조를 갖고 있다고 할 수 있다. 즉 두 회사의 매출액이 동일하게 20%씩 감소하는 경우에는 상대적으로 변동원가의 비중이 큰 노동집약적 회사인 B사의 이익이 자본집약적 회사인 A사의 이익보다 커지므로, 이러한 상황에서는 B사, 즉 노동집약적 회사가 더 유리한 원가구조를 갖고 있다고 말할 수 있다.

2. 영업레버리지

레버리지(leverage)란 지렛대의 원리를 의미하는 것으로 '**기업의 이익목표 달성을 위해 추가된 하나의 수단**'이라고 할 수 있다. 상이한 원가구조 하에서 위험-수익의 관계는 영업레버리지로서 측정될 수 있다. **영업레버리지(operating leverage)**란 고정원가의 존재로 인해 판매량(매출액)의 변화가 공헌이익, 더 나아가 영업이익에 미치는 효과를 의미한다.

원가구조상 고정원가의 비중이 높은 자본집약적 기업은 높은 영업레버리지를 갖게 된다. 이에 따라 매출액의 작은 변동이 영업이익의 큰 변동으로 이어져, 궁극적으로 매출액이 증가하는 경우 상대적으로 영업이익은 더욱 커지게 된다. 그러나 만약 매출액이 감소하면 영업이익은 더욱 하락하여 손실의 폭이 커지게 된다.

이와 같이 자본집약적 기업은 고정원가의 비중이 높아 높은 영업레버리지를 갖게 되나, 노동집약적 기업은 고정원가의 비중이 낮아 낮은 영업레버리지를 갖게 된다. 영업레버리지가 높을수록 기업의 영업이익은 매출액의 변화에 대해 매우 민감하게 반응한다. 즉 영업레버리지가 큰 경우 매출액이 조금만 증가하여도 영업이익이 크게 증가하며, 반대로 매출액이 조금만 감소하여도 영업이익이 크게 감소한다.

영업레버리지의 크기를 **영업레버리지도(degree of operating leverage ; DOL)**라고 하는데 이것은 특정 매출액에 있어서의 공헌이익과 영업이익의 상대적인 비율을 의미한다.

$$\text{영업레버리지도} = \frac{\text{공헌이익}}{\text{영업이익}} = \frac{\text{공헌이익}}{\text{매출액} - \text{변동원가} - \text{고정원가}}$$

영업레버리지는 영업활동에 사용되고 있는 변동원가와 고정원가의 상대적 크기에 의해 좌우된다. 위 영업레버리지도의 계산식에서 알 수 있는 바와 같이 상대적으로 고정원가의 비중이 크면 영업레버리지는 큰 수치를 나타내며, 반대로 고정원가의 비중이 낮으면 영업레버리지는 작은 수치를 나타낸다. 물론 특정 매출액마다 공헌이익과 영업이익은 달라지므로 매출액이 달라지면 영업레버리지도도 달라진다.

영업레버리지도(DOL)는 특정 매출액에서 매출액의 변화가 영업이익에 어떠한 영향을 미치는가를 나타내는 지표이므로, 매출액의 증가율(또는 감소율)에 영업레버리지도(DOL)를 곱하면 영업이익의 증가율(또는 감소율)을 구할 수 있다.

$$\text{영업이익 증가율 (감소율)} = \text{매출액 증가율(감소율)} \times \text{영업레버리지도}$$

예제 6

요구사항

1. 위 예제를 이용하여 영업이익이 ₩30,000,000인 현재의 수준에서 A사와 B사의 영업레버리지도를 계산하시오.
2. 매출액이 현재보다 모두 20% 증가하는 경우 위에서 계산한 영업레버리지도를 이용하여 각 회사의 영업이익을 계산하시오.
3. 매출액이 현재보다 모두 20% 감소하는 경우 위에서 계산한 영업레버리지도를 이용하여 각 회사의 영업이익을 계산하시오.

풀이

1.

$$\text{A사의 영업레버리지도} = \frac{\text{공헌이익}}{\text{영업이익}} = \frac{₩240,000,000}{₩30,000,000} = 8.0$$

$$\text{B사의 영업레버리지도} = \frac{\text{공헌이익}}{\text{영업이익}} = \frac{₩90,000,000}{₩30,000,000} = 3.0$$

2.

매출액 증가율	영업 레버리지도	영업이익 증가율	현재의 영업이익	영업이익 증가액	총영업이익
A사 20%	8.0	160%	₩30,000,000	₩48,000,000	₩78,000,000
B사 20%	3.0	60%	₩30,000,000	₩18,000,000	₩48,000,000

3.

매출액 감소율	영업 레버리지도	영업이익 감소율	현재의 영업이익	영업이익 감소액	총영업이익
A사 20%	8.0	160%	₩30,000,000	₩48,000,000	(₩18,000,000)
B사 20%	3.0	60%	₩30,000,000	₩18,000,000	₩12,000,000

1.9 준고정원가 하의 손익분기점분석

앞에서는 고정원가를 순수고정원가로 가정하여 손익분기점분석을 하였다. 그러나 고정원가는 조업도의 증감에 따라 소위 계단식으로 증감하는 경우가 있다. 이러한 고정원가를 **준고정원가**(semi-fixed costs; step costs)라고 한다. 예컨대, 공장감독자의 경우 종업원 20명당 1인이 필요하다고 할 때 종업원이 20명을 초과하게 되면 1인의 공장감독자가 더 필요하게 되므로 공장감독자의 급여는 준고정원가라고 할 수 있다.

이와 같이 원가발생행태가 준고정원가인 경우에는 **시행착오법**(trial-and- error method)으로 손익분기점을 산출한다. 그러나 준고정원가 하의 손익분기점 분석에서 유의하여야 할 것은 손익분기점이 두 개 이상 존재할 수 있다는 것이다. 이 경우는 일반적으로 당해 기업의 관련 조업도수준을 고려하여 이익이 최대화되는 조업도수준의 손익분기점을 택하게 된다.

예제 7

B사는 탁상용 시계를 생산하여 판매하고 있다. 시계의 단위당 판매가격은 ₩17,000, 단위당 변동원가는 ₩9,000이며, 총고정원가는 조업도에 따라 다음과 같이 변동한다.

판매(생산)량	총고정원가
0 - 2,000단위	₩12,000,000
2001 - 4,000	18,000,000

요구사항

이 회사의 손익분기점을 계산하시오.

풀이

이 경우 시행착오법으로 손익분기점을 계산한다.

1) 손익분기점 1 = ₩12,000,000 / (₩17,000 − ₩9,000) = 1,500단위

이 경우 주어진 조건에 해당하므로 손익분기점이 될 수 있다.

2) 손익분기점 2 = ₩18,000,000 / (₩17,000 − ₩9,000) = 2,250단위

이 경우도 주어진 조건에 해당하므로 손익분기점이 된다.

이러한 경우는 B사의 경우 4,000단위까지 생산 및 판매할 수 있으므로 각 수준의 이익을 파악해 보아야 한다.

판매량	2,000단위	4,000단위
매출액	₩34,000,000	₩68,000,000
변동원가	18,000,000	36,000,000
공헌이익	16,000,000	32,000,000
고정원가	12,000,000	18,000,000
영업이익	₩4,000,000	₩14,000,000

B사의 경우 4,000단위를 판매하는 조업도수준에서 2,000단위를 판매하는 조업도수준 보다 더 많은 이익을 얻을 수 있으므로 손익분기점은 2,250단위를 택한다.

1.10 복수 원가동인 하의 손익분기점분석

준고정원가하의 손익분기점분석과 마찬가지로 복수의 원가동인이 존재하는 경우에도 손익분기점이 두 개 이상 존재할 수 있다. 즉 지금까지는 조업도만이 유일한 수익 및 원가동인이라는 가정 하에 손익분기점분석을 하여 왔으나, 복수의 원가동인(예 : 판매량과 고객 수 등)이 존재할 수 있으므로 이것을 고려한 손익분기점분석이 필요하다.

예제 8

K사는 수출용 고급액자를 생산하여 판매하고 있다. 액자의 단위당 판매가격은 ₩45,000, 단위당 변동원가는 ₩30,000이며, 연간 총고정원가는 ₩240,000,000으로 기대한다. 이 밖에 기타의 변동원가로서 매 선적횟수마다 ₩60,000씩의 변동원가가 발생한다.

요구사항

1. K사는 2018년 1,000회의 선적으로 40,000단위의 액자를 판매할 것으로 기대하고 있다. 2018년도의 예상 영업이익을 계산하시오.
2. K사는 2018년 800회의 선적으로 40,000단위의 액자를 판매할 것으로 기대하고 있다. 2018년도의 예상 영업이익을 계산하시오.
3. 2018년 500회의 선적이 예상된다고 가정하여, 손익분기점을 달성하기 위한 액자의 판매량을 계산하시오.
4. 위 3.에서 구한 경우와는 다른 손익분기점을 계산하고, 복수의 손익분기점이 존재하는 이유를 설명하시오.

풀이

1. 영업이익 = 매출액 − 변동원가 − 고정원가 = (@₩45,000×40,000단위)
   − (@₩30,000×40,000단위) − (@₩60,000×1,000회) − ₩240,000,000
   = ₩300,000,000

2. 영업이익 = 매출액 − 변동원가 − 고정원가 = (@₩45,000×40,000단위)
   − (@₩30,000×40,000단위) − (@₩60,000×800회) − ₩240,000,000
   = ₩312,000,000

3. 손익분기점 수량을 Q라고 할 때 다음과 같이 계산할 수 있다.

   45,000Q = (30,000Q + 500 × 60,000) + 240,000,000

   15,000Q = 270,000,000

   ∴ Q = 18,000단위

4. 손익분기점 수량을 Q, 선적횟수를 S라고 할 때 손익분기점을 계산하기 위한 계산식을 다음과 같이 나타낼 수 있다.

   45,000Q = (30,000Q + 60,000S) + 240,000,000

   여기서 S를 1,000회로 가정할 경우

   45,000Q = (30,000Q + 1,000 × 60,000) + 240,000,000

   15,000Q = 300,000,000

   ∴ Q = 20,000단위가 계산된다.

   또한 S를 800회로 가정할 경우

   45,000Q = (30,000Q + 800 × 60,000) + 240,000,000

   15,000Q = 288,000,000

   ∴ Q = 19,200단위가 계산되어 복수의 손익분기점이 존재하게 된다.

이와 같이 손익분기점이 복수가 되는 것은 원가동인이 복수(판매량과 선적횟수)이기 때문이다. 이 두 원가동인의 다양한 조합으로 복수의 손익분기점이 계산될 수 있다.

제 2 절 기본적 CVP분석의 확장

앞에서 본 바와 같이 기본적 CVP분석 모형은 현실세계와는 다른 많은 가정을 하고 있다고 할 수 있다. 따라서 본 절에서는 기본적 CVP분석 모형의 가정을 다소 완화한 확장모형을 설명하고자 한다.

2.1 활동중심원가계산 하의 손익분기점분석

전통적 손익분기점분석에서는 모든 원가를 두 개의 범주 즉 조업도에 따라 변동하는 변동원가와 조업도와 관계없이 일정하게 발생하는 고정원가로 구분하여 사용하였다. 그러므로 전통적인 손익분기점분석에서는 조업도, 즉 활동중심원가계산 하에서의 단위수준(output unit-level)에 의한 원가함수를 사용하여 다음과 같이 이익함수를 가정하고 있다.

원가함수 : TC = 변동원가 + 고정원가
= $v \times Q + F$

이익함수 : OI = $(p \times Q) - (v \times Q + F)$

여기서 TC = 총원가　　　OI = 영업이익
p = 단위당 판매가격　　　Q = 판매량
v = 단위당 변동원가　　　F = 고정원가

따라서 전통적 손익분기점분석에서 손익분기점의 판매수량(Q)은 다음과 같이 구하였다.

$$\text{손익분기점 판매수량(Q)} = \frac{F}{p-v}$$

그러나 활동중심원가계산에서는 원가를 더 이상 변동원가와 고정원가로 구분하지 않는다. 즉 활동중심원가계산에서는 기업의 활동을 다음과 같이 ① 단위수준활동(output unit-level activities), ② 묶음수준활동(batch-level activities), ③ 제품유지활동(product-sustaining activities), ④ 설비유지활동(facility-sustaining activities)으로 구분하고, 원가를 대별하여 ① 단위수준활동에 의해 발생하는 원가(unit-level costs)와 ② 비단위수준활동(묶음수준활동, 제품유지활동, 설비유지활동)에 의해 발생하는 원가(non-unit-level costs)로 구분하여, 단위수준활동에 따라 변동하는 변동원가와 단위수준활동과 관계없이 발생하는 고정원가로 구분한다.

물론 이 비단위수준활동에 의해 발생하는 원가는 단위수준활동과는 관계없이 발생하는 고정원가이며, 동시에 각 원가동인에 따라 발생하는 변동원가이기도 하다. 그러나 이 비단위수준활동으로부터 발생한 변동원가들도 활동중심원가계산하에서 손익분기점 분석을 하는 경우에 단위수준에서 보면 고정원가이므로, 손익분기점 계산시 고정원가로 취급하여 계산한다.

활동중심원가계산에서는 다음과 같이 원가함수 및 이익함수를 가정하고 있다.

원가함수 : $TC = (v_1 \times Q_1 + v_2 \times Q_2 + v_3 \times Q_3 + v_4 \times Q_4) + F_1$

이익함수 : $OI = (p \times Q_1) - (v_1 \times Q_1 + v_2 \times Q_2 + v_3 \times Q_3 + v_4 \times Q_4 + F_1)$

$= (p - v_1)Q_1 - (v_2 \times Q_2 + v_3 \times Q_3 + v_4 \times Q_4 + F_1)$

v_1 = 단위수준활동의 단위당 변동원가 Q_1 = 판매수량
v_2 = 묶음수준활동의 단위당 변동원가 Q_2 = 묶음수준활동의 활동량
v_3 = 제품유지활동의 단위당 변동원가 Q_3 = 제품유지활동의 활동량
v_4 = 설비유지활동의 단위당 변동원가 Q_4 = 설비유지활동의 활동량

즉 위 이익함수에서 보는 바와 같이 비단위수준활동(묶음수준활동, 제품유지활동, 설비유지활동)에 의해 발생하는 원가(non-unit-level costs)는 제품단위수준과는 관계가 없다고 보아 고정원가로 취급하고 있는 것을 알 수 있다.

따라서 활동중심원가계산 하의 손익분기점분석에서 손익분기점 판매량(Q_1)은 다음과 같이 계산한다.

$$손익분기점\ 판매수량(Q_1) = \frac{v_2 \times Q_2 + v_3 \times Q_3 + v_4 \times Q_4 + F_1}{p - v_1}$$

위에서 보는 바와 같이 전통적 손익분기점분석과 활동중심원가계산 하의 손익분기점 분석에서는 두 가지의 큰 차이가 발견된다. 하나는 고정원가의 차이이다. 전통적으로 고정원가로 인식되었던 원가 중의 일부가 실제로 비단위원가수준활동에 따라 변동하는 변동원가로 인식될 수 있다는 것이다. 또 하나는 활동중심원가계산 하의 손익분기점분석의 계산식의 분자가 고정원가와 비단위수준활동에서 발생하는 변동원가로 구성되어 있다는 점이다.

예제 9

다음은 A사의 공헌손익계산서이다.

공헌손익계산서

I. 매출액(@₩25,000, 20,000단위)	₩500,000,000
II. 변동원가	
1. 변동제조원가(@₩14,000, 20,000단위)	280,000,000
2. 변동판매비(@₩1,000, 20,000단위)	20,000,000
III. 공헌이익(@₩10,000, 20,000단위)	200,000,000
IV. 고정원가	
1. 고정제조원가	100,000,000
2. 고정판매비와 관리비	50,000,000
V. 영업이익	₩50,000,000

요구사항

1. A사의 손익분기점 및 목표이익 ₩200,000,000을 달성하기 위한 판매수량을 계산하시오.
2. A사의 공헌손익계산서를 다음과 같은 활동중심원가계산 하의 공헌손익계산서로 재작성하였다. 활동중심원가계산 하의 손익분기점(판매수량)을 계산하시오.

공헌손익계산서

I. 매출액(@₩25,000, 20,000단위)		₩500,000,000
II. 변동원가		
1. 변동제조원가(@₩14,000, 20,000단위)		280,000,000
2. 변동판매비(@₩1,000, 20,000단위)		20,000,000
III. 공헌이익(@₩10,000, 20,000단위)		200,000,000
IV. 고정원가(조업도와 관계없이 발생):		
일반공장제조간접원가(감가상각비 등)	₩60,000,000	
작업준비원가(52회, @₩100,000)	5,200,000	
검사원가(52주, 21회/주, @₩20,000)	21,840,000	
원재료처리원가(1,080시간, @₩12,000)	12,960,000	
총고정제조원가	100,000,000	
고정판매비와 관리비	50,000,000	150,000,000
V. 영업이익		₩50,000,000

3. 전통적 손익분기점분석에서 구한 수량과 활동중심원가계산하의 손익분기점분석에서 구한 수량과 차이가 있는가를 설명하시오.

4. A사의 경우 적시생산방식(JIT)과 전사적 품질관리방식(TQC)의 도입으로 변동원가, 단위당 공헌이익, 총고정원가가 다음과 같이 변하였다. 이와 같은 경우의 손익분기점 판매수량과 목표이익 ₩200,000,000 달성을 위한 판매수량을 계산하시오.

공헌손익계산서

I. 판매가격(@₩25,000, 20,000단위)		₩500,000,000
II. 변동원가		
1. 변동제조원가(@₩9,000, 20,000단위)		180,000,000
2. 변동판매비(@₩1,000, 20,000단위)		20,000,000
III. 공헌이익(@₩15,000, 20,000단위)		300,000,000
IV. 고정원가(조업도와 관계없이 발생):		
일반공장제조간접원가(감가상각비 등)	₩184,000,000	
작업준비원가(365회, @₩30,000)	10,950,000	
검사원가(365회, @₩10,000)	3,650,000	
원재료처리원가(100시간, @₩14,000)	1,400,000	
총고정제조원가	200,000,000	
고정판매비와 관리비	50,000,000	250,000,000
V. 영업이익		₩50,000,000

풀이

1. 손익분기점(수량) = ₩150,000,000/₩10,000 = 15,000단위

목표이익 달성을 위한 판매수량 = (₩150,000,000+₩200,000,000)/₩10,000 = 35,000단위

2. 손익분기점(수량) = (₩60,000,000 + 52 × @₩100,000 + 52 × 21 × @₩20,000 + 1,080 × @₩12,000+₩50,000,000)/₩10,000 = 15,000단위

3. 위에서 보는 바와 같이 차이가 없다. 그 이유는 단위수준에서 발생하는 단위당 변동원가 ₩15,000에 차이가 없고, 전통적 손익분기점분석에 사용된 고정원가 중 비단위수준활동으로부터 발생한 변동원가들도 활동중심원가계산 하에서 손익분기점분석을 하는 경우에 단위수준에서 보면 고정원가로 취급하여 계산하기 때문이다.

4. 손익분기점(수량) = (₩184,000,000 + 365 × @₩30,000 + 365 × @₩10,000 + 100 × @₩14,000 + ₩50,000,000) / ₩15,000 = 16,667단위

목표이익 달성을 위한 판매수량 = (₩184,000,000 + 365 × @₩30,000 + 365 × @₩10,000+ 100 × @₩14,000 + ₩50,000,000)+₩200,000,000)/₩15,000 = 30,000단위

예제 10

KS제조(주)는 K1제품을 생산하여 판매하고 있다. 이 제품의 생산과 관련하여 발생하는 전통적 원가계산 하의 총원가는 다음과 같다.

총원가 = ₩100x + ₩600,000

그런데 최근 활동중심원가계산 정보를 수집한 결과 위 제품의 생산과 관련하여 발생하는 총원가는 다음과 같다.

총원가 = ₩100x_1 + ₩5,000x_2 + ₩250x_3 + ₩200,000

여기서 x는 조업도(x_1= 판매량, x_2= 작업준비횟수, x_3= 기계시간)를 나타내며, 단위당 판매가격은 ₩500이다.

요구사항

1. KS제조(주)의 전통적 원가계산 하의 손익분기점을 달성하기 위한 판매수량을 계산하시오
2. KS제조(주)의 활동중심원가계산 하의 손익분기점(판매수량)을 계산하시오. 이 경우 작업준비횟수는 40회, 기계시간은 800시간이다.
3. KS제조(주)의 경우 작업준비횟수 50회, 기계시간 600시간으로 신제품을 출시하였으며 이 때의 총원가는 다음과 같다. 이 신제품에 대한 손익분기점(판매수량)을 계산하시오. 이 신제품의 단위당 판매가격은 ₩600이다.

   총원가 = ₩100x_1 + ₩5,000x_2 + ₩250x_3 + ₩180,000

풀이

1. 손익분기점(수량) = ₩600,000 / (₩500 - ₩100) = 1,500단위

2. 손익분기점(수량) = (@₩5,000 × 40회 + @₩250 × 800시간 + ₩200,000) / (₩500 - ₩100)
   = 1,500단위

3. 손익분기점(수량) = (@₩5,000 × 50회 + @₩250 × 600시간 + ₩180,000) / (₩600 - ₩100)
   = 1,160단위

2.2 전부원가계산 하의 손익분기점분석

변동원가계산을 이용하는 경우 손익분기점은 하나 존재하며, 이것은 ① 고정원가, ② 단위당 공헌이익, ③ 판매량에 의해 결정된다. 따라서 고정원가와 단위당 공헌이익이 일정하다면 영업이익은 판매량이 증가할수록 증가하며, 반대로 판매량이 감소하면 영업이익도 감소한다.

그러나 전부원가계산을 이용하는 경우 손익분기점은 하나만 존재하지 않는다. 전부원가계산 하에서 손익분기점은 다음과 같이 구할 수 있다.

(단위당 판매가격 − 단위당 변동원가) × 손익분기점 수량 − 고정원가 − 고정제조간접원가배분율 × (손익분기점 수량 − 생산량) = 0

전부원가계산 하의 손익분기점 수량[1)]

$$= \frac{\text{고정원가} + [\text{고정제조간접원가배분율} \times (\text{손익분기점수량} - \text{생산량})}{\text{단위당 공헌이익}}$$

$$= \frac{(\text{고정원가} - \text{고정제조간접원가배분율} \times \text{생산량})}{(\text{단위당 공헌이익} - \text{고정제조간접원가배분율})}$$

전부원가계산 하에서 손익분기점을 구하는 계산식을 변동원가계산 하에서 손익분기점을 구하는 계산식과 비교해보면 분자의 [고정제조간접원가배분율 × (손익분기점수량 − 생산량)의 항목이 추가되어 있음을 알 수 있다. 이 항목은 생산량이 손익분기점 판매량을 초과하는 경우 변동원가계산 하에서는 비용화되었던 고정제조간접원가의 일부가 전부원가계산 하에서는 비용화되지 않고 기말제품재고에 포함되는 부분을 말한다.

따라서 전부원가계산 하에서 손익분기점은 ① 고정원가, ② 단위당 공헌이익, ③ 판매량, ④ 생산량, ⑤ 고정제조간접원가배분율을 결정하기 위한 기준조업도에 의하여 결정된다.

즉 변동원가계산 하에서 특정기간에 발생한 모든 고정원가는 그 기간의 수익에 의해 전액 회수된다고 가정하나, 전부원가계산 하에서 고정제조간접원가는 우선 제품원가로 계상한 후 판매를 통해 회수한다고 가정하고 있다. 또한 변동원가계산 하에서는 당기생

1) 이 식은 기간별 단위당 제조원가(단위당 변동제조원가 및 단위당 고정제조간접원가)가 일정한 경우 즉 고정제조간접원가를 기준조업도로 배분한 경우에 성립하며, 실제원가계산 자료를 사용하는 경우의 손익분기점(수량)은 다음과 같이 산정하며, 이 때 단위당 고정제조간접원가는 고정제조간접원가 총액을 생산량으로 나눈 것이다. 손익분기점(수량) = 고정판매비와 관리비/(단위당 공헌이익 − 단위당 고정제조간접원가)

산량 = 당기판매량을 가정하고 있으나, 기초재고량 ≠ 기말재고량, 즉 당기생산량 ≠ 당기판매량의 경우 고정제조간접원가의 회수에 시간적 차이가 발생하므로 변동원가계산 하의 손익분기점분석을 전부원가계산 하의 손익분기점분석에 그대로 적용할 수 없게 된다. 즉 전부원가계산 하에서는 생산량과 판매량이 일치하지 않으면 생산량이 변동함에 따라 손익분기점의 판매량이 달라지게 되므로 손익분기점이 아니라 다수의 손익분기점 즉 손익분기선(break even line: BEL)이 존재하게 된다.

예제 11

1. 다음은 KS(주)의 공헌손익계산서이다. 이 자료를 이용하여 변동원가계산 하의 손익분기점(수량)을 계산하시오.

공헌손익계산서

매출액(@₩100, 10,000단위)	₩1,000,000
변동원가(@₩60, 10,000단위)	600,000
공헌이익	400,000
고정원가	300,000
영업이익	₩100,000

단, 단위당 변동원가 ₩60은 직접재료원가 ₩25, 직접노무원가 ₩20, 변동제조간접원가 ₩10, 변동판매비 ₩5로, 고정원가 ₩300,000은 고정제조간접원가 ₩100,000(기준조업도 20,000단위), 고정판매비와 관리비 ₩200,000으로 구성되어 있다. 그리고 기초재고량 2,500단위(제조원가는 당해연도와 동일하다고 가정함)가 있는 것으로 가정한다.

2. 위 1.에서 구한 손익분기점(수량)을 토대로 전부원가계산에 의한 손익계산서를 작성하시오. 이 경우 영업이익이 0이 되는가를 검토하고, 그렇지 않다면 이를 어떻게 설명할 수 있겠는가?

3. 전부원가계산 하의 손익분기점(수량)을 계산하시오. 단, 생산량이 75,00단위라고 가정한다.

4. 생산량이 5,000단위, 9,000단위, 15,000단위일 때의 전부원가계산 하의 손익분기점(수량)을 계산하시오.

5. 생산량이 5,000단위, 9,000단위, 15,000단위일 때의 목표이익 ₩100,000을 달성하기 위한 목표판매량을 계산하시오.

풀이

1.

$$\text{손익분기점 수량} = \frac{\text{고정원가}}{\text{단위당공헌이익}} = \frac{₩300,000}{₩100 - ₩60} = 7,500\text{단위}$$

검증

변동원가계산 하의 손익계산서

I. 매출액(@₩100, 7,500단위)			₩750,000
II. 변동원가			
1. 제조원가			
기초재고량*(@₩55, 2,500단위)	₩137,500		
당기생산량(@₩55, 7,500단위)	412,500		
기말재고량(@₩55, 2,500단위	137,500	412,500	
2. 판매비(@₩5, 7,500단위)		37,500	450,000
III. 공헌이익			300,000
IV. 고정원가			
1. 제조원가		100,000	
2. 판매비와 관리비		200,000	300,000
V. 영업이익			₩0

2.

전부원가계산 하의 손익계산서

I. 매출액(@₩100, 7,500단위)		₩750,000
II. 매출원가		
기초재고량(@₩60, 2,500단위)	₩150,000	
당기생산량(@₩60, 7,500단위)	450,000	
기말재고량(@₩60, 2,500단위	150,000	450,000
III. 매출총이익		300,000
IV. 판매비와 관리비		
1. 변동판매비(@₩5, 7,500단위)	37,500	
2. 고정판매비와 관리비	200,000	237,500
V. 영업이익		62,500
VI. 조업도차이		62,500*
VII. 순이익		₩0

* (20,000단위−7,500단위) × @₩5

즉 전부원가계산에서는 영업이익과 조업도의 차이가 일치할 때 손익분기점이 계산된다는 것을 알 수 있다. 따라서 조업도차이는 생산량이 조업도와 일치하지 않을 때 발생(생산량의 변화에 따라 수없이 존재)하므로 손익분기점이 아니라 아래와 같이 손익분기선(break even line)이 존재한다는 것을 알 수 있다. 그러므로 전부원가계산 하에서 손익분기점을 계산하기 위해서는 미리 생산량을 결정할 필요가 있다.

영업이익 = [판매단가−(제품단위당원가+변동판매비)]×판매량−고정판매비와 관리비
= [100−(60+5)×QS−200,000 = 35QS−200,000

조업도차이 = 고정제조간접원가−(고정제조간접원가배분율×생산량)
= 100,000−5QP

영업이익 = 조업도차이
35QS−200,000 = 100,000−5QP　　따라서 QS = 300,000/35−1/7QP

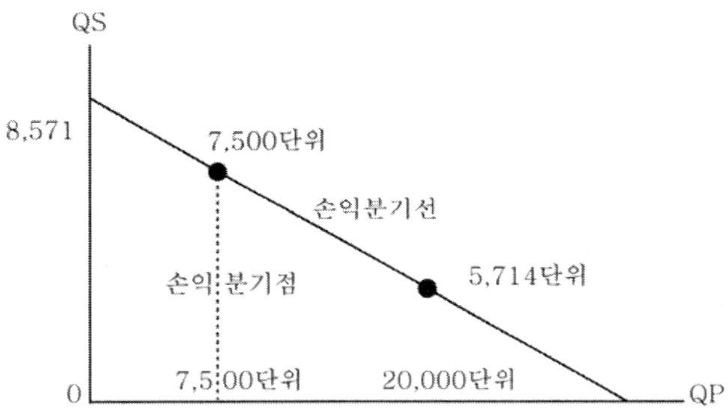

그림에서 보는 바와 같이 생산량의 증가에 따라 조업도차이가 작아지므로 손익분기점은 점차 낮아지며, 반대로 생산량의 감소에 따라 조업도차이가 커지므로 손익분기점은 점차 높아짐을 알 수 있다[2].

3. 전부원가계산 하의 손익분기점 수량

$$= \frac{\text{고정원가} + [\text{고정제조간접원가배분율} \times (\text{손익분기점수량} - \text{생산량})}{\text{단위당 공헌이익}}$$

$$= \frac{(\text{고정원가} - \text{고정제조간접원가 배분율} \times \text{생산량})}{(\text{단위당 공헌이익} - \text{고정제조간접원가 배분율})}$$

$$= \frac{(₩300,000 - @₩5 \times 7,500\text{단위})}{(₩40 - ₩5)}$$

= 7,500단위

2) 실제원가계산의 경우도 생산량이 증가할수록 단위당 고정제조간접원가가 감소하므로 손익분기점(수량)도 낮아진다.

4.

1) 생산량 = 5,000단위일 때

$$\text{손익분기점 수량} = \frac{(300,000 - @5 \times 5,000\text{단위})}{(₩40 - ₩5)} \fallingdotseq 7,857\text{단위}$$

2) 생산량 = 9,000단위일 때

$$\text{손익분기점 수량} = \frac{(300,000 - @5 \times 9,000\text{단위})}{(₩40 - ₩5)} \fallingdotseq 7,286\text{단위}$$

3) 생산량 = 15,000단위일 때

$$\text{손익분기점수량} = \frac{(300,000 - @5 \times 15,000\text{단위})}{(₩40 - ₩5)} \fallingdotseq 6,429\text{단위}$$

5.

1) 생산량 = 5,000단위일 때

$$\text{목표판매량} = \frac{(300,000 - @5 \times 5,000\text{단위}) + ₩100,000}{(₩40 - ₩5)} \fallingdotseq 10,714\text{단위}$$

2) 생산량 = 9,000단위일 때

$$\text{목표판매량} = \frac{(300,000 - @5 \times 9,000\text{단위}) + ₩100,000}{(₩40 - ₩5)} \fallingdotseq 10,143\text{단위}$$

3) 생산량 = 15,000단위일 때

$$\text{목표판매량} = \frac{(300,000 - @5 \times 15,000\text{단위}) + ₩100,000}{(₩40 - ₩5)} \fallingdotseq 9,286\text{단위}$$

2.3 비선형 하의 손익분기점 분석

앞에서는 CVP분석을 행하는데 있어서 회계학적 모형을 기초로 설명하였다. 회계학적 모형에서는 원가함수 및 수익함수 모두를 선형으로 가정하므로 단일의 손익분기점이 계산된다[3]. 그러나 경제학적 모형에서는 원가함수 및 수익함수 모두를 비선형으로 가정하므로 복수의 손익분기점이 계산된다[4].

3) 현실적으로 판매량의 변동에 따라 단위당 판매가격이 변동할 수 있으며, 학습효과나 생산능률의 향상 등으로 단위당 변동원가도 변동할 수 있다. 뿐만 아니라 고정원가도 관련범위(relevant range)를 벗어나면 준고정원가의 원가행태를 나타낼 수 있다. 따라서 다음과 같은 비선형하의 손익분기점 분석(또는 CVP분석)도 가능하다. ① 수익함수가 비선형인 경우(판매량에 따라 단위당 판매가격이 변동하는 경우), ② 원가함수가 비선형인 경우(생산량에 따라 단위당 변동원가가 변동하는 경우), ③ 수익함수 뿐만 아니라 원가함수도 비선형인 경우(생산량에 따라 단위당 판매가격, 단위당 변동원가, 총고정원가가 변동하는 경우)

즉 경제학적 모형에서는 두 점에서 수익선과 원가선이 일치하며, 그 두 선이 일치하는 두 점이 바로 손익분기점이 되나, 회계학적 모형에서는 오직 한 점에서 수익선과 원가선이 일치하므로 단일의 손익분기점이 존재한다.

또한 경제학적 모형에서는 이익이 극대화되는 균형조업도(최적조업도)가 존재하나, 회계학적 모형에서는 이익이 극대화되는 균형조업도가 존재하지 않는다.

[그림] 회계학적 모형과 경제학적 모형(재구성)

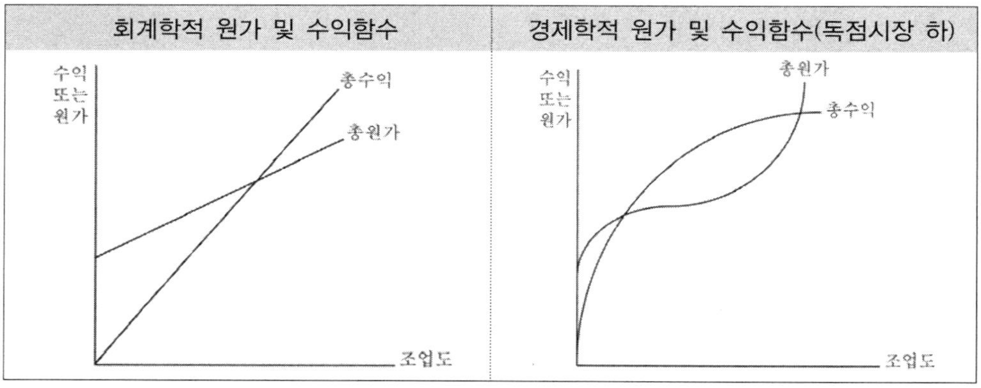

회계학적 원가 및 수익함수	경제학적 원가 및 수익함수(독점시장 하)
수익 또는 원가 / 총수익 / 총원가 / 조업도	수익 또는 원가 / 총원가 / 총수익 / 조업도

예제 12

다음은 K사의 총수익함수 및 총원가함수이다.

$$TR(x) = 100x - 4x^2$$

$$TC(x) = 200 + 15x - 2x^2 + 0.2x^3$$

여기서 TR(x)는 총수익함수를, TC(x)는 총원가함수를 의미한다.

요구사항

1. 위 자료로 K사의 손익분기점을 산출하시오.
2. K사는 몇 개의 상품을 팔 때 이익이 극대화되겠는가?

---

4) 정확히 말하면 위에서 설명한 경제학적 모형은 (단기) 독점시장 하의 수익 및 원가함수이다. 독점시장 하에서 (독점)기업은 유일한 공급자이며 수요곡선은 우하향하므로 총수익은 판매량이 증가할수록 가격이 하락하므로 증가하다가 감소한다. 그러나 (단기) 완전경쟁 하의 경제학적 모형에서의 수익함수는 비선형 행태가 아니라 선형 행태를 나타내게 된다. 그 이유는 완전경쟁시장 하에서 기업들은 가격수용자가 되므로 총수익은 판매량의 증가에 따라 정비례하는 1차함수의 행태를 띠기 때문이다. 즉 완전경쟁시장 하에서 수익함수는 선형함수, 원가함수는 비선형함수를 나타낸다.

풀이

1.

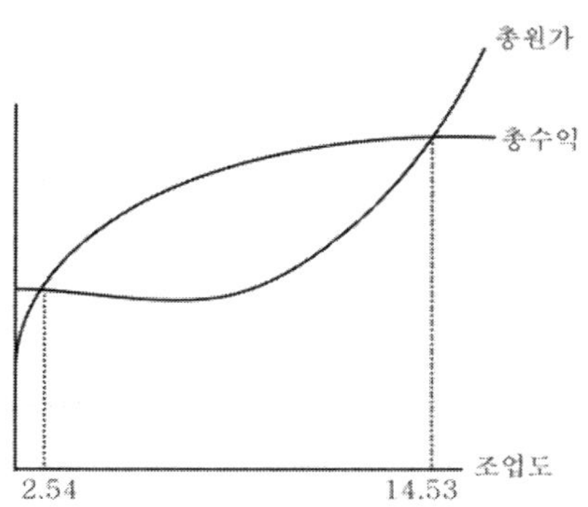

손익분기점은 총수익과 총원가가 일치하는 점이므로

$$TR(x) = TC(x)$$
$$100x-4x^2 = 200 + 15x - 2x^2 + 0.2x^3$$
$$0.2x^3 + 2x^2 - 85x + 200 = 0$$
$$\therefore x \fallingdotseq 2.54, \ x \fallingdotseq 14.53$$

그러므로 손익분기점은 2.54단위와 14.53단위이다.

2. 경제학에서는 한계수익(marginal revenue; MR)과 한계비용(marginal cost; MC)이 일치하는 점에서 이익이 극대화한다고 한다. 한계수익과 한계비용은 다음과 같이 총수익과 총원가를 미분하여 얻을 수 있다. 여기서 MR(x)는 한계수익함수를, MC(x)는 한계비용함수를 의미한다.

$$MR(x) = 100-8x$$
$$MC(x) = 15-4x+0.6x^2$$
$$MR(x) = MC(x)$$
$$0.6x^2+4x-85 = 0$$
$$x \fallingdotseq 9.03$$

그러므로 9.03단위를 생산하여 판매할 때 이익이 최대가 된다. 그리고 그 때의 이익은 ₩257.2가 된다.

판매량	총수익	총비용	이익(손실)
0	0	200.0	-200.0
1	96	213.2	-117.2
2	184	223.6	-39.6
3	264	232.4	31.6
4	336	240.8	95.2
5	400	250.0	150.0
6	456	261.2	194.8
7	504	275.6	228.4
8	544	294.4	249.6
9	576	318.8	257.2
10	600	350.0	250.0
11	616	389.2	226.8
12	624	437.6	186.4
13	624	496.4	127.6
14	616	566.8	49.2
15	600	650.0	-50.0

2.4 현금흐름분기점

기업의 경영자들은 종종 발생주의에 의한 이익(영업이익 또는 당기순이익)보다 현금이나 운전자본 등에 관심을 갖는 경우가 많다. 이것은 현금을 너무 많이 보유하는 경우 그것으로부터 기회원가가 발생할 수 있으며, 너무 적게 보유하면 기업의 존립이 위태로워질 수 있기 때문이다.

이와 같이 현금흐름에 관심을 갖고 있는 경영자들은 현금유입액과 현금유출액이 일치하는 판매량(또는 매출액)인 **현금흐름분기점(cash break-even point)**에 관심을 갖게 되는데 이것은 앞에서 설명한 손익분기점을 구하는 식을 응용하여 다음과 같이 구할 수 있다.

현금유입액 = 현금유출액

총수익 = 총원가 (현금지출을 수반하지 않는 고정원가 제외)

총수익 = 총변동원가 + 총고정원가 (현금지출을 수반하지 않는 고정원가 제외)+이익(0)

$X' = V+(F-d)+0 \qquad X' = V/S\times X'+(F-d)+0$

$X'-V/S\times X' = (F-d) \qquad X'(1-V/S) = (F-d)$

$\therefore X' = (F-d)/(1-V/S)$

여기서 X'는 현금흐름분기점 매출액을, d는 현금지출을 수반하지 않는 고정원가로서 예컨대 감가상각비 등을 나타낸다[5].

감가상각비 등과 같은 현금지출을 수반하지 않는 고정원가로 인해 현금지출을 수반하는 고정원가는 총고정원가보다 적어진다. 따라서 현금흐름분기점은 손익분기점보다 낮아진다.

예제 13

KS(주)는 단위당 판매가격이 ₩400이고 단위당 변동원가가 ₩200인 제품을 생산하여 판매하고 있다. 연간 총고정원가는 ₩80,000이며, 이 중 현금지출을 수반하지 않는 고정원가는 ₩20,000이다.

요구사항

1. 손익분기점의 판매수량 및 금액을 구하시오.
2. 현금흐름분기점의 판매수량 및 금액을 구하시오.

풀이

1. 위의 자료로 손익분기점(매출액 또는 판매량)을 구하면 다음과 같다.

손익분기점(매출액) = 총고정원가 / (1 − 총변동원가 / 매출액)
　= 총고정원가 / (1 − 단위당변동원가 / 단위당 판매가격)
　= ₩80,000 / (1 − ₩200 / ₩400) = ₩160,000

한편, 이것을 수량으로 나타내면 ₩160,000 ÷ ₩400 = 400단위가 된다. 이것은 다음과 같이 구할 수도 있다.

손익분기점(판매량) = 총고정원가 / (단위당 판매가격 − 단위당 변동원가)
　= 총고정원가 / 단위당 공헌이익 = ₩80,000 / (₩400 − ₩200) = 400단위

---

5) 위 식은 법인세가 존재하지 않는 경우이나, 법인세가 존재한다면 다음의 식으로 현금흐름분기점을 산출할 수 있다.

현금유입액 = 현금유출액
총수익 = 총원가(현금지출을 수반하지 않는 고정원가 제외) + 법인세
총수익 = 총변동원가 +총고정원가(현금지출을 수반하지 않는 고정원가 제외) + 법인세
여기서 법인세 = 세전 영업이익 × 법인세율

검증

매출액(@₩400, 400단위)	₩160,000
변동원가(@₩200, 400단위)	80,000
공헌이익	80,000
고정원가	80,000
영업이익	₩0

2. 위의 자료로 현금흐름분기점(매출액 또는 판매량)을 구하면 다음과 같다.

현금흐름분기점(매출액) = (총고정원가 – 현금지출을 수반하지 않는 고정원가) / (1 – 단위당 변동원가 / 단위당 판매가격)
= (₩80,000 – ₩20,000) / (1 – ₩200 / ₩400) = ₩120,000

한편, 이것을 수량으로 나타내면 ₩120,000 ÷ ₩400 = 300단위가 된다. 이것은 다음과 같이 구할 수도 있다.

현금흐름분기점(판매량) = (총고정원가 – 현금지출을 수반하지 않는 고정원가) / (단위당 판매가격 – 단위당 변동원가)
= (총고정원가 – 현금지출을 수반하지 않는 고정원가) / 단위당 공헌이익= (₩80,000 – ₩20,000) / (₩400 – ₩200) = 300단위

검증

매출액(@₩400, 300단위)	₩120,000
변동원가(@₩200, 300단위)	60,000
공헌이익	60,000
현금지출을 수반하는 고정원가	60,000
영업이익	₩0

2.5 불확실성 하의 CVP분석

앞에서는 판매량, 판매가격, 변동원가, 고정원가 등을 확실하게 알 수 있는 확실성 하의 CVP분석을 살펴보았다. CVP분석에 사용되는 모든 변수들의 값을 정확히 예측할 수 있으면 이익계획의 수립, 변동예산의 설정, 그리고 영업활동의 결과분석에 매우 유용하다. 그러나 현실적으로 기업 의사결정에는 불확실성이 수반하게 된다. 여기서 불확실성이란 미래에 어떤 상황이 발생할 것인지를 정확히 알 수 없는 상태를 말한다.

불확실성 하의 CVP분석은 여러 가지 방법으로 행할 수 있으나 여기서는 통계적 분석방법(statistical analysis method)과 확률수(probability tree method)를 이용하는 방법만을 설명하고자 한다.

1. 통계적 분석방법

통계적 분석방법(statistical analysis method)은 흔히 판매가격이나 변동원가, 고정원가 변수들은 모두 확실하게 알 수 있으나 판매량에 대해서는 확실하게 알 수 없고 다만 확률분포만 알고 있다는 가정 하에 CVP분석을 행하는 것이다[6]. 즉 이 방법은 예상판매량의 확률분포를 이용하여 기대이익, 특정 목표이익 달성을 위한 확률, 특정 대체안을 선택하는 경우의 기대기회손실, 기대이익을 극대화시키는 대체안 등을 파악할 수 있다. 그리고 이 경우 예상판매량은 편의상 정규분포를 이루고 있다고 가정하여 분석한다.

통계적 분석방법에 사용되는 용어는 다음과 같다.

p = 단위당 판매가격	v = 단위당 변동원가
a = 총고정원	π = 이익(손실)
x = 판매량	μ = 판매량(x)의 평균
E(c) = 공헌이익의 기댓값	E(x) = 판매량의 기대값
E(π) = 이익의 기댓값	σ(x) = 판매량의 표준편차
σ(π) = 이익 기대값의 표준편차	Z = 정규분포

통계적 분석방법에서는 다음의 계산식들이 활용되고 있다.

공헌이익의 기댓값[E(c)] = (단위당 판매가격－단위당변동원가)×예상판매량
= [(p)－(v)]×[E(x)]

이익의 기댓값[E(π)] = 공헌이익의 기댓값－고정원가 = [E(c)]－a

이익분포의 표준편차[σ(π)] = (단위당 판매가격－단위당 변동원가)×판매량의 표준편차
= (p－b)σ(x)

$$Z = \frac{\pi - E(\pi)}{\sigma(\pi)}$$

---

6) 보통 통계적 분석은 불확실성을 갖는 하나의 독립변수(예컨대, 판매량)가 확률분포를 띨 때 그 확률분포를 이용하여 종속변수(기대이익, 손익분기점 등)에 미치는 영향을 분석하는 것이다. 이 때 확률분포도 이산확률분포(확률변수가 연속성을 지니지 못하고, 특정 값으로 존재하는 경우)와 연속확률분포로 구분할 수 있다. 연속확률분포의 대표적인 것이 정규확률분포이다.

예제 14

[통계적 분석방법에 의한 CVP분석]

A사는 판매가격 ₩10,000, 단위당 변동원가 ₩6,000, 월간 고정원가 ₩8,000,000을 필요로 하는 제품생산라인을 도입하려고 한다. 시장조사에 의하면 이 제품의 판매예측상황은 기대판매량이 3,000단위이며 2,600단위에서 3,400단위 팔릴 가능성이 1/2, 그 외의 가능성이 1/2이라 하고 판매량의 확률분포는 정규분포를 이룬다는 것을 확신하고 있다.
이상의 자료로 다음의 요구사항에 답하시오.

요구사항

1. A사의 기대이익과 이익분포의 표준편차를 구하시오.
2. 경영자는 변동계수[σ(π)/E(π)]가 1/2을 초과하면 생산을 포기하고자 한다. 이 경우 그는 어떠한 의사결정을 하겠는가?
3. A사의 손익분기점은 얼마인가?
4. 적어도 손실을 보지 않을 확률을 구하시오.
5. ₩6,000,000 이상의 이익을 얻을 확률은 얼마인가?
6. ₩1,000,000 이상의 손실이 발생할 확률은 얼마인가?

풀이

1.

공헌이익의 기대값[E(c)] = (단위당 판매가격(p)−단위당 변동원가(v))×예상판매량[E(x)]
= (₩10,000−₩6,000)×3,000단위 = ₩12,000,000

이익의 기대값[E(π) = 공헌이익의 기댓값[(E(c)]−고정원가(a)
= ₩12,000,000−₩8,000,000 = ₩4,000,000

그리고 판매량이 2,600단위에서 3,400단위의 확률은 50%이므로 2,600단위에서 3,000단위일 확률은 25%이다. 그러므로 0.67σ(x) = 400단위이므로 판매량의 표준편차[σ(x)]는 약 600단위가 된다.

따라서 이익분포의 표준편차[σ (π)]
= (단위당 판매가격−단위당 변동원가)×판매량의 표준편차
= (p − b) σ (x) = (₩10,000−₩6,000)×600단위 = ₩2,400,000이 된다.

2.

σ (π) / E (π) = ₩2,400,000/₩4,000,000 = 0.6 (> 0.5)

따라서 생산라인의 도입을 포기하려고 할 것이다.

3. 손익분기점 = ₩8,000,000/(₩10,000 − ₩6,000) = 2,000단위

4.

$$Z = \frac{\pi - E(\pi)}{\sigma(\pi)} = \frac{(₩0 - ₩4,000,000)}{₩2,400,000} = -1.67$$

정규분포로부터

P(π≥₩0) = 0.5+0.4525 = 0.9525

그러므로 A사가 적어도 손실을 보지 않을 확률은 95.25%라고 할 수 있다.

5.

$$Z = \frac{\pi - (E(\pi)}{\sigma(\pi)} = \frac{(₩6,000,000 - ₩4,000,000)}{₩2,400,000} = 0.83$$

정규분포로부터

P(π≥₩6,000,000) = 0.5−0.2967 = 0.2033

그러므로 A사가 ₩6,000,000 이상의 이익을 얻을 확률은 20.33%라고 할 수 있다.

6.

$$Z = \frac{\pi - E(\pi)}{\sigma(\pi)} = \frac{(₩1,000,000 - ₩4,000,000)}{₩2,400,000} = -2.08$$

정규분포로부터

P(π≤−₩1,000,000) = 0.5−0.4812 = 0.0188

그러므로 A사가 ₩1,000,000 이상의 손실이 발생할 확률은 1.88%라고 할 수 있다.

---

2. 확률수를 이용한 분석

여러 개의 독립변수가 불확실한 경우에는 확률수를 이용하여 모든 가능한 결과를 열거하거나 결합확률을 계산하여 분석할 수 있다.

확률수(probability tree)란 독립변수와 종속변수의 가능한 모든 결과 및 그 결과의 확률을 나타내 주는 표이다. 모든 상태와 결과를 열거할 수 있으면 기대값이나 중요한 종속변수의 확률을 파악할 수 있게 된다.

예제 15

[확률수를 이용한 CVP분석]

KS제조(주)의 2018년도의 고정원가는 ₩280,000으로 예상되며, 판매량 및 단위당 공헌이익은 다음의 확률분포만 예측가능하다.

판매량		단위당 공헌이익	
수량	확률	금액	확률
150,000단위	0.3	₩3.50	0.5
100,000	0.6	2.00	0.5
50,000	0.1		

요구사항

1. 위의 자료로 KS제조(주)의 2018년도 기대이익을 구하시오.
2. KS제조(주)의 예상되는 손익분기점을 구하시오.

풀이

1.

불확실성의 확률수 분석

① 판매량 (확률)	② 단위당 공헌이익(확률)	③ 총공헌이익 ① × ②	④ 고정원가	⑤ 이익(손실)	⑥ 결합 확률	⑦ ⑤ × ⑥
150,000	₩3.50(P=0.5)	₩525,000	280,000	₩245,000	0.15	₩36,750
(P=0.3)	₩2.00(P=0.5)	₩300,000	280,000	₩20,000	0.15	₩3,000
100,000	₩3.50(P=0.5)	₩350,000	280,000	₩70,000	0.30	₩21,000
(P=0.6)	₩2.00(P=0.5)	₩200,000	280,000	₩(80,000)	0.30	₩(24,000)
50,000	₩3.50(P=0.5)	₩175,000	280,000	₩(105,000)	0.05	₩(5,250)
(P=0.1)	₩2.00(P=0.5)	₩100,000	280,000	(₩180,000)	0.05	₩(9,000)
						₩22,500

2. 예상 손익분기점은 다음과 같이 산출한다.

₩280,000/3.50 = 80,000단위	× 0.15	= 12,000단위
280,000/2.00 = 140,000	× 0.15	= 21,000
280,000/3.50 = 80,000	× 0.30	= 24,000
280,000/2.00 = 140,000	× 0.30	= 42,000
280,000/3.50 = 80,000	× 0.05	= 4,000
280,000/2.00 = 140,000	× 0.05	= 7,000
		110,000단위

검증

(12,000×₩3.5)+(21,000×₩2.0)+(24,000×₩3.5)+(42,000×₩2.0)+(4,000×₩3.5)
+(7,000×₩2.0)-고정비(₩280,000) = ₩0(손익분기점)

별해

₩280,000/3.50	× 0.5	= 40,000단위
280,000/2.00	× 0.5	= 70,000
		110,000단위

예제 16

다음은 KS제조(주)의 2016년도 판매량, 단위당 공헌이익 및 연간 고정원가로서 다음의 확률분포만 예측가능하다.

판매량		단위당 공헌이익		연간 고정원가	
수량	확률	금액	확률	금액	확률
150,000단위	0.3	₩3.50	0.5	₩280,000	0.4
100,000	0.6	2.0	0.5	₩300,000	0.6
50,000	0.1				

요구사항

1. 위의 자료로 KS제조(주)의 2018년도 기대이익을 구하시오.
2. 위의 자료로 KS제조(주)의 2018년도 손익분기점을 구하시오.
3. 2018년에 이익이 발생할 확률을 구하시오.
4. 2018년에 손실이 발생할 확률을 구하시오.

풀이

1.

불확실성의 확률수 분석

① 판매량 (확률)	② 단위당 공헌이익 (확률)	③ 총공헌 이익 ①×②	④ 총고정원가 (확률)	⑤ 이익 (손실)	⑥ 결합 확률	⑦ 기대 이익 ⑤×⑥
150,000 (P=0.3)	₩3.50(P=0.5)	₩525,000	280,000(P=0.4)	₩245,000	0.06	₩14,700
			300,000(P=0.6)	₩225,000	0.09	₩20,250
	₩2.00(P=0.5)	₩300,000	280,000(P=0.4)	₩20,000	0.06	₩1,200
			300,000(P=0.6)	₩0	0.09	₩0
100,000 (P=0.6)	₩3.50(P=0.5)	₩350,000	280,000(P=0.4)	₩70,000	0.12	₩8,400
			300,000(P=0.6)	₩50,000	0.18	₩9,000
	₩2.00(P=0.5)	₩200,000	280,000(P=0.4)	₩(80,000)	0.12	₩(9,600)
			300,000(P=0.6)	₩(100,000)	0.18	₩(18,000)
50,000 (P=0.1)	₩3.50(P=0.5)	₩175,000	280,000(P=0.4)	₩(105,000)	0.02	₩(2,100)
			300,000(P=0.6)	₩(125,000)	0.03	₩(3,750)
	₩2.00(P=0.5)	₩100,000	280,000(P=0.4)	₩(180,000)	0.02	₩(3,600)
			300,000(P=0.6)	₩(200,000)	0.03	₩(6,000)
					1.0	₩10,500

2.

₩280,000/3.50 × 0.06 = 4,800단위
300,000/3.50 × 0.09 = 7,714
280,000/2.00 × 0.06 = 8,400
300,000/2.00 × 0.09 = 13,500
280,000/3.50 × 0.12 = 9,600
300,000/3.50 × 0.18 = 15,429
280,000/2.00 × 0.12 = 16,800
300,000/2.00 × 0.18 = 27,000
280,000/3.50 × 0.02 = 1,600
300,000/3.50 × 0.03 = 2,571
280,000/2.00 × 0.02 = 2,800
300,000/2.00 × 0.03 = 4,500
114,714단위

검증

(4,800 × ₩3.5) + (7,714 × ₩3.5) + (8,400 × ₩2.0) + (13,500 × ₩2.0) + (9,600 × ₩3.5) + (15,429 × ₩3.5) + (16,800 × ₩2.0) + (27,000 × ₩2.0) + (1,600 × ₩3.5) + (2,571 × ₩3.5) +

(2,800 × ₩2.0) + (4,500 × ₩2.0) − 총고정원가(₩280,000 × 0.4 + ₩300,000 × 0.6)
= ₩0 (손익분기점)

별해

₩280,000/3.50×0.5×0.4	=	25,714단위
300,000/3.50×0.5×0.6	=	40,000
280,000/2.00×0.5×0.4	=	28,000
300,000/2.00×0.5×0.6	=	45,000
		114,714단위

3. 이익이 발생할 확률은 기대이익이 0보다 큰 경우의 확률을 합하면 0.51 즉 51%가 된다.

4. 손실이 발생할 확률은 기대이익이 0보다 작은 경우의 확률을 합하면 0.40 즉 40%가 된다.

학습보충자료 **주주총회에서는 무엇을 하나?**

Q: 통산 3월이 되면 신문에서는 정기 주주총회 소식이 봇물을 이룹니다. 주주총회에서 대표이사가 새로 선임됐다거나, 서로 다른 의견을 가진 주주들끼리 표 대결을 해서 한쪽이 이겼다는 뉴스도 있었습니다. 주주총회는 도대체 무엇이고, 어떤 일을 결정하나요?

A: 주주총회(주총)는 말 그대로 회사의 주식을 갖고 있는 주주들이 한곳에 모여 여는 회의입니다. 보유한 주식 수에 따라 영향력은 다르지만 주주는 모두 회사의 주인입니다. 이런 주인들이 모여 회사의 중요한 사안을 결정하는 것이 주주총회입니다. 매번 수많은 주주가 한자리에 모일 수 없기 때문에 평소에는 이사회에서 중요한 결정을 합니다. 그러나 회사의 연간 결산에 대한 승인, 회사 운명이 걸린 중요한 일은 주총에서 결정합니다. 그래서 주총은 주식회사의 최고 의사결정 기구입니다.

3월에 주총이 몰리는 것은 12월 결산법인이 많기 때문입니다. 일반적으로는 12월이면 한 해가 끝난다고 생각하지만 기업의 '회계연도'는 통상적인 달력과 차이가 있습니다. 어떤 기업은 4월에서 이듬해 3월까지를 회계연도로 규정하고 있습니다. 증권·보험사 일부가 3월 결산법인입니다. 하지만 대부분은 우리가 일상적으로 쓰는 시간 개념에 맞춰 1~12월을 회계연도로 삼습니다. 이런 12월 결산법인은 약 2개월간 이전 연도의 사업·자금 상황을 정리한 장부를 만들어 주주들에게 보고합니다. 이렇게 연간 사업을 정리하는 주총을 정기 주주총회(정기 주총)라고 합니다. 정기 주총은 결산일로부터 90일 이내에 반드시 열어야 하기 때문에 주로 3월에 열립니다. 정기 주총 이외 임시로 주총을 열기도 합니다. 기업 인수합병(M&A)처럼 주주들이 모여 당장 결정해야 할 중대한 사안이 발생했을 때 주로 열립니다. 증권시장에서 주식이 거래되는 상장사의 경우는 지분 1.5% 이상을 가진 주주면 누구나 임시 주총 소집을 요구할 수 있습니다.

그렇다고 주총에서 모든 것을 다루지는 않습니다. 그러려면 기업들은 매번 주총을 여느라 시간을 허비하게 되지요. 하지만 회사 운명이 걸린 중요한 사안은 반드시 주총을 열어 결정하거나 승인을 받도록 상법에 명시돼 있습니다. 주총에서 결정되는 사안은 크게 보통 결의사항과 특별 결의사항으로 나뉩니다. 보통 결의는 재무제표 승인이나 주식 배당률 결정, 이사·감사의 선임 등입니다. 보통 결의는 발행 주식 총수의 4분의 1 이상에 해당하는 주주의 출석이 필요합니다. 또 출석(위임 포함)한 의결권의 과반수 이상의 찬성이 있어야 안건이 통과됩니다. 한편 특별 결의는 주식 총수의 3분의 1 이상이 표결에 참여하고, 이 가운데 3분의 2 이상이 찬성해야 효력을 갖습니다. 이사·감사의 해임, 정관 변경, 영업의 양도, 자본의 감소 등이 주로 특별 결의사항입니다. 정관이란 주식회사의 목표·조직·경영 등에 관한 가장 기본적인 규칙을 정리해 놓은 것입니다.

이런 각종 안건을 결정할 때 주주들은 주당 1개의 의결권을 행사합니다. 단 특정 회사 주식이 있더라도 의결권을 행사하지 못하는 경우도 있습니다. 우선주가 대표적입니다. 우선주는 일반 주식에 비해 배당을 더 많이 받을 순 있지만 의결권이 없습니다. 주주가 주총에 참석할 수 없을 때는 위임장을 쓰고 대리인을 참석시킬 수도 있습니다. 주총에 가지 않는다고 해서 배당 등에서 불이익을 받지는 않습니다.

주총을 둘러싼 논란도 있습니다. 아무래도 지분이 많은 주요 주주 뜻대로 주총 결과가 나올 가능성이 큽니다. 또 주총은 3월, 그중에서도 금요일에 집중되는데 '무더기 주총'으로 인해 소액주주나 시민단체 등이 주총 내용을 꼼꼼히 들여다보고 문제를 제기하기 어렵게 한다는 비판도 있습니다. 반면에 주요 주주가 아니면 주총에 무관심한 것도 사실입니다. 그래서 주총에 나오는 주주는 대부분 주요 주주(대주주)인 경우가 많습니다. 무관심한 주주로 인해 정족수 미달로 주총이 무산될 수도 있기 때문에 상법은 주총의 원활한 진행을 위해 '섀도보팅(Shadow Voting; 그림자 투표)'이라는 제도를 두고 있습니다. 주총에 참석하지 않은 주주의 의결권은 주총에 참여한 주주의 찬성·반대 비율대로 자동 계산하는 제도입니다.

이런 점을 보완하기 위해 전자투표를 하는 기업도 있습니다. 1996년 미국의 카메라 제조업체인 벨앤하웰이 처음으로 도입했습니다. 주총에 갈 수 없는 주주가 온라인을 통해 주총 안건에 대해 간편하게 의결권을 행사하는 것입니다. 미국, 일본에선 전자투표를 도입한 기업이 50~60%지만 한국에선 거의 없는 실정입니다. 그래서 전자투표를 의무화해야 한다는 주장도 커지고 있습니다.

출처: 중앙일보, [틴틴 경제]

연습문제

1. 김갑동씨는 서울 남산 타워에서 커피전문점을 경영하고 있다. 예상보다 장사가 잘 되지 않아 그는 한 달에 적어도 몇 잔 이상의 커피를 팔면 적자를 면할 수 있을까 하는 궁금증을 갖게 되었다. 현재 그의 커피점에서는 커피 한 잔에 2,500원을 받고 있으며 그것의 원가(변동원가)는 500원, 커피점을 유지하는데 발생하는 경비(고정원가)는 월 300만원이다. 이상의 자료로 다음의 물음이 모두 독립적이라고 할 때 각 물음에 답하시오.

물음

1) 남산 타워 커피전문점의 경우 적자를 면하기 위해서는 매 월 적어도 몇 잔 이상의 커피를 팔아야 하겠는가?

2) 커피전문점이 월 200만원의 목표이익(영업이익)을 달성하고자 한다면 과연 얼마의 매출액이 필요하겠는가?

3) 커피전문점이 매출액영업이익율 20%를 달성하기 위해서는 얼마의 매출이 이루어져야 하는가?

4) 커피전문점이 월 200만원의 목표이익(당기순이익)을 달성하고자 한다면 과연 얼마의 매출액이 필요하겠는가? 단, 법인세율은 20%로 가정한다.

5) 커피전문점이 매출액순이익율 20%를 달성하기 위해서는 얼마의 매출액이 필요하겠는가? 단, 법인세율은 20%로 가정한다.

6) 다음 달에 종업원의 급여(고정원가)를 60만원 인상하기로 하였다. 이러한 경우 손익분기점을 유지하고자 한다면 얼마의 매출액이 종전보다 증가되어야 하겠는가?

7) 커피재료가 10%만큼 인상될 것이라는 소문이 있다. 이 소문이 사실일 경우 손익분기점을 유지하고자 한다면 얼마의 매출액이 종전보다 증가되어야 하겠는가?

8) 커피의 가격을 20%만큼 인상하기로 하였다. 이러한 경우 손익분기점을 유지하고자 한다면 얼마의 매출액이 필요하겠는가?

9) 위 커피전문점이 매일 80잔씩(월 2,400잔)의 커피를 판매한다고 할 경우 월 손익은 얼마가 되겠는가?

10) 위 커피점이 9)와 같이 커피를 판매한다고 할 경우의 손익분기점비율과 안전한 계율은? 그리고 손익분기점비율을 낮추기 위해서는 어떠한 노력이 필요하다고 생각되는가?

해답

1) 2,500X = 500X + ₩3,000,000 + 0　　2,000X = ₩3,000,000

∴ X = 1,500잔

이것을 금액으로 나타내면 1,500잔 × @₩2,500 = ₩3,750,000이 된다.

참 고　X = F / (p - v) = ₩3,000,000 / (₩2,500 - ₩500) = 1,500잔

또는 X'= F / (1 - V/S) = ₩3,000,000 / (1 - ₩500 / ₩2,500) = ₩3,750,000

검증

매출액		₩3,750,000
변동원가	20%	750,000
공헌이익		3,000,000
고정원가		3,000,000
영업이익		₩0

2)

X' = (F + g) / (1 - V/S) = (₩3,000,000 + ₩2,000,000) / (1 - ₩500 / ₩2,500) = ₩6,250,000

또는 X = (F + g) / (p - v) = (₩3,000,000 + ₩2,000,000) / (₩2,500 - ₩500) = 2,500잔

참 고

2,500X = 500X + ₩3,000,000 + ₩2,000,000　　2,000X = ₩5,000,000

∴ X = 2,500잔

검증

매출액		₩6,250,000
변동원가	20%	1,250,000
공헌이익		5,000,000
고정원가		3,000,000
영업이익		₩2,000,000

참 고

> 목표이익 ₩2,000,000을 흡수하는 데 필요한 추가매출액
> = 목표이익 / 공헌이익율
> = ₩2,000,000 / 0.8
> = ₩2,500,000

3)

X' = V/S X' + F + rX' X' - V/S X' - rX' = F

X'(1 - V/S - r) = F X' = F / (1 - V/S - r) = F / [1 - (V/S + r)]

X' = F / [1 - (V/S + r)] = ₩3,000,000 / [1 - (₩500 / ₩2,500 + 0.20)] = ₩5,000,000

또는 2,500X = 500X + ₩3,000,000 + 0.20×(2,500X)

2,500X = 500X + ₩3,000,000 + 500X 2,500X - 500X - 500X = ₩3,000,000

1,500X = ₩3,000,000 ∴ X = 2,000잔

검증

매출액	₩5,000,000
변동원가 20%	1,000,000
공헌이익	4,000,000
고정원가	3,000,000
영업이익	₩1,000,000

∴ 매출액영업이익율 = ₩1,000,000 / ₩5,000,000 × 100% = 20%

4)

X' = [F + g/(1-r)] / (1 - V/S)

목표매출액 = [₩3,000,000 + ₩2,000,000/(1 - 0.2)] / (1 - ₩500 / ₩2,500) = ₩6,875,000

검증

매출액	₩6,875,000
변동원가 20%	1,375,000
공헌이익	5,500,000
고정원가	3,000,000
영업이익	2,500,000
법인세 20%	500,000
당기순이익	₩2,000,000

5)

X' = F / {1 - [V/S + 목표이익율/(1 - r)]}

= ₩3,000,000 / {1 - [₩500 / ₩2,500 + 0.20/(1 - 0.20)]} = ₩5,454,545

검증

매출액	₩5,454,545
변동원가 20%	1,090,909
공헌이익	4,363,636
고정원가	3,000,000
영업이익	1,363,636
법인세 20%	272,727
당기순이익	₩1,090,909

∴ ₩1,090,909 / ₩5,454,545 × 100% = 20%

6)

X' = (F+a)/(1-V/S) = (₩3,000,000 + ₩600,000) / (1 - ₩500 / ₩2,500) = ₩4,500,000
∴ (₩4,500,000 - ₩3,750,000) 즉 ₩750,000의 매출이 증가되어야 한다.

또는 X = (F+a)/(p-v) = (₩3,000,000 + ₩600,000) / (₩2,500 - ₩500) = 1,800잔
∴ (1,800잔 - 1,500잔) 즉 300잔의 판매가 추가적으로 필요하다.

검증

매출액		₩4,500,000
변동원가	20%	900,000
공헌이익		3,600,000
고정원가		3,600,000
영업이익		₩0

참 고

$$\text{종전의 손익분기점} = \frac{\text{고정원가}}{\text{공헌이익률}} = \frac{300\text{만원}}{0.8} = 375\text{만원}$$

$$\text{현재의 손익분기점} = \frac{\text{고정원가}}{\text{공헌이익률}} = \frac{360\text{만원}}{0.8} = 450\text{만원}$$

필요매출액 = 450만원 − 375만원 = 75만원

또는

$$\text{증가고정원가를 흡수하기 위한 매출액} = \frac{\text{증가고정원가}}{\text{공헌이익률}} = \frac{60\text{만원}}{0.8} = 75\text{만원}$$

7)

X' = F/[1-V(1±r)/S]= ₩3,000,000 / [1-₩500×(1 + 0.10) / ₩2,500] = ₩3,846,154
∴ (₩3,846,154 - ₩3,750,000) 즉 ₩96,154의 매출이 증가되어야 한다.

검증

매출액		₩3,846,154
변동원가	22 %	846,154
공헌이익		3,000,000
고정원가		3,000,000
영업이익		₩0

8)

X' = F / [1 - V / S(1 ± r)] = ₩3,000,000 / [1 - ₩500 / ₩2,500 × (1 + 0.20)] = ₩3,600,000

검증

매출액(@₩3,000, 1,200잔)	₩3,600,000
변동원가(@ ₩500, 1,200잔)	600,000
공헌이익	3,000,000
고정원가	3,000,000
영업이익	₩0

손익분기점판매량 = ₩3,000,000 / [₩2,500(1 + 0.20) - ₩500] = 1,200잔

9)

X = S'(1 - V / S) - F = ₩6,000,000* × (1 - ₩500 / ₩2,500) - ₩3,000,000 = ₩1,800,000

*2,400잔 × ₩2,500 = ₩6,000,000

검증

매출액		₩6,000,000
변동원가	20%	1,200,000
공헌이익		4,800,000
고정원가		3,000,000
영업이익		₩1,800,000

10)

$$\text{손익분기점비율} = \frac{\text{손익분기점 매출액}}{\text{실제매출액}} \times 100\% = \frac{375\text{만원}}{600\text{만원}} \times 100\% = 62.5\%$$

$$\text{안전한계율} = \frac{\text{실제매출액} - \text{손익분기점 매출액}}{\text{실제매출액}} \times 100\%$$

$$= \frac{600\text{만원} - 375\text{만원}}{600\text{만원}} \times 100\% = 37.5\%$$

$$= 100\% - \text{손익분기점비율}$$

손익분기점비율을 낮추기 위해서는 다음의 노력이 필요하다.

① 고정원가의 삭감

② 공헌이익률의 증대*

③ 매출액의 증대가 요구된다.

▸ 물론 공헌이익률을 높이기 위해서는 다음의 방법이 필요하다.

① 구입가격의 인하, 원재료 사용량의 절감 등을 통해 원재료원가나 상품매입액을 절감시킨다.

② 유통의 합리화 등을 통해 변동원가를 절감시킨다.

③ 공헌이익률이 높은 제품에 중점을 두어 제품구성을 개선한다.

④ 공헌이익률이 높은 상품이나 제품을 개발한다.

⑤ 판매가격을 인상한다.

종합문제

1. 강남(주)는 라디오를 생산하여 판매하고 있다. 2017년도 강남(주)의 공헌손익계산서는 다음과 같다. 다음의 자료로 물음에 답하시오.

공헌손익계산서

매출액(@₩36,000, 20,000단위)	₩720,000,000
변동원가	540,000,000
공헌이익	180,000,000
고정원가	144,000,000
영업이익	₩36,000,000

물음

1) 강남(주)의 변동원가율과 공헌이익율을 계산하시오.
2) 강남(주)의 손익분기점을 계산하시오.
3) 2018년 매출액이 ₩240,000,000 증가할 것으로 예상되고 있다. 다른 요소의 변동이 없다면 영업이익은 얼마나 증가하겠는가?
4) 강남(주)의 경영자는 2018년 최소한 ₩54,000,000의 목표영업이익을 달성하고자 한다. 이 목표를 달성하기 위해서는 몇 개의 라디오를 팔아야 하는가?
5) 강남(주)의 손익분기점비율, 안전한계, 안전한계율을 계산하시오.
6) ① 강남(주)의 2017년 현 매출액수준에서 영업레버리지도를 구하시오.
   ② 판매원들의 노력으로 2018년도에는 매출액을 8% 증가시킬 수 있을 것으로 기대한다. 이 경우 영업이익은 얼마나 증가하겠는가?
   ③ 새로운 공헌손익계산서의 작성을 통해 ②의 결과를 검증하시오.
7) 2018년에는 매출액 및 이익증대 전략의 일환으로 고품질 스피커를 사용하고자 한다. 이와 같이 고품질 스피커를 사용하는 경우 단위당 변동원가는 ₩1,800씩 증가하나, 연간 ₩18,000,000의 급여를 받는 품질관리 직원 1명을 줄일 수 있다. 한편 고품질 스피커의 사용으로 매출액은 20% 증가할 것으로 기대된다.
   ① 이와 같은 요소들의 변동을 가정하여 2018년도의 예산공헌손익계산서를 작성하시오.
   ② 2011년도의 새로운 손익분기점을 계산하시오.
   ③ 이와 같은 전략의 도입은 바람직하다고 생각되는가? 당신의 견해를 서술하시오.

2. 다음은 매출액, 총원가, 영업이익이 동일한 A사와 B사의 자료이다.

	A 사		B 사	
매출액	₩300,000,000	(100%)	₩300,000,000	(100%)
변동원가	90,000,000	(30%)	180,000,000	(60%)
공헌이익	210,000,000	(70%)	120,000,000	(40%)
고정원가	180,000,000	(60%)	90,000,000	(30%)
영업이익	₩30,000,000	(10%)	₩30,000,000	(10%)

물음

1) A사와 B사의 손익분기점(BEP), 손익분기점비율(BEP Ratio), 안전한계(M/S), 안전한계율(M/S Ratio)을 계산하시오.
2) 각 회사의 매출액이 현재보다 30% 증가하는 경우의 각 회사별 손익계산서를 작성하고, 이러한 상황에서 어떠한 원가구조가 더 유리한지를 설명하시오.
3) 각 회사의 매출액이 현재보다 30% 감소하는 경우의 각 회사별 손익계산서를 작성하고, 이러한 상황에서 어떠한 원가구조가 더 유리한지를 설명하시오.

3. D사는 여러 스포츠 팀의 로고를 새긴 T셔츠를 생산판매하고 있다. 각 T셔츠의 판매가격은 ₩10,000이며, 원가관련자료는 다음과 같다.

원가동인	단위당 변동원가	원가동인 수
판매량	₩5,000	----
작업준비	450,000	80회
원재료처리	20,000	500회
기타 :		
총고정원가(전통적 원가계산)		₩96,000,000
총고정원가(활동중심원가계산)		50,000,000

물음

1) 전통적 손익분기점분석 방법으로 D사의 손익분기점(판매량)을 계산하시오.
2) 활동중심원가계산하에서의 D사의 손익분기점(판매량)을 계산하시오.
3) D사는 작업준비 1회당 ₩150,000만큼을 절감할 수 있으며, 원재료처리 횟수를 75회만큼 줄일 수 있을 것으로 기대된다. 이 경우 몇 단위를 팔면 손익분기점이 되겠는가?

4. 다음은 서울(주)의 2018년 5월의 원가관련 자료이다. 물음에 답하시오.

자료

고정원가 ₩24,000
단위당 변동원가 ₩300
단위당 판매가격 ₩350
판매량은 확실하지 않으나 과거의 경험에 의하면 월 평균 600단위(표준편차 100단위)이었다.

물음

1) 서울(주)의 예상 공헌이익은 얼마인가?
2) 서울(주)의 기대이익과 이익분포의 표준편차는 얼마인가?
3) 적어도 손실을 보지 않을 확률을 구하시오.
4) ₩15,000 이상의 이익을 얻을 확률은 얼마인가?

제 12 장 종합예산

기업의 경우는 상기업이든 제조기업이든 목표를 설정하고 그 목표달성을 위해 노력한다. 그 목표를 구체적으로 수량화한 것이 종합예산(master budget)이다. 즉 종합예산이란 기업전체를 대상으로 미래의 일정기간(보통 1년) 단위로 편성되는 정태예산으로 예산재무제표로서 나타낸 영업예산 및 재무예산을 포괄한 예산을 말한다. 그러므로 종합예산은 경영자의 미래에 대한 계획과 그 계획을 어떻게 달성할 것인가를 포괄적으로 표현한 것이다. 조직이 생존 및 성장하기 위해서 예산은 계획을 공식화하고, 영업활동의 지침임과 동시에 성과평가의 기준이 되며, 조직 내의 의사소통과 조정수단이 되어야 한다. 본 장에서는 기업에서 구체적으로 행해지고 있는 종합예산 편성과 관련된 내용들을 학습하고자 한다.

제 1 절 종합예산의 의의

1.1 종합예산의 의의

예산(budget)이란 일정기간 동안 재무적 자원 및 기타 자원의 취득과 사용에 대한 계획을 공식적으로 수량화한 것이며, 예산을 작성하는 행위를 **예산편성(budgeting)**이라 한다.

종합예산(master budget)이란 기업전체를 대상으로 미래의 일정기간(보통 1년) 단위로 편성되는 정태예산(static budget; 또는 고정예산이라고도 함.)으로, 예산재무제표(budgeted financial statements or pro forma statements)로서 나타낸 영업예산 및 재무예산을 포괄한 예산을 말한다[1]. 종합예산은 조직의 모든 하위부문의 활동(판매, 생산, 유통, 재무 등) 등에 대한 예상활동을 종합한 것이다. 이것은 매출액, 매입액, 생산량, 순이익, 현금뿐만 아니라 경영자가 구체화하고자 하는 기타 목적에 대한 목표치를 수량화한 것이다. 종합예산은 경영자의 미래에 대한 계획과 그 계획을 어떻게 달성할 것인가를 포괄적으로 표현한 것이다.

1.2 종합예산의 목적

조직이 생존 및 성장하기 위해서 예산은 계획을 공식화하고, 영업활동의 지침임과 동시에 성과평가의 기준이 되며, 조직 내의 의사소통과 조정수단이 되어야 한다.

종합예산의 목적을 구체적으로 설명하면 다음과 같다.

1. 계획의 공식화

경영자는 변화하는 환경을 예상하고 이에 대비할 방안을 강구해야 하는데, 기업의 목적을 공식화하는 예산을 편성하는 것 자체가 경영자로 하여금 계획수립을 자신의 가장 중요한 직무로 파악하게 된다. 또한 예산을 통해 미래의 잠재적 장애요인을 발견할 수 있다

2. 활동지침 및 평가기준

예산은 업무활동의 지침이 되며 또한 성과평가의 기준이 된다. 예산이 편성되면 하위

---

1) 특정 조업도를 전제로 편성되는 예산을 고정예산(fixed budget) 또는 정태예산(static budget)이라고 하며, 조업도의 변동에 따른 예산허용액을 용이하게 편성할 수 있는 예산을 변동예산(variable budget)이라고 한다. 고정예산은 기업전체의 이익계획을 구체화하고, 각 부문예산을 조정하여 설정되는 것이므로 계획예산이라고도 한다. 일반적으로 종합예산은 이 방식으로 편성된다. 그런데 실제 조업도가 예산편성의 기초가 된 예정조업도와 동일한 경우에는 고정예산에 의해 원가통제를 합리적으로 행할 수 있으나 동일하지 않은 경우(또는 예정조업도와 실제조업도가 큰 차이가 나는 경우)에는 통제기능상 결함을 갖게 된다. 이러한 고정예산의 결함을 보충하기 위하여 변동예산이 이용된다. 즉 변동예산은 고정예산과 병행하여 이용하면 고정예산이 갖는 통제기능의 결함을 보충하는 역할을 한다.
변동예산은 지금까지 주로 제조간접원가 예산에 이용되었으나 판매비와 관리비 등의 예산에도 적용할 수 있다. 변동예산은 각 조업도에 대한 예산허용액의 표시방법에 따라 "공식법 변동예산"과 "다항식 변동예산(실사법 변동예산이라고도 함.)"으로 나눌 수 있다. 전자는 예산허용액 y를 $y = a + bx$(a : 고정원가, b : 조업도 단위당 변동원가, x : 조업도)라는 공식으로 산출할 수 있도록 각 원가요소별 고정원가, 변동원가를 표시한다. 후자는 기준이 되는 조업도를 중심으로 하여 일정한 간격으로 몇 개의 조업도를 설정하고, 원가요소별 예산허용액을 각 조업도별로 산출하여 표시한다.

경영자 또는 종업원은 상위경영자가 자신들에게 기대하는 바를 알게 된다. 자신들의 행동에 대한 지침이 없다면 하위경영자나 종업원들은 비생산적 활동에 노력을 낭비할 수 있다. 성과평가는 과거자료보다는 예산성과를 기준으로 이루어져야 한다. 이것은 과거자료에는 과거성과에서 드러나지 않았던 비효율성이 존재할 수 있기 때문이다. 또한 과거에 비해 경제적 환경, 기술, 경쟁력, 인사 등 제반 여건이 달라졌기 때문에 과거자료를 성과평가의 기준으로 볼 수는 없다.

3. 활동의 조정

예산을 통하여 경영자는 조직 전체의 목적이 하위부문의 목적과 일치하도록 조직 전체의 활동을 조정한다. 조직이 세분화될수록 하위부문의 활동을 통합하기란 쉽지 않다. 자기부문의 예산을 수립하는 과정에서 다른 부문의 정보가 필요하며, 또한 자기부문의 활동을 공식적으로 의사소통하게 하는 가운데 상충될 수 있는 부문활동이나 목적을 조직 전체의 목적에 일치시키게 된다. 다양한 기능을 수행하는 여러 부서의 경영자들은 예산과정을 통하여 자기부서의 계획을 의사소통하고 그들 활동을 조정하게 된다.

1.3 종합예산의 분류

1. 예산기간에 따른 분류

종합예산은 1년 단위로 편성하는데 그 이유는 예산수치가 실제성과와 비교 가능하도록 하기 위함이다. 많은 기업에서는 예산기간을 4분기로 나누며, 1분기 내에서는 다시 월별로 예산을 세분하여 편성한다. 이들 예산수치는 가까운 장래의 계획수치이므로 상당히 정확도를 높일 수 있다. 2분기부터는 분기별로만 예산을 편성한다. 1분기가 진행되는 동안 2분기 예산은 다시 월별로 세분화된다. 이러한 과정을 통하여 예산을 편성하면 예산을 계속적으로 검토 및 재평가할 수 있게 된다.

(1) 연속예산

12개월의 종합예산 가운데 1월이 경과하면 다음 해의 1월 예산을 추가하여 예산기간이 항상 12개월이 되도록 예산을 편성할 수 있다. 이러한 예산을 **연속예산(계속예산, continuous budget or rolling budget)**이라 한다. 연속예산의 이점은 경영자로 하여금 앞으로의 12개월을 항상 염두에 두고 계획하도록 한다는 것이다.

(2) 자본예산

토지, 건물 또는 자본설비 등의 취득과 관련된 예산은 예산기간이 상당히 장기간이다. 유형자산의 취득과 관련한 예산을 **자본예산**(capital budget)이라 한다. 이 자본예산은 경영자로 하여금 자본재를 취득할 때 자금을 충분히 조달할 수 있는가를 사전에 파악하게 한다. 이러한 장기적 계획이 없다면, 거액의 자금이 수반되는 자본재에 대하여 의사결정을 내릴 수 없을 것이다.

2. 참여예산

예산시스템의 성패 여부는 예산이 어떤 방법으로 편성되느냐에 따라 대부분 좌우된다. 많은 성공적인 예산시스템은 원가통제의 책임을 가진 경영자로 하여금 자신의 예산을 편성하도록 한다. 이러한 예산을 **참여예산**(participative budget) 또는 **자가설정예산**이라고 한다.

(1) 참여예산의 장점

이와 같이 참여예산은 조직의 구성원들로 하여금 예산편성에 직접 참여함으로써 "예산이 그들에게 부여된 것이 아니라 그들이 직접 달성하여야 할 목표를 설정하였다"는 인식을 갖게 하여 편성한 예산을 달성하도록 동기부여한다는 점에 그 의미가 있으며, 다음과 같은 장점을 갖는다.

① 예산편성과정에 참여함으로써 개인들은 조직의 구성원이라는 의식을 갖게 되며, 구성원들의 생각과 판단은 최고경영자에 의해 평가된다.

② 조직활동에 직접 참여하는 사람이 예산 추정치를 세우는 가장 적임자이다. 따라서 현장에서 세우는 예산추정치는 보다 정교하고 신뢰할 수 있다.

③ 상위자로부터 강압적으로 설정된 예산보다 자신이 설정한 예산을 보다 열심히 달성하고자 한다.

④ 자신이 설정한 예산을 달성하지 못할 경우 그 책임은 자신에게 있기 때문에 원가통제에 유리하다. 만약 상위자로부터 예산이 강압된다면, 하위자는 예산이 비현실적으로 설정되었기 때문에 달성하지 못했다고 변명할 수도 있을 것이다.

(2) 참여예산의 흐름

참여예산에서 하위자가 자신의 예산을 설정하고 나면, 상위자는 그 예산을 다시 검토한다. 만약 상위자로부터의 검토가 없다면, 하위자는 예산을 너무 느슨하게 편성할 가능성이 존재하게 된다. 왜냐하면 예산을 기준으로 하여 성과평가가 이루어지므로, 하위자는 유리한 성과평가를 받기 위하여 예산을 느슨하게 편성할 수 있기 때문이다. 미래의 기대치와 예산설정치의 차이를 **예산슬랙(budgetary slack)**이라 한다. 하위자는 미래의 불확실성에 대한 완충장치로서 예산슬랙을 만들 가능성이 존재하기 때문에 하위자가 설정한 예산은 반드시 상위자로 하여금 검토되어야 한다. 만약 상위자가 하위자의 예산에 대한 수정이 필요하다고 판단하면, 하위자와 충분한 토의를 거친 후 다시 예산을 편성한다.

참여예산을 통하여 조직의 모든 부문이 공동으로 노력하게 된다. 최고경영자는 날마다 이루어지는 상세한 원가자료를 깊이 알지 못하기 때문에, 상세한 예산정보를 제공할 하위자에게 의존해야만 한다. 반면에 최고경영자는 예산편성과정에서 중요한 포괄적 정책의사결정에 대한 의견을 갖는다. 이와 같은 경우 조직의 모든 부문이 통합된 예산을 설정하기 위해 노력을 함께 기울이게 된다.

3. 영기준 예산

많은 경우 예산편성은 전년도를 기준으로 일정한 비율만큼 증가시키는 점증주의 방법에 의한다. 예컨대, 국가의 예산편성과정을 살펴보면 각 부서에서 필요한 예산을 기획재정부에 신청하고 기획재정부에서는 내년도 세수증가율을 고려하여 각 부처의 예산을 조정한다. 각 부서에서 요구하는 예산이나 최종적으로 결정된 예산은 대개 전년도의 예산을 기준으로 하여 적정한 비율만큼 증액시킨다. 회사의 예산이나 학교의 예산 또는 등록금 결정시에도 대개 전년도의 예산을 기준으로 한다. 전년도 예산을 기준으로 새로운 예산을 결정하는 점증주의 방식은 과거의 관행과 비능률적 요소들이 미래의 의사결정을 제한한다는 비난을 모면하기 어렵다.

영기준 예산(zero-base budget, 원점 예산)은 예산편성 시 과거의 예산이나 실적을 고려하지 않고, 마치 새로운 사업이나 프로그램을 처음 착수하듯이 원가를 분석하는 방법이다. 어떠한 원가도 본질적으로 지속적으로 발생한다고 보지 않기 때문에 경영자는 모든 활동들을 상대적 중요도에 따라 새로이 평가하여야 하며, 이러한 의사결정과정의 일환으로서 예산편성이 이루어진다. 경영자가 보다 중요하다고 판단하는 활동들은 예산에 반영하며, 그 반면에 상대적으로 중요하지 않다고 판단하는 활동들은 예산에 편성되지 않거나 차후 예산 편성 시 다시 고려한다.

이와 같은 영기준 예산은 원점(zero-base)에서 새로이 활동을 검토한다는 점에서 매우 유익하다. 영기준 예산을 편성하기 위해서는 수많은 검토 자료가 필요하며 이에 대한 시간, 비용이 많이 소요될 뿐만 아니라 기득권자의 반발을 어떻게 해소하느냐의 문제가 발생한다. 따라서 영기준 예산을 매년 작성한다는 것은 현실적으로 불가능하다. 또한 매년 영기준 예산을 편성하는 것 자체가 곧 기계적으로 이루어질 가능성이 있다.

1.4 효율적인 예산편성의 전제조건

계획과 통제는 때때로 혼용되어 사용되기도 하지만, 일반적으로 계획은 미래의 목적을 설정하고, 그 목표를 달성하기 위하여 여러 가지 예산을 편성하는 것을 포함한다. 반면에 통제는 계획단계에서 설정한 목표가 달성되는가를 확인하고, 또한 조직의 모든 기능들이 조직의 정책과 일치되는가를 확인하기 위해 경영자가 취하는 여러 조치들을 포함한다. 예산시스템이 효율적으로 이루어지기 위해서는 반드시 계획 및 통제를 위한 시스템을 갖춰야 한다. 효율적 통제가 없는 좋은 계획이란 시간만 소비할 뿐이며, 반면에 사전에 계획이 수립되지 않으면 어떤 통제를 취해야 할지 목표가 없게 된다.

조직이 장기적 목표를 향하여 나아가도록 하기 위해서 효율적 예산을 편성하기 위한 전제조건을 살펴보면 다음과 같다.

1. 조직의 목표

조직의 전체목표는 계량화할 수 있어야 하며 또한 조직의 전략적, 장기적 계획을 바탕으로 하여야 한다. 조직의 목표는 시장점유율, 판매량, 순이익 등으로 표현된다.

2. 목표의 세분화

조직 전체의 목표는 하위목표로 세분화할 수 있어야 한다. 예컨대, 조직 전체의 목표가 법인세 차감후 순이익을 5% 증대시키는 것이라면, 이 목표는 판매원이나 생산담당자에게 별다른 지침이 되지 못한다. 따라서 조직의 하부조직으로 내려갈수록 목표는 보다 구체화되어야 한다. 앞의 예에서 영업담당자에게는 제품의 판매량 또는 매출액의 목표가 설정되어야 하며, 생산담당자에게는 생산량에 대한 목표가 구체적으로 설정되어야 한다. 가능하다면, 하위목표는 표준원가로서 표현되는 것이 좋다.

3. 목표일치성

하위목표는 다른 목표들과 목표일치성이 있어야 한다. 효율적 예산은 조직 내의 활동을 조정해야 하며, 불필요한 내부 갈등을 초래해서는 안 된다. 영업담당자는 긴급주문을 소화하길 원하나 이것은 생산부서의 제품제조원가를 상승시키는 결과를 초래할 것이다. 따라서 생산부서에서는 긴급주문량을 제조하길 꺼려한다. 이러한 경우 해결하는 하나의 방안으로서 긴급주문량에 따른 추가 제조원가를 영업담당자가 부담하도록 사전에 정해두는 것이다. 하위목표를 세울 때에는 조직의 장기적 목표와 목표일치성이 있어야 한다.

4. 피드백

예산은 성과평가절차 또는 피드백과정이 뒤따라야 한다. 여기서 피드백이란 과거활동 결과를 이해관계자에게 전달하는 과정을 뜻한다. 종업원들은 당기의 영업활동을 적절히 수정하거나 미래의 계획을 보다 증진시키기 위해서는 당기의 성과가 어떻게 예산과 비교되는가를 알고자 한다. 만약 피드백이 없거나 실제성과와 예산과의 차이에 대한 적절한 평가가 없다면, 종업원들은 예산을 하나의 요식행위 내지는 불필요하다고 생각할 것이다. 피드백이 없거나 차이에 대한 원인분석이 이루어지지 않는다는 것은 최고경영자가 예산에 대해 별 관심이 없다는 증거가 될 것이다.

5. 행동과학적 측면의 고려

최고경영자와 하위경영자 또는 종업원들의 예산에 대한 다음과 같은 행동과학적 측면을 고려하여야 한다.

첫째, 최고경영자가 예산에 대해 지니는 행동과학적 측면을 살펴보자. 어떠한 예산시스템이 하위자들에게 받아들여지느냐의 여부는 최고경영자가 예산을 기업의 중요한 활동으로 인식하느냐의 정도와 최고경영자가 예산정보를 어떤 방식으로 활용하느냐에 따라 결정된다. 예산시스템이 성공적으로 운영되려면 무엇보다도 최고경영자의 관심과 지지가 절대적으로 필요하다.

예산시스템을 실행하는 과정에서 최고경영자는 예산을 종업원의 압력수단으로, 또는 어떠한 문제가 발생했을 때 누군가를 질책하기 위한 수단으로 사용해서는 안 된다. 예산을 부정적으로 사용하면 종업원의 협력이나 생산성 증대보다는 반목과 긴장, 그리고 불신만을 조장하게 된다. 예산을 종업원의 압력수단으로 활용하기보다는 조직의 목표를 달성하는 것을 돕고, 영업성과를 측정할 수 있으며, 추가적 노력과 관심이 필요한 영역을 발견하는 적극적 수단으로 활용하여야 한다.

종업원들이 예산시스템에 가질 수 있는 오해들은 예산편성과정에서의 참여와 예산시스템의 적절한 활용으로 해소시켜야 한다. 예산시스템의 관리는 최고경영자의 상당한 안목과 탁월한 감각을 필요로 한다.

둘째, 하위경영자 또는 종업원의 예산에 대한 행동과학적 측면을 고려하여야만 효율적인 예산이 될 수 있다. 하위목표를 수용하지 않거나 또는 예산에 대해 부정적 편견을 갖고 있는 피평가자라면 예산의 많은 가치를 저하시키는 행동을 취할 수 있다. 예컨대, 피평가자는 하위목표를 쉽게 달성하기 위하여 느슨한 예산이 편성되길 원한다. 즉 평가자 보다는 상대적으로 우월하게 갖고 있는 피평가자의 사적 정보를 이용하여 예산매출액을 낮게 편성하고 예산원가를 높게 편성함으로써 예산을 쉽게 달성하도록 만들 수 있다. 느슨한 예산에서 나타나는 예산매출액과 표준매출액과의 차이, 또는 예산원가와 표준원가와의 차이를 예산슬랙(budgetary slack)이라 한다. 이 예산슬랙은 실제와 예산 간의 차이인 예산차이(budget variances)가 성과평가에 활용될 때 발생한다. 따라서 피평가자의 우월한 정보를 진실하게 보고하고 또한 열심히 노력하도록 하기 위해서는 이를 유인하기 위한 인센티브 제도를 적절히 설계하여야 한다.

한편, 예산은 현실적이고 달성가능한 것이어야 한다. 즉 엄격한 표준을 예산으로 사용해서는 안 되며, 또는 생산성의 증대가 자동적으로 다음 연도의 표준이 되도록 하는 톱니원칙을 사용해서도 안 된다. 만약 특정 연도에 열심히 노력하여 좋은 성과가 나타났으나 그것이 다음 연도의 표준으로 설정된다면, 종업원들은 열심히 노력할 필요성을 못 느끼게 될 것이다.

제 2 절 종합예산의 편성절차와 편성 예

2.1 종합예산의 편성절차

종합예산은 일반적으로 다음과 같은 7단계를 거쳐 편성된다.

1) 판매예측을 토대로 판매예산을 편성한다.
2) 판매예산이 수립되면 이를 토대로 제조예산과 판매비와 관리비예산을 편성한다.
3) 제조예산과 기말재고자산예산을 토대로 직접재료원가예산, 직접노무원가예

산 및 제조간접원가예산을 편성한다.

4) 직접재료원가예산, 직접노무원가예산 및 제조간접원가예산을 토대로 매출원가예산을 편성한다.
5) 판매예산, 매출원가예산 및 판매비와 관리비예산을 토대로 예산손익계산서를 작성한다.
6) 판매예산, 매출원가예산, 판매비와 관리비예산 및 장기적 현금흐름을 고려한 자본예산을 토대로 현금예산을 편성한다.
7) 예산손익계산서와 현금예산을 토대로 예산재무상태표를 작성한다.

* 단, 상기업의 경우는 제조예산, 직접재료원가예산, 직접노무원가예산 및 제조간접원가예산을 작성하지 않고 대신 상품매입예산을 편성한다.

종합예산은 일반적으로 영업예산을 먼저 편성한 후 이를 재무예산에 반영한다. 여기서 **영업예산(operating budget)**이란 기업에서 자원의 사용에 중점을 두는 영업의사결정(operating decisions; 운영의사결정)에 관한 영업계획(operating plans)을 나타낸 것으로 구매, 생산, 판매로 이어지는 영업활동과 관련된 예산, 즉 판매예산, 제조예산(생산량예산), 제조원가예산, 판매비와 관리비예산 등을 의미하며, 이 영업예산은 주로 예산손익계산서의 작성에 초점을 맞춘다[2].

[그림 1] 종합예산의 흐름

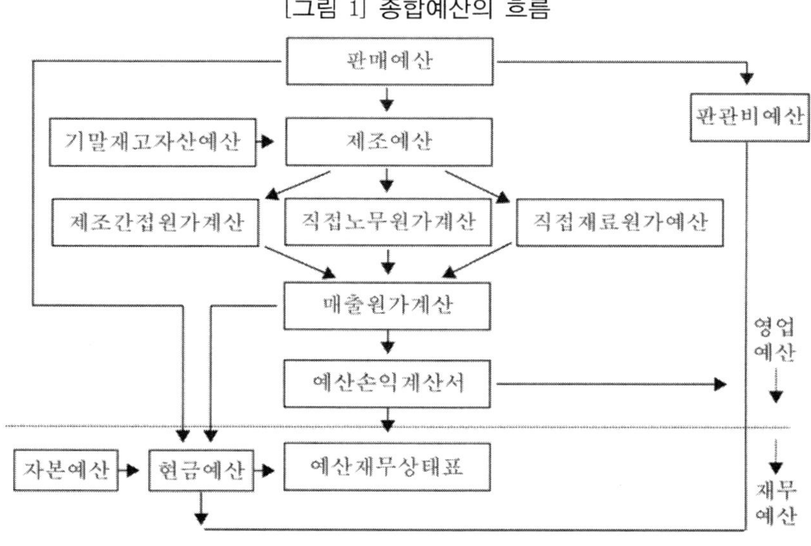

2) 영업예산(operating budget)을 "운영예산"이라고 부르기도 한다.

한편 **재무예산(financial budget)**이란 자원의 획득을 위한 자금을 어떻게 조달할 것인가에 중점을 두는 재무의사결정(financing decisions)에 관한 재무계획(financial plans)을 나타낸 것으로 영업활동을 뒷받침하기 위한 재무활동에 관한 예산을 의미하며, 주로 현금예산이나 자본예산, 예산재무상태표와 예산현금흐름표 등의 작성에 초점을 맞춘다.

1. 판매예산

판매예산(sales budget)이란 미래의 예상매출액을 보여주는 명세표이다. 판매예산은 모든 예산편성과정의 첫 출발이기 때문에 정확한 판매예산을 작성하기 위해 많은 시간과 노력을 투입하여야 한다. 판매예산에 의해 제조예산 및 매출원가예산, 현금예산 등 거의 대부분의 예산이 영향을 받게 된다.

(1) 판매예측의 변수

판매예산은 해당 기업의 예상매출액 뿐만 아니라 그 기업이 속한 산업의 예상매출액 등을 포함한 판매예측(sales forecasts)에 의해 작성한다. 판매예측 시 고려해야 할 변수는 다음과 같다.

① 과거의 제품별, 지역별, 고객별 판매량
② 미래 가격의 정책
③ 연구활동
④ 전반적 경제동향 및 산업경제동향
⑤ 거시적 경제지표 동향(GNP, 실업률, 물가, 개인소득 등)
⑥ 광고 및 판매촉진 활동
⑦ 산업 내 경쟁도 및 시장점유율

일반적으로 판매예측 시 가장 먼저 고려하는 변수는 과거의 판매실적이다. 과거의 판매실적을 바탕으로 가격, 경쟁력, 경제동향 등을 고려하여 예산기간 동안의 예상판매량을 예측한다. 판매예측에 필요한 자료의 수집 및 해석에는 모든 부서가 참여하여야만 자료의 유용성과 신뢰도를 높일 수 있다.

특히 판매원의 적극적 참여에 의해 판매예산이 편성되어야 한다. 왜냐하면 판매원이야말로 고객의 욕구와 제품의 수요상황에 대한 가장 좋은 정보원이기 때문이다. 판매원의 예측 이외에도 회귀분석, 추세분석, 상관분석 및 기타 계량경제학적 방법 등 통계적 방법을 이용하여 판매예측이 이루어진다.

판매예측을 통해 얻은 예상판매량과 판매가격을 이용하여 다음과 같이 판매예산을 편성한다.

판매예산 = 예상판매량 × 판매가격

2. 제조예산

제조예산(production budget)은 예상판매량과 기말제품재고 수준을 충족하기 위하여 생산하여야 할 제품의 수량에 대한 예산이다. 즉 이 제조예산은 예산기간 동안에 생산해야 할 제품의 수량, 즉 생산량예산을 나타낸다.

제조예산(생산량예산) = 예상판매량 + 기말 제품재고량 − 기초 제품재고량
제품제조원가 = 예상 매출원가 + 기말 제품재고액 − 기초 제품재고액

기말 제품재고량(금액)은 차기의 예상판매량(매출원가)을 기준으로 일정한 비율로 설정되거나 안전재고를 고려하여 일정수준으로 설정된다. 이와 같이 제품재고 수준을 고려하는 이유는 지나친 제품재고로 인하여 이에 자금이 묶이거나 재고비용이 높게 발생하는 것을 미연에 방지하기 위함이며, 또한 제품재고가 너무 적음으로 인하여 다음 기간에 긴급하게 제품을 생산하거나 수요를 충족하지 못함으로써 기회손실이 발생하는 것을 미연에 방지하기 위함이다.

한편, 상기업의 경우에는 제조예산 대신에 상품매입예산을 작성한다. 차기에 매입해야 할 상품의 수량(금액)은 예상 판매량(매출원가)과 기말 상품수량(금액)을 가산하고 기초 상품수량(금액)을 차감하여 구한다.

상품매입량 = 예상 판매량 + 기말 상품재고량 − 기초 상품재고량
상품매입액 = 예상 매출원가 + 기말 상품재고액 − 기초 상품재고액

3. 제조원가예산

예산기간 동안에 생산하여야 할 제품의 수량이 파악되면, 이에 따라 직접재료원가예산, 직접노무원가예산, 제조간접원가예산을 편성한다. 제품단위당 표준원가가 사전에 설정되어 있으면 표준제조원가를 손쉽게 구할 수 있다.

(1) 직접재료원가예산 및 재료매입예산

직접재료원가예산은 예상 제품생산량에 제품단위당 직접재료원가를 곱하여 구한다.

> 직접재료원가예산 = 예상 생산량(예산) × 제품단위당 직접재료원가

직접재료원가예산과 관련하여 추가적으로 분석해야 할 사항은 재료매입예산이다. 직접재료원가 자체가 재료매입액이 아니며, 재료매입액은 현금지출에 밀접한 영향을 미치기 때문에 별도로 분석하여야 한다. 재료매입량(금액)은 제품생산에 필요한 재료의 수량(금액)과 기말의 재료재고량(금액)의 합계액에서 기초의 재료재고량(금액)을 차감하여 구한다.

> 재료매입예산 = (제품생산을 위한 재료의 수량 + 기말 재료재고량 − 기초 재료재고량)
> × 재료단위당 구입원가

(2) 직접노무원가예산

직접노무원가예산은 차기 제품 생산에 필요한 노동력을 충분히 확보할 수 있는가의 여부를 확인하기 위하여 작성한다. 사전에 어느 정도의 노동력이 필요한가를 분석함으로써 상황에 맞게 노동력의 수급에 관한 계획을 수립할 수 있다. 직접노무원가예산을 소홀히 할 경우, 노동력의 부족현상이 발생하거나 반대로 과잉 노동력을 해고시켜야 할 어려움에 직면하게 된다. 직접노무원가예산은 생산량예산과 제품단위당 직접노무원가를 곱하여 구한다.

> 직접노무원가예산 = 예상 생산량(예산) × 제품단위당 직접노무원가

(3) 제조간접원가예산

제조간접원가예산은 직접재료원가와 직접노무원가를 제외한 기타 제조원가에 대한 예산이다. 제조간접원가는 예산편성의 목적을 위해 원가행태별로 변동제조간접원가와 고정제조간접원가로 구분하여야 한다. 변동제조간접원가예산은 사전에 설정한 변동제조간접원가 예정배분율을 이용하여 다음과 같이 편성하며, 고정제조간접원가예산은 총액으로 파악한다.

> 변동제조간접원가예산 = 예상조업도 × 변동제조간접원가 예정배분율

4. 매출원가예산

차기에 생산할 제품 가운데 판매되리라 예상되는 제품의 원가를 매출원가예산이라 한다. 판매되지 않고 기말에 남아 있는 제품은 기말 제품재고액으로 재무상태표 상에 표시된다. 매출원가예산은 기초 제품재고액과 당기 제품제조원가(직접재료원가예산, 직접노무원가예산, 제조간접원가예산의 합계액)의 합계액에서 기말 제품재고억을 차감하여 구한다. 당기 제품제조원가를 구할 때에는 기초재공품과 기말재공품을 고려해야 하나, 기말재공품을 예상하기란 매우 힘들기 때문에 대개 이들을 무시하고 예산을 편성하거나 기초재공품원가와 기말재공품원가가 동일하다고 가정하고 예산을 편성하기도 한다.

매출원가예산 = 기초 제품재고액 + 당기 제품제조원가 - 기말 제품재고액

5. 판매비와 관리비예산

판매비와 관리비예산은 예산기간 동안 제품 제조활동 이외의 판매활동 및 관리활동에서 발생하리라 예상되는 비용에 대한 예산이다. 판매비와 관리비를 구성하는 항목이 매우 다양한 경우에는 판매비와 관리비예산을 보다 세분화하여 판매비예산과 관리비예산으로 구분할 수 있다.

판매비와 관리비도 제조간접원가처럼 원가행태별로 파악하여 변동판매비와 관리비, 고정판매비와 관리비로 구분하여 예산을 편성하여야 한다. 변동판매비와 관리비는 판매량 또는 매출액을 기준으로 계산하며, 고정판매비와 관리비는 총액으로 파악한다.

6. 예산손익계산서

예산손익계산서는 예산기간의 매출액, 비용, 손익에 대한 수익성을 종합적으로 나타내주는 예산이다. 이는 앞에서 분석한 판매예산, 매출원가예산, 판매비와 관리비예산 등을 바탕으로 작성한다. 지금까지는 원가의 기능별 분류에 따라 손익계산서를 작성하는 과정을 위주로 설명하였으나, 원가를 원가행태별로 분류하여 공헌손익계산서를 작성할 수도 있다.

7. 현금예산

현금예산은 현금의 수입액과 지출액에 대한 예산이다. 현금예산은 단기 계획설정 과정에서 매우 중요하다. 회계수치 상으로 손실이 나타나더라고 기업운영은 가능할 수 있지만, 현금 없이는 기업운영을 할 수 없기 때문이다.

현금예산은 다음과 같이 네 가지로 구성된다.

① 이용가능한 현금
② 현금지출액
③ 현금의 초과액 또는 부족액
④ 현금의 조달 및 상환액

이용가능한 현금은 기초 현금잔액과 예산기간 동안에 유입되리라 예상되는 현금을 가산한 금액이다. 현금 유입액의 대부분은 매출을 통하여 이루어진다. 상품 또는 제품을 외상으로 판매하는 경우에는 판매시점과 회수시점이 다를 수 있기 때문에, 회수기간이나 회수율 또는 대손율, 매출할인 등을 분석하여야 한다.

예산기간의 현금지출 예상액은 원재료의 매입, 직접노무원가의 지급, 제조간접원가의 지급, 판매비와 관리비의 지급뿐만 아니라 법인세, 자본적 지출, 배당금의 지급 등으로 구성된다. 원재료를 외상으로 매입하는 경우에는 매입시점과 현금지급시점이 다를 수 있기 때문에 지급기간이나 매입할인 등을 자세히 분석하여야 한다. 현금 지출과 관련하여 특히 유의해야 할 항목은 현금지출이 수반되지 않는 원가 또는 비용이다. 예컨대, 공장감가상각비는 제조간접원가이지만 현금지출이 수반되지 않으며, 대손상각비는 현금지출이 수반되지 않는 판매비와 관리비이다.

이용가능한 현금에서 현금지출액을 차감하면 현금의 초과액 또는 부족액이 계산된다. 만약 현금이 부족하다면 현금 차입 등이 필요하며, 현금이 충분하다면 과거의 차입액을 상환하거나 예금기관에 예치하여야 한다. 이것을 현금의 조달 및 상환액으로 별도로 파악한다. 이것은 불필요하게 많은 현금을 보유하거나 현금 부족으로 시달리는 것을 미연에 방지하기 위함이다.

예산기간 말의 현금잔액은 기초 현금잔액과 현금수입 예상액의 합계액에서 현금지출 예상액을 차감하고, 현금의 조달액 또는 상환액을 가감함으로써 구한다.

> 기말 현금잔액 = 기초 현금잔액 + 현금 수입액 − 현금 지출액 +
> (현금의 조달액 − 현금의 상환액)

현금예산의 예산기간은 가능한 짧을수록 좋다. 예컨대, 월별 또는 1주일 단위로 현금예산을 편성함으로써 기업의 가장 중요한 재무적 흐름을 예상하여야 한다.

8. 예산재무상태표

예산재무상태표는 예산기간 말의 기업의 재무상태를 나타내는 보고서이다. 앞 단계의 현금, 기말재고자산, 외상매출금의 미회수분, 외상매입금의 미지급분, 기타 채권·채무의 변화를 반영하여 예산재무상태표를 작성한다. 예산재무상태표 상의 당기순이익은 예산손익계산서 상의 당기순이익과 항상 일치하여야 한다.

2.2 종합예산의 편성 예

예제 1

서울(주)는 다음의 자료로 종합예산안을 편성하고자 한다. 예산기간은 4개월(2018년 4월 - 2018년 7월)이며 상품구입, 급여의 지급, 그리고 기타 영업비용을 현금으로 지급하는 경우 만일 현금이 부족하면 은행으로부터 차입하여 현금부족에 대처하고자 한다.

자료

① 판매예측의 결과에 의한 예상매출액은 다음과 같다.

3월 ₩400,000	4월 ₩500,000	5월 ₩800,000
6월 ₩600,000	7월 ₩500,000	8월 ₩400,000

매출액의 60%는 현금매출이며 40%는 외상매출이다. 외상매출금의 전부는 그 다음 달에 모두 회수된다. 3월 31일 현재의 외상매출금은 ₩160,000(₩400,000의 40%)이다.

② 매월 말의 상품재고액은 다음과 같이 유지하고자 한다.

기준재고액(₩200,000) + 다음 달 매출상품의 80%
다만, 매출상품의 원가는 판매가격의 70%로 가정한다.
(예) 3월 말 상품재고액 = ₩200,000 + 0.8{0.7 × ₩500,000(4월 매출액)}

③ 매입상품의 50%는 매입한 달에 지급하고 나머지는 다음 달에 지급한다.

④ 판매원에 대한 급여와 판매수수료는 매월 15일에 지급(전월분 50%, 당월분 50%)하고 고정급여는 ₩25,000, 판매수수료는 당월매출액의 15%이다.

⑤ 4월 중 설비 1대를 현금 ₩30,000으로 구입할 예정이다.

⑥ 기타의 영업과 관련한 비용은 다음과 같다.

1) 잡비 : 매출액의 5%(현금 지급)
2) 임차료 : 월 ₩20,000(현금 지급)
3) 보험료 : 월 ₩2,000
4) 감가상각비(신설비 포함) : 월 ₩5,000

⑦ 매월 말 현금잔액은 ₩100,000을 유지하고자 한다. 만일 현금이 부족한 경우에는 은행으로부터 연리 6%로 ₩10,000단위로 차입하며, 차입은 월초에, 상환은 월말에 하고 이자는 원금과 함께 계산하여 지급한다.

⑧ 2018년 3월 31일 현재 서울(주)의 재무상태표는 다음과 같다.

자산 :	
현금	₩100,000
외상매출금(400,000 × 0.4)	160,000
상품[200,000 + 0.8(0.7 × 500,000)]	480,000
선급보험료	18,000
설비와 비품 ₩370,000	
감가상각누계액 128,000	242,000
자산총계	₩1,000,000
부채와 자본 :	
외상매입금(3월 매입 ₩336,000 × 0.5)	₩168,000
미지급급여와 판매수수료(12,500 + 30,000)	42,500
자본금	789,500
부채와 자본총계	₩1,000,000

요구사항

위의 자료로 2018년 4월 – 2018년 7월의 다음과 같은 세부예산 및 종합예산을 작성하시오.

① 판매예산
② 고객으로부터의 현금회수액예산
③ 매입예산
④ 매입대금 지급예산
⑤ 급여와 판매수수료의 발생액예산
⑥ 급여와 판매수수료의 지급액예산
⑦ 현금(수지)예산
⑧ 예산손익계산서
⑨ 예산재무상태표

풀이

① 판매예산

	3월	4월	5월	6월	7월	합계(4월–7월)
외상매출액(40%)	₩160,000	₩200,000	₩320,000	₩240,000	₩200,000	₩960,000
현금매출액(60%)	240,000	300,000	480,000	360,000	300,000	1,440,000
총매출액(100%)	₩400,000	₩500,000	₩800,000	₩600,000	₩500,000	₩2,400,000

② 고객으로부터의 현금회수액예산

	4월	5월	6월	7월	합계(4월–7월)
당월현금매출액	₩300,000	₩480,000	₩360,000	₩300,000	₩1,440,000
전월외상매출액	160,000*	200,000	320,000	240,000	920,000
총현금회수액	₩460,000	₩680,000	₩680,000	₩540,000	₩2,360,000

* 400,000 × 0.4

③ 매입예산

	3월	4월	5월	6월	7월	합계(4월–7월)
기말재고액	₩480,000	₩648,000*	₩536,000	₩480,000	₩424,000	₩2,088,000
매출원가	280,000	350,000**	560,000	420,000	350,000	1,680,000
계	760,000	998,000	1,096,000	900,000	774,000	3,768,000
기초재고액	424,000	480,000	648,000	536,000	480,000	2,144,000
매입액	₩336,000	₩518,000	₩448,000	₩364,000	₩294,000	₩1,624,000

* ₩200,000 + 0.8(0.7 × ₩800,000), ** ₩500,000 × 0.7

④ 매입대금 지급예산

	4월	5월	6월	7월	합계(4월–7월)
전월매입액의 50%	₩168,000*	₩259,000	₩224,000	₩182,000	₩833,000
당월매입액의 50%	259,000**	224,000	182,000	147,000	812,000
매입대금지급액	₩427,000	₩483,000	₩406,000	₩329,000	₩1,645,000

* ₩336,000 × 0.5, ** ₩518,000 × 0.5

⑤ 급여와 판매수수료의 발생액예산

	3월	4월	5월	6월	7월	합계(4월–7월)
고정급여	₩25,000	₩25,000	₩25,000	₩25,000	₩25,000	₩100,000
판매수수료	60,000*	75,000	120,000	90,000	75,000	360,000
합계	₩85,000	₩100,000	₩100,000	₩115,000	₩100,000	₩460,000

* ₩400,000 × 15%

⑥ 급여와 판매수수료의 지급액예산

	4월	5월	6월	7월	합계(4월–7월)
전월비용의 50%	₩42,500*	₩50,000	₩72,500	₩57,500	₩222,500
당월비용의 50%	50,000**	72,500	57,500	50,000	230,000
합계	₩92,500	₩122,500	₩130,000	₩107,500	₩452,500

* ₩85,000 × 0.5, ** ₩100,000 × 0.5

⑦ 현금(수지)예산

	4월	5월	6월	7월
월초현금잔액	₩100,000	₩105,500	₩109,900	₩102,400
현금수입:				
회수액(회수예산 참조)	460,000	680,000	680,000	540,000
조달가능현금총액(I)	560,000	785,500	789,900	642,400
현금지출:				
상품매입	427,000	483,000	406,000	329,000
급여와 판매수수료	92,500	122,500	130,000	107,500
잡비	25,000	40,000	30,000	25,000
임차료	20,000	20,000	20,000	20,000
설비	30,000	0	0	0
총지출액(II)	594,500	665,500	586,000	481,500
최소필요현금잔액	100,000	100,000	100,000	100,000
총필요현금	694,500	765,500	686,000	581,500
현금초과(부족)	(134,500)	20,000	103,900	60,900
현금조달:				
차입	140,000	0	0	0
상환(원금)	0	(10,000)	(100,000)	(30,000)
이자	0	(100*)	(1,500**)	(600***)
총재무효과(III)	140,000	10,100	101,500	30,600
월말현금잔액(I+III−II)	₩105,500	₩109,900	₩102,400	₩130,300

* ₩10,000 × 6% × 2/12, **₩100,000 × 6% × 3/12, *** ₩30,000 × 6% × 4/12

⑧ 예산손익계산서

손익계산서(2018년 4월 − 2018년 7월)

I. 매출액		₩2,400,000
II. 매출원가(매출액×0.7)		1,680,000
III. 매출총이익		720,000
IV. 판매비와 관리비		
1. 급여와 판매수수료	₩460,000	
2. 임차료	80,000	
3. 잡비	120,000	
4. 보험료	8,000	
5. 감가상각비	20,000	688,000
V. 영업이익		32,000
VI. 영업외비용		
1. 이자비용	2,200	2,200
VII. 당기순이익		₩29,800

⑨ 예산재무상태표

자산:		
현금		₩130,300
외상매출금		200,000
상품		424,000
선급보험료		10,000
설비와 비품	₩400,000	
감가상각누계액	148,000	252,000
자산총계		₩1,016,300
부채와 자본 :		
외상매입금		147,000
미지급급여와 판매수수료		50,000
자본금		789,500
이익잉여금		29,800
부채와 자본총계		₩1,016,300

제 3 절 활동중심예산 편성과 카이젠예산 편성

3.1 활동중심예산 편성

활동중심예산 편성(activity-based budgeting : ABB)은 활동중심원가계산(activity-based costing : ABC)의 개념을 예산편성에 적용한 것이다. 즉 종전까지의 대부분의 예산편성은 조업도(생산량, 판매량, 매출액 등)만을 원가동인으로 사용하여 왔다. 그러나 최근 활동중심원가계산이 도입되면서 예산편성에도 폭넓은 활동중심 원가동인(cost-driver)을 사용하게 되었다.

활동중심예산 편성은 [그림 2]에서 보는 바와 같이 활동중심원가계산과 역순으로 행해진다. 그림에서 보는 바와 같이 활동중심예산 편성에서는 우선, 생산되어야 할 제품을 결정한 후 그 제품의 생산에 필요한 활동을 결정한다. 그리고 최종적으로 특정 활동을 수행하는데 필요한 자원을 계량화한다[3].

[그림 2] 활동중심원가계산과 활동중심예산 편성

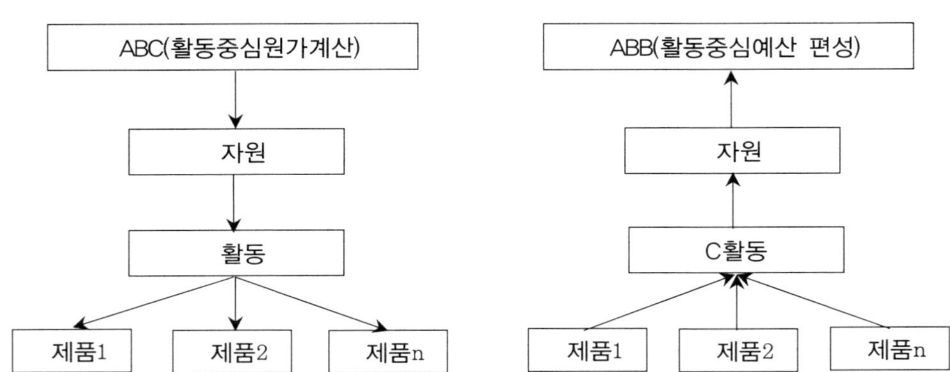

예산편성과정에 활동중심원가계산 정보를 사용하면, 이 정보는 자원-활동-원가동인 간의 관계를 명확히 파악할 수 있으므로 특정 생산수준에서의 예산원가를 추정하는 것이 용이하다. 더욱이 실제의 원가동인량이 변하는 경우 그에 따라 원가수준도 변하므로 활동중심원가계산 정보를 활용한 예산편성은 원가관리에도 유용하다.

일반적으로 전통적인 예산편성과정에서 작업준비원가, 주문원가, 원재료처리원가, 품질검사원가, 설계변경원가 등은 조업도의 증감과 관계없이 발생하므로 고정원가로 간주하였다. 그러나 활동중심예산 편성에서는 이들 원가와 이들 원가를 발생시키는 원가동인을 발견할 수 있다면 변동원가로서 인식할 수 있다. 이와 같이 활동중심예산 편성은 제품이나 용역(서비스)를 생산하고 판매하는데 필요한 활동들의 예산원가에 초점을 둔다. 이와 같이 활동중심원가계산은 제조간접원가의 합리적인 배분에 초점을 맞춘 것이므로, 활동중심예산 편성도 제조간접원가의 예산편성에 유용하다. 물론 활동중심예산 편성은 판매비와 관리비의 예산편성에도 적용할 수 있다.

3) Kaplan과 Cooper는 활동중심예산 편성(ABB)에 있어서의 예산편성 절차를 다음과 같이 설명하고 있다. ① 차기의 생산량과 판매량을 제품별, 고객별로 견적한다. ② 기업의 활동 수요량(demand)을 예측한다.③ 기업의 활동을 수행하기 위한 자원수요량(resource demand)을 계산한다. ④ 그 수요량을 만족시킬 수 있는 실제 자원투입량(resource supply)을 결정한다. ⑤ 활동량(activity capacity)을 결정한다.

〈표 1〉 ABB에 의한 제조간접원가예산

제조간접원가예산

(단위 : ₩1,000)

	1분기	2분기	3분기	4분기	연간
단위수준원가[4]:					
생산량	6,000단위	15,500단위	19,000단위	9,500단위	50,000단위
간접재료원가	₩18,000	₩46,500	₩57,000	₩28,500	₩150,000
기계동력비	6,000	15,500	19,000	9,500	50,000
총단위수준원가	₩24,000	₩62,000	₩76,000	₩38,000	₩200,000
묶음수준원가 :					
생산횟수	12회	31회	31회	19회	100회
작업준비원가	₩4,800	₩12,400	₩15,200	₩7,600	₩40,000
주문원가	7,200	18,600	22,800	11,400	60,000
검사원가	6,000	15,500	19,000	9,500	50,000
총묶음수준원가	₩18,000	₩46,500	₩57,000	₩28,500	₩150,000
제품유지원가 :					
설계횟수	1회	1회	1회	1회	4회
설계변경원가	₩1,200	₩1,200	₩1,200	₩1,200	₩4,800
총제품유지원가	₩1,200	₩1,200	₩1,200	₩1,200	₩4,800
설비유지원가 :					
감독자급여	₩52,500	₩52,500	₩52,500	₩52,500	₩210,000
보험 및 재산세	11,300	11,300	11,300	11,300	45,200
수선유지비	47,500	47,500	47,500	47,500	190,000
전기수도료	40,000	40,000	40,000	40,000	160,000
감가상각비	110,000	110,000	110,000	110,000	440,000
총설비유지원가	₩261,300	₩261,300	₩261,300	₩261,300	₩1,045,200
총제조간접원가	₩304,500	₩371,000	₩395,500	₩329,000	₩1,400,000
(−)감가상각비	110,000	110,000	110,000	110,000	440,000
총현금지출					
제조간접원가	₩194,500	₩261,000	₩285,500	₩219,000	₩960,000

4) 활동중심원가계산에서는 활동을 계층별로 구분하여 다음과 같이 ① 단위수준활동(단위관련활동, output unit-level activities), ② 묶음수준활동(묶음관련활동, batch-level activities), ③ 제품유지활동(product-sustaining activities), ④ 설비유지활동(facility-sustaining activities)으로 나누어, 원가계층도 단위수준원가, 묶음수준원가, 제품유지원가, 설비유지원가로 나누고 있다.

〈표 2〉 ABB에 의한 판매비와 관리비예산

판매비와 관리비예산

(단위 : ₩1,000)

	1분기	2분기	3분기	4분기	연간
단위수준비용 :					
판매량	5,000단위	15,000단위	20,000단위	10,000단위	10,000단위
판매수수료	₩6,250	₩18,750	₩25,000	₩12,500	₩62,500
총단위수준비용	₩6,250	₩18,750	₩25,000	₩12,500	₩62,500
고객유지비용[5] :					
판매원급여	₩16,000	₩16,000	₩16,000	₩16,000	₩64,000
전산원급여	18,000	18,000	18,000	18,000	72,000
통신원급여	6,000	6,000	6,000	6,000	24,000
총고객유지비용	₩40,000	₩40,000	₩40,000	₩40,000	₩160,000
기업유지비용 :					
판매부장급여	₩15,000	₩15,000	₩15,000	₩15,000	₩20,000
매체광고비	61,000	61,000	61,000	61,000	244,000
관리비	220,000	220,000	220,000	220,000	880,000
총기업유지비용	₩296,000	₩296,000	₩296,000	₩296,000	₩1,184,000
총판관비	₩342,250	₩354,750	₩361,000	₩348,500	₩1,406,500

예제 2

서울(주)는 다음의 자료로 제조간접원가에 대한 2018년 1월의 활동중심예산을 편성하고자 한다. 서울(주)는 활동분석 결과 다음의 네 가지 활동으로 구분하였다.

1) 주문활동 : 원가동인은 주문횟수이다.
2) 배달활동 : 원가동인은 배달횟수이다.
3) 상품진열활동 : 원가동인은 상품진열시간이다.
4) 고객지원활동 : 원가동인은 판매된 상품의 품목 수이다.

서울(주)의 경우 상품 A, B, C의 세 가지를 취급하고 있다. 이 세 가지 상품의 각 원가동인의 예산사용량과 2018년 1월의 예산원가동인 배분율은 다음과 같다.

---

5) 일반적으로 고객수익성 분석을 위해서는 고객별 원가를 분석하게 된다. 이 때 활동중심원가계산에서 원가계층(cost hierarchy)을 구분하는 것과 마찬가지로 고객원가계층(customer cost hierarchy)을 구분하고, 원가도 고객단위수준원가(customer output unit-level costs), 고객묶음수준원가(customer batch-level costs), 고객유지원가(customer-sustaining costs), 유통경로원가(distribution-channel costs), 기업유지원가(corporate-sustaining costs) 등으로 구분하고 있다.

활동과 원가동인	원가동인 배분율		원가동인 예산사용량(2018년 1월)		
	2017년 실제배분율	2018년 예산배분율	A상품	B상품	C상품
주문활동/주문횟수	₩100,000	₩90,000	14회	24회	14회
배달활동/배달횟수	80,000	82,000	12	62	19
상품진열활동/진열시간	20,000	21,000	16시간	172시간	94시간
고객지원활동/품목 수	200	180	4,600단위	34,200단위	10,750단위

요구사항

1. 2018년 1월의 각 활동에 대한 총예산원가를 구하시오.
2. 종전의 예산편성 방법의 하나인 매출원가에 일정 %를 곱하여 제조간접원가예산을 편성하는 방법에 비해 활동중심예산편성 방법은 어느 면에서 유용하다고 생각되는가?

풀이

1.

활 동	A상품	B상품	C상품	합 계
주문활동	₩1,260,000*	₩2,160,000	₩1,260,000	₩4,680,000
배달활동	984,000**	5,084,000	1,558,000	7,626,000
상품진열활동	336,000***	3,612,000	1,974,000	5,922,000
고객지원활동	828,000***	6,156,000	1,935,000	8,919,000
합 계	₩3,408,000	₩17,012,000	₩6,727,000	₩27,147,000

* @₩90,000 × 14 ** @₩82,000 × 12 *** @₩21,000 × 16 **** @₩180 × 4,600

2. 활동중심예산편성 방법은 각 상품에 대한 활동별 자원소비 정도를 반영한다. 예컨대, 각 상품에 대한 활동별 자원소비 정도를 나타내면 다음과 같다.

활 동	A상품	B상품	C상품	합 계
주문활동	26.9%	46.2%	26.9%	100%
배달활동	12.9	66.7	20.4	100
상품진열활동	5.7	61.0	33.3	100
고객주문활동	9.3	69.0	21.7	100

서울(주)의 경영자는 이러한 비율을 고려하여 상품별 상이한 상품판매와 상이한 상품 매출배합을 위한 예산을 편성할 수 있다. 그러나 종전의 예산편성 방식의 하나인 매출원가에 일정 %를 곱하여 제조간접원가예산을 편성하게 되면 자원의 상대적인 소비와는 관계없이 자원이 동질적으로 소비된다고 가정하므로 바람직한 예산편성이 이루어지지 않는다. 그 밖에도 활동중심예산편성 방법

은 각 활동별 자원필요량을 파악할 수 있으며, 원가와 책임자를 분명하게 연결시킬 수 있고, 예산슬랙도 찾아낼 수 있는 장점이 있다.

3.2 카이젠예산 편성

최근과 같은 치열한 기업경쟁에서 기업이 성장·발전하기 위해서는 작업공정이나 업무프로세스를 지속적으로 개선하지 않으면 안 된다. **카이젠(kaisen)**이란 개선(改善, improvement)에 대한 일본식 발음의 영어표현이다. 이것은 경영혁신의 대표적인 기법의 하나로 지속적인 프로세스 개선(continuous process improvement : CPI)을 의미한다고 할 수 있다.

카이젠예산 편성(kaizen budgeting)은 카이젠의 개념을 예산편성에 적용한 것이다. 즉 종전까지의 대부분의 예산편성은 예산편성시점부터 일정기간(예 : 1년) 동안 예산편성시점에 사용한 기준(표준)을 그대로 사용하여 왔다. 이와 같이 종전의 예산편성방법이 현행의 업무기준(표준)을 기초로 예산을 편성한 것이라면, 이 카이젠예산 편성은 목표로 삼은 미래의 개선(improvement)이 가져올 변화(예컨대, 작업준비시간의 단축, 프로세스의 개선, 업무수행방식의 개선 등)들을 예산편성에 반영하는 것이다.

예컨대, KS사의 경우 2017년 10월 현재 2018년도 예산편성을 위해 A제품과 B제품을 생산하는데 다음과 같은 단위당 원재료와 직접작업시간이 소요될 것으로 예상하고 있다.

자원	원가	A상품	B상품
원재료	₩3,000/kg	10.00kg	20.00kg
직접작업시간	₩10,000/시간	3시간	6시간

이제 다시 KS사의 경우 카이젠예산 편성을 위해 A제품과 B제품을 생산하는데 다음과 같은 단위당 원재료와 직접작업시간이 소요될 것을 목표로 하고 있다.

	A제품		B제품	
	원재료	직접작업시간	원재료	직접작업시간
1분기	10.00kg	3.00시간	20.00kg	6.0시간
2분기	9.98	2.99	19.97	5.9
3분기	9.96	2.98	19.95	5.8
4분기	9.94	2.97	19.93	5.7

이와 같은 작업개선 등을 통해 원재료 소비량과 직접작업시간을 절감할 수 있다면, 이와 같은 예산기간 동안의 카이젠 즉, 개선(improvement)을 예산에 반영하여야 할 것이다.

예제 3

위 예제 2의 서울(주)는 2018년 매월 활동원가 예산편성에 카이젠예산편성 방법을 사용하고 있다. 2월의 예산원가 동인율은 1월 예산배분율의 0.998배이며, 3월의 예산원가 동인율도 2월의 0.998배이다. 그러나 2018년 3월의 원가동인 예산사용량은 1월과 같을 것으로 예상된다.

요구사항

1. 2018년 3월의 각 활동에 대한 총예산원가를 구하시오.
2. 카이젠예산 편성의 장점과 단점을 설명하시오.

풀이

1.

활동	1월	2월	3월
주문활동	₩90,000	₩89,820	₩89,640
배달활동	82,000	81,836	81,670
상품진열활동	21,000	20,958	20,920
고객지원활동	180	179.64	179

이상의 배분율을 적용하여 각 상품의 활동별 예산원가를 계산하면 다음과 같다.

활동	A상품	B상품	C상품	합계
주문활동	₩1,255,000*	₩2,151,000	₩1,255,000	₩4,661,000
배달활동	980,000**	5,063,000	1,552,000	7,595,000
상품진열활동	335,000***	3,598,000	1,966,000	5,899,000
고객지원활동	823,000****	6,122,000	1,924,000	8,869,000
합 계	₩3,393,000	₩16,934,000	₩6,697,000	₩27,024,000

* @₩89,640 × 14 ** @₩81,670 × 12 *** @₩20,920 × 16 **** @₩179 × 4,600

2. 카이젠예산 편성방법은 경영자의 체계적인 원가절감 목표를 반영한다. 예컨대, 위의 예제 2의 예산원가와 비교해보면 쉽게 알 수 있다.

	주문활동	배달활동	상품진열활동	고객지원활동
예제 2의 경우	₩4,680,000	₩7,626,000	₩5,922,000	₩8,919,000
예제 3의 경우(카이젠)	4,661,000	7,595,000	5,899,000	8,869,000

카이젠예산 숫자는 만일 경영자가 월별 원가절감을 하지 못하는 경우 불리한 차이를 나타내게 될 것이다. 이것은 경영자로 하여금 기업 내부의 개선노력 혹은 기업외부의 공급자나 고객과의 보다 나은 관계를 유지함으로써 원가를 절감하도록 유도한다.

그러나 카이젠예산 편성의 경우 매월 비록 조금씩이지만 개선(improvement)을 가정하고 있는데 그것이 쉽지 않다는데 그 한계가 있다.

예제 4

KS제조(주)는 K-1 제품을 생산하여 판매하고 있다. 다음은 K-1 제품 생산을 위한 2018년 직접원가 자료이다.

	원가	수량	단위당 원가
직접재료	₩4,000/kg	10kg/단위	₩40,000
직접작업시간	₩15,000/시간	2시간/단위	₩30,000

KS제조(주)의 기초 직접재료는 없으며, 모든 제조간접원가는 변동원가이다. 제조간접원가는 두 개의 활동인 작업준비활동과 조립활동에서 발생한다. 작업준비활동의 원가동인은 작업준비시간이며, 조립활동의 원가동인은 직접작업시간이다. 이 회사는 작업준비활동원가를 작업준비시간당 ₩80,000씩 배분하며, 작업준비를 위해서는 매번 2시간이 소요된다. 이 회사는 K-1 제품을 100단위 묶음씩 생산한다. 그리고 이 회사는 조립활동원가를 직접작업시간당 ₩1,600씩 배분한다.

요구사항

1. KS제조(주)는 내년도 1분기에 20,000단위의 K-1 제품을 생산하여 팔 계획이다. 제품당 판매가격은 ₩120,000이다. 내년도 1분기의 매출액예산을 편성하시오.
2. 내년도 1분기의 직접재료 소비액예산을 편성하시오.
3. 내년도 1분기의 직접노무원가예산을 편성하시오.
4. 내년도 1분기의 각 활동별 제조간접원가예산을 편성하시오.
5. 내년도 1분기의 제품 예정 단위원가를 계산하시오.
6. 내년도 1분기의 매출원가예산을 편성하시오. 이 회사의 기초제품재고는 1,000단위이며, 단위당 원가는 ₩72,000이다. 이 회사는 제품에 대해 후입선출법 원가흐름을 가정하고 있으며, 내년도 1분기에 K-1 제품 20,000단위를 모두 판매할 예정이다.

7. 내년도 1분기의 매출총이익예산을 계산하시오.
8. 이 회사의 경영자들은 카이젠예산(kaizen budgeting)을 편성하고자 한다. 그들은 매분기 연속하여 직접재료 소비량과 직접작업시간의 1%, 단위당 작업준비시간의 3%의 개선을 계획하고 있다. 2분기 및 3분기의 제품 예정단위원가와 매출총이익을 계산하시오. 생산량에는 변화가 없다고 가정한다.
9. 위 8.의 직접재료 및 작업준비시간의 개선은 어떻게 달성가능한가?

풀이

1. 매출액예산

2019년 3월 31일(단위: ₩1,000)	
판매량	20,000단위
판매가격	× ₩120
총매출액	₩2,400,000

2. 직접재료 소비액예산

2019년 3월 31일(단위: ₩1,000)	
소비량(20,000단위, 10kg)	200,000kg
단위원가	×₩4
직접재료 소비액	₩800,000

3. 직접노무원가예산

2019년 3월 31일(단위: ₩1,000)	
생산량	20,000단위
단위당 직접작업시간	2시간
총직접작업시간	40,000시간
시간당 임률	× ₩15
총직접노무원가	₩600,000

4. 제조간접원가예산

2019년 3월 31일(단위: ₩1,000)	
작업준비원가(400**작업준비시간***, ₩80)	₩32,000
조립활동원가(40,000**직접작업시간**, ₩1.6)	₩64,000
총제조간접원가	₩96,000

* 20,000단위/100단위 = 200묶음 200묶음 × 2작업준비시간 = 400작업준비시간

5. 제품 예정 단위원가

2019년 3월 31일(단위: ₩1,000)

	단위원가	단위당 투입량	총액
직접재료원가	₩4	10kg	₩40
직접노무원가	15	2시간	30
작업준비활동원가	80	0.02*	1.6
조립활동원가	1.6	2시간	3.2
단위당 원가			₩74.80

* 단위당 작업준비시간 = 400작업준비시간 / 20,000단위

별해

2019년 3월 31일(단위: ₩1,000)

	총액	단위원가
직접재료원가	₩800,000	₩40
직접노무원가	600,000	30
작업준비활동원가	32,000	1.6
조립활동원가	64,000	3.2
총원가	₩1,496,000	₩74.80

6. 매출원가예산

2019년 3월 31일(단위: ₩1,000)

기초제품재고액		₩72,000
직접재료원가	₩800,000	
직접노무원가	600,000	
제조간접원가	96,000	
제품제조원가		1,496,000
합계		1,568,000
기말제품재고액*		72,000
매출원가		₩1,496,000

* 후입선출법 하에서는 기초제품재고 1,000단위가 그대로 기말제품재고로 남는다.

7. 매출총이익예산

	2019년 3월 31일(단위: ₩1,000)
총매출액	₩2,400,000
매출원가	1,496,000
매출총이익	₩904,000

8. 카이젠예산 편성

	1분기 수량	감소분	2분기 수량	3분기 수량
직접재료원가(kg)	10	1%	9.9	9.8
직접노무원가(직접작업시간)	2	1%	1.98	1.96
작업준비활동원가(준비시간)	0.02	3%	0.0194	0.01882
조립활동원가(직접작업시간)	2	1%	1.98	1.96

예정 단위원가

2019년 6월 30일 및 9월 30일(단위: ₩1,000)

	단위원가	2분기 (단위당 수량)	2분기 단위원가	3분기 (단위당 수량)	3분기 단위원가
직접재료원가	₩4	9.9	₩39.60	9.8	₩39.20
직접노무원가	15	1.98	29.70	1.96	29.40
작업준비활동원가	80	0.0194	1.55	0.0188	1.50
조립활동원가	1.60	1.98	3.17	1.96	3.14
			₩74.02		₩73.24

매출총이익예산

2019년	6월 30일	9월 30일(단위: ₩1,000)
총매출액	₩2,400,000	₩2,400,000
매출원가	1,480,400	1,464,800
(@₩74.02, @₩73.24×20,000)		
매출총이익	₩919,600	₩935,200

9. 직접재료의 개선은 낭비 및 작업폐물의 감소를 통해 가능하며, 직접작업시간이나 작업준비시간은 작업의 개선과 고장시간(down time) 등의 감소를 통해 가능할 것이다. 종업원들의 경우 작업을 효율적으로 할 수 있는 제안제도를 활용할 필요가 있다. 예컨대, 공정개선(process changes)이나 유휴시간(idle time), 작업준비시간(setup time), 작업폐물(scrap) 감소를 제안하도록 할 필요가 있다. 효율적인 작업을 위해 많은 회사들은 생산성 향상을 이룰 수 있도록 종업원들과 함께 작업준비 프로그램을 공유한다. 이 회사의 경우도 제품의 질은 유지하면서 생산성 향상과 원가의 절감을 가져올 수 있는 방안들을 연구할 필요가 있다.

연습문제

1. 다음은 A사의 2019년도 예산편성을 위한 자료이다.

① 단위당 평균판매가격 ₩56

② 지역별 판매량(단위)

	지역1	지역2	지역3	지역4	지역5
1월	67,500	80,000	35,000	101,000	91,500
2월	64,000	89,500	41,000	97,500	87,500
3월	70,500	86,000	112,000	29,500	110,500

③ 예정 제품재고량

1월 1일 : 204,650단위(원가 ₩9,618,550)

1월 31일 : 201,500

2월 28일 : 195,900

3월 31일 : 206,100

④ 제품 1단위 생산에 직접재료 1단위가 소요되며, 단위당 재료원가는 ₩44이다.

⑤ 예정 기말 재료재고 : 다음달 생산량의 55%

⑥ 4월 생산량 : 216,710단위

⑦ 제품 1단위 생산에 대해 발생하는 예정 작업시간 및 시간당 노무원가는 숙련공의 이용 가능성으로 인해 매월 다음과 같이 상이하다.

	시간	시간당 원가
1월	0.834409	₩3.595359
2월	0.830115	3.613957
3월	0.856078	3.504352

⑧ 직접작업시간당 변동제조간접원가율은 다음과 같다.

간접노무원가	₩0.50
복리후생비	0.20
수선비	0.25
수도광열비	0.05
전력비	0.10
잡비	0.02

⑨ 변동판매비(총매출액에 대한 비율)

판매수수료	0.04%
여비교통비	0.02%
광고선전비	0.03%
손상차손	0.01%

⑩ 고정원가(월간)

급여(판매부문)	₩3,400
급여(관리부문)	650
급여(임원)	2,800
감가상각비(제조부문)	2,500
재산세(관리부문)	250
보험료(관리부문)	500
재산세	1,000
보험료	700
간접재료원가	1,500
간접노무원가	700
감독자급여	950
수선비	600
수도광열비	400
전력비	350

⑪ 기타

1) 모든 비용은 발생 즉시 지급된다.
2) 원재료원가는 구입시 지급된다.
3) 모든 매출은 현금매출이다.
4) 2019년 1월 1일의 현금잔액은 ₩500,000이다.
5) 재료의 소비와 제품의 판매는 선입선출법을 적용한다.

물음 이상의 자료로 A사의 2019년 1월 – 3월의 다음의 예산들을 편성하시오.

1) 판매량 및 매출액예산
2) 제조예산
3) 직접재료 구입예산
4) 직접재료 소비액예산
5) 직접노무원가예산
6) 제조간접원가예산
7) 매출원가예산
8) 판매비예산
9) 관리비예산
10) 예산손익계산서(법인세율 40%)
11) 현금예산

해답

1) 판매량 및 매출액예산

지역	1월	2월	3월	합계
1	67,500단위	64,000단위	70,500단위	202,000단위
2	80,000	89,500	86,000	255,500
3	35,000	41,000	29,500	105,500
4	101,000	97,500	112,000	310,500
5	91,500	87,500	110,500	289,500
합계	375,000단위	379,500단위	408,500단위	1,163,000단위

지역	1월	2월	3월	합계
1	₩3,780,000	₩3,584,000	₩3,948,000	₩11,312,000
2	4,480,000	5,012,000	4,816,000	14,308,000
3	1,960,000	2,296,000	1,652,000	5,908,000
4	5,656,000	5,460,000	6,272,000	17,388,000
5	5,124,000	4,900,000	6,188,000	16,212,000
합계	₩21,000,000	₩21,252,000	₩22,876,000	₩65,128,000

2) 제조예산

	1월	2월	3월	합계
판매량	375,000단위	379,500단위	408,500단위	1,163,000단위
희망재고량	201,500	195,900	206,100	206,100
소계	576,500	575,400	614,600	1,369,100
월초재고량	204,650	201,500	195,900	204,650
생산필요량	371,850단위	373,900단위	418,700단위	1,164,450단위

3) 직접재료 구입예산

생산필요량	1월	2월	3월	합계
수량	371,850단위	373,900단위	418,700단위	1,164,450단위
희망재고량	205,645*	230,285	119,191	119,191
소계	577,495	604,185	537,891	1,283,641
월초재고량	204,518**	205,645	230,285	204,518
구입필요량	372,977단위	398,540단위	307,606단위	1,079,123단위
구입단가	₩44	₩44	₩44	₩44
구입원가	₩16,410,988	₩17,535,760	₩13,534,664	₩47,481,412

* 373,900단위 × 55%　　** 371,850단위 × 55%

4) 직접재료 소비액예산

	1월	2월	3월	합계
필요량	371,850단위	373,900단위	418,700단위	1,164,450단위
구입단가	₩44	₩44	₩44	₩44
소비원가	₩16,361,400	₩16,451,600	₩18,422,800	₩51,235,800

5) 직접노무원가예산

	1월	2월	3월	합계
필요량	371,850단위	373,900단위	418,700단위	1,164,450단위
작업시간				
(0.834409)	310,275시간			
(0.830115)		310,380시간		
(0.856078)			358,440시간	
임률	₩3.595359	₩3.613957	₩3.504352	
직접노무원가	₩1,115,550	₩1,121,700	₩1,256,100	₩3,493,350

6) 제조간접원가예산

1월(직접작업시간: 310,275시간)

	고정원가	변동원가	합계
간접재료원가	₩1,500		₩1,500
간접노무원가	700	₩155,138	155,838
감독자급여	950		950
복리후생비		62,055	62,055
수선비	600	77,569	78,169
수도광열비	400	15,514	15,914
전력비	350	31,028	31,378
보험료	700		700
재산세	1,000		1,000
감가상각비	2,500		2,500
잡비		6,206	6,206
합 계	₩8,700	₩347,510	₩356,210

2월(직접작업시간: 310,380시간)

	고정원가	변동원가	합계
간접재료원가	₩1,500		₩1,500
간접노무원가	700	₩155,190	155,890
감독자급여	950		950
복리후생비		62,076	62,076
수선비	600	77,595	78,195
수도광열비	400	15,519	15,919
전력비	350	31,038	31,388
보험료	700		700
재산세	1,000		1,000
감가상각비	2,500		2,500
잡비		6,208	6,208
합 계	₩8,700	₩347,626	₩356,326

3월(직접작업시간: 358,440시간)

	고정원가	변동원가	합계
간접재료원가	₩1,500		₩1,500
간접노무원가	700	₩179,220	179,920
감독자급여	950		950
복리후생비		71,688	71,688
수선비	600	89,610	90,210
수도광열비	400	17,922	18,322
전력비	350	35,844	36,194
보험료	700		700
재산세	1,000		1,000
감가상각비	2,500		2,500
잡비		7,169	7,169
합 계	₩8,700	₩401,453	₩410,153

7) 매출원가예산

보조예산	1월	2월	3월	합계
직접재료원가	₩16,361,400	₩16,451,600	₩18,422,800	₩51,235,800
직접노무원가	1,115,550	1,121,700	1,256,100	3,493,350
제조간접원가	356,210	356,326	410,153	1,122,689
당기제품제조원가	₩17,833,160	₩17,929,626	₩20,089,053	₩55,851,839
기초제품 재고액	9,618,550	9,663,940	9,393,405	9,618,550
기말제품 재고액	9,663,940*	9,393,405	9,888,678	9,888,678
매출원가	₩17,787,770	₩18,200,161	₩19,593,780	₩55,581,711

* ₩17,833,160/371,850단위 = @₩47.96/단위 @₩47.96 × 201,500단위 = ₩9,663,940

8) 판매비예산

1월(매출액 ₩21,000,000)

	고정원가	변동원가	합계
급여	₩3,400		₩3,400
판매수수료		₩8,400*	8,400
여비교통비		4,200	4,200
광고선전비		6,300	6,300
손상차손		2,100	2,100
합계	₩3,400	₩21,000	₩24,400

* ₩21,000,000 × 0.04%

2월(매출액 ₩21,252,000)

	고정원가	변동원가	합계
급여	₩3,400		₩3,400
판매수수료		₩8,501	8,501
여비교통비		4,250	4,250
광고선전비		6,376	6,376
손상차손		2,125	2,125
합계	₩3,400	₩21,252	₩24,652

3월(매출액 ₩22,876,000)

	고정원가	변동원가	합계
급여	₩3,400		₩3,400
판매수수료		₩9,150	9,150
여비교통비		4,575	4,575
광고선전비		6,863	6,863
손상차손		2,288	2,288
합계	₩3,400	₩22,876	₩26,276

9) 관리비예산(월간)

비용	합계
급여(임원)	₩2,800
급여(관리부문)	650
보험료	500
재산세	250
합계	₩4,200

10) 예산손익계산서(법인세율 40%)

보조예산	1월	2월	3월	합계
매출액	₩21,000,000	₩21,252,000	₩22,876,000	₩65,128,000
매출원가	17,787,770	18,200,161	19,593,780	55,581,711
매출총이익	₩3,212,23	₩3,051,839	₩3,282,220	₩9,546,289
판매비	24,400	24,652	26,276	75,328
관리비	4,200	4,200	4,200	12,600
세전이익	₩3,183,630	₩3,022,987	₩3,251,744	₩9,458,361
법인세(40%)	1,273,452	1,209,195	1,300,698	3,783,345
당기순이익	₩1,910,178	₩1,813,792	₩1,951,046	₩5,675,016

11) 현금예산

	1월	2월	3월	합계
월초잔액	₩500,000	₩2,319,800	₩3,324,592	₩500,000
현금수입:				
현금매출	21,000,000	21,252,000	22,876,000	65,128,000
이용가능액	₩21,500,000	₩23,571,800	₩26,200,592	₩65,628,000
현금지출:				
직접재료원가	₩16,410,988	₩17,535,760	₩13,534,664	₩47,481,412
직접노무원가	1,115,550	1,121,700	1,256,100	3,493,350
제조간접원가	353,710*	353,826	407,653	1,115,189
판매비	22,300**	22,527	23,988	68,815
관리비	4,200	4,200	4,200	12,600
법인세	1,273,452	1,209,195	1,300,698	3,783,345
총지출액	₩19,180,200	₩20,247,208	₩16,527,303	₩55,954,711
초과액	₩2,319,800	₩3,324,592	₩9,673,289	₩9,673,289

* ₩356,210 − ₩2,500(감가상각비) ** ₩24,400 − ₩2,100(손상차손)

종합문제

1. 다음은 X제품과 Y제품을 생산하는 KS제조(주)의 2019년도 예산편성을 위한 자료이다.

① 2019년도의 판매예측

제 품	수 량	단 가
X	300,000단위	@₩100
Y	50,000단위	@₩500

② 2019년 재고량

제 품	2019년 초	2019년 말
X	50,000단위	60,000단위
Y	10,000단위	12,000단위

③ 각 제품 1단위를 생산하는데 필요한 원재료

원재료	X제품	Y제품
A	5kg	7kg
B	3kg	5kg
C	--	2단위

④ 원재료에 대한 추정자료

원재료	예산구입가격	2019년 초 예상재고	2019년 말 예상재고
A	@₩40	100,000kg	120,000kg
B	@₩20	80,000kg	90,000kg
C	@₩10	10,000단위	12,000단위

⑤ 2019년도의 제조에 필요한 직접작업시간과 시간당 임률

제 품	단위당 직접작업시간	시간당 임률
X	4시간	@₩40
Y	5시간	@₩100

⑥ 제조간접원가는 직접작업시간당 @₩100의 비율로 배부한다.

물음 이상의 자료로 다음을 나타내시오.

1) 판매예산(예산매출액)
2) 제조예산(생산량예산)
3) 원재료 구입예산
4) 제품별 단위당 원가
5) 2019년 말 예산 제품재고액 예산

2. 다음의 자료는 비룡제조(주)의 2019년도 예산편성과 관련된 자료이다.

① 기초 잔액
현금 ₩200,000 외상매출금 ₩150,000
원재료 2,400단위 제품 1,000단위

② 예상되는 기말 재고
원재료 : 다음 분기 생산량의 20%
제품 : 다음 분기 판매량의 50%

③ 제품 단위당 판매가격 : @₩100

④ 제조원가
단위당 표준변동원가 :

	단위	단가	합계
직접재료원가	4단위	@₩9	₩36
직접노무원가	3시간	@₩10	30
제조간접원가	3시간	@₩4	12
총표준변동원가			₩78

분기별 고정제조간접원가 :

현 금	₩20,000
비현금	10,000
합 계	₩30,000

⑤ 판매비와 관리비
변동판매비와 관리비 : 단위당 @₩4
분기별 고정판매비와 관리비

현 금	₩6,000
비현금	4,000
합 계	₩10,000

⑥ 외상매출금의 회수 : 모든 매출은 외상매출로 가정한다.
판매한 분기 : 50%
판매한 다음 분기 : 50%

⑦ 판매예측(단위)

분 기	1분기	2분기	3분기	4분기	합 계
판매수량	2,000	4,000	7,000	10,000	23,000

⑧ 기타
1) 2020년 1분기의 예상 판매량 : 12,000단위
2) 모든 구입대금은 구매한 분기에 지급한다고 가정한다.
3) 모든 기타 비용은 발생한 분기에 지급하는 것으로 가정한다.

물음 이상의 자료로 다음을 나타내시오.

1) 2019년도 분기별 제조예산(생산량예산)
2) 2019년도 1분기와 2분기의 원재료 구입예산(수량 및 금액)
3) 2019년도 1분기의 제조원가예산
4) 변동원가계산을 이용한 2019년도 1분기의 공헌손익계산서
5) 2019년도 1분기의 현금예산

제 13 장 균형성과표

전통적인 책임회계에서는 주로 단기적, 재무적인 관점에서 성과를 평가하므로 전략적인 관점에서 성과를 평가하는데 한계점을 노출하고 있다. 이러한 문제점을 극복하고자 등장한 새로운 전략적 성과평가시스템이 바로 균형성과표(Balanced Scorecard ; 균형잡인 성과표 ; BSC)이다. 본 장에서는 이러한 새로운 성과평가시스템인 균형성과표에 대해 설명하기로 한다.

제 1 절 균형성과표에 의한 성과평가

1.1 새로운 성과평가시스템의 필요성

1990년대 중반 이후 기업들은 종래와는 판이한 경영환경에 직면하게 되었다. 기업이해관계자의 하나인 고객(customer)들은 점차 지적수준이 높아져서 그들의 요구사항과 기대는 증대되었으며, 경쟁자(competitor)들 또한 종래보다 더욱 경쟁적이고 다양화되게 되었다. 그리고 기업을 둘러싼 각종 기술적, 사회적인 변화(change)들도 더욱 다양화되었으며, 그 발전속도 또한 가속화되었다.

이러한 새로운 주요한 환경변화 -고객(customer), 경쟁자(competitor), 변화(change)의 3C-를 극복하기 위하여 기업들은 제품이나 용역(서비스)의 품질(quality), 인도(반응)속도(speed), 유연성(flexibility), 다양성(variety), 가치(value) 등에 관심을 갖게 되었으며, 이를 위해 신제품개발, 설비 및 인적자원 등에 대한 투자를 증대시키고 있다. 또한 많은 기업들은 고객의 만족에 초점을 맞추고 있으며, 사고방식이나 조직을 수직적이 아닌 수평적으로 전환하고 새로운 경영기법과 성과평가시스템 등을 도입하고 있다.

기업에 있어서의 전통적인 성과평가도 주로 기업 내부활동에 대한 단기적 재무측정치에 중점을 두어 온 것이 사실이다. 그러나 이러한 투자이익률(return on investment : ROI)이나 잔여이익(residual income : RI) 등 단기적 재무측정치는 경영자들로 하여금 지나치게 단기적 성과에 관심을 두게 하며, 특히 기업의 가치창출 활동과는 무관한 방법에 신경을 쓰게 한다는 지적이 최근 여러 사람들에 의해 제기되어 왔다.

실제로 그 동안 사업부제의 운영 및 통제 등에 있어서 중요한 역할을 수행해 온 이들 단기적 재무측정치는 기술적 변화, 제조 프로세스의 진보, 조직구조의 변화 등으로 인하여 점차 의미를 잃게 되었다. 특히 적시생산(just-in-time manufacturing : JIT) 방식과 같은 새로운 실무의 도입은 전통적 성과평가시스템이 정보제공의 차원이나 동기부여의 측면에서 단점을 드러내게 되었다. 이것은 곧 재무적 성과에 지나치게 집착하는 경우 제품개발 및 프로세스 개선, 유통, 품질 및 고객관계 개선 등 장기적인 경쟁우위를 확보하는데 필요한 재량적 지출을 기피하는 소위 전략적 경영관점에서 볼 때 역기능적인 행동이 유발될 수 있음을 강조하는 것이다.

이에 따라 많은 기업들은 그들의 성과평가시스템을 최근의 변화에 맞추어 새로운 성과지표로 재설계하게 되었으며, 이러한 변화를 반영한 새로운 성과평가시스템의 하나로서 등장한 것이 Kaplan과 Norton 등에 의해 설계된 "**균형성과표(The Balanced Scorecard; BSC, 균형잡힌 성과평가표 : 이하 BSC로 약칭함.)**"에 의한 성과평가시스템이다.

1.2 전통적 성과평가시스템의 한계

전통적으로 대부분의 기업들은 주로 재무적으로 예산을 편성하고 예산 대비 성과를 평가하는 방법을 사용하였다. 기업의 전체예산은 주요 사업단위와 제품단위로 분해되었으며, 예산의 편성 및 승인은 예산의 세부편성 정도에 따라 수개월이 소요되었다. 또한 대부분의 기업들이 예산과 실적의 차이분석에 상당한 시간과 노력이 소비되었다.

물론 이러한 전통적 성과평가시스템은 그 시스템 자체가 잘못되었다고 하기보다는 많은 기업들이 그것의 활용을 잘못하였다고 할 수 있다. 예컨대, 일부 기업들은 예산의 편성, 보고, 차이분석에 시간을 절약하고 있으며 연속예산(계속예산, continuous budget or rolling budget)을 편성하여 짧게는 수주로부터 수년에 걸친 예산을 편성하여 그것을 기업의 계획으로 활용하고 있다. 그리고 그들은 그들의 성과가 과거보다 계속적으로 성장하고 있는가에 관심을 갖고 있다.

그러나 이러한 전통적인 성과평가시스템은 주로 기업의 내부적 재무결과에 초점을 두어 사후적 결과를 중요시하고 있으나, 보다 중요한 것은 과거의 성과보다는 미래의 성공과 관련있는 것을 평가해야 한다는 것이다. 즉 회계자료에 의거한 재무적 지표들은 과거의 의사결정에 의한 성과를 평가하는 것은 가능하나 현재 내지 미래의 성과를 평가(예측)하는 것은 쉬운 일이 아니다. 수익성을 중심으로 한 기업의 성과평가는 단기적인 성과평가는 가능하게 하지만 장기적인 측면에서의 재무적 지표에 의한 성공가능성을 예측하기란 쉽지 않기 때문이다.

이것은 기업의 성공 여부가 전통적 성과평가 결과와 큰 관련성이 없다는 연구결과와도 일치한다. John Kay의 연구결과에 의하면 기업의 이익이나 시장에서의 가치는 매출액과 많은 관련성을 갖고 있으나, 기업의 성공은 자본이익률, 주당순이익, 매출액 성장률, 주가수익률, 단위면적당 매출액, 재고회전율 등과 같은 재무지표와 관련성이 없음이 연구되었다. 이것은 전통적인 회계자료에 의거한 매출액, 순이익, 투자이익률, 실적/예산 등은 기업의 주주나 기업에 대한 재무적 건강(성과)을 나타낼 수 있으나 이것이 곧 기업의 성공을 보장하는 것은 아니므로 기업성공을 위한 필수조건은 될 수 있으나 충분조건은 될 수 없기 때문이다.

물론 이와 같은 전통적 성과평가시스템의 한계성은 재무적 지표의 일부를 제공하는 현행의 원가시스템으로부터도 기인한다. 이것은 현행의 전통적 원가시스템이 제조부문의 성과를 원가 내지는 생산성 측면에서 파악하고 있기 때문이다. 이 원가 내지 생산성은 제조부문의 능률을 평가할 수 있는 지표이지만 이것으로 제조부문의 성공(더 나아가 기업의 성공)을 평가하는 것은 쉽지 않기 때문이다. 과거와 같이 소비자의 요구와 기대가 크지 않고 시장환경이 안정되어 있으며, 또한 경쟁이 심하지 않은 경우에는 원가지표나 생산성지표로 제조부문의 성과를 평가하는 것은 그 타당성이 인정되었다.

그러나 Howell과 Soucy가 지적한 바와 같이 전통적 성과평가시스템은 ① 종래의 원가회계시스템이 여전히 제조부문의 성과평가를 위한 주된 도구가 되고 있고, ② 전통적 성과지표(측정치)가 여전히 제조부문의 성과평가에 이용되고 있으며, ③ 관리회계 담당자들이 업무(operations)와 밀접한 관련을 갖지 못하고 있는 점 등의 문제점을 갖고 있는 것도 사실이다.

특히 최근과 같은 경영환경 하에서는 기업은 물론 고객들도 제품이나 용역(서비스)의 품질, 인도(반응)속도, 유연성, 다양성, 가치 등에 관심을 갖지 않으면 안 되며 이를 위해 기업들은 고객의 욕구를 평가할 수 있는 적합한 성과평가시스템을 설계할 필요가 있기 때문이다. 물론 그 시스템은 고객의 욕구를 반영할 수 있도록 설계되어야 하며 미래지향적 환경적응시스템이 되어야 할 것이다.

1.3 새로운 성과평가시스템의 설계

최근 변화하는 기업의 제조환경 변화를 감안하여 기업에서는 기업의 주요 과정에 초점을 둔 새로운 성과평가시스템을 개발하기에 이르렀다. 이러한 새로운 성과평가시스템은 기업환경, 시장/고객과 경쟁자 등의 기업 외적환경을 고려한 성과평가시스템으로서 기업의 전형적인 재무지표(매출액 성장률, 이익, 투자이익률, 현금흐름 등)는 물론 주요 비재무적 지표(시장점유율, 고객만족도, 품질, 인도, 유연성, 가치 등)의 기업 내·외부의 성과에 초점을 둔 성과평가시스템이라고 할 수 있다.

이와 같은 성과평가시스템의 등장은 오늘날 기업에서 활용되고 있는 대부분의 성과측정치가 너무 재무적 측정치 위주로 편중되어 있고 기업전략의 실행과 긴밀한 관계를 맺지 못하고 있는 것에 기인한다고 할 수 있으며, 급변하는 환경 하에서 경영활동을 보다 효과적이고 능률적으로 수행하기 위해서는 기업의 성과평가시스템은 보다 고객중심적이어야 하기 때문이다. 이러한 새로운 성과평가시스템은 기존의 재무측정치 중심의 전통적 성과평가시스템에서 벗어나서 고객의 만족이라는 목표를 달성하기 위해서도 기업에서 도입·설계하지 않으면 안 될 것이다.

<표 1> 전통적 성과평가시스템과 새로운 성과평가시스템의 비교

전통적 시스템	새로운 시스템
1. 재무적 시스템 · 재무결과 중심(과거지향적) · 유연성의 제약 : 단일시스템이 외부 및 내부 요구를 동시에 충족 · 운영전략과 연계되어 있지 않음 · 재무적 지표의 수정	1. 전략적 시스템 · 고객 중심(미래지향적) · 탄력적 : 운영통제에 전념하는 시스템 · 현행의 전략을 추적가능함 · 프로세스 개선의 촉매 역할
2. 부분최적화 시스템 · 원가절감 · 수직적 보고	2. 시스템적 최적화 시스템 · 성과향상 · 수평적 보고
3. 단편적 시스템 · 원가, 생산량 및 품질 등을 각각 별개로 고려함 · 요소 상호 간의 관계를 파악하기 어려움	3. 통합적 시스템 · 품질, 납기, 시간, 원가 등을 동시에 평가가능 · 상호 간의 관계를 파악 가능
4. 개별적 학습 시스템 · 개인별 인센티브	4. 조직적 학습 시스템 · 그룹 인센티브

기업에서 바람직한 성과평가시스템을 설계・운용하기 위해서는 다음과 같은 3가지 측면을 고려할 필요가 있다.

첫째, 기업에서 성과를 평가하기 위해서는 먼저 누구를 대상으로 평가할 것인가?

둘째, 그 평가대상의 무엇에 초점을 맞춰 평가할 것인가?

셋째, 이상에 대해 균형잡힌 성과평가지표를 마련할 수 있는가?

① 조직계층별 성과평가

기업에서의 성과는 조직의 상이한 수준에 맞게 평가되어야 할 것이다. 이것은 조직계층별 정보욕구가 상이하기 때문이다. Mcnair, Lynch 및 Cross는 상이한 조직계층별 정보욕구를 감안한 새로운 성과평가시스템을 성과피라미드를 통해 나타내고 있는데 이 성과피라미드는 새로운 성과평가시스템의 개념적 기초를 제공해 주고 있다. 이들에 의하면 전사적 품질관리, 산업공학, 그리고 활동중심원가계산 등의 개념에 입각한 성과피라미드는 조직 내에서 전략적 비전을 구축함에 요구되는 쌍방적 커뮤니케이션(two-way communication) 구조를 제공하고 있다. 조직목표들은 하위계층으로 전달되며 반대로 성과측정치들은 상부로 보고된다. 제반 목표는 어떠한 시장을 상대로 경쟁하게 될 것이며 무엇을 기초로 -가격, 품질, 인도-할 것인가에 관한 공식적 표명인 기업의 비전으로부터 출발한다.

이들 목표들은 보다 구체적인 시장과 재무목표 예컨대, 시장점유율, 수익 및 이익 등으로 사업단위(business unit)로 환산된다. 전략이 수립되면 재무적 예측치와 예산 등을 통해 이들 전략이 구체적으로 실행될 수 있도록 한다. 사업운영시스템(business operating systems) 수준에서의 성공(예컨대, 주문획득이나 신제품의 도입 등)은 다양한 활동에 적용되는 구체적인 운영목표를 통해 사업전략을 지원하는 것을 의미한다. 사업단위의 목표들을 하위수준에서 유용하게끔 보다 구체적인 측정치로 전환하는 것은 매우 중요하다. 또한 기업이 전략적 및 재무적 목표들을 달성하기 위해서는 매일 매일의 활동이 이들 목표들을 제대로 지원하도록 하지 않으면 안 된다.

이와 같이 성과피라미드는 사업운영시스템 수준에서 세 가지 주요 요소, 즉 고객만족, 유연성 그리고 생산성을 보다 구체화하고 있다. 고객만족은 고객의 기대를 충족시키는 것으로 정의되며, 유연성은 전체적으로 사업운영시스템이 어느 정도 탄력적으로 반응하는가를 다루고 있다. 그리고 생산성은 고객만족 목표를 달성하는 데 어떻게 제반 활동과 자원들을 관리하는가를 다루고 있다. 이들 세 가지 기준은 다시 개별부서 및 작업장 내에서의 네 가지 집중적인 성과평가 분야인 품질, 납기, 싸이클 타임, 그리고 낭비 등으로 구체화된다.

일선 부서수준에서는 보다 구체적인 일상적 측정치가 곧 지속적인 개선을 뒷받침하는 피드백정보 역할을 담당한다. 첫 번째에 해당하는 하나의 측정치는 시장에서의 고객과 직접 관련을 맺는다. 품질과 납기는 외부지향적이다. 품질이란 제품명세서에 일치하는 것 그 이상을 의미하는데, 이는 곧 고객의 기대를 충족하는 것을 말하며, 납기는 적량의 제품을 적시에 공급하는 것으로 적량과 적시성 양쪽을 포함한다.

한편 싸이클 타임과 낭비와 같은 내부측정치는 고객의 기대와는 직접적인 관련은 없으나 고객에 대한 보다 신속한 대응과 보다 나은 가치를 제공하기 위해서 필연적으로 관리되어야 하는 '내부적 지렛대'로 간주될 수 있다. 이들은 또한 전략적 중요성을 갖는다. 점차 줄어드는 낭비(예컨대, 비부가가치 활동과 자원)와 주문서 발행에서 완제품 선적에 이르기까지의 총싸이클 타임의 단축은 공장 자체의 생산성 향상과 유연성 증대라고 할 수 있다. 이들 성과평가지표 개선의 결과 공장 내 자재 회전속도가 높아지게 되면 매출의 증가 시 재무적 성과가 개선되는 것이다. 자산회전은 가속화되어 자산화된 단위 투자액당 수익률은 높아지게 되기 때문이다.

② 재무적 지표와 비재무적 지표

기업들이 직면하고 있는 경영환경은 과거 수년간의 그것과 비교하여 현저하게 달라졌다. 종래의 공급자 위주의 시장은 소비자 위주의 시장으로 바뀌었으며 고객들도 종래보다 지적 수준이 높아졌고 많은 것을 요구하고 있다. 또한 그들은 새로운 경쟁자들의 출현으로 선택의 기회도 넓어졌다. 한편 환경문제가 점차 중요하게 되었으며 시장의 변화 및 제품기술의 변화속도가 매우 빨라졌다.

기업이 성공하기 위해서는 고객의 요구를 만족시켜야 할뿐만 아니라 종업원들의 기대에도 부응하여야 하며 더 나아가 주주들에 대해서도 높은 투자이익률을 보장해 주어야 한다. 물론 고객, 종업원, 주주, 그리고 더 나아가 지역사회 등 기업 이해관계자들의 요구는 상이할 수도 있다. 예컨대, 고객들의 만족을 충족시키기 위해서는 고객에 대한 서비스(품질 및 적시 제공 포함), 가치(품질 및 가격 포함), 다양성(다양한 선택과 신제품 포함) 등을 제공하여야 한다.

따라서 기업은 목표를 달성하기 위하여 경영시스템 전체에 대한 질, 신속한 반응(인도), 유연성, 비부가가치활동의 제거 등 기업의 성공요인을 필요로 한다. 이러한 것들은 종래의 기업들이 중요시하던 대량생산, 규모의 경제, 조업도 증대, 노동의 효율성 등과는 상이한 것들이다. 그러므로 기업들은 순이익, 주당순이익, 투자이익률 등과 같은 재무적 성과평가지표 뿐만 아니라 또는 그들 지표 대신에 새로운 주요 성공요인에 초점을 맞춘 비재무적 지표를 도입하여 평가하지 않으면 안 된다.

그렇다면 기업들은 어떠한 새로운 주요 성공요인에 초점을 맞춰야 하는가? 그러한 새로운 성과평가지표에 대한 필요성 및 그것의 이점을 인식하는 가장 좋은 방법 중의 하나는 섬유, 철강, 자동차, 전자 등과 같은 산업에서 수년에 걸쳐 어떠한 일이 일어나고 있는가를 찾아내고, 시장이 어떻게 변화하였는가, 그리고 고객들은 어떠한 반응을 보였는가 등을 이해하는 것이다. 실제로 많은 대기업들이 변화하는 시장에 반응하지 못해 시장에서 그들의 지위를 잃고 있어 이를 위한 성과평가지표를 개발하려는 노력은 매우 중요하다.

③ 균형잡힌 성과평가지표

최근 각 기업들은 자기 기업에 적합한 성과평가시스템을 개발하기 위하여 노력하고 있다. 그러나 불행하게도 모든 기업에 적합한 통일적인 성과평가시스템을 개발하는 것은 불가능할 것이다. 새로운 성과평가시스템을 설계하기 위해서는 무엇보다도 기업의 사명과 전략들을 가시적인 목표와 측정지표들로 전환시켜야 하며, 측정지표들은 주주나 고객을 위한 외부적인 측정지표들과 기업 내부활동에 대한 측정지표들 간의 균형이 필요하다.

이것은 또한 과거 노력들의 산출인 결과물 측정지표들과 미래의 성과측정치들 간의 균형도 이루어져야 한다. 그리고 성과평가표는 객관적으로 쉽게 정량화할 수 있는 결과물 측정지표와 주관적으로 다소 판단을 요구하는 결과물 측정지표의 성과동인들(performance drivers)과도 균형을 이루어야 할 것이다. 물론 재무적 측정지표와 비재무적 측정지표들이 균형을 이루어야 함은 말할 필요가 없다.

제 2 절 BSC 성과평가시스템

2.1 BSC 성과평가시스템의 의의

Kaplan과 Norton은 재무적 측정지표에 기초한 기존의 성과측정 방법에 문제가 있으며, 요약된 재무적 성과측정지표에 의존하는 것은 조직으로 하여금 미래의 경제적 가치를 창출하는데 방해가 될 수 있다는 판단으로 "미래조직의 성과측정(Measuring Performance in the Organization of the Future)"을 연구하기 시작하였다. 이것을 위해 그들은 새로운 성과측정모형을 개발하기 위하여 제조업, 용역(서비스)업, 중공업, 첨단기술산업 등 무려 12개의 기업 대표자들과 회합을 가졌으며, 연구의 초기에는 혁신적인 성과측정시스템에 대한 사례연구(case studies)도 검토하였다.

예컨대, Analog Devices사의 사례에서는 여러 가지 전통적인 재무적 측정지표와 함께 고객에게 상품을 인도하는데 걸리는 시간, 제조 프로세스들의 품질과 싸이클 타임, 그리고 신제품 개발의 효과성 등과 관련된 성과측정지표를 포함한 새로운 기업의 성과평가표(Corporate Scorecard)를 기업이 어떻게 활용하고 있는가 등을 연구하였으며, 그 외에도 주주의 가치, 생산성, 품질측정 방법, 새로운 보상체계 등에 대해서도 검토한 후 다차원적 성과평가표가 바람직하다는 결론을 얻게 되었다.

그 연구 결과 소위 "균형성과표(Balanced Scorecard; BSC, 균형잡힌 성과표)라는 이름과 함께 재무적 관점(financial perspective), 고객의 관점(customer perspective), 기업 내부적 관점(internal business process perspective), 학습과 성장의 관점(learning and growth perspective) 등 네 가지 관점(four perspectives)에서 성과평가 지표를 개발하게 되었다. 여기서 BSC란 장기적 목표와 단기적 목표 간, 재무적 측정지표와 비재무적 측정지표 간, 후행지표와 선행지표 간, 그리고 성과에 대한 외부적인 관점과 내부적인 관점 사이에 균형을 이루어야 한다는 의미에서 그 명칭을 부여하게 되었다.

Kaplan과 Norton은 기업경영의 핵심적인 성공요소 중의 하나로서 올바른 성과평가시스템의 구축과 활용이라는 사고로 BSC에 대한 연구를 진행하여 왔다. 그리고 올바른 성과평가시스템은 균형잡힌 관점에서 본 인과관계에 의한 각종 지표들 간의 통합으로 가능하다는 것이다. 따라서 기업경영을 하나의 관점이 아닌 재무적 관점, 고객의 관점, 기업 내부적 관점, 학습과 성장의 관점 등의 복합적인 관점에서 보아야 하며, 각 관점들을 별개로 분리하여 보는 것이 아니라 상호 인과관계에 의한 균형잡힌 관점에서 보아야 한다는 것이다.

그러기 위해서는 각 관점별로 측정지표들을 선정하여 균형잡힌 관점에서 하나의 통합된 성과평가표 즉, BSC를 작성하여 전략이행을 위한 핵심적인 기업경영시스템으로 활용하여야 한다는 것이다. 이렇게 함으로써 이미 창출된 가치인 단기적인 재무지표만을 중시하는 경영이 아니라 미래에 가치를 창출할 수 있는 기반(고객, 기업 내부, 학습과 성장 등의 장기적인 무형자산 및 지적자산 등의 경쟁적인 가치동인; value drivers)도 동시에 조성해 나가는 균형잡힌 경영을 할 수 있는 통합 경영시스템의 구축에 그 의의를 두고 있다고 할 수 있다.

2.2 BSC 성과평가시스템의 구조

기업을 경영하는 것은 마치 항공기를 조종하는 것과 같다고 할 수 있다. Kaplan과 Norton은 기업을 경영할 때 경영자가 고려하여야 하는 요인들은 마치 항공기 조종실의 계기판만큼이나 복잡한 정보를 필요로 한다고 설명하고 있다. 그러므로 경영자들은 마치 조종사들이 항공기의 계기판을 통해 그들의 상황을 파악하는 것과 같이 탁월한 미래의 성과들을 향해 나아갈 수 있도록 그들의 환경과 성과들에 대한 다양한 계측도구를 고안하고 설치할 필요가 있는데 이것이 바로 BSC라고 할 수 있다.

이와 같은 BSC는 경영자들로 하여금 미래의 경쟁에서 성공할 수 있는 필요한 계측기의 고안 및 설치방안을 제공하고 있는데, 이것은 그들 조직의 목표와 그 목표달성 방안들에 대한 정확한 이해가 절대로 필요하기 때문이다. 실제로 BSC는 조직의 사명과 전략들을 전략적 측정 및 관리시스템을 위한 틀을 제공하는 성과측정치들의 총체적 집합으로 전환시켜 주는 것이라고 할 수 있다. 이 BSC에는 목표달성에 대한 강조와 그러한 목표달성을 가능하게 해주는 성과동인들(performance drivers)이 포함되며, 다음과 같은 네 가지의 균형적인 관점, 즉 재무적 관점(financial perspective), 고객의 관점(customer perspective), 기업 내부적 관점(process perspective; 비즈니스 프로세스), 학습과 성장의 관점(learning and growth perspective)에서 조직의 성과를 평가하게 된다.

이와 같은 관점에서 제안된 BSC는 다음과 같은 기업평가에 관한 네 가지 기본질문에 대한 답을 제공한다.

- 우리 기업은 주주들에게 어떻게 보일까? (재무적 관점)
- 고객들이 우리 기업을 어떻게 보는가? (고객의 관점)
- 우리 기업은 무엇이 탁월해야 하는가? (기업 내부적 관점)
- 우리 기업은 계속해서 가치를 향상시키고 창출해낼 수 있는가? (학습과 성장의 관점)

이와 같은 네 가지 관점을 고려한 BSC는 [그림 1]과 같다.

이 BSC는 경영자들로 하여금 중요한 측정치에 관심을 갖도록 고안된 것이다. 이 성과평가표에 포함되는 측정치들을 살펴보면 기업이 경쟁우위를 실현하기 위해 어떠한 변수에 신경을 쓰는가를 쉽게 알 수 있다. 예컨대, 고객지향적인지, 부문최적화 대신 기업전체의 최적화에 신경을 쓰는지, 단기적 성과 대신 장기적 성과에 관심을 갖는지 등 당면한 목표뿐만 아니라 목표를 달성하는 방법의 선택도 파악할 수 있다. 하나의 예로 생산준비원가를 줄이는 방법으로는 준비시간을 감소시키거나 묶음(batch)의 크기를 늘리는 방법 중의 선택이 가능하다. 그러므로 이 BSC가 제 기능을 발휘하기 위해서는 목표를 정확하게 서술하고 그것을 구체적인 측정치로 전환시켜야 한다.

Kaplan과 Norton은 그의 논문에서 BSC를 구체적으로 ECI사에 적용시켜 다음과 같이 [그림 2]와 같이 나타낸 바 있다.

[그림 1] BSC 관점

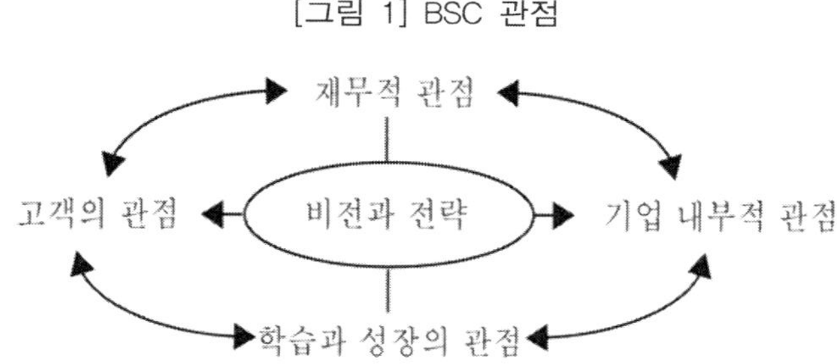

[그림 2] ECI사의 BSC

재무적 관점

목적	측정치
생존하는 것	현금흐름
성공하는 것	분기별 매출액성장율 및 부문별 영업이익
번영하는 것	시장점유율 및 자본이익률

고객의 관점

목적	측정치
신제품	신제품의 매출액 비율, 특허품의 매출액 비율
성의있는 공급	적시공급
선호되는 공급자	주요고객들에 의한 구매량 비율 주요고객들에 의한 우선순위 등급
고객과의 파트너십	협력적인 엔지니어링 노력의 횟수

기업 내부적 관점

목적	측정치
기술력	제조 기하학 대 경쟁력
제조탁월성	사이클타임 단위당 원가, 수율
설계생산성	실리콘 효율, 엔지니어링 효율
신제품도입	실제 도입 스케줄 대 계획

혁신과 학습의 관점[1)]

목적	측정치
기술 리더십	차세대 제품을 개발하기까지의 시간
제조학습	숙련까지의 가공시간
제품초점	총매출액의 80%를 점유하는 제품들의 비율
출시시간	신제품 도입 대 경쟁

1) 그들은 한때 "학습과 성장의 관점"이라는 용어 대신 "혁신과 학습의 관점"이라고 용어를 사용하였다.

① 재무적 관점

재무적 성과측정치들은 기업의 전략, 실행, 그리고 달성이 기업의 순이익 개선에 공헌하였는지 등을 나타낸 것이라고 할 수 있다. 전형적인 재무적 목표들은 수익성 – 특히 영업이익이나 자본이익률, 최근에는 경제적 부가가치 등 –, 성장, 주주의 가치 등과 관련을 갖고 있다. 그리고 앞의 ECI사의 경우와 같이 재무적 목표는 생존, 성공, 번영으로 나타내고 생존은 현금흐름으로, 성공은 분기별 매출액 성장률과 부문별 영업이익으로, 번영은 세그먼트별 시장점유율과 자본이익률로 측정하고 있다.

많은 사람들은 재무적 측정치들이 과거지향적이며 현행의 가치창출 행동을 반영할 수 없다는 이유 등으로 비판하고 있으며 고객의 만족, 품질, 싸이클타임, 종업원에 대한 동기부여 등을 향상시킬 수 없다고 주장하고 있다. 그들은 재무적 성과란 운영활동(operational actions)의 결과이며 재무적 성공은 근본적인 것을 잘 수행한 논리적 결과이므로 더 이상 재무적 척도에 의해 운영하는 것은 중단되어야 한다고 주장한다.

그러나 재무적 측정치들이 불필요하다는 주장은 반드시 옳다고 할 수 없다. 잘 설계된 재무통제시스템은 조직의 전사적 품질관리 프로그램을 향상시킬 수 있을 뿐만 아니라, 또한 향상된 업무성과가 반드시 재무적 성공을 가져오지 않는다는 점에서 재무적 지표도 성과평가에 있어서 매우 중요하다는 것을 인식하지 않으면 안 된다.

따라서 BSC는 경영자들로 하여금 재무적 관점을 포함한 중요한 세부적 목표치 상호간의 관계를 보다 잘 이해하도록 하는 역할을 수행하며 이를 통해 전략실행상의 기능적 장애를 극복하고 궁극적으로는 의사결정 및 문제해결능력을 향상시킬 수 있을 것이다.

Kaplan과 Norton은 재무적 목표(financial objectives)와 사업단위 전략(business unit strategy)을 연결시켜 〈표 2〉와 같은 재무적 관점의 성과평가지표를 제시하고 있다.

〈표 2〉 재무적 관점의 성과평가지표

		전략적 테마		
		수익성장과 믹스	원가절감/생산성 향상	자산 활용
사업 단위 전략	성장	· 목표시장별 매출성장률 · 새로운 제품, 서비스, 고객으로부터 수익이 차지하는 비율	· 종업원당 수익	· 투자비율(매출액 대비) · R&D비율(매출액 대비)
	유지	· 목표고객과 시장점유율 · 교차판매 · 새로운 응용으로부터의 수익비율 · 고객과 제품별 수익성	· 경쟁자 대비 원가 · 원가절감율(매출액 대비) · 간접원가비율(%)	· 운전자본비율(현금순환 사이클) · 주요 자산별 투하자본 이익률 · 자산활용율
	수확	· 고객과 제품별 수익성 · 수익성없는 고객 비율	· 단위원가(산출단위 및 거래당)	· 현금회수 · 산출량

② 고객의 관점

최근 각 기업들이 강조하는 "고객의 만족"은 오늘날 기업들이 전사적 목표로 삼아야 할 가장 중요한 전략적 목표의 하나라고 할 수 있다. 그러므로 성과평가는 고객에게 비친 자사의 모습을 분석하는 것이 필요하며 고객이 과연 무엇에 관심을 두는가를 파악해야 한다. 일반적으로 고객의 관심사는 시간, 품질, 성능 및 서비스, 원가 네 가지로 요약된다.

시간은 구체적으로 리드타임 또는 신제품의 출시시간 등으로, 품질은 구입한 제품의 결함수준 및 적시 인도 등으로, 그리고 성능 및 서비스의 측정치는 기업의 제품이나 용역(서비스)이 고객들의 가치를 창출하는데 얼마나 기여하는가 하는 것으로 측정된다. BSC가 제 기능을 발휘하기 위해서는 기업들로 하여금 시간, 품질, 성능 및 서비스에 관한 목표들을 설정하고 이 목표들을 구체적인 측정치로 표시해야 한다.

ECI사는 고객에 대한 성과목표로서 새로운 제품의 공급, 적시공급, 고객과의 관계개선을 통해 선호되는 공급자가 되는 것 등으로 설정하였다. 경영자들은 이러한 일반적 목표들을 4가지의 특정한 목표로서 나타내고 이들 각각에 대해 적절한 측정치로 설정하였다. ECI사의 이러한 측정치는 [그림 2]의 우측에 들고 있는데 이들 중 일부의 측정치는 외부로부터 구하지 않으면 안 된다는 것이다. 이와 같은 기업 외부로부터 구한 외적 성과평가 측정치로 기업의 성과를 평가하는 것은 기업의 성과를 고객의 눈을 통해서 보게 하는 데 그 의의가 크다고 할 수 있다.

BSC의 고객의 관점에서는 기업이 경쟁하기로 한 고객과 목표(세분)시장(market segment)을 파악하여야 한다. 이는 목표시장이 기업의 재무적 목표에서의 수익의 원천이 되기 때문이다. 일단 목표(세분)시장을 파악하고 목표를 설정하였다면 그 시장에 대한 목표와 평가지표를 결정하여야 한다.

일반적으로 기업은 고객의 관점에서 두 가지 유형의 평가지표를 선정한다. 그 첫째는 모든 기업이 실제로 사용하고 싶어하는 일반적 지표로서 시장점유율, 고객확보율, 고객의 수익성, 고객유지율, 고객만족도 등을 말한다. 이들 지표는 BSC 상에 흔히 나타나므로 핵심적 평가지표들(core measurement group)이라고 한다. 또한 다른 하나는 성과동인 즉 차별화를 나타내는 것이다. 예컨대, 기업은 높은 수준의 고객만족도와 고객유지율, 고객확보율, 그리고 궁극적으로 높은 시장점유율을 달성하기 위해 고객에게 무엇을 제공하여야 할 것인가에 대한 것으로 상품이나 서비스, 고객관계, 기업 이미지와 명성 등이 여기에 속한다고 할 수 있다. 이와 같은 성과동인 지표들(performance-driver measures)은 기업이 목표로 하는 고객과 시장에게 제공하고자 하는 가치명제를 파악하는 것이라고 할 수 있다.

이와 같이 고객의 관점은 전형적으로 고객의 만족, 고객의 유지, 새로운 고객의 확보, 고객의 수익성, 시장점유율 등과 같이 잘 형성되고 잘 실행된 전략의 성공적 성과를 나타내는 몇 가지 핵심적 평가지표를 포함하며, 또한 이러한 성과를 달성할 수 있는 상품이나 서비스의 속성(product/service attributes), 고객관계(customer relationship), 기업 이미지와 명성(image and reputation) 등의 성과동인 지표, 즉 기업이 목표로 하는 고객과 시장에게 제공하고자 하는 가치명제를 측정하는 것도 포함한다.

[그림 3] 고객 관점의 성과평가지표

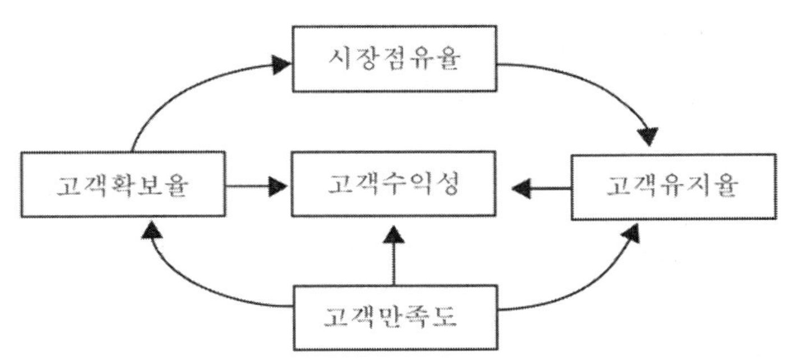

[그림 3]에서 제시된 지표들의 의미는 다음과 같다.

가. 시장점유율(market share) : 주어진 시장 내에서 고객의 수와 지출 금액, 판매량에서 사업단위가 차지하고 있는 비율을 말한다.

나. 고객확보율(customer acquisition) : 절대적 또는 상대적 측면에서 사업단위가 새로운 고객이나 사업을 유인하거나 획득하는 비율을 말한다.

다. 고객유지율(customer retention) : 절대적 또는 상대적 측면에서 사업단위가 기존 고객과의 관계를 존속시키거나 유지하는 비율을 말한다.

라. 고객만족도(customer satisfaction) : 가치명제 내의 구체적 성과기준에 따른 고객의 만족수준을 말한다.

마. 고객수익성(customer profitability) : 고객을 지원하기 위해 요구되어지는 기본적인 지출을 제외한 후, 고객 또는 목표(세분)시장의 순이익을 말한다.

[그림 4] 고객의 가치명제

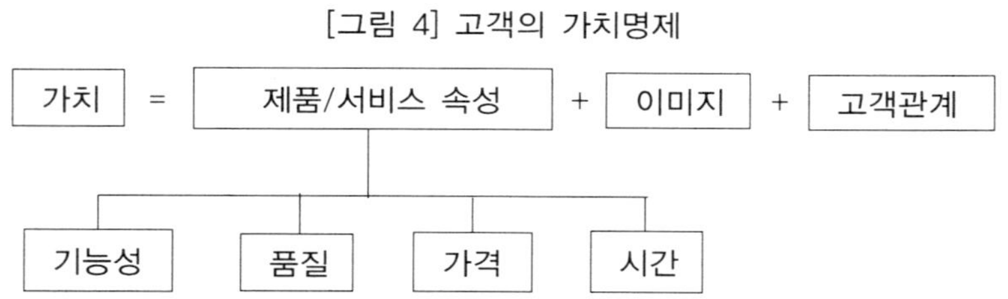

한편 [그림 4]의 가치명제의 구성요인들을 간략히 설명하면 다음과 같다.

가. 제품과 서비스 속성(product/service attributes) : 여기에는 제품과 서비스의 기능성, 가격 및 품질 등이 포함된다.

나. 기업 이미지와 명성(image and reputation) : 이것은 기업으로 고객을 유인하는 무형의 요소를 반영한다. 예컨대, 어떤 기업의 경우는 광고나 혹은 제품과 서비스의 질을 통해 제품과 서비스의 실제적 이상의 고객충성도를 창출할 수 있기 때문이다.

다. 고객관계(customer relationship) : 여기에는 고객이 자사로부터의 구매를 어떻게 생각하고 있으며 제품 및 서비스의 배달, 그리고 대응시간과 배달시간 등이 포함된다.

③ (기업) 내부적 관점

고객의 관점에서 본 탁월한 성과는 조직 전반에 걸쳐 일어나는 경영과정, 의사결정, 행동 등으로부터 나타난 것이라고 할 수 있다. 그러나 이러한 고객의 관점에서 본 측정치들은 중요하지만 이들 측정치들은 기업이 고객들의 기대에 부응하기 위하여 기업 내부적으로 무엇을 하여야 하는가 하는 측정치로 전환하지 않으면 안 된다. 그러므로 경영자들은 고객의 요구를 만족시켜주기 위하여 기업의 중요한 내부업무(internal operations)에 초점을 맞출 필요가 있다.

BSC의 기업 내부적 측정치들은 고객의 만족에 가장 큰 영향을 주는 기업의 비즈니스 프로세스(business processes)로부터 나와야 한다. 예컨대, 싸이클타임, 품질, 종업원 숙련도, 생산성 등에 영향을 주는 요소로부터 나와야 한다. 기업들은 또한 지속적인 시장리더십을 갖기 위하여 필요한 그들 기업의 핵심적 능력과 중요한 기술력 등을 측정할 필요가 있다. 그러므로 기업들은 그들이 탁월해야 하는 내부과정과 능력이 무엇인지를 결정하여야 하며 그들 각각을 측정하지 않으면 안 된다.

[그림 2]에서 ECI경영자들은 그들 기업의 초정밀 기술력이 자기기업의 시장지위에 매우 중요하다고 하였으며, 또한 제조의 탁월성, 설계생산성, 신제품 도입 등에 초점을

맞춰야 한다고 보아 이들 4가지 기업내부의 목표에 대하여 각각의 측정치들을 개발하였다.

이와 같이 기업 내부적 관점에서 경영자는 고객관계를 제고하고, 조직의 재무성과를 성취하는 데 가장 큰 영향을 미칠 기업 내부 프로세스에 대한 성과평가지표를 강조한다. 기업의 내부 프로세스는 혁신→운영→판매 후 서비스의 3단계로 이루어져 있으며, 다음의 그림과 같이 연쇄적 관계로 이루어져 있다.

주요 3단계의 과정은 다음과 같은 의미를 가진다.

가. 혁신(innovation) 과정 : 현재와 미래 고객의 욕구를 충족시키기 위해 전혀 새로운 제품과 서비스를 창출하는 과정을 말한다.

나. 운영(operation) 과정 : 현재 고객에게 현재의 제품과 서비스를 효율적으로 신뢰성 있고 책임성 있게 인도하는 과정을 말한다.

다. 판매 후 서비스(postsale service) 과정 : 판매 후에 그들의 문제점에 대해 신속히 주의를 기울이고, 필요하면 현장서비스와 기술지원으로 고객들을 만족시키는 과정을 말한다.

이와 같이 기업 내부 프로세스 관점에서 경영자는 목표가 된 고객세분시장의 목표를 달성하기 위해 반드시 주요 과정을 파악해야 한다. 전통적인 성과평가시스템은 단지 기존 과정의 원가·품질·시간 측정지표를 통제하거나 향상시키는 데만 초점을 맞추나 새로운 BSC에 의한 접근방법은 내부 프로세스의 성과에 대한 요구가 개별적인 외부 고객의 기대로부터 도출될 수 있도록 유도한다.

혁신과정을 내부 프로세스의 필수적인 구성요소로 포함시킨 것은 중요한 진전이다. 혁신과정은 조직이 미래의 제품과 서비스를 접근하고자 하는 세분시장을 파악하는 것이 무엇보다 중요한 일임을 강조한다. 그 다음으로는 목표가 된 세분시장을 만족시킬 제품과 서비스의 설계 및 개발이 중요함을 강조한다. 이러한 접근방법은 조직이 새로운 제품과 서비스 및 시장을 창출하는 연구·설계·개발 과정에 상당한 중요성을 부여할 수 있게 해준다.

운영과정은 여전히 중요하며, 조직은 현재의 목표가 된 고객에게 뛰어난 제품과 서비스를 전달할 수 있는 원가·품질·시간·기타 성과특성들을 파악해야 한다. 또한 판매 후 서비스 과정도 제품이나 서비스가 고객에게 인도된 후에 이루어지는 주요 서비스를 기업이 적절한 시기에 제공하여야 한다는 것을 강조한다.

[그림 5] 기업 내부적 관점의 성과평가지표

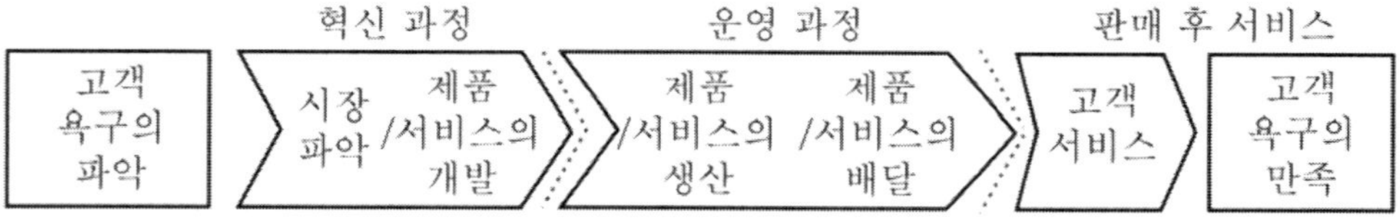

혁신 과정
운영 과정
판매 후 서비스
고객 욕구의 파악
시장 파악
제품 /서비스의 개발
제품 /서비스의 생산
제품 /서비스의 배달
고객 서비스
고객 욕구의 만족

④ 학습과 성장의 관점

나날이 격심해져 가는 세계적 경쟁은 기업들로 하여금 그들의 제품과 경영과정을 끊임없이 개선할 것과 그들의 확장된 설비로 지금까지와는 전혀 다른 새로운 제품을 도입할 능력을 갖출 것을 요구하고 있다. 이와 같이 급속히 변화하는 경쟁환경 하에서 끊임없이 혁신하고 개선하며 학습하는 기업의 능력은 기업의 가치와 직결되기 때문이다.

[그림 2]에서 본 ECI사의 혁신목표는 미래 매출액의 상당부분을 차지할 것으로 기대되는 신제품을 신속하게 개발하여 출시할 수 있는 기업의 능력에 초점을 두고 있다. 또한 ECI사는 혁신 및 향상측정치의 하나로서 신제품의 매출액비율을 측정하고 있다.

학습과 성장의 관점은 고객과 주주에게 가치를 부여하는 탁월한 내부 프로세스 능력을 개선하기 위해 반드시 하여야 하는 바를 확인한다. 조직의 학습과 성장은 사람과 시스템과 같은 원천으로부터 생성된다. 학습과 성장 관점의 전형적 성과평가지표는 종업원 만족도, 종업원 유지도, 종업원 생산성 등이다. 이들 구성요소들은 [그림 6]과 같이 연결된다.

[그림 6] 학습과 성장 관점의 성과지표

결과
종업원 만족도
종업원 생산성
종업원 유지도
종업원 역량
기술하부구조
행동을 위한 분위기

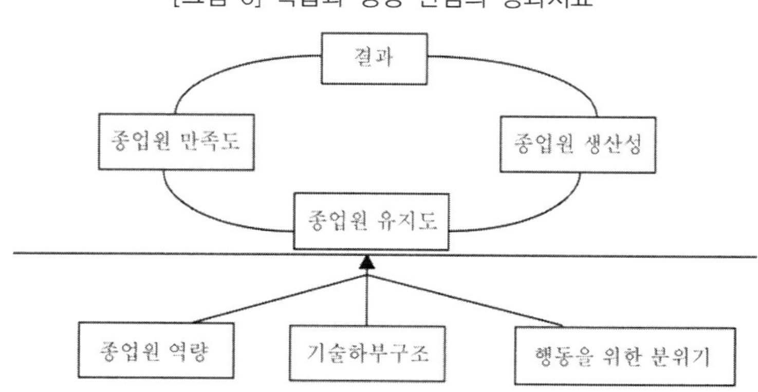

궁극적으로 재무·고객·내부 프로세스의 목표를 충족시키는 힘은 조직의 학습과 성장 역량에 달려 있다. 학습과 성장을 가능케 하는 세 가지 원천은 종업원의 역량, 정보시

스템의 능력, 그리고 조직(즉 동기부여, 권한위양, 조직의 정비 등)이다. 일반적으로 전략이 효과적으로 달성되기 위해서는 조직의 역량을 구축하도록 도와주는 사람과 정보시스템, 그리고 조직에 대한 상당한 투자가 필요할 것이다. 뛰어난 성과를 위한 동인에 대한 목표와 성과지표는 어떤 조직의 BSC에서도 예외일 수 없다.

그러므로 학습과 성장관점에서 종업원 만족도(employee satisfaction)·종업원 유지도(employee retention)·종업원 생산성(employee productivity) 등 종업원에 기초한 세 가지 성과지표의 핵심그룹(core employee measurement group)은 종업원의 역량(employee capabilities)과 정보시스템의 능력(information systems capabilities), 동기부여(motivation), 권한위양(empowerment), 조직의 정비(alignment) 등 조직에 대한 투자로부터 도출된 성과지표가 된다.

2.3 BSC 성과평가시스템의 성공조건

모든 시스템은 도입 및 설계와 더불어 그 성공적인 운영의 조건이 있다. BSC에 의한 성과평가시스템의 경우도 마찬가지라고 할 수 있다. BSC 성과평가시스템이 성공하기 위해서는 무엇보다도 조직 구성원들 간에 왜 BSC가 개발되어야 하는가에 대한 합의와 지지가 필요하며, 특히 최고경영자나 중간경영자들의 적극적인 지지와 참여가 필요하다. 그리고 BSC의 목표를 명확히 정의하며, 그 목표달성을 위한 전략과 구체적인 성과평가지표를 선택하고 설계하지 않으면 안 된다. 물론 이를 위해서는 모든 경영자와 종업원들이 사업단위 전략을 성공적으로 이행할 수 있도록 동기부여되어야 할 것이다.

전략을 성과평가시스템으로 전환시킬 수 있는 경우에 기업은 목적과 목표를 효과적으로 전달할 수 있으므로 그들의 전략을 훨씬 효과적으로 수행할 수 있다. 이러한 전달은 경영자와 종업원들로 하여금 핵심적인 동인들에 초점을 맞추게 하고, 전략적 목표를 달성할 수 있도록 조직을 정비하여야 한다. 그 경우 BSC가 일단의 통합된 재무적·비재무적 성과지표로 전략을 전달할 수 있기 때문이다. 그 구체적인 이유는 다음과 같다.

① BSC는 전체 종업원들에게 조직의 미래 비전을 보여주며, 조직 구성원들 간의 공통의 이해를 창출한다.

② BSC는 모든 종업원들에게 자신이 조직의 성공에 어떤 식으로 기여하는지를 알 수 있게 해주는 전략모형을 만들어낸다. 이러한 연결이 뒤따르지 않으면 개인과 부서가 지엽적인 성과를 극대화하였다 하더라도 전략적 목표달성은 실패할 수 있다.

③ BSC는 변화하려는 노력에 초점을 맞춘다. 올바른 목표와 성과지표를 밝혀내게 되면 성공적으로 이행될 확률이 높다. 하지만 그렇지 못하다면 그에 대한 투자는 낭비적인 요소가 될 수밖에 없을 것이다.

이와 같이 BSC는 조직전략으로부터 도출되어야 할 뿐 아니라 전략으로 귀결되는 투명성도 가져야 한다. 즉, 어느 누구라도 BSC를 볼 수 있어야 하고, 그 목표와 성과지표의 근저에 있는 전략을 알 수 있어야만 하는 것이다.

연습문제

1. Caltex사는 휘발유를 정유하여 자사 소유의 Caltex 주유소를 통해 판매한다. 시장조사 결과에 기초하여 Caltex사는 전체 휘발유시장의 60%가 '서비스 선호 고객'으로 구성되어 있다는 사실을 알았다. 만약 주유소가 청결한 시설, 편의점, 친절한 종업원, 빠른 회전율, 신용카드 처리능력, 높은 옥탄가의 고급연료와 같은 탁월한 서비스를 고객에게 제공할 수 있다면, 서비스선호 고객은 휘발유에 대해 높은 가격을 지급할 용의가 있는 고소득 소비자에 대한 지표로 볼 수 있다. 전체 휘발유시장의 나머지 40%는 '가격 구매자'인데, 이들은 가능한 한 가장 저렴한 가격의 휘발유를 구입하려고 한다. Caltex사의 전략은 다음과 같다. 간략히 표시하기 위해 각각의 목표 하에 수행된 중점 추진방안은 생략하였다.

목표	측정치	목표성과	실제성과
재무적 관점	가격상승에 의한 영업이익 변화	₩90,000,000,000	₩95,000,000
주주의 가치 증대	성장에 의한 영업이익 변화	₩65,000,000,000	₩67,000,000
고객의 관점	전체 휘발유시장 점유율	10%	9.8%
시장점유율 증가			
내부적 관점	품질지표	94점	95점
휘발유 품질 향상	정유 신뢰도지표(%)	91%	91%
정유과정 향상	제품 확보지표(%)	99%	100%
판매가능 휘발유 확보			
학습과 성장의 관점	고도의 통제수준을 갖춘		
정유처리능력 증가	정유프로세스의 비율	88%	90%

물음

1) 2018년 Caltex사가 전략을 성공적으로 실행하였는가? 답하고 설명하시오.

2) 학습과 성장의 관점에서 종업원 교육훈련과 종업원 만족도에 대한 측정치를 도입하는 것이 좋겠는가? 이러한 목표는 Caltex사가 전략을 실행하는데 중요한가? 왜 그런지에 대해 간략히 설명하시오.

3) Caltex사가 총 휘발유시장의 목표시장 점유율을 달성하지 못하였으나 재무적 목표는 초과달성하게 되었다. 이러한 결과의 원인에 대해 설명하시오. '전체 휘발유시장의 시장점유율'이 시장점유율의 올바른 측정치인가? 간략히 설명하시오.

4) 내부적 관점 측정치의 향상과 고객의 관점 측정치 사이에 인과관계가 존재하는가? 즉, 이러한 인과관계를 명확히 하기 위해 내부적 관점과 고객의 관점에 대해 다른 측정치를 추가할 필요가 있겠는가? 이유를 간략히 설명하시오.

5) 재무적 관점에서 Caltex사가 생산성 향상에 따른 영업이익 변화에 대한 측정치를 포함하지 않은 결정에 당신은 동의하는가? 간략히 설명하시오.

해답

1) Caltex사의 전략은 휘발유에 대한 높은 가격을 지급할 용의가 있는 '서비스지향 고객'에 초점을 두고 있다. 비록 휘발유가 주로 일반적 상품이지만 이 회사는 주유소에서 제공하는 서비스를 통해 차별화하길 원하고 있다. 그러면 이 회사의 BSC는 전략을 잘 나타내고 있는가? 대체적으로 그렇다고 할 수 있다. BSC의 초점은 제품 차별화와 그 서비스에 대해 높은 가격을 제시함으로써 프로세스 개선, 품질, 시장점유율 확대, 그리고 재무적 성공 여부를 측정하는 것이다. 물론 이하의 요구 사항에서 보는 바와 같이 일부의 문제점이 있기는 하나 BSC는 제품차별화 전략을 이행하느냐에 초점을 두고 있다.

그러면 BSC가 잘 설계되었다고 가정할 때 이 회사는 전략 대비 얼마나 성과를 얻었다고 할 수 있나? Caltex사가 전략을 얼마나 성공적으로 수행하였나 하는 것은 BSC를 통해 알 수 있다. 이 회사는 재무적 관점, 내부적 관점, 학습과 성장의 관점에서 목표를 모두 달성하였기 때문이다. 단, 고객의 관점에서만 목표를 달성하지 못하였다. 이 단계에서 이것이 좋은 성과측정치인지에 대한 의문이 있을 수 있다. 요구사항 **3.**에서 이것을 상세히 다룰 것이나 '서비스지향 고객' 점유율이 아닌 '전체 휘발유시장에 대한 점유율' 측정은 좋은 BSC 측정치가 아닐 수도 있기 때문이다.

2) 그렇다. 이 회사는 학습과 성장의 관점에서 종업원 교육훈련과 종업원 만족도에 대한 측정치를 포함시켜야 할 것이다. 이 회사의 차별화 전략과 높은 가격 제시는 고객의 서비스에 기초한 것이다. 만족스럽고 빠르며 친절한 서비스의 요체는 잘 교육받고 만족스런 서비스를 제공하는 종업원들이기 때문이다. 만일 그렇지 못하면 고객들과 상호 작용하지 못해 전략이 실패할 것이기 때문이다. 따라서 종업원 교육훈련과 종업원 만족도는 이 회사가 전략을 이행하는데 매우 중요하다. 이러한 측정치들은 전략을 잘 이행할 수 있느냐 여부를 판단할 주요지표가 되므로 BSC를 통해 측정되어야 할 것이다.

3) Caltex사의 전략은 고객의 40%인 일반고객이 아니라 휘발유에 대한 높은 가격을 지급할 용의가 있는 60%인 '서비스지향 고객'에 초점을 두고 있다. 만일 전략이 성공적으로 수행되었는가를 평가하려면 이 회사는 '전체시장의 점유율'이 아닌 목표시장의 점유율인 '서비스지향 고객'의 점유율을 측정할 필요가 있다. 그러므로 이 회사의 경우 일반고객의 시장

점유율이 감소하는 것은 신경쓸 필요가 없다. 사실 휘발유에 대해 높은 가격을 부과하게 되면 아마도 그 시장의 점유율이 줄어들 수도 있다. 그러므로 이 회사의 경우 BSC 고객측정치에 '전체 시장 점유율'을 '서비스지향 고객 점유율'로 대체하여야 한다. 그리고 이 회사는 또한 '고객만족도 측정치'를 BSC에 포함시키길 원할 것이다. 이 측정치는 '서비스지향 고객 점유율'의 주요 지표로 역할을 할 수 있을 것이다.

4) 비록 현재의 BSC 상에 내부적 관점 측정치와 고객의 관점 측정치 사이에 인과관계가 존재할지라도 이 회사는 이러한 관계를 강화하기 위해 추가적인 지표를 보완할 필요가 있다. 특히 현행의 측정치들은 전적으로 주유소가 아니라 정유소에 초점을 두고 있다. 따라서 이 회사는 주요소 시설의 청결함, 휘발유 주유시간, 편의점에서의 구매, 종업원의 서비스 등 주유소 성과측정 지표를 추가할 필요가 있다. 많은 회사들은 지점(여기서는 주유소)의 얼마나 잘 하고 있는지를 정기적으로 확인하곤 한다. 이러한 측정치들은 이 회사의 목표시장 점유율의 확대나 고객만족도의 주요지표가 될 것이다.

5) Caltex사는 재무적 관점에서 생산성 향상에 따른 영업이익 변화에 대한 측정치를 포함하지 않은 결정은 바람직하다. 이 회사의 전략은 고객서비스에 대해 높은 가격을 부여함으로써 성장하는 것이다. BSC 측정치는 이 전략을 성공적으로 수행하였느냐에 초점을 두고 있기 때문이다. 생산성 증가는 이 회사의 전략에 중요하지 않으므로 측정할 필요가 없다.

종합문제

1. KS정유사는 휘발유를 정유하여 자사 소유의 KS정유 주유소를 통해 판매한다. 시장조사 결과에 기초하여 KS정유사는 전체 휘발유시장의 60%가 '서비스 선호 고객'으로 구성되어 있다는 사실을 알았다. 만약 주유소가 청결한 시설, 편의점, 친절한 종업원, 빠른 회전율, 신용카드 처리능력, 높은 옥탄가의 고급연료와 같은 탁월한 서비스를 고객에게 제공할 수 있다면, 서비스선호 고객은 휘발유에 대해 높은 가격을 지급할 용의가 있는 고소득 소비자에 대한 지표로 볼 수 있다. 전체 휘발유시장의 나머지 40%는 '가격 구매자'인데, 이들은 가능한 한 가장 저렴한 가격의 휘발유를 구입하려고 한다. KS정유사의 전략은 다음과 같다. 간략히 표시하기 위해 각각의 목표 하에 수행된 중점 추진방안은 생략하였다.

목표	측정치	목표성과	실제성과
재무적 관점	가격상승에 의한 영업이익 변화	₩70,000,000	₩75,000,000
주주의 가치 증대	성장에 의한 영업이익 변화	₩45,000,000	₩47,000,000
고객의 관점	전체 휘발유시장 점유율	10%	9.8%
시장점유율 증가			
내부적 관점	품질지표	94점	95점
휘발유 품질 향상	정유 신뢰도지표(%)	90%	92%
정유과정 향상	제품 확보지표(%)	98%	100%
판매가능 휘발유 확보			
학습과 성장의 관점	고도의 통제수준을 갖춘		
정유처리능력 증가	정유프로세스의 비율	88%	90%

물음

1) 2018년 KS정유사가 전략을 성공적으로 실행하였는가? 근거를 제시하고 설명하시오.

2) 학습과 성장의 관점에서 종업원 교육훈련과 종업원 만족도에 대한 측정치를 도입하는 것이 좋겠는가? 이러한 목표는 KS정유사가 전략을 실행하는데 중요한가? 왜 그런지에 대해 간략히 설명하시오.

3) KS정유사가 총 휘발유시장의 목표시장 점유율을 달성하지 못하였으나 재무적 목표는 초과달성하게 되었다. 이러한 결과의 원인에 대해 설명하시오. '전체 휘발유시장의 시장점유율'이 시장점유율의 적절한 성과지표인가? 간략히 설명하시오.

4) 내부적 관점 측정치의 향상과 고객의 관점 측정치 사이에 인과관계가 존재하는가? 즉, 이러한 인과관계를 명확히 하기 위해 내부적 관점과 고객의 관점에 대해 다른 성과지표를 추가할 필요가 있겠는가? 이유를 간략히 설명하시오.

5) 재무적 관점에서 KS정유사가 생산성 향상에 따른 영업이익 변화에 대한 측정치를 포함하지 않은 결정에 당신은 동의하는가? 간략히 설명하시오.

제 14 장 경영의사결정

경영활동 중 가장 중요한 것 중의 하나가 의사결정이라고 할 수 있다. 의사결정이란 선택가능한 여러 대체안 중에서 하나를 결정하는 행위로서, 그 의사결정과정에서 수익과 원가는 항상 가장 중요한 요인 중의 하나로 작용하며, 의사결정과정에서 각 대체안 간의 수익과 원가의 비교분석은 필수적인 과정이다. 이러한 경영자의 주요 기능 중의 하나인 의사결정을 성공적으로 수행하기 위해서 경영자는 의사결정과 관련있는 정보, 특히 관련원가와 비관련원가를 식별할 수 있어야 하며, 이에 필요한 유용한 분석기법을 알고 있어야 한다. 본 장에서는 경영의사결정 분석기법과 여러 가지 비반복적 경영의사결정의 예에 관해 살펴보기로 한다.

제 1 절 경영의사결정의 의의

경영의사결정(managerial decision making)이란 기업 내에서 행해지는 특수한 형태의 비반복적 의사결정(special nonrecurring decision)으로서 회계정보에 기초한 특별의사결정을 말한다. 경영자는 계획, 조직, 실행 및 통제 등의 관리순환과정에서 수많은 의사결정 상황에 직면하게 된다. 의사결정(decision making)은 어떤 목적을 달성하기 위하여 취할 수 있는 행동이 여러 가지일 때 발생한다. 만약 선택 가능한 행동이나 방법이 하나뿐이라면 의사결정을 할 필요가 없고 그 행동이나 방법을 따르기만 하면 될 것이다. 그러나 일반적으로 행동이나 방법이 하나뿐인 경우는 거의 없다.

경영자가 직면하게 되는 의사결정 유형에는 작업의 지시와 같은 ① 일상적이고 반복적인 의사결정과 ② 비반복적으로 발생하는 특별한 의사결정으로 구분할 수 있다. 일상적이고 반복적인 의사결정은 동일한 상황의 반복으로 종전의 의사결정을 그대로 따르면 되나, 비반복적으로 발생하는 특별한 의사결정은 새로운 상황의 발생에 따라 그에 대한 해결책을 강구해야 하는 경우로서 경영자의 전문적인 능력이 요구된다.

1.1 경영의사결정의 종류

경영의사결정은 경영의 기본구조에 관한 것이냐, 경영업무에 관한 단기적・비반복적인 것이냐에 따라 구조적 의사결정과 업무적 의사결정으로, 의사결정의 기간에 따라 단기의사결정과 장기의사결정으로, 의사결정에 필요한 정보들을 확실히 알 수 있는가 없는가에 따라 확실성 하의 의사결정과 불확실성 하의 의사결정으로 구분할 수 있다.

1. 구조적 의사결정과 업무적 의사결정

구조적 의사결정(capacity decision)이란 경영의 기본구조에 관한 의사결정으로서 다음에 관한 의사결정 등을 말한다.

① 경영급부의 내용에 관한 의사결정(어떤 업종에 종사할 것인가, 또는 어떤 제품을 생산・판매할 것인가?)
② 공장입지에 관한 의사결정(공장을 어디에 건설할 것인가?)
③ 생산설비의 신설・대체・폐기에 관한 의사결정
④ 조직구조에 관한 의사결정(사업부제를 채택할 것인가의 여부) 등

한편 **업무적 의사결정(operating decision)**이란 경영업무에 관한 단기적・비반복적 특별의사결정을 말하며, 다음의 의사결정이 포함된다. 본 장에서 설명하고자 하는 경영의사결정이 바로 이 업무적 의사결정에 해당한다.

① 특별주문의 수락여부에 관한 의사결정
② 부품의 자가제조 또는 외부구입에 관한 의사결정
③ 제품라인의 계속생산 또는 생산중단에 관한 의사결정
④ 기존설비 대체여부에 관한 의사결정
⑤ 결합제품의 판매 또는 추가가공에 관한 의사결정
⑥ 대체적 생산기법의 선택
⑦ 제한된 자원의 이용 등

2. 단기의사결정과 장기의사결정

의사결정은 의사결정의 기간에 따라 단기의사결정과 장기의사결정으로 구분할 수 있다. **단기의사결정**은 의사결정의 기간이 보통 1년 이내인 경우로서 위에서 언급한 업무적 의사결정이 여기에 해당하며, **장기의사결정**은 유형자산의 취득(또는 대체)과 같이 의사결정기간이 1년 이상인 경우로서 위에서 언급한 구조적 의사결정이 여기에 해당한다고 할 수 있다.

본 장에서의 경영의사결정이란 기업 내에서 행해지는 특수한 형태의 비반복적 의사결정(special nonrecurring decision)으로서 회계정보에 기초한 특별의사결정을 의미하므로 단기의사결정만을 다루고, 장기의사결정은 주로 설비투자예산에 관한 것으로 자본예산(capital budgeting) 부분에서 다룬다.

3. 확실성 하의 의사결정과 불확실성 하의 의사결정

의사결정에 필요한 정보들을 확실히 알 수 있는가 없는가의 여부에 따라 확실성 하의 의사결정과 불확실성 하의 의사결정으로 구분할 수 있다. **확실성 하의 의사결정**은 상황, 성과 등을 확실히 알 수 있을 때 행할 수 있는 의사결정이며, 불확실성 하의 의사결정은 상황, 성과 등이 불확실한 때 행할 수 있는 의사결정이다. 예를 들어 오늘 비가 올 확률이 100%인 경우 당연히 우산을 갖고 나가는 의사결정을 하는 것은 확실성 하의 의사결정이라고 할 수 있다. 반면에 비가 올 것을 모르는 상황에서 우산을 갖고 나갈 것인가, 두고 갈 것인가에 대한 의사결정은 **불확실성 하의 의사결정**이다. 본 장에서는 확실성 하의 의사결정만을 다루기로 한다.

1.2 관련원가수익분석

1. 관련원가수익분석의 의의

관련원가수익분석이란 대체안 사이의 관련정보를 평가하여 경영의사결정을 하는 분석기법을 말한다. 그러므로 관련원가수익분석에서는 의사결정과 관련이 있는 관련정보를 기초로 의사결정을 하게 되는데, 여기서 말하는 **관련정보(relevant information)**란 대체안 사이에 차이가 있는 미래원가(이를 관련원가라고 함)와 미래수익(이를 관련수익이라고 함)을 의미한다. 이와 같이 관련원가수익분석은 관련정보인 관련원가(relevant costs)와 관련수익(relevant revenues)에 기초하여 의사결정을 하는 것을 말한다.

2. 관련원가수익분석의 방법

관련정보를 기초로 의사결정을 하는 관련원가수익분석은 총액접근법과 증분접근법이 있으며 두 방법 모두 동일한 결과에 도달한다. **총액접근법**은 고려하고 있는 대체안들의 모든 수익과 원가를 추정하여 의사결정을 하는 방법이며, **증분접근법**은 의사결정과 관련이 있는 관련수익과 관련원가를 추정하여 의사결정을 하는 방법이다.

총액접근법에 의한 의사결정을 하기 위해서는 대체안들의 (비관련수익과 비관련원가를 포함하여) 모든 수익과 원가를 추정해야 하는 데 이것이 쉽지 않으며, 가능하여도 비용이 많이 발생한다는 단점이 있다. 따라서 일반적으로 경영의사결정에 있어서는 총액접근법보다 증분접근법(incremental approach, 이를 흔히 **차액원가수익분석**이라고 함.)을 많이 사용한다. 여기서도 증분접근법에 대해서만 살펴보기로 한다.

3. 증분접근법

증분접근법(incremental approach)이란 대체안들 사이의 관련수익과 관련원가를 비교하여 관련수익 변화액이 관련원가 변화액보다 크면 그 대체안을 선택하는 분석방법을 말한다. 여기서 관련수익 변화액이란 **차액수익(differential revenues)**을 의미하는 것으로 대체안 사이의 관련수익의 차이를 말하며, 관련원가의 변화액이란 **차액원가(differential costs)**를 의미하는 것으로 대체안 사이의 관련원가의 차이를 말한다. 물론 차액수익과 차액원가의 차이로 차액이익(differential profit)을 구할 수 있으며, 경영의사결정의 경우 이것이 큰 대체안을 선택하게 된다.

증분접근법에 의한 의사결정절차는 다음과 같다.

① 제1단계 : 각 대체안에 따른 모든 수익자료와 원가자료를 수집한다.
② 제2단계 : 미래 발생되는 수익과 원가 중 대체안 사이에 차이가 나지 않는 수익과 원가를 제거한다(비관련수익 및 비관련원가의 제거).
③ 제3단계 : 관련수익의 변화액을 구한다(차액수익의 산정).
④ 제4단계 : 관련원가의 변화액을 구한다(차액원가의 산정).
⑤ 제5단계 : 관련수익의 변화액과 관련원가의 변화액을 비교하여 의사결정을 한다(차액이익의 산정).

증분접근법에 의해 의사결정을 하는 경우 대체안들 사이의 관련정보(관련수익과 관련원가)만을 비교·분석하여 특정 대체안을 선택하게 되는데, 이때 고려해야 할 관련수익(또는 원가)은 대체안들 사이에 차이가 나는 차액수익(또는 원가)인 동시에 미래 발생할 수익(또는 원가)이어야 한다. 물론 대체안에 기회원가가 있으면 기회원가도 의사결정에 고려하여야 한다.

그러므로 증분접근법에 의한 의사결정에 있어서는 무엇보다도 의사결정과 관련이 있는 수익자료와 원가자료를 선택하는 일이 중요하다. 즉 의사결정과 관련이 없는 비관련수익과 비관련원가는 의사결정에 포함시켜서는 안되기 때문이다. 그러므로 비관련정보, 특히 비관련원가를 파악하는 것이 중요하다. 비관련원가로는 먼저 과거원가 또는 역사적 원가를 들 수 있다. 그러므로 과거원가 또는 역사적 원가는 의사결정시 고려할 필요가 없다. 의사결정은 미래에 영향을 미치는 반면에 이미 과거에 발생한 원가는 미래에 전혀 영향을 미치지 못하기 때문이다. 과거원가의 대표적인 것이 매몰원가이다. **매몰원가(sunk costs)**란 과거에 이미 발생한 원가로서 미래 의사결정에 영향을 주지 못하는 원가를 말한다. 물론 미래원가라 하더라도 대체안 사이에 차이가 나지 않는 원가는 관련원가가 아니다.

예를 들어 제품 A를 만드는 경우 종전의 원재료인 구리를 알루미늄으로 대체하는 경우 단위당 원가를 ₩3,000에서 ₩2,500으로 절감할 수 있다면 이 원가자료는 의사결정시 고려할 수 있는 관련원가에 속하나, 단위당 직접노무원가는 원재료와 관계없이 모두 ₩5,000씩 발생한다면 이 직접노무원가는 비관련원가에 속한다. 즉, 미래원가라고 하더라도 차액원가가 아니면 관련원가가 아닌 것이다.

이와 같이 의사결정과정에서 관련정보와 비관련정보를 구분하는 것은 매우 중요하다. 물론 관련정보와 비관련정보를 모두 고려한 의사결정과 관련정보만을 고려한 의사결정의 결과는 동일하다. 그러나 관련정보만을 중심으로 각 대체안을 분석하면 분석과정이 단순화할 뿐만 아니라 경영자가 어느 항목에 관심을 갖고 의사결정을 하는가를 보다 명확하게 알 수 있다.

4. 의사결정기준

(1) 기회원가가 존재하지 않는 경우

관련 수익 변화액 > 관련 원가 변화액 : 대체안 선택
관련 수익 변화액 < 관련 원가 변화액 : 대체안 기각

대체안에 기회원가가 존재하지 않는 경우에는 대체안의 관련수익 변화액과 관련원가 변화액을 비교하여 관련수익 변화액이 관련원가 변화액보다 크면 대체안을 선택하고,

반대로 작으면 대체안을 기각하는 의사결정을 한다. 예를 들어 신제품을 개발하여 판매를 하고자 하는 경우 신제품 판매를 통한 관련수익 증가액이 신제품 개발시 발생되는 관련원가 증가액보다 크면 신제품을 개발하는 의사결정을 하게 된다.

(2) 기회원가가 존재하는 경우

(관련 수익 변화액 − 관련 원가 변화액) > 기회원가 : 대체안 선택
(관련 수익 변화액 − 관련 원가 변화액) < 기회원가 : 대체안 기각

특정 대체안의 관련수익과 관련원가를 대비하여 산출한 순이익이 기회원가보다 크다면 그 대체안을 선택한다. 또는 특정 대체안의 관련수익 변화액에서 관련원가 변화액과 기회원가를 합계한 금액을 차감한 순효과(즉 이익변화액)가 양(+)이면 그 대체안을 선택하고, 음(−)이면 기각한다.

예제 1

A씨는 현재 대학 졸업반 학생으로서 취업과 자영업 중 어느 하나를 선택하고자 한다. 취업을 하는 경우 회사로부터 연봉으로 ₩20,000,000을 받을 것으로 예상되며, 자영업을 하는 경우 연간 영업수익은 ₩35,000,000인 반면에 영업비용으로 연간 ₩12,000,000이 발생할 것으로 예상된다.

요구사항

증분접근법을 사용하여 A씨의 진로결정에 대한 의사결정을 하시오.

풀이

1) 기회원가를 고려하지 않는 경우

	취업	자영업	차 액
영업수익 또는 연봉	₩20,000,000	₩35,000,000	₩15,000,000
영업비용		12,000,000	12,000,000
순이익	₩20,000,000	₩23,000,000	₩3,000,000

의사결정 : 차액수익 ₩15,000,000, 차액원가 ₩12,000,000, 그 결과 차액이익 ₩3,000,000이 발생하므로 자영업을 택한다.

2) 기회원가를 고려하는 경우

영업수익		₩35,000,000
영업비용	₩12,000,000	
기회원가	20,000,000	32,000,000
순이익 변화액		₩3,000,000

의사결정 : 순이익 변화액이 양(+)이므로 자영업을 택한다.

제 2 절 경영의사결정의 예

2.1 특별주문의 수락여부 의사결정

1. 특별주문 의사결정의 의의

가끔 기업에서는 예기치 못한 제품의 **특별주문(special order)**을 받는 경우가 있다. 이러한 특별주문의 특징은 ① 일반적으로 주문량이 많고, ② 주문자는 정상 판매가격보다 낮은 가격을 제시하며, ③ 판매자가 정규가격 이하의 주문가격을 받아들여도 그 주문으로 인해 기존의 정규시장에 영향을 미치지 않을 경우의 주문을 말한다. 이러한 특별주문에 대해 경영자는 특별주문을 수락할 것인가 아니면 거절할 것인가에 대한 의사결정을 하여야 한다.

2. 의사결정기준

특별주문의 수락이라는 대체안과 거절이라는 대체안에 관련된 정보는 차액수익과 차액원가이다. 예컨대, 특별주문을 수락함으로써 총고정원가가 증가되지 않으면 특별주문의 수락으로 인하여 증가되는 수익과 변동원가만을 고려하여 공헌이익 접근법을 사용하여 수락 여부를 결정하여야 한다.

특별주문의 수락여부는 일반적으로 ① 유휴설비 내에서의 특별주문, ② 유휴설비를 초과한 특별주문으로 나누어 분석한다.

(1) 유휴설비 내에서의 특별주문의 경우

이 경우는 기회원가가 0인 경우이므로 주문가격과 변동원가를 비교하여 결정한다.

1) 단위당 판매가격(주문가격) 〉 단위당 변동원가 : 주문을 받아들인다.
2) 단위당 판매가격(주문가격) 〈 단위당 변동원가 : 주문을 거절한다.

즉 이것은 [(정규시장의 판매량 + 특별주문량) 〈 최대생산량]인 경우이다. 이 경우는 고정원가가 증가하지 않으므로 단위당 판매가격(주문가격) 〉 단위당 변동원가이면, 즉 총공헌이익이 양(+)이므로 그 주문을 수락하며, 단위당 판매가격(주문가격) 〈 단위당 변동원가이면 총공헌이익이 음(-)이 발생하므로 그 주문을 거절한다.

(2) 유휴설비를 초과한 특별주문의 경우

이 경우는 ① 추가설비투자를 하는 경우, ② 추가설비투자를 하지 않고 정규시장의 판매량을 축소하는 경우로 나눌 수 있다.

가. [(정규시장의 판매량 + 특별주문량) 〉 최대생산량]이므로 추가설비투자를 하는 경우

① 단위당 판매가격(주문가격) 〉 (단위당 변동원가+단위당 증분고정원가) : 주문을 받아들인다.

② 단위당 판매가격(주문가격) 〈 (단위당 변동원가+단위당 증분고정원가) : 주문을 거절한다.

이 경우는 고정원가가 증가하므로 단위당 판매가격(주문가격) 〉 (단위당 변동원가 + 단위당 증분고정원가)이면 총공헌이익이 증가하므로 그 주문을 수락하며, 단위당 판매가격(주문가격) 〈 (단위당 변동원가 + 단위당 증분고정원가)이면 총공헌이익이 감소하므로 그 주문을 거절한다.

나. [(정규시장의 판매량 + 특별주문량) 〉 최대생산량]이나 추가설비투자를 하지 않고 정규시장의 판매량을 축소하는 경우

① 특별주문으로 인한 총공헌이익 〉 정규시장 판매량 감소로 인한 상실되는 총공헌이익 : 주문을 받아들인다.

② 특별주문으로 인한 총공헌이익 〈 정규시장 판매량 감소로 인한 상실되는 총공헌이익 : 주문을 거절한다.

이 경우는 고정원가가 증가하지 않으나 정규시장 판매량의 감소로 인해 공헌이익의 일부가 상실되므로 특별주문으로 인한 총공헌이익이 정규시장의 판매량 감소로 인해 상실되는 공헌이익 보다 크면 그 주문을 수락하며, 그 반대이면 그 주문을 거절한다.

이 경우의 단위당 최저판매가격(최저주문가격)은 다음과 같이 산정할 수 있다.

$$최저판매가격 = \frac{공헌이익(기회원가^{*}) + 변동원가}{단위수량}$$

* 정규시장의 판매량 감소로 인해 상실되는 공헌이익

예제 2

제품 KS-1를 생산하여 판매하고 있는 KS제조(주)는 제조원가, 판매비와 관리비에 대해 다음과 같은 예산을 수립하고 있다.

변동예산

(단위 : ₩10,000)

조업도	60%	70%	80%	90%	100%
고정원가					
제조원가	8.0	8.0	8.0	8.0	8.0
판매비	1.0	1.0	1.0	1.0	1.0
관리비	3.0	3.0	3.0	3.0	3.0
계	12.0	12.0	12.0	12.0	12.0
준고정원가					
제조원가	3.5	4.0	4.0	4.5	4.7
판매비	0.5	0.8	0.8	1.3	1.8
관리비	1.0	1.2	1.2	1.2	1.5
계	5.0	6.0	6.0	7.0	8.0
변동원가					
제조원가	16.2	18.9	21.6	24.3	27.0
판매비	1.8	2.1	2.4	2.7	3.0
계	18.0	21.0	24.0	27.0	30.0
합계(총원가)	35.0	39.0	42.0	46.0	50.0
생산량	6,000단위	7,000단위	8,000단위	9,000단위	10,000단위
평균단위원가	@₩58.3	@₩55.7	@₩52.5	@₩51.1	@₩50

KS제조(주)는 최근 업계전체의 경쟁으로 현재 80%밖에 조업하고 있지 못하며 제품 KS-1를 단위당 @₩55씩 판매하고 있다. 이와 같은 상황 하에서 KS제조(주)는 최근 지방의 한 회사로부터 단위당 @₩49으로 제품 KS-1을 2,000단위 구입하고 싶다는 제의를 받게 되었다. 한편 위 변동예산 중 변동판매비의 내역은 다음과 같다.

	(변동비율)	(조업도 100%에 대한 예산 허용액)
변동판매비		
판매원수수료	₩1.0/단위	₩10,000
제품운반비	2.0/단위	20,000
	3.0/단위	₩30,000

위 제품을 구입하는 경우 제품에 대한 운반비는 구입하는 회사가 부담하는 것으로 하며, 이 주문 2,000단위에 대한 판매원에 대한 수수료도 발생하지 않는 것으로 한다.

요구사항

이와 같은 경우 KS제조(주)는 이 특별주문을 받아들여야 하는가를 의사결정하시오.

풀이

현재 KS제조(주)의 조업도는 80%이다. 그러므로 만일 이 주문을 받아들인다면 KS제조(주)는 제품을 10,000단위(현재의 생산량 8,000단위 + 특별주문량 2,000단위 = 10,000단위) 생산하여야 하며, 이 때의 조업도는 100%가 된다. 변동예산[1]에 의하면 조업도 100%일 때의 평균 단위원가는 @₩50이며, 주문가격은 @₩49이므로 이 주문을 받아들이면 손실이 발생한다고 생각할 수도 있다.

그러나 이와 같은 것은 비반복적 의사결정이므로 관련원가와 관련수익, 즉 차액원가와 차액수익을 비교하여 차액이익을 계산하고 이것을 토대로 의사결정을 하지 않으면 안 된다(<표 1>참조). 그러므로 이 경우 이 주문을 받아들이면 ₩24,000만큼의 증분이익이 발생하므로 위 주문을 수락하여야 한다.

---

1) 일정한 조업도를 전제로 편성되는 예산을 고정예산(fixed budget) 또는 정태예산(static budget)이라고 하며, 조업도의 변동에 따른 예산허용액을 용이하게 편성할 수 있는 예산을 변동예산(variable budget)이라고 한다. 고정예산은 기업전체의 이익계획을 구체화하고, 각 부문예산을 조정하여 설정되는 것이므로 계획예산이라고도 한다. 일반적으로 종합예산은 이 방식으로 편성된다. 그런데 실제의 조업도가 예산편성의 기초가 된 예정조업도와 동일한 경우에는 고정예산에 의해 원가통제를 합리적으로 행할 수 있으나 동일하지 않은 경우에는 통제기능상 결함을 갖게 된다. 이러한 고정예산의 결함을 보충하기 위하여 변동예산이 이용된다. 즉 변동예산은 고정예산과 병행하여 이용하면 고정예산이 갖는 통제기능의 결함을 보충하는 역할을 한다.
변동예산은 지금까지 주로 제조간접원가예산에 이용되었으나 판매비와 관리비 등의 예산에도 적용할 수 있다. 변동예산은 각 조업도에 대한 예산허용액의 표시방법에 따라 "공식법 변동예산"과 "다항식 변동예산(실사법 변동예산이라고도 한다.)"으로 나눌 수 있다. 전자는 예산허용액 y를 $y = a + bx$ (a : 고정원가, b : 조업도 단위당 변동원가, x : 조업도)라는 공식으로 산출할 수 있도록 각 원가요소별 고정원가, 변동원가를 표시한다. 후자는 기준이 되는 조업도를 중심으로 하여 일정한 간격으로 몇 개의 조업도를 설정하고, 원가요소별 예산허용액을 각 조업도별로 산출하여 표시한다.

<표 1> 차액원가수익분석

Ⅰ. 차액수익@₩49 × 2,000단위		₩98,000
Ⅱ. 차액원가 :		74,000
조업도 100%일 때의 총원가	₩500,000	
차감 : 조업도 100%의 변동판매비 ₩30,000과		
조업도 80%의 변동판매비 ₩24,000과의 차액	6,000*	
주문수락시 총원가	494,000	
차감 : 조업도 80%의 총원가	420,000**	
Ⅲ. 차액이익		₩24,000

* @₩3.0 × 2,000단위 ** @₩52.5 × 8,000단위

예제 3

A제조(주)의 생산 및 판매자료는 다음과 같다.

자료

① 연간 정상조업도	120,000단위	② 현재의 조업도	100,000단위
③ 연간 고정원가	₩60,000,000	④ 단위당 변동원가	₩2,000
⑤ 단위당 판매가격	₩3,000		

요구사항

이상의 자료로 1) 10,000단위에 대해 단위당 ⓐ₩2,250으로 특별주문이 들어온 경우, 2) 30,000단위에 대해 단위당 ⓐ₩2,250으로 특별주문이 들어온 경우의 의사결정을 하시오.

풀이

1) 10,000단위에 대해 단위당 ₩2,250으로 특별주문이 들어온 경우 :
이 경우 유휴설비 내에서의 특별주문에 해당하므로 주문가격(@₩2,250)과 변동원가(@₩2,000)를 비교하여 결정한다. <표 1>에 의하면 주문을 받아들이면 A제조(주)의 영업이익이 ₩2,500,000 만큼 증가한다.

<표 1> 비교손익계산서

(단위 : ₩1,000)

	주문 전	특별주문	주문 후
	(100,000단위)	(10,000단위)	(110,000단위)
매출액	₩300,000	₩22,500	₩322,500
변동원가	200,000	20,000	220,000
공헌이익	100,000	₩2,500	102,500
고정원가	60,000		60,000
영업이익	₩40,000		₩ 42,500

2) 30,000단위에 대해 단위당 ₩2,250으로 특별주문이 들어온 경우 :
이 경우 유휴설비를 초과한 특별주문에 해당하며, 추가설비투자를 하지 않고 정규시장의 판매량을 축소하는 경우이므로 특별주문으로 인한 총공헌이익과 정규시장 판매량 감소로 인해 상실되는 총공헌이익을 비교하여 결정한다. <표 2>에 의하면 주문을 거절하여야 한다. 이 경우 최저판매가격은 {₩10,000,000 + (@₩2,000 × 30,000단위)} ÷ 30,000단위 = ₩2,333이므로, 적어도 주문가격이 단위당 ₩2,333 이상인 경우 판매가 가능하다.

<표 2> 특별주문 30,000단위의 증분분석표

(단위 : ₩1,000)

30,000단위의 증분분석 :	
매출액(@₩2.25×30,000)	₩67,500
변동원가(@₩2.00×30,000)	60,000
공헌이익	₩7,500
기회원가의 계산 :	
연간정상조업도	120,000단위
현재의 조업수준	100,000
유휴설비능력	20,000단위
특별주문에 필요한 능력	30,000
포기되는 정규제품의 판매량	10,000단위
정규제품의 단위당 공헌이익(@₩3−@₩2 = @₩1)	
기회원가(10,000단위×@₩1)	₩10,000
	(₩2,500)

2.2 부품의 자가제조 또는 외부구입 의사결정

1. 자가제조 또는 외부구입 의사결정의 의의

기업이 제품을 생산하기 위해서는 수많은 부품을 필요로 한다. 이러한 부품들은 기업이 자가제조하기도 하지만 외부에서 구입하기도 한다. 이와 같이 부품 등을 외부공급자로부터 구입하는 과정을 **외주(outsourcing ; 외부구입)**라고 하며, 기업내부에서 만들거나 제공하는 것을 **내부조달(insourcing ; 자가제조)**이라고 한다. 재화나 용역을 외주할 것인지, 내부에서 조달할 것인지에 관한 의사결정을 **자가제조 또는 외부구입 의사결정**(make-or-buy decision)이라고 한다.

부품을 자가제조하면 외부 공급자의 영향을 받지 않고 원활하게 부품을 공급할 수 있으며, 일정한 수준의 품질을 유지하고 통제하기가 용이하고, 원가도 절감할 수 있는 장점도 있다. 그러나 이러한 자가제조시 나타나는 장점이 있음에도 불구하고 모든 부품을 기업이 자가제조할 수는 없다. 기업이 모든 부품을 자가제조하는 경우에는 막대한 고정원가가 발생하여 경기변동에 민감하게 대응하기가 어렵기 때문이다.

(1) 자가제조 및 외부구입의 관련원가

원가측면에서 부품을 자가제조할 것인가 또는 외부에서 구입할 것인가에 대한 의사결정은 ① 자가 제조설비의 대체적 용도가 없는 경우, 즉 기회원가가 존재하지 않는 경우와 ② 자가 제조설비의 대체적 용도가 있는 경우, 즉 기회원가가 존재하는 경우에 따라 달라진다.

가. 자가 제조설비의 대체적 용도가 없는 경우

이 경우에는 기본적으로 부품의 외부구입원가와 외부구입 시 회피가능원가를 비교하여 외부구입원가가 회피가능원가보다 낮다면 외부에서 부품을 구입한다. 외부에서 부품을 구입하면 자가제조에 따른 변동원가는 당연히 회피가능하며, 동시에 그 부품의 생산감독자 급여나 기계설비의 감가상각비 등 일부 고정원가도 회피가능하다. 반면에 공통고정원가는 외부구입을 하더라도 계속 발생한다. 따라서 회피가능원가는 변동원가와 회피가능 고정원가의 합계액이다.

나. 자가 제조설비의 대체적 용도가 있는 경우

외부에서 부품을 구입하면 기존설비를 임대하거나 다른 제품의 생산에 활용할 수 있다. 이 경우에는 기회원가(예 : 임대수익)를 추가로 고려하여 의사결정을 해야 한다. 즉, 회피가능원가와 기회원가를 합한 금액이 외부구입원가보다 크면 외부구입을 하고, 반대로 작으면 자가제조하는 의사결정을 한다.

(2) 의사결정기준

여러 가지 측면에서 의사결정할 수 있으나 여기서는 ① 현재 자가제조 중인 상태에서 외부구입을 검토하는 경우, ② 현재 외부구입 중인 상태에서 자가제조를 검토하는 경우로 나누어 검토한다.

가. 현재 자가제조 중인 상태에서 외부구입을 검토하는 경우

① 자가 제조설비의 대체적 용도(예: 임대)가 없는 경우

i) 외부 구입원가 < (자가 제조변동원가+회피가능 고정원가) : 외부구입한다.

ii) 외부 구입원가 > (자가 제조변동원가+회피가능 고정원가) : 자가제조한다.

② 자가 제조설비의 대체적 용도(예: 임대)가 있는 경우

i) 외부 구입원가 < (자가 제조변동원가+회피가능 고정원가+기회원가) : 외부구입한다.

ii) 외부 구입원가 > (자가 제조변동원가+회피가능 고정원가+기회원가) : 자가제조한다.

나. 현재 외부구입 중인 상태에서 자가제조를 검토하는 경우

① 유휴설비가 있는 경우

i) 자가 제조변동원가 < 외부 구입원가 : 자가제조한다.

ii) 자가 제조변동원가 > 외부 구입원가 : 외부구입한다.

② 유휴설비가 없는 경우 : 즉 제조설비의 구입 또는 임차가 필요한 경우

i) (자가 제조변동원가+증분고정원가) < 외부 구입원가 : 자가제조한다.

ii) (자가 제조변동원가+증분고정원가) > 외부 구입원가 : 외부구입한다.

요약

I. 외부구입원가		×××
II. 회피가능원가		
1. 회피가능 변동원가 (자가제조 변동원가)	××	
2. 회피가능 고정원가	××	×××
III. 기회원가		×××
IV. 증분고정원가		×××
V. 차액원가[(I−(II+III+IV)]		×××

차액원가 < 0이면 외부구입한다.
차액원가 > 0이면 자가제조한다.

예제 4

인천제조(주)는 부품 K를 제조하는 회사로서 10,000단위 생산에 대한 단위당 제조원가는 다음과 같다.

직접재료원가	₩3,000	직접노무원가	₩15,000	
변동제조간접원가	₩6,000	고정제조간접원가	₩8,000	₩32,000

인천제조(주)는 서울제조(주)로부터 단위당 ₩30,000에 부품 K를 납품하겠다는 제안을 받았다. 만일 인천제조(주)가 이 제안을 수락한다면 부품 K의 생산설비는 임대하여 ₩45,000,000을 받을 수 있으며, 단위당 ₩5,000의 고정제조간접원가도 회피할 수 있다.

요구사항

인천제조(주)는 자가제조 또는 외부구입 중 어떠한 의사결정을 하는 것이 유리한가?

풀이

외부구입		자가제조	
I. 외부구입원가	₩300,000,000	II. 회피가능원가	
	(10,000단위×₩30,000)	1. 회피가능 변동원가	₩240,000,000
		(자가제조 변동원가)(10,000단위×₩24,000)	
		2. 회피가능 고정원가	50,000,000
		(10,000단위×₩5,000)	
		III. 기회원가	
		1. 임대수익	45,000,000
	₩300,000,000		₩335,000,000

∴ 외부구입이 ₩35,000,000만큼 유리하다.

또는

Ⅰ. 외부구입원가		₩300,000,000
Ⅱ. 회피가능원가		
1. 회피가능 변동원가 (자가제조 변동원가)	240,000,000	
2. 회피가능 고정원가	50,000,000	290,000,000
Ⅲ. 기회원가		45,000,000
Ⅳ. 증분고정원가		0
Ⅴ. 차액원가[(Ⅰ. − (Ⅱ. + Ⅲ. + Ⅳ.)]		(₩35,000,000)

∴ 외부구입이 ₩35,000,000만큼 유리하다.

별해

1) 자가제조 총원가 = ₩320,000,000*
2) 외부구입 총원가 = (@₩30,000×10,000단위) + ₩30,000,000** − ₩45,000,000
= ₩285,000,000

∴ 외부구입이 ₩35,000,000만큼 유리하다.

* @₩32,000 × 10,000단위 ** (@₩8,000 × 10,000단위) − (@₩5,000 × 10,000단위)

2.3 제품라인의 폐지 또는 유지(추가) 의사결정

1. 폐지 또는 유지(추가)의사결정의 의의

경영자는 여러 제품 중 계속적으로 손실 발생이 예상되는 제품라인을 폐지할 것인가 또는 유지할 것인가를 결정해야 한다. 제품라인이 폐지되면 해당 제품의 공헌이익이 상실되므로 제품라인 폐지 시 상실되는 공헌이익이 제품라인 폐지 시의 회피가능 고정원가보다 크면 제품라인을 유지하고, 반대로 작으면 폐지한다.

제품라인을 폐지하면 그 제품라인의 변동원가는 발생하지 않는 동시에 해당 제품라인에서 직접 발생하는 감가상각비, 보험료 및 해당 라인에 종사하는 감독자의 급여 등의 회피가능 고정원가도 발생하지 않는다. 반면에 여러 제품라인에서 공동으로 발생하는 수도광열비, 기업의 광고비 등의 회피불능 고정원가는 제품라인이 폐지되더라도 계속하여 발생하므로 비관련원가이다.

2. 제품 유지 또는 폐지의 관련원가

(1) 제품라인의 대체적 용도가 없는 경우

제품라인을 폐지하면 해당 제품의 매출액과 변동원가 뿐만 아니라 회피가능 고정원가도 발생하지 않는다.

따라서 제품라인의 유지 또는 폐지의 관련원가는 매출액에서 변동원가를 차감한 공헌이익과 회피가능 고정원가이다.

(2) 제품라인의 대체적 용도가 있는 경우

폐지된 제품라인을 다른 제품 생산라인으로 대체가 가능한 경우에는 이에 대한 기회원가를 고려하여야 한다. 이 경우의 관련원가는 공헌이익, 회피가능 고정원가 이외에 기회원가가 추가된다.

3. 의사결정기준

제품라인이 폐지되면 해당 제품의 공헌이익이 상실되므로 제품라인 폐지 시 상실되는 공헌이익이 제품라인 폐지 시의 회피가능 고정원가보다 크면 제품라인을 유지하고, 반대로 작으면 폐지한다.

(1) 제품라인의 폐지

(제품라인 유지 시의 공헌이익 = 제품라인 폐지 시의 상실되는 공헌이익)이므로

폐지 시의 상실되는 공헌이익 〉 폐지 시의 회피가능 고정원가 : 제품라인을 유지한다.

폐지 시의 상실되는 공헌이익 〈 폐지 시의 회피가능 고정원가 : 제품라인을 폐지한다.

(2) 제품라인의 추가

제품라인 추가 시의 증분공헌이익 〉 제품라인 추가에 따른 증분고정원가 : 제품라인 추가

제품라인 추가 시의 증분공헌이익 〈 제품라인 추가에 따른 증분고정원가 : 제품라인 유지

예제 5

KS백화점은 A, B, C 부문을 운영하고 있다. 백화점 사장인 L씨는 최근 적자가 나고 있는 A부문을 폐지할 것인가를 검토하고 있다. 다음은 KS백화점의 부문별 손익계산서이다.

	A	B	C	합계
매출액	₩1,000	₩800	₩100	₩1,900
변동원가	800	560	60	1,420
공헌이익	200	240	40	480
고정원가				
회피가능	150	100	15	265
회피불능	60	100	20	180
영업이익	₩(10)	₩40	₩5	₩35

요구사항

1. 적자가 나고 있는 A부문의 폐지 여부를 결정하시오. 그리고 그 결정이 KS백화점에 미치는 영향을 나타내시오. 이 경우 백화점이 만일 A부문을 폐지하기로 하여도 그 공간은 유휴공간으로 그대로 두기로 한다.
2. KS백화점은 A부문을 폐지하되 그로 인해 사용할 수 있는 공간을 수익성이 좋은 B부문을 확장하여 사용하고자 한다. 만일 B부문을 확장하면 매출액이 ₩500만큼 증가할 것으로 예상하며, ₩70의 회피가능 고정원가가 발생한다고 가정하여 B부문의 확장여부에 대한 의사결정을 하시오.

풀이

1. 폐지 시의 상실되는 공헌이익 〉 폐지 시의 회피가능 고정원가 : 제품라인의 유지
   ₩200 〉 ₩150

   의사결정 : A부문을 유지하여야 한다.

참고

A부문의 유지 또는 폐지 분석표

	유지안	폐지안	차이
매출액	₩1,900	₩900	₩1,000
변동원가	1,420	620	800
공헌이익	480	280	200
회피가능 고정원가	265	115	150
회피불능 고정원가	180	180	0
영업이익	₩35	₩(15)	₩50

∴ A부문을 유지하여야 한다.

2.

	B부문 확장	C	합계
매 출 액	800+500	100	1,400
변동원가	560+350	60	970
공헌이익	240+150	40	430
고정원가			
회피가능	100+70	15	185
회피불능			180
영업이익			₩65

의사결정 : 영업이익이 ₩65 – ₩35 = ₩30만큼 증가하므로 B부문을 확장해야 한다. 즉 공헌이익 감소액 ₩50[=(₩200 – ₩150)] 보다 회피가능 고정원가 감소액₩80[=(₩150 – ₩70)]이 크므로 ₩30만큼 이익이 증가한다.

2.4 기존설비의 대체 의사결정

1. 대체 또는 유지 의사결정의 의의

기업은 사용 중인 생산설비가 기술혁신 등으로 진부화되면 아직 이용할 수 있음에도 불구하고 새로운 설비로 대체하려고 한다. 그 이유는 새로운 설비로 대체하게 되면 생산효율이 더 높아지고 수선유지비가 더 적게 소요되기 때문이다. 이 때문에 생산설비를 유지할 것인가, 혹은 새로운 설비로 대체할 것인가 하는 의사결정이 필요하다. 그러나 여기서의 기존설비의 대체 또는 유지 의사결정은 자본예산에서 다루는 장기의사결정에 속하지 않는 단기의사결정이므로, 화폐의 시간적 가치나 법인세문제 등은 고려하지 않는다.

2. 기존설비 대체의 관련원가

신 설비의 대체에 관한 의사결정을 하기 위해서는 구 설비를 계속하여 사용하는 경우에 발생하는 원가와 신 설비를 사용하는 경우에 발생하는 원가를 비교해야 한다.

구 설비를 계속하여 사용하는 경우에 발생하는 원가란 구 설비의 잔존내용연수 동안에 구 설비와 관련하여 현금지출이 발생하는 재산세, 보험료, 수선유지비 등을 말하며, 비현금지출 비용인 구 설비의 감가상각비는 포함되지 않는다. 그리고 신 설비를 사용하는 경우에 발생하는 원가란 신 설비의 내용연수 동안에 신 설비와 관련하여 현금지출이 발생하는 재산세, 보험료, 수선유지비 등과 신 설비의 취득원가를 합한 것을 말하며, 비현금지출비용인 신 설비의 감가상각비는 포함되지 않는다.

3. 의사결정기준

[(신 설비의 취득원가 – 구 설비의 처분금액) + 신 설비의 사용에 따른 미래 현금지출비용] 〈 구 설비의 사용에 따른 미래 현금지출비용 : 신 설비로 대체한다.

[(신 설비의 취득원가 – 구 설비의 처분금액) + 신 설비의 사용에 따른 미래 현금지출비용] 〉 구 설비의 사용에 따른 미래 현금지출비용 : 구 설비를 유지한다.

예제 6

KS제조(주)는 2년 전에 구입하여 사용하고 있는 구 설비를 성능이 좋은 신 설비로 대체하는 방안을 검토하고자 한다.

	구 설비	신 설비
취득원가	₩25,000,000	₩22,500,000
장부금액	15,000,000	–
잔존내용연수	3년	3년
현재의 처분가능금액	4,500,000	–
3년 후의 처분가능금액	0	0
연간 현금지출비용	20,000,000	11,500,000

요구사항

위 자료로 신 설비로의 대체여부를 결정하시오.

풀이

1) **구 설비의 사용에 따른 미래 현금지출비용** = ₩20,000,000 × 3년 =	₩60,000,000
2) **신 설비의 사용에 따른 미래 현금지출비용** = ₩11,500,000 × 3년 =	34,500,000
신 설비의 취득원가	22,500,000
구 설비의 처분금액	- 4,500,000
	₩52,500,000
3) **신 설비의 대체에 따른 원가절감액**	₩7,500,000

의사결정 : 신 설비로 대체하는 것이 구 설비를 유지하는 것보다 유리하다.

별해

현금지출비용의 절감액(₩20,000,000 - ₩11,500,000) × 3년		₩25,500,000
신 설비의 취득원가	₩22,500,000	
구 설비의 처분가능금액	4,500,000	(18,000,000)
신 설비의 대체에 따른 원가절감액		₩7,500,000

2.5 결합제품의 판매 또는 추가가공 의사결정

1. 판매 또는 추가가공 의사결정의 의의

정유업의 휘발유, 등유, 중유 등, 제련업의 금, 은, 동 등과 같이 동일한 공정에서 동일한 재료를 사용하여 판매가치가 서로 다른 두 종류 이상의 제품을 생산하는 경우 이들 제품을 **결합제품(연산품, joint products)**이라고 한다. 이들 결합제품은 일정한 생산단계에 도달할 때까지는 각 제품별로 구분할 수 없으며, 특정단계, 즉 분리점 이후에야 비로소 개별제품으로 구분되는 특징이 있다.

여기서 **분리점**(split-off point)이란 결합제품이 개별제품으로 분리되는 시점을 말하며, 분리점에 도달하기까지 결합제품을 생산하는 과정에서 발생한 모든 제조원가를 **결합원가**(joint costs)라고 하며, 분리점 이후에 추가가공이 이루어지는 경우 추가가공으로 발생하는 원가를 **분리원가(추가가공원가**, separable costs)라고 한다.

결합제품의 추가가공 여부와 관련된 의사결정(**판매 또는 추가가공 의사결정**, sell-or-process further decisions) 시 결합원가는 비관련원가이다. 즉, 결합원가는 추가가공 여부와 관계없이 이미 과거에 발생한 매몰원가로서 의사결정과 관련이 없다. 분리점에서의 추가가공 여부를 결정할 때는 추가가공 후의 판매가치 증가분과 추가적으로 발생하는 분리원가를 비교하여 판매가치 증가분이 분리원가보다 크면 추가가공을 하고, 반대로 작으면 추가가공을 포기하고 분리점에서 그대로 판매를 하는 의사결정을 해야 한다.

2. 의사결정기준

분리점에서의 판매가치 〈 (추가가공 시의 판매가치 − 추가가공원가) : 추가가공한다.
분리점에서의 판매가치 〉 (추가가공 시의 판매가치 − 추가가공원가) : 분리점에서 판매한다.

예제 7

KS화학(주)는 결합공정(joint process)을 거쳐 화학제품 X와 Y를 생산하고 있다. 결합원가는 ₩100,000,000이며, 이것은 제품 X와 Y가 분리되기 이전의 모든 원가이다. KS화학(주)의 공정흐름도를 나타내면 다음과 같다.

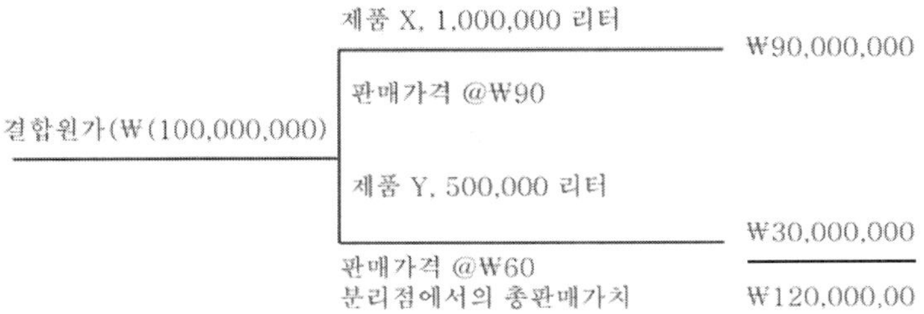

그런데 이 결합제품은 분리점(split-off point)에서 그대로 팔 수도 있으며 더 추가가공하여 판매할 수도 있다. 이와 같은 경우 경영자는 분리점에서 판매할 것인지, 또는 추가가공하여 판매할 것인지의 의사결정을 하여야 한다.

위 제품 중 제품 Y 500,000리터는 추가가공하여 제품 YA로 판매할 수 있는데 이를 위해서는 분리원가(separable costs)가 ₩80/리터가 발생할 것으로 추정된다. 그리고 이 경우 제품 YA의 판매가격은 ₩160/리터로 예상된다.

요구사항

경영자는 제품 X의 경우는 분리점에서 판매하고자 하나 제품 Y의 경우는 추가가공하여 판매할 것인가 하는 것은 아직 결정하지 않았다. 제품 Y는 분리점에서 판매하여야 하는가, 혹은 추가가공하여 판매하여야 하는가를 의사결정하시오.

풀이

위 **판매 또는 추가가공 의사결정(sell-or-process further decisions)**을 하기 위해서는 관련원가와 비관련원가를 구분하는 것이 필요하다. 이 의사결정에서의 관련원가는 분리점에서의 판매가격, 추가가공한 신제품의 판매가격, 분리원가 즉 추가가공원가만이 해당하며, 결합원가나 그 배분액 등은 의사결정과 관련없는 비관련원가가 된다. 그러므로 위 문제의 경우 다음과 같이 분석할 수 있다.

(단위 : ₩1,000)

	제품 Y로 분리점에서 판매	제품 YA로 추가가공 판매	차이
수익	₩30,000	₩80,000	₩50,000
분리원가	0	40,000	40,000
이익효과	₩30,000	₩40,000	₩10,000

이 분석에 의하면 제품 Y로 분리점에서 판매하는 것보다는 추가가공하여 제품 YA로 판매하는

것이 ₩10,000,000만큼의 이익이 더 발생하므로 추가가공하여 판매하는 것이 바람직하다.
위 분석은 다음과 같은 기법으로도 분석하는 것이 가능하다.

(단위 : ₩1,000)

	대체안 1			대체안 2			차이
	X	Y	합 계	X	YA	합 계	
수익	₩90,000	₩30,000	₩120,000	₩90,000	₩80,000	₩170,000	₩50,000
결합원가			100,000			100,000	
분리원가			0		40,000	40,000	40,000
총 원 가			100,000			140,000	40,000
이익효과			₩20,000			₩30,000	₩10,000

2.6 대체적 기법의 선택

1. 대체적 기법 선택 의사결정의 의의

기업이 어떠한 생산기법을 채택하느냐에 따라 기업의 원가구조는 달라진다. 여기서 원가구조란 총원가 중 고정원가와 변동원가의 비율을 말한다. 일반적으로 기업은 고정원가와 변동원가의 비율을 적절하게 조절할 수 있는 경우가 많다. 예컨대, 자동화설비에 투자함으로써 종업원 수를 줄이면 변동원가는 줄어드는 반면 고정원가는 증대한다. 즉 기업이 자본집약적 기업을 지향하느냐, 노동집약적 기업을 지향하느냐에 따라 그 기업의 원가구조는 달라질 수 있다.

이와 같이 기업이 채택하는 생산기법에 따라 원가구조가 달라질 수 있다는 사실을 바탕으로 조업도가 일정하더라도 어떤 생산기법을 선택하는 것이 원가 및 이익에 영향을 주므로 이익을 최대화할 수 있는 생산기법을 선택하는 의사결정을 하여야 한다.

2. 의사결정기준

일정한 조업도 하에서 수익함수(수익선)는 동일한 경우 원가가 낮은 생산기법을 택하면 이익이 증대하므로 원가가 낮은 생산기법을 택한다.

■ 대체적 생산기법의 선택 ■

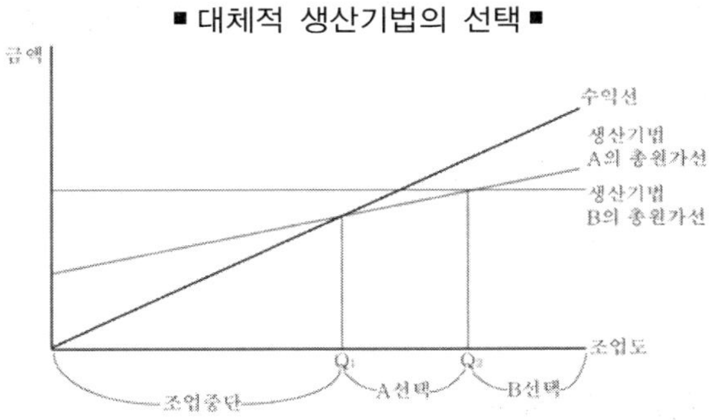

예제 8

대한제조(주)는 두 개의 생산기법A와 B 중 어느 것을 선택하여야 하는가를 검토하고 있다. 어느 생산기법을 선택하든지 제품의 단위당 판매가격은 ₩20으로 동일하다. 생산기법A를 사용하면 단위당 변동원가는 ₩4이며 연간 고정제조원가는 ₩60,000이 발생할 것으로 보이며, 생산기법B를 사용하면 단위당 변동원가는 ₩3이며 연간고정제조원가는 ₩65,000이 발생할 것으로 예상된다.

요구사항

이와 같은 경우 대한제조(주)의 의사결정기준을 제시하시오.

풀이

20X = ₩60,000 + 4X → X = 3,750단위
₩60,000 + 4X = ₩65,000 + 3X → X = 5,000단위

예상판매량	의사결정
0 - 3,750단위	조업중단
3,750 - 5,000	생산기법A 선택
5,000단위 이상	생산기법B 선택

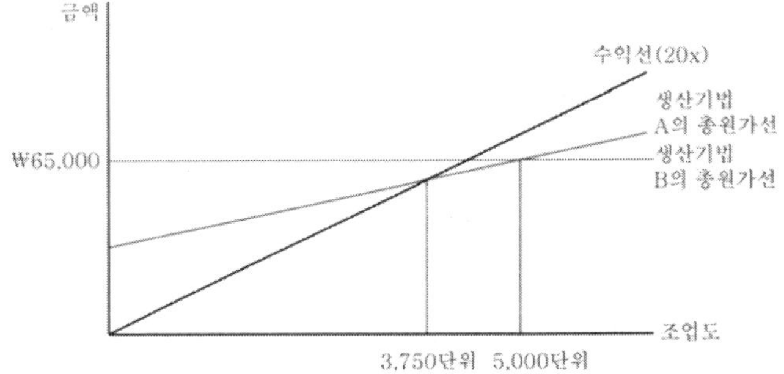

2.7 제한된 자원의 이용(제약조건 하의 제품구성)

기업은 제한된 자원을 갖고 경영활동을 수행한다. 예컨대, 기계나 종업원, 영업매장 등이 여기에 속한다. 따라서 경영자는 공헌이익을 극대화하기 위해서 제한된 자원을 효율적으로 활용하여야 한다. 즉, 제한된 자원은 공헌이익 극대화를 위한 고려해야할 제약조건이 된다.

1. 제약조건이 하나인 경우

제한된 자원이 하나인 경우 기업의 공헌이익을 극대화하기 위해서는 **제약자원 단위당 공헌이익**이 큰 제품을 선택하여야 한다. 이것은 제약자원 한 단위로서 얻을 수 있는 각 제품의 공헌이익이기 때문이다. 예를 들어, 제품 A, B의 단위당 공헌이익이 각각 ₩100, ₩150이며, 각 제품을 생산하는데 기계작업시간이 각각 2시간, 5시간이며, 이 두 제품을 기계 한 대로 생산한다고 가정하자. 이 경우 제약자원인 기계작업시간당 공헌이익은 제품 A, B가 각각 ₩50원(₩100/2시간), ₩30(₩150/5시간)이다. 따라서 한 대뿐인 기계를 효율적으로 활용하기 위해서는 제약자원 단위당 공헌이익이 큰 제품 A를 생산하여야 할 것이다.

결론적으로 제약자원이 존재하는 경우에는 단순히 공헌이익을 비교하여 의사결정을 해서는 안 되며, 제약자원 단위당 공헌이익이 큰 제품을 생산하여야 한다.

2. 제약조건이 복수인 경우

제약조건이 둘 이상이면 앞의 분석방법을 이용하기가 어렵다. 첫 번째 제약조건을 고려하면 제품 A가 유리하지만, 두 번째 제약조건을 고려하면 제품 B가 유리할 수 있기 때문이다. 따라서 제약조건이 여러 개인 경우에는 선형계획모형을 이용한 심플렉스법(simplex method)을 통해 의사결정을 하며, 분석하는 절차는 다음과 같다.

① 이익극대화, 원가의 극소화 등 목적함수를 대수식으로 표시한다.

② 기계가동시간, 직접작업시간, 소비량 등 제약조건을 대수식으로 표시한다.

③ 각각의 제약조건을 그래프에 표시한 후 이들을 모두 만족하는 실행가능영역을 결정한다.

④ 실행가능영역 중 목적함수 값을 최대화 또는 최소화하는 최적해를 찾으며, 최적해는 반드시 꼭지점에 있다.

예제 9

서울제조(주)는 기계 한 대로 두 가지 엔진 A와 B를 생산하고 있다. 관련자료는 다음과 같다.

	A엔진	B엔진
단위당 판매가격	₩800,000	₩1,000,000
단위당 변동원가	560,000	625,000
단위당 공헌이익	₩240,000	₩375,000
공헌이익률	30%	37.5%
단위당 소요기계시간	2시간	5시간
사용가능 총기계시간	600시간	

요구사항

서울제조(주)가 총공헌이익을 극대화하기 위해서는 어느 엔진을 생산해야 하는가?

풀이

	A엔진	B엔진
단위당 공헌이익	₩240,000	₩375,000
단위당 소요기계시간	2시간	5시간
기계시간당 공헌이익	₩120,000	₩75,000
총공헌이익	₩72,000,000	₩45,000,000

의사결정 : 제약요소의 단위당 공헌이익이 큰 A엔진을 생산하여 판매해야 총공헌이익이 극대화된다.

예제 10

KS제조(주)는 두 종류의 제품을 생산하여 판매하고 있다. 다음은 두 종류의 제품 KS-1과 KS-2의 단위당 관련자료이다.

항목	KS-1	KS-2
직접재료원가	₩120,000	₩160,000
직접노무원가(시간당 @₩20,000)	50,000	80,000
변동제조간접원가(기계시간 당 @₩5,000)	20,000	40,000
고정제조간접원가	20,000	20,000
단위당 총제조원가	₩210,000	₩300,000
단위당 판매가격	₩260,000	₩400,000

최근 두 제품에 대한 수요가 급속하게 증가하고 있으나 현행 생산시설의 부족으로 그 수요를 충당할 수 없는 실정이다. 현재 제품 KS-1에 대한 월간 수요는 8,000단위이며, KS-2에 대한 월간 수요는 5,000단위이다. 그리고 현재 KS제조(주)의 월간 생산능력은 60,000기계시간이다.

요구사항

1. 각 제품의 단위당 공헌이익을 구하시오.
2. 이익을 최대화할 수 있는 제품구성(product mix)을 구하시오.
3. KS제조(주)는 새로운 고객으로부터 KS-1 제품 2,000단위를 ₩300,000씩 구입하겠다는 특별주문을 받았다. 이 주문과 관련한 기회원가는 얼마인가?
4. KS제조((주)는 위 주문을 받아들여야 하는가?

풀이

1. 각 제품의 단위당 공헌이익

	KS-1		KS-2	
단위당 판매가격		₩260,000		₩400,000
단위당 변동원가 :				
직접재료원가	₩120,000		₩160,000	
직접노무원가	50,000		80,000	
변동제조간접원가	20,000	190,000	40,000	280,000
단위당 공헌이익		₩70,000		120,000

2. 제한된 자원의 단위당 공헌이익

	KS-1	KS-2
단위당 공헌이익	70,000	120,000
단위당 기계시간	4시간*	8시간**
제약자원(기계시간)당 공헌이익	17,500	15,000

* ₩20,000/₩5,000, ** ₩40,000/₩5,000

KS-1의 제약자원(기계시간)당 공헌이익이 KS-2보다 크다. 따라서 KS제조(주)는 KS-1의 수요를 충당한 후 나머지 기계시간을 KS-2에 사용하여야 한다. 그러므로 최적 생산계획은 다음과 같이 KS-1 8,000단위 생산과 KS-2 3,500단위{[60,000시간-(8,000단위×4시간)]÷8시간}를 생산하여야 한다.

3. KS제조(주)는 KS-1 제품 2,000단위 특별주문에 필요로 하는 8,000(2,000단위×4시간) 기계시간의 유휴설비를 갖고 있지 못하다. 만일 이 특별주문을 수락하게 되면 KS-2 제품 1,000단위(8,000시간÷8시간)의 생산을 줄어야 한다. 그 경우 이 KS-2 제품 1,000단위 생산 감소에 대한 상실되는 공헌이익은 ₩120,000,000(@₩120,000×1,000단위)이다. 즉 KS-1 제품 2,000단위 특별주문에 따른 기회원가는 ₩120,000,000이다.

4. 특별주문에 관한 원가는 다음과 같다.

변동원가(@₩190,000, 2,000단위)	₩380,000,000
기회원가	120,000,000
관련원가	₩500,000,000
단위당 관련원가(₩5,00,000,000/2,000단위)	@₩250,000

따라서 KS제조(주)는 주문가격이 ₩300,000으로, 단위당 관련원가 ₩250,000을 초과하므로 위 특별주문을 받아들여야 할 것이다. 이 특별주문을 받아들일 경우 KS제조(주)는 ₩100,000,000[(@₩300,000－@₩250,000)×2,000단위]의 이익이 증가될 것이다.

예제 11

서울제조(주)는 A엔진과 B엔진 두 제품을 생산·판매하고 있다. 생산, 판매의 관련자료는 다음과 같다.

부문	생산능력(시간)/일	제품단위당 소요시간		최대생산량/일	
		A엔진	B엔진	A엔진	B엔진
조립부문	600 기계시간	2.0시간	5.0시간	300개	120개
검사부문	120 검사시간	1.0시간	0.5시간	120개	240개

제품	조립부문	검사부문	단위당 판매가격	단위당 변동원가	단위당 공헌이익
A엔진(only)	300개	120개	₩800,000	₩560,000	₩240,000
B엔진(only)	120개	240개	₩1,000,000	₩625,000	₩375,000

단, B엔진 최대생산량은 부품부족으로 110개/일(日)만 생산할 수 있다.

요구사항

서울제조(주)는 영업이익 극대화를 위해 각 제품을 하루에 몇 개씩 생산해야 하는가?

풀이

목적함수 : 총공헌이익 = ₩240,000A + ₩375,000B

제약조건 : 조립부문 $2.0A + 5.0B \leq 600$

검사부문 $1.0A + 0.5B \leq 120$

B 제품 $B \leq 110$

$A > 0,\quad B > 0$

	A	B	총공헌이익(단위 : ₩1,000)
(0, 0)	0	0	240(0) + 375(0) = ₩0
(0, 110)	0	110	240(0) + 375(110) = ₩41,250
(25, 110)	25	110	240(25) + 375(110) = ₩47,250
(75, 90)	75	90	240(75) + 375(90) = ₩51,750
(120, 0)	120	0	240(120) + 375(0) = ₩28,800

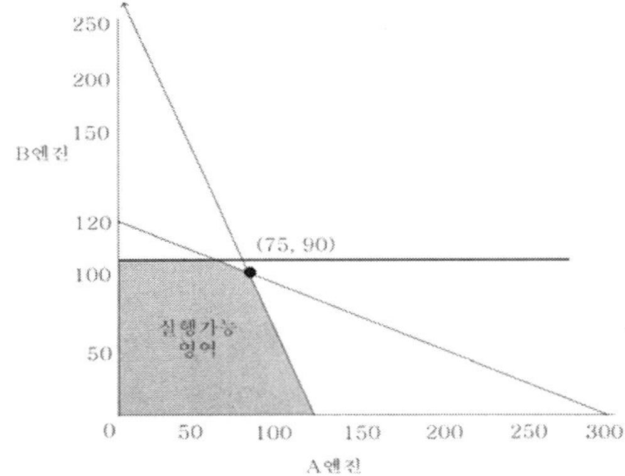

의사결정 : A엔진을 75개 생산하고 B엔진을 90개 생산하는 경우 공헌이익이 ₩51,750,000으로 극대화된다.

연습문제

1. 한국(주)의 2017년 12월의 공헌손익계산서는 다음과 같다.

공헌손익계산서

판 매 량	10,000개
매 출 액	₩2,000,000
변동제조원가	900,000
공헌이익	₩1,100,000
고정제조간접원가	500,000
고정판매비	300,000
순 이 익	₩300,000

한국(주)는 대한(주)로부터 단위당 ₩130에 제품 1,000개를 구입하겠다는 특별주문을 받았다.

물음 한국(주)의 유휴설비가 있는 경우 특별주문의 수락여부를 결정하시오.

2. 세계(주)는 A부품을 자가제조해 왔는데 200단위를 생산하는 경우의 A부품의 단위당 원가자료는 다음과 같다.

직접재료원가	₩400
직접노무원가	800
변동제조간접원가	400
고정제조간접원가	1,000
합　계	₩2,600

그런데 최근에 A부품 생산을 전문으로 하는 전라(주)가 A부품 200단위를 단위당 ₩2,500에 공급하겠다는 제의를 해왔다. 만약 A부품을 전라(주)로부터 외부구입하는 경우에는 고정제조간접원가 중에서 ₩50,000이 더 이상 발생하지 않는다.

물음 다음 각각에 대해 세계(주)가 자가제조할 것인가, 아니면 외부구입할 것인가를 결정하시오.

1) 부품을 외부구입하게 되더라도 기존설비에 대체적인 용도가 없는 경우
2) 부품을 외부구입하면 기존설비를 다른 제품의 생산에 이용할 수 있으며 이로 인한 공헌이익의 증가분이 총 ₩150,000인 경우
3) 부품을 외부구입하면 기존설비를 임대하여 ₩80,000의 수익을 얻을 수 있는 경우

3. 경북(주)는 X, Y, Z 세 가지 제품을 생산 판매하고 있으며 각 제품별 공헌손익계산서는 다음과 같다.

	제품 X	제품 Y	제품 Z
매 출 액	₩2,000	₩4,000	₩3,000
변동원가	1,200	2,800	2,000
고정원가	500	1,600	500
순 이 익	₩300	₩(400)	₩500

이 기업의 경영자는 제품 Y에서 ₩400의 손실이 발생하고 있으므로 이 제품라인을 폐지할 것으로 고려하고 있다. 제품 Y의 고정원가 ₩1,600 중 ₩600은 제품라인이 폐지하여도 계속 발생하는 회피불능 고정원가이다.

물음 제품 Y를 생산하는 제품라인의 폐지여부를 결정하시오.

4. 강남(주)는 A, B 두 제품을 생산・판매하고 있다. 강남(주)의 제품 생산능력은 기계가동시간이 45,000시간이고 노동시간은 10,000시간으로 한정되어 있다. 각 제품 한 단위를 생산하기 위한 자료는 다음과 같다.

	A 제품	B 제품
제품 단위당 기계시간	5시간	10시간
제품 단위당 노동시간	2시간	2시간
단위당 공헌이익	₩60	₩90

물음 강남(주)의 이익을 극대화하기 위한 각 제품의 최적 생산량을 구하시오.

해답

1.

수익의 증가액	₩130×1,000개	₩130,000
변동원가의 증가액	₩ 90×1,000개	90,000
이익의 증가액		₩40,000

의사결정 : 한국(주)는 ₩40,000의 이익이 증가하므로 특별주문을 수락한다.

2. 자가제조 또는 외부구입 결정

1)

자가제조시의 총원가(₩2,600×200단위)	₩520,000
외부구입시의 총원가 :	
추가발생원가(₩2,500×200단위)	₩500,000
고정제조간접원가(₩1,000×200단위－₩50,000)	150,000
총 원 가	₩650,000
원가증가액	₩130,000

의사결정 : 자가제조하는 것이 ₩130,000만큼 유리하다.

2)

자가제조시의 총원가(₩2,600×200단위)	₩520,000
외부구입시의 총원가 :	
추가발생원가(₩2,500×200단위)	₩500,000
고정제조간접원가(₩1,000×200단위－₩50,000)	150,000
기존설비의 타용도 이용으로 인한 원가절감액	(150,000)
총 원 가	₩500,000
원가감소액	₩20,000

의사결정 : 외부구입하는 것이 ₩20,000만큼 유리하다.

3)

자가제조시의 총원가(₩2,600×200단위)	₩520,000
외부구입시의 총원가 :	
추가발생원가(₩2,500×200단위)	₩500,000
고정제조간접원가(₩1,000×200단위－₩50,000)	150,000
기존설비 임대수익	(80,000)
총 원 가	₩570,000
원가증가액	₩50,000

의사결정 : 자가제조하는 것이 ₩50,000만큼 유리하다.

3. 제품 Y의 공헌이익 = ₩4,000 － ₩2,800 = ₩1,200
회피가능 고정원가 = ₩1,600 － ₩600 = ₩1,000
의사결정 : 상실되는 공헌이익이 회피가능 고정원가보다 크므로 Y 제품라인은 유지해야 한다.

4. 주어진 상황의 의사결정모형은 다음과 같다.

목적함수 : (₩60×A)＋(₩90×B) (공헌이익의 극대화)

제약조건 : (5시간×A)＋(10시간×B)≤45,000 (기계시간의 제약조건)

(2시간×A)＋(2시간×B)≤10,000 (노동시간의 제약조건)

A, B≥0 (A, B는 음수가 아니어야 한다는 조건)

여기서 A는 A제품의 생산량이고 B는 B제품의 생산량이다.

위 제약조건을 만족하는 최적해를 그래프로 표시하면 다음과 같다.

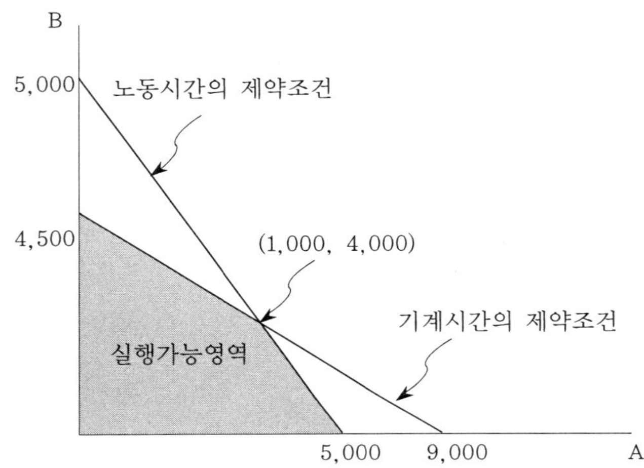

목적함수를 최대화하는 점은 각 꼭지점인 (0,0), (0, 4,500), (1,000, 4,000), (5,000, 0) 중의 하나이며 이 때의 각각의 공헌이익을 계산하면 다음과 같다.

(0, 0) : ₩60×0＋₩90×0＝₩0

(0, 4,500) : ₩60×0＋₩90×4,500＝₩405,000

(1,000, 4,000) : ₩60×1,000＋₩90×4,000＝₩420,000

(5,000, 0) : ₩60×5,000＋₩90×0＝₩300,000

의사결정 : A제품을 1,000개를 생산하고 B제품을 4,000개 생산하는 경우 공헌이익이 ₩420,000으로 극대화된다.

종합문제

1. KS제조(주)의 2017년 5월의 예산공헌(포괄)손익계산서는 다음과 같다.

공헌(포괄)손익계산서

판매량	10,000단위
매출액	₩50,000,000
변동제조원가	22,500,000
공헌이익	27,500,000
고정제조간접원가	12,500,000
고정판매비와 관리비	7,500,000
영업이익	₩7,500,000

KS제조(주)는 지방의 한 회사로부터 단위당 ₩3,250에 제품 1,000단위를 특별주문 하겠다는 제의를 받았다. 이 특별주문은 기존의 시장에 어떠한 영향을 미치지 않을 것으로 생각된다.

물음

1) KS제조(주)의 최대생산능력이 11,000단위라고 가정하여 특별주문의 수락여부를 판단하시오.
2) KS제조(주)의 최대생산능력이 10,000단위라고 가정하여 특별주문의 수락여부를 판단하시오. 이 경우 특별주문을 수락하게 되면 정규판매량이 그 만큼 감소하게 된다.

2. 한국부품(주)는 부품 S를 생산하고 있다. 부품 S의 제조관련 원가는 다음과 같다.

직접재료원가	₩70,000	직접노무원가	₩280,000	변동제조간접원가	₩140,000
고정제조간접원가	₩280,000	생산량	2,000단위	단위당 제품원가	@₩385

최근 동일한 부품을 생산하는 대한(주)로부터 부품 S를 단위당 ₩315에 공급하겠다는 제의를 해왔다. 외부에서 구입할 경우 고정제조간접원가 중 일부인 ₩70,000은 회피할 수 있다.

물음

1) 외부에서 구입하는 경우 기존 생산설비의 대체적 용도가 없는 경우의 부품 S의 자가제조 또는 외부구입의사결정을 하시오.
2) 부품 S를 외부로부터 구입하는 경우 다음과 같은 대체적 용도가 가능하다고 가정할 때의 최적의사결정은?

   대체안 1 : 기존설비를 임대하면 ₩175,000의 수익을 얻을 수 있다.

   대체안 2 : 다른 부품을 생산하면 ₩210,000의 이익을 얻을 수 있다.

3. 한국제조(주)는 6년 전에 구입하여 사용하고 있는 구 설비를 성능이 좋은 신 설비로 대체하는 방안을 검토하고자 한다.

자료

	구 설비	신 설비
취득원가	₩10,000	₩ 8,000
장부가액	₩ 4,000	—
잔존내용연수	4년	4년
현재의 처분가능가액	₩ 2,500	—
4년 후의 처분가능가액	0	0
연간 현금지출비용	₩ 5,000	₩ 3,000

물음 위 자료로 신 설비로의 대체 여부를 결정하시오.

4. 대한제조(주)는 두 개의 생산기법 A와 B 중 어느 것을 선택하여야 하는가를 검토하고 있다. 어느 생산기법을 선택하든지 제품의 단위당 판매가격은 ₩45으로 동일하다. 생산기법 A를 사용하면 단위당 변동원가는 ₩15이며 연간고정제조원가는 ₩90,000이 발생할 것으로 보이며, 생산기법 B를 사용하면 단위당 변동원가는 ₩10이며 연간고정제조원가는 ₩120,000이 발생할 것으로 예상된다. 이와 같은 경우 대한제조(주)의 의사결정기준을 제시하시오.

5. 한국(주)는 ₩200,000의 결합원가(joint costs)로 세 가지의 결합제품(연산품)을 생산하고 있다. 이 제품들은 분리점에서 분리된 후 추가 가공되어 아래와 같이 판매되고 있다.

제품	판매가격	분리원가(추가가공원가)
A	₩130,000	₩25,000
B	180,000	45,000
C	90,000	30,000

회사는 분리점에서 각 제품을 다음과 같은 가격으로 판매할 수도 있다.

A ₩101,500 B ₩137,500 C ₩64,000

물음

1) 추가 가공되어야 할 제품과 분리점에서 판매되어야 할 제품을 분류하시오.
2) 이 회사가 얻을 수 있는 최대이익은 얼마인가?

부 록

재무제표 양식

[재무제표 양식]

여기서 제시하는 재무제표 양식은 **[일반기업회계기준]**에서 제시한 재무상태표, 손익계산서, 현금흐름표, 자본변동표 양식의 예시이다.

(1) 재무상태표 양식

재 무 상 태 표

제×기 20××년 ×월 ×일 현재
제×기 20××년 ×월 ×일 현재

기업명 (단위 : 원)

과 목	당 기		전 기	
자 산				
유동자산		×××		×××
당좌자산		×××		×××
현금및현금성자산	×××		×××	
단기투자자산	×××		×××	
매출채권	×××		×××	
선급비용	×××		×××	
이연법인세자산	×××		×××	
……	×××		×××	
재고자산		×××		×××
제품	×××		×××	
재공품	×××		×××	
원재료	×××		×××	
……	×××		×××	
비유동자산		×××		×××
투자자산		×××		×××
투자부동산	×××		×××	

과 목	당 기		전 기	
장기투자증권	×××		×××	
지분법적용투자주식	×××		×××	
……	×××		×××	
유형자산		×××		×××
토지	×××		×××	
설비자산	×××		×××	
(-) 감가상각누계액	(×××)		(×××)	
건설중인자산	×××		×××	
……	×××		×××	
무형자산		×××		×××
영업권	×××		×××	
산업재산권	×××		×××	
개발비	×××		×××	
……	×××		×××	
기타비유동자산		×××		×××
이연법인세자산	×××		×××	
……	×××		×××	
자 산 총 계		×××		×××
부 채				
유동부채		×××		×××
단기차입금	×××		×××	
매입채무	×××		×××	
당기법인세부채	×××		×××	
미지급비용	×××		×××	
이연법인세부채	×××		×××	
……	×××		×××	
비유동부채		×××		×××
사채	×××		×××	

과 목		당 기		전 기	
신주인수권부사채	×××		×××	
전환사채	×××		×××	
장기차입금	×××		×××	
퇴직급여충당부채	×××		×××	
장기제품보증충당부채	×××		×××	
이연법인세부채	×××		×××	
......	×××		×××	
부 채 총 계		×××		×××

과 목	당 기		전 기	
자 본				
자본금		×××		×××
보통주자본금	×××		×××	
우선주자본금	×××		×××	
자본잉여금		×××		×××
주식발행초과금	×××		×××	
......	×××		×××	
자본조정		×××		×××
자기주식	×××		×××	
......	×××		×××	
기타포괄손익누계액		×××		×××
매도가능증권평가손익	×××		×××	
해외사업환산손익	×××		×××	
현금흐름위험회피	×××		×××	
파생상품평가손익	×××		×××	
......				
		×××		×××
이익잉여금(또는 결손금)	×××		×××	
법정적립금	×××		×××	
임의적립금	×××		×××	
미처분이익잉여금				
(또는 미처리결손금)				
자 본 총 계		×××		×××
부채 및 자본 총계		×××		×××

(2) 손익계산서 양식 (중단사업손익이 있을 경우)

손 익 계 산 서

제×기 20××년 ×월 ×일부터 20××년 ×월 ×일까지
제×기 20××년 ×월 ×일부터 20××년 ×월 ×일까지

기업명 (단위 : 원)

과 목	당 기		전 기	
매출액		×××		×××
매출원가		×××		×××
기초제품(또는 상품)재고액	×××		×××	
당기제품제조원가 (또는 당기상품매입액)	×××		×××	
기말제품(또는 상품)재고액	(×××)		(×××)	
매출총이익(또는 매출총손실)		×××		×××
판매비와관리비		×××		×××
급여	×××		×××	
퇴직급여	×××		×××	
복리후생비	×××		×××	
임차료	×××		×××	
접대비	×××		×××	
감가상각비	×××		×××	
무형자산상각비	×××		×××	
세금과공과	×××		×××	
광고선전비	×××		×××	
연구비	×××		×××	
경상개발비	×××		×××	
대손상각비	×××		×××	
……	×××		×××	
영업이익(또는 영업손실)		×××		×××
영업외수익		×××		×××
이자수익				

과 목	당 기		전 기	
배당금수익	×××		×××	
임대료	×××		×××	
단기투자자산처분이익	×××		×××	
단기투자자산평가이익	×××		×××	
외환차익	×××		×××	
외화환산이익	×××		×××	
지분법이익	×××		×××	
장기투자증권손상차손환입	×××		×××	
유형자산처분이익	×××		×××	
사채상환이익	×××		×××	
전기오류수정이익	×××		×××	
……	×××		×××	
	×××		×××	
영업외비용		×××		×××
이자비용	×××		×××	
기타의대손상각비	×××		×××	
단기투자자산처분손실	×××		×××	
단기투자자산평가손실	×××		×××	
재고자산감모손실	×××		×××	
외환차손	×××		×××	
외화환산손실	×××		×××	
기부금	×××		×××	
지분법손실	×××		×××	
장기투자증권손상차손	×××		×××	
유형자산처분손실	×××		×××	
사채상환손실	×××		×××	
전기오류수정손실	×××		×××	
……	×××		×××	
법인세비용차감전계속사업손익		×××		×××
계속사업손익법인세비용		×××		×××
계속사업이익(또는 계속사업손실)		×××		×××
중단사업손익 (법인세효과: ×××원)		×××		×××
당기순이익(또는 당기순손실)		×××		×××

(3) 손익계산서 양식 (중단사업손익이 없을 경우)

손 익 계 산 서

제×기 20××년 ×월 ×일부터 20××년 ×월 ×일까지
제×기 20××년 ×월 ×일부터 20××년 ×월 ×일까지

기업명 (단위 : 원)

과 목	당 기		전 기	
매출액		×××		×××
매출원가		×××		×××
기초제품(또는 상품)재고액	×××		×××	
당기제품제조원가 (또는 당기상품매입액)	×××		×××	
기말제품(또는 상품)재고액	(×××)		(×××)	
매출총이익(또는 매출총손실)		×××		×××
판매비와관리비		×××		×××
급여	×××		×××	
퇴직급여	×××		×××	
복리후생비	×××		×××	
임차료	×××		×××	
접대비	×××		×××	
감가상각비	×××		×××	
무형자산상각비	×××		×××	
세금과공과	×××		×××	
광고선전비	×××		×××	
연구비	×××		×××	
경상개발비	×××		×××	
대손상각비	×××		×××	
……	×××		×××	
영업이익(또는 영업손실)		×××		×××

과 목	당 기		전 기	
영업외수익		×××		×××
이자수익	×××		×××	
배당금수익	×××		×××	
임대료	×××		×××	
단기투자자산처분이익	×××		×××	
단기투자자산평가이익	×××		×××	
외환차익	×××		×××	
외화환산이익	×××		×××	
지분법이익	×××		×××	
장기투자증권손상차손환입	×××		×××	
유형자산처분이익	×××		×××	
사채상환이익	×××		×××	
전기오류수정이익	×××		×××	
……	×××		×××	
영업외비용		×××		×××
이자비용	×××		×××	
기타의대손상각비	×××		×××	
단기투자자산처분손실	×××		×××	
단기투자자산평가손실	×××		×××	
재고자산감모손실	×××		×××	
외환차손	×××		×××	
외화환산손실	×××		×××	
기부금	×××		×××	
지분법손실	×××		×××	
장기투자증권손상차손	×××		×××	
유형자산처분손실	×××		×××	
사채상환손실	×××		×××	
전기오류수정손실	×××		×××	
……	×××		×××	
법인세비용차감전순손익		×××		×××
법인세비용		×××		×××
당기순이익(또는 당기순손실)		×××		×××

(4) 현금흐름표 양식(직접법)

현 금 흐 름 표

제×기 20××년 ×월 ×일부터 20××년 ×월 ×일까지
제×기 20××년 ×월 ×일부터 20××년 ×월 ×일까지

기업명 (단위 : 원)

과 목	당 기		전 기	
영업활동으로 인한 현금흐름		×××		×××
매출등 수익활동으로부터의 유입액	×××		×××	
매입 및 종업원에 대한 유출액	×××		×××	
이자수익 유입액	×××		×××	
배당금수익 유입액	×××		×××	
이자비용 유출액	×××		×××	
법인세의 지급	×××		×××	
투자활동으로 인한 현금흐름		×××		×××
투자활동으로 인한 현금유입액				
단기투자자산의 처분	×××		×××	
유가증권의 처분	×××		×××	
토지의 처분	×××		×××	
투자활동으로 인한 현금유출액				
현금의 단기대여	×××		×××	
단기투자자산의 취득	×××		×××	
유가증권의 취득	×××		×××	
토지의 취득	×××		×××	
개발비의 지급	×××		×××	
재무활동으로 인한 현금흐름		×××		×××
재무활동으로 인한 현금유입액				
단기차입금의 차입	×××		×××	
사채의 발행	×××		×××	
보통주의 발행	×××		×××	
재무활동으로 인한 현금유출액				
단기차입금의 상환	×××		×××	
사채의 상환	×××		×××	
유상감자	×××		×××	
현금의 증가(감소)		×××		×××
기초의 현금		×××		×××
기말의 현금		×××		×××

(5) 현금흐름표 양식(간접법)

현 금 흐 름 표

제×기 20××년 ×월 ×일부터 20××년 ×월 ×일까지
제×기 20××년 ×월 ×일부터 20××년 ×월 ×일까지

기업명 (단위 : 원)

과 목	당 기		전 기	
영업활동으로 인한 현금흐름		×××		×××
당기순이익(손실)	×××		×××	
현금의 유출이 없는 비용등의 가산				
감가상각비	×××		×××	
퇴직급여	×××		×××	
현금의 유입이 없는 수익등의 차감				
사채상환이익	×××		×××	
영업활동으로 인한 자산·부채의 변동				
재고자산의 감소(증가)	×××		×××	
매출채권의 감소(증가)	×××		×××	
이연법인세자산의 감소(증가)	×××		×××	
매입채무의 증가(감소)	×××		×××	
당기법인세부채의 증가(감소)	×××		×××	
이연법인세부채의 증가(감소)	×××		×××	
투자활동으로 인한 현금흐름		×××		×××
투자활동으로 인한 현금유입액				
단기투자자산의 처분	×××		×××	
유가증권의 처분	×××		×××	
토지의 처분	×××		×××	
투자활동으로 인한 현금유출액				
현금의 단기대여	×××		×××	
단기투자자산의 취득	×××		×××	
유가증권의 취득	×××		×××	
토지의 취득	×××		×××	
개발비의 지급	×××		×××	

과　　　　목	당 기		전 기	
재무활동으로 인한 현금흐름		×××		×××
재무활동으로 인한 현금유입액				
단기차입금의 차입	×××		×××	
사채의 발행	×××		×××	
보통주의 발행	×××		×××	
재무활동으로 인한 현금유출액				
단기차입금의 상환	×××		×××	
사채의 상환	×××		×××	
유상감자	×××		×××	
현금의 증가(감소)		×××		×××
기초의 현금		×××		×××
기말의 현금		×××		×××

(6) 자본변동표 양식

자 본 변 동 표

제×기 20××년×월×일부터 20××년×월×일까지
제×기 20××년×월×일부터 20××년×월×일까지

기업명 (단위 : 원)

구 분	자본금	자본 잉여금	자본조정	기타포괄 손익누계액	이익 잉여금	총 계
20××.×.×(보고금액)	×××	×××	×××	×××	×××	×××
회계정책변경누적효과	(×××)	(×××)	(×××)	(×××)	(×××)	(×××)
전기오류수정	(×××)	(×××)	(×××)	(×××)	(×××)	(×××)
수정후 자본	×××	×××	×××	×××	×××	×××
연차배당					(×××)	(×××)
처분후 이익잉여금					×××	×××
중간배당					(×××)	(×××)
유상증자(감자)	×××	×××				×××
당기순이익(손실)					×××	×××
자기주식 취득			(×××)			(×××)
해외사업환산손익				(×××)		(×××)
20××.×.×	×××	×××	×××	×××	×××	×××
20××.×.×(보고금액)	×××	×××	×××	×××	×××	×××
회계정책변경누적효과	(×××)	(×××)	(×××)	(×××)	(×××)	(×××)
전기오류수정	(×××)	(×××)	(×××)	(×××)	(×××)	(×××)
수정후 자본	×××	×××	×××	×××	×××	×××
연차배당					(×××)	(×××)
처분후 이익잉여금					×××	×××
중간배당					(×××)	(×××)
유상증자(감자)	×××	×××				×××
당기순이익(손실)					×××	×××
자기주식 취득			(×××)			(×××)
매도가능증권평가손익				×××		×××
20××.×.×	×××	×××	×××	×××	×××	×××

찾아보기

■ 저자약력

윤 금 상

경영학박사

(현) 인하대학교 경영대학 교수

저서 : 최신원가회계, 최신관리회계, 회계와 사회,
최신 원가관리회계, 회계의 이해,
신회계원리, K-IFRS 회계원리,
기업회계의 기초, 전략적 원가관리,
최신 재무회계원리 등 다수

최신 회계의 기초

초 판 1쇄 인쇄 —— 2018년 8월 25일
초 판 1쇄 발행 —— 2018년 8월 30일
지은이 —— 윤 금 상
펴낸이 —— 전 두 표
펴낸곳 —— 도서출판 두남
서울시 강동구 성내로6길 34-16 두남빌딩
신고 : 제25100-1988-9호
TEL : 02) 478-2065~7, 2311
FAX : 02) 478-2068
E-mail : dunam1@unitel.co.kr
http://www.dunam.co.kr

정가 33,000원

ISBN 978-89-6414-813-6 93320